Colección: SOCIOLOGÍA

Manuales

Len BARTON

Superar las barreras de la discapacidad

18 años de *Disability and Society*

EDICIONES MORATA, S. L.
Fundada por Javier Morata, Editor, en 1920
C/ Mejía Lequerica, 12 - 28004 - MADRID
morata@edmorata.es - www.edmorata.es

Superar las barreras de la discapacidad

18 años de *Disability and Society*

Por

Len BARTON

Traducción de

Redactores en red

Título original de la obra:
Overcoming Disabling Barriers

Esta obra ha sido publicada con una subvención de la Dirección General del Libro, Archivos y Bibliotecas del Ministerio de Cultura para su préstamo público en Bibliotecas Públicas, de acuerdo a lo previsto en el artículo 37.2 de la Ley de Propiedad Intelectual.

GOBIERNO DE ESPAÑA — MINISTERIO DE CULTURA

EDICIONES MORATA, S. L. (2008)
Mejía Lequerica, 12. 28004 - Madrid
www.edmorata.es-morata@edmorata.es

Depósito Legal: M-25.091-2008
ISBN: 978-84-7112-525-5

Compuesto por: Ángel Gallardo Servicios Gráficos, S. L.
Printed in Spain - Impreso en España
Imprime: ELECE. Industrias Gráficas, S.L. Algete (Madrid)
Cuadro de la cubierta: *Navegando al atardecer,* por Henri-Clairy Hembert, pintor con el pie. Cortesía de la Asociación de Pintores con la Boca y con el Pie.
By the courtesy of the Association of Mouth and Foot Painting Artists Worldwide.

Contenido

Introducción general

La editorial, Taylor & Francis, me comunicó que se había seleccionado a *Disability and Society* como una de las publicaciones en la que debería basarse la edición especial de un volumen con artículos seleccionados. Sería una forma de dar reconocimiento a la publicación y de celebrar su posición e influencia.

Seleccionar artículos para incluirlos en el libro fue una tarea extremadamente difícil. No pudimos complacer a todas las partes interesadas pero tampoco queremos dar la impresión de que aquellos que no figuran aquí no realizaron contribuciones importantes; en nuestra opinión sí lo hicieron.

El proceso de selección se efectuó muy seriamente. Cada uno de los editores ejecutivos leyó los trabajos publicados en relación a los tres temas seleccionados. Coincidimos bastante en cuanto a la elección de muchos de los artículos. Luego, nos reunimos y acordamos la selección definitiva. Los trabajos incluidos en este volumen están ordenados en cada sección de acuerdo al orden cronológico de publicación, y cada tema cuenta con una breve introducción redactada por dos de los editores ejecutivos.

Del análisis de los artículos publicados se obtuvo un resultado muy importante: nuestro acuerdo unánime en cuanto a la enorme cantidad de reflexiones, ideas, preguntas y temas que convierten a la revista en una magnífica fuente de información, especialmente para los estudiantes involucrados en la búsqueda de conocimientos y entendimiento relacionados con la discapacidad.

Cuando se creó la publicación la intención fue proporcionar un foro en el que se pudiera alentar el debate y en el que se desarrollaran ideas innovadoras relacionadas, por ejemplo, con políticas, investigación y entendimiento intercultural. Creemos que los artículos incluidos en este volumen son una muestra de ese profundo compromiso y que, además, sirven de estímulo para explorar los beneficios que pueden brindar otros trabajos de la revista.

Estamos agradecidos a todos los autores que nos enviaron sus artículos a la revista y al consejo editorial por la calidad de su supervisión, que ha proporcionado a la revista ocupar un lugar muy destacado en el campo de los estudios en discapacidad. Val Stokes y Helen Oliver nos aportaron el mejor apoyo administrativo, que permitió que el proceso de publicación fuera eficiente y efectivo. También queremos agradecer a los editores su constante apoyo y ayuda durante toda la existencia de la revista.

Finalmente, es fundamental que estos artículos —muchos de ellos redactados por personas con discapacidad— no se tomen como la autoridad definitiva en las materias que tratan, sino como una fuente de reflexiones e interpretaciones críticas e innovadoras que nos hacen meditar. Estos artículos representan un recurso muy importante que debemos analizar en nuestra búsqueda por profundizar nuestra exploración de estas cuestiones de fundamental importancia.

Len Barton
Editor

PRIMERA PARTE

Estudios sobre discapacidad

Introducción

Por Colin BARNES y Carol THOMAS

Antes de la década de los ochenta, el interés académico en el ámbito de la discapacidad estaba caracterizado por explicaciones médicas convencionales e individualistas y dominado por la medicina e intereses profesionales relacionados con ella. Los científicos sociales que actuaban en este campo de estudio, cada vez más importante, solían recorrer caminos similares. Mientras algunos escritores reconocían la importancia de los factores económicos, sociales y culturales en la producción de discapacidad, las causas de las diversas privaciones y desventajas que las personas con discapacidad experimentaban seguían encontrándose, en su mayoría, en el plano individual.

El desafío a esta ortodoxia no provino de los académicos, sino de las propias personas con discapacidad. Aunque los orígenes del activismo político entre las personas con deficiencias comprobadas pueden encontrarse en el siglo XIX (CAMPBELL y OLIVER, 1996; LONGMORE y UMANSKY, 2000), éste se incrementó significativamente durante los sesenta y los setenta. Inspiradas por la agitación política y social de la época, las personas con discapacidad comenzaron a organizarse colectivamente en grupos cada vez mayores para protestar por su encierro en instituciones residenciales y por la pobreza y la discriminación con que debían enfrentarse. Algunos ejemplos notables de esa primera etapa son el Movimiento de Vida Independiente estadounidense y el movimiento de autorrepresentación sueco *Self-Advocacy Movement*, así como la formación del grupo pro beneficios por discapacidad *The Disablement Income Group* (DIG) y la Unión de Impedidos Físicos contra la Segregación (*Union of the Physically Impaired Against Segregation*, UPIAS) en Gran Bretaña (CAMPBELL y OLIVER, 1996).

La experiencia británica es especialmente importante ya que generó un nuevo enfoque sociopolítico radical y controvertido de la teoría y la práctica, habitualmente llamado en conjunto "modelo social de discapacidad". Las actividades de las organizaciones locales controladas y dirigidas por personas con discapacidad, como la UPIAS y la red de lucha por la igualdad *Liberation Network of People with Disabilities*, tuvieron una especial importancia en este aspecto. El modelo social se basa en la redefinición de la discapacidad que UPIAS hizo en 1974 y se concibió como una ayuda para la comprensión o un dispositivo heurístico antes que como una teoría social de la discapacidad perfectamente constituida (OLIVER, 2004). Las actividades y escritos de estas organizaciones y de sus miembros proporcionaron la tierra fértil sobre la que los estudiosos con y sin discapacidad explorarían y reconfigurarían por completo la noción y el proceso social de discapacidad.

Esto allanó el camino para la aparición de trabajos de estilo académico en una nueva disciplina, *los estudios en discapacidad.* Un grupo interdisciplinario organizó en 1975 el primer curso académico en el Reino Unido dedicado exclusivamente a la experiencia de la discapacidad, que llevó por título "La persona con incapacidad en la comunidad", en la Universidad Abierta (*Open University*, OU). Una persona relevante para la realización de este curso fue Vic FINKELSTEIN, un activista y escritor sudafricano con discapacidad que, además, fue uno de los miembros fundadores de UPIAS. Ya entrada la década de los setenta comenzaron a dictarse cursos similares en universidades estadounidenses y de Canadá, pero la mayoría de éstos se basaban en enfoques tradicionales sobre discapacidad o del ámbito de la sociología médica. Un sociólogo de la medicina con discapacidad, Irving K. ZOLA, creó en 1981 la publicación *Disability Studies Quarterly* y la sociedad de estudios en discapacidad *Society for Disability Studies* (SDS) en los Estados Unidos. El término "estudios en discapacidad" llegó al vocabulario académico del Reino Unido en 1992 tras su utilización en una serie de cursos que se realizaron sobre este tema en la Facultad de Sociología y Políticas Sociales de la Universidad de Leeds (BARNES, 2003).

Sin embargo, excepto por el curso de la OU ya mencionado, el interés académico en el Reino Unido casi nunca fue más allá de los enfoques médicos y psicológicos tradicionales hasta 1986, año en que Mike OLIVER y Len BARTON crearon la publicación internacional *Disability, Handicap and Society*, que en 1993 cambiaría su nombre por *Disability and Society.* Inspirada por los trabajos de personas con discapacidad y sus organizaciones, la revista se enfocó exclusivamente y desde el primer momento en las dinámicas socio-político-culturales del complejo proceso de discapacidad. Al hacerlo, dio un gran impulso —si no el único— al establecimiento de los trabajos sobre discapacidad como un campo legítimo de estudio académico tanto en el ámbito nacional como internacional.

Algunos artículos pioneros de Mike OLIVER (1984) y Paul ABBERLEY (1987) —seleccionados para formar parte de esta recopilación— reflejan muy bien esos avances. Al escribirlos, formularon un fundamento teórico adecuado mediante el que se entiende a la discapacidad como una forma compleja y sofisticada de opresión social que destaca la relación entre la teoría de la discapacidad y la política. Esta interpretación social de la discapacidad afirmaba que es la imposibilidad de la sociedad de responder a sus necesidades la que genera discapacidad a las personas con deficiencias comprobadas o percibidas, sin importar sus causas.

En 1990 Mike OLIVER publicó de *The Politics of Disablement,* trabajo que aportó el primer tratamiento teórico integral sobre la interpretación sociopolítica de la discapacidad. Con variadas influencias, entre las que se encuentran sus experiencias personales, los trabajos producidos por personas con discapacidad como Vic FINKELSTEIN (1980) y Paul HUNT (1966) y las reflexiones sociológicas de Karl MARX, August COMTE y Antonio GRAMSCI, entre otras, este libro presentó una exploración teórica rigurosa y exhaustiva de las bases materialistas e ideológicas sobre las que se apoyan las respuestas contemporáneas a la cuestión de la discapacidad. Tuvo gran influencia en el pensamiento en el campo de la discapacidad tanto en las universidades y establecimientos de enseñanza superior como fuera de ellos, en todo el mundo, y sentó las bases de una agenda que sirvió de estímulo a la mayor parte del debate teórico reflejado en las páginas de *Disability and Society* a partir de ese momento.

Estos sucesos generaron gran cantidad de nuevas preguntas y diálogos sobre la aplicación de la teoría y la política de la discapacidad en la práctica. Los artículos que se encuentran a continuación ilustran algunos de los temas importantes que surgieron así. La interacción entre discapacidad y género es uno de ellos. Por ejemplo, si seguimos a William HANNA y Betsy ROGOVSKY (1991), ¿las mujeres experimentan "la suma de ambos obstáculos"? Tom SHAKESPEARE (1993) abordó un tema diferente en su disertación sobre la teoría de movimientos sociales y la autodeterminación de las personas con discapacidad. El estudio de David PFEIFFER (1994) vincula la opresión que padecen las personas con discapacidad a la amplia difusión de las ideas eugenésicas en la cultura occidental.

Estos y los otros artículos reflejan la naturaleza emergente y en franco desarrollo que los estudios en discapacidad han alcanzado en los últimos años. Hacen un seguimiento de la transición desde una demanda relativamente sencilla de los activistas con discapacidad al traslado del énfasis desde las fuerzas individuales a las fuerzas estructurales y culturales que moldean las vidas de las personas con discapacidad, generando así un cuerpo de conocimientos cada vez más complejo. Inevitablemente, esta complejidad conceptual trajo consigo una mezcla rica en desacuerdo, debate e innovación.

La supuesta falta de atención a la experimentación de la deficiencia y "el cuerpo" por parte de los defensores de las especulaciones inspiradas en el modelo social constituye una inquietud recurrente. El artículo de 1997 de Bill HUGHES y Kevin PATERSON sobre la "desaparición del cuerpo"* y la necesidad de una sociología de la deficiencia es un ejemplo de esto. El compromiso de estos y otros autores con las ideas de la fenomenología, la psicodinámica y el postestructuralismo también ilustra el interés cada vez mayor de algunos escritores de los noventa en apoyar "un giro cultural" en los estudios en discapacidad. Algunos pensadores postmodernistas y postestructuralistas —especialmente Mairian CORKER (1999) (también conocida como Mairian SCOTT HILL), cuyo estudio figura en el presente volumen—, consideran que las ideas materialistas propuestas por Mike OLIVER y otros son inadecuadas para la tarea de especular sobre la "diferencia" ya sea en términos de género, "raza", sexualidad o deficiencias.

Sus proponentes consideran que las teorías del construccionismo social que privilegian los fenómenos culturales y lingüísticos ofrecen marcos conceptuales más aplicables. En respuesta a esto, los defensores de la postura materialista afirman que ese enfoque y los enfoques similares no niegan la importancia de la deficiencia y la "diferencia" en la vida de las personas con discapacidad y se concentran en las diversas barreras —económicas, políticas y sociales— construidas sobre las deficiencias.

Los autores de varios de los estudios que forman parte de esta sección son académicos establecidos en Gran Bretaña, de los cuales muchos son personas con discapacidad. Esto refleja la importancia de la interacción entre la experiencia personal, el pensamiento inspirado en un modelo social y los objetivos de los

* Véase Capítulo VI. *(N. del T.)*

estudios en discapacidad. La inclusión del ensayo de Susan PETERS (2000) —que plantea la pregunta "¿existe una cultura de la discapacidad?"— es un importante recordatorio de que los académicos de otras partes del mundo también aportaron importantes contribuciones al esbozo del programa de estudios en discapacidad. Esto también puede verse en la obra reciente de un grupo pequeño, pero que cada vez tiene mayor influencia, de escritores con discapacidad de América del Norte, Australasia y los países nórdicos, muchos de los cuales se formaron en las áreas de humanidades y estudios culturales. Estas iniciativas generan un terreno común cada vez mayor entre los académicos y los investigadores que actúan en el ámbito de los estudios en discapacidad. Esto, a su vez, estimuló nuevos y animados debates sobre los mejores caminos para el futuro desarrollo de los estudios en el ámbito de la discapacidad y sus relaciones con el movimiento de personas con discapacidad y las personas con discapacidad en general.

En conjunto, estos artículos ilustran claramente los diversos debates y desafíos que surgieron en el ámbito de los estudios en discapacidad en el transcurso de las dos últimas décadas y la importancia de la función que la revista *Disability and Society* tuvo en ese proceso. Además, proporcionan una introducción de inestimable valor a esta área de estudio e investigación que adquiere cada vez más importancia.

Referencias

BARNES, C. (2003). "Disability studies: what's the point?". Keynote Address: Disability Studies Conference, University of Lancaster, Lancaster (3 Septiembre).

CAMPBELL, J. y OLIVER, M. (1996). *Disability Politics: Understanding Our Past, Changing Our Future.* Londres, Routledge.

FINKELSTEIN, V. (1980). *Attitudes and Disabled People.* Nueva York, World Rehabilitation Fund.

HUNT, P. (ed.) (1966). *Stigma: the Experience of Disability,* Londres, Geoffrey Chapman.

LONGMORE, P. y UMANSKY, L. (2000). *The New Disability History: American Perspectives.* Nueva York, New York University Press.

OLIVER, M. (2004). "If I had a hammer: the Social model in action" en J. SWAIN, S. FRENCH, C. BARNES y C. THOMAS (eds.) *Disabling Barriers – Enabling Environments,* Londres, Sage.

(También disponible en: www.leeds.ac.uk/disability-studies/archiveuk/index)

Artículos de estudios sobre discapacidad

ABBERLEY, P.(1987). "The concept of oppression and the development of a social theory of disability", *Disability, Handicap and Society* 2, 1, págs. 5-20.

CORKER, M. (1999). "Differences, conflations and foundations: the limits to 'accurate' theoretical representation of disabled people's experience"?, *Disability and Society* 14, 5, págs. 627-642.

HANNA, W. J. y ROGOVSKY, B. (1991). "Women with disabilities: two handicaps plus", *Disability, Handicap and Society* 6, 1, págs. 49-67.

HUGHES, B. y PATERSON, K. (1997). "The social model of disability and the disappearing body: towards a sociology of impairment", *Disability and Society* 12, 3, págs. 325-340.

OLIVER, M. (1986). "Social policy and disability: Some theoretical issues", *Disability, Handicap and Society* 1, 1, págs. 5-17.

PETERS, S. (2000). "Is there a disability culture? A syncretisation of three possible world views", *Disability and Society* 15, 4, págs. 583-601.

SHAKESPEARE, T. (1993). "Disabled people's self-organisation: a new social movement?", *Disability and Society* 8, 3, págs. 249-264.

CAPÍTULO PRIMERO

Políticas sociales y discapacidad

Algunas consideraciones teóricas

Por Mike OLIVER

Facultad de Educación y Estudios Comunitarios, Thames Polytechnic *

Resumen

Este estudio sugiere que las concepciones actuales de discapacidad son inadecuadas teóricamente y también como base de una política social. La principal razón de esto es que la mayoría de los escritores se quedaron estancados dentro de una teoría de la discapacidad "de la tragedia personal" y no pudieron examinar el concepto de discapacidad de manera crítica. Incluso aquellos escritores que intentaron tomar seriamente la discapacidad no pudieron avanzar más allá de un marco de trabajo tradicional y, en consecuencia, produjeron materiales estériles. La última parte de este análisis plantea cómo debería ser una teoría social de la discapacidad.

Reseña histórica

Desde finales de los sesenta, los académicos interesados en el estudio de las políticas sociales se vieron obligados a mirar más detenidamente los valores e ideologías que servían de fundamento a su trabajo. Uno de los aspectos de esto es el rápido ascenso y expansión de la sociología en cuanto disciplina académica y la consecuente proliferación de una variedad de perspectivas teóricas. Otro de los aspectos fueron las crisis económicas que se desarrollaron de manera gradual y que, en los últimos años, obligaron a todos los gobiernos a reducir los presupuestos estatales en el ámbito de la asistencia social. El último aspecto fue el alejamiento de un consenso político en cuanto a un estado de bienestar y una polarización de las posturas de derecha e izquierda sobre su naturaleza, funciones y futuro.

Cualquiera que sea la forma en que se mire esta situación es claro que, en consecuencia, la disciplina de la política social llegó a un nivel de sofisticación teórica y de riqueza conceptual sin precedentes. Algunos analistas más

---

* Nombre de la Universidad de Greenwich antes de adquirir el estatus de universidad. *(N del T.)*

recientes (LONEY, BOSWELL y CLARKE, 1983, pág. 6) resumieron muy bien el alcance de esto:

> Aunque gran parte de este nuevo análisis sobre políticas sociales reflejó el reintegro de la teoría marxista a la vida académica británica (por ejemplo, GOUGH, 1978; GINSBERG, 1979; TAYLOR-GOOBY y DALE, 1980) así como el desarrollo del feminismo (por ejemplo, WILSON, 1977), dichas teorías no eran en absoluto las únicas en discusión. El liberalismo económico y su tendencia a privilegiar el mercado también tenía sus portavoces intelectuales. El Instituto de Asuntos Económicos (*Institute of Economic Affairs*, IEA) —que durante mucho tiempo fue como una voz en el desierto— adquirió mayor importancia con la creciente trascendencia del monetarismo... De manera diferente, la descentralización y la participación local —temas que trataba la socialdemocracia— se vieron reflejadas en los textos del ámbito de la política social acerca de prestaciones sociales vecinales y comunitarias (por ejemplo, HADLEY y HATCH, 1981).

Así, diversas cuestiones como la salud, la educación y el mantenimiento de ingresos se analizaron desde diversos puntos de vista, y se consideró el estatus de grupos como las mujeres y las minorías étnicas dentro de distintos marcos teóricos. Desafortunadamente, ni la discapacidad en cuanto problemática y no como enfermedad, ni las personas con discapacidad en cuanto grupo, recibieron una consideración semejante.

El principal motivo por el que se ha ignorado tanto a la discapacidad en las obras recientes sobre políticas sociales es indudablemente que la mayoría de los autores consideran a la discapacidad como una categoría no problemática para fines analíticos; es decir, aceptan la concepción general de discapacidad como tragedia personal. La consecuencia lógica de esto es que las razones por las que las personas con discapacidad no pueden participar plenamente en la sociedad —o no lo hacen— se originan directamente en las limitaciones físicas o psicológicas que la persona con discapacidad tiene como resultado de un suceso traumático, ya sea un accidente o el inicio de una enfermedad progresiva. Sin embargo, cada vez más personas con discapacidad señalan que no son las limitaciones personales las que evitan su plena participación, sino las restricciones sociales que la misma sociedad les impone lo que les lleva a adoptar la opinión de que "...la discapacidad es, por lo tanto, una forma particular de opresión social" (UPIAS, 1976, pág. 4).

En otros estudios (OLIVER, 1983) me referí a estos diferentes puntos de vista como los modelos "individual" y "social", pero tal vez sea mejor llamarlos "teoría de la tragedia personal" y "teoría de la opresión social", términos con mayor carga emocional. Más allá de la terminología, es cierto que los académicos sin discapacidad trabajaron casi exclusivamente dentro del marco de la primera perspectiva, mientras que las personas con discapacidad se afanaron activamente por promover la segunda.

Incluso cuando los académicos debaten sobre la cuestión de las personas con discapacidad a menudo lo hacen muy superficialmente. GOUGH, por ejemplo, no encuentra inconveniente en colocar a las personas con discapacidad dentro del ejército industrial de reserva de Marx:

> El ejército industrial de reserva no consiste únicamente en los desempleados, sino también en grupos marginales como las personas con discapacidad, las perso-

> nas con empleos temporales, aquellos desplazados de métodos de producción antiguos (como los campesinos), los inmigrantes de otros países y, quienes son muy importantes hoy en día, las amas de casa.
>
> (GOUGH, 1979, pág. 25.)

Aun si se dejan de lado las dudas respecto a su precisión conceptual, quedan graves dudas acerca de la precisión factual de esa afirmación. Para comenzar, de acuerdo a la definición oficial de discapacidad (HARRIS, 1971), más de dos tercios de la población con discapacidad tiene más de 65 años, por lo que se encuentran fuera de la edad productiva. Además, se estimó que entre el 25 y el 30 por ciento de aquellos entre 16 y 65 años están desempleados (GROVER y GLADSTONE, 1981), lo que significa que la gran mayoría de las personas con discapacidad en edad productiva forman parte de la fuerza laboral.

FINCH (1984), en un artículo bastante sensible sobre las consecuencias de la asistencia comunitaria para mujeres, no ve ningún problema en la conceptualización de la discapacidad o, mejor dicho, de la dependencia basada en la discapacidad. De allí deriva su conclusión de que, dado que el cuidado en residencias es un poco menos opresivo para las mujeres que la asistencia comunitaria, debería haber más asistencia de la primera clase que de la segunda. Este argumento se basa en la suposición incorrecta de que se puede dividir a la población en personas dependientes (con discapacidad) e independientes (sin discapacidad), mientras que en la realidad ningún integrante de la sociedad industrial moderna puede considerarse independiente. Incluso dentro de las relaciones más atentas y respetuosas puede haber una "dependencia recíproca", la que puede deberse al desempeño actual de las tareas o a la redistribución de los papeles debido a una inversión dentro de una relación existente (por ejemplo, los hijos que ahora se ocupan de sus padres, quienes previamente se habían ocupado de ellos). Entonces, debido a los vínculos emocionales que surgen como resultado de estas relaciones afectuosas, es poco probable que muchos de estos acompañantes vean un aumento en la asistencia residencial como la solución a la opresión que experimentan.

Además, esa interpretación no toma en cuenta los sentimientos de las personas dependientes o con discapacidad que serían los beneficiarios de dichas políticas. Muchos de ellos ven a las instituciones residenciales como

> fundamentalmente opresivas debido a su propósito social, que es facilitar el encierro de ciertos grupos sociales que, por definición, son problemas sociales.
>
> (UPIAS, 1984, pág. 17.)

Al no ver a la discapacidad en sí misma como una categoría problemática, FINCH adopta una postura desde la que aboga por disminuir la opresión de un grupo mediante el aumento de la opresión de otro.

Sería incorrecto terminar esta sección sin mencionar la obra de dos escritores que intentaron darle un marco teórico a su trabajo en el ámbito de la discapacidad. TOPLISS (1979, pág. 7) otorga al análisis que hace sobre la discapacidad un marco ampliamente funcionalista.

> La historia de las prestaciones para los miembros de la sociedad con discapacidad puede verse, en principio, como el desarrollo del reconocimiento de que ciertas necesidades de algunos grupos de personas con discapacidad son compatibles con la promoción o salvaguarda de intereses más abarcadores de la sociedad.

Las distintas prestaciones que surgieron se relacionan con este marco mediante el principio de racionalidad económica (TOPLISS, 1979, pág. 9):

> La compasión por el incapacitado se tradujo en leyes efectivas cuando —y en la medida en que— se pudo demostrar que las prestaciones de alguna manera podían generar un rendimiento para compensar el costo económico de los recursos dedicados a ellas.

TOWNSEND, por otra parte, ubicó sus discusiones sobre discapacidad dentro de lo que recibió el nombre de "la visión del socialismo fabiano" (GEORGE y WILDING, 1976). Así, tras reconocer que muchos de los problemas en el ámbito de la discapacidad se originan en desigualdades sociales y económicas existentes, sólo puede sugerir como remedios adecuados la introducción de una pensión nacional por incapacidad y la reducción de las desigualdades reinantes. La adecuación de esas sugerencias —y ellas en general— se debatió acaloradamente en diversos ámbitos (UPIAS, 1975), por lo que en la siguiente sección se examinarán con mayor detalle obras publicadas recientemente en las que participaron con amplitud estos dos analistas de políticas sociales. Además, también tomaremos en consideración un curioso intento de una politóloga estadounidense por analizar la discapacidad y las políticas sociales (STONE, 1984).

Obras contemporáneas

Los autores del primer libro, *A Charter for the Disabled,* fueron TOPLISS y Brian GOULD, este último miembro del parlamento y, anteriormente, profesor universitario.

La primera parte del libro de TOPLISS y GOULD es un relato descriptivo sobre el surgimiento de la *Chronically Sick and Disabled Persons Act* [Ley de Enfermos Crónicos y Personas con Discapacidad] y su sanción por el Parlamento. Está redactada como se realizó gran parte de la historia política: tiene un héroe, Alf Morris, quien lucha contra fuerzas malvadas que quieren limitar y enervar su noble visión. Del lado de las fuerzas del mal se encuentran varios departamentos gubernamentales, como el DHSS [Departamento de Salud y Servicios Sociales] y el Tesoro y diversos gobiernos locales y asociaciones y organizaciones de profesionales (JAEHNIG, 1974). Por otra parte, nuestro noble héroe cuenta con la ayuda de varias organizaciones de personas con discapacidad, profesionales interesados en el tema y miembros de la Cámara de los Lores con discapacidad quienes, como comentó un escritor en una ocasión, "demuestran una notable propensión a caerse de los caballos" (GOLDSMITH, 1976).

Hay dos problemas en este relato descriptivo: no agrega mucho a lo que ya sabíamos y, lo que es más importante, no toma en cuenta la función de las fuerzas económicas y sociales, las que propiciaron que algunos cambios legislativos fueran inevitables y no dependieran exclusivamente de algún individuo con objetivos nobles. Tal cambio en las leyes era inevitable por diversas razones. *Primero*, el constante crecimiento económico que tuvo lugar desde mediados de los cincuenta había generado suficiente riqueza económica como para convertir en realidad ciertas iniciativas políticas nuevas. *En segundo lugar*, como resultado de la combinación de los avances médicos y el cambio en la pirámide de edad de la población, una proporción cada vez mayor de ésta estaba adquiriendo discapacidad. *Tercero*, el *Disablement Income Group* y otras organizaciones ejercían presión política, que provenía de personas con discapacidad o se hacía en nombre de ellas. Por último, la *National Assistance Act 1948* [Ley Nacional de Asistencia de 1948] —que proporcionó la base legislativa para las estipulaciones actuales— estaba empezando a quedar obsoleta; otras leyes, especialmente en el campo de la salud y el cuidado infantil, la habían afectado y, además, el Informe Seebohm y la reorganización de las autoridades locales estaban a punto de causar un gran impacto. Es evidente que el propio gobierno central se estaba preparando para algún profundo cambio legislativo ya que había encargado su propia encuesta en el ámbito nacional para intentar obtener un panorama preciso de la cantidad de personas con discapacidad existentes en la población (HARRIS, 1971).

La imposibilidad de ir más allá del tradicional relato descriptivo aparece nuevamente en la segunda mitad del libro, donde se analiza la interpretación e implementación de la *Chronically Sick and Disabled Persons Act*. Es cierto que da origen a algunas preguntas acerca de por qué se ignoró la cuestión de la participación de personas con discapacidad en la prestación de servicios —cosa que se exigía en los artículos 9 y 15 de la Ley— y también sugiere que la Ley en sí misma constituye un importante reconocimiento de los derechos sociales de las personas con discapacidad, si bien sobre la base algo dudosa de que nadie jamás cuestionó públicamente lo estipulado en la Ley. De acuerdo con lo expresado por la misma TOPLISS:

> La sociedad, de hecho, dedicó muy pocos recursos y esfuerzos a ajustar el entorno —en la medida que muchos desearían— a las necesidades de las personas con discapacidad, pero nunca se cuestionó la aceptación del deber de avanzar en esa dirección desde la sanción de la Ley.
>
> (TOPLISS y GOULD, 1981, pág. 142.)

El resto del libro consiste en un análisis detallado de las necesidades de las personas con discapacidad y de algunas de las razones por las que la Ley no pudo garantizar la provisión de los bienes y servicios que prometió. El enfoque, una vez más, es bastante tradicional, considera que las necesidades no son una categoría problemática y sugiere que no se las satisfizo debido a una subestimación de la demanda, la incapacidad del gobierno central para proporcionar recursos suficientes y demás. Se examina con cierta profundidad la necesidad de cuidado residencial y, si bien se toman en cuenta ciertas críticas actuales, los autores finalmente sugieren que se necesitan más instituciones residenciales. Sin embargo, más allá de lo anecdótico, no se presenta mucha evidencia sobre dicha necesidad y las sugerencias que se hacen son completamente contrarias a lo que las propias personas con discapacidad perciben como sus necesidades, es decir, la prestación de más servicios y la disponibilidad de más recursos en la comunidad (DAVIS, 1981; CAMPLING, 1981; SHEARER, 1983, UPIAS, 1981, 1983).

El principal problema, entonces, con el primer libro es su incapacidad para romper con los marcos con que tradicionalmente se conceptualizó y analizó la discapacidad. La recopilación de textos sobre la discapacidad en Gran Bretaña, *Disability in Britain*, editada por WALKER y TOWNSEND también es ortodoxa, pero se trata de una ortodoxia más reciente que surgió a finales de los sesenta y durante los setenta. Además de contar con una introducción y una conclusión escritas por Alan WALKER, donde se sitúa a la discapacidad en el contexto actual, contiene varios artículos sobre diferentes aspectos de la discapacidad —entre los que figuran los ingresos, el empleo y la vida independiente— y también se interesa por distintos grupos de personas con discapacidad como los ancianos, los niños y sus familias, las mujeres y las personas con enfermedades e incapacidades mentales. Estos ensayos documentan de manera cruda muchos de los problemas implicados en vivir con una discapacidad, pero en cuanto a políticas contienen pocas recomendaciones o sugerencias realmente nuevas, si es que ofrecen alguna.

A lo largo del libro se ve lo que es casi una fe ciega en el enfoque racional de la creación de políticas, al que se hace evidente cuando se asume que, una vez identificados los problemas y presentadas las pruebas pertinentes, el gobierno finalmente actuará. Además, en este caso lo que se supone es que el gobierno actuará mediante la provisión de una pensión nacional por discapacidad para todas las personas afectadas con discapacidad, lo que se considerará un derecho. La experiencia general de los últimos veinte años, y la de los últimos cinco en particular, indica que esa fe ciega está totalmente injustificada y que, por lo tanto, es necesario desarrollar nuevas ideas y nuevas maneras de pensar acerca de la discapacidad. Un importante ejemplo de esta imposibilidad de producir nuevas ideas está relacionado con la aceptación sin cuestionamientos —especialmente por parte de TOWNSEND y WALKER— de definiciones funcionales de discapacidad y de las limitaciones que éstas imponen a las sugerencias respecto al futuro. Para comenzar, esas definiciones —incluso si intentan tomar en cuenta las limitaciones de las funciones sociales— siguen centrándose en los problemas del individuo con discapacidad y no apuntan a desarrollar herramientas investigadoras para medir los efectos incapacitantes de las realidades sociales, económicas y físicas. Además, estas definiciones funcionales invariablemente no logran distinguir entre la discapacidad ocasionada por un traumatismo, una enfermedad o un accidente durante la juventud o la adultez de las discapacidades que surgen como resultado del envejecimiento. En consecuencia, se cree que lo estipulado por las políticas satisface las necesidades de "las personas con discapacidad" sin reconocer que lo que cada uno de esos grupos necesita puede ser muy diferente.

Entonces, por ejemplo, aquellos que adquirieron una discapacidad durante las primeras etapas de su vida indudablemente necesitarán gozar de un derecho que les garantice algún tipo de pensión por discapacidad, pero aquellos que pueden verse limitados funcionalmente como consecuencia del proceso normal de envejecimiento —básicamente, todas las personas que envejecen—, necesitan de una pensión integral por vejez y no un ingreso inadecuado y limitado por suplementos por discapacidad sujetos a condiciones. Tal como señala BROWN (1984, pág. 316) al respecto de los ancianos con discapacidades:

La introducción de beneficios relacionados con la discapacidad que tuvo lugar a partir de 1970 sirvió de alguna ayuda, pero se aplica a grupos marginales y dentro de los principales programas del Estado.

Las definiciones funcionales no consideran esas necesidades tan diferentes y, por lo tanto, se hace necesario desarrollar definiciones nuevas y más adecuadas que consideren el hecho de que la discapacidad es una imposición social y no una limitación personal.

El estudio de SHEARER es el más importante de todo el libro ya que, además de ir más allá del enfoque "sabemos qué es lo mejor para ti" que caracteriza a la mayoría de los demás escritos, ella es mucho más crítica de la *Chronically Sick and Disabled Persons Act* que la mayoría de los demás, incluidos TOPLISS y GOULD, por ejemplo. SHEARER no sólo es crítica de la incapacidad de la Ley para proporcionar los servicios prometidos, sino también de la filosofía subyacente en ella:

> No puede dudarse de las buenas intenciones que se encuentran detrás de las cláusulas de la Ley de 1970. Pero sí puede objetarse la filosofía subyacente, ya que lo que destaca es la noción de que las personas que tienen discapacidad son personas "desvalidas", incapaces de elegir por sí mismas los tipos de ayuda y oportunidades que necesitan. Lo que sí hace es incluirlas dentro de lo que los prestadores de servicios creen que es bueno para ellos y, en lugar de expandirlas, limita las áreas en que verdaderamente pueden decidir. Damos por sentado que la oferta de unas vacaciones en un momento y un lugar convenientes para el trabajador del servicio social o la autoridad del gobierno local, en lugar del dinero en efectivo en mano para que se lo gaste de acuerdo a las preferencias personales, está reñida con la retórica que afirma que la personas con discapacidad deberían tener un mayor acceso que la mayoría del resto de la población a las diversas posibilidades sociales. La sustitución de dinero por especies también es bastante opuesta a las aspiraciones de mejorar la autodeterminación y dignidad de las personas con discapacidad en una sociedad en la que la posición social y el respeto tiene muchísimo que ver con el poder de compra. No es muy difícil imaginar la protesta pública que podría surgir en contra de un Estado paternalista que intentara, por ejemplo, dar subsidios para niños en la forma de pañales, cremas y comida para bebés.
>
> (WALKER y TOWNSEND, 1981, págs. 82-83.)

También sugiere que la filosofía sobre la que se basa la Ley es un paso en la dirección incorrecta y que lo que las personas con discapacidad realmente precisan es más dinero en efectivo y sólidas leyes antidiscriminación que les permitan contratar las clases de servicios que necesiten sin que las discriminen.

Varias personas con discapacidad y sus organizaciones se sumaron a esta solicitud de leyes antidiscriminación basándose, sobre todo, en el aparente éxito de ese tipo de leyes para personas con discapacidad en los Estados Unidos. Sin embargo, aquellos que no puedan esperar para acceder a esto harían bien en leer el interesante análisis que realiza GREGORY sobre ese tipo de legislación en cuanto a las mujeres y las personas de raza negra en ese país. Ella sugiere que:

> De acuerdo a un enfoque similar, las leyes antidiscriminación pueden considerarse una respuesta a las exigencias de grupos oprimidos porque se remuevan las barreras históricas que les impiden lograr la completa igualdad. Estas afirmaciones son

> compatibles con las nociones burguesas de justicia y de eficiencia económica. Entonces, el Estado asume la función de conformar y utiliza la legislación para controlar a aquellos empresarios cuyas prácticas no llegan a los niveles aceptables de igualdad de oportunidades y para transformar estructuras institucionales con el fin de canalizar los conflictos.
>
> (FINE y cols., 1978, pág. 138.)

Y concluye, de manera realista:

> Al mismo tiempo, es importante desmitificar esta legislación para que se la reconozca claramente como parte de un proceso de contención. Figura en el código civil para proteger las estructuras fundamentales de la sociedad capitalista, no para amenazarlas y, por lo tanto, no puede constituir en sí misma el medio para lograr una sociedad no racista y no sexista.
>
> (FINE y cols., 1979, pág. 150.)

Mientras que SHEARER y WALKER reconocen esto, no van más allá del deseo de que se reconozcan los derechos legales de las personas con discapacidad.

Recientemente se publicó un tercer intento de producir un marco teórico adecuado escrito por una politóloga estadounidense, Deborah STONE. El principal argumento del libro es que todas las sociedades funcionan mediante el "principio distributivo" de acuerdo al cual los bienes y servicios que se producen deben distribuirse entre la totalidad de la población. El mecanismo de distribución (y producción) más importante es el trabajo, pero no todas las personas pueden o desean trabajar. Entonces, también existe un sistema de distribución basado en la necesidad, y el "dilema distributivo" radica en cómo asignar los bienes y servicios sobre la base de los principios muy diferentes de trabajo y necesidad. En las sociedades industriales modernas la discapacidad se convierte entonces en una importante categoría límite mediante la cual se separa a las personas entre el sistema basado en el trabajo y el basado en las necesidades.

De acuerdo a este análisis, claramente no puede atribuirse la categoría "discapacidad" a las personas debido a problemas médicos o juicios clínicos, sino que debe verse a la discapacidad como una categoría construida por la sociedad. No se pretende con esto negar que la "medicalización" de la discapacidad tuvo lugar en todas las sociedades industriales modernas, sino cuestionar su conveniencia:

> La asignación de ciudadanos al sistema distributivo basado en el trabajo o al basado en las necesidades es una cuestión profundamente política que no se resuelve con la creación de programas administrativos formales o delegando la toma de decisiones en los profesionales de la medicina (u otros expertos técnicos).
>
> (STONE, 1984, pág. 140.)

Cualquiera que haya intentado conseguir una subvención para asistencia o asignación para movilidad para sí mismo o para otra persona seguramente comprenderá cuánto tiene esto de cierto. Que la discapacidad siga estando medicalizada es testimonio tanto del poder de la profesión médica como de la continua necesidad del Estado de restringir el acceso a la categoría "discapacidad".

STONE (pág. 20) deja bastante claro que su visión "socialmente construida" de la discapacidad es diferente de la visión "socialmente creada" de la discapacidad que se analizará en la siguiente sección. Ella, al menos, demuestra que está al tanto de la visión socialmente creada y reconoce sus méritos. Eso no es algo insignificante cuando la mayoría de los libros producidos por los académicos e investigadores sin discapacidad ni siquiera reconocen que exista dicha visión. Sin embargo, el problema de desarrollar una postura aislada de acuerdo al construccionismo social es que no aporta mucho en el sentido de fórmula para la acción. Así, aunque el libro de STONE *The Disabled State* profundiza nuestra comprensión de la discapacidad en cuanto categoría distributiva para la burocracia de la asistencia social, no nos proporciona pautas en cuanto a cómo podría resolverse el "estado de discapacidad" en las sociedades industriales modernas.

Desafortunadamente, ninguno de estos análisis ofrece muchas esperanzas en cuanto a la posibilidad de que se resuelvan los problemas que experimentan las personas con discapacidad. Tal vez la calificación de "teóricamente redundantes" y "políticamente neutrales" sea una buena forma de describirlos. Un factor muy importante en el origen de tal situación es la falta de un entendimiento sistemático y coherente de la naturaleza de la discapacidad en la sociedad. En pocas palabras, por el momento no tenemos una teoría social de la discapacidad. Las políticas sociales en general e incluso aquellos escritores que le prestaron atención puntualmente a la discapacidad aún no se liberaron de las cadenas de la "teoría de la tragedia personal". Sin embargo, en el transcurso de los últimos años la conciencia y la confianza de las personas con discapacidad en sí mismas creció muchísimo, lo que se expresó tanto en términos de la creación y establecimiento de sus propias organizaciones como en los intentos de elaborar su propia visión de la discapacidad (SUTHERLAND, 1981). Uno de esos intentos (FINKELSTEIN, 1980) ofrece la posibilidad de comenzar a construir una teoría social de la discapacidad, tema al que nos dedicaremos en la sección siguiente.

Análisis futuros

Cualquier intento de elaborar una teoría social de la discapacidad no puede ignorar ni la historia ni el contexto, pero hasta ahora no se escribió ni una historia ni una antropología de la discapacidad. Sin embargo, existe una enorme evidencia (MAISEL, 1953; FARB, 1975; HANKS y HANKS, 1980 y véase OLIVER, 1981, para mayor información) de que no puede sostenerse una visión absolutista de la discapacidad, ya sea en cuanto a la manera en que se la percibe como a la forma en que la sociedad responde a ella (informalmente o mediante políticas sociales organizadas). Esto no es sólo cierto en sociedades histórica o culturalmente muy distintas, sino también en la percepción que diversas sociedades industriales modernas tienen de la ceguera y en su respuesta a ella, tal como lo demostró SCOTT (1970). En resumen, el dominio de la teoría de la tragedia personal en la Gran Bretaña moderna no puede explicarse en términos de su universalidad. La pregunta importante para las políticas sociales, entonces, es ¿por qué todas las prestaciones sociales se organizan sobre la suposición de que la discapacidad es una tragedia personal?

La respuesta a semejante pregunta sólo puede encontrarse mediante referencia a los procesos históricos que moldearon la construcción social de discapacidad en cuanto categoría especial de la sociedad moderna. FINKELSTEIN (1980, 1981) comenzó a prestar atención a estos procesos históricos y a su relevancia para la comprensión de la categoría "discapacidad".

FINKELSTEIN sitúa su análisis dentro de un marco materialista y sugiere un modelo evolutivo basado en el nivel de desarrollo económico de ciertas sociedades en particular. En cuanto a Gran Bretaña, él ve esto en términos de Fases, la 1, la 2 y la 3. La Fase 1, a grandes rasgos, corresponde a Gran Bretaña antes de la Revolución Industrial. La Fase 2 corresponde a la industrialización de finales del siglo XIX y del XX, momento en que la manufactura pasó del hogar a las fábricas, y llega hasta nuestros días; y la Fase 3 se refiere al tipo de sociedad en el que vivimos ahora, si bien FINKELSTEIN no detalla las diferencias entre las Fases 2 y 3. La base económica de la Fase 1 —la agricultura o las pequeñas industrias— no impidió que la gran mayoría de las personas con discapacidad participaran en los procesos productivos; incluso cuando no podían intervenir en su totalidad tenían la posibilidad de contribuir de alguna manera. En esa época se consideraba que las personas con discapacidad eran individuos desafortunados y no se los marginaba del resto de la sociedad. Con la llegada de las fábricas en la Fase 2, más personas con discapacidad quedaron excluidas del proceso productivo debido a:

> La velocidad del funcionamiento de las fábricas, la disciplina más severa y el cumplimiento de los tiempos y las normas de producción, todos estos cambios muy desfavorables en comparación con los métodos más lentos, libres y flexibles de trabajo a los que muchas personas con incapacidad se habían integrado.
>
> (RYAN y THOMAS, 1980, pág. 101.)

Como resultado de esto se consideraba a las personas con discapacidad un problema social y cada vez eran más marginadas en instituciones y fuera de la vida social normal. El surgimiento de la Fase 3, de acuerdo a FINKELSTEIN, verá la liberación de las personas con discapacidad de las prácticas segregadoras de la sociedad debido principalmente a la utilización de nuevas tecnologías y al trabajo conjunto de profesionales con personas con discapacidad para lograr objetivos comunes.

Para FINKELSTEIN la discapacidad es una paradoja en la que participan el estado del individuo (su deficiencia) y el estado de la sociedad (las restricciones sociales impuestas a un individuo). Al adoptar una perspectiva histórica de tres etapas, ve surgir la paradoja en la Fase 2. En la Fase 1 las personas con discapacidad formaban parte de una infraclase (o lumpen proletariado) mayor, pero en la Fase 2 estaban separadas de sus orígenes de clase y se convertían en un grupo especial y excluido mediante el que surgió la paradoja, y la discapacidad comenzó a considerarse tanto una deficiencia personal como una restricción social. La Fase 3, que apenas está comenzando, ve el final de la paradoja y así la discapacidad se percibe únicamente como una restricción social. En cuanto "tipo ideal", es una construcción impresionante. Sin embargo, cuando uno intenta agregarle hechos históricos, se evidencia su valor limitado.

Al analizar la Fase 1, FINKELSTEIN (1980) cita —al menos en la versión original de su modelo— un artículo sobre la mendicidad escrito en 1894. Luego se dedica a observar el paso hacia la Fase 2 en términos de la creación de nuevas tecnologías productivas e industrias a gran escala diseñadas de acuerdo con estándares de no discapacidad. Esto sugiere que la Fase 2 no comenzó sino hasta finales del siglo XIX o comienzos del XX. Cualquier libro de texto sobre historia económica o social indicará que la Revolución Industrial comenzó en 1750; y, mientras que su vinculación del surgimiento de instituciones de toda clase con la nueva tecnología productiva pudo haber sido correcta, esto ciertamente ocurrió mucho antes de lo que él dice. Además, FINKELSTEIN sugiere que en la Fase 1 las personas con discapacidad estaban integradas a una infraclase y que el trato diferenciado a esta categoría no tuvo lugar hasta la transición a la Fase 2. Esto también es históricamente impreciso, ya que el artículo 1 de la *Poor Law Act* [Ley de Pobres] de 1601 hace referencia explícita a la provisión de instalaciones especiales para los lisiados, las personas de salud débil y los invidentes. De hecho, muchos hospitales, albergues y asilos de desamparados ya daban un tratamiento diferenciado a las personas con incapacidad en los siglos XVIII y XIX, lo que indicaría que cualquier proceso de especialización que haya tenido lugar sucedió en la Fase 1 y no en la 2.

De manera similar, FINKELSTEIN sugiere que, durante la Fase 2, fue el surgimiento de la medicina hospitalaria en asilos y otro tipo de instituciones el que facilitó la segregación de las personas con discapacidad. Es igualmente plausible sugerir que el proceso, de hecho, ocurrió al revés, es decir: que como resultado de la transición del feudalismo al capitalismo surgieron posibilidades de malestar social debido a la ruptura de relaciones sociales previamente estables. La aparición de instituciones de todo tipo fue un intento de controlar a la población no activa. Fue dentro de estas instituciones donde se retuvo a los diferentes grupos: los pobres, los enfermos, las personas con discapacidad, aquellos con enfermedades mentales, las inactivas, etcétera. Estos grupos tenían una sola cosa en común: eran incapaces de intercambiar su mano de obra por un salario dentro de una fábrica o no deseaban hacerlo. La necesidad de separar a estos grupos produjo nuevas especializaciones médicas y no fue al contrario, como sugiere FINKELSTEIN. Las personas con discapacidad no sufrieron la segregación debido al surgimiento de la medicina hospitalaria y de una serie de especializaciones médicas y paramédicas nuevas, sino debido a la necesidad de la sociedad de controlar de manera efectiva los elementos perturbadores de su población. Por lo tanto, la especialización en el tratamiento (y el control) de los diferentes grupos fue un resultado de la sofisticación cada vez mayor de las técnicas de control social basada en la necesidad de convertir en inofensivos a cada vez más integrantes posiblemente perturbadores de la sociedad (MANNING y OLIVER, 1985).

Por último, parece que el modelo de FINKELSTEIN simplifica demasiado —o ve muy románticamente— dos aspectos del proceso histórico en particular. *Primero*, se sugiere que antes de la Fase 2 existía algún tipo de comunidad idealizada y que las personas con discapacidad, entre otros grupos minoritarios, recibían en cierto modo un trato más benigno que el que experimentaron en la Fase 2. Una vez más, la lectura de la historia del tratamiento de las minorías no podría respaldar esto ya que cada vez es más claro que las nociones históricas de "comunidad" pueden ser construcciones ideológicas. *En segundo lugar*, su análisis de la tecnología parece muy simplificado y el de la transición de la Fase 2 a la 3 sugiere que la tecnología es el principal factor detrás de este cambio. En este caso apenas se consideran los efectos dañinos de la tecnología; simplemente se la ve como una fuerza liberadora para las personas con discapacidad. Sin embargo, la tecnología puede crear —y crea— muchos de los problemas a los que se enfrentan las personas con discapacidad (ILLICH, 1997). Una cantidad considerable de discapacidades se producen por trabajar en fábricas o plantas con tecnología instalada (KRAUSE, 1976; DOYAL, 1980). La tecnología causa —o al menos mantiene— un gran número de otras discapacidades, en este caso al preservar la vida de bebés y, del otro lado del espectro, ancianos con incapacidades severas (OHE, 1977, 1979). De hecho, varios escritores, de ILLICH en adelante, no consideraron a la tecnología ni como una fuerza liberadora ni neutral. Es más, incluso si se ve a la tecnología en términos optimistas hay pocas garantías de que sus beneficios lleguen de manera igualitaria a todos los estratos de la sociedad.

Al señalar algunas de las inexactitudes y suposiciones implícitas en el modelo de FINKELSTEIN debería tenerse en cuenta que éste no era su proyecto principal, por lo que ser demasiado crítico es en cierta forma injusto. Sin embargo, para comprender correctamente la naturaleza de la discapacidad es importante que analicemos con precisión los procesos históricos que derivaron en la situación actual. De todas formas, el principal punto de FINKELSTEIN en este modelo es analizar actitudes, especialmente la interacción entre las actitudes de los profesionales y las personas con discapacidad en sus encuentros, tanto dentro de la vida profesional como de sus vidas cotidianas. No obstante, esta relación entre lo que él llama ayudantes y ayudados desempeña un papel importante en la estructuración de la conciencia de los individuos que participan de esa relación:

> La existencia de los ayudantes y ayudados genera en esta relación suposiciones normativas. La lógica es "si no hubieran perdido algo, no necesitarían ayuda" y "como somos nosotros, los representantes de la sociedad, los que brindamos la ayuda, es la sociedad la que establece las normas para la solución de los problemas".
>
> (FINKELSTEIN, 1980, pág. 17.)

Desafortunadamente, no disponemos ni del tiempo ni del espacio para profundizar más en esta cuestión. Sólo podemos mencionar que, de acuerdo a esta línea de análisis, la teoría de la tragedia personal parece endémica de la relación ayudante-ayudado tal como existe en el presente. Sin embargo, FINKELSTEIN (1980) favorece claramente la teoría de la opresión social en cuanto explicación de las circunstancias actuales en que se encuentran las personas con discapacidades al afirmar:

> Se define a la discapacidad... en términos de la clase especial de discriminación —u opresión social— con que se enfrentan las personas que tienen algún tipo de deficiencia motora.

Aunque se acepte que la discapacidad es una forma de opresión social, es difícil comprender qué la hace especial. Las relaciones sociales en el marco del capitalismo se caracterizan por la opresión, una clase oprime a la otra, y las personas con discapacidad constituyen la clase oprimida. Sin embargo, parte del problema de formular una afirmación tan obvia es que es difícil de fundamentar. Con una o dos excepciones (TOWNSEND, 1979), casi no hay estudios sobre discapacidad y clase y, por lo tanto, hay poco o nada de información disponible para facilitar ese tipo de estudios. Además, tal como se señaló anteriormente, no se hicieron intentos de proporcionar un entendimiento teórico de la relación entre discapacidad y clase, cosa que sí se hizo entre raza y género.

Esta sección entonces examinó de manera crítica un intento de esbozar una teoría social de la discapacidad. Está claro que la producción de una teoría semejante, la que iría más allá de la comprensión de la discapacidad como tragedia personal, requiere de más tiempo, trabajo y esfuerzo. La recompensa en el corto plazo será al menos proporcionar cierta riqueza conceptual al estudio de la discapacidad y dejar atrás la esterilidad que caracteriza a muchos de los trabajos actuales en la materia. A largo plazo, puede propiciar el desarrollo de políticas más adecuadas en beneficio de las personas con discapacidad y, en consecuencia, en una mejora en la calidad de vida de todos los involucrados.

Comentarios finales

De acuerdo a mis afirmaciones anteriores, no es irracional concluir que una teoría social de la discapacidad es un prerrequisito para cualquier intento de elaborar una política social para las personas con discapacidades que, al mismo tiempo, sea pertinente a sus necesidades y mejore su calidad de vida. Por lo tanto, ahora podemos señalar algunas sugerencias en cuanto a áreas en particular en las que una teoría de esta clase podría ser útil.

Para comenzar, podríamos preguntarnos por qué se dedicó tanto tiempo y espacio a intentos por definir la discapacidad (HARRIS, 1971; OMS, 1980), mientras que no se tuvieron en cuenta los conceptos de "capacidad física" o "normalidad física" y cuál es la relación entre esos conceptos y la necesidad que tienen las sociedades capitalistas de un tipo especial de fuerza laboral en diferentes momentos de la historia. Además, podríamos preguntarnos cuáles son las consecuencias ideológicas de una pensión nacional por discapacidad y demostrar por qué un programa como ése es inalcanzable debido a la forma en que choca con los valores capitalistas que rodean a la noción de trabajo. Finalmente, se podría comenzar a preguntar por qué la mayoría de las prestaciones sociales hasta ahora tendieron a reforzar la dependencia de las personas con discapacidad en lugar de hacerlas más independientes. Claro que ésta no es una lista completa, sino tan sólo una posible agenda para el futuro, que puede hacer que el estudio de la discapacidad sea más gratificante para todos los involucrados.

Entonces, una teoría social de la discapacidad debe estar integrada a las teorías sociales existentes y no separada de ellas. Sin embargo, debe recordarse que la teoría de la tragedia personal en sí misma desempeñó una función ideológica en particular. Al igual que la teoría del déficit para explicar el bajo rendimiento académico o la enfermedad para explicar el comportamiento criminal, al igual que la debilidad de carácter como explicación de la pobreza y el desempleo y, al igual que todas las otras teorías en que se culpa a la víctima (RYAN, 1971), la teoría de la tragedia personal sirvió para individualizar los problemas de la discapacidad y así dejar intactas las estructuras sociales y económicas. La ciencia social en general y la política social en particular progresaron en cuanto a rechazar las teorías individualistas y construir una serie de teorías sociales alternativas. Esperemos que la teoría de la tragedia personal, la última de la lisla, también desaparezca pronto y que sea reemplazada por una teoría (de la opresión) social de la discapacidad mucho más adecuada.

Nota

El 11 de julio de 1984 se presentó una versión anterior de este estudio en la decimoséptima conferencia anual de la Asociación de la Administración Social en la Universidad de Kent.

Referencias

BROWN, J. (1984). *The Disability Income System,* Londres, Policy Studies Institute.

DOYAL, L. (1979). *The Political Economy of Health,* Londres, Pluto Press.

FARB, P. (1975). *Word Play: what happens when people talk,* Nueva York, Barton.

FINCH, J. (1984). "Community care: developing non-sexist alternatives", *Critical Social Policy,* N.º 9.

FINKELSTEIN, V. (1980). *Attitudes and Disabled People,* Nueva York, World Rehabilitation Fund.

— (1981). "Disability and the helper-helped relationship", en: A. BRECHNIN, P. LIDDIARD y J. SWAIN (Ed.). *Handicap In A Social World,* Beckenham, Hodder & Stoughton.

GEORGE, V. y WILDING, P. (1976). *Ideology and Social Welfare,* Londres, Routledge & Kegan Paul.

GINSBERG, N. (1979). *Class, Capital and Social Policy,* Basingstoke, Macmillan.

GOUGH, I. (1978) *The Political Economy of the Welfare State,* Basingstoke, Macmillan.

GOLDSMITH, S. (1976). *Designing for the Disabled,* Londres, RIBA.

GREGORY, J. (1979). "Sex discrimination, work and the law", en: B. PINE y cols. *Capitalism and the Rule of Law,* Londres, Hutchinson.

GROVER, P. y GLADSTONE, F. (1981). *Disabled People-a right* to *work,* Londres, Bedford Square Press.

HADLEY, R. y HATCH, S. (1982). *Social Welfare and the Failure of the State,* Londres, Allen & Unwin.

HANKS, J. y HANKS, L (1980). "The physically handicapped in certain non-occidental societies", en: W. PHILLIPS y J. ROSENBERG (Eds.) *Social Scientists and the Physically Handicapped.* Londres, Arno Press.

HARRIS, A. (1971). *Handicapped and Impaired in Great Britain,* Londres, HMSO.

JAEHNIG, W. (1974). "Seeking out the disabled", en: D. BOSWELL y J. WINGROVE (Eds.) *The Handicapped Person in the Community,* Londres, Tavistock.

KRAUSE, E. (1976). "The political sociology of rehabilitation", en: G. ALBREEHT (Ed.) *The Sociology of Physical Disability and Rehabilitation,* Pittsburgh, University of Pittsburgh Press.

LONEY, M., BOSWELL, D. y CLARKE, J. (1983). *Social Policy and Social Welfare,* Milton Keynes, Open University Press.

MAISEL, E. (1953). *Meet a Body,* Nueva York, Institute for the Crippled and Disabled.

MANNING, N. y OLIVER, M. (1985). "The medicalization of social problems", en: N. MANNING (Ed.) *Social Problems and Welfare Ideology,* Aldershot, Gower.

OFFICE OF HEALTH ECONOMICS (1979). *Perinatal Mortality in Britain: a question of class,* Londres,OHE.

— (1977). *Physical Handicap-social impairment,* Londres, OHE.

OLIVER, M. (1981). *Disablement in Society,* Milton Keynes, Open University Press, Unit 2 of OU course The Handicapped Person in the Community.
— (1984). "The politics of disability", *Critical Social Policy,* pág.11.
— (1983). *Social Work With Disabled People,* Basingstoke, Macmillan.
RYAN, J. y THOMAS, F. (1980). *The Politics of Mental Handicap,* Londres, Penguin.
— (1971). *Blaming the Victim,* USA, Orbaeh & Chambers.
SCOTT, R. (1970). "The construction of concepts of stigma by professional experts", en: J. DOUGLAS (Ed.). *Deviance and Respectability,* Nueva York, Basic Books.
SHEARER, A. (1981). "A framework for independent living", en: A. WALKER & P. TOWNSEND (Eds.). *Disability Rights in Britain,* Oxford, Martin Robertson.
STONE, D. (1984). *The Disabled State,* Basingstoke, Macmillan.
SUTHERLAND, A. (1981). *Disabled We Stand,* Londres, Souvenir Press.
TAYLOR-GOOBY, P. y DALE, J. (1980). *Social Theory and Social Welfare,* Londres, Edward Arnold.
TOPLISS, E. y GOULD, B. (1981). A *Charter for the Disabled,* Oxford, Blackwell & Robertson.
— (1979). *Provision for the Disabled,* Oxford, Blackwell & Robertson.
UNION OF THE PHYSICALLY IMPAIRED AGAINST SEGREGATION (1981). *Disability Challenge,* N.º 1, Londres, U.P.I.A.S.
— (1984). *Disability Challenge,* N.º 2, Londres, U.P.I.A.S.
— (1976). *Fundamental Principles of Disability,* Londres, U.P.I.A.S.
WILSON, E. (1977). *Women and the Welfare State,* Londres, Tavistock.
WORLD HEALTH ORGANISATION (1980). *International classification of Impairments, Disabilities and Handicaps,* Ginebra, WHO.

CAPÍTULO II

El concepto de opresión y el desarrollo de una teoría social de la discapacidad

Por Paul ABBERLEY

Departamento de Economía y Ciencias Sociales,
Instituto Politécnico de Bristol

Resumen

En este estudio se afirma que la mejor manera de formular una teoría social de la discapacidad sería mediante el uso del concepto de opresión. Se esboza este concepto y se hace especial hincapié en la importancia que los orígenes sociales de la incapacidad tienen en ese análisis. Se indican las formas en que este enfoque utilizaría datos reunidos sobre la base de otras perspectivas teóricas. Finalmente se especifican las características generales de una teoría de la discapacidad en cuanto opresión.

Quisiera prologar este artículo con algunas notas autobiográficas breves; no porque crea que sean pertinentes a la adecuación de las ideas presentadas, sino porque la comprensión del contexto en que se produjo este material puede aclarar las razones que se encuentran detrás de ciertas inquietudes y énfasis.

Cuando tenía 5 años contraje poliomielitis durante la última gran epidemia de esta enfermedad que hubo en el país. Pasé seis semanas en un pulmón de acero y ocho meses en una cama de hospital. A los 7 años había recuperado la movilidad suficiente como para asistir a una escuela primaria estatal. Unos veinticinco años más tarde, mientras trabajaba como profesor de sociología, algunos de mis colegas me solicitaron que hablara con sus estudiantes sobre "discapacidad". Mi primera reacción fue de fastidio y resentimiento, ya que había pasado la mayor parte de mi vida —al igual que muchas personas "de éxito" con discapacidad— intentando, dentro de lo posible, negar e ignorar lo que en realidad es un conjunto de deficiencias muy evidente. Más allá de eso, sentía que, como sociólogo, no tenía nada que decir acerca de la discapacidad, ya que el poco material académico con el que estaba familiarizado me parecía al mismo tiempo inadecuado en cuanto explicación de mis propias experiencias y bastante lejano a lo que consideraba "buena sociología".

Al profundizar en mi investigación durante un permiso por estudios de un año en la Universidad de Warwick me convencí de que, con algunas importantes excepciones, la sociología de la discapacidad está teóricamente atrasada y, al mismo tiempo, es un obstáculo antes que una ayuda para las personas con discapacidad. La sociología de la discapacidad ignoró las repercusiones de importantes avances obtenidos en los últimos quince años de estudio de las desigualdades sexuales y raciales, y reproduce en su propia área deficiencias semejantes a las que se encuentran en lo que, en nuestros días, muchos consideran una sociología racista y sexista. Otro aspecto de la "buena sociología", que en mi opinión está por lo general ausente, es algún tipo de reconocimiento significativo de la especificidad histórica de la experiencia de la discapacidad. En mi propio caso, si yo hubiera nacido unos años antes —previo al desarrollo de los sistemas de respiración asistida—, habría muerto; si hubiera nacido unos años más tarde, la llegada de técnicas de vacunación efectivas habría hecho improbable que contrajera la enfermedad. En vista de esto y de consideraciones similares, llegué a entender mis propias discapacidades en términos de una conjunción única de factores, un punto de vista que ahora intento aplicar a las personas con discapacidad en general. Así, el siguiente estudio se realizó sobre la base de tales ideas sobre mi en cuanto persona con discapacidad.

Varios escritores —más recientemente Mike OLIVER en su revista (OLIVER, 1986)— utilizaron el término "opresión" en el análisis de la discapacidad. Sin embargo, el significado que ese término conlleva no se especifica correctamente. OLIVER, por ejemplo, en una versión preliminar de su estudio (aunque no en la versión publicada) donde los intentos de dar significados precisos brillan por su ausencia, lo utiliza como si fuera sinónimo de "explotación" y no lo define sino que lo considera como una característica "obvia" pero difícil de fundamentar de las "relaciones sociales en el capitalismo". Aunque esto es claramente un avance desde la "teoría de la tragedia personal de la discapacidad" que se critica en el mismo artículo, para que el concepto de opresión sea útil se deben dar especificaciones más claras sobre el mismo, tanto en términos generales como en relación con la discapacidad en particular.

Establecer una analogía entre las personas con discapacidad y los grupos a los que se aplicó el término opresión en el pasado no es una novedad. En el ámbito de la literatura sobre discapacidad, varios estudios comentan —pero no más que eso— la similitud entre las relaciones entre personas "discapacitadas" y "normales" y aquellas que se encuentran en los estudios de relaciones raciales. BARKER, por ejemplo, remarcó ya en 1948: "la persona con discapacidad motora está en una posición que no es diferente de la del negro, el judío y cualquier otra minoría racial o religiosa poco favorecida" (BARKER, 1948, pág. 31), mientras que HANDEL en 1960 observó que su afirmación "sonó como si estuviéramos considerando un problema de relaciones raciales en lugar del relativo a la discapacidad" (HANDEL, 1960, pág. 363). CHESLER, en 1965, afirmó haber descubierto que los individuos que manifiestan un alto grado de etnocentrismo o un fuerte rechazo hacia los grupos externos también expresan aversión hacia las personas con discapacidades físicas (CHESLER, 1965, págs. 877-882).

Un estudio reciente incluido en la publicación sobre cirugía maxilofacial *Journal of Maxilo-facial Surgery* mencionado en la revista *New Society* en junio de 1985 afirma que, de acuerdo a un estudio fotográfico, "los niños no comienzan a reaccionar negativamente ante los aspectos físicos fuera de lo normal hasta que tienen al menos 11 años" y que, en consecuencia "la discriminación en contra de las personas con una apariencia extraña no es una característica innata originada en las fuerzas evolutivas, sino que es socialmente adquirida" (*New Society*, 1985). Aquí hay una llamativa similitud con el extenso estudio de DAVEY sobre el racismo y su adquisición (DAVEY, 1983). Curiosamente, entre los estudios reproducidos en este volumen figura uno (RICHARDSON y GREEN, 1971) en el que se descubrió, sobre la base de un grupo de muestra de niños blancos de escuelas londinenses, que los impedimentos físicos visibles eran un obstáculo a la amistad mayor que tener la piel negra. En la disertación de DAVEY se considera que esto es ¡un descubrimiento "alentador"! (op. cit., pág. 113). Pero, a pesar de observaciones y reflexiones de este tipo, la literatura sociológica sobre discapacidad no profundizó en tales ideas.

De hecho, el corrientemente citado DAVIS afirma: "debido a que las personas con impedimentos visibles no constituyen un grupo minoritario o subcultura específica, las atribuciones de anormalidad generalizada, que despiertan en muchas personas normales, emergen de la interacción de manera más genuina que los efectos convencionalmente aceptados de la aplicación de estereotipos intergrupales como, por ejemplo, pueden surgir entre un negro y un blanco" (DAVIS, 1961, pág. 122). De todas formas, esta postura no cuenta con un argumento *per se*, sino que DAVIS presenta un claro análisis interaccionista que se convierte en "especial" debido a su énfasis en la conducta de "afrontamiento", el cual concluye haciendo hincapié en una similitud y una continuidad en relación con la interacción "normal". El enfoque que el análisis de DAVIS tiene en la interacción personal y en la negación de la pertenencia generalizada a un grupo reduce la cuestión de la discapacidad a una "anormalidad" que se disuelve progresivamente en contactos sucesivos con determinadas personas sólo para reaparecer cada vez que se conoce a alguien nuevo.

Entonces está claro que si va a utilizarse el concepto de opresión en el análisis de la discapacidad en la sociedad y, lo que es más importante, si va a usarse para que las personas con discapacidad comprendan y transformen la situación en que se encuentran, debemos aclarar y establecer a qué se hace referencia con ese término.

El concepto de opresión

Dada la complejidad de las cuestiones teóricas que rodean a las teorías de la opresión (BARRET, 1981; JAGGAR, 1983; BRITTAN y MAYNARD, 1984), a esta altura es posible determinar —si bien sólo a grandes rasgos— cómo una teoría de la opresión podría moldear nuestro entendimiento de la situación en que se encuentran actualmente las personas con discapacidad en Gran Bretaña. Argumentar que necesitamos analizar la posición de las personas con discapacidad en cuanto forma de opresión no implica afirmar que podemos llegar a una teoría monolítica de la opresión que se ajuste a las mujeres, a las personas de raza negra, a los sujetos con discapacidad o a los homosexuales dependiendo de qué grupo oprimido se trate en cada ocasión. Una característica fundamental de la opresión y de la manera en que opera es su especificidad, tanto en cuanto a forma, contenido y ubicación, por lo que analizar la opresión de las personas con discapacidad implica, en parte, señalar las diferencias esenciales entre sus vidas y las de aquellos que pertenecen a otros sectores de la sociedad, incluidos los que sufren otros tipos de opresión. También es importante destacar que probablemente más de la mitad de las personas con discapacidad en Gran Bretaña todavía padece, además, la carga adicional de la opresión racial y/o sexual (CAMPLING, 1981; CONFEDERATION OF INDIAN ORGANIZATIONS, U.K., 1986).

No obstante, afirmar que las personas con discapacidad están oprimidas implica afirmar una serie de puntos adicionales. En el nivel empírico, significa afirmar que, en general, puede considerarse a las personas con discapacidad como un grupo cuyos miembros se encuentran en una posición inferior a la de otros sujetos de la sociedad, simplemente por tener discapacidad. También implica afirmar que esas desventajas están relacionadas de manera dialéctica con una ideología o grupo de ideologías que justifican y perpetúan esa situación. Además, también significa aseverar que dichas desventajas y las ideologías que las sostienen no son ni naturales ni inevitables. Finalmente, conlleva la identificación de algún beneficiario de esa situación.

Si bien se encuentra el término opresión en debates sobre las desventajas sexuales y raciales y sobre la "cuestión nacional", no aparece en las enciclopedias de ciencias sociales ni en el generalmente útil *Dictionary of Marxist Thought* (BOTTOMORE, 1984 *). El diccionario de inglés *Collins English Dictionary* presenta cuatro significados para la palabra oprimir:

1. subyugar mediante crueldad, fuerza, etc.;
2. ejercer gran presión sobre (la mente, la imaginación, etc.);
3. afligir o atormentar;
4. término en desuso para abrumar.

Cuando hablamos de opresión racial o sexual es evidente que no estamos utilizando ninguna de estas definiciones, si bien el término contiene aspectos de los cuatro significados y el uso del mismo se desarrolló en relación con el análisis marxista clásico en términos de clases y para complementarlo. El análisis de clases *per se* surgió como una herramienta insatisfactoria para el análisis de las desventajas raciales y sexuales que se experimentan además de —o, más precisamente, a través de— las experiencias de clase de las personas. El concepto de opresión apunta a esos conjuntos de experiencias.

> Opresión y explotación no son conceptos equivalentes. Explotación se refiere a la realidad económica de las relaciones de clases capitalistas para hombres y mujeres, mientras que opresión se refiere a las mujeres y a las minorías definidas dentro de relaciones patriarcales, racistas y capitalistas. La explotación es lo que le sucede a los obreros hombres y mujeres que forman parte de la fuerza laboral, la opresión de la mujer surge de las relaciones que definen su existencia en la jerarquía sexual patriarcal en cuanto madre, trabajadora doméstica y consumidora. La opresión racial la ubica dentro de la división racista de la sociedad junto a su explotación y opresión sexual. La opresión incluye a la explotación pero refleja una realidad más compleja. El poder —o su opuesto, la opresión— deriva del género, la raza y la clase y se manifiesta

* Este diccionario del pensamiento marxista se editó en español en 1984. *(N. del T.)*

> mediante las dimensiones material e ideológica del patriarcado, el racismo y el capitalismo. La opresión refleja las relaciones jerárquicas de la división sexual y racial de la sociedad.
>
> (EISENSTEIN, 1979, págs. 22-23.)

Para este autor, la opresión no es un mecanismo alternativo para explicar la explotación, sino que lo utiliza para describir fenómenos de otro orden: aquellos relacionados con las experiencias que las personas tengan en cuanto a género y raza antes que sus experiencias de clase. La opresión es complementaria de la explotación y extiende el alcance del análisis marxista para cubrir áreas a las que esta última no puede llegar.

Al desarrollar teorías de opresión sexual y racial siempre fue necesario para los teóricos de los movimientos feministas y antirracistas ajustar cuentas con la biología, a la que se recurrió en ambos casos tanto para explicar como para justificar las desventajas sociales. Sin embargo, en relación con una teoría de la discapacidad en cuanto opresión surge una diferencia importante cuando consideramos la cuestión de la incapacidad. Mientras que en los casos de opresión sexual y racial las diferencias biológicas sirven únicamente como condición calificativa de un tipo de opresión puramente ideológica, para las personas con discapacidad la diferencia biológica, es, en sí misma, parte de la opresión, si bien debo decir que es también consecuencia de las prácticas sociales. Es crucial que una teoría de la discapacidad en cuanto opresión se enfrente a esta inferioridad "real" ya que ése es el fundamento sobre el que se basan las teorías que justifican la opresión y, psicológicamente, es un enorme obstáculo al desarrollo de una conciencia política entre las personas con discapacidad. La naturalización de las incapacidades impide sistemáticamente que eso suceda.

Además, las connotaciones atribuidas se encuentran contenidas tanto cognitiva como efectivamente en términos que por sí mismos implican deficiencia, al contrario de lo que sucede con "mujer" y "negro". No es la intención sugerir que se puede modificar la percepción al cambiar las palabras, sino señalar el rechazo profundamente arraigado de la "discapacidad" en cuanto forma de vida posible y la naturaleza "natural", "lógica" e "inconsciente", de las ideologías de incapacidad, discapacidad e impedimento. Este rechazo a la autenticidad de las formas de vida con incapacidad se ve tanto en la expresión obvia de lo que DARTINGTON, MILLER y GWYNNE (1981) llaman la perspectiva de la "persona no completa" como en su inversa, la ideología "realmente normal" que encuentra su expresión en la vida cotidiana, en el excepcionalismo de "pero, no te considero una persona con discapacidad", lo que niega un aspecto clave de la identidad de las personas con discapacidad mediante un intento de cumplido. Compara esa frase con "jugó como un blanco" y "ella piensa como un hombre".

Lo que se necesita es básicamente una actitud ambivalente de cara a las deficiencias, es decir, "la coexistencia, en una misma persona, de amor y odio hacia el mismo objeto" de acuerdo al diccionario *Concise Oxford Dictionary* (1964). Debe tomarse a la incapacidad como algo negativo en la medida en que es una consecuencia indeseable de un desarrollo social distorsionado, al mismo tiempo que se la considera un atributo positivo de la persona que tiene esa incapacidad. Aquí puede hacerse una analogía con el tratamiento que otorga el feminismo a los llamados "problemas femeninos". Debe hacerse una distinción muy importante entre la prevención de la incapacidad, por un lado, y las actitudes hacia las personas que ya tienen incapacidad y su tratamiento.

Un ejemplo reciente de la necesidad de tal distinción se ve en el boicoteo que sufrió en 1985 la Conferencia Internacional de Manchester sobre Educación de las Personas Sordas por parte de la Asociación Británica de Personas Sordas y la Unión Nacional de Personas Sordas. "La objeción es que el principal punto a discutir será el desarrollo de implantes de electrodos, los que pueden devolver la 'audición' incluso a las personas completamente sordas, siempre y cuando hayan podido oír alguna vez" (GUARDIAN, 5/8/85). El director educativo de la Asociación Nacional de Niños con Sordera dijo que los niños sordos pueden tener una vida plena utilizando otras formas de comunicación como el lenguaje de señas. "No deberían creer que todo es cuestión de parecerse más a una persona oyente a toda costa", dijo (ibídem). Mientras que la actitud que las personas que organizaron el boicot tienen hacia la incapacidad es ambivalente —de acuerdo a la definición presentada antes— y, por lo tanto, respecto a las personas con discapacidad, los miembros de la profesión médica que establecieron el programa expresaron de manera clara su rechazo por el estado de discapacidad al determinar que el principal tema a tratar en una conferencia que se realiza cada cinco años era un dudoso procedimiento "correctivo" con respecto al que sólo plantearon objeciones de orden técnico.

Sin embargo, si la inferioridad encarnada en la incapacidad se entiende pura o primariamente como de origen biológico, la analogía propuesta con la opresión racial y sexual parece ser dudosa *per se* ya que el núcleo de dichas teorías es que la desventaja, a fin de cuentas, es un producto social y no biológico. Entonces, una teoría de la discapacidad en cuanto opresión debe incluir lo que, en esencia, es una teoría social de la incapacidad.

La incapacidad en cuanto producto social

La tendencia general en el ámbito de la medicina siempre fue atribuir la mayoría de las incapacidades que no se corresponden con enfermedades agudas o infecciones al desgaste "normal" del cuerpo humano. De acuerdo a este punto de vista, se atribuye la causa de la incapacidad a "gérmenes" o a la "vida". Cualquier participación "social" en la misma se presenta como causa secundaria o periférica de los principales patrones identificados en las causas "naturales". De todas formas, una explicación alternativa del origen de las incapacidades es igualmente viable.

Tomemos la principal causa de incapacidad en Gran Bretaña: se cree que unos cinco millones de personas sufren osteoartritis, y alrededor de un millón, artritis reumatoide (Liga Británica contra el Reumatismo, 1977). Mientras que a menudo esto se considera un "simple" proceso degenerativo, "se sabe que varios problemas reumáticos surgen en relación con diversas ocupaciones. Desafortunadamente, los factores económicos a menudo hacen imposible aprovechar por completo ese conocimiento. La prevención primaria podría generar cambios en los métodos laborales y en el ambiente de trabajo, pero eso suele ser costoso" (*Arthritis and Rheumatism Council*, s. f., pág. 11). Así, un punto de vista alternativo sobre esta importante causa de incapacidad ubicaría la explicación no en el nivel "natural" o "individual", sino en el contexto socioeconómico en que ocurre, en el que la "degeneración física" no es, bajo ningún aspecto, una variable independiente. Para llevar esta afirmación un poco más lejos, el ritmo y la dirección del desarrollo de técnicas preventivas y paliativas son, en sí mismos, producto de factores socioeconómicos, los que a su vez son resultado de lo que fundamentalmente son decisiones políticas. Por lo tanto, pueden encontrarse aspectos sociales de las causas de la incapacidad en ambos niveles.

Mientras que se considera que la mayor parte de las incapacidades que son resultado de lesiones laborales tienen una duración relativamente corta, alrededor de un tercio de las mismas termina en daños permanentes o posiblemente permanentes (PEARSON, 1978). Además de los accidentes, unas 16.000 personas contraen por año una enfermedad ocupacional de acuerdo a la definición establecida en la *Social Security Act* [Ley de Seguridad Social] de 1975, de las que las principales categorías son dermatitis infecciosa (10.000), inflamación traumática del tendón (3.400) y bursitis prerrotuliana (1.000). Sin embargo, la comparación de esas estadísticas —basadas en los registros del Departamento de Salud y Servicios Sociales (DHSS), que excluyen ciertas enfermedades cuyas causas o agudización sabemos se encuentran en las lesiones ocupacionales— con un estudio sobre lesiones personales, llevó a PEARSON a concluir:

> Había numerosas enfermedades allí donde al afectado le parecía que existía un vínculo probable entre éstas y las condiciones laborales, las que posiblemente quintuplicaban la cantidad de enfermedades reconocidas registradas por el DHSS.
>
> (PEARSON, 1978, Vol. 2, pág. 66.)

NICHOLS se hace eco de esa convicción al igual que otros autores que afirman que las cifras oficiales sobre incapacidades de origen ocupacional constituyen apenas la punta del iceberg (KINNERSLEY, 1973; THUNHURST, 1982; NAVARRO, 1982), y además afirma que desde 1978 se incrementó la tasa de lesiones causantes de incapacidad y muertes en la industria manufacturera.

Del otro lado de las incapacidades causadas por el proceso de producción se encuentran aquellas que pueden atribuirse al consumo voluntario o involuntario de sus productos. Mientras que es posible que el ejemplo reciente más notable de esto en Gran Bretaña sea la droga talidomida, seguramente hay —o habrá— resultados similares con otros productos de la industria farmacéutica. De las 70.000 lesiones físicas que PEARSON atribuyó a productos o servicios defectuosos (alrededor del 2,5 por ciento de todas las lesiones), aproximadamente la mitad tiene que ver con medicamentos recetados por el médico.

En el Congreso Mundial de Salud Mental celebrado en Brighton en julio de 1985 el doctor David HILL, jefe de Psicología del hospital Walton de Chesterfield, aseguró que 25 millones de pacientes de todo el mundo habían sufrido daño cerebral irreversible a causa de la administración de fuertes tranquilizantes como Largactil (*The Guardian*). Sus críticos no intentaron siquiera rebatir esa aseveración; simplemente declararon que no había alternativa.

Los efectos perjudiciales para la salud de los medicamentos recetados están registrados a escala mundial y son aterradores (MULLER, 1983). Mientras que —al menos en el mundo "desarrollado"— la vacunación redujo considerablemente los casos de muchas enfermedades, el daño relacionado con la propia vacunación causó incapacidades a aquellos que pagaron el costo individual de una mejora en la salud general. El desarrollo de técnicas de vacunación efectivas en algunos casos también tuvo el efecto paradójico de poner en desventaja a aquellos que ya tenían una incapacidad ocasionada por alguna enfermedad. Por ejemplo:

> El fin de las epidemias recurrentes de polio tuvo como resultado que la enfermedad y, por lo tanto, sus víctimas, perdieran notoriedad. Hubo menos investigaciones sobre la enfermedad, sus procesos y su control. Esto significó que el conocimiento sobre la epidemiología y patología de la polio básicamente se estancó en el nivel del conocimiento médico de mediados de los cincuenta... Parte del contexto de cualquier discapacidad en particular es su actualidad a los ojos del público o del ámbito médico. Al igual que sucede con el cáncer en nuestros días, en su momento la polio atrajo la atención más allá del nivel real de amenaza para la población; sin embargo, una vez que la vacunación eliminó ese temor, la polio dejó de ser una cuestión relevante.
>
> (KAUFERT y KAUFERT, 1984, pág. 616.)

Debe tenerse en cuenta que la eliminación de la amenaza de la polio es únicamente local. Contrario a la creencia generalizada en el ámbito médico en las décadas de los cuarenta y los cincuenta, la polio no es, bajo ningún aspecto, una "enfermedad de la civilización"; sigue habiendo brotes endémicos recurrentes en gran parte del mundo donde se consideró que la vacunación era innecesaria o donde los métodos de administración de la vacuna no fueron efectivos.

Se estima que la población mundial con discapacidad es de alrededor de 500 millones de personas, que dos tercios de las mismas viven en países en vías de desarrollo y que uno de cada diez niños en el mundo tiene discapacidad mental o motora. Algunas autoridades afirman que hasta el 50 por ciento de las discapacidades del mundo podrían prevenirse o rehabilitarse en gran medida con un costo de algunas libras esterlinas por cabeza (SHIRLEY, 1983). Por ejemplo, en Tamil Nadu, India, alrededor de 6.000 niños pierden la visión cada año debido a una fácilmente remediable deficiencia de vitamina A. Sin embargo, según el doctor Michael IRWIN, coordinador de UNICEF para el Año Internacional de las Personas con Discapacidad, "sólo el uno ó dos por ciento de los niños con discapacidad del Tercer Mundo tienen acceso a algún tipo de rehabilitación" (*The Guardian,* 1981). Otro factor que contribuyó seriamente a la etiología de la incapacidad es la nutrición, si bien se reconoce de manera universal que los suministros de alimentos del mundo exceden la necesidad alimentaria global y que en la actualidad la desnutrición es resultado de decisiones políticas y no una "obra de Dios". En lo que respecta a la mayoría de las personas con discapacidad del mundo, la incapacidad es principal y muy claramente el resultado de factores sociales y políticos y no un "hecho natural" inevitable.

En el mundo desarrollado, los avances en el campo de la medicina tuvieron el efecto de aumentar la tasa de supervivencia de individuos con escasas expectativas de vida, lo que a su vez produjo una proporción mayor de jóvenes con impedimentos severos y múltiples; las mayores tasas de supervivencia de personas con síndrome de Down y espina bífida son ejemplos de esto. También deben tenerse en cuenta los efectos —en general no cuantificados— de la contaminación ambiental y del consumo de productos alimenticios, tabaco y alcohol, que pueden causar incapacidad tanto a las personas que están expuestas a ellos como a sus descendientes; de todas formas, no me extenderé aquí sobre este punto.

La incapacidad puede ser resultado de los llamados factores hereditarios o de lesiones sufridas durante el nacimiento o al poco tiempo del mismo. Datos del Estudio Nacional de Desarrollo Infantil mostraron una incidencia de severos defectos congénitos o surgidos al poco tiempo del nacimiento del 30,8 por mil nacimientos con vida. A los 7 años, la incidencia era del 19,6 por mil y cerca de la mitad resultaba en discapacidades, mientras que 9 de cada 1.000 niños tenía muy mala visión y 3 de cada 1.000, mala audición (DAVIE y cols., 1972). El ejemplo de la fenilcetonuria revela la compleja interrelación entre los factores sociales y los congénitos en la producción de incapacidad. En nuestros días, esta incapacidad hereditaria de metabolizar el aminoácido fenilalanina se puede detectar y, mediante una dieta controlada, puede prevenirse el retraso mental. Antes de que se desarrollaran métodos para su detección y tratamiento puede haber parecido absolutamente razonable catalogar a esta incapacidad como congénita; en nuestros días sería igualmente correcto considerarlo socialmente determinada, ya que sólo las personas nacidas en ámbitos en los que no se practican análisis para la detección del fenotipo de la fenilcetonuria, o donde no hay tratamientos disponibles para tratarla, sufrirán esta incapacidad. Entonces, parece imposible trazar de forma adecuada una línea divisora entre factores genéticos y ambientales y, en última instancia, sociales. En realidad, la designación de los factores genéticos como causa principal es, en sí misma, un juicio de valor determinado por conocimientos, intereses e intenciones; en otras palabras, un juicio político.

Actualmente, es posible aclarar la naturaleza de la afirmación de que debe comprenderse el origen de la *incapacidad* como social y distinguirla de las generalizaciones sociológicas más usuales sobre los orígenes sociales de los *impedimentos.* Esta última postura, al menos en sus formas más elaboradas, presenta los impedimentos como si fueran íntegramente producto de significados sociales; en otras palabras, como si pudiera reducírselos a la categoría de "actitudes", e implica que un cambio de actitud podría abolir la discapacidad. No obstante, las afirmaciones sobre el origen social de la incapacidad apuntan a la explicación del origen social de fenómenos materiales y biológicos y debería tomárselas como afirmaciones sobre los elementos sociales fundamentales e inextricables de lo que constituye una base material para fenómenos ideológicos y no como si disolvieran esos elementos materiales en ideas o actitudes. Por lo tanto, tal visión no niega la importancia de los gérmenes, los genes y los traumatismos, sino que señala que sus efectos sólo son evidentes en el contexto histórico y social real, cuya naturaleza se ve determinada por una compleja interacción de factores materiales e inmateriales. Por ejemplo: mientras que el vínculo entre consumo de tabaco y el cáncer de pulmón, la bronquitis y la cardiopatía isquémica es tangible y demostrable, debe comprenderse la ocurrencia e incidencia del consumo de tabaco principalmente en términos de factores sociales, al igual que el nivel y el tipo de prestaciones paliativas disponibles.

En el ámbito de la política, presentar —tal como se hace— de manera explícita y gráfica las contradicciones entre la naturaleza potencialmente benéfica de la ciencia médica y sus restricciones y deformaciones en el modo de producción capitalista, al enfocarse en los tipos y tasas de incapacidad, puede tomarse como una manera de formar una base materialista para una teoría de la discapacidad en cuanto opresión. Es la imposibilidad general de la izquierda para hacer conexiones entre el capitalismo y la incapacidad la que explica el hecho de que "ningún grupo de la 'izquierda revolucionaria'... toma en serio a la discapacidad" (SUTHERLAND, 1981, pág. 17). Pero SUTHERLAND no avanza en la discusión en cuanto a su confianza en la visión "naturalista" de que la "discapacidad no es simplemente el estado físico de una pequeña minoría de personas; es la condición normal de la humanidad" (ibídem, pág. 18) dado que ese punto de vista separa a una "condición humana" algo abstracta de las condiciones sociales e históricas de su producción y no puede responder a la pregunta de ¿por qué, si la discapacidad es la condición normal de la humanidad, sólo algunos miembros de la raza humana reciben el rótulo de "personas con discapacidad"?

Características comunes de la desventaja

Una característica de la literatura sobre opresión racial y sexual es que identifica ciertos rasgos generalmente comunes de las desventajas sociales, económicas y psicológicas que sufren los integrantes del grupo oprimido. La naturaleza y alcance de esas desventajas no es en absoluto uniforme o constante entre grupos o dentro de los grupos en un período determinado y sólo se las puede describir después de una investigación empírica exhaustiva. Existen numerosos textos en donde se indican las desventajas materiales sufridas por las personas con discapacidad. Para tomar un ejemplo reciente, TOWNSEND (1979) crea una imagen de bajo salario, jornada laboral más larga y peores condiciones laborales y habitabilidad, todo esto sumado a una mayor posibilidad de estar desempleados. Para los propósitos de este ensayo tomaré los resultados de ese estudio como característicos, confiables y válidos y no profundizaré más en este punto. Además de las desventajas materiales y económicas, otra extensa serie de obras —en la que posiblemente el ejemplo más famoso siga siendo el estigma de GOFFMAN (GOFFMAN, 1963)— documenta las desventajas sociales y psicológicas desde lo que, implícita o explícitamente, es una perspectiva interaccionista. Desde el punto de vista de una teoría de la discapacidad en cuanto opresión, la importancia de tales estudios radica en que se puede considerar que estos identifican y describen los mecanismos sociales mediante los que las condiciones descritas por cronistas sociales como TOWNSEND se producen y reproducen. Hay que ser cuidadoso con la "interpretación", ya que una característica frecuente de esos estudios es la supuesta condición de inevitable o de "correcto" de aquello que se describe. Sin embargo, al tomarlos en conjunto y reinterpretarlos de manera adecuada, dichos estudios pueden constituir un elemento importante en el desarrollo de una teoría de la incapacidad en cuanto opresión. Por ejemplo, KATZ y cols. (1979, pág. 506) determinaron que "Idénticos comportamientos tienen significados sociales diferentes si los realizan personas normales que si los producen personas con discapacidad. La agradable y competente líder del grupo 'confinada a una silla de ruedas' se enfadó al recibir menos ayuda porque, aparentemente, no coincidía con el estereotipo de estigma esperado según el cual las personas con discapacidad deben sufrir y ser incapaces. Cuando nuestra cómplice en silla de ruedas se comportó de manera cáustica y hostil, al parecer cumplió con las expectativas sociales y las personas estuvieron dispuestas a ofrecerle más ayuda".

Al analizar dichos ejemplos debemos esforzarnos por determinar cuáles son las características clave del estereotipo de persona con discapacidad que produce una formación social en particular y de acuerdo a las que la misma reacciona ante verdaderas personas con discapacidad. Nuestro objetivo debería ser lograr explicar las condiciones materiales que generan esos estereotipos y no la simple descripción que se encuentra en los enfoques interaccionistas y en la psicología empírica.

Un aspecto fundamental de este estereotipo en Gran Bretaña actualmente es que mientras la "identidad primaria" (SHEARER, 1981, pág. 23) de la persona reside en la discapacidad, al mismo tiempo se niega la legitimidad y el valor de esa identidad. Ya se la perciba como "trágica" o como "valiente", se presupone una identidad que engloba a la persona y la discapacidad, pero al mismo tiempo se da por sentado que el estado de discapacidad es necesariamente ilegítimo en la medida que:

> Se considera que la imitación burda y notoria de un cuerpo "normal" es preferible a una herramienta elegante y eficiente que no pretende ser otra cosa que lo que es.
> (SUTHERLAND, 1981, pág. 75.)

y

> Se insiste mucho en que un niño que tuvo polio o lo que sea, camine... Es como si se pensara que ponerse de pie es infinitamente mejor que sentarse, incluso cuando para hacerlo deba realizarlo dentro de un marco que pesa una tonelada, en el que es imposible moverse, que lastima, que necesita horas para colocarse o levantarse y parece horrible. Se asume que eso es lo que uno quiere y que es lo mejor para uno mismo.
> (Ibídem, pág. 73.)

En textos feministas y en análisis de la cultura juvenil se menciona la importancia del cuerpo en la sociedad occidental contemporánea, si bien hasta hace muy poco tiempo no se había realizado un estudio sociológico sistemático del asunto (TURNER, 1984). Para las personas con discapacidad el cuerpo es el lugar de la opresión, tanto en forma como en cuanto a lo que se hace con él. La prohibición que se impone a los niños sordos de hacerse señas como si fuera "algo malo, como si ese movimiento de manos fuera algo indecente que no debe hacerse" (SUTHERLAND, 1981, pág. 56) es el reflejo de los ideales impracticables de perfección y competencia física que se presentan constantemente en los medios de comunicación y en materiales deportivos y recreativos convencionales. Pero tal vez más significativo que las exigencias y las prohibiciones sobre lo que uno, como persona con discapacidad, hace con su cuerpo sean las cosas que se le hacen a nuestro cuerpo. Estas "violaciones" y "prácticas esclavizantes" equivalen, para las personas con discapacidad, a las características más conocidas de la opresión racial y sexual y, a menudo, se perpetúan en la vida cotidiana debido a las acciones y a la mirada de las personas "normales".

Debido a su imposibilidad de vincular las relaciones interpersonales con la base material sobre la que tienen lugar las interacciones, los estudios interaccionistas nunca pueden ir más allá del nivel del relato descriptivo e implícitamente justificativo. La incapacidad, tomada como una propiedad "natural" dada en lugar de como un producto social, a fin de cuentas "explica" la discriminación y las desventajas en aquellos análisis mediante el uso de algunos mecanismos sociales paralelos al "etnocentrismo básico" propuesto, utilizado en algunos estudios sobre raza.

Un punto más importante a tener en cuenta sobre la base de las consideraciones hechas en tales estudios es el grado en que produce y propaga un error conceptual sobre quiénes son las personas con discapacidad. Mientras que el estereotipo de las personas con discapacidad (implícito en el logotipo de discapacidad que se ve en la puerta de los baños y en los coches y, a la vez, producido por él) es el de personas jóvenes en sillas de ruedas debido a esclerosis múltiple, amputaciones, etc., esto dista mucho de la realidad de la gran mayoría de las personas con discapacidad.

La edad promedio de "jóvenes con enfermedades crónicas" en el cálculo de WOOD para 1978 (WOOD, 1978) era de 50,3 años y sólo el 9,8 por ciento de las personas con discapacidad tenía menos de 45, hecho que ocasionó una pequeña modificación terminológica en los materiales más recientes, donde se cambió el término "joven" por "más joven" (ROYAL COLLEGE OF PHYSICIANS, 1986b, pág. 4).

Se determinó que las causas de la incapacidad también entraban en contradicción con el estereotipo:

Causas de discapacidad severa

Artritis	31 %	Esclerosis múltiple	2,8 %
Accidente cerebro-vascular o Parkinson	15 %	Amputación	1,5 %
Cardiorrespiratoria	13 %	Paraplejia	1,3 %
		Polio	0,7 %

(Extraído de BURY, 1979. Se pueden hacer cálculos similares sobre la base de los datos contenidos en *Royal College of Physicians*, 1986a.)

De este error de concepto derivan varias cuestiones importantes para una teoría de la discapacidad en cuanto opresión. Dadas las principales causas de incapacidad, no debería subestimarse la importancia de las actividades o de la inactividad de los organismos médicos —como suele hacerse en ciertos estudios sociológicos— ni las de los miembros del público general que dicen ver a las personas con discapacidad "como a cualquier otra persona". Si la mayoría de las personas con discapacidad estuviera sujeta a condiciones relativamente estables para las que no hay intervenciones médicas adecuadas, esas posturas serían más sostenibles, pero las causas biológicas de incapacidad predominantes son condiciones para las que la medicina moderna dice tener al menos cierta competencia paliativa.

El estereotipo representa a personas de quienes, si no tuvieran una discapacidad, se esperaría que trabajaran así, las cuestiones de legitimidad de la *Poor Law* [Ley de Pobres] descritas por STONE (1984) surgen nuevamente en la percepción y el interés público, aunque no en la realidad estadística (de acuerdo a los cálculos de BURY, el 57,9 por ciento de los adultos con incapacidad eran mayores de 65 años). Este grupo es el mismo al que en el informe del Colegio Real de Médicos (*Royal College of Physicians*, 1986a) se reconoce como aquél para el que las prestaciones son más inadecuadas y a quienes también se identifica en fuentes más anecdóticas como objeto de los "análisis" más humillantes cuando solicitan asignaciones para movilidad (*The Guardian*, cartas, agosto de 1986).

Aunque es apenas confuso para BURY, puede considerarse que este error conceptual desempeña diversas funciones importantes en el sistema social actual. *Primero*, al desviar la atención de la incapacidad asociada con el envejecimiento, naturaliza este aspecto de la situación y reduce la cantidad de discapacidad percibida en la sociedad, por lo que ésta parece algo "excepcional". En la realidad, en este momento en Gran Bretaña hay 5,5 millones de personas con discapacidad —una de cada diez—, lo que casi equivale a la proporción de la fuerza laboral que sufre desempleo.

En segundo lugar, se enfoca en ese aspecto de la discapacidad —su posibilidad de afectar a posibles trabajadores— que es la principal inquietud del capitalismo, para el que el "problema" de la discapacidad radica en que esas personas no son productivas, y hay que devolverlas a la vida laboral y, si eso no es viable económicamente, se debe manejar su falta de productividad de manera que perturbe lo menos posible el imperativo predominante de acumulación de capital y de maximización de las ganancias. Sin embargo, si el principal objeto de esas teorías son las personas "jóvenes" con discapacidad, sus efectos resuenan más allá de estos. Un efecto de la degradación del estado de discapacidad es que lleva a todas las personas —incluidos los propios "jóvenes" con discapacidad— a negar su propio sufrimiento y a normalizar su situación, manteniendo así las estructuras de organización social y trabajo existentes. Más allá de esto, la sociedad, como un todo, se ve afectada mediante la propagación de la ética laboral y los conceptos de normalidad que tales teorías implican. A este nivel, hay un paralelismo con el argumento (BRITTAN y MAYNARD, 1984) de que tanto la opresión racial como la sexual están íntegramente conectadas con el poder masculino de acuerdo a la noción de masculinidad en cuanto dominio sobre la naturaleza. Los puntos planteados por HUNT (1966, pág. 146), quien afirma que las personas con discapacidad desafían las normas vigentes de la sociedad de cinco maneras principales, "como desafortunados, inútiles, diferentes, oprimidos y enfermos" indica cómo el modo de ser de las personas con discapacidad puede interpretarse como una negación paradigmática de la masculinidad así concebida.

Como en los casos de las mujeres y las personas de raza negra, las teorías opresivas de la discapacidad imponen estereotipos y distorsionan de manera sistemática las identidades de sus posibles sujetos, lo que restringe la integridad de su humanidad al reducirlos únicamente a sus aspectos "problemáticos". La reacción liberal más típica e igualmente inaceptable ante este punto de vista es negar todas las diferencias —similar a la perspectiva asimilacionista en relaciones de raza— lo que devalúa y niega de manera similar la autenticidad de las experiencias de una persona con incapacidad al disolver los problemas reales en el "cambio de actitud". Ambos puntos de vista contienen la suposición explícita o tácita de que la "incapacidad" es un factor universalmente aceptable y que sirve de explicación principal. Esto puede verse especialmente en las teorías de "duelo" criticadas por OLIVER (1983) y llega a su expresión más refinada y menos lógica en juicios como "tenía la entereza mental necesaria a pesar de —o, quizá, a causa de— piernas lisiadas por la polio" (HEREN, 1984).

Al igual que sucede con el racismo y el sexismo, una teoría de la discapacidad en cuanto opresión en algún momento deberá enfrentarse con la pregunta de quién se beneficia con esto. Mientras que puede verse que ciertos grupos e individuos obtienen ventajas en el corto plazo (un análisis de la fabricación, provisión e implantación de extremidades artificiales en Gran Bretaña proporciona actualmente ejemplos gráficos de esto), debe identificarse como firme principal beneficiario al orden social reinante o, más precisamente, al capitalismo en una forma histórica y nacional particular. Estas últimas distinciones son importantes si queremos comprender las diferencias en términos de políticas y actitudes de una nación a otra y en el transcurso del tiempo (MITCHELL, 1985).

He argumentado extensamente sobre las perspectivas teóricas existentes en el ámbito de la discapacidad mediante analogía y críticas. Sin embargo, esta analogía —espero— se ha realizado con fundamentos, y las críticas no se han hecho al azar. En conjunto implican una serie de cuestiones de las que deberá ocuparse una teoría alternativa —una teoría de la discapacidad en cuanto opresión— y cómo será esa teoría en comparación con las teorías opresivas. Para finalizar, intentaré ser más explícito respecto a estos puntos.

Algunos de los efectos generales que la opresión tiene sobre las personas con discapacidad son los siguientes:

1. Desalienta a las personas de intentar aprovechar los "privilegios", para utilizar el curioso término usado por STONE (STONE, 1984), de la discapacidad y así se excluyen a sí mismas del proceso laboral.
2. Debido a los estereotipos negativos y las desventajas materiales relacionados con la discapacidad, alienta a las personas, cuando es posible, a normalizar el sufrimiento y la enfermedad para no incluirse a sí mismas en un subgrupo despreciado y desfavorecido.
3. Ayuda a formar parte de una "subclase" pasiva de receptores de asistencia social (LEONARD, 1984) que sirve de fuerte advertencia de lo que podría pasar al quedar fuera de la jerarquía organizada en torno al rendimiento.
4. Al presentar las desventajas como consecuencia de una incapacidad naturalizada se legitima la imposibilidad de los centros de asistencia social y del sistema distributivo en general de suplir las necesidades sociales; es decir, interpreta los efectos de la mala distribución como una consecuencia de la deficiencia individual.

Por el contrario, una teoría de la discapacidad en cuanto opresión intentará fundamentar la afirmación de que las categorías históricamente específicas de "personas con discapacidad" se formaron como producto del desarrollo del capitalismo y su relación con la obligación de trabajar. Hasta finales del siglo XIX esto era principalmente tarea de los organismos legales, pero la llegada de la medicina científica ocasionó la transferencia del control desde las autoridades legales a las médicas. Mientras que esto claramente originó ciertas transformaciones en la situación de las personas con discapacidad, la ideología médica también desvaloriza los modos de ser incapacitado al mismo tiempo que naturaliza las causas de la incapacidad.

Entonces, una teoría de la discapacidad en cuanto opresión:

1. Reconoce y, en este contexto, enfatiza los orígenes sociales de la incapacidad;
2. Reconoce y se opone a las desventajas sociales, financieras, ambientales y psicológicas impuestas a las personas con incapacidad;
3. Ve a los puntos 1 y 2 como productos históricos y no como resultados de la naturaleza, del ser humano u otras causas;
4. Afirma el valor de los modos de vida con discapacidad al mismo tiempo que condena la producción social de incapacidad;
5. Es inevitablemente una perspectiva política en cuanto a que involucra la defensa y la transformación —tanto material como ideológica— de la prestación de servicios de salud y asistencia social estatales como una condición fundamental para transformar la vida de la gran mayoría de personas con discapacidad.

Mientras que las consecuencias políticas de semejante análisis son evidentes, las consecuencias conceptuales son además profundas, ya que el concepto de discapacidad en cuanto opresión nos permite organizarnos juntos en un área conceptual coherente, hasta el momento aislada y dispar de la investigación social, y posiblemente corregir los resultados de semejante miopía teórica.

En resumen, aplicar de manera útil el concepto de opresión al complejo formado por incapacidad, discapacidad e impedimento implica el desarrollo de una teoría que interconecta las características comunes de las desventajas económicas, sociales y psicológicas con una comprensión de la base material de estas desventajas y las ideologías que las difunden y reproducen. Sólo un análisis específico y sistemático de este tipo puede llevar la discusión más allá del nivel en que se encuentra ahora al aplicar las herramientas actuales de las ciencias sociales en lugar de las de antes de ayer.

Agradecimientos

Quisiera agradecer a Sue Abberley, Caroline Freeman, Dee Northover y a Christine Webb por sus diversas contribuciones en la redacción de este trabajo.

Referencias

ARTRITIS AND RHEUMATISM COUNCIL (N.D.). *Artritis Research: the way ahead*, Londres, ARC.

BARKER, R. G. (1948). "The social psychology of physical disability", *Journal of Social Issue*, 4 (4), págs. 28-42.

BARRETT, M. (1981). *Women's Oppression Today*, Londres, Verso.

BATTYE, L. (1966). "The Chatterley syndrome", en HUNT, op. cit.
BOTTOMORE, T. (Ed.) (1983). *A Dictionary of Marxist Thought,* Oxford, Blackwell.
BRITISH LEAGUE AGAINST RHEUMATISM (1977). *Rheumatism: the price we pay,* Londres, BLAR.
BRITTAN, A. y MAYNARD, M. (1984). *Sexism, Racism and Oppression,* Oxford, Blackwell.
BURY, M. R. (1979). "Disablement in society", *International Journal of Rehabilitative Research,* 2, págs. 33-40.
CAMPLING, J. (Ed.) (1981). *Images of Ourselves,* Londres, Routledge & Kegan Paul.
CHESLER, M. A. (1965). "Ethnocentrism and attitudes towards the physically disabled", *Journal of Personality and Social Psychology,* 2, págs. 877-882.
COMMITTEE ON CHILD HEALTH SERVICES (1976). *Fit for the Future,* Vol. 1, Londres, HMSO.
CONFEDERATION OF INDIAN ORGANISATIONS (U.K.) (1986). *Double Bind-to be disabled and Asian,* Londres, CIO.
DARTINGTON, T., MILLER, E. y GWYNNE, G. (1981). *A Life Together,* Londres, Tavistock.
DAVEY, A. (1983). *Learning to be Prejudiced,* Londres, Edward Arnold.
DAVIE, R. y cols. (1972). *From Birth to Seven,* Londres, Longman.
DAVIS, F. (1961). "Deviance & disavowal", *Social Problems,* 9.
EISENSTEIN, Z. (1979). "Developing a theory of capitalist patriarchy and socialist feminism", en: *Capitalist Patriarchy and Socialist Feminism,* Nueva York, Monthly Review Press.
FRY, E. (1986). *An Equal Chance for Disabled People?-A study of discrimination in employment,* Londres, The Spastics Society.
GOFFMAN, E. (1963). *Stigma,* New Jersey, Prentice,Hall.
HANDEL, A. F. (1960). "Community attitudes and adjustment to disability", *Outlook for the Blind,* N.º 54, pág. 363.
HEREN, L. (1984). *The Observer,* Londres, 30 Diciembre.
HUNT, P. (1966). "A critical condition", en: P. HUNT (Ed.) (1966). *Stigma,* págs. 145-159, Londres, Chapman.
KATZ, M. y cols. (1979). *Journal of Personality,* 46, págs. 606-609.
KAUFERT, J. y KAUFERT, P. (1984). "Methodological and conceptual issues in measuring the impact of longterm disability", *Social Science and Medicine,* 19, págs. 609-619.
KINNERSLEY, P. (1973). *The Hazards of Work,* Londres, Pluto Press.
LEONARD, P. (1984). *Personality and Ideology,* Cap. 8, Basingstoke, Macmillan.
MITCHELL, P. (1985). *A Comparison of Social Provision For People with Disabilities in the Netherlands and the U.K.,* Londres, RADAR.
MULLER, M. (1982). *The Health of Nations,* Londres, Faber.
NAVARRO, V. (1982). "The labour process and health international", *Journal of Health Services,* 12, págs. 5-29.
NEW SOCIETY (1985). "Findings", 7 Junio.
NICHOLS, T. (1986). "Industrial injuries in British manufacturing in the 1980s", *Sociological Review,* 34, págs. 290-306.
OLIVER, M. (1983). *Social Work with Disabled People,* Basingstoke, Macmillan.
— (1986). "Social policy and disability: some theoretical issues", *Disability, Handicap and Society,* 1, págs. 5-18.
PEARSON COMMISSION REPORT (1978). Vols. 1 y 2, Londres, HMSO.
RICHARDSON, S. W. y GREEN, A. (1971). "When is black beautiful? Coloured and white children's reaction to skin colour", *British Journal of Educational Psychology,* 41, págs. 62-69.
ROYAL COLLEGE OF PHYSICIANS OF LONDON (1986a). *Physical Disability in 1986 and Beyond,* Londres, RCP.
— (1986b). *The Young Disabled Adult,* Londres, RCP.
SADGROVE, J. (1985). "I deserve this cigarette", *New Statesman,* 109(2830), 14 Junio, págs. 9-11.

SHEARER, A. (1981). *Disability: whose handicap?,* Oxford, Blackwell.

SHIRLEY, O. (Ed.) (1983). *A Cry for Health–Poverty and disability in the Third World,* Frome, Third World Group & AHRTAG.

STONE, D. (1984). *The Disabled State,* Basingstoke, Macmillan.

SUTHERLAND, A. (1981). *Disabled We Stand,* Londres, Souvenir Press.

THUNHURST, C. (1982). *It Makes You Sick–the politics of the NHS,* Londres. Pluto Press.

TOWNSEND, P. (1979). *Poverty in the United Kingdom,* Londres, Penguin.

TURNER, B. S. (1984). *The Body & Society,* Oxford, Blackwell.

WOOD, P. H. N. (1978). "Size of the problem and causes of chronic sickness in the young", *Journal of the Royal Society of Medicine,* 71, págs. 437-441.

CAPÍTULO III

Mujeres con discapacidad

La suma de dos obstáculos

Por William John HANNA

Departamento de Desarrollo Familiar y Comunitario,
Universidad de Maryland

y Betsy ROGOVSKY

Universidad Gallaudet, Washington, DC

Resumen

En los EE.UU. las mujeres con discapacidades tienen una menor participación en las relaciones sociales, las instituciones educativas y la fuerza laboral de la que se esperaría sobre la base de las desigualdades entre hombre y mujer y entre hombres con y sin discapacidades. El aislamiento resultante parece estar relacionado con normas atributivas, afectivas y de atracción del sistema sociocultural estadounidense al igual que con componentes relacionados con la imagen propia y la elección del papel que desempeñan de acuerdo al concepto que las mujeres tienen de sí mismas. En este estudio se considera esquemáticamente que la participación, el sistema sociocultural y los conceptos propios sobre uno mismo son elementos de un triángulo de causalidad circular.

Introducción

Ahora soy una mujer con discapacidad. Van dos *strikes*. ¿Significa que casi estoy eliminada?

Debes encontrar las partes aptas de la mujer con discapacidad[1].

Hace algunos años nos encontrábamos hablando de manera casual sobre la situación en que viven las mujeres con incapacidades físicas de larga duración. La conversación nos llevó a buscar literatura sobre el tema pero, para nuestra sorpresa, una gran parte del material académico o popular sobre discapacidad no diferenciaba entre hombres y mujeres; es más, la mayoría de esos textos se basaba en estudios sobre hombres. Sin embargo, aplicando nuestras observaciones personales, nos parecía que había diferencias entre hombres y mujeres

---

[1] Las citas corresponden a la trascripción de entrevistas que los autores hicieron a mujeres con discapacidad.

con discapacidad. A modo de ejemplo, si bien notábamos mayor cantidad de hombres con discapacidades visibles en ámbitos públicos, sabíamos que había —al menos— igual cantidad de mujeres con discapacidad. Por esa razón, decidimos explorar este tema con mayor profundidad.

Descubrimos que, aproximadamente, 20 millones de mujeres estadounidenses con incapacidades visuales, auditivas, motoras y físicas en general despertaron escaso interés tanto en términos políticos como académicos. En los EE.UU. comenzó a dedicarse atención a las políticas relacionadas con la discapacidad de manera reciente como resultado de la *Fair Housing Act* de 1988 (Ley de vivienda justa) y de la *Americans with Disabilities Act* de 1990 (ADA) (Ley de estadounidenses con discapacidades). Hasta la década de los ochenta no comenzaron a aparecer, con alguna regularidad, textos —tanto académicos como populares— sobre mujeres con discapacidad. A pesar de diversas publicaciones académicas recientes (FINE y ASCH, 1988; DEEGAN y BROOKS, 1985, por ejemplo) y de antologías sobre observación participante (como SAXTON y HOWE, 1987; BROWNE y cols., 1985), la evaluación de 1984 de ELLIEN sostiene, en líneas generales, que: "... no se identificó ni exploró la mayoría de las necesidades de las mujeres con discapacidad..." (1983-1984, pág. 10).

Así, decidimos acometer un programa de investigación. El primer punto de nuestra agenda era determinar la verdadera proporción en que era diferente la situación de hombres y mujeres con discapacidad. Por supuesto, esta cuestión puede abordarse de distintas maneras; nuestra elección fue enfocarnos en su participación en el sistema socioeconómico. Es evidente que la mujer está más aislada que el hombre de la sociedad en general. Las explicaciones de nuestras candidatas partieron de dos observaciones personales más: las opiniones principalmente negativas o poco halagüeñas que las personas suelen expresar con respecto a las mujeres (y las personas en general) con discapacidad y el bajo concepto de sí mismas —al parecer, aceptado de manera pasiva— que tienen muchas de estas mujeres. Nuestra investigación sugiere que el bajo promedio de participación de las mujeres con discapacidad en la sociedad está relacionado con el sistema sociocultural en general (y, en consecuencia, con el concepto de sí mismas que tienen las mujeres). Nuestra población de referencia tiene tres características importantes: 1) son mujeres, 2) tienen una discapacidad física y *además* 3) son mujeres con discapacidad, es decir, la combinación entre ser mujer y tener discapacidad tiene consecuencias especiales.

El marco que guía nuestro estudio tiene la forma de un triángulo en el que se incluyen la "participación", el "sistema sociocultural" y el "concepto de sí mismo". (No hace falta mencionar que este marco de trabajo simplificado deja fuera muchos otros factores que deberían incluirse si se desea lograr un entendimiento completo de la situación en que se encuentran las mujeres con discapacidad.) Inicialmente tomamos al sistema sociocultural como la fuerza motriz que lleva a una escasa participación y a tener un bajo concepto de uno mismo. Sin embargo, nuestro nuevo punto de vista es que cada uno de estos tres factores contribuye a los otros, los sostiene y se ve influenciado por ellos. Por lo tanto, creemos que en una representación esquemática de estos factores cada uno debería conectarse con los otros dos mediante flechas de dos sentidos. Estas relaciones se muestran en la Figura 3.1.

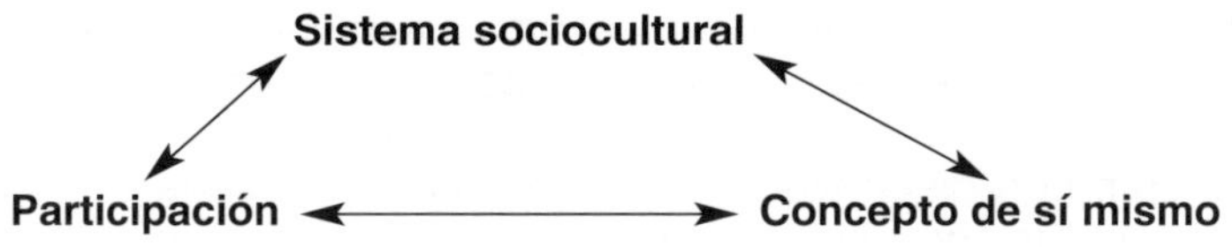

Figura 3.1.

Métodos

Seguimos el siguiente procedimiento. *Primero*, para la cuestión de la participación, recurrimos a muestreos de dos encuestas estadounidenses en el ámbito nacional. *En segundo lugar*, nos ocupamos del sistema sociocultural y del concepto de sí mismas que tienen las mujeres con discapacidad mediante una serie de entrevistas exhaustivas y cuestionarios de encuestas realizadas especialmente para este fin.

Para analizar la cuestión de la participación recurrimos a una encuesta especial del Departamento de Censos estadounidense de 1984 en la que se incluyó una serie de preguntas —un módulo para ser más precisos— sobre salud y discapacidad, y a una encuesta que la consultora *Louis Harris and Associates* (actualmente, *Harris Interactive Inc.*) realizó en 1986 entre estadounidenses con discapacidad. El estudio del Departamento de Censos incluía 18.733 personas, de las que 1.748 eran mujeres con algún tipo de limitación duradera, mientras que HARRIS entrevistó a 1.000 personas, entre las que había 553 mujeres.

Nos enfocamos especialmente en las respuestas de las personas de entre 40 y 49 años de edad, ya que las de esta franja de edad sufren menos los efectos —específicos de uno de los géneros— del parto y la longevidad. Debe notarse que la relación entre clase social y discapacidad está especialmente marcada en las personas de mediana edad (HEYMAN y cols., 1990, pág. 169). Las cifras para nuestra categoría de estudio son: en la encuesta del Departamento de Censos, 1.877 personas de las que 219 son mujeres con discapacidades, y en la encuesta sobre discapacidad de HARRIS, 126 entre las que hay 61 mujeres.

Sobre la base de los datos del Departamento de Censos comparamos a las mujeres que tienen discapacidad con las otras tres combinaciones entre género y discapacidad: hombres sin discapacidad, mujeres sin discapacidad y hombres con discapacidad. Para evaluar si el género y la discapacidad son los únicos y totales responsables de la situación en que se encuentran las mujeres con discapacidad, calculamos una cifra estimada de éstas. Para obtener ese número, *primero* evaluamos el factor género al calcular la proporción de mujeres y hombres, tomando como base únicamente los datos de personas que no tienen discapacidad; *en segundo lugar*, establecimos el promedio de discapacidad al calcular la proporción de personas con y sin discapacidad basados en los datos sobre hombres. Partimos de la suposición de que si las cifras reales para mujeres con discapacidad son menores que las cifras estimadas (es decir, tienen menos participación en el total), las cuestiones de género y discapacidad no explican por completo la diferencia entre la cifra real y la estimada y, por lo tanto, este punto debe analizarse con mayor profundidad.

Para conocer las actitudes individuales y comunitarias nos basamos principalmente en los estudios sobre accesibilidad que realizamos en el condado de

Montgomery, Maryland, que incluyen 30 entrevistas específicas con adultos con discapacidad y 102 entrevistas telefónicas con proveedores (HANNA y cols., 1980); una serie de 40 entrevistas de entre una y dos horas de duración realizadas a mujeres con discapacidad que residen en la zona metropolitana de Washington DC y que se ofrecieron de manera voluntaria para ese fin (la mitad de las cuales tiene, al menos, algún tipo de educación superior, lo que nos permitió estar en contacto con mujeres con historias diferentes) y estudios basados en cuestionarios de asociaciones libres (181) y aportaciones (130) sobre discapacidad realizadas por los estudiantes de grado de la Universidad de Maryland (HANNA, 1986).

Algunos de los contrastes que descubrimos son estadísticamente importantes, mientras que otros no lo son. Sin embargo, la *dirección* de los resultados es coherente. Lo que nos impresiona es el patrón general, el que también nos parece sugerente de la situación en que se encuentran las mujeres con discapacidad. Dado que en esta etapa de nuestro trabajo concedimos mayor importancia a los patrones generales, no podemos tomar en consideración las variaciones indudablemente ricas que puede haber sobre la base de factores tales como grado y notoriedad de la incapacidad, clase social, pertenencia a distintos grupos étnicos y orientación sexual.

Participación socioeconómica

Claramente, la mayoría de las mujeres con discapacidad *no* tienen una participación completa o igualitaria en la sociedad estadounidense. SAXTON y HOWE (1987, pág. 2) mencionan al "aislamiento" como uno de los aspectos graves de la "opresión que causa la discapacidad". En esta sección revisaremos parte de los datos contenidos en las encuestas.

Relaciones sociales. Las mujeres con discapacidad parecen estar relativamente aisladas en varios niveles del sistema social. Esto puede deberse, en parte, a que las otras personas las evitan y posiblemente sea un reflejo de una tendencia generalizada entre las mujeres con problemas de salud el apartarse más que los hombres. MORRIS (1989, pág. 106) escribió: "A menudo puede haber obstáculos para iniciar nuevas amistades, los que, si bien se originan principalmente en la ignorancia de las personas y en su miedo a la discapacidad, también se deben a nuestros propios sentimientos y falta de confianza".

Nuestra exploración comienza con una mirada al matrimonio para determinar primero si una persona estuvo casada alguna vez. Los datos del Departamento de Censos revelan que las mujeres con discapacidad constituyen la categoría con más probabilidades de permanecer solteras. Estas son las cifras: hombres sin discapacidad: 4 %; mujeres sin discapacidad: 3 %; hombres con discapacidad: 4 %; mujeres con discapacidad: 7 % (el porcentaje estimado era el 3 %, menos de la mitad de la cifra real). Sugerentemente, HARRIS informa que cerca de la mitad de las mujeres solteras encuestadas en su muestreo consideraban que su discapacidad constituía un impedimento para sus "posibilidades de casarse". Si analizamos ahora a aquellas personas que estuvieron o están casadas, pero no a quienes enviudaron, vemos otro indicador de aislamiento. Las mujeres con discapacidad tienen más posibilidades de estar divorciadas, separadas o casadas sin vivir bajo el mismo techo que las personas de los grupos con los que se las compara. Las cifras son las siguientes: hombres sin discapacidad, 12 %; mujeres sin discapacidad, 15 %; hombres con discapacidad, 11 %; mujeres con discapacidad, 25 % (el porcentaje estimado: 14 %). Entonces, de acuerdo a esta información, las mujeres con discapacidad tienen menos probabilidad de casarse y más de que su matrimonio se termine que de los otros grupos.

Una gran variedad de otras pruebas fundamenta esta imagen de mayor aislamiento social. Por ejemplo, las mujeres con discapacidad tienen menos probabilidad de ser madres y de tener relaciones íntimas. Resulta interesante notar que, en repetidas ocasiones, se encontró que el matrimonio y otros vínculos sociales se asocian con la buena salud. Por lo tanto, la discapacidad puede llevar al aislamiento, pero el aislamiento también puede contribuir a la discapacidad.

El aislamiento social se ve reforzado por la falta de movilidad espacial debido a la incapacidad en sí misma, a las deficiencias del sistema de transporte público —que también son un impedimento— y a la falta de fondos para sortear las barreras del transporte privado. Obviamente este problema pone a prueba a las personas con incapacidades motoras, pero éste es un desafío de iguales proporciones para quienes tienen otro tipo de discapacidad.

Educación. Los datos sobre rendimiento académico revelan que las personas con una discapacidad se enfrentan con severos impedimentos creados por las instituciones educativas. Entre los hombres sin discapacidad, sólo el 16 % no terminó la escuela secundaria y el 47 % asistió a instituciones de educación superior por algún período. Para las mujeres sin discapacidad, los valores son el 18 y el 38 % respectivamente. Sin embargo, en el grupo de hombres con discapacidad, el 33 % no terminó la escuela secundaria y sólo el 34 % asistió a instituciones de educación superior, mientras que en el caso de las mujeres con discapacidad las cifras son el 42 y el 25 % respectivamente. Los valores esperados para mujeres con discapacidad eran el 37 y el 28 %, lo que sugiere una vez más que, por sí solos, el género y la discapacidad no explican por completo la situación en que se encuentran las mujeres con discapacidad.

Estas estadísticas tienen que ver con los años de educación formal y no revelan, ni por asomo, las diferencias (o recompensas) en las experiencias educativas debido a las necesidades especiales y a los desafíos con que se enfrentan las personas con discapacidad en combinación con la discriminación que practican algunas instituciones educativas. Un análisis adecuado del impacto de la educación en las mujeres con discapacidad debería comparar los contenidos de la educación ofrecida a los hombres y mujeres con y sin discapacidad. Aquí, sólo podemos sugerir que existen diferencias que pueden llegar a tener un fuerte impacto en los conocimientos, las habilidades y la autoestima. Un ejemplo: la educación sexual es de vital importancia para las mujeres con discapacidad y debería incluir información sobre la sexualidad en relación con la discapacidad. Sin embargo, no siempre se incluye a los estudiantes de niveles de educación especial en las clases de higiene (HANNA FORD, 1985, pág. 78) y educación sexual, y los materiales que se presentan en las clases rara vez incluyen información sobre discapacidad (ELLIEN, 1983-1984, pág. 10).

Fuerza laboral. Los contrastes antes mencionados se ven reforzados por la información que se obtiene al examinar los datos del sector laboral. La encuesta del Departamento de Censos revela que las mujeres con discapacidad entre 40 y 49 años de edad tienen una participación en la fuerza laboral menor que la estimada. Entre las personas sin discapacidad, un 91 % de los hombres tenía empleo en comparación con el 65 % de las mujeres. En cuanto a las personas con discapacidad, los valores son 73 y 43 % respectivamente (cuando el porcentaje esperado era el 52 %). La desigualdad tanto en cuanto al género como a la discapacidad se observa aún más en un análisis sobre empleo a tiempo completo. Aquí, las cifras son: para los hombres sin discapacidad, 88 %; para mujeres sin discapacidad, 49 %; hombres con discapacidad, 69 % y mujeres con discapacidad, 33 % (cuando se esperaba un 38 %). La educación no logra salvar la brecha laboral. En todos los niveles de educación, incluido el más alto, descubrimos que las tasas de participación de las mujeres con discapacidad son inesperadamente bajas.

Los hombres con discapacidad tienen, desde el comienzo, algunas ventajas programáticas (e incluso nacionalistas). Las campañas de "contrata un veterano" pueden ayudar a los veteranos de guerra y a otros hombres con discapacidad, pero *no es probable* que ayuden a las mujeres con discapacidad (aun cuando algunas de ellas también son veteranas de guerra). Por otra parte, las discapacidades de origen laboral (que son más comunes entre los hombres) aumentan las posibilidades de una rehabilitación satisfactoria y de volver a obtener un empleo (véase ALTMAN, 1985).

Muchos factores relacionados con la incapacidad tienen un impacto en el empleo. Por ejemplo, algunos empresarios no quieren tener trabajadores con discapacidad debido a los costes tangibles (por ejemplo, los de construir rampas de acceso) y a los simbólicos (por ejemplo, pensar que "mujer con discapacidad" equivale a "negocio con discapacidad"). Además, los empresarios pueden no comprender una incapacidad y, por lo tanto, exagerar o ver erróneamente su impacto en el desempeño del trabajador.

No resulta sorprendente que las diferencias en la cuestión del empleo se vean reflejadas en los ingresos. Para las personas de entre 40 y 49 años, el ingreso mensual promedio de los hombres sin discapacidad es de 2.330 dólares; el de las mujeres sin discapacidad, de 1.744 dólares. En cuanto a las personas con discapacidad, las cifras son: 843 dólares para los hombres y 578 para las mujeres (la cifra estimada era de 631 dólares). Cuando se analiza únicamente a los trabajadores a tiempo completo se encuentra un patrón similar.

Sistema sociocultural

¿Qué sucede? ¿Por qué es tan baja la participación promedio de las mujeres con discapacidad en comparación con las mujeres sin discapacidad y los hombres? Si nos apropiamos de una dualidad de PARSONS (1951, pág. 431), podemos decir que la discapacidad se define tanto física *como* socioculturalmente. Por supuesto que las mujeres y los hombres con discapacidad se ven limitados e impedidos físicamente por barreras tales como los bordillos de las aceras y otras como la falta de interprete del lenguaje de señas en las reuniones. Como dijo una estudiante universitaria: "No participo mucho de la vida social en el campus. Cuando pienso en la energía que se precisa para llegar al centro de estudiantes, en general prefiero no ir. Es físicamente agotador". Muchas relaciones interpersonales en las que hay al menos una persona con limitaciones físicas también demandan tiempo y energía adicionales.

Los factores socioculturales también son importantes. SAXTON y HOWE (1987, pág. 2) observaron: "no es posible separar los hechos objetivos, la realidad cotidiana de convivir con una discapacidad de los obstáculos culturales y sociales con los que las mujeres con discapacidad deben enfrentarse, como la discriminación abierta e indirecta en los ámbitos laboral y educativo". Nuestro enfoque aquí, entonces, es en los factores socioculturales.

Sugerimos que tres aspectos del sistema sociocultural reinante son de especial importancia para comprender la situación en que se encuentran las mujeres con discapacidad: el sexismo, la discriminación contra personas con discapacidad (*discapacitismo*) y un tercer factor (o "factor adicional") que parece estar especialmente relacionado con las mujeres con discapacidad. Creemos que estos tres factores afectan la participación en los ambientes social, laboral y educativo y que, a su vez, se ven afectados por los bajos niveles de participación en esos ámbitos.

La consecuencia de estos factores es el estigma (GOFFMAN, 1963), ese "tipo de categorización social especial e insidioso" (COLEMAN 1986, pág. 219) que conlleva un "estatus devaluado" (BECKER y ARNOLD, 1986, pág. 49). Por supuesto, el estigma moldea el comportamiento de las personas estigmatizadas y no estigmatizadas y aporta a cada una de ellas una razón para evitar a la otra.

Las mujeres en los EE.UU. (y en cualquier otro país) tienen un estatus devaluado, y lo mismo sucede con las personas que tienen discapacidades físicas. De hecho, existen similitudes entre ambos grupos. Como escribieron SAXTON y HOWE (1987, pág. XII): "hay muchos paralelismos entre la opresión de las mujeres y la de las personas con discapacidad. Las demás personas ven a estos grupos como pasivos, dependientes e infantiles; se minimizan sus habilidades y se subestiman sus contribuciones a la sociedad". Nuestras encuestas entre estudiantes universitarios revelan claramente que, en general, se ve a las mujeres con discapacidad de manera negativa, como pasivas y socialmente aisladas, por ejemplo. Se las considera enfermizas y débiles, viejas y tristes, estériles y asexuadas. Las comparaciones de este grupo con mujeres sin discapacidad y hombres con discapacidad arrojan resultados dramáticos.

Para analizar por qué aparentemente se estigmatiza más a las *mujeres* que a los hombres con discapacidad —incluso a niveles mayores que los que podríamos predecir sobre la base del sexismo y de la discriminación relacionada con la discapacidad— recurrimos al "factor adicional" que se encuentra en la combinación de mujer y discapacidad. Sugerimos que aquí pueden estar involucrados tres factores: la inadecuación social de la causa de la discapacidad, el cuidado atento de las personas con incapacidad y la belleza robada.

Atribución de la discapacidad. Cuando se analiza una discapacidad es normal que el observador se pregunte cuál fue su causa. Claramente, la perspectiva del siglo XVIII de que "el coste de haber pecado se pagaba con la enfermedad y la muerte" (TURNER, 1985, pág. 219) influye aún en nuestros propios puntos de vista. En general, suele haber un tono negativo en el momento de asignar una causa a la discapacidad y, además, hay diferencias en la atribución de causas según el género. La evidencia de que disponemos sugiere que los observadores tienden a atribuir las discapacidades de los hombres a factores coyunturales externos, mientras que es más probable que las atribuciones de las discapacidades de las mujeres se enfoquen en la propia persona. Es posible que haya una relación entre este patrón y la teoría de que el "mundo es justo", es decir, que algunas personas (¿especialmente las mujeres?) obtienen lo que merecen (véase LERNER, 1970).

En un estudio, solicitamos a 130 estudiantes de grado que proporcionaran una explicación a la causa por la que un hombre imaginario de 45 años utilizaba una silla de ruedas. Muchas de las respuestas tuvieron relación con heridas de guerra y, en algunas ocasiones, se mencionó al trabajo. En aquellos casos en que se relacionó la discapacidad con un accidente se hizo de manera general o con accidentes automovilísticos o deportivos. En cambio, ningún estudiante dio explicaciones relacionadas con lo militar o lo laboral para una mujer de una edad similar, y sólo uno mencionó un accidente deportivo. (Los hombres menores de 50 años sufren más lesiones que las mujeres.)

Para las mujeres que usaban sillas de ruedas se dio una explicación de manera mucho más usual que en el caso de los hombres en la misma situación: la enfermedad. Esto es especialmente importante porque algunas enfermedades son contagiosas y se asocia el grado de contagiosidad con reacciones negativas y comportamiento retraído (SAFILIOS-ROTHSCHILD, 1970; SONTAG, 1978). En cuanto a los accidentes, se hizo referencia principalmente a accidentes generales y automovilísticos. Pero, en contraste con las causas que se dieron para los hombres, una importante cantidad de encuestados mencionó accidentes aparentemente ocasionados por descuido (por ejemplo, "caer por las escaleras") como causa para la discapacidad de las mujeres.

Cuidado atento. Un componente del sexismo en la sociedad estadounidense es que se espera que la mujer sea quien se ocupe de prodigar cuidados mientras los hombres hacen el "trabajo" (término que, implícitamente, se refiere a trabajo remunerado fuera del hogar). En otras palabras, las mujeres *nutren* (son, por ejemplo, "madre", "esposa" y "pareja sexual"). Estos son los mismos papeles que DUFFY (1981, pág. 135) identifica como los que, según sus encuestadas con discapacidad, las hacen "sentir más femeninas".

¿Cuáles son las expectativas y la imagen que la sociedad tiene con respecto a una mujer con discapacidad? Con expresión triste, una de nuestras participantes dijo: "a las mujeres discapacitadas se las ve como niños". Otra mujer habló de una imagen de ancianidad. Es decir, a las mujeres con discapacidad se las observa como dependientes y necesitadas de cuidados; ellas mismas no pueden ser cuidadoras. BROWNE y cols. (1985, pág. 13) escribió: "Se supone que la dependencia y el infantilismo conforman la totalidad de nuestra existencia". (Véase también HANNAFORD, 1985.)

Un elemento importante en la discriminación es que muchas personas tratan a las mujeres con discapacidad —y, en menor medida, a los hombres en su misma situación— como si fueran incapaces de ser independientes. En ocasiones, incluso los padres hablan de su hija con discapacidad como si ella no estuviera presente o no fuera lo suficientemente responsable como para participar en la conversación.

Nuestro análisis de las asociaciones libres de los estudiantes de grado, sumado al trabajo realizado por otras personas, apoya la visión de que estas imágenes discriminatorias permanecen fuertes en los EE.UU. En nuestro estudio, solicitamos a cada estudiante que escribiera tres asociaciones verbales relacionadas con "mujer con discapacidad" y, antes o después, con "mujer" (además de con respecto a otros conceptos). El contraste entre las respuestas es muy marcado. Entre las asociaciones que surgieron en torno a "mujer" se encuentran la sexualidad (por ejemplo: suave, adorable, orgasmo), el trabajo (por ejemplo: inteligente, líder, carrera) o los papeles de madre y esposa (casada, madre, embarazada). Pero en el caso de "mujer con discapacidad" ese tipo de asociaciones fue muy infrecuente. En cambio, estas mujeres llevaron a los encuestados a hacer asociaciones como "vieja" o "débil". Analicemos con mayor profundidad tres funciones relacionadas con el cuidado del otro.

Ser madre. "Si una mujer no puede tener hijos —dijo uno de los participantes— eso la hace menos mujer". El papel de madre "es central en la vida de las mujeres" (THOMPSON, 1988, pág. 4); implica un reconocimiento social positivo y es uno de los pocos papeles que están al alcance de las mujeres pobres y jóvenes. En nuestras entrevistas con mujeres con discapacidad oímos repetidas veces que los médicos, los padres y otras personas les dijeron que no debían quedarse embarazadas. A algunas incluso les recomendaron que se sometieran a una ligadura de trompas. En las clases de educación especial y en los programas de rehabilitación se les ofrecía poca o ninguna preparación para desempeñar el papel de madre. Una encuestada dijo: "Mucha gente no acepta la idea de que una mujer con discapacidad tenga un hijo" y, según otra: "Hasta mi familia quedaría consternada si yo tuviera hijos". Algunos tribunales están de acuerdo con esto: en un caso reciente que obtuvo mucha publicidad, la californiana Tiffany Callo —que utilizaba una silla de ruedas debido a una parálisis cerebral— fue obligada a dar a sus dos hijos en adopción. Muchas de nuestras encuestadas tenían educación superior pero, aun así, algunos de sus parientes y amigos no podían verlas como madres.

Por supuesto que la maternidad tiene un lado increíblemente positivo para la mayoría de las mujeres, incluso para aquellas con discapacidad. Conlleva desafíos y ajustes y un sentimiento especial de logro (véase SHAUL y cols., 1985, págs.139-140). Una de las participantes dijo: "Mi maternidad preocupa a todos los demás. Hasta mi propia madre cree que yo no debería tener hijos nunca. Pero definitivamente no es algo que me preocupe a mí. Tendré que dedicar más tiempo para hacer las cosas, pero las haré [de todas maneras]".

Ser esposa. ¿Qué es una esposa? En la sociedad occidental a menudo esto se ve como un papel de auxiliar que combina, entre otras cosas, ser empleada doméstica, niñera, secretaria social y prestadora de servicios sexuales. Tal vez a todos nos vendría bien una esposa; incluyendo, por supuesto, a las mujeres. Pero para algunas mujeres con discapacidad puede llegar a ser difícil cumplir con lo que se espera de la "esposa modelo". Después de todo, algunas pueden no ser capaces de limpiar la casa o de hablar por un teléfono normal. Una de las encuestadas comentó: "Existe una gran diferencia entre un esposo y una esposa con discapacidad. Un esposo con discapacidad necesita una esposa que lo cuide, pero la sociedad no considera que una esposa con discapacidad sea capaz de brindar cuidados a un esposo que no tiene discapacidad". Más aún, no se espera que el esposo sea el cuidador. "Hasta hace poco tiempo estaba comprometida", dijo una de las mujeres de nuestro estudio, y continuó: "A su familia le costaba verme como una persona capaz de ocuparme de él... Lo veían constantemente haciendo cosas por mí". Tal vez ésa sea la razón por la que los matrimonios de tantas mujeres que adquieren una discapacidad terminan en divorcio o en separación.

El desafío de la comprensión mutua es la razón por la que muchas mujeres con discapacidad forman pareja con hombres con discapacidad. "Cuando tratas con alguien que también tiene una discapacidad —comentó una estudiante— esa persona comprende las dificultades... Es más fácil tener una relación."

Ser una pareja sexual. Muchos hombres sueñan con una pareja sexual del estilo de las mujeres de la revista *Playboy:* un cuerpo hermoso que preste una variedad de servicios sexuales. Sin embargo, son muy pocos los hombres que consideran un objeto sexual a una mujer con una discapacidad visible. De hecho, para muchas personas una relación íntima con una persona en esas condiciones puede llegar a ser tabú (véase HAHN, 1981, pág. 224). La edición de *Playboy* de julio de 1987 presentó a Ellen Stohl, una mujer con una incapacidad motora; pero las fotografías en que aparecía desnuda no revelaban su discapacidad.

En cuanto a la mujer que tiene una discapacidad, la sexualidad es algo que se niega con frecuencia. "De hecho, suele suponerse que no tiene una vida sexual o que no desea tenerla" (HANNAFORD, 1985, pág. 78; véase también HAHN, 1981 y MORRIS, 1989). Muchos padres piensan de la misma manera (véase ROUSSO, 1988). Incluso si una mujer era sexualmente activa antes de la incapacidad, después de ella se considera que se perdió ese aspecto de su persona. De acuerdo a una de las encuestadas: "Es triste que se espere que una parte de tu femineidad se termine con la discapacidad". Respecto al novio que tenía antes del accidente que le causó una incapacidad, ANDERSON (1985, pág. 276), escribió: "Tuve que dejarlo... Sentía que no podía darle lo que él necesitaba. Sentía que mi vida sexual se había terminado".

DUFFY (1981, pág. 95) lo expresó muy bien: "Las hormonas no saben de impedimentos". Por supuesto, una discapacidad física puede tranquilamente incapacitar algunos aspectos del funcionamiento sexual (véase MORRIS, 1989, págs. 89-92) y necesitar ajustes. "Mi sexualidad no tiene nada raro. Realmente la disfruto", dijo una encuestada con parálisis cerebral.

Atractivo físico. La belleza —escribió BANNER (1983, pág. 9)— es "una categoría especial de experiencia femenina". "Para valer la pena", escribieron SANFORD y DONOVAN (1981, pág. 371) "se espera que seamos altas y extremadamente delgadas, con grandes pechos femeninos, pero las caderas de un chiquillo y sin imperfecciones en nuestros rasgos faciales". Según BOGLE y SHAUL (1981, pág. 92): "El símbolo sexual impuesto por los medios de comunicación de nuestros días es un modelo imposible de cumplir para cualquier mujer, pero la discapacidad te sitúa en una desventaja aún mayor. Si pasas la mayor parte del tiempo en una silla de ruedas y si usas aparatos de ortodoncia y tienes escoliosis no importa lo que hagas, nunca te parecerás a Cheryl Tiegs o a Marilyn Monroe".

En la mente de algunos observadores, y en la de algunas mujeres con discapacidad, ésta se equipara con la falta de atractivo. En una de nuestras encuestas encontramos que el concepto "mujer" se vincula con frecuencia a asociaciones de belleza, mientras que "mujer con discapacidad" evoca asociaciones como "fea" y "desagradable". La mujer con una discapacidad puede tener una imagen corporal deficiente, lo que a su vez se vincula con un temor al rechazo que la lleva a evitar los encuentros sociales, las relaciones íntimas y las oportunidades laborales. De acuerdo a su propia experiencia, JOYCE (1990, pág. 9) comenta: "Las personas que sufrieron amputaciones, especialmente los adolescentes y las mujeres, pueden sentirse mutiladas y faltas de atractivo". (Véase también HUTCHINSON, 1988.)

Las consecuencias sociales y económicas del atractivo o falta de atracción física son profundas. En un importante compendio de investigación (PATZER, 1985, pág.1) se observó:

> El atractivo físico es la característica personal más visible y a la que se accede más fácilmente. De manera constante y frecuente también se considera al atractivo físico como un indicador de cómo es la persona... Por regla general, cuanto más atractiva físicamente es una persona se la percibe de manera más positiva, obtiene una respuesta más favorable y tiene más éxito en su vida personal y profesional.

A las personas menos atractivas se las percibe como relativamente faltas de inteligencia, insensibles, poco interesantes, insociables, inestables, aburridas, sexualmente frías, tristes, pasivas, distantes y rígidas y tienen menos posibilidades de que se las prefiera para formar relaciones laborales, de pareja y matrimonio. (La falta de atractivo incluso se "irradia" al compañero.) Que los cambios físicos puedan tener un impacto tan significativo dice mucho de la importancia del atractivo. "Algunos padres que sometieron a sus hijos con Síndrome de Down a cirugías estéticas —dice ASCH (1984, pág. 53)— descubrieron que sus capacidades intelectuales y aptitudes sociales mejoraron una vez que dejaron la carga del estigma del 'aspecto mongoloide'".

Concepto de sí mismo

"No me lamento nada por tener una discapacidad", afirmó una de nuestras encuestadas. Creemos que su actitud es la excepción a la regla. La reflexión de JOHNSON (1986, pág. 28) es más típica: "No se soporta bien tener una discapacidad y ser mujer". Es absolutamente posible que los bajos niveles de participación y una cultura imbuida de sexismo, discriminación contra personas con discapacidad y el "factor adicional" mujer/discapacidad tengan un impacto fortísimo en el autoconcepto de muchas mujeres con discapacidad. Y, para aquellas que adquirieron la incapacidad después de nacer, está además el impacto de la experiencia de convertirse en una persona con discapacidad y la sensación de privación relativa que eso genera. SAXTON y HOWE (1987, pág. 1) dicen: "La pérdida de una función corporal se convierte en la pérdida del sentido de identidad..." Los poemas que figuran en el volumen que ellos editaron hablan del cuerpo como algo "que se va" y que "se convierte en un extraño".

Imagen de sí mismo. Las mujeres con discapacidad conocen —y muy a menudo aceptan— la imagen que tienen de ellas los integrantes de la sociedad en general. Tal como lo expresan SAXTON y HOWE (1987, pág. 105): "Al ser el blanco de suposiciones incorrectas, nociones estereotipadas y mensajes que invalidan quienes somos —a veces incluso de parte de nuestros familiares y amigos más cercanos— comenzamos a creer que son ciertos; interiorizamos la opresión".

La persona que tiene una discapacidad puede ser objeto de comentarios y comportamientos nocivos para su propia imagen desde la primera infancia. "Siempre se burlaron de mí en la escuela", recordó una de las participantes en la encuesta. Según BROWNE y cols. (1986, pág. 129): "En cuanto niños con discapacidad solemos convertirnos en chivos expiatorios de un sistema familiar ya agotado y agónico y cargamos con el peso de las frustraciones y resentimientos de la familia... Podemos llegar a creer que somos culpables de tener una discapacidad y de causar problemas a la familia". O bien pueden ser aquellos integrantes de la familia que se sienten responsables de la incapacidad física del otro los que sientan culpa, la que a veces lleva a la sobreprotección y, en consecuencia, a negar las posibilidades de ser independiente. "Las madres de niños con discapacidad son definitivamente sobreprotectoras", dijo una de las personas que participó del estudio en un tono apesadumbrado.

Obviamente, la autoestima se ve comprometida. Lamentablemente, "nuestro nivel de autoestima atañe prácticamente a todo lo que pensamos, decimos y hacemos. Afecta a cómo vemos el mundo y el lugar que ocupamos en él..." (SANFORD y DONOVAN, 1984, pág. 3). La autoestima es comparativamente baja entre las mujeres y parece ser especialmente baja entre las mujeres con discapacidad. De acuerdo a los comentarios de una de las participantes:

> Las mujeres con discapacidad tienen una imagen de sí mismas que refleja la que tiene de ellas el resto del mundo: que no pueden hacer [nada] y que ni siquiera deberían intentarlo. Por lo tanto, no pretenden derribar los obstáculos o lo intentan solamente a medias... Dicen "está bien así."... Y es muy difícil luchar contra los prejuicios en el mercado laboral o incluso contra los de tu propia familia. Entonces, se cruzan de brazos pasivamente.

Aquellos que transmiten a las mujeres con discapacidad la imagen que la sociedad tiene de ellas son las personas más importantes en su vida —sus maestros, médicos y sus padres— (véase DUFFY, 1981; YUKER, 1988). A menudo oímos de parte de nuestras encuestadas que estas personas tan importantes en sus vidas emiten mensajes verbales y no verbales que son completamente equiparables con el sexismo y la discriminación contra las personas con discapacidad de la sociedad en general. WAGNER (1985, pág. 60) dice que las personas le ofrecían su ayuda demasiado rápido. "Se apuraban para terminar tareas que yo ya había comenzado o empezaban otras antes de que yo pudiera hacerlo. Sentía que no era aceptable que yo realizara las cosas a mi manera, que de alguna forma ya no era competente o no era una persona completa". Debe tenerse en cuenta que el impacto psicológico de tal comportamiento (o de la imaginación de dicho comportamiento) puede verse exagerado por la mujer con discapacidad, quien tiende a encontrar la evidencia que confirma sus expectativas (véase KLECK y STRENTA, 1980, pág. 864).

Los maestros, desde el preescolar hasta los niveles de educación superior, pueden llegar a transmitir visiones de las mujeres con discapacidad relacionadas con el estigma. Un profesor le dijo a una de nuestras participantes graduadas: "Todo lo que puedes ser es esteticista. No esperes nada más... No tienes ninguna posibilidad de triunfar". Actualmente, esta estudiante está realizando su tesis doctoral. En cuanto a los profesionales de la medicina, se ha observado muchas veces el trato diferencial otorgado a hombres y mujeres. WALLEN y cols. (1979), por ejemplo, descubrieron que los médicos que atienden pacientes femeninas suelen proporcionarles información improcedente, dar más diagnósticos psicológicos en comparación con los fisiológicos y ser pesimistas respecto a la recuperación. Semejante comportamiento tiene consecuencias obvias en el bienestar de las mujeres con discapacidad.

El mensaje paternal, de acuerdo a las palabras de una de las encuestadas, es: "queremos que te quedes aquí [en casa] hasta que estés vieja y canosa", y agregó: "Me alegro de haber podido salir de allí". BORSAY (1990, pág. 115) afirma que "brindar cuidados a todos los parientes es algo que está fuertemente vinculado al modelo de maternidad. En consecuencia, la asistencia queda enmarcada en términos del niño inmaduro". Y continúa: "Por lo tanto, si bien esto puede suceder inadvertidamente, el modelo maternal convierte el cuidado familiar en una forma de control social mediante el que se estigmatiza a los adultos con discapacidad al tratarlos como niños".

Por supuesto que estas circunstancias representan posibles desafíos. "Nos desenvolvemos en un nivel muy básico que nos hace enorgullecernos de nosotras mismas. Nos enfrentamos a cuestiones de desamparo, autonomía y control de manera cotidiana, y nuestra lucha nos ayuda a crecer", (WAGNER, 1985, pág. 61).

Papeles elegidos por ellas mismas. Debido a los bajos niveles de participación reinantes, las escasas expectativas por parte de los demás y los bajos conceptos de sí mismas, algunos observadores caracterizaron a las mujeres con discapacidad mediante el uso de términos como "indefinición social" y "falta de función". En nuestra opinión, esto dista de ser correcto. Un punto de partida útil es la sugerencia de PARSONS (1951) de que existe un "papel del enfermo". Entre los aspectos de este rol se encuentran la exención de las responsabilidades normales y la necesidad de cuidado. Claramente, el concepto reinante sobre las mujeres con discapacidad se basa en parte en una imposición de la idea de "enfermedad" a las personas que tienen "discapacidad". Después de todo, ya vimos que se considera que las mujeres con discapacidad no son capaces de funcionar como esposas, madres o compañeras sexuales, y que necesitan recibir cuidados.

Dada la situación sociocultural que hace que se espere que las mujeres con discapacidad se comporten de acuerdo al papel del enfermo, nuestras observaciones nos llevan a concluir que hay dos respuestas modales: la aceptación o el rechazo de ese papel. La aceptación minimiza la participación sociocultural y la dependencia puede así convertirse en el estilo de vida culturalmente aceptable para la mujer (DUBROW, 1965). Si a una persona se la exceptúa de los papeles sociales normales, la condición estigmatizada adquiere una predominancia aún mayor. COLEMAN (1986, pág. 223) afirma que la identidad negativa "impide que la persona estigmatizada desarrolle otras partes de su identidad".

Es posible que la aceptación del papel del enfermo sea más común entre las mujeres con discapacidad que entre los hombres en su misma situación. FINE y ASCH (1985, págs. 8-9) sugieren que, en comparación con los hombres, es más posible que las mujeres interioricen el rechazo social y se vean a sí mismas como "personas con discapacidad". En nuestras entrevistas, las participantes mencionaron, con frecuencia, las diferencias entre los hombres y las mujeres con discapacidad. "Es más fácil para un hombre sacar a la gente de su camino", dijo una de ellas. Al no exigir, dijo otra, muchas mujeres con discapacidad cometen "suicidio mental". Según una tercera: "Los hombres son más duros. No quieren que la discapacidad los afecte. Ellos desean algo y lo quieren ya... A mí me cuesta exigir cosas". Las respuestas de los residentes de la comunidad y de los estudiantes universitarios indican que se espera debilidad, pasividad y dependencia de las mujeres con discapacidad.

El rechazo del papel del enfermo, en cambio, conduce a esfuerzos por aceptar responsabilidades y lograr independencia, al igual que a una mayor variedad de papeles en los sistemas social, educativo y económico. Tal vez se pueda decir que estas mujeres eligieron para sí mismas el papel de mujer con discapacidad —o, incluso, simplemente el de *mujer*— que se enfrenta a un "desafío". Según WEINBERG (1988, pág. 151): "Algunas de las personas que aceptan su discapacidad la ven como un desafío, y estar a la altura del desafío les deja una sensación de satisfacción y confianza especial".

Una notable minoría de nuestras encuestadas eran mujeres de esta última condición. Una dijo: "Yo soy muy consciente de mi papel de mujer con discapacidad". Para ella no hay diferencia entre el papel de la mujer y el papel de la persona con discapacidad porque ahora los dos están fusionados. "Mi función es demostrar qué es lo que puede hacer una 'mujer con discapacidad'... ¿No son admirables las mujeres con discapacidad?" Claramente, para ella tener una discapacidad era vigorizante. Otra de las participantes en el estudio dijo: "Tal vez yo sería una chica corriente y estaría casada. Pero tengo una incapacidad y quiero compensar por ella".

Conclusiones

Todas las mujeres con discapacidad, ya sea que la cuestionen o la acepten, parecen encararse a la suma de dos impedimentos: deben enfrentarse al sexismo y a la discriminación contra las personas con discapacidad y al "factor adicional" conformado por el binomio mujer/discapacidad, el que también genera un impedimento que sólo les afecta a ellas. Obviamente, esta situación sociocultural tiene sus consecuencias. Nuestra investigación aporta suficientes justificaciones para sostener que, en promedio, las mujeres con discapacidad tienen niveles relativamente bajos de participación y también conceptos de sí mismas relativamente bajos o limitantes.

En nuestra opinión, las relaciones que se producen en cada uno de los binomios que se establecen con estos tres factores —participación, sistema sociocultural y concepto de sí mismo— son recíprocas; es decir, existe una causalidad circular entre ellos. Sin embargo, los métodos de investigación que utilizamos en esta etapa de nuestro trabajo no convierten a nuestros puntos de vista en más que sugerentes hipótesis de trabajo para el futuro. Claramente, hay líneas de investigación prometedoras a la espera de un análisis longitudinal multifactorial.

Aunque nuestro trabajo se realizó bajo la guía de una perspectiva triangular en la que se incluyeron la participación, el sistema sociocultural y el concepto de sí mismo, creemos que este triángulo en realidad forma parte de un conjunto de relaciones más complejo del que participan tanto el individuo como la comunidad. Los conjuntos de factores principalmente individuales incluyen los recursos (por ejemplo, dinero e información), la condición física (por ejemplo, grado de incapacidad), el grado de participación y las actitudes hacia sí misma y hacia la comunidad; los factores en el ámbito comunitario incluyen los recursos (por ejemplo, el sistema de salud), el entorno físico (por ejemplo, las dificultades en cuanto a accesibilidad), las culturas y sub-culturas y los patrones de comportamiento.

En nuestra opinión, cada factor impacta sobre todos los demás en una compleja red de causalidad circular. Simplemente, para dar un ejemplo que va más allá del trabajo que acabamos de comentar, al parecer la pobreza conduce a una salud deficiente y a un cuidado de la salud deficiente, un cuidado de la salud deficiente contribuye a una salud deficiente, una salud deficiente incrementa las posibilidades de tener una discapacidad física, y la discapacidad aumenta las posibilidades de ser pobre. En cuanto a esto, HEYMAN y cols. (1990, pág. 182) escribieron: "La relación entre clase e impedimento probablemente se deba tanto a que las personas con impedimentos tienen un estatus socioeconómico bajo como a que el estatus bajo se asocia a condiciones que generan incapacidad".

Evidentemente, aquí interactúan poderosas fuerzas de causalidad circular. Es igual de claro que la agenda de los académicos que trabajan en el ámbito de género y discapacidad es compleja, exigente y un reto para todos. Por supuesto que el punto más importante en esa agenda debe suponer que muchas de esas investigaciones tengan básicamente un valor histórico de como eliminar las barreras —ya sean socioculturales o de otra clase— que impiden la participación igualitaria y el refuerzo del concepto de sí mismos de las personas con discapacidad.

Agradecimientos

Queremos manifestar nuestra gratitud a Jack McNeil del Departamento de Censos de los EE.UU. por facilitarnos la adquisición y uso de la encuesta especial de ingresos y programas de participación (*Survey of Incomen and Program Participation*, SIPP); a Nina M. Hill por proporcionarnos la cinta con la información del estudio de Harris, a Alicia Seegrist por la ayuda de SAS, a Robin Miller por su asistencia experta en cuanto a bibliografía y otros temas, y a las diversas mujeres que forman parte de la comunidad de personas con discapacidad que con su cooperación y apoyo hicieron posibles nuestros trabajos. También queremos dar las gracias a Adrienne Asch, cuyas ideas sobre los atentos cuidados fueron de gran ayuda; y a los críticos anónimos de la publicación por sus provocativos comentarios. Este proyecto es posible, en parte, gracias a las ayudas de la Escuela de Estudios de Posgrado y de la Facultad de Ecología Humana de la Universidad de Maryland en la ciudad de College Park.

Referencias

ALTMAN, B. (1985). "Disabled women in the social structure", en: S. E. BROWNE, D. CONNORS y N. STERN (Eds.). *With the Power of Each Breath: a disabled women's anthology,* Pittsburgh, PA, Cleis Press.

ANDERSON, L. (1985). "The Lois Anderson story", en: S. E. BROWNE, D. CONNORS y N. STERN (Eds.). *With the Power of Each Breath: a disabled women's anthology,* Pittsburgh, PA, Cleis Press.

BANNER, L. W. (1983). *American Beauty,* Nueva York, Knopf.

BECKER, G. y ARNOLD, R. (1986). "Stigma as a social and cultural construct", en: S. C. AINLAY, G. BECKER y L. M. COLEMAN (Eds.). *The Dilemma of Difference: a multi-disciplinary view of stigma,* Nueva York, Plenum.

BOGLE, J. E. y SHAUL, S. L (1981). "Body image and the woman with a disability", en: D. G. BULLARD y S. E. KNIGHT (Eds.). *Sexuality and Physical Disability: personal perspectives,* St Louis, MO, C. V. Mosby.

BORSAY, A. (1990). "Disability and attitudes to family care in Britain: towards a sociological perspective", *Disability, Handicap* & *Society,* 5, págs. 107-122.

BROWNE, S. E., CONNORS, D. y STERN, N. (1985). *With the Power of Each Breath: a disabled women'* s *anthology,* Pittsburgh, PA, Cleis Press.

BUREAU OF THE CENSUS (1984). *Survey of Income and Program Participation,* SIPP84-R3, Washington, DC, US Department of Commerce.

COLEMAN, L. M. (1986). "Stigma: an enigma demystified", en: S. C. AINLAY, G. BAKER y L. M. COLEMAN (Eds.). *The Dilemma of Difference: a multidisciplinary view of stigma,* Nueva York, Plenum.

DEEGAN, M. J. y BROOKS, N. A. (Eds.) (1985). *Women and Disability: the double handicap,* New Brunswick, NJ, Transaction.

DUBROW, A. L. (1965). "Attitudes towards disability, *Journal of Rehabilitation,* 31(4), págs. 25-26.

DUFFY, Y. (1981). *All Things Are Possible,* Ann Arbor, MI, A. J. Garvin.

ELLIEN, V. (1983-84). "Women and disability: an international perspective", *Rehabilitation World,* 7(4), págs. 9-13.

FINE, M. y ASCH, A. (1985). "Disabled women: sexism without the pedestal", en: M. J. DEEGAN y N. A. BROOKS (Eds.). *Women and Disability: the double handicap,* New Brunswick, NJ, Transaction.

— y ASCH, A. (Eds.) (1988). *Women with Disabilities: essays in psychology, culture, and politics,* Philadelphia, PA, Temple University Press.

GOFFMAN, E. (1963). *Stigma: notes* on *the management of spoiled identity,* Englewood Cliffs, NJ, Prentice Hall.

HAHN, H. (1981). "The social component of sexuality and disability: some problems and proposals", *Sexuality* & *Disability,* 4, págs. 220-233.

HANNA, W. (1986). "Women with disabilities: free associations and attributions, obra inédita.

— y cols. (1980). *Equity for the Disabled,* Bethesda, MD, H&HA.

HANNAFORD, S. (1985). *Living Outside Inside: a disabled woman's experience,* Berkeley, CA, Canterbury.

HEYMAN, B. y cols.(1990). "Social class and the prevalence of handicapping conditions", *Disability, Handicap* & *Society,* 5, 167-184.

HUTCHINSON, M. G. (1989). *Transforming Body Image: learning to love the body you have,* Freedom, CA, Crossing Press.

JOHNSON, M. (1986). "Ending the aloneness", *Disability Rag,* Marzo-Abril, págs. 28-29.

JOYCE, S. (1990). "My lost foot: adjusting after an amputation", *Washington Post Health,* Octubre 23, pág. 9.

KLECK, R. E. y STRENTA, A. (1980). "Perceptions of the impact of negatively valued physical characteristics on social interaction", *Journal* of *Personality and Social Psychology,* 39(5), págs. 861-873.

LERNER, M. J. (1970). "The desire for justice and reactions to victims", en: J. MACAULEY y L. BERKOWITZ (Eds.). *Altruism and Helping Behavior,* Nueva York, Academic Press.

LOUIS HARRIS Y ASSOCIATES (1986). *The ICD Survey* of *Disabled Americans,* Nueva York, International Center for the Handicapped.

MORRIS, J. (1989). *Able Lives: women's experience of paralysis,* Londres, Women's Press.

PARSONS, T. (1951). *The Social System,* Glencoe, IL, Free Press.

PATZER, G. L (1985). *The Physical Attractiveness Phenomena,* Nueva York, Plenum.

ROUSSO, M. (1985). *Daughters with Disabilities: defective women or minority women,* en: M. FINE y A. ASCH (Eds.). *Women with Disabilities: essays in psychology, culture, and politics,* Philadelphia, PA, Temple University Press.

SAFILIOS-ROTHSCHILD, C. (1970). *The Sociology and Social Psychology of Disability and Rehabilitation,* Nueva York, Random House.

SANFORD, L. T. y DONOVAN, M. E. (1984). *Women and Self-esteem: understanding and improving the way we think and feel about ourselves,* Garden City, NY, Anchor/Doubleday.

SAXTON, M. y HOWE, F. (Eds.). *With Wings: an anthology* of *literature by and about women with disabilities,* Nueva York, Feminist Press.

SHAUL, S., DOWLING, P. y LADEN, B. F. (1985). "Like other women: perspectives of mothers with physical disabilities", en: M. J. DEEGAN y N. A. BROOKS (Eds.). *Women and Disability: the double handicap,* New Brunswick, NJ, Transaction.

SHERR, R. L. y WRITE, B. A. (1985). "Foreword", en: M. J. DEEGAN y N. A. BROOKS (Eds.). *Women and Disability: the double handicap,* New Brunswick, NJ, Transaction.

SILLER, J. y cols (1967). *Studies in Reactions to Disability, II: attitudes* of *the nondisabled toward the physically disabled,* Nueva York, New York University School of Education.

THOMPSON, L. (1988). "Feminist resources for applied family studies", *Family Relations,* 37, págs. 1-6.

TURNER, B. S. (1985). *The Body and Society: explorations in social theory,* Oxford, Basil Blackwell.

WAGNER, M. (1985). "A four-wheeled journey", en: S. E. BROWNE, D. CONNORS y N. STERN (Eds.) (1985). *With the Power of Each Breath: a disabled women's anthology,* Pittsburgh, PA, Cleis Press.

WALLEN, J. y cols. (1979). "Physician stereotypes about female health and illness: a study of patient's sex and the informative process during medical interviews", *Women & Health,* 4(2), págs. 135-146.

WEINBERG, N. (1988). "Another perspective: attitudes of people with disabilities", en: H. E. YUKER (Ed.). *Attitudes toward Persons with Disabilities,* Nueva York, Springer-Verlag.

YUKER, H. E. (1988). *Attitudes toward Persons with Disabilities,* Nueva York, Springer-Verlag.

CAPÍTULO IV

La autoorganización de las personas con discapacidad: ¿Un nuevo movimiento social?

Por Tom SHAKESPEARE

Universidad de Northumbria,
Unidad de Investigación en Asistencia Social

Resumen

Este artículo se ocupará de analizar los distintos aspectos con que las personas con discapacidad emergieron como una fuerza política coherente en todo el mundo —pero especialmente en EE.UU. y Gran Bretaña— en los últimos veinte años. Además, al examinar la discapacidad desde la perspectiva ofrecida por los argumentos del nuevo movimiento social, deseo analizar las consecuencias del hecho de que, en la década de los noventa, las personas con discapacidad están "haciendo las cosas por sí mismas", y también plantear comparaciones entre el movimiento de personas con discapacidad y los movimientos de personas de raza negra, mujeres, gais y lesbianas en cuestiones de autonomía, reconocimiento y recursos. Sugeriré que, si bien resulta útil para el análisis del determinismo ambiental *, el posmaterialismo y algunas clases de nacionalismo, la teoría del nuevo movimiento social no logra comprender por completo la esencia de las políticas de liberación.

Introducción

En décadas recientes, la discapacidad se convirtió en un asunto muy controvertido, tanto en el ámbito de la política, con el desarrollo del movimiento de personas con discapacidad, como en el de los debates académicos. Las intervenciones políticas se centraron en cuestiones de discriminación y segregación: fueron más allá de las inquietudes tradicionales sobre prestaciones médicas y asistencia social para centrarse en aspectos tales como las leyes antidiscriminación, la función de la beneficencia y la representación cultural, la segregación en el transporte y en la educación y las innovaciones para incrementar el grado de autonomía (mediante centros para la vida independiente). En el ámbito académico, el debate desarrolló el concepto de modelo social —el cual surgió origi-

* También conocido como factor geográfico. *(N. del T.)*

nalmente en la Unión de Impedidos Físicos contra la Segregación (UPIAS)— y encontró un conflicto entre los enfoques de los investigadores con y sin discapacidad.

Es importante considerar estos sucesos como ejemplos de praxis, como ejemplos de la unión de la teoría y la práctica en la lucha. Pero, debido a la prioridad que se otorgó a lograr el cambio, hubo poco espacio para considerar la naturaleza del propio movimiento —tanto histórica como políticamente— y la importancia de las nuevas definiciones de discapacidad para el concepto que tienen de sí mismas las personas con discapacidad. Este artículo apunta a contribuir a esa clase de autoconciencia analítica mediante el uso de teorías sociológicas existentes sobre los nuevos movimientos sociales.

Discapacidad y acción directa

En la actualidad, disponemos de varios antecedentes prácticos del movimiento de personas con discapacidad, tanto en el ámbito internacional como en Gran Bretaña (PAGEL, 1988; DRIEDGER, 1989). Aunque se trata de puntos de partida útiles, al mismo tiempo no son más que descripciones breves que no se ocupan de los factores causales involucrados en la creciente toma de conciencia de las personas con discapacidad. En lugar de repetir materiales existentes, señalaré paralelos y diferencias entre el movimiento de discapacidad de Gran Bretaña y de los Estados Unidos y otras campañas de liberación antes de contextualizar a la discapacidad en la teoría del nuevo movimiento social. Existen diferencias significativas entre los movimientos de discapacidad en Gran Bretaña y en los Estados Unidos. Claramente, los EE.UU. tienen una tradición en los ámbitos de protesta y reforma social diferentes a la de Gran Bretaña y gran parte de Europa occidental. La ausencia de un Estado benefactor desarrollado, el fuerte énfasis en los derechos individuales expresado por escrito en la Constitución, el completo desarrollo del libre mercado y los valores competitivos, la ausencia casi total del colectivismo y el movimiento organizado de los trabajadores son todos factores importantes a la hora de explicar las diferentes evoluciones de las políticas relacionadas con las personas con discapacidad.

Una de las principales inspiraciones para el movimiento en los Estados Unidos fue el ejemplo de las campañas por los derechos civiles y de los movimientos de la mujer de finales de la década de los sesenta. Otra fue la gran cantidad de lesionados que dejó la guerra de Vietnam y el incremento en la cantidad de jóvenes con discapacidad. Un importante elemento en el movimiento en los EE.UU. provino del consumismo y la autoayuda: en los centros para la vida independiente, por ejemplo, este énfasis desempeña un papel muy importante. La tradición de autosuficiencia y de derechos individuales es muy particular de los EE.UU. Muchos escritores estadounidenses se centran en la participación del consumidor, mientras que los enfoques británicos dan importancia a la autonomía política y a la participación democrática en lugar de dársela al mercado. Las campañas estadounidenses relacionadas con la discapacidad se centran en que la sociedad, en general, admita a las personas con discapacidad y exigen que los derechos sociales vigentes se extiendan a ellos como grupo. En Gran Bretaña, si bien el acento en la cuestión de la ciudadanía es importante y cada vez mayor, tuvo lugar un rechazo radical a la normalidad social y se puso un énfasis estructural en cambiar el sistema productor de discapacidad.

En Gran Bretaña, al igual que en los Estados Unidos, la acción directa es una parte muy importante del movimiento de las personas con discapacidad. Ejemplos de esto son la Campaña por un Transporte Accesible (*Campaign for Accessible Transport*, CAT) y la Campaña en contra del Patrocinio (*Campaign Against Pratronage*, CAP). Ambos grupos organizaron acciones muy visibles y controvertidas, por ejemplo, una manifestación en la calle londinense Oxford Street, en la que usuarios de sillas de ruedas se encadenaron a autobuses, e interrupciones regulares a programas televisivos especiales de recaudación de fondos como el "Telethon" y el programa de la BBC dedicado a los niños necesitados, "Children in Need". Esas movilizaciones evocan las tácticas de las mujeres sufragistas en los años anteriores a la primera guerra mundial y también las luchas de la década de los sesenta: una leyenda no comprobada dice que en los primeros años los usuarios de sillas de ruedas de Nueva York obtuvieron el apoyo de la organización de ultraizquierda *Weather Underground* para dinamitar los bordillos de las aceras que no tuvieran rampa.

El movimiento por los derechos civiles influenció numerosas luchas posteriores por la liberación, no sólo respecto al contenido de las demandas, sino también en cuanto a las técnicas y la manera de luchar:

> Cuando se agotaron los canales legales tradicionales, las personas con discapacidad aprendieron a utilizar otras técnicas de protesta social como las manifestaciones y las sentadas.
>
> (DEJONG, 1983, pág. 12.)

Que esto haya sucedido es importante de manera instrumental —para asegurar cambios y reformas específicas— y también lo es porque la acción directa contradice la percepción popular de las personas con discapacidad y fortalece e inspira a los participantes. El relato de Aldon MORRIS de los comienzos del movimiento estadounidense por los derechos civiles sugiere que éste era importante para las personas de raza negra por dos razones:

> Por una parte, era la primera vez que una gran cantidad de personas de piel negra se enfrentaban directamente a grupos e instituciones a los que se consideraban responsables de su opresión y realmente afectaban su funcionamiento. El sello característico del movimiento moderno por los derechos civiles es que estos enfrentamientos masivos estaban muy difundidos y se sostuvieron por mucho tiempo a pesar de la fuerte represión. En segundo lugar, era la primera vez en la historia de los Estados Unidos que las personas de raza negra adoptaban tácticas pacíficas como técnica masiva para ocasionar un cambio social.
>
> (MORRIS, 1984, pág. XI.)

Este comentario podría aplicarse, por ejemplo, a las manifestaciones en contra de los programas televisivos de recaudación de fondos con fines benéficos y a las acciones de denuncia de los medios de transporte inaccesibles. Esta última es una forma de segregación que no está tan lejos del segregacionismo en los autobuses, uno de los primeros objetivos del movimiento por los derechos civiles:

> Los autobuses se convirtieron en el primer objetivo del movimiento porque los integrantes de la comunidad negra habían comenzado a ver la discriminación en el transporte no ya como un padecimiento privado, sino como un asunto público y un enemigo común.
>
> (MORRIS, 1984, pág. 48.)

MORRIS considera que la acción directa apunta a hacer hincapié en el "aquí y ahora". Esta inmediatez se hace obvia en la urgencia de las luchas contemporáneas de las personas con discapacidad y mediante el impacto de la acción directa en las calles, ya que quienes no tienen una discapacidad se ven obligadas a confrontar sus propias actitudes estereotipadas. Jenny MORRIS escribió sobre la sensación de poder que genera la acción colectiva:

> El claro desafío que estábamos organizando contra las suposiciones de la gente era también una de las fuentes de mi sensación de poder. Realmente, cada vez que tenía que explicarle a un amigo que no tenía una discapacidad por qué iba a una manifestación de esa clase, era muy consciente de la manera en que esa cuestión afectaba la raíz de nuestra opresión y de que explicar mi motivación, aunque fuera de manera muy breve, ponía a la gente cara a cara con la esencia de sus propios prejuicios.
>
> (MORRIS, 1991, pág. 191.)

La acción directa tiene varios elementos importantes. Es una forma de llamar la atención sobre las instituciones y el entorno que crean discapacidad como el transporte inaccesible y los humillantes programas televisivos especiales de beneficencia. Es un acto abiertamente político que demuestra que la discapacidad es una cuestión de relaciones sociales y no de problemas médicos. Es una posibilidad para que las personas con discapacidad "hagan las cosas por sí mismas" sin la ayuda o la participación de quienes no tienen una discapacidad, lo que prefigura las exigencias de autonomía, independencia y poder del movimiento de discapacidad. Es un proceso fortalecedor para los participantes que genera solidaridad y les da la sensación de tener un objetivo y una fuerza colectiva que mejora y desarrolla el movimiento.

Cuando la CAT bloqueó la calle Oxford, al igual que en otras manifestaciones, la fuerza policial tuvo dificultades para manejar a los usuarios de sillas de ruedas y a las personas con otras incapacidades motoras. Las acciones legales llevadas adelante en el Juzgado de Primera Instancia de Horseferry Road en contra de los manifestantes apresados tuvieron que cancelarse porque el edificio era inaccesible para las personas con discapacidad. Estas ramificaciones de las protestas de acción directa ilustran la manera en la que el estilo y el método pueden dar más fuerza al mensaje y al contenido de la campaña.

La opinión popular no logra reconciliarse con la tendencia radical en el ámbito de la discapacidad y prefiere creer que las personas con discapacidad están contentas con la situación en que se encuentran. En una nota editorial que coincidió con las manifestaciones en Oxford Street (29 de septiembre de 1990), el editor en jefe del *Times* sugirió que, mientras todas las personas sienten compasión por las personas con discapacidad (después de todo, cualquiera podría adquirir una discapacidad y nadie es culpable de ello), los militantes deben tener cuidado de no ganarse la antipatía de la opinión pública:

> La militancia, las manifestaciones ilegales y la interrupción de la vida [normal] de la ciudad pueden llegar a aliviar los sentimientos de las personas con discapacidad. Pero esas tácticas finalmente enajenarán el apoyo público con que deben contar.

Por supuesto que esta opinión bastante habitual indica que mucha gente sigue sin entender que la afirmación principal del movimiento de discapacidad es que ésta se debe a relaciones sociales, no a los impedimentos, y que, por lo tanto, la sociedad no tiene responsabilidades simplemente hacia "las personas con discapacidad", sino que es la culpable en primer lugar de haberla creado.

El informe reciente del Instituto de Investigación de Políticas Públicas (*Institute of Public Policy Research*, IPPR) sobre igualdad de derechos para las personas con discapacidad llamado *Equal Rights for Disabled People: the case for a new law*, OLIVER y BARNES resumen así los últimos progresos:

> El avance hacia la autoorganización incitó a cantidades crecientes de personas con discapacidad a adoptar una identidad política compartida, la que a su vez ayudó a generar un nuevo espíritu de confianza. Las personas con discapacidad ya no piden un cambio, sino que lo exigen. Están dispuestas a utilizar diversas tácticas en la búsqueda de la satisfacción de sus exigencias, que incluyen la acción directa y la desobediencia civil.
>
> (BYNOE y cols., 1991, pág. 12.)

Estas características del movimiento de discapacidad —es decir, una identidad política compartida y el uso de la acción directa— indican la importancia de trazar paralelos con otros movimientos sociales. En 1976, SAFILIOS-ROTHSCHILD sugirió:

> Puede ser el momento indicado para que las personas con discapacidad generen un movimiento social a imagen de los ejemplos —al menos parcialmente exitosos— del movimiento negro y del movimiento de la mujer.
>
> (SAFILIOS-ROTHSCHILD, 1976, pág. 45.)

Cada lucha por la liberación fue el trabajo de los propios grupos sometidos, ya fueran gais, personas de raza negra o mujeres:

> Es posible que lo más sorprendente del feminismo sea la medida en que fue un movimiento de mujeres y no simplemente un movimiento para las mujeres.
>
> (BANKS, 1986, pág. 106.)

El cambio político no dependió de la presión de los profesionales o del uso de métodos electorales. Históricamente, a cada uno de estos grupos se les restó influencia: a las personas de raza negra y a las mujeres se las privó completamente del derecho a votar, y otros grupos fueron electoralmente invisibles. Las personas con discapacidad también fueron privadas de ese derecho: diversos escritores mostraron los obstáculos a la hora de empadronarse y de emitir el voto, sin contar aquellas barreras impuestas a la participación política efectiva. OLIVER (1990) afirma que la política partidaria convencional defraudó a las personas con discapacidad, quienes se convirtieron en una infraclase marginada. Las soluciones que se encontraron a esto fueron: campañas en el ámbito local, autoorganización, democracia directa y acción directa; luchas inspiradoras en las que la pasión contó tanto como la persuasión lógica, al igual que, según Oliver BANKS, sucedió con la primera ola de feminismo:

> Durante ese período, la agitación de las mujeres y los hombres no se debía únicamente a los argumentos intelectuales propuestos, sino también —e incluso más— al impacto emocional de la lucha en sí misma.
>
> (BANKS, 1986, pág. 140.)

Así, tuvieron lugar las marchas por los derechos civiles, los disturbios de Stonewall, la protesta en contra del concurso de belleza Miss Mundo y, más recientemente, el campamento de mujeres por la paz en Greenham Common, las manifestaciones en contra de los programas televisivos de recaudación de fondos con fines benéficos, el surgimiento de la asociación de defensa de los derechos de gais y lesbianas Outrage. Todas estas campañas operaron de manera implícita a través de una concepción más amplia de la política, resumida clásicamente en el lema feminista: "lo personal es político".

Identidad y conciencia de grupo

Ya hice referencia a la identidad de la discapacidad en virtud de la función fortalecedora de la acción directa. Gran cantidad de obras académicas versaron sobre la identidad de las personas con discapacidad, pero la mayoría se centró principalmente en "identificarlas" mediante investigaciones empíricas o médicas y usó a la discapacidad para referirse a impedimentos clínicamente mensurables y a limitaciones funcionales. Yo me ocupo de la identidad en un sentido político: que consiste en identificar a esas personas como parte de un grupo oprimido; como parte de una minoría cultural.

Este proceso de identificación parece ser lo contrario de lo que William RYAN dio en llamar "culpar a la víctima", ya que tiene que ver con convertir desgracias privadas en injusticias públicas. Tiene que ver con que "la víctima" rechace ese rótulo y, en cambio, enfoque su atención en las causas estructurales de la victimización. Tiene que ver con la subversión del estigma: con tomar una denominación negativa y transformarla en un símbolo de orgullo.

La reciente política homosexual anglo-americana muestra un proceso similar con la toma del término "queer*" por parte de hombres y mujeres homosexuales. Este término —tradicionalmente un insulto—, se convirtió en manos de ese grupo en un calificativo fortalecedor que se refiere a la nueva tendencia de acción directa, orgullo y lucha política. De manera similar, muchos activistas y artistas con discapacidad usan la palabra "cripple**" o su diminutivo "crip" de una manera que les resultaría ofensiva si la usaran las personas que no tienen una discapacidad. En ambos casos, las palabras están relacionadas con un suceso mayor que es la afirmación de una identidad grupal de cara a la opresión; una afirmación

* Eufenismo utilizado para referirse a los homoxesuales, en español podría traducirse como marica. *(N. del T.)*

** En español podría traducirse como lisiado o minusválido. *(N. del T.)*

construida mediante una lucha política y cultural centrada en el orgullo. Y este orgullo está relacionado con la afirmación de una identidad positiva, tanto individual como colectiva, ante el prejuicio y la discriminación.

La clave de este avance es que las personas "están haciendo las cosas por sí mismas". El Consejo Británico de Organizaciones de Personas con Discapacidad (*British Council of Organisations of Disabled People*, BCODP) y organizaciones similares de personas con discapacidad surgieron en oposición a los grupos de presión y a las sociedades de beneficencia que trabajaban *por* las personas con discapacidad, en nombre de ellas. BCODP dijo que ésta debe ser la tarea de las propias personas con discapacidad, una acción de masas en lugar de una acción de élite. Esta dicotomía tuvo lugar también en luchas anteriores. La Asociación Nacional para el Progreso de la Gente de Color (*National Association for the Advancement of Coloured People*, NAACP) fue una organización con sede en los EE.UU. dirigida por personas de raza blanca durante gran parte de sus comienzos. La Conferencia de Liderazgo Cristiano del Sur era la agrupación formada y controlada por personas de piel negra que, posteriormente, se hizo cargo del liderazgo de la lucha, la que más adelante sería superada en cierta medida por grupos de conciencia negra más radicales. En la política homosexual británica contemporánea hay un conflicto entre las estrategias políticas de la agrupación Stonewall y las de Outrage: la primera es un grupo de élite que presiona para lograr un cambio en las esferas más altas (sus miembros tomaron el té con el primer ministro John Mayor); el segundo es un grupo radical que alienta la participación y realiza acciones directas con la intención de cambiar la conciencia popular y no únicamente las leyes.

Mi primera conclusión es que las luchas por la liberación deben estar bajo la guía y el control del propio grupo sometido, y la segunda, que la liberación debe incluir movilizaciones y acciones lo más amplias posibles en lugar de generar simples cambios en las élites o en la legislación, ya que esto último equivaldría a un golpe de Estado en lugar de a la revolución que se busca. Ethel KLEIN hace una distinción entre la simpatía que los hombres sienten por el feminismo ("un compromiso abstracto e ideológico con la igualdad") y la conciencia feminista de las mujeres (una "perspectiva política interiorizada derivada de la experiencia personal"):

> ...el apoyo al feminismo basado en compromisos abstractos con la justicia social y la igualdad es difuso y tiene un impacto relativamente débil y breve en las decisiones políticas de las personas. Por el contrario, el que se basa en la experiencia personal y en la solidaridad por las experiencias de las otras mujeres —en la conciencia feminista— promueve un compromiso real con la búsqueda de la igualdad entre los sexos.
> (KLEIN, 1984, pág. 7.)

Entonces, identificarse como integrante de un grupo oprimido y organizarse para generar un cambio social son cuestiones cruciales.

En Gran Bretaña, con la desaparición del *Disablement Income Group* y su escisión en UPIAS y *Disability Alliance*, se reconoció desde el comienzo el carácter explícitamente político de la lucha y la medida en la que es una lucha "connatural". En los Estados Unidos también se estaba comenzando a reconocer esa característica, aunque tal vez con mayor cautela. DEJONG concluye con cierta vacilación:

> Uno de los puntos más discutibles en el futuro será cuál es la función dentro del movimiento de las personas que no tienen una discapacidad. En algunas sedes se considera con vehemencia que sólo las personas con discapacidad deberían ocupar puestos de liderazgo importantes. Esta cuestión tiene similitudes con lo que sucedió con el movimiento por los derechos civiles, en la etapa en la que se pidió a las personas de raza blanca que renunciaran a sus puestos directivos de organizaciones de promoción de las personas de raza negra.
>
> (DEJONG, 1983, pág. 26.)

Irving ZOLA da más ímpetu a su afirmación:

> Yo no digo que nadie más puede ayudarnos o comprendernos; en cambio, afirmo que, así como sucedió con las mujeres y las personas de piel negra, hemos llegado a ese punto en la historia en que la experiencia de primera mano es fundamental para poder determinar adónde ir.
>
> (ZOLA, 1983, pág. 57.)

En Gran Bretaña, los últimos avances en esta tendencia "connatural" tuvieron lugar en la Conferencia de 1992 sobre investigación en el ámbito de la discapacidad, en donde las personas discapacitadas dijeron a los investigadores sin incapacidad que no tenían derecho a investigar la experiencia de la discapacidad, demostrando así que incluso su estudio académico sintió los efectos de la politización del movimiento.

¿Es válido esto? ¿Las personas con discapacidad son las únicas que pueden hablar en nombre de otras personas con discapacidad? La discapacidad es un concepto menos unitario que raza y género: las experiencias de las personas con incapacidad visual, deficiencia de crecimiento y lesión espinal serán muy diferentes entre sí y factores tales como el origen de su condición también influirán en la experiencia, además de las dimensiones obvias de raza, clase y género. Es importante no ignorar las diferencias entre los impedimentos a pesar de la tendencia de los escritores a tratarlas de manera superficial en favor de la función totalizadora y unificadora de la opresión. Es evidente que todas las personas con discapacidad se enfrentan a una exclusión, prejuicio y discriminación común y que la gran mayoría comparte también un estado de pobreza. Pero, más allá de esto, hay variaciones. ¿Puedo yo, como persona con deficiencia de crecimiento, hablar o escribir en forma efectiva acerca de alguien con parálisis cerebral o un impedimento visual? Puedo identificarme con la experiencia social básica, pero los detalles no serán más claros para mí de lo que serían para cualquier otra persona, tenga o no una discapacidad. Si quien no tiene una discapacidad no puede describir o representar mi experiencia, ¿puedo entonces describir o representar la experiencia de una persona con un impedimento diferente al mío? ¿Socava esto la afirmación de unidad de las personas con discapacidad o la negativa de una función a las personas sin discapacidades? No lo creo, basado en que la opresión social es el aspecto más inmanente de la experiencia, pero el asunto de la promoción y la identidad está más confuso de lo que se creía hasta ahora.

La cuestión fundamental en cuanto a identidad es el proceso mediante el cual las personas que tienen un impedimento llegan a reconocerse a sí mismas como personas con discapacidad al enfocarse en la opresión social inherente a ese estado. Estas personas son educadas dentro de maneras especiales de ver la discapacidad que se basan en actitudes individualizadas y medicalizadas. En general, tanto las personas con discapacidad como quienes no la tienen ven a la discapacidad como una tragedia médica personal.

Este problema es similar a la experiencia de otros grupos. Por ejemplo, existe una gran cantidad de literatura marxista sobre la "falsa conciencia", que impide a los trabajadores asalariados reconocer la verdadera naturaleza de las relaciones sociales —lo que los deja alienados e impotentes— y hace que busquen explicaciones individuales o que recurran a la religión o tal vez al nacionalismo y otras ideologías disgregadoras. Ciertos escritores feministas utilizaron conceptos del psicoanálisis en la discusión de la "opresión interiorizada", mediante la cual las mujeres absorben la perspectiva del mundo patriarcal y tienen actitudes discriminatorias hacia otras mujeres y hacia ellas mismas.

Aquí, quisiera ocuparme de la formación de la identidad en cuanto parte del desarrollo de la conciencia de grupo que da origen a los movimientos sociales: acción política colectiva de grupos subalternos. Ethel KLEIN destaca esa cuestión al afirmar:

> Tener una vida difícil y ser miembro de un grupo explotado no es suficiente para generar malestar político. A menudo las personas se culpan a sí mismas por sus dificultades. Sólo cuando ven que otras personas como ellas —el grupo— tienen sus mismos problemas, pueden atribuir la causa de sus inquietudes a condiciones sociales tales como la discriminación y buscar soluciones políticas.
>
> (KLEIN, 1984, pág. 2.)

Sobre la base de su estudio sobre el movimiento de la mujer, KLEIN delimitó un proceso de conciencia política de tres etapas. *Primero*, la afiliación mediante un proceso de pertenencia a un grupo e intereses compartidos; *en segundo lugar*, el rechazo de las definiciones que tradicionalmente se otorga al estatus de ese grupo en la sociedad; y, *por último:*

> Los problemas personales se convierten en demandas políticas sólo cuando la incapacidad de sobrevivir o de tener una vida decente se percibe como una consecuencia de las instituciones sociales o de la desigualdad social en lugar de como una falla personal; entonces, se culpa al sistema.
>
> (KLEIN, 1984, pág. 3.)

Estos tres pasos se demuestran claramente en la evolución del movimiento de personas con discapacidad.

Sin embargo, es posible que sea más difícil para los que tienen un impedimento que se identifiquen como personas con discapacidad, como socialmente oprimidos, que para las mujeres, las personas de raza negra o los homosexuales. La opresión se expresa en términos de ayuda paternalista y benéfica. La dominación por parte de los profesionales es casi absoluta. El impedimento físico —que es extremadamente real— limita las actividades y refuerza las explicaciones "naturales" de la discapacidad. Las posibilidades de que personas con diversos impedimentos se unan en una lucha política se ven reducidas por la tendencia de la medicina y la asistencia social de dividir de manera arbitraria a sus beneficiarios: de separar a los mayores de los jóvenes o segregar a las personas con diferentes problemas físicos, quienes, sin embargo, tienen experiencias sociales similares.

El lado negativo del movimiento de discapacidad —más fácil de entender sobre la base de factores como los que se acaban de enumerar— es que no llega a la totalidad de las personas con discapacidad. En la práctica, ha tenido menos éxito en el desarrollo de una identidad positiva y una conciencia de grupo más allá de los individuos de clase media relativamente jóvenes y activos. No es muy frecuente que se reconozca esto de manera específica ya que, como los críticos siempre están deseosos de debilitar al movimiento, se hace difícil formular este tipo de críticas desde su interior. En los EE.UU. hubo una mayor apertura al respecto:

> Las personas mayores con impedimentos físicos severos ocasionados por accidentes cerebro-vasculares y otros problemas degenerativos están notablemente ausentes en la conformación del movimiento. Mientras que la filosofía de éste puede ser de una relevancia directa para las personas mayores con discapacidad, el movimiento puso sus inquietudes en otra parte.
>
> (DEJONG, 1983, pág. 6.)

Mientras que en Gran Bretaña el movimiento es mucho más representativo, existen algunas tendencias similares. En términos etarios, tendió a inclinarse hacia las personas más jóvenes, mientras que la distribución de los impedimentos en la población se inclina muchísimo más a las personas mayores, especialmente mujeres. Tan sólo hace poco tiempo que las voces de las mujeres tuvieron un reconocimiento explícito dentro del movimiento, al igual que las voces de las personas con discapacidad de raza negra o de origen asiático.

Parte de la razón de las dificultades que el movimiento británico experimentó para llegar a las personas fuera de su grupo central fue la tendencia a quitarle importancia a la función del impedimento, de la condición física. Dado que la mayoría de las personas con discapacidad que aún no tienen una conciencia política se identifican principalmente mediante su impedimento físico en particular, es un obstáculo a su desarrollo que los teóricos de la lucha ignoren ese punto. En obras recientes comenzó a corregirse esa carencia (MORRIS, 1991; CROW, 1992; FRENCH, 1993). Para poder extenderse y promover una identidad colectiva, el movimiento de las personas con discapacidad tendrá que encontrar nuevas formas de manejar la cuestión de la incapacidad y de generar concienciación entre la gran mayoría de las personas con discapacidad. Las representaciones culturales y artísticas de las propias personas con discapacidad serán cruciales en esto, ya que sólo mediante imágenes provocativas y la representación de las contradicciones surgirán conceptos progresistas.

Nuevos movimientos sociales

El estudio que Alan SCOTT realizó sobre este fenómeno —que es la obsesión más reciente de los sociólogos— define el término de la siguiente manera:

> Un movimiento social es un actor colectivo constituido por individuos que se ven a sí mismos como poseedores de intereses en común y, al menos en cuanto a una parte significativa de su existencia social, una identidad común. Los movimientos

> sociales se distinguen de otros actores colectivos —como los partidos políticos y los grupos de presión— en que disponen de la movilización masiva, o la amenaza de la movilización como principal fuente de castigo y, por lo tanto, poder social. Además, se distinguen de otros grupos colectivos, como las asociaciones de voluntarios o los clubes, en que se dedican principalmente en defender o cambiar la sociedad o la posición relativa que el grupo ocupa en ésta.
>
> (SCOTT, 1990, pág. 6.)

Luego, prosigue con un análisis sobre grupos relacionados con raza, género, sexualidad, paz y medio ambiente, pero no con la discapacidad. De hecho, ninguno de los principales teóricos la menciona. Sin embargo, Michael OLIVER (1990) afirmó que el movimiento de personas con discapacidad es un nuevo movimiento social en cuanto a que posee las siguientes características: está marginado de la política tradicional —que es el vínculo de lo personal con lo político—, realiza una evaluación crítica de la sociedad y del posmaterialismo.

En cierta medida, el calificativo importante en esta ecuación es "nuevo": en general, al analizar estos movimientos, se los distingue de fuerzas políticas anteriores tales como la clase obrera y los movimientos socialistas. Existe una tendencia a minimizar todos los elementos de continuidad y a acentuar en cambio la ruptura existente entre esas formas tradicionales de protesta y estos "nuevos" avances. Todos estos "nuevos movimientos sociales" —incluido el movimiento de discapacidad— tienen algunas características básicas en común. Surgieron después de la Segunda Guerra Mundial, especialmente en la década de los sesenta; sin embargo, no debe permitirse que este hecho eclipse a ciertos precursores como los sufragistas de comienzos del siglo XX o la liga nacional de personas con ceguera y discapacidad *National League of the Blind and Disabled*. No forman parte de la política partidaria convencional y de la actividad sindical y corporativa. En parte como resultado de este segundo factor, se valen de tácticas y formas de movilización política "no convencionales": las protestas populares toman formas nuevas como la marcha, la manifestación, el bloqueo, el boicot, las sentadas, etcétera. Pero es posible que estas técnicas no sean tan nuevas: la acción de masas caracterizó los levantamientos populares durante siglos. Es más, cuando no se cuenta con la huelga como arma potencial, ésas son las alternativas obvias. Posiblemente un aspecto importante sea la autoconciencia y la preparación involucradas en organizar dichas actividades, las que rara vez son espontáneas y, a menudo, cuentan con un cuidadoso planeamiento diseñado para influenciar a los formadores de opinión, los medios de comunicación, etcétera.

Sin embargo, mientras todos estos grupos parecen superficialmente similares en cuanto a las tácticas, muchas de las cuales unos adoptan de los otros para aplicarlas en situaciones específicas (nótese, en este contexto, la adopción de tácticas que la campaña de gais y lesbianas de Outrage introdujo en los noventa por parte del movimiento nacionalista escocés), más allá de eso existen importantes motivos para cuestionar la descripción general de "nuevo movimiento social". Parto de la aseveración que ese término enmascara diferencias importantes entre dos tipos de luchas populares contemporáneas: la tendencia "posmaterialista", por un lado, y los movimientos de "liberación", por el otro. Aunque es posible que compartan tácticas y que sus grupos de partidarios se superpongan, existen distinciones fundamentales entre los dos enfoques.

Tomemos la idea, reiterada por OLIVER, de que los nuevos movimientos sociales —el movimiento de personas con discapacidad incluido— se caracterizan por un cambio de valores en favor del posmaterialismo. Esto se origina con autores como INGLEHART, quien comparó la tendencia histórica de los movimientos sociales —por ejemplo, del movimiento obrero— con sus nuevas formas. Se encuentra un simple desacuerdo entre la exigencia tradicional de más recursos —la postura materialista— y el consenso moderno en cuanto a valores del posmaterialismo:

> La presencia de valores materialistas o posmaterialistas demuestra ser la influencia individual más importante en cuanto a si un individuo determinado apoyará o no un nuevo movimiento social.
>
> (INGLEHART, 1990, pág. 64.)

El diseño de la evidencia documental de este "cambio de valores" es simplista, sus resultados son endebles y, definitivamente, el asunto está exagerado.

La mayoría de las luchas mencionadas anteriormente *tienen que ver* con la asignación de recursos: las mujeres, las personas de raza negra y las personas con discapacidad están fundamentalmente involucradas con su explotación económica y pobreza. Dentro del feminismo la cuestión central es la igualdad de remuneración, la desigualdad de géneros en el mercado laboral, los planes de beneficios discriminatorios, etcétera. En el movimiento de discapacidad británico, el punto fundamental es lograr que se canalicen más recursos hacia las personas con discapacidad, lo que desafía la lógica distributiva del capitalismo. Sería más preciso sugerir que los nuevos movimientos sociales a menudo tienen que ver con las interrelaciones entre el mercado y el Estado benefactor: tal vez sea relevante el énfasis que OFFE (1987) pone en aquellos grupos que desempeñan un papel marginal en el mercado de trabajo, como las empleadas domésticas, las personas mayores, los trabajadores inmigrantes, las personas con discapacidad y los "grupos periféricos o que perdieron valor en el mercado".

Una segunda crítica a la teoría del nuevo movimiento social es la tendencia —que se encuentra en la obra de MELUCCI (1989), por ejemplo— a sugerir que esas luchas no se relacionan con la política o el proceso político, sino que se centran en la sociedad civil y en el control de la información, no en su producción. Este último punto ya se refutó anteriormente. La sugerencia anterior deja de lado la lucha para establecer derechos de ciudadanía: derechos políticos a votar, derechos legales (por ejemplo, la edad de consentimiento, custodia de los hijos) y, sobre todo, derechos sociales. La más importante de estas luchas en Gran Bretaña es la campaña cada vez mayor por leyes antidiscriminación. Claus OFFE parece destacar la cuestión fundamental:

> La oposición no se produce principalmente entre valores viejos y nuevos, sino entre puntos de vista contradictorios sobre en qué medida se satisfacen los diferentes elementos de los valores modernos.
>
> (OFFE, 1987, pág. 88.)

Los movimientos de la mujer, las personas de raza negra y las personas con discapacidad demostraron que esos grupos no se beneficiaron con lo sucedido en la posguerra en términos de nivel de vida y derechos sociales, y revelaron las constantes desigualdades en el acceso a los poderes político y económico. Entonces, BRAND, al citar a KLANDERMANS, está completamente equivocado cuando afirma que:

> ...los nuevos movimientos sociales no se ocupan de cuestiones de distribución, poder económico o poder político.
>
> (BRAND, 1990, pág. 25.)

Ampliar el concepto de lo político fue una parte del importante desafío con el que se encontraron los movimientos de liberación: sugerir que las relaciones personales, domésticas y sociales son tan políticas como votar y tener representación democrática. Claramente, esto no es lo mismo que la falta de interés en la política. Además, como a esos sectores se los margina del proceso político y no encuentran representación ni en los partidos políticos ni en los intereses corporativos, a menudo no queda otra opción que operar de esta manera.

Otra supuesta diferencia entre los viejos y los nuevos movimientos sociales se relaciona con la cuestión del interés. El argumento de que los nuevos movimientos no protestan por su situación económica por motivos personales, sino como resultado de su orientación en términos de valores estuvo conectado con la afirmación de falta de interés en la asignación de recursos. Según DALTON y cols. (1990):

> Los activistas en los nuevos movimientos sociales suelen tener fuertes sentimientos por su causa, pero esos sentimientos carecen de las emociones primitivas de frustración y agresión que dieran origen a los motines del pan y las revueltas contra los impuestos en el siglo XVIII y a los movimientos revolucionarios del siglo XIX. Además, los estudiantes que toman parte en manifestaciones y los activistas por el medio ambiente no provienen primordialmente de las filas de las personas con privaciones sociales.
>
> (DALTON y cols., 1990, pág. 7.)

Ahora bien, esto puede ser o no cierto en términos del ala "posmaterialista" de los nuevos movimientos sociales como las campañas antinucleares, por la paz y ambientalistas. Pero parece menos relevante en cuanto a las luchas por la liberación. Las mujeres, las personas de raza negra, los homosexuales y las personas con discapacidad se movilizan claramente en defensa de sus intereses objetivos: el ser social y la conciencia social tienen el potencial de unirse en una forma completamente paralela a la concepción marxista del proletariado. DALTON y cols. se equivocan al sugerir que la característica distintiva de los nuevos movimientos sociales es que

> ...les falta el atractivo de un interés especial delimitado a cualquier grupo social. Los nuevos movimientos sociales no se sirven de los grupos socioeconómicamente desfavorecidos o de las minorías reprimidas.
>
> (DALTON y cols. 1990, pág. 12.)

El término "grupo de interés" tiene una ambigüedad que puede servir para resaltar aquí de manera útil la distinción: por un lado, los que están "interesados en" una causa, quienes tienen un compromiso con ciertos valores y, por el otro, los que "tienen intereses" en el sentido de que realmente tienen algo en juego con el resultado. Todos se interesan por la paz mundial, la supervivencia del medio ambiente mundial y demás. Sin embargo, existe una diferencia importante entre estos beneficios generales y los más localizados e individualmente específicos que surgen de las relaciones sociales progresistas en términos de género, raza, etcétera. Entonces, debemos establecer una distinción real entre los intereses en cuanto preferencia subjetiva y los intereses en cuanto categoría social objetiva.

Alan CAWSON distingue a los grupos de presión del ámbito de la asistencia social de los grupos de interés tradicionales como los sindicatos y las organizaciones de empleados. Estos últimos deben su existencia al lugar común que ocupan en relación con el capital, a su papel en la división del trabajo. Como resultado de esto, tienen poder económico e influencia. Así como existe una economía dual entre los capitales competitivos y los monopólicos, existe una política dual entre esos intereses corporativos y el mundo pluralista de los grupos de intereses en conflicto:

> El grupo competitivo se forma por interacción voluntaria; el grupo corporativo consiste en individuos que tienen una ubicación común en la estructura socioeconómica de la sociedad.
>
> (CAWSON, 1982, pág. 38.)

Entonces, los grupos sociales de presión (como la organización *Shelter**, o *Child Poverty Action Group* [CPAG])**, que representan los intereses de los clientes del Estado benefactor no tienen el poder de los intereses corporativos:

> No poseen una ventaja socioeconómica —no tienen influencia— porque los clientes a los que representan no están en el sector económicamente productivo, cuya cooperación es un prerrequisito para una política exitosa.
>
> (CAWSON, 1982, pág. 43.)

Mi sugerencia es que se debe ampliar esa dicotomía para que incluya la distinción que hice anteriormente entre las dos formas de grupos de interés competitivo: en el campo de la discapacidad, debe distinguirse al grupo pro beneficios por discapacidad *Disablement Income Group* (DIG) o a *Disability Alliance* (DA) del BCODP. Ambos son grupos de interés competitivo, pero los primeros no son connaturales ni representativos. No obstante, reciben bastante financiación y prestan cierto grado de asesoría en materia de políticas gubernamentales:

> ... muchas de estas organizaciones, las que durante muchos años funcionaron como organizaciones benéficas y grupos de presión del ámbito de la discapacidad desarrollaron al mismo tiempo, relaciones de trabajo cercanas con los legisladores, lo que les otorga cierto grado de credibilidad pero, relativamente, poco poder.
>
> (BARNES, 1991, pág. 218.)

* Organización de apoyo a las personas sin techo en el Reino Unido. *(N. del T.)*

** Organización para la erradicación de la pobreza infantil en el Reino Unido y para un reparto mejor para las familias y los niños de ingreso bajo. *(N. del T.)*

En contraste con esta función, los grupos de presión excluidos pero representativos, que son grupos de interés en el verdadero sentido del término, nadan entre las aguas de los sectores corporativo y competitivo y recurrieron a tácticas del nuevo movimiento social para lograr cambios políticos y sociales.

Frank WILSON distingue las formas de política corporativista y pluralista con una diferenciación similar a la que anteriormente hice entre DIG/DA/RADAR y BCODP.

> Los grupos establecidos buscan perpetuar sus monopolios al absorber u oponerse de manera vigorosa a nuevos grupos que alegan defender los mismos intereses... A menudo el gobierno subvenciona a los grupos privilegiados y niega ese tipo de financiación a los organismos que no son oficiales.
>
> (WILSON, 1990, pág. 69.)

OLIVER señaló que la proporción entre las organizaciones "para" personas con discapacidad y las organizaciones "de" personas con discapacidad es de aproximadamente 100 a 1 y que las primeras reciben niveles de financiación mucho mayores. Además, WILSON prosigue para discutir el papel que los grupos "oficiales" tienen en la formulación y administración de políticas gubernamentales, lo que imita la función que DIG tenía en la administración del fondo de vida independiente. Por el contrario, los grupos que se encuentran fuera del proceso quedan en una situación de "pluralismo residual":

> Frustrados por su incapacidad para lograr que los legisladores escuchen sus inquietudes, los grupos externos recurren a métodos poco convencionales como manifestaciones, boicots, huelgas políticas, sentadas e incluso violencia para llamar la atención del público o de los legisladores sobre sus inquietudes.
>
> (WILSON, 1990, pág. 71.)

Ahora quisiera pasar de la crítica a la teoría del nuevo movimiento social a la discusión de aquellos elementos que tienen una importancia clara para el movimiento de las personas con discapacidad. Alan SCOTT sugirió que una característica fundamental de los nuevos movimientos sociales es el énfasis en la autonomía en cuanto a lo personal (el enfoque en la conciencia, el poder personal, etcétera), en el cuestionamiento de las restricciones a la libertad y en lo que él llama la "autonomía de la lucha":

> ... la insistencia en que se le permita al movimiento y a aquellos a quienes representa luchar desde su propia esquina sin la interferencia de otros movimientos y sin subordinar sus demandas a otras prioridades externas.
>
> (SCOTT, 1990, pág. 20.)

Al enfocarse en la autonomía, hay un paralelismo con la obra reciente de David HELD (1987), quien sugiere que este concepto tiene potencial para unir las nuevas posturas de la izquierda y la derecha en una nueva democracia radical. Carl BOGGS hace afirmaciones similares:

> De la experiencia de los movimientos locales surge el esbozo de una democracia radical que descansa sobre una concepción más profunda de la participación política.
>
> (BOGGS, 1986, pág. 49.)

Ciertamente, el movimiento de personas con discapacidad ejemplifica la noción de autonomía que SCOTT describió. Colin BARNES sigue la línea de SCOTT y tal vez de HELD:

> ...durante la década de los ochenta BCODP y sus organizaciones filiales produjeron el germen de gran cantidad de políticas que, cuando se implementen, no beneficiarán a ellos únicamente, sino también a la población de personas con discapacidad en general. Además, estas estrategias están en deuda tanto con las ideologías políticas de la derecha como con las de la izquierda, e incluyen habilitar a las personas con discapacidad para que se liberen de regulaciones burocráticas innecesarias y costosas; que se ganen la vida en lugar de vivir del Estado; alcanzar un grado de autonomía personal comparable al de sus iguales sin discapacidad; y expandir su papel de consumidores.
>
> (BARNES, 1991, pág. 224.)

Los valores fundamentales en el movimiento de las personas con discapacidad son la autonomía, la integración y la independencia. Cuestiones como la perspectiva orientada al consumidor de los EE.UU., el movimiento de vida independiente y la cultura connatural de la discapacidad tienen un énfasis liberal y popular que, en cierta medida, refleja este comentario teórico del nuevo movimiento social:

> Además de insistir en la expansión de formas de participación política de democracia directa, los nuevos movimientos sociales insisten también en el aumento de oportunidades para la autoorganización social. El pluralismo cultural de los movimientos y su énfasis en la autonomía también sugiere una forma más reflexiva de integración política que responde más a diferentes normas políticas y diversos estilos de vida.
>
> (BRAND, 1990, pág. 27.)

En esta lucha, son importantes las formas de organización y las campañas:

> Las formas organizativas del movimiento no son simplemente "instrumentales" por sus metas; son metas en sí mismas. Dado que la acción colectiva se enfoca en códigos culturales, la forma del movimiento propiamente dicha es un mensaje, un desafío simbólico a los códigos dominantes.
>
> (MELUCCI, 1989, pág. 60.)

Sin dar importancia excesiva al componente semiótico, es claro que la autoorganización de las personas con discapacidad se opone al mito sobre su pasividad y también a su cosificación. Se supone que a estas personas, al igual que a los niños, se las debe ver pero no escuchar; que deben estar agradecidas y no enojadas y que deben ser humildes y no orgullosas. Al contradecir todas estas premisas e ideologías discriminatorias, el movimiento progresa día a día, incluso antes de cumplir sus objetivos políticos centrales. De acuerdo a MELUCCI:

> Los actores se movilizan para recuperar el control de su propia acción. Intentan reclamar el derecho a redefinirse a sí mismos en contra del criterio de identificación determinado por un poder anónimo y por sistemas de regulación que penetran el campo de la "naturaleza interna".
>
> (MELUCCI, 1989, pág. 61.)

El enfoque de los británicos en la terminología y el modelo social es similar a esta afirmación de MELUCCI: el rechazo de las asociaciones médicas de la discapacidad en favor del nuevo análisis estructural.

Una tercera característica del movimiento de discapacidad que refleja el análisis de MELUCCI es la denuncia de ideologías opresivas y relaciones sociales subyacentes: lo que parecía benevolencia altruista se muestra como dominación paternalista. Se identifica a las organizaciones benéficas como promotoras de ideologías opresivas; se denuncia a los profesionales de la salud y la asistencia social como insensibles, arrogantes y desdeñosos. Al otro lado de la máscara de la preocupación y el cuidado se revelan las verdaderas luchas de poder:

> La función de los conflictos contemporáneos es hacer visible el poder que se esconde detrás de la racionalidad de los procedimientos administrativos u organizativos o el aspecto "frívolo" de la política.
>
> (MELUCCI, 1989, pág. 76.)

En este sentido, se cuestiona a las estructuras centrales y a las instituciones tanto como al nivel "molecular" de la vida y las relaciones cotidianas.

Nuevamente en la naturaleza prefigurativa de gran parte de la política del nuevo movimiento social —de acuerdo a una cita que MELUCCI hace de MCLUHAN, "el medio es el mensaje"— se puede trazar un paralelismo con el concepto de conciencia de LENIN. La comprensión que la gente tiene de su ser social crece y se desarrolla a medida que participa en acciones de masas y movilizaciones. Al igual que en el maoísmo, la revolución es un proceso educativo.

Conclusión

La movilización en torno a la discapacidad en cuanto movimiento social es importante para las propias personas con discapacidad, pero también lo es para la conceptuación de la discapacidad. La autoorganización y la acción directa desafían los estereotipos reinantes de impotencia y cosificación. Esto es importante en la formación de la propia identidad de las personas con discapacidad y también lo es para la ruptura de patrones de prejuicio y discriminación. Al convertir los "problemas personales" en "asuntos públicos", las personas con discapacidad afirman la validez e importancia de su propia identidad, rechazando así tanto las tendencias a convertirlas en víctimas de la sociedad en general y su propia socialización. En resumen, la cuestión es el desarrollo de la individualidad mediante la solidaridad que brinda el movimiento masivo. Al combinar fenómenos políticos divergentes y enfatizar lo novedoso de esos progresos, la teoría del nuevo movimiento social no logra teorizar el proceso de manera útil.

Referencias

BANKS, O. (1986). *Becoming a Feminist,* Brighton, Wheatsheaf.

BARNES, C. (1991). *Disabled People in Britain and Discrimination,* Londres, Hurst & Co.

BOGGS, C. (1986). *Social Movements and Political Power,* Filadelfia, PA, Temple University Press.

BRAND, K. W. (1990). "Cyclical aspects of new social movements", en: R. J. DALTON y M. KUECHLER *Challenging the Political Order,* Cambridge, Polity Press.

BYNOE, I.; OLIVER, M.y BARNES, C. (1991). *Equal Rights for Disabled People,* Londres, IPPR.

CAWSON, A. (1982). *Corporatism and Welfare,* Londres, Heinemann.

CREWE, N. M.; ZOLA, I. K. y cols. (1983). *Independent Living for Physically Disabled People,* San Francisco, CA, Jossey-Bass.

CROW, L. (1992). "Renewing the social model of disability", *Coalition,* págs. 5-9.

DALTON, R. J.; KUECHLER, M. y BURKLIN, W. (1990). "The challenge of new movements", en: R. J. DALTON y M. KUECHLER *Challenging the Political Order,* Cambridge, Polity Press.

DEJONG, G. (1983). "Defining and implementing the independent living concept", en: N. M. CREWE, I. K. ZOLA y cols. *Independent Living for Physically Disabled People,* San Francisco, CA, Jossey-Bass.

DRIEDGER, D. (1989). *The Last Civil Rights Movement; disabled peoples' international,* Londres, Hurst & Co.

FRENCH, S. (1993). "Disability, impairment or something in between?" en: J. BARTON y cols. (Eds.). *Disabling Barriers: enabling environments,* Londres, Sage.

HELD, D. (1987). *Models of Democracy,* Cambridge, Polity Press.

INGLEHART, R. (1990). "Values, ideology and cognitive mobilisations in new social movements", en: R. J. DALTON y M. KUECHLER *Challenging the Political Order,* Cambridge, Polity Press.

KLEIN, E. (1984). *Gender Politics,* Cambridge, MA, Harvard University Press.

MELUCCI, A. (1989). *Nomads of the Present,* editado por J. KEANE y P. MIER, Londres, Radius.

MORRIS, A. D. (1984). *The Origins of the Civil Rights Movement,* Nueva York, Free Press.

MORRIS, J. (1991). *Pride Against Prejudice,* Londres, Women's Press.

OFFE, C. (1987). "Challenging the boundaries of institutional politics", en: C. S. MAIER *Changing Boundaries of the Political,* Cambridge, Cambridge University Press.

OLIVER, M. (1990). *The Politics of Disablement,* Londres, Macmillan.

PAGEL, M. (1988). *On Our Own Behalf: an introduction to the self-organisation of disabled people,* Manchester, GMCDP Publications.

SAFILIOS-ROTHSCHILD, C. (1976). "Disabled persons' self-definitions and their implications for rehabilitation", en: G. L. ALBRECHT *The Sociology of Physical Disability and Rehabilitation,* Pittsburgh, PA, University of Pittsburgh Press.

SCOTT, A. (1990). *Ideology and New Social Movements,* Londres, Unwin Hyman.

WILSON, F. L. (1990). "Neo-corporatism and the rise of new social movements", en: R. J. DALTON y M. KUECHLER *Challenging the Political Order,* Cambridge, Polity Press.

ZOLA, I. K. (1983). "Developing new self-images and interdependence", en: N. M. CREWE y I. K. ZOLA y cols. *Independent Living for Physically Disabled People,* San Francisco, CA, Jossey-Bass.

CAPÍTULO V

Eugenesia y discriminación en el ámbito de la discapacidad

Por David PFEIFFER

Departamento de Administración Pública, Facultad de Administración de la Universidad de Suffolk, Boston

---

Resumen

El testimonio que se presentó durante la aprobación de la *Americans with Disabilities Act* (ADA) [Ley de Estadounidenses con Discapacidades] (P.L. 101-336) indicó que persistía la discriminación basada en la discapacidad. Muchas personas, entre ellas los académicos, no creen que exista tal discriminación ni tampoco que parte de la discriminación más peligrosa en los EE.UU. se base en leyes estatales. Este artículo detalla esas leyes estatales —tanto pasadas como actuales— en el campo de las relaciones familiares y presenta la causa histórica de la promulgación de las leyes discriminatorias. El Movimiento Eugenésico, que utiliza —un tanto erróneamente— la teoría de la evolución de DARWIN, fue y sigue siendo la fuerza que se encuentra detrás de esas leyes. En la conclusión se presentan las consecuencias que esto tiene en términos de políticas.

Introducción

En el almuerzo semanal de una organización voluntaria de Massachussets había dos invitados —uno de los cuales era un funcionario federal de la zona, de raza negra, reconocido por su trabajo en el área de los derechos civiles y, el otro, un defensor de los derechos de las personas con discapacidad, él mismo con discapacidad y autor de este artículo— a quienes les habían pedido que hicieran breves presentaciones sobre los derechos civiles. El funcionario federal comentó que las personas de raza negra eran el único grupo cuyos derechos civiles se habían visto limitados por disposiciones legales. Cuando el activista del ámbito de la discapacidad objetó esa afirmación, el funcionario federal se enfureció. Al igual que muchas otras personas, ese funcionario no estaba al tanto de las diversas formas legales en que los derechos civiles de las personas con discapacidad se violaron y se siguen violando en los EE.UU. por medio de leyes gubernamentales estatales y regionales.

Este concepto erróneo también está muy difundido en la comunidad académica. Recientemente, un revisor anónimo escribió que "a las personas con trastornos del desarrollo siempre se las trató de manera diferente" como razón para rechazar un artículo similar a éste. Se desconoce qué definición de trastornos del desarrollo manejaba este revisor, pero el tema del artículo era que todas las personas con discapacidad eran tratadas como personas con trastornos del desarrollo y legalmente incompetentes, o vivían con la posibilidad de que las considerasen así. Es decir, existía una posibilidad real de que a una persona con discapacidad se la internara en una institución, se la esterilizara y se le negaran todos los derechos de paternidad. Aparentemente, para este revisor anónimo estaba bien tratar así a las personas con trastornos del desarrollo, pero no a las otras personas con discapacidad.

El propósito de este artículo es presentar evidencia de que tanto el funcionario federal como el revisor estaban equivocados. Los derechos de las personas con discapacidad —cualquier tipo de discapacidad— estuvieron limitados en los EE.UU. en el pasado reciente y lo siguen estando gracias a leyes estatales y a la interpretación errónea de otras leyes por parte de los tribunales. Estas personas se enfrentan constantemente a la posibilidad de que se las prive de los derechos fundamentales que gozan quienes no tienen discapacidad. El gran interés de la actualidad en descubrir qué genes causan impedimentos congénitos no hace otra cosa que acentuar el problema. Tal como señaló ROTHSTEIN (1991), la ADA es sólo un primer paso hacia los cambios fundamentales necesarios para evitar una discriminación extendida basada en análisis genéticos.

La perspectiva de muchos académicos puede verse reflejada en un artículo sobre temas legales escrito por Robert y Marcia BURGDORF titulado "la bruja malvada casi está muerta"* (BURGDORF y BURGDORF, 1977). En él se analizaban los problemas del dictamen del miembro de la Suprema Corte de los Estados Unidos, juez Oliver Wendell Holmes, en el caso Buck contra Bell, 274 US 200 (1927), en el cual se esterilizó, en contra de su voluntad, a una mujer a quien se la consideraba débil mental. Los autores, que se refieren al dictamen de Holmes como vergonzante, concluyeron (pág. 1033):

> ...los fundamentos de la decisión fueron incorrectos, esta decisión se basó en teorías científicas que en la actualidad se encuentran desacreditadas, se apoyó en analogías incorrectas, aplicó estándares constitucionales inadecuados y fue incompatible con muchos de los principios filosóficos del sistema de gobierno estadounidense.

BURGDORF y BURGDORF exigieron la eliminación de las leyes de esterilización forzosa en ese país y finalizaron su artículo con la frase: "Cincuenta años de Buck contra Bell son suficientes". Esta oración hacía referencia a la tristemente célebre frase que Holmes pronunció al concluir su exposición: "tres generaciones de imbéciles son suficientes". No obstante, a pesar de lo que creen muchas personas, nunca se anuló ese dictamen y sigue formando parte del derecho público de los EE.UU.

* En inglés "The wicked witch is almost dead". *(N. del T.)*

Relaciones familiares

La mayoría de los ciudadanos estadounidenses dan por sentado los derechos a tener hijos, a casarse y a criar a los propios hijos, pero estos derechos no son accesibles de manera automática para las personas con discapacidad. Tal como se describe a continuación, durante el siglo pasado el Movimiento Eugenésico tuvo muchísima influencia en las leyes de aplicación general en el ámbito de las relaciones familiares de los Estados Unidos.

Esterilización

Durante el siglo XIX y parte del XX la esterilización fue un remedio común contra la "debilidad mental", nombre que recibían la mayor parte de las discapacidades. Hasta 1900, la castración mediante la extirpación de los ovarios o los testículos era el único método disponible para esterilizar a las personas. Durante el tercer cuarto del siglo XIX, el superintendente de la Casa Estatal para Débiles Mentales de Winfield, Kansas, castró a 44 niños y 14 niñas antes de verse obligado a detenerse, si bien se detuvo por razones médicas y no legales. Sin embargo, alrededor de 1900, el Dr. Harry Sharpe, del Reformatorio Estatal de Indiana, desarrolló el procedimiento de la vasectomía, una cirugía sencilla y económica. Por esa misma época se desarrolló en Europa el procedimiento de la salpingectomía para las mujeres. Así, comenzaron a practicarse esterilizaciones a gran escala aun cuando no había una base legal para hacerlo. Sólo el Dr. Sharpe esterilizó entre 600 y 700 niños en el Reformatorio Estatal de Indiana (BURGDORF, 1980, pág. 860).

En 1907 se promulgó en Indiana la primera ley de esterilización involuntaria del país. En 1911 Washington, California, Connecticut y Nueva Jersey también habían promulgado leyes de esa clase. En 1930 un total de 33 Estados habían promulgado tales leyes, si bien en tres Estados —Nueva Jersey en 1913, Nueva York en 1918 e Indiana en 1921— fueron anuladas por inconstitucionales. En Míchigan se promulgó una ley pero fue anulada en 1918. Siete años más tarde, los tribunales de ese Estado aceptaron como constitucionalmente válida una versión de la ley. Más adelante, en 1927, la Corte Suprema de los EE.UU. respaldó las leyes de esterilización involuntaria en el caso Buck contra Bell, (274 US 200).

Si bien la Corte Suprema de los EE.UU. nunca revocó el dictamen del caso Buck contra Bell, algunos académicos (BURGDORF, 1980, pág. 857) dicen que en el caso Skinner contra Oklahoma, (316 US 535, 1942) se rechazó el razonamiento utilizado por Holmes y que, por lo tanto, ya no estaría vigente. En el caso Skinner contra Oklahoma, a una persona condenada por hurto (por robar una gallina) se la sentenció —de acuerdo con lo dispuesto por la ley— a ser esterilizada debido a condenas previas. La ley de esterilización involuntaria no se habría aplicado si el delito hubiera sido otro, como por ejemplo desfalco. La Corte Suprema declaró inválida la ley de Oklahoma basándose en el principio de igualdad ante la ley y afirmó que no podía demostrarse una diferencia entre los delitos de hurto y desfalco. De acuerdo con lo expresado por la Corte (Skinner contra Oklahoma, 316 US 535, 542):

> Oklahoma no hace ningún intento de afirmar que aquél que comete hurto mediante allanamiento de morada [el ladrón de gallinas], engaño o fraude posee rasgos biológicos hereditarios que aquél que comete desfalco no tiene... No tenemos el menor fundamento para inferir... que la herencia de rasgos criminales siga las prolijas distinciones legales que la ley marca entre esos dos delitos.

En el caso Skinner la Corte Suprema de los EE.UU. determinó que el argumento de los rasgos criminales hereditarios era sólido; la razón por la que se declaró inválida la ley fue que violaba el principio de igualdad ante la ley. Ese principio garantizaba al ladrón de gallinas un trato igual al que recibirían otros delincuentes que cometieran delitos similares. Como una persona que cometiera desfalco no recibiría la misma pena de esterilización forzada, la Corte Suprema abolió la ley, pero Buck contra Bell siguió formando parte de las leyes vigentes.

También se afirmó ampliamente que en el caso Roe contra Wade, (410 US 113 1973) la Corte Suprema de los EE.UU. estableció un derecho fundamental de privacidad que podría impedir la esterilización forzosa. Sin embargo, el caso Roe se decidió en una votación de cinco a cuatro. Tanto en los tribunales como en el ámbito de la abogacía y la opinión pública está difundido el criterio de que debería revertirse la decisión del caso Roe. Si se revirtiera, la protección en contra de la esterilización forzosa desaparecería. Incluso si no se hiciera, el derecho a la privacidad está limitado por la decisión de la Corte Suprema de los EE.UU. de junio de 1986 en el caso Bowers contra Hardwick. En el caso Bowers, la Corte Suprema defendió el derecho de un Estado —en este caso Georgia— a invadir la privacidad del dormitorio para ver si se practicaba la sodomía. El derecho a la privacidad no es protección suficiente.

Otro argumento que respalda la afirmación de que Buck contra Bell no es más que una legislación vigente es el hecho de que la Corte se basó en el poder de las medidas de policía del Estado para respaldar la ley de esterilización forzosa de Virginia. Este poder le aporta al Estado el derecho a actuar para proteger la salud, la seguridad y el bienestar públicos. Aunque probablemente sea cierto que la Corte no aceptaría una argumentación basada sólo en el poder de las medidas de policía, no está comprobado. Además, la Corte Suprema estuvo de acuerdo en muchas oportunidades en que puede utilizarse este poder, junto a otros poderes del Estado, para defender una ley o una acción.

Sin embargo, en la actualidad existen argumentos más persuasivos sobre la legalidad de la esterilización involuntaria que los utilizados por Holmes. Al defender la ley de Virginia, Holmes recurrió a la prueba de "fundamento razonable". Esta prueba determina que si puede establecerse un fundamento razonable para una ley y no hay otros problemas, los tribunales no deben invalidarla. La Corte encontró un fundamento razonable y, por lo tanto, no derogó la ley. En la actualidad, los académicos (MURDOCK, 1974) sostienen que para mantener una ley para la esterilización forzosa de las personas con discapacidad se necesita algo más que un fundamento razonable. Si bien ese argumento puede ser correcto, no es relevante. En nuestros días, la defensa de la esterilización involuntaria se basa en la doctrina de *parens patriae*, lo que significa, a grandes rasgos, "poder de padre"; es decir, los padres —tanto en el sentido biológico como legal— saben qué es lo mejor para el "niño" y pueden obligar al "niño" a obedecer, incluso cuando el "niño" es un adulto que tiene una discapacidad.

Una ley de Carolina del Norte del año 1975 (General Statutes 35-50) en la que se establecía la esterilización de las personas con deficiencia mental gozó de una defensa exitosa de acuerdo con la doctrina de la patria potestad. La ley aporta la siguiente definición de persona con deficiencia mental (General Statutes, 35-1.1):

> "Deficiente mental" no se refiere a las personas con enfermedades mentales, sino a aquellas cuyo desarrollo mental está tan retrasado que no adquirieron el autocontrol, juicio y criterio suficientes para ocuparse de sí mismas y de sus asuntos y para cuyo bienestar o el de los demás se requiere o aconseja supervisión, orientación, cuidado o control. Se interpretará este término como inclusivo de "débil mental", "idiota" e "imbécil".

Lo único necesario para la esterilización de una persona que se ajuste a esa descripción es que el superintendente de una institución o el director regional del departamento de servicios sociales obtenga una orden judicial a tal efecto. De hecho, es deber del superintendente o director regional iniciar esos trámites siempre que crea que es lo mejor para esa persona o para el público en general. Si un superintendente o director regional puede convencer a un juez de que una persona con discapacidad no puede manejar los asuntos cotidianos, necesita orientación y se "beneficiaría" con la esterilización, el juez puede ordenar que ésta se realice.

Con algunas modificaciones de procedimiento, se respaldó la ley en el caso NCARC contra Carolina del Norte, (420 F.Supp. 451 1976). Existe una ley similar en 22 Estados, entre los que se encuentran Arizona (Revised Statutes, folios 36-532), California (Penal Code 2670), Carolina del Sur (Code 44-47-10 ff.), Connecticut (General Laws, 17-19), Delaware (16 Code, folio 5701), Indiana (Statutes 1973, folios 16-13-13-1), Maine (Revised Statutes folios 34-2461), Míchigan (Statutes folio 14.381) Minnesota (Statutes 252A.13), Nuevo Hampshire (Revised Statutes folio 174:1) y Virginia (Code 37.1-156-71). La esterilización involuntaria está autorizada específicamente en 15 Estados: Arkansas, Carolina del Norte, Carolina del Sur, Colorado, Connecticut, Delaware, Maine, Minnesota, Misisipi, Nueva Jersey, Oklahoma, Oregón, Utah, Virginia y Virginia Occidental. En Delaware, Misisipi y Carolina del Sur la epilepsia todavía figura como razón lícita para la esterilización forzosa (Brakel y cols., 1985, pág. 523-524). La mayoría de los Estados basan esa acción en lo "mejor" para la persona o la sociedad, pero nueve Estados aún lo hacen fundamentándose en argumentos eugenésicos. Aun en ausencia de una ley que autorice la esterilización, los tribunales pueden obligar a las personas con discapacidad (y lo hacen) a someterse a una esterilización forzosa sin importar la opinión de esa persona sobre lo que es mejor para ella. Esto es una amenaza para todas las personas con discapacidad de los EE.UU. (Macklin y Gaylin, 1981; Brantlinger, 1992; Elkins y Anderson, 1992; Ferguson y Ferguson, 1992; Fredericks, 1992; Kaeser, 1992).

Matrimonio

El derecho a contraer matrimonio es un derecho importante que la mayoría de las personas da por sentado. Este derecho se encuentra sujeto a regulación estatal dado que, en parte, establece un contrato y controla la herencia y la titularidad de los bienes raíces. Como resultado del caso Meyer contra Nebrasca, (262 US 390) del año 1923, la Suprema Corte de los Estados Unidos analiza muy de cerca, en el contexto de la Decimocuarta Enmienda, las leyes estatales que parecen limitar este derecho. En el caso Meyer, la Corte declaró que el derecho a contraer matrimonio era un derecho fundamental garantizado por la constitución de los EE.UU. y que cualquier limitación de ese derecho debía respetar los principios de igualdad ante la ley y proceso debido. La Corte derogó una ley estatal que prohibía el matrimonio interracial por violar esos principios en el caso Loving contra Virginia (388 US 1) de 1967. No obstante, nunca hizo lo mismo con una ley estatal que limitara el derecho a contraer matrimonio de o con una persona con discapacidad, aun cuando eso viola claramente el principio de igualdad.

Por ejemplo, Connecticut tenía una ley que prohibía que cualquier hombre "... epiléptico, imbécil o débil mental" se casara con una mujer menor de 45 años, que es el supuesto límite de la edad reproductiva femenina. Una mujer menor de 45 años que fuera "... epiléptica, imbécil o débil mental" no podía casarse, sin importar la edad del hombre. En Gould contra Gould (61 A. 604, 1905) los tribunales de Connecticut sostuvieron esa ley. Aunque reconocieron que el matrimonio es un derecho fundamental garantizado por la Constitución de ese Estado, los tribunales se negaron a dejar esa ley sin efecto alegando que el cuerpo legislativo también había establecido constitucionalmente una edad mínima para casarse y que había prohibido el matrimonio consanguíneo. Una de las personas involucradas en este caso tenía epilepsia, y el tribunal escribió:

> Que la epilepsia es una enfermedad con un carácter peculiarmente severo y desagradable que tiende a debilitar la capacidad mental y que, a menudo, pasa de padres a hijos o propicia que la descendencia del enfermo sufra alguna otra forma grave de afección de tipo nervioso, es una cuestión de dominio público de la cual los tribunales tomarán conocimiento judicial... Una manera de evitar la perpetuación de la epilepsia es, obviamente, prohibir las relaciones sexuales con personas afectadas por ella e impedir las posibilidades de mantener las relaciones sexuales que provee el matrimonio. Imponer tal restricción... no es una invasión a la igualdad de todos los hombres ante la ley si se aplica a todos aquellos... que pertenecen a una cierta clase de personas.

Esa clase de personas incluía a todos quienes tuvieran epilepsia, por lo que —razonó el tribunal de Connecticut— no se estaba negando el derecho de igualdad ante la ley ni ningún otro. En consecuencia, los integrantes de la clase de personas con epilepsia no tienen los mismos derechos que la categoría de los ciudadanos de los Estados Unidos. En esa época también existían leyes similares en Míchigan, Minnesota, Kansas y Ohio. La ley de Connecticut no se revocó hasta 1969.

Una ley de Pensilvania del año 1953 (48 Statutes folios 1-1) prohíbe que se emita un certificado de matrimonio a una persona que tenga epilepsia o sea "débil mental, demente o... esté fuera de juicio", excepto que medie una orden judicial. En Washington (26 Revised Code 26.04.030) se prohíbe el matrimonio si cualquiera de las partes:

> ... es un borracho habitual, criminal frecuente, imbécil, persona con debilidad mental, persona con idiocia o demencia o una persona hasta el momento afectada por locura hereditaria... a menos que se haya establecido que no es posible que haya procreación entre los integrantes de la pareja que desea contraer matrimonio.

Según la prohibición de Massachusetts (General Law 207, section 5):

> La persona con insania, idiocia o debilidad mental que se encuentre internada en una institución para débiles mentales o en custodia o bajo la supervisión del Departamento de Salud Mental o de una institución para personas con anomalías médicas no podrá contraer matrimonio.

Treinta y ocho Estados y el Distrito de Columbia prohíben o restringen estrictamente el derecho a contraer matrimonio de las personas con retraso mental. Este derecho básico no está garantizado para las personas con discapacidad (WELLS, 1983).

Paternidad

La Corte Suprema de los EE.UU. también reconoce como derecho fundamental el derecho a ser padre, y a criar a los propios hijos biológicos. Sin embargo, puede invalidarse sobre la base de la salud o la seguridad del niño (BERNSTEIN, 1991; SACKETT, 1991). Si bien esto no tiene mucho que ver con esas razones, el principal fundamento para quitarle sus hijos a las personas con discapacidad es el cociente intelectual de los padres. (State ex. rel. Paul contra Departamento de Bienestar Social, 170 So.2d 549, (1965), Tribunal de Apelaciones de Luisiana; en referencia a McDonald, 201 N.W.2d 447, (1972), Corte Suprema de Iowa; Sexton contra J.E.H., 355 N.W.2d 828 (1984), Corte Suprema de Dakota del Norte; y en referencia a G.C.P., 680 S.W. 2d 429 (1984), Tribunal de Apelaciones de Misuri). Las investigaciones demuestran que los test de cociente intelectual son tendenciosos y limitados (MCCALL, 1984; STERNBERG y GARDNER, 1984), hecho reconocido por los tribunales en casos relacionados con la educación (Larry P. contra Riles, 495 F.Supp. 926, 1979, Distrito Norte de California; PASE contra Hannon, 506 F.Supp. 831, 1980, Distrito Norte de Illinois). No obstante, los padres con discapacidad deben demostrar su capacidad para ser padres en un grado mayor que los que no tienen discapacidad. En el caso de *Adoption for Richardson* (59 Cal. Rptr. 323 de 1967) se impidió que una pareja de California con problemas de audición y de habla adoptara un niño, aunque era perfectamente capaz de criarlo.

Algunos casos más recientes parecen indicar una nueva tendencia. Un juez de un tribunal de California había retirado a un padre la custodia de sus dos hijos por tener tetraplejia. Este juez había llegado a la conclusión de que ese padre nunca podría ser un "buen" padre porque, por ejemplo, no podría jugar a la pelota con su hijo. La Corte Suprema de California, en el caso con referencia al matrimonio de Carney, In re Marriage of Carney (598 P.2d 36, 1979), criticó fuertemente al juez y declaró inválida su decisión. En Idaho, un juez del tribunal de distrito le había negado a una madre la custodia de sus dos hijos porque tenía epilepsia. La Corte Suprema de Idaho revirtió la decisión del caso Moye contra Moye (627 P.2d 799, 1981). En Míchigan, el Tribunal de Apelaciones de ese Estado invalidó la decisión de un tribunal menor porque había interpretado erróneamente el término "enfermedad mental", como si fuera equivalente a "enfermedad física", en el caso Departamento de Servicios Sociales contra McDuel,

(369 N.W.2d 912, 1985). En Johnson contra J.K.C. (Sr., 841 S.W. 2d 198, Mo. Ct. App., 1992), el Tribunal de Apelaciones de Misuri restituyó los derechos de paternidad de una pareja "con retraso mental leve" sobre su hijo de 9 años debido a que había un fuerte vínculo emocional entre padre e hijo y a que la edad del niño implicaba que sus padres podían ocuparse de su cuidado. Sin embargo, sostuvo la extinción de sus derechos de paternidad sobre la hija de 5 años debido a su edad y a que nunca había vivido con sus padres.

Desde el punto de vista del niño, California (Civil Code 227b) es el único Estado del país que permite que un padre solicite que se anule una sentencia de adopción por discapacidad del niño. La ley estipula que si en el plazo de los cinco años desde la sentencia definitiva el niño da muestras de un trastorno del desarrollo que sea tan severo como para considerar que no es apto para la adopción, si la discapacidad es resultado de condiciones previas a la adopción y los padres adoptivos no tenían conocimiento de ello, estos pueden solicitar a los tribunales que se anule la adopción (*The Legal Rights of Persons with Epilepsy,* 1985, pág. 107). Eso es lo que ocurrió en el caso Christopher C. contra Kay C. (278 Cal. Rptr. 907) cuando el Tribunal de Apelaciones de California ratificó la decisión de un tribunal menor de conceder la petición de dejar sin efecto una adopción porque el niño tenía una enfermedad mental que se había mantenido oculta.

Tal vez los tribunales estén cambiando su opinión con respecto a las personas con discapacidad que son padres, pero, al mismo tiempo, parecen estar facilitando la esterilización involuntaria. Una vez esterilizada, la persona con discapacidad ya no tiene la posibilidad de tener hijos biológicos, por lo que ya no surgirá el problema de la paternidad en ninguna forma, dado que para esas personas es absolutamente imposible adoptar un niño.

Estereotipos y discapacidad

Estas leyes y casos judiciales se basan en estereotipos comunes de la discapacidad y las personas con discapacidad; se basan en diversas suposiciones incorrectas sobre estas personas (BOGDAN y BIKLEN, 1977; DEARING, 1981; LONGMORE, 1985; WRIGHT, 1985; BOGDAN y TAYLOR, 1987, 1989). La primera de ellas es suponer que las personas con discapacidad sufren un nivel general de inadaptación.

Existen numerosos estudios que se proponen demostrar que las personas con discapacidad son inadaptadas, pero esos análisis sufren de graves problemas metodológicos entre los que se encuentran los métodos utilizados. Así como los test de cociente intelectual son tendenciosos, los instrumentos utilizados para medir el nivel de adaptación también lo son. Además, si el investigador espera ver inadaptación en las personas con discapacidad, eso es lo que encontrará. Es una profecía destinada a cumplirse. Por otra parte, en esta clase de estudios hay una marcada tendencia a atribuir cualquier cosa que se aleje de la norma a la existencia de una discapacidad: si una persona tiene una discapacidad, entonces debe ser inadaptada. La verdad es que suponer una inadaptación general es una simplificación exagerada de los hechos condicionada por el prejuicio, tal como demuestra el análisis profundo de esos estudios.

La segunda suposición es la de la tragedia. Las personas que no tienen una discapacidad no pueden imaginarse qué hacen las personas con discapacidad para soportar sus vidas. Para ellos la existencia de una discapacidad es una tragedia abrumadora, una vida llena de sufrimiento y frustración. Es cierto que las personas con discapacidad sufren y tienen frustraciones, pero sucede lo mismo con aquellas que no tienen una discapacidad. Existen numerosos estudios realizados concienzudamente que muestran que hechos como el divorcio o la muerte causan más dolor y sufrimiento y son más trágicos en la vida de las personas con discapacidad que la existencia de la propia discapacidad.

La siguiente suposición está íntimamente relacionada con las dos primeras y es que se supone que estas personas sufren una frustración desmedida. Sencillamente, no es cierto que las personas con discapacidad experimenten más frustración que las demás. Tal vez sean más concientes de las barreras innecesarias y frustrantes con que se encuentran, pero quienes no tienen una discapacidad también experimentan una frustración excesiva. Si el investigador espera encontrar un alto grado de frustración, lo hallará de la misma manera en que encontrará inadaptación. La manera de superar la frustración, tanto entre las personas con discapacidad como entre quienes no la tienen, no es recomendar una mayor adaptación sino eliminar las barreras frustrantes.

Todas estas elucubraciones se basan en otra suposición incorrecta: pensar que la discapacidad es un atributo personal. La discapacidad es una parte central en la vida y la identidad de las personas con discapacidad, pero no es un simple atributo personal. Es algo que está firmemente enraizado en el entorno. En ciertos ambientes algunos tipos de discapacidad en particular pasan desapercibidos, mientras que en otros son muy notorios. A menudo la discapacidad se convierte en una limitación debido a una barrera innecesaria y completamente indeseable implantada en el entorno que está allí por la irreflexión de alguien.

La última suposición es el mito del pecado; es decir, que la causa de la discapacidad debe ser el pecado o los actos indebidos de alguien, ya sea la misma persona con discapacidad, los padres, el médico, el conductor ebrio, etcétera. Tal vez sea posible rastrear el origen de la discapacidad en un suceso específico, pero definitivamente la causa de ese suceso que termina en discapacidad no es el pecado de alguien. Con frecuencia, los miembros de la sociedad intentan encontrar el culpable o la razón de lo que se percibe como "malo". Cuando no se puede inculpar a otra cosa, el pecado es la explicación alternativa obvia.

Los estereotipos que resultan de estas suposiciones incorrectas son influyentes, y el lenguaje incrementa esa influencia. El poder del lenguaje para moldear políticas y para influenciar la manera en que se ve la realidad es grande (EDELMAN, 1985). Los términos "negro" y "chica" son tan evocadores como el término "lisiado". Mientras que en la actualidad apenas se usan los dos primeros términos en los medios de comunicación, el tercero es de uso común tanto en forma de verbo (lisiar) y adjetivo (lisiado) como de locución adverbial (que lisia) (LONGMORE, 1985; ZOLA, 1985). No resulta sorprendente que los estereotipos tengan una profunda influencia en las políticas públicas de la sociedad estadounidense (HIGGINS, 1980; HAHN, 1985.ª; CRISPELL y GÓMEZ, 1988; HANDBERG, 1989). Estos estereotipos influyen sobre las amistades (KLECK y DEJONG, 1983), el éxito del gobierno (BORDIERI y cols. 1983; BEUF, 1990) y determinan cómo ven los profesionales a las que desean ayudar a las personas con discapacidad (SCOTT, 1981; NIXON, 1985;

OWEN, 1985; WESTBROOK y NORDHOLM, 1986; BARNETT, 1986), y se pueden encontrar en todas partes, tanto en la actualidad como a lo largo de la historia.

En los Estados Unidos, el estereotipo de anormalidad se aplicó a las personas con discapacidad desde la época colonial y, por lo tanto, éstas no pudieron participar de la sociedad como ciudadanos. Hasta el siglo XIX las personas con discapacidad no habían intentado participar en las cuestiones cívicas, a partir de entonces, cuando lo hicieron, generalmente, se las excluyó. El código de procesamientos civiles del condado de Los Ángeles de 1872 impedía que las personas sordas, ciegas o con impedimentos físicos formaran parte de jurados. La razón de eso era que, de acuerdo con el código, se consideraba que dichas personas eran "débiles y tenían carencias en todas sus facultades naturales". Cuando la Junta de Supervisores del Condado de Los Ángeles analizaba una medida para revocar esa disposición en 1976, dos jueces del condado se opusieron porque "...los ciegos tendrían dificultades para determinar la credibilidad de los testigos ya que no pueden observar su comportamiento" ("Los Angeles to Decide...", *The New York Times*, 1976). Esa clase de estereotipos sobre las personas con ceguera son comunes (CHEVIGNY, 1946; CRIDDLE, 1953; SCOTT, 1981) y también lo son con respecto a las personas con discapacidad en general.

El impacto legal de estos estereotipos en la vida de las personas con discapacidad no tuvo lugar por accidente, sino que fue el resultado de un movimiento social identificable cuyo propósito era mejorar la sociedad en todos sus aspectos.

El Movimiento Eugenésico

La razón del impacto de los estereotipos y las leyes discriminatorias resultantes puede encontrarse en los valores y prejuicios de los miembros de la sociedad (WEISS, 1987; BROWN, 1988; PROCTOR, 1988; CAPLAN, 1989; WEINDLING, 1989). Una de las fuentes principales de este tipo de actitudes llenas de prejuicios que derivaron en las leyes es el Movimiento Eugenésico, cuyas raíces se encuentran en la biología del siglo XIX, especialmente en la obra de Charles DARWIN (MAZUMDAR, 1992; STEPAN, 1992). Las ideas de la evolución de Darwin no apoyan necesariamente los objetivos del Movimiento Eugenésico, pero condujeron al trabajo en el campo de la genética que dio origen a ese movimiento.

No es casualidad que se perciba cierto pesimismo en DARWIN, ya que tomó su idea central de la obra de Thomas MALTHUS, *Primer ensayo sobre la población*, que se publicó originalmente en 1798 (DAMPIER, 1952, capítulo 7). MALTHUS escribió que la raza humana se incrementaría constantemente hasta que dispusiera de medios insuficientes para sobrevivir. Luego, la guerra, el hambre o las enfermedades se encargarían de ajustar nuevamente el número de personas. Los individuos innecesarios morirían. Esta forma pesimista de ver el mundo influenció a DARWIN. En sus propias palabras (citado por DAMPIER, 1952, pág. 276):

> En Octubre de 1838 leí, a modo de entretenimiento, el ensayo de Malthus sobre población y, estando bien preparado para valorar la lucha por la existencia que acontece en todos lados debido a la prolongada observación continua de los hábitos de plantas y animales, enseguida caí en la cuenta de que bajo esas condiciones ten-

> derían a preservarse las variaciones favorables y, las desfavorables tenderían a ser destruidas. El resultado de esto sería la formación de nuevas especies. Así, entonces, tuve una teoría por la cual trabajar.

Durante los siguientes veinte años, DARWIN recopiló información y condujo experimentos y en noviembre de 1859 publicó su obra *El origen de las especies.*

Las ideas de evolución no eran desconocidas en el siglo XIX y los anteriores. Hacia el final de su vida, DARWIN reconoció la influencia que su abuelo, Erasmus DARWIN, había tenido sobre sus ideas. Erasmus DARWIN fue uno de los varios escritores que habían desarrollado la idea de evolución, si bien de otra manera diferente (COLP, 1986). A diferencia de obras anteriores, *El origen de las especies* de Charles DARWIN aportó una base firme a la evolución porque contaba con gran cantidad de datos recogidos en el curso de sus observaciones y experimentos. Thomas HUXLEY, el principal expositor de la teoría de DARWIN, la describe como un destello en la oscuridad (DAMPIER, 1952, págs. 279-280). No todas las personas valoraron ese destello y hubo una fuerte oposición a la teoría de Darwin durante los veinte años siguientes. Hasta el final de su vida no comenzó a ceder la oposición.

De la controversia generada por *El origen de las especies* surgió el campo que hoy conocemos como genética. A diferencia de la mayoría de los campos de estudio, se puede decir que éste tiene un mes de nacimiento, si bien no se conoce la fecha exacta. En abril de 1900 tres cultivadores diferentes redescubrieron y/o volvieron a publicar lo que Gregory MENDEL había expuesto en 1866. Las ideas de MENDEL encerraban una regla estadística mediante la que se podían predecir las características que tendrían las plantas de una generación a otra (WADDINGTON, 1972). En Gran Bretaña, ese enfoque estadístico contó con el apoyo de W.F.R. WELDON, Karl PEARSON y Francis GALTON. PEARSON, el especialista en estadística que desarrolló el coeficiente de correlación producto-momento, entre otras herramientas de esa ciencia, fundó la publicación *Biometrika* con WELDON. GALTON, quien había centrado su atención en la mejora genética de las personas acuñó el término "eugenesia" para su trabajo. Otra persona que contribuyó a este movimiento fue el estadístico G. UDNY YULE, quien desarrolló la definición de "independencia estadística" que se utiliza en nuestros días en el estadístico (χ^2). Finalmente, también el estadístico Ronald FISHER, conocido por su trabajo con las pruebas de significación estadística, reconcilió algunas objeciones que WELDON y PEARSON habían hecho al enfoque de MENDEL en los comienzos.

FISHER estaba muy preocupado porque las civilizaciones anteriores hubieran colapsado, por la incapacidad de sus "mejores" clases, el procrear una cantidad suficiente de descendientes. En 1912 se dirigió a los asistentes al segundo encuentro anual de la Sociedad Eugenésica de la Universidad de Cambridge e hizo hincapié en la necesidad de una cuidadosa reproducción entre las "mejores" clases. Un año más tarde, al dirigirse a la Sociedad de Educación Eugenésica, repitió su inquietud y dijo (de acuerdo con la cita en BOX, 1978, pág. 32):

> No nos autoproclamamos caballeros de una nueva orden. Sin embargo, necesaria e inevitablemente, hasta de manera inconsciente, somos los agentes de una nueva etapa de evolución. En términos generales, los partidarios de la eugenésica elegirán mejor con quien casarse, [tendrán] mayores capacidades, mejor salud y mayor belleza. En general, tendrán más hijos que otras personas.

Aunque FISHER pudo haber repudiado mucho lo que más tarde tuvo lugar en nombre de la eugenesia, en 1929 estaba activamente involucrado en una campaña para legalizar la esterilización (BOX, 1978, págs. 196-203). Su postura pública siempre fue que la esterilización debía ser voluntaria y que debía considerársela un derecho. Creía firmemente que si se la veía de esa manera, la esterilización se difundiría y colaboraría en la reducción de nacimientos de "subnormales".

No todos los miembros del Movimiento Eugenésico compartían los puntos de vista de FISHER. Durante el siglo XIX y parte del siglo XX el sentimiento de que ciertos grupos raciales o étnicos eran superiores a otros en términos de inteligencia y moralidad estaba considerablemente difundido. Ese razonamiento es la base de la doctrina del destino manifiesto de los Estados Unidos, la que justificó el genocidio de los pueblos nativos del territorio y la conquista de Puerto Rico y Filipinas. Dentro de la sociedad estadounidense —decía el argumento— las clases más bajas eran intelectual y moralmente inferiores. Para preservar la civilización y el orden social debía controlarse a estas clases más bajas. La sindicalización de la industria estadounidense encontró resistencia con el fundamento de que el obrero común no podía saber qué era lo mejor para sí mismo y, mucho menos, para la nación.

Al igual que FISHER, muchas personas en los Estados Unidos creían que la civilización estaba condenada a menos que se evitara que las personas "subnormales" se multiplicaran. Lothrop STODDARD escribió en 1922 (de acuerdo con la cita en SMITH, 1985, pág. 3) que "el inexorable proceso de la selección natural" había mantenido bajo el número de personas "con anormalidades" en el pasado, pero ahora "la sociedad moderna y la filantropía los protegen y, de esa manera, favorecen su rápida multiplicación".

Con frecuencia, los argumentos que se presentan en los debates sobre el aborto contienen premisas del Movimiento Eugenésico (HEIFETZ, 1989; HOLLANDER, 1989; MERRICK, 1989; WERTZ y FLETCHER, 1989; WOLFENSBERGER, 1989). David WILSON (1986) equipara la disponibilidad del aborto con la promoción de la promiscuidad y afirma que las parejas casadas maduras y cultas que "practican la anticoncepción a conciencia" a veces conciben hijos y escribió que la probabilidad de que las adolescentes solteras queden embarazadas es casi absoluta en tanto sea posible practicarse un aborto.

> El proceso es negativamente autoselectivo. Las personas más responsables, educadas, autosuficientes en lo económico y genética y culturalmente dotadas son las que menos probabilidades tienen, en cualquier franja de edad, de tener descendencia... Entonces, lo que el aborto produce es... irresponsabilidad masculina y un patrón reproductivo con degeneración genética en el que aquellos que están menos preparados para sobrellevar los incontables desafíos de las tecnocracias avanzadas están teniendo descendencia con aquellos de quienes puede esperarse que tengan capacidades superiores.

Las "mejores" clases se someterán a abortos mientras que las clases "inferiores" se multiplicarán. Esta preocupación es la misma que FISHER había expresado al comienzo del siglo. Pero no sucederá únicamente que las "mejores" clases tendrán menos hijos, sino que las "inferiores" tendrán hijos "subnormales", es decir, con discapacidad.

En parte por el Movimiento Eugenésico, en el siglo XIX se implementó una política social destinada a ocuparse de los miembros de la sociedad "subnormales" y con discapacidad. Samuel HOWE estableció en el año 1849, en Boston, la primera institución para personas "con anormalidades" y "con debilidad mental" de los Estados Unidos. La intención de HOWE era formar a los "subnormales" para que pudieran reintegrarse a la sociedad. Sin embargo, tuvo tanto éxito en sacar a las personas indeseables de las calles y de la vista que las familias y las comunidades se rehusaron a recibirlos nuevamente. Aunque HOWE desaconsejaba la segregación permanente, nadie lo escuchó. Todos los líderes públicos veían que se estaban sacando de la sociedad a las personas asociadas con la pobreza, el delito, la locura, la prostitución, el alcoholismo y las actividades inmorales en general. Tal como lo expresó el gobernador de Massachusetts Benjamin BUTLER en su discurso de 1883 ante el cuerpo legislativo estatal (BUTLER, 1883):

> Cuando el Estado haya dado la educación suficiente a cada niño brillante... será el momento de emprender la educación de los idiotas y los débiles mentales. Considero que este intento de revertir la ley irrevocable de la supervivencia de los más aptos no es siquiera un acto amable hacia las pobres criaturas que se encuentran en esta escuela... ninguno de los alumnos se convirtió en autosuficiente... un idiota bien cuidado es una criatura feliz. Un idiota que toma conciencia de su estado no lo es.

HOWE había tenido mucho éxito.

Unos años antes del discurso de BUTLER, R. L. DUGDALE había publicado su famoso estudio *The Jukes* en 1877. En su libro, DUGDALE describe lo que se llamó la degeneración de la familia Jukes. Su obra estimuló la publicación de gran cantidad de historias familiares (RAFTER, 1988). Aunque DUGDALE dijo que la decadencia de la familia había tenido lugar debido al entorno social en que los Jukes se encontraban inmersos, por influencia del Movimiento Eugenésico gran parte de esas historias familiares atribuyeron la degeneración a factores hereditarios. La obra más influyente de éstas apareció en 1912 de la mano de Henry GODDARD (GODDARD, 1912). Se llamó *The Kallikak Family: a study in the heredity of feeble-mindedness* ("La familia Kallikak: estudio sobre la herencia de la debilidad mental").

Al igual que *El origen de las especies* de DARWIN, la obra de GODDARD tuvo una aceptación inmediata como comprobación científica de una teoría. Era una teoría que atribuía casi todos los males sociales a una clase particular, los débiles mentales. Henry GODDARD fue un académico en todo sentido. Gozó de una buena educación y obtuvo una licenciatura y una maestría en la Universidad de Haverford. Entre esos dos títulos, impartió clases durante un año, 1888, en la Universidad del Sur de California. Trabajó ocho años como director de una escuela secundaria y luego ingresó en la Universidad de Clark para estudiar psicología. Obtuvo su doctorado en esa universidad en 1899 y comenzó a enseñar en la Escuela Normal del Estado de Pensilvania en West Chester (SMITH, 1985, pág. 39). En 1906 se trasladó a la Escuela de Formación de Débiles Mentales en Vineland, Nueva Jersey, en calidad de director de proyectos de investigación. Como científico de orientación empirista, quería analizar las causas y, de ser posible, la solución de lo que él consideraba uno de los problemas más importantes de la sociedad.

Mientras viajaba por Europa conoció a Alfred BINET y regresó a su país con el test de inteligencia que se convertiría en el pilar de su investigación. Tanto GODDARD como las generaciones futuras utilizarían el test de Binet para detectar personas con deficiencias mentales. En 1981 el 92 % de los organismos estatales de rehabilitación laboral de los Estados Unidos seguía utilizando alguna clase de test de cociente intelectual para diagnosticar retraso mental, y en el 80 % de los estados no se hacía ningún tipo de evaluación formal de las conductas adaptativas para validar las conclusiones que arrojaban los resultados de los test (SHELDON, 1982). Rhode ISLAND, por ejemplo (General Laws, 40.1-22-3 (5)) define a la persona con retraso mental como aquella que "tiene un funcionamiento intelectual general muy por debajo del promedio, dos (2) desviaciones estándar debajo de lo normal...". Aunque los test de cociente intelectual tienen resultados cuestionables, los "expertos" confían muchísimo en ellos, incluso en nuestros días (SNYDERMAN y ROTHMAN, 1989).

Tras establecer —para su satisfacción— que la debilidad mental era un rasgo heredado, GODDARD dirigió su atención a la cuestión política de cómo combatir los numerosos males sociales que los débiles mentales causaban a la sociedad. Se situó en los barrios bajos, donde —según él— se encontraban los mayores niveles de delitos, pobreza e inmoralidad. De acuerdo con sus propias palabras (citado por SMITH, 1985, pág.18):

> Si mañana se eliminaran todos los barrios bajos de nuestras ciudades y en su lugar se construyeran viviendas modelo, volveríamos a tener barrios bajos en una semana porque tenemos a esta gente con deficiencias mentales a quienes nunca se les podrá enseñar a vivir de una manera diferente a como lo están haciendo. Hasta que no nos ocupemos de esa clase y nos encarguemos de que las personas inteligentes guíen sus vidas no podremos eliminar esos males de nuestra vida social.

Por supuesto, GODDARD y otros serían las "personas inteligentes" que guiarían a las "personas con deficiencias mentales". ¿Cómo conseguirían eliminar esos "males"? La esterilización estaba instalada como medida temporal, pero la segregación en instituciones era la solución definitiva. GODDARD escribió también (citado por SMITH, 1985, pág.19):

> Esas colonias [instituciones] ahorrarían un importe en pérdidas anuales de propiedad y de vidas debido a la actividad de estas personas irresponsables que sería suficiente para cubrir, en gran parte o en su totalidad, los gastos de la nueva planta... En el estado actual de nuestro conocimiento, la segregación mediante la colonización parece el método ideal y perfectamente satisfactorio.

Se iba a segregar y a esterilizar a las personas con discapacidad para mejorar la sociedad.

Aunque la obra de GODDARD recibió fuertes críticas por su pésima metodología y su genética imperfecta, también recibió muchos elogios. Cada crítica recibía una respuesta, ya fuera del mismo GODDARD o de un defensor de la eugenesia (MEILE y cols., 1989). Hubo quienes hicieron su carrera académica escribiendo sobre la degradación moral del país y presentando propuestas para librarlo del azote de la debilidad mental.

Sin embargo, no era GODDARD la única persona que abogaba por la esterilización y la segregación a quien se escuchaba. Havelock ELLIS, un líder en la lucha por los derechos humanos, especialmente de las mujeres, comienza su obra *The Task of Social Hygiene* (La Tarea de la Higiene Social) tomando en consideración el problema de la debilidad mental (según sus propias palabras). Citando la obra de GODDARD y otros autores, ELLIS escribió (1927, pág. 35):

> Los débiles mentales carecen de premeditación y control de sí mismos. No son capaces de resistir de manera adecuada sus propios impulsos o las incitaciones de los demás y son incapaces de entender correctamente los motivos que guían la conducta de las personas normales.

En el presente, no son únicamente una amenaza —escribió ELLIS—, sino que son "... la reserva de la que se nutren las clases depredadoras" (ELLIS, 1927, pág. 38). Son "un mal implacable", "un veneno para la raza" y su "mera existencia es, en sí misma, un obstáculo" para la civilización (ELLIS, 1927, pág. 43). No obstante, ELLIS no llegó a los métodos de esterilización y segregación de GODDARD. En cambio, ELLIS quería que los ideales de la eugenesia formaran parte de la religión civil para que la civilización trabajara en pos de librarse de los "subnormales" mediante diversas políticas públicas, incluyendo el derecho escrito.

Dentro del Movimiento Eugenésico había otras personas que no eran tan reticentes como ELLIS a recomendar los métodos que GODDARD había propuesto. Walter FERNALD, un sucesor de HOWE, fue bastante categórico (FERNALD, 1912, pág. 92):

> Los débiles mentales son parásitos, una clase depredadora, siempre incapaces de mantenerse a sí mismos u ocuparse de sus propios asuntos. Finalmente, la gran mayoría se convierte en algún tipo de carga pública...Se dijo correctamente que la debilidad mental es la madre del crimen, la indigencia y la degeneración... El punto más importante es que la debilidad mental tiene altas probabilidades de transmitirse por herencia... No debería permitirse que ninguna persona con debilidad mental se case o tenga hijos... Ciertas familias deberían extinguirse. La paternidad no es para todos.

La única cuestión pendiente era cómo implementar esa política. El exterminio se insinuaba pero no era una práctica que se utilizara abiertamente (LUSTHAUS, 1985). En lugar de eso, la respuesta era la segregación en instituciones y la esterilización.

La influencia de GODDARD creció. Lo invitaron a la isla Ellis para que ayudara a identificar —y, por ende, a excluir— a los inmigrantes con debilidad mental. Mediante el test de Binet, GODDARD determinó que el 79 % de los inmigrantes italianos, el 80 % de los inmigrantes húngaros, el 83 % de los inmigrantes judíos (el único grupo que se registraba independientemente de su nacionalidad) y el 87 por ciento de los inmigrantes rusos eran débiles mentales (SMITH, 1985, págs. 119-120). GODDARD llegó a la conclusión de que si el pueblo estadounidense quería que se impidiese el ingreso de los inmigrantes con debilidad mental, sería mejor que se lo hiciera saber al Congreso. En 1924 el Congreso aprobó la *Immigration Restriction Act* [Ley de Restricción de la Inmigración] en la que se limitaba la cantidad de inmigrantes de Europa meridional y oriental.

Durante la Primera Guerra Mundial se proporcionó el test de Binet a los encargados de reclutar soldados para el ejército. Según la interpretación que GODDARD hizo de los resultados, la mitad del país tenía la inteligencia de un niño de 13 años, o menos. Sus conclusiones (SMITH, 1985, págs. 128-130) fueron que eso era un argumento en contra de la democracia. Según dijo, ninguna sociedad puede existir cuando sus decisiones las toman los que tienen una inteligencia media, y mucho menos cuando lo hacen los de menor inteligencia. Debería quitarse el derecho a votar a alrededor de la mitad del país para que los ciudadanos más inteligentes puedan guiar a quienes dictan las políticas públicas.

Numerosos estudios que aparecieron después del de GODDARD también determinaron que los "subnormales" eran la fuente de la mayoría de los males sociales (SMITH, 1985, capítulo IX). Esos escritores presentaron recomendaciones similares a las de él en cuanto a políticas. Uno de los seguidores más entusiastas de la eugenesia era Harry LAUGHLIN, quien esbozó una ley modelo de esterilización en 1922. Su ley modelo requería la esterilización de las siguientes clases "subnormales" (LAUGHLIN, 1922, págs. 446-447):

> ... (1) débiles mentales; (2) locos (incluidos los psicópatas); (3) criminales (incluidos los delincuentes y los descarriados); (4) epilépticos; (5) ebrios (incluidos los usuarios de drogas); (6) enfermos (incluidos los tuberculosos, los sifilíticos, los leprosos y otras personas con enfermedades crónicas, infecciosas y que sean causa de segregación legal); (7) ciegos (incluidos aquellos con severos impedimentos visuales); (8) sordos (incluidos aquellos con severos impedimentos auditivos); (9) deformes (incluidos los lisiados); y (10) dependientes (incluidos los huérfanos, holgazanes, gente sin techo, las prostitutas y los indigentes).

Resulta interesante notar que el mismo LAUGHLIN tenía epilepsia (SMITH, 1985, pág. 138) y, aunque estaba casado, no tenía hijos.

En 1938, 33 Estados tenían una ley de esterilización y se realizaron más de 27.000 cirugías forzosas (SMITH, 1985, pág. 139). Además de requerir la esterilización de los "débiles mentales" y la de cualquier persona que tuviera "enfermedades mentales hereditarias o de naturaleza sifilítica", la ley de California requería también la de cualquier persona que se encontrara en un hospital estatal y mostrara signos de "perversión o desviaciones marcadas de la mentalidad normal" (BERNS, 1953, pág. 770). Para el año 1951 se habían esterilizado más de 19.000 personas de acursdo con la ley de ese Estado. En Virginia, en la institución en la que había vivido Carrie Buck, se había esterilizado a más de 4.000 personas (SMITH, 1985, pág. 150). Aun cuando la ley de acuerdo con la cual la esterilizaron se derogó en 1968 (BURGDORF y BURGDORF, 1977), la práctica no se detuvo en Virginia sino hasta 1972. Según FERSTER (1966), en los Estados Unidos se esterilizó de manera involuntaria a más de 63.000 personas por razones relacionadas con la genética entre 1921 y 1964.

Conclusión

Las leyes mencionadas en este estudio estaban basadas en las ciencias duras de la época y en las actitudes de la sociedad en general hacia las personas con discapacidad. No fue una pequeña camarilla la que promulgó secretamente las leyes de esterilización y segregación que se aplicaron a las personas con discapacidad y que aún siguen vigentes (BERNS, 1953; BELL, 1962; HALLER, 1963; WOLFENSBERGER, 1975, 1981; FORMAN y HETZNECKER, 1982; HAHN 1982, 1983; PFEIFFER, 1985, 1987). Lo que le dio a estas leyes el impulso que necesitaban para su aprobación e implementación fue (y sigue siendo) la opinión pública tal cual la expresaron los líderes públicos y la opinión científica articulada por los profesionales. Son la opinión pública y la científica las que siguen sosteniendo esas leyes en la actualidad (GOCHROS y GOCHROS, 1977; STARR, 1982; BOCK, 1983; MELNICK, 1985; GOULD, 1985; LUSTHAUS, 1985; BARNETT, 1986; MEHAN, HERTWECK y MEIHLS, 1986; BELL, 1986; HOLTZMAN, 1989; SANDERDON, 1990; MIRINGOFF, 1991; BOSK, 1992). Aunque en 1985 el gobernador de Texas firmó una ley mediante la que se eliminaron de las leyes de ese Estado términos como idiota, débil mental, lisiado y deforme, estos términos siguen figurando en las leyes de la mayoría de los Estados. Las actitudes basadas en los prejuicios siguen presentes en el derecho público.

Los médicos y los administradores de los hospitales dejan morir de manera rutinaria a recién nacidos con discapacidad. Desconectan los aparatos de soporte vital de las personas mayores porque su calidad de vida es exigua. Se da orientación a los padres que descubren que la madre lleva en el vientre un feto "subnormal" para que se practique un aborto (MIRINGOFF, 1989, 1991. WOLFENSBERGER (citado en HERR, 1984, pág. 8) estima que aproximadamente se realizan 200.000 abortos al año por esa razón.

Los niños con discapacidad a quienes se permite vivir reciben educación de segunda clase o peor en escuelas públicas. Algunos niños con discapacidad, especialmente si tienen SIDA, no reciben ningún tipo de educación. Hoy por hoy despiden a las personas con discapacidad de sus trabajos a causa de su incapacidad o directamente no las contratan. También se les niegan los servicios de salud. Aunque muchos ayuntamientos disponen de servicios como parques y aeropuertos —cuyo costo pagan los contribuyentes— la cantidad de asistentes personales que permitirían que las personas con discapacidad trabajaran y se convirtieran en contribuyentes está limitada por razones presupuestarias. Las personas con incapacidades motoras y sensoriales no pueden utilizar muchos de los sistemas de transporte público, cuyos fondos y subsidios provienen de los impuestos de las personas con discapacidad.

En varios Estados, los antiguos residentes de instituciones como escuelas y hospitales estatales deben volver a ellas porque no hay fondos suficientes para centros comunitarios. Las viviendas públicas no tienen accesibilidad y se desaloja a los inquilinos que se comportan de determinada manera. A los ciudadanos con impedimentos visuales y auditivos se les niega el acceso a los documentos públicos. A las personas con otros tipos de discapacidad a quienes se las considera incapaces de ocuparse de las tareas cotidianas se las esteriliza "por su bien" y también se les prohíbe casarse o criar a sus propios hijos.

Las personas con discapacidad también son los parias del ámbito académico. Fueron las actitudes de la sociedad las que permitieron que se promulgaran e implementaran esas leyes opresivas, pero fue el ámbito académico el que dio la justificación necesaria para esas leyes (HAHN, 1985b; ALLEN, 1986; WEISS, 1987; GELB, 1989; MEILE y cols., 1989; NELKIN y TANCREDI, 1989; WEINGART, 1989; MAZUMDAR, 1992; BLACKFORD, 1993). En respuesta a esa amenaza a los derechos civiles de las personas con discapacidad, los organismos públicos y privados (incluido el ámbito académico) deben poner en marcha una campaña efectiva para educar al público en relación con la discapacidad y los derechos legales de las personas con discapacidad.

La promulgación de la *Americans with Disabilities Act* (P.L. 101-336) es un paso en el camino que llevará a ocuparse de las leyes y prácticas estatales discriminatorias. Es hora de que se haga algo más. Las leyes estatales que discriminan a las personas con discapacidad deben declararse nulas, y las decisiones judiciales anteriores que permitieron tal discriminación deben revocarse. También deben revisarse las regulaciones estatales y federales mediante las que se implementan las leyes.

Las personas con discapacidad pueden ocuparse de sus propios asuntos, de ser ciudadanos responsables y contribuyentes y de ser amantes y padres. Si las personas con discapacidad tienen el derecho de existir en esta sociedad, entonces también tienen derecho a hacer que esa existencia sea significativa y efectiva. Este objetivo puede lograrse mediante la educación y la acción política.

Referencias

ALLEN, G. (1986). "The Eugenics Record Office at Cold Spring Harbor, 1910-1940", *Osiris,* 2.ª Serie, 2, págs. 5-42.

BARNETT, W. (1986). "The transition from public residential schools for retarded people to custodial facilities: an economic explanation", *Disability, Handicap* & *Society,* 1, pág. 53-71.

BELL, A. (1962). "Attitudes of selected rehabilitation workers and other hospital employees toward the physically disabled", *Psychological Reports,* 10, págs. 183-186.

BELL, T. (1986). "Education policy development in the Reagan administration", *Phi Delta Kappan,* 67, págs. 487-493.

BERNS, W. (1953). *Buck v. Bell:* Due process of law?, *Western Political Quarterly,* 6, pág. 762-775.

BERNSTEIN, P. (1991). "Termination of parental rights on the basis of mental disability: a problem in policy and interpretation", *Pacific Law Journal,* 22, págs. 1155-1185.

BEUF, A. (1990). *Beauty is the Beast,* Philadelphia, University of Pennsylvania Press.

BLACKFORD, K. (1993). "Erasing mothers with disabilities through Canadian family-related policy", *Disability, Handicap & Society,* 8, págs. 281-294.

BOCK, G. (1983). "Racism and sexism in Nazi Germany: motherhood, compulsory sterilization, and the state", *Signs: Journal of Women in Culture and Society,* 8, págs. 400-421.

BOGDAN, R. y BIKLEN, D. (1977). "Handicapism", *Social Policy,* Marzo/Abril, págs. 14-19.

BOGDAN, R. y TAYLOR, S. (1987). "Toward a sociology of acceptance: the other side of the study of deviance", *Social Policy,* Fall, págs. 34-39.

— — (1989). "Relationships with severely disabled people: the social construction of humanness", *Social Problems,* 36, págs. 135-148.

BORDIERI, J., SOTOLONGO, M. y WILSON, M. (1983). "Physical attractiveness and attributions for disability", *Rehabilitation Psychology,* 28, págs. 207-215.

BOSK, C. (1992). *All God's Mistakes: genetic counseling in a pediatric hospital,* Chicago, University of Chicago Press.

BOX, J. (1978). *R. A. Fisher: the life of a scientist,* Nueva York, Wiley.

BRAKEL, S., PARRY, J. y WEINER, B. (1985). *The Mentally Disabled and the Law,* 3.ª ed., Chicago, American Bar Foundation.

BRANTLINGER, E. (1992). "Professionals' attitudes toward the sterilization of people with disabilities", *The Journal of the Association for Persons with Severe Handicaps,* 17, págs. 4-18.
BROWN, R. (Ed.) (1988). *Quality of Life for Handicapped People,* Londres, Croom Helm.
BURGDORF, R. (Ed.) (1980). *The Legal Rights of Handicapped Persons,* Baltimore, Paul H. Brookes.
— y BURGDORF, M. (1977). "The wicked witch is almost dead: *Buck v. Bell* and the sterilization of handicapped persons", *Temple Law Quarterly,* 50, págs. 995-1034.
BUTLER, B. (1883). "Address to the Great and General Court of Massachusetts".
CAPLAN, A. (1989). "The meaning of the holocaust for bioethics", *Hastings Center Report,* Julio/Agosto, 19(4), págs. 2-3.
CHEVIGNY, H. (1946). *My Eyes Have a Cold Nose,* New Haven, Yale University Press.
COLP, R. (1986). "The relationship of Charles Darwin to the ideas of his grandfather, Dr Erasmus Darwin", *Biography,* 9, págs. 1-24.
CRIDDLE, R. (1953). *Love Is Not Blind,* Nueva York, W. W. Norton.
CRISPELL, K. y GÓMEZ, C. (1988). *Hidden Illness in the White House,* Durham, Duke University Press.
DAMPIER, W. (1952). *A History of Science and Its Relations with Philosophy & Religion* 4.ª ed., Cambridge, Cambridge University Press.
DEARING, B. (1981). "Literary images as stereotypes", en: D. BIKLEN y L. BAILEY (Eds.) *Rudely Stamp'd: imaginal disability and prejudice,* Washington, DC, University Press of America.
EDELMAN, M. (1985). "Political language and political reality", *PS,* 18, págs. 10-19.
ELKINS, T. y ANDERSEN, H. (1992). "Sterilization of persons with mental retardation", *The Journal of The Association for Persons with Severe Handicaps,* 17, págs. 19-26.
ELLIS, H. (1927). *The Task of Social Hygiene,* 2.ª ed., Boston, Houghton Mifflin.
FERGUSON, P. y FERGUSON, D. (1992). "Sex, sexuality, and disability", *The Journal of The Association for Persons with Severe Handicaps,* 17, págs. 27-28.
FERNALD, W. (1912). "The burden of feeblemindedness", *Journal of Psychoasthenics,* 18, págs. 90-98.
FERSTER, E. (1966). "Eliminating the unfit—is sterilization the answer?", *Ohio State Law Journal,* 27, págs. 591-633.
FORMAN, M. y HETZNECKER, W. (1982). "Physician and the handicapped child: dilemmas of care", *The Journal of the American Medical Association,* 247, págs. 3325-3326.
FREDERICKS, B. (1992). "A parents' view of sterilization", *The Journal of The Association for Persons with Severe Handicaps,* 17, págs. 29-30.
GELB, S. (1989). "Not simply bad and incorrigible: science, morality, and intellectual deficiency", *History of Education Quarterly,* 29, págs. 359-379.
GOCHROS, H. y GOCHROS, J. (Eds.) (1977). *The Sexually Oppressed,* NuevaYork, Association Press.
GODDARD, H. (1912). *The Kallikak Family: a study in the heredity of feeble-mindedness,* Nueva York, Macmillan.
GOULD, S. (1985). *The Flamingo's Smile: reflections in natural history,* Nueva York. W.W. Norton.
HAHN, H. (1992). "Disability and rehabilitation policy: is paternalistic neglect really benign?", *Public Administration Review,* 73, págs. 385-389.
— (1983). "Paternalism and public policy", *Society,* Marzo/Abril, págs. 36-46.
— (1985a). "Disability policy and the problem of discrimination", *American Behavioral Scientist,* 28, págs. 293-318.
— (1985b). "Toward a politics of disability definitions, disciplines, and policies", *The Social Science Journal,* 22, págs. 87-105.
HALLER, M. (1963). *Eugenics: hereditarian attitudes in American thought,* New Brunswick, Rutgers University Press.

HANDBERG, R. (1989). "Talking about the unspeakable in a secretive institution: health and disability among supreme court justices", *Politics and the Life Sciences,* 8, págs. 70-73.
HEIFETZ, L. (1989). "From Munchausen to Cassandra: a critique of Hollander's 'euthanasia and mental retardation'", *Mental Retardation,* 27(2), págs. 67-70.
HERR, S. (1984). *Issues in Human Rights,* Nueva York, Young Adult Institute.
HIGGINS, P. (1980). *Outsiders in a Hearing World: a sociology of deafness,* Beverly Hills, Sage.
HOLLANDER, R. (1989). "Euthanasia and mental retardation: suggesting the unthinkable", *Mental Retardation,* 27(2), págs. 53-62.
HOLTZMAN, N. (1989). *Proceed with Caution: predicting genetic risks in the recombinant DNA era,* Baltimore, Johns Hopkins University Press.
HUBBARD, R. (1990). *The Politics of Women's Biology,* New Brunswick, Rutgers University Press.
KAESER, F. (1992). "Can people with severe mental retardation consent to mutual sex?", *Sexuality and Disability,* 10, págs. 38-42.
KLECK, R. y DEJONG, W. (1983). "Physical disability, physical attractiveness, and social outcomes in children's small groups", *Rehabilitation Psychology,* 28, págs. 79-91.
LAUGHLIN, H. (1922). *Eugenical Sterilization in the United States,* Chicago, Psychopathic Laboratory of the Municipal Court of Chicago.
THE LEGAL RIGHTS OF PERSONS WITH EPILEPSY (1985). 5.ª ed., Landover, MD, Epilepsy Foundation of America.
LONGMORE, P. (1985). "Screening stereotypes: images of disabled people", *Social Policy,* Verano, págs. 31-37.
LOS ANGELES TO DECIDE ON LETTING BLIND AND HANDICAPPED ON JURIES (1976). *The New York Times,* 18 Octubre, pág. 53.
LUSTHAUS, E. (1985). "'Euthanasia' of persons with severe handicaps: refuting the rationalizations", *Journal of the Association on Severe Handicaps,* 10, págs. 87-94.
MACKLIN, R. y GAYLIN, W. (Eds.) (1981). *Mental Retardation and Sterilization: a problem of competency and paternalism,* Nueva York, Plenum Press.
MAZUMDAR, P. (1992). *Eugenics, Human Genetics, and Human Failings: the Eugenics Society, its sources and its critics in Britain,* Nueva York, Routledge.
MEHAN, H.; HERTWECK, A. y MEIHLS, J. (1986). *Handicapping the Handicapped: decision making in students' educational careers,* Stanford, Stanford University Press.
MCCALL, R. (1984). "Developmental changes in mental performance: the effect of the birth of a sibling", *Child Development,* 55, págs. 1317-1321.
MEILE, R.; SHANKS-MEILE, S. y SPURGIN, M. (1989). "Changes in the care and treatment of 'feeble-mindedness': a political-economic interpretation", documentación entregada en la *Meeting of the Society for Disability Studies,* Washington, DC, Junio.
MELNICK, R. (1985). "The politics of partnership", *Public Administration Review,* 45, págs. 653-660.
MERRICK, J. (1989). "Federal intervention in the treatment of handicapped newboms: Baby Doe regulations and the 1984 child abuse amendments", *Policy Studies Review,* 8, págs. 405-419.
MIRINGOFF, M. (1989). "Genetic intervention and the problem of stigma", *Policy Studies Review,* 8, págs. 389-404.
— (1991). *The Social Costs of Genetic Welfare,* New Brunswick, Rutgers University Press.
MURDOCK, C. (1974). "Sterilization of the retarded: a problem or a solution?", *California Law Review,* 62, págs. 917-945.
NELKIN, D. y TANCREDI, L. (1989). *Dangerous Diagnostics: the social power of biological information,* Nueva York, Basic Books.
NIXON, H. (1985). "Organizational subversion in voluntary rehabilitation associations for disabled people", *American Behavioral Scientist,* 28, págs. 347-366.

OWEN, M. (1985). "A view of disability in current social work literature", *American Behavioral Scientist,* 28, págs. 397-403.
PFEIFFER, D. (1985). "Affirmative action and the unemployment of disabled persons", *Proceedings of the* 1985 *AHSSPPE Conference,* págs. 254-256.
— (1987). "Civil rights with clout: me disabled citizen in Massachusetts", en: S. HEY, G. KIGER y J. SEIDEL (Eds.) *Impaired and Disabled People in Society: structure, processes and the individual,* Salem, OR, The Society for Disability Studies and Willamette University.
PROCTOR, R. (1988). *Racial Hygiene: medicine under the Nazis,* Cambridge, MA, Harvard University Press.
RAFTER, N. (1988). *White Trash: the eugenics family studies, 1877-1919*, Boston, Northeastern University Press.
ROTHSTEIN, M. (1992). "Genetic discrimination in employment and the Americans with Disabilities Act.", *Houston Law Review,* 29, págs. 23-42.
SAEKETT, R. (1991). "Terminating parental rights of the handicapped", *Family Law Quarterly,* 25, págs. 253-273.
SANDERSON, S. (1990). *Social Evolutionism: a critical history,* Cambridge, Basil Blackwell.
SCOTT, R. (1981). *The Making of Blind Men: a study of adult socialization,* New Brunswick, Transaction Books.
SHELDON, K. (1982). "Communication to vocational rehabilitation colleagues", Diciembre.
SMITH, J. (1985). *Minds Made Feeble: the myth and legacy of the Kallikaks,* Rockville, MD, Aspen Systems Corporation.
SNYDERMAN, M. y ROTHMAN, S. (1989). *The IQ Controversy, the Media, and Public Policy,* New Brunswick, Transaction.
STARR, R. (1982). "Wheels of misfortune", *Harper's,* Enero, págs. 7-15.
STEPAN, N. (1992). *"The Hour of Eugenics": race, gender, and nation in Latin America,* Ithaca, Cornell University Press.
STERNBERG, R. y GARDNER, H. (1984) "Testing intelligence without IQ scores", *Phi Delta Kappan,* 65, págs. 694-698.
WADDINGTON, C. (1972). "Biology", en: C. B. Cox y A. E. DYSON (Eds.) *The Twentieth Century Mind,* Vol. 1, Cap. 10, Londres, Oxford University Press.
WEINDLING, P. (1989). *Health, Race, and German Politics Between National Unification and Nazism, 1870-1945*, Nueva York, Cambridge University Press.
WEINGART, P. (1989). "German eugenics between Science and politics", *Osiris,* 2.ª Serie, 5, págs. 260-282.
WEISS, S. (1987). "The race hygiene movement in Germany", *Osiris,* 2.ª Serie, 3, págs. 193-236.
WELLS, K. (1983). "As laws and attitudes change, the retarded are entering society", *The Wall Street Journal,* 15 Febrero, págs. 1, 20.
WERTZ, D. y FLETCHER, J. (1989). "Fatal knowledge? Prenatal diagnosis and sex selection", *Hastings Center Report,* Mayo/Junio, págs. 21-27.
WESTBROOK, M. y NORDHOLM, L. (1986). "Effects of diagnosis on reactions to patient optimism and depression", *Rehabilitation Psychology,* 31, págs. 79-94.
WILSON, D. (1986). "The high human price to pay for abortion", *The Boston Globe,* 29 Junio, pág. A23.
WOLFENSBERGER, W. (1975). *The Origin and Nature of Our Institutional Models,* Siracusa, Human Policy Press.
— (1981). "The extermination of handicapped people in World War II Germany", *Mental Retardation,* 19, págs. 1-7.
— (1989). "The killing thought in the eugenic era and today: a commentary on Hollander's essay", *Mental Retardation,* 27(2), págs. 63-66.
WRIGHT, B. (1985). *Disabling Myths About Disability,* Chicago, National Easter Seals Society.
ZOLA, I. (1985). "Depictions of disability—metaphor, message, and medium in the media: a research and political agenda", The *Social Science Journal,* 22, págs. 5-17.

CAPÍTULO VI

El modelo social de discapacidad y la desaparición del cuerpo

Hacia una sociología del impedimento

Por Bill HUGHES y Kevin PATERSON

Departamento de Ciencias Sociales,
Universidad Caledonia de Glasgow

Resumen

¿Cuáles son los argumentos a favor de una sociología del impedimento y cómo se comienza a construirla? Este artículo afirma que para las políticas de identidad del movimiento de discapacidad es fundamental volver a alinear la distinción discapacidad/impedimento. El cuerpo se encuentra en el centro de los debates políticos y teóricos contemporáneos; no obstante, el modelo de discapacidad lo convierte en un exiliado. La transformación del cuerpo desde un concepto reaccionario a uno emancipador implica una sociología del impedimento. Este estudio explora la contribución que el postestructuralismo y la fenomenología podrían hacer en este sentido.

Introducción

Hacia finales del siglo XX, las personas con discapacidad —en el contexto de una economía flexible posfordista— se organizaron en un nuevo movimiento social e iniciaron una lucha para emanciparse de la opresión social y la exclusión (OLIVER, 1990).

El movimiento de discapacidad politizó con éxito el espacio social y físico al llamar la atención sobre cómo los valores y prácticas dominantes relacionados con la no discapacidad generan grandes espacios que constituyen áreas restringidas. Por otro lado, los mismos valores y prácticas sociales generan lugares "especiales" que funcionan como espacios de exclusión o depósitos de personas con discapacidad. Durante la modernidad, la respuesta a los impedimentos fue básicamente antropoémica: a las personas con discapacidad se les otorgó el papel del otro y fueron desterradas; se las encerró en lo que FOUCAULT (1967) dio en llamar "el gran confinamiento" y fueron excluidas de muchos de los lugares clave de poder y privilegio, a los que también les negaron el acceso.

El cuestionamiento de la opresión, la exclusión y la discriminación contra las personas con discapacidad dio origen a la nueva política de la discapacidad

(OLIVER, 1990), la cual incluye —como expresión intelectual— el modelo social de discapacidad. Al centrarse en las maneras en que la discapacidad se produce socialmente, el modelo social pudo trasladar el debate sobre discapacidad desde los ámbitos dominados por la biomedicina hacia discursos sobre política y ciudadanía. No obstante, el debate sobre cuerpo e impedimento está volviendo a surgir dentro del movimiento de discapacidad (SHAKESPEARE, 1992; VASSEY, 1992; FRENCH, 1993; SHAKESPEARE y WATSON, 1995a,b; OLIVER, 1995, artículo inédito). Éste es un tema profundamente controvertido, dado que arrastra —un poco desconcertantemente— la distinción conceptual clave que fue el centro de la transformación del discurso de la discapacidad de problema médico a política de emancipación.

Este artículo es una contribución a ese debate. Aboga por una sociología del impedimento y analiza dos perspectivas teóricas (el postestructuralismo y la fenomenología) que pueden utilizarse para hacer una contribución al desarrollo de esa sociología. El modelo social de discapacidad propone una separación insostenible entre cuerpo y cultura, entre impedimento y discapacidad. Si bien esto fue de enorme valor para el establecimiento de una política radical de la discapacidad, el sujeto "cartesianizado" que produce no se encuentra a gusto en el mundo contemporáneo de las políticas de identidad. Este estudio es una crítica interna: no aboga únicamente por el reemplazo del modelo social, sino también por su expansión, y propone una noción encarnada de la discapacidad en lugar de una en la que no hay cuerpo.

El presente artículo busca ingresar a una laguna teórica que afecta al modelo social en lo que respecta a la manera en que trata esa encarnación. No se sugiere que el movimiento de discapacidad o las personas con discapacidad ignoraron la experiencia del impedimento. Por el contrario, existe gran cantidad de literatura que presenta textos de ese orden, ya sea en la forma de relatos escritos por legos (véase, por ejemplo, MORRIS, 1991a; OLIVER y cols., 1988) o en la forma de textos sociológicos que se sirven —en gran parte aunque no exclusivamente— de perspectivas interaccionistas (véase, por ejemplo, HALES, 1995; SWAIN y cols., 1993). Además, resulta un hecho innegable que el impedimento participa de la experiencia y la política de la discapacidad y es algo fundamental en las vidas de las personas con discapacidad. Las formas de resistencia y la lucha por el control, la independencia y la emancipación del cuerpo están encarnadas. De cualquier manera, aunque el impedimento está presente en la práctica y en los textos que lo reflejan, su desarrollo teórico es incipiente.

El modelo social —pese a su crítica del modelo médico— entrega el cuerpo a la medicina y entiende al impedimento en los términos del discurso médico. Para recuperar este espacio corpóreo perdido sin regresar a la perspectiva reaccionaria de que la cualidad física determina el estatus en la sociedad, el modelo social exige que se haga una crítica de su propia herencia dualista y que se establezca, en cuanto necesidad epistemológica, que el cuerpo con impedimentos es parte del dominio de la historia, la cultura y el significado y no —como diría la medicina— un objeto no histórico, presocial y puramente natural.

La sociología de la discapacidad y la sociología del cuerpo: Rumbos contradictorios

La sociología descubrió el cuerpo aproximadamente en el transcurso de la década pasada (TURNER, 1984, 1992; FEATHERSTONE y cols., 1991; SYNNOTT, 1993; SHILLING, 1993; FALK, 1994; SCOTT y MORGAN, 1993). Parece irónico que, durante el mismo período, ciertos estudios sobre la discapacidad, de corte sociológico, consideraran adecuado prescindir de él. A medida que la teoría social comenzaba a reconocer la deuda que la organización y el proceso social tenían con la corporeidad de los actores humanos y buscaba trascender los dualismos cartesianos, en un movimiento diametralmente opuesto el modelo social de discapacidad desterró la cualidad física a las sombras del discurso. En consecuencia, hubo pocos o ningún punto de contacto entre los estudios en el ámbito de la discapacidad y la sociología del cuerpo (SHAKESPEARE y WATSON, 1995a). Ambos se movían casi al mismo tiempo en direcciones epistemológicas opuestas.

La sociología reclamó el cuerpo como parte de los procesos sociales e intelectuales de somatización que se esclarecieron hasta convertirse en lo que en nuestros días llamamos —aún no del todo cómodos— postmodernidad. Los valores de la Ilustración como la racionalidad, la verdad y el progreso colapsaban por su propio vacío categórico y un nuevo vocabulario que privilegiaba términos como deseo, capricho, efímero y diferencia los reemplazó rápidamente. El cuerpo salió a escena como algo por comprender. No hizo afirmaciones importantes. El antifundacionalismo del pensamiento contemporáneo encontró en la mortalidad palpable del cuerpo —en el polvo en que se convertirá— una representación de su propio relativismo y de su tendencia hacia el nihilismo:

> La postmodernidad celebró el cuerpo en cuanto alteridad, como aquello que no puede regularse por completo y que, en última instancia, protesta contra la subordinación del deseo por parte de la razón. Podemos ver esta oposición entre la satisfacción de las emociones a través de la descarga y la regulación civilizada de la pasión en beneficio del orden social como un tema dominante en la filosofía occidental durante los últimos cien años.
>
> (TURNER, 1994a,b, pág. 17.)

Si el ritmo del cambio social y la muerte de las metanarrativas (LYOTARD, 1984) llevó a los intelectuales al nihilismo, también recreó al cuerpo poniendo en primer plano lo corpóreo y lo biológico como cuestiones sociales y no simplemente orgánicas. Nos arrojaron el cuerpo como un medio de consumo conspicuo, un espacio de lucha política (en lenguajes tan remotos como el feminismo y el fundamentalismo), un proyecto en el proceso infinitamente maleable de la construcción de identidad. El cuerpo se convirtió en algo problemático. Adquirió, en palabras de FOUCAULT, una historia. Terence TURNER (1994a,b, pág. 27) sugiere que la ingenuidad sociológica con respecto a lo físico se ve destrozada por la corporeidad que ocupa el centro del escenario en algunos de los debates más reveladores de la época:

> El cuerpo o el sujeto corporeizado es el objeto de seducción mediante la publicidad, de interpelación mediante bienes cargados de semiótica, de tortura por parte de

un amplio espectro de regímenes políticos, de amargos conflictos sobre la vida reproductiva y el cuidado de la salud, de luchas por la revaloración de las identidades sexuales alternativas, de amenazas de nuevas enfermedades epidémicas y el objeto de nuevas tecnologías que permiten la modificación de atributos físicos que hasta el momento se aceptaban como determinados por la naturaleza, como la cirugía plástica, la reproducción "fecundación in vitro" asexual o fuera del cuerpo, las diversas formas de intervenir en el proceso biológico de la reproducción, la modificación de los rasgos genéticos y la prolongación o limitación artificial de la misma vida.

Mientras tanto, el estudio sociológico de la discapacidad intentaba escapar de las cadenas de un mundo epistemológico en el que el dominio médico y la prominencia del pensamiento biopsicológico eran evidentes. Ése era un mundo en el que a las personas con discapacidad se las identificaba con sus impedimentos y se las definía en términos de las dificultades que encontraban en la vida, las que —de acuerdo con la jerga de la biomedicina— eran consecuencia de su cuerpo disfuncional.

El movimiento de discapacidad y su expresión teórica mediante el "modelo social de discapacidad" (Oliver, 1983, 1990) surgió en la década de los ochenta y llevó a cabo una crítica de los enfoques médico-individualistas de la discapacidad. El punto de vista médico de que las restricciones sociales impuestas a las personas con discapacidad eran una consecuencia de sus disfunciones físicas quedó sin efecto gracias a un movimiento radical que afirmaba que quien generaba discapacidad a las personas con impedimentos era el sistema social que ponía obstáculos a su participación en el mismo.

La discapacidad no era el resultado de una patología física, sino de la organización social: era un producto social generado por patrones sistemáticos de exclusión que estaban entretejidos en la trama social. El entorno construido, por ejemplo, se realizó para personas sin discapacidad, y las normas utilizadas son tales que las personas con impedimentos pueden —cosa que sucede a menudo— verse excluidas de una amplia variedad de espacios sociales que las personas que no tienen discapacidad dan por sentado. Según Shakespeare (1992, pág. 40): "El logro del movimiento de discapacidad fue romper el vínculo entre nuestros cuerpos y nuestra situación social y enfocarse en la verdadera causa de la discapacidad, es decir, en la discriminación y el prejuicio".

Afirmar que la discapacidad es una consecuencia de la opresión social es cuestionar la opinión médica de que el cuerpo biológico es la causa directa de la discapacidad y la causa fundamental de incapacidad. Esta confrontación con el reduccionismo biológico produce una distinción que es elemental para la teoría y la política del movimiento de discapacidad. Esa distinción es entre impedimento y discapacidad, donde el primero se refiere a la disfunción biológica y la segunda a los procesos de exclusión social. La mejor definición de estos dos conceptos clave y de los distintos terrenos a los que se refieren es la proporcionada por UPIAS, la Unión de Impedidos Físicos contra la Segregación (1976, págs. 3-4):

> Impedimento: falta de parte o de todo un miembro o la posesión de un miembro, órgano o mecanismo corporal deficiente. Discapacidad: perjuicio o restricción de la actividad causada por una organización social contemporánea que ignora completa o parcialmente a las personas con impedimentos físicos y, por lo tanto, las excluye de las principales actividades sociales.

El cambio hacia un modelo de opresión social de la discapacidad confina los aspectos físicos de la discapacidad a un espacio discursivo reaccionario y opresivo. Esto fue así en la medida en que, en palabras de SHAKESPEARE (1992, pág. 40) "mencionar el aspecto biológico, admitir el dolor, enfrentarnos a nuestros impedimentos era arriesgarse a que los opresores encontraran evidencia de que, después de todo, la discapacidad realmente tenía que ver con la limitación física". En consecuencia, el cuerpo desapareció del discurso de la discapacidad. La ironía es que eso sucedió en el momento preciso de la historia de la sociología en que la sociología del cuerpo se estaba poniendo de moda. Que la sociología haya llegado a considerar al cuerpo un objeto de análisis indica un cambio decisivo dentro de la disciplina hacia las perspectivas teóricas poscartesianas. Así como la sociología de la discapacidad adoptó un enfoque dualista, la teoría sociológica se enfoca en perspectivas contrarias al dualismo como el postestructuralismo y la fenomenología.

En el modelo social se representa al cuerpo como sinónimo de su impedimento o disfunción física. Es decir, se lo define, al menos de manera implícita, en términos puramente biológicos. No tiene historia. Es una esencia, un soporte atemporal y ontológico. Por lo tanto, el impedimento tiene un carácter opuesto al de la discapacidad: no es un producto social. En cuanto a la relación entre cuerpo e impedimento, el modelo social no hace ninguna concesión al construccionismo o al relativismo epistemológico, sino que propone un cuerpo desprovisto de historia.

También propone un cuerpo carente de significado, una masa anatómica, corpórea y con disfunciones, inflexible en su resistencia a la significación y fenomenológicamente muerta, sin intencionalidad ni capacidad de acción. Esta noción implícita del cuerpo que se produce por medio de la distinción enfática entre impedimento y discapacidad es "el tipo de cuerpo al que se nos acostumbró por igual en el pensamiento académico y popular", es decir, uno al que:

> Se asume típicamente como una entidad material e imperturbable sujeta a las reglas empíricas de la ciencia biológica, cuya existencia es previa a la mutabilidad y el flujo del cambio y la diversidad cultural y que se caracteriza por necesidades internas invariables.
>
> (CSORDAS, 1994, pág. 6.)

De hecho, en lo que respecta al cuerpo hay una marcada convergencia entre la biomedicina y el modelo social de discapacidad. Ambos lo tratan como un objeto físico inerte y presocial, como algo diferenciado, palpable y separado del yo. La separación de impedimento y discapacidad que se hace por definición y que ahora es una convención semántica para el modelo social sigue la metanarrativa de constitución humana tradicional, cartesiana y occidental. La definición de impedimento propuesta por el modelo social de discapacidad resume el modelo biomédico de cuerpo según el cual éste es una "máquina imperfecta".

La distinción entre discapacidad e impedimento reproduce el problema de la dualidad mente-cuerpo. Lo cultural y lo biológico se separan. Así como la teoría social radical intenta dar un cierre a la omnipresente reconstrucción de una distinción racionalista que se convierte (en todas partes) en una manera de negar el cuerpo y el deseo, la teoría radical de la discapacidad propone un sujeto sin cuerpo o, más precisamente, un cuerpo carente de historia, influencia, significado y capacidad de acción.

Alguna vez se dijo del dolor que "nunca es la sola creación de nuestra anatomía y fisiología". Por el contrario, "surge únicamente en la intersección de cuerpos, mentes y culturas" (MORRIS, 1991a, b, pág. 1). Lo mismo podría decirse del impedimento, si bien el modelo social de discapacidad, en efecto, lo desterró del ámbito de la consideración sociológica. En consecuencia, el impedimento está arraigado en el campo biomédico y reducido a sus correlativos de disfunción anatómico-fisiológica. No obstante, la cuestión de los impedimentos es más que una cuestión médica. Es al mismo tiempo una experiencia y una construcción discursiva. Tiene parámetros fenomenológicos y puede analizarse como un efecto del discurso y el lenguaje (ARNEY y BERGEN, 1983).

Desde nuestro punto de vista, el argumento a favor de una sociología del dolor que expresaron BENDELOW y WILLIAMS (1995, pág. 159) puede aplicarse también al impedimento: "Debe recuperarse el dolor... de la jurisdicción exclusiva de la biomedicina y reubicarlo en la confluencia de biología y cultura". Este traslado es fundamental para una sociología del impedimento, y una sociología del impedimento es fundamental para el desarrollo de una teoría social de la discapacidad.

El modelo social de discapacidad no contempló los debates en los que se problematizó el cuerpo —ya fueran éstos de orden fenomenológico, postestructuralista, feminista o de otro orden— que surgieron a través de la nueva sociología del cuerpo. La cultura, el flujo social y el movimiento se asignan al concepto de discapacidad y a la esfera de la opresión; aquello que es estable y tiene una constancia se asigna al cuerpo a través del concepto de impedimento. Esta dualidad no puede mantenerse. "Ni nuestros cuerpos personales ni nuestros cuerpos sociales pueden considerarse naturales —dice Donna HARAWAY (1991, pág. 10)— en el sentido de existir fuera del yo y crear el proceso de trabajo humano". Al albergar un punto de vista natural y esencialista sobre el cuerpo, el modelo social de discapacidad impone una barrera conceptual al desarrollo de una sociología del impedimento y crea una noción de discapacidad desprovista de cuerpo.

El modelo social de discapacidad y la medicalización del impedimento

La jugada teórica que hizo el modelo social de discapacidad —es decir, asociar el impedimento y la discapacidad a dominios absolutamente diferentes— implica la "desbiologización" del discurso sobre discapacidad. Ésa es una jugada teórica emancipadora. No obstante, en ella el cuerpo se pierde en cuanto construcción social e histórica y en cuanto espacio de significado y acción humana deliberada. Se silencia el debate sobre el cuerpo. En lo que respecta al modelo social, la "desbiologización" significa el fin del debate sobre el cuerpo, mientras que para la sociología del cuerpo el mismo proceso lo inaugura. En tanto que el modelo social de discapacidad rechaza el debate sobre el cuerpo *per se*, la sociología del cuerpo sustituye el cuerpo en cuanto ente biológico y, al hacerlo, da lugar a la investigación sociológica de la carne.

La distinción entre discapacidad e impedimento "desmedicaliza" a la discapacidad, pero, al mismo tiempo, deja al cuerpo con impedimentos en la exclusiva jurisdicción de la hermenéutica médica. Mientras que la sociología del cuerpo busca desafiar el monopolio que la biomedicina tiene sobre el conocimiento del cuerpo, el modelo social de discapacidad lo permite.

OLIVER (1995, págs. 4-5) afirma que: "La discapacidad no tiene nada que ver con el cuerpo" y que "impedimento, de hecho, no es más que una descripción del cuerpo físico". En efecto, el cuerpo se ve reducido al impedimento y la enfermedad y lo deja en manos de la habilidad del médico. El cuerpo en cuanto objeto físico pertenece a un ámbito que es completamente diferente al de la política del espacio social. "Las cuestiones conceptuales que sostienen este ... debate —escribe OLIVER (1995, pág. 6)— tienen que ver con determinar qué aspectos de la vida de las personas con discapacidad necesitan intervención médica o terapéutica, cuáles requieren el desarrollo de políticas y cuáles exigen acción política". La marcada distinción entre impedimento y discapacidad crea una serie de opuestos duales que constituyen territorios teóricos cuyos límites están bien delimitados. Cada pareja binaria (debajo) excluye a su opuesto, pero incluye a esos otros terrenos conceptuales que habitan el mismo eje horizontal:

Lo biológico	Lo social
impedimento	discapacidad
el cuerpo	sociedad
medicina	política
terapia	emancipación
dolor	opresión
el modelo médico	el modelo social

Por lo tanto, para el modelo social de discapacidad, el cuerpo —al que se redujo al impedimento— se encuentra, inevitablemente, en la jurisdicción de la medicina. La relación de las personas con discapacidad con sus cuerpos tiene como intermediarios a la medicina y la terapia y no tiene nada que ver con las políticas o el ámbito político. Este enfoque dualista produce una rigidez teórica que implica la medicalización de los cuerpos de las personas con discapacidad y la politización de sus vidas sociales. Se produce un cierre teórico en torno a la relación entre la sociología y el cuerpo que convierte a la sociología del impedimento en algo inconcebible.

El pensamiento del ámbito de la discapacidad es incapaz de transgredir la identidad que estableció entre impedimento, cuerpo y biología. David HEVEY (1993, pág. 119), por ejemplo, afirma que los nuevos movimientos sociales llaman la atención sobre cuestiones de "desbiologización" y que ése fue el caso de "las mujeres y las personas de raza negra y los gais y las lesbianas", cuyas miradas se están trasladando desde el cuerpo hacia la sociedad. De hecho, la postura radical de los noventa es precisamente la opuesta. El movimiento de la mujer, en la forma de teoría feminista, utilizó ríos de tinta en replantear y derribar la distinción entre sexo y género y la "teoría *queer*" * —especialmente a través de la

* *Queer*, que significa en español "raro" fue utilizado en el mundo anglosajón como eufemismo para referirse a los homosexuales. La teoría *Queer* es una teoría sobre el género que afirma que la orientación y la identidad sexual o de género de las personas son una construcción social y que, por tanto, no hay papeles sexuales biológicamente inscritos en la naturaleza humana, sino formas socialmente variables de desempeñar uno o varios papeles sexuales. *(N. del R.)*

hábil mano de Judith BUTLER (1993)— y está desarrollando una nueva ontología en cuyo centro se encuentra una explicación de la naturaleza de la construcción discursiva del cuerpo. Además de liberar a la teoría social del cuerpo biológico —tal como sugiere HEVEY— estos enfoques también liberan al cuerpo de la teoría social.

La teoría social radical se hizo muy consciente del cuerpo y de las figuras de personificación fuertemente presentes en la política de los nuevos movimientos sociales. Las políticas de identidad contemporáneas surgen y se extinguen en las superficies de la "sociedad somática" (TURNER, 1992, 1994a,b). Según Bryan TURNER (1994a, pág. 28): "Nuestras mayores preocupaciones políticas son cómo regular los cuerpos en el espacio, cómo controlar la superficie de los cuerpos, cómo regular la personificación, cómo regular las atenciones entre los cuerpos". La política es biopolítica. Las tiranías de los tiempos postmodernos son estéticas; son tiranías de la delgadez (CHERNIN, 1983), tiranías de la perfección (GLASSNER, 1992).

Las tiranías de la perfección son especialmente relevantes para una política de la discapacidad. La lógica que aborta un feto basada en la imperfección, el cuerpo fascista endémico en las representaciones hiperrealistas y los viles prejuicios que sirven de sostén a la construcción de la moda y lo bello se encuentran en el centro de la biopolítica contemporánea. Podríamos afirmar que una política de la discapacidad debe dirimirse en este terreno, así como también en los espacios políticos de la modernidad. Uno de los argumentos a favor de una sociología del impedimento se encuentra en el crecimiento exponencial de la política cultural y en la necesidad de que las estrategias radicales se involucren en ella y se movilicen en contra de sus tendencias tiránicas.

No obstante, ¿dónde podríamos comenzar a construir la base teórica de una sociología del impedimento? El argumento, hasta ahora, fue que la sociología del cuerpo podría ayudar al modelo social de discapacidad a escapar de su reticencia a darle al impedimento una dirección sociológica. En pocas palabras, lo que nos proponemos hacer a continuación, es analizar los que en nuestra opinión son los puntos teóricos de partida más prometedores para una sociología del impedimento, es decir, el postestructuralismo y la fenomenología. Ambas perspectivas teóricas son explícitamente contrarias al cartesianismo y, como tales, convierten al cuerpo en un problema sociológico.

El postestructuralismo y el cuerpo

El lenguaje y la metáfora son vehículos para dar sentido a las sensaciones y acciones corporales. Para transformar la sensación en sentido o significado es necesario el lenguaje. Sin éste, no podríamos darle sentido a un impedimento o a las sensaciones físicas que lo componen. El postestructuralismo lleva este argumento un poco más allá. En la medida en que afirma que deberíamos comprender el lenguaje en términos de sus efectos, sugiere que las sensaciones físicas en sí mismas son construcciones discursivas. Por lo tanto, de acuerdo con este punto de vista, el impedimento es absolutamente cultural, y el cuerpo es el resultado de procesos sociales (FOUCAULT, 1979, 1980). De acuerdo con esta perspectiva, el lenguaje o conocimiento es poder, y el poder se inscribe en los cuerpos. Como dice FOUCAULT (1980, pág. 39): "El poder llega hasta la propia naturaleza básica de los individuos, toca sus cuerpos y se inserta en sus acciones y actitudes, sus discursos, procesos de aprendizaje y vidas cotidianas".

La idea de que el cuerpo es un contingente histórico producto del poder tuvo un fuerte impacto en los debates feministas sobre la relación entre sexo y género (HARAWAY, 1991; BUTLER, 1993; MOORE, 1994). Los feministas pudieron utilizar el postestructuralismo como punto de partida para una teoría crítica de la corporeización en la que la riqueza simbólica y metafórica de la carne ayuda a crear un mapa de discursos culturales patriarcales. También fue utilizado como trampolín para explorar deseos, hasta el momento inimaginables y no expresados, que constituyen el advenimiento de nuevas formas de femineidad pospatriarcales y la atribución de sexualidad a espacios hasta el momento no colonizados (GROSZ y PROBYN, 1995). En este espejo pueden encontrarse posibilidades para otros cuerpos oprimidos. La medida en que puede darse una nueva representación al impedimento (al sacarlo de su asociación con lo grotesco y de su función de "otro" en lo que respecta a los ideales estéticos relacionados con el cuerpo) y en la que puede ser reconstruido (en términos de orgullo y positividad y no como un espacio para los temores existenciales de la comunidad sin discapacidad) puede ser una cuestión de gran importancia para el desarrollo de una política cultural de la identidad.

FOUCAULT disiente respecto de la sociología convencional —y, en consecuencia, del modelo social de discapacidad— porque el cuerpo como objeto de análisis permaneció, en gran parte, ausente y, cuando estuvo presente, asumió la forma de un cuerpo natural, de un cuerpo carente de historia y cultura. FOUCAULT coloca al cuerpo en el centro de su obra (TURNER, 1984; SHILLING, 1993), y lo concibe al mismo tiempo como objeto de conocimiento y del ejercicio de poder. FOUCAULT explora cómo las diversas técnicas y tecnologías de poder lo transforman en dócil y productivo y, por lo tanto, en política y económicamente útil (FOUCAULT, 1979).

Para este autor, en la modernidad el sujeto humano está constituido por técnicas disciplinarias de biopoder que estructuran, producen y optimizan las capacidades del cuerpo, mejoran su utilidad económica y aseguran su docilidad política. Claramente, una historia o genealogía foucaultianas del impedimento y la discapacidad serían un buen vehículo para el trazado del mapa de los parámetros de construcción social del impedimento y para examinar la manera en que los "regímenes de verdad" sobre los cuerpos con discapacidad fueron fundamentales para su gobierno y control. La regulación de la sexualidad de las personas con discapacidad sería un campo de estudio especialmente fructífero para la mirada foucaultiana.

A pesar de la importancia que la obra de FOUCAULT tuvo para la teoría social contemporánea, su uso en estudios en el ámbito de la discapacidad es relativamente escaso. Las obras de ARNEY y BERGEN (1983), LIGGETT (1988), CASLING (1993), MARKS (1994), SHAKESPEARE (1995) y CHADWICK (1996) son textos fundamentales en este ámbito que, si bien es limitado, se está expandiendo. Los conceptos según los cuales el cuerpo es algo inconmensurable fueron un aspecto central de esta (mutua) desatención. El cuestionamiento de FOUCAULT a la perspectiva instrumental, objetiva y presocial del cuerpo conlleva claramente una crítica implícita del modelo social de discapacidad. El esencialismo de esta última y el relativismo de la primera hacen que el intercambio teórico sea difícil y poco probable. De hecho, es únicamente cuando la diferencia y la heterogeneidad se convierten en cuestiones y fuentes de tensión dentro del movimiento de discapacidad que el relativismo se muestra a sí mismo. En tanto el faccionalismo fuerce el "nosotros" no diferenciado que es común a muchos de los nuevos movimientos sociales, el relativismo tiene donde prosperar. No resulta sorprendente entonces que el postestructuralismo parezca tener cada vez un mayor valor teórico para el movimiento de discapacidad. El movimiento de la mujer lo adoptó como forma de dar sentido a las diferencias en sus propias filas. Fue doloroso e inevitable y, finalmente, fructífero.

El postestructuralismo puede ser útil para teorizar el impedimento por fuera de un marco de referencia médico. Si el lenguaje médico produce cuerpos con impedimentos, entonces puede deconstruirlo. La medicina es la dueña exclusiva del lenguaje del impedimento y adquiere su soberanía mediante su autoridad para nombrar las disfunciones físicas. El significado viene después del nombre (o etiqueta diagnóstica) y su iteración y reiteración produce un género corporal particular con sus signos, síntomas y expectativas normativas correspondientes. El poder del nombre penetra la carne y determina cuál será su desempeño (BUTLER, 1993). En otras palabras, el impedimento es producto de prácticas discursivas; al igual que el sexo, es un efecto antes que un origen, un funcionamiento antes que una esencia. El poder reiterativo del discurso perfecciona el desempeño para que el cuerpo, además de convertirse en la materialización de su etiqueta diagnóstica, se convierta también en su propio conjunto de restricciones y reglas. En esta perspectiva postestructuralista, el impedimento ya no es más un hecho biológico, sino un producto del discurso.

Aprendimos de NIETZSCHE que dar a algo un nombre es determinar su esencia. El movimiento de discapacidad lo sabe. El ocaso del término "incapacidad" es un hito importante en el reconocimiento del poder del discurso. El uso del concepto "sin discapacidad" para revertir el estigma de "alteridad" y devolvérselo al opresor es un segundo ejemplo del desarrollo de un vocabulario que ayuda a sostener el proceso de emancipación. La perspectiva postestructuralista promueve este radicalismo relacionado con las categorías corporales y sociales y hace que la transformación del impedimento en un problema sociológico sea discursivamente posible en una manera en que el modelo social con su opinión esencialista del cuerpo no había logrado hasta ahora.

Si bien el postestructuralismo hace un serio intento de interrogar la naturaleza social del cuerpo y puede proporcionar reflexiones útiles para una sociología del impedimento, la naturaleza del cuerpo que promueve se revela, tras un examen minucioso, como una especie de ente ilusorio. SHAKESPEARE y WATSON (1995a) enuncian claramente este argumento. Ellos afirman que la sociología del cuerpo, especialmente por su dominación por parte del postestructuralismo y la postmodernidad, en realidad pierde el cuerpo palpable que busca explicar. El postestructuralismo reemplaza el esencialismo biológico por esencialismo discursivo. El cuerpo se convierte en nada más que un conjunto de significaciones que le dan sentido. La conciencia postmoderna realmente aniquila el cuerpo en cuanto objeto palpable, natural y material. El cuerpo y lo percibido por los sentidos realmente desaparecen en el lenguaje y el discurso y pierden su constitución orgánica en la omnipresente soberanía del símbolo. El concepto de biopolítica de

FOUCAULT quita al cuerpo su capacidad de acción y lo vacía de aspectos biológicos. El cuerpo se convierte en una superficie de escritura, en algo que los regímenes de verdad pueden fabricar (LASH, 1991).

Al final del camino que nos aleja de la materialidad sensorial y sensual del cuerpo se encuentra la obra de BAUDRILLARD. Al analizar "la precesión de los simulacros" BAUDRILLARD (1983) sugiere una disminución y hasta un debilitamiento gradual de lo real. En su extraña e irresistible guía de viaje de los Estados Unidos, escribió que: "Cuando lo real ya no es más lo que solía ser, la nostalgia asume su significado absoluto. Hay una proliferación de mitos de origen y signos de realidad, de verdad, objetividad y autenticidad de segunda mano" (1988, pág. 67). De hecho, para BAUDRILLARD, lo social ya no es "real".

Pudo haber tenido un referente real en "la edad de oro de los sistemas representativos burgueses" (1983, pág. 67), pero ya no lo tiene. La modernidad acabó con lo social. En el mundo contemporáneo, lo social es un simulacro. Las personas son sus representaciones; los cuerpos se desploman en discursos y signos míticos. La política se convierte en una serie de ferias que se transmiten por televisión. BAUDRILLARD ofrece una interpretación de lo contemporáneo como una serie de fines: el fin de lo social, el fin de la representación, el fin de los bienes en cuanto formas que apuntan hacia algo real y material. Podríamos agregar también el fin del cuerpo en cuanto objeto físico y su liberación del aspecto carnal para convertirse en un holograma, una imagen o alucinación digital que flotó sin rumbo por el tiempo y el espacio. Tal como lo expresa FRANK (1991, págs. 64-65) "Según leo en la obra de BAUDRILLARD, los cuerpos ya no existen... Cuando el cuerpo entra en la hiperrealidad se elimina el punto de anclaje de la corporalidad".

La eliminación teórica de la materialidad del cuerpo parece tener poco valor para el movimiento de discapacidad. SHAKESPEARE y WATSON (1995a, pág. 16) afirman que una "etnografía de lo físico" sería de gran importancia para ese movimiento. De hecho, reducir el cuerpo y sus sensaciones al punto en que desaparecen no deja espacio teórico para el impedimento ni para la experiencia táctil en la que los individuos sienten su presencia en el mundo y la sensación de sí mismos en contacto con la materialidad. Tal como lo expresó Bryan TURNER (1984, pág. 250), el postestructuralismo en general y FOUCAULT en particular no logran "proporcionar una fenomenología adecuada del cuerpo". De hecho, FOUCAULT "abandona la idea del cuerpo en cuanto potencialidad sensorial... La corporeización es más que algo conceptual". Es debido a esta carencia del postestructuralismo —el cuerpo fenomenológico— que ahora examinaremos otra base teórica posible para una sociología del impedimento.

El impedimento y el cuerpo fenomenológico

Trazar una teoría fenomenológica del impedimento está fuera del alcance de este artículo. No obstante, es posible presentar un bosquejo de algunos de sus posibles méritos. El objetivo de este esbozo será entonces demostrar que el cuerpo —tenga o no impedimentos— es un agente experimentador, es en sí mismo un sujeto (MERLEAU-PONTY, 1962) y, por lo tanto, un lugar de significados y fuente de conocimientos sobre el mundo. El cuerpo con impedimentos es un "cuerpo vivido". Las personas con discapacidad no experimentan el impedimento ni la discapacidad como compartimentos cartesianos independientes, sino como parte de una compleja interpenetración de opresión y sufrimiento. El cuerpo es la esencia de la afectividad y la aflicción humanas y también el sujeto-objeto de la opresión. La importancia que tiene una sociología fenomenológica del cuerpo para el desarrollo de una sociología del impedimento es que representa la agregación de conciencia y sensibilidad a las nociones de opresión y exclusión. La discapacidad se experimenta dentro de, en y mediante el cuerpo, así como el impedimento se experimenta en términos de las historias personales y culturales que ayudan a formar su significado. El impedimento y la discapacidad se encuentran en el cuerpo, pero no en la forma de choque dualista entre fenómenos internos y externos, sino en la medida en que el impedimento estructura las percepciones sobre discapacidad e inhabilitación como parte del "mundo experimentado".

Más importante aún, el cuerpo (con impedimentos) no sólo se experimenta: también es la propia base de la experiencia. El cuerpo —tal como lo expresa Nick CROSSELY (1995, pág. 48) siguiendo a MERLEAU-PONTY— es "nuestro punto de vista sobre el mundo". Por lo tanto, la discapacidad se experimenta desde la perspectiva del impedimento. Nuestro cuerpo es nuestra ventana al mundo.

Jenny MORRIS (1991) se quejó de que el modelo social de discapacidad niega las experiencias físicas de dolor y aflicción que son parte integral de la vida de muchas personas con impedimentos. Una respuesta común a esta queja es que el dolor es una cuestión de la que se ocupa la medicina y no la política, y que el movimiento de discapacidad no puede hacer nada con respecto al dolor, aunque puede hacer mucho respecto a la opresión. Sin embargo, la suposición que disocia la experiencia física de la social y el dolor de la política es susceptible de crítica porque el dolor —al igual que el impedimento— es claramente mucho más que una sensación carnal. El cuerpo es al mismo tiempo sensorial y significativo.

Podríamos afirmar —si bien la forma del argumento es dualista— que el impedimento se experimenta y encarna simultáneamente, de la misma manera que la discapacidad. En el "mundo experimentado" de la fenomenología, el cuerpo que sufre no conoce su dolor ni por su nombre ni por su origen. Ser un cuerpo (el cuerpo en cuanto sujeto) es una condición ontológica puramente empírica en la que el cuerpo es como es —en el dolor, el placer, la alegría o el llanto. Éste es el cuerpo en cuanto sensibilidad, motilidad y cinestesia, lo que HUSSERL (1970, pág. 106) llamó "cuerpo vivo con funcionamiento cinestésico", el reino de lo habitual, un ser sensible en el que el cuerpo es el cuerpo-sujeto.

Ser un cuerpo es tan sólo un elemento de la experiencia de la corporalidad con impedimentos. Así, se vive con la presencia permanente y habitual del impedimento. Su cronicidad estructura cómo se experimenta habitualmente el mundo vivido, pero además tenemos un cuerpo: un objeto —aparentemente— unido al yo, carne en la que verse reflejados, dolor, sufrimiento, alegría y risa para afirmarnos. En este contexto, el impedimento escapa de lo habitual. Ingresa al reino del significado y su sentido surge de una simbiosis de conocimientos personales encarnados (conocimientos personales sobre el dolor) y creencias culturales abstractas (conocimientos sociales sobre el dolor). En el reino de la significación, el impedimento se transforma en narrativas sobre el impedimento. En ellas, lo corpóreo, lo personal y lo cultural se encuentran, y la experiencia del impedimento y de la discapacidad se disuelven en una unidad viva:

> Mediante narrativas y justificaciones de la enfermedad y el dolor las personas intentan entender y encontrar el significado de su sufrimiento y llevar a cabo una realineación entre cuerpo, yo y sociedad.
>
> (BENDELOW y WILLIAMS, 1995, pág. 156.)

KLEINMANN (1988) junta estos procesos físico, emocional y cultural cuando describe la experiencia de encarnación "desordenada" en cuanto proceso producido por "la dialéctica entre categoría cultural y significación personal, por un lado, y la materialidad bruta de los procesos desordenados, por el otro" (1988, pág. 55). El impedimento (como condición física) no puede escapar a los significados y creencias culturales ni a su incorporación en la estructura social. Por otra parte, la opresión y el prejuicio no pertenecen únicamente al ámbito político, sino que se encarnan en la forma de dolor y "sufrimiento". Tanto lo político como lo físico pertenecen al cuerpo de forma consciente y, de todas formas, pertenecen a lo social en cuanto discurso y ubicación material y espacial.

La fenomenología indaga sobre el "mundo experimentado" en el que lo carnal, lo emocional, lo cognitivo y lo cultural son indistinguibles. La "experiencia vivida" es en sí misma una idea que se refiere a la contracción de estos dominios analíticamente separados de una unidad perceptible. Para KLEINMANN (1988, pág. 55) el "mundo experimentado combina sentimientos y procesos corporales y de pensamiento en una única estructura vital". Una sociología fenomenológica del cuerpo —a la que Nick CROSSELY (1995, págs. 43-44) llama una "sociología carnal del cuerpo"— propone un paradigma en el que "lo social está encarnado y el cuerpo es social". Si tomamos este argumento o aforismo y lo reorganizamos para conformar un cuestionamiento crítico y colapso de los conceptos de impedimento y discapacidad, quedaría de la siguiente manera: la discapacidad está corporeizada y el impedimento es social.

Una forma de ilustrar el posible significado de esto podría ser mediante un intento teórico de rescatar el concepto de "sufrimiento" de sus asociaciones reaccionarias y trágicas. Las personas con discapacidad —especialmente los militantes con discapacidad— se sienten incómodas con el concepto de sufrimiento porque, como concepto, parece inevitablemente unido al "modelo de la tragedia personal de la discapacidad" (OLIVER, 1991). De ese discurso surgen los estereotipos fatuos sobre las personas con discapacidad. Un enfoque fenomenológico del sufrimiento en el cual la reversibilidad del impedimento y la discapacidad hizo posible considerar al sufrimiento como un concepto que reflejaba el compromiso mutuo entre dolor y opresión puede ser una manera de reflejar el hecho de que las personas con discapacidad sufren. Sin embargo, al mismo tiempo, al poner en primer plano el concepto de opresión, el sufrimiento pierde su asociación connotativa con una respuesta caritativa a la tragedia. Reformular el sufrimiento en cuanto concepto dialéctico que se encuentra en el umbral entre dolor y opresión politiza el aspecto médico y, además, desenmascara la base discriminadora de la disposición caritativa.

Este ejemplo nos ayuda a pensar con mayor claridad sobre la encarnación de la discapacidad (en cuanto opresión) en la forma de sufrimiento. Podríamos citar infinitos ejemplos empíricos, como la manera en que se experimentan las prácticas laborales que discriminan a las personas con discapacidad (o cualquier otra forma estructurada de marginación social) en el mundo cotidiano como algo —literalmente— dañino.

Sin embargo, lo opuesto —la idea del impedimento como algo social— posiblemente requiera un poco más de elaboración. Es claro que, en lo que respecta a la "narrativización" del impedimento, éste se convierte en algo social porque ingresa en el mundo de la circulación discursiva y la intersubjetividad. No obstante, en cierto sentido, esto saca al impedimento del "mundo experimentado" de la experiencia sensorial intermundana, cosa que MERLEAU-PONTY (1962) llamó "intercorporalidad", es decir, el lugar donde los cuerpos se convierten en cuerpos sociales en virtud del hecho de que comparten el mismo espacio o campo de percepción. Es el impedimento —el cuerpo en cuanto entidad material tomada como lenguaje y símbolo— el que estructura los encuentros intercorporales.

Disponemos de un lenguaje elaborado, interpretativo y psicosocial para dar sentido a este mundo de encuentros corporeizados (estigma, prejuicio, ansiedad) y la miríada de efectos que desempeñan una función en él, pero el modelo social lo dejó de utilizar basándose en que enmascara problemas políticos y de poder (OLIVER, 1990). Es posible —en la medida en que el aspecto de la política cambia de manera que las cuestiones de identidad y biopoder a pequeña escala se vuelven prominentes— que el movimiento de discapacidad fuerce a la propiocepción y la intercorporalidad a prestar servicios radicales. El impacto político de los cuerpos con impedimentos que participan en la militancia corta los prejuicios como si fuera un cuchillo. Los efectos políticos y sociales del impedimento en cuanto acción (tanto en los cuerpos con discapacidad como en los que no la tienen) es un ejemplo del impedimento como fenómeno social, el cual pudo elaborarse desde una perspectiva fenomenológica.

En el modelo social, al cuerpo —reducido al impedimento— sólo se le ofrece un estatus instrumental y objetivo. Reproduce el cuerpo empírico de la intervención médica. Esta ontología, que se encuentra profundamente limitada, elimina el "cuerpo vivido" (*leib*) y, en consecuencia, no tiene nada que decir acerca del punto de vista corporal de las personas con discapacidad o de la experimentación física del prejuicio y la opresión, la desventaja y la discriminación. Si, por ejemplo, el orgullo es la postura emocional que el cuerpo con impedimentos asume como parte del proceso de resistencia a la opresión social, entonces el modelo social no puede explicar esta militancia dentro de la lógica establecida por su manera cartesiana de ver el mundo. El orgullo no es simplemente una actitud determinada por la experimentación de las fuerzas sociales de opresión: es un estilo carnal, una manera de ser en un mundo que encarna la resistencia a las tiranías estéticas y personifica una nueva política de la propiocepción.

Conclusiones

Orgullo negro, orgullo gay, orgullo de las personas con discapacidad: todas son formas de una política de la propiocepción; de una política contemporánea de los cuerpos en la que los grupos excluidos deconstruyen las tiranías estética, política y económica. La política de finales del siglo XX encarna un rechazo a las filosofías generalizadoras que caracterizaron a la modernidad (ZARETSKY, 1995, pág. 244) y que tienen como idea determinante la opinión que "no debe utilizarse ninguna designación grupal superordenada... sin reconocer las diferencias que existen dentro del conjunto, diferencias tales como hombre y mujer, sin discapacidad y con discapacidad, nativo e inmigrante, etcétera".

En este estudio se afirmó que el modelo social de discapacidad constituye una base teórica adecuada para la política de la emancipación, pero no para una política emancipadora de la identidad. No es casualidad que el feminismo y la teoría *queer* hayan adoptado modelos de pensamiento no dualistas. Para ser una fuerza dentro de la sociedad somática (TURNER, 1992, 1994) es necesario adoptar la política del cuerpo y, al hacerlo, provocar el colapso de la distinción tradicional entre cuerpo y política. En la actualidad, la política tiene tanto que ver con la estética como con la economía y la vida pública. En este contexto, es necesaria una sociología del impedimento.

Los movimientos sociales están descubriendo que ya no es posible pensar de acuerdo con los modelos cartesiano y kantiano en lo que respecta al cuerpo y la sociedad. La interacción social es intercorporal (MERLEAU-PONTY, 1962) e intersubjetiva. La política contemporánea tiene que ver con el gobierno y la vigilancia de los cuerpos, tanto en cuanto individuos como en cuanto poblaciones (FOUCAULT, 1979). En este contexto, las perspectivas teóricas no dualistas tienen un atractivo mayor. Hemos sugerido, de manera muy provocadora, que el post-estructuralismo y la fenomenología podrían llegar a ser herramientas teóricas útiles, medios para reconstruir la distinción entre impedimento y discapacidad sin abrir oportunidades discursivas a elementos reaccionarios. Claro que la fenomenología fue objeto de críticas por parte de la sociología debido a sus cualidades de apolítica e individualista. Éstas son inquietudes serias, pero deben formar parte del desafío teórico con que se enfrentan tanto la sociología como los estudios radicales en el ámbito de la discapacidad.

Para que la política de la discapacidad pueda tener progresos en el ámbito de la cultura, el replanteo de la distinción entre discapacidad e impedimento se convierte en una necesidad teórica. La sociología del cuerpo proporciona varios debates posibles que pueden ser útiles para el movimiento de discapacidad mientras éste comienza a sentir las vibraciones del cambio en sus propias filas. La aparición de argumentos a favor de una sociología del impedimento es en realidad una manifestación de los procesos de diferenciación de identidad que tienen lugar entre las personas con discapacidad. Aquellos que sugieren que la discapacidad en sí misma se convirtió en una designación grupal general y exigen un compromiso con las cuestiones que surgen de las diferentes posturas de identidad —ya sea que se basen en género, grupo étnico, sexualidad, clase, edad o impedimento— simplemente llevan la política de la identidad, la que fue fundamental para el desarrollo de la política de la discapacidad, a su conclusión lógica. La identidad es compleja y problemática y, en una sociedad individualista que cambia rápidamente, es una fuente precaria de solidaridad. Reconocer abiertamente esta precariedad es útil: en lugar de promover el faccionalismo, lo atenúa.

Referencias

ARNEY, W. y BERGEN, J. (1983). "The anomaly, the chronic patient and the play of medical power", *Sociology of Health & Illness,* 5, págs. 1-24.

BAUDRILLARD, J. (1983). *Simulations,* Nueva York, Semitext(e).

— (1988). *America,* Londres, Verso.

BENDELOW, G. y WILLIAMS, S. (1995). "Transcending the dualisms: towards a sociology of pain", *Sociology of Health and Illness,* 17, págs. 139-165.
BUTLER, J. (1993). *Bodies that Matter: on the discursive limits of sex,* Londres, Routledge.
CASLING, D. (1993). "Cobblers and song birds: the language and imagery of disability", *Disability, Handicap & Society,* 8, págs. 203-210.
CHADWICK, A. (1996). "Knowledge, power and the disability discrimination bill", *Disability & Society,* 11, págs. 25-40.
CHERNIN, K. (1983). *Womanize: the tyranny of slenderness,* Londres, The Women's Press.
CROSSELY, N. (1995). "Merleau-Ponty, the elusive body and carnal sociology", *Body & Society,* 1, págs. 43-63.
CSORDAS, T. (1994). *Embodiment and Experience: the existential ground of culture and self,* Cambridge, Cambridge University Press.
FALK, P. (1994). *The Consuming Body,* Londres, Sage.
FOUCAULT, M. (1967). *Madness and Civilisation,* Londres, Tavistock.
— (1979). *Discipline and Punish,* Harmondsworth, Penguin.
— (1980). *The History of Sexuality: Volume 1: an introduction,* Harmondsworth, Penguin.
FEATHERSTONE, M.; HEPWORTH, M. y TURNER, B. (1991). *The Body: social process and cultural theory,* Londres, Sage.
FRANK, A. (1991). "For a sociology of the body: an analytical review", en: M. FEATHERSTONE, M. HEPWORTH y B. TURNER (Eds.) *The Body: social process and cultural theory,* Londres, Sage.
FRENCH, S. (1993). "Disability, impairment or something in between", en: J. SWAIN, V. FINKELSTEIN, S. FRENCH y M. OLIVER (Eds.) *Disabling Barriers—Enabling Environments,* Londres, Sage.
GLASSNER, B. (1992). *Bodies: the tyranny of perfection,* Los Ángeles, Lowell House.
GROSZ, E. y PROBYN, E. (1995). *Sexy Bodies: the strange carnalities of feminism,* Londres, Routledge.
HALES, G. (Ed.) (1995). *Beyond Disability: towards an enabling society,* Londres, Sage.
HARAWAY, D. (1991). *Simians, Cyborgs and Women: the reinvention of nature,* Londres, Free Association Books.
HEVEY, D. (1993). "The tragedy principle: strategies for change in the representation of disabled people", en: J. SWAIN, V. FINKELSTEIN, S. FRENCH y M. OLIVER (Eds.) *Disabling Barriers—Enabling Environments,* Londres, Sage.
HUSSERL, E. (1970). *The Crisis of European Sciences and Transcendental Phenomenology,* Nueva York, Harper Torchbooks.
KLEINMANN, A. (1988). *The Illness Narratives: Suffering, Healing, and the Human Condition,* Nueva York, Basic Books.
LASH, S. (1991). "Genealogy and the body: Foucault/Deleuze/Nietzsche", en: M. FEATHERSTONE, M. HEPWORTH y B. TURNER (Eds.) *The Body: social process and cultural theory,* Londres, Sage.
LIGGETT, H. (1988). "Stars are not born: an interpretive approach to the politics of disability", *Disability, Handicap and Society,* 3, págs. 263-276.
LYOTARD, F. (1984). *The Postmodern Condition,* Manchester, Manchester University Press.
MARKS, G. (1994). Armed now with hope: the construction of the subjectivity of students within integration, *Disability* & *Society,* 9, págs. 71-84.
MERLEAU-PONTY, M. (1962). *Phenomenology of Perception,* Traducido por Colin SMITH, Londres, Routledge.
MOORE, H. (1994). A *Passion for Difference,* Cambridge, Polity Press.
MORRIS, D. (1991a). *The Culture of Pain,* Berkeley, University of California Press.
MORRIS, J. (1991b). *Pride against Prejudice,* Londres, The Women's Press.
OLIVER, M. (1983). *Social Work with Disabled People,* Londres, Macmillan.
— (1990). *The Politics of Disablement,* Londres, Macmillan.

OLIVER, M. (1995). "Defining impairment and disability: issues at stake". (Trabajo inédito.)
—; ZARB, G.; SILVER, J.; MOORE, M. y SALISBURY, V. (1988). *Walking into Darkness: the experience of spinal injury,* Londres, Macmillan.
SCOTT, S. y MORGAN, D. (Eds.) (1993). *Body Matters: essays on the sociology of the body,* Londres, Falmer Press.
SHAKESPEARE, T. (1992). "A response to Liz Crow", *Coalition,* Septiembre, págs. 40-42.
— (1995). *Disability, identity, difference,* Leeds, Chronic Illness and Disability Conference.
— y WATSON, N. (1995a). *Habemus corpus. Sociology of the body and the issue of impairment,* Aberdeen, Quincentennial Conference on the History of Medicine.
— y WATSON, N. (1995b). *The body line controversy: a new direction for disability studies?,* Hull, Disability Studies Seminar.
SHILLING, C. (1993). *The Body and Social Theory,* Londres, Sage.
SWAIN, J.; FINKELSTEIN, V.; FRENCH, S. y OLIVER, M. (1993). *Disabling Barriers—Enabling Environments,* Londres, Sage.
SYNNOTT, A. (1993). *The Body Social: symbolism, self and society,* Londres, Routledge.
TURNER, B. (1984). *The Body and Society: explorations in social theory,* Oxford, Basil Blackwell.
— (1992). *Regulating Bodies: essays in medical sociology,* Londres, Routledge.
— (1994a). "Theoretical developments in the sociology of the body", *Australian Cultural History,* 13, págs. 13-30.
— (1994b). "Bodies and anti-bodies: flesh and fetish in contemporary social theory", en: T. CSORDAS (Ed.) *Embodiment and Experience: the existential ground of culture and self,* Cambridge, Cambridge University Press.
UPIAS (1976). *Fundamental Principles of Disability,* Londres, Union of Physically Impaired Against Segregation.
VASSEY, S. (1992). "A response to Liz Crow", *Coalition,* Septiembre, págs. 42-44.
ZARETSKY, E. (1995). "The birth of identity politics in the 1960s. Psychoanalysis and the public/private division", en: M. FEATHERSTONE, S. LASH y R. ROBERTSON (Eds.) *Global Modernities,* Londres, Sage.

CAPÍTULO VII

Diferencias, fusiones y bases

¿Son éstos los límites de la representación teórica "precisa" de las experiencias de las personas con discapacidad?

Por Mairian CORKER

Departamento de Estudios en Educación,
Universidad de Lancashire Central

Resumen

Este artículo propone que los enfoques actuales, en los que se considera a la discapacidad una forma de opresión social y la relación de éstos con las experiencias de las personas con discapacidad, se ven obstaculizados por un marco de trabajo conceptual modernista que está cada vez más reñido con el mundo social contemporáneo y con los progresos en la formulación de teorías en general. Se afirma que para acercar la teoría de la discapacidad a la vida de las personas con discapacidad y a la política de los nuevos movimientos sociales, deben ampliarse las bases conceptuales de la teoría más allá de su enfoque actual en las estructuras —las que perciben a las diferencias en términos de fronteras delimitantes— hasta llegar a una teoría que incluya una conciencia de la función relacional, mediadora y performativa* del discurso, y la importancia cada vez mayor de los conocimientos locales en la conformación del mundo político y social.

Introducción

> Los analistas sociales *deberían* pensar profundamente respecto a cuáles son las diferencias importantes entre la teoría social y la política, por qué lo son, y cuál es el posible impacto de ciertas estrategias teóricas y políticas en una variedad de desigualdades sociales.
>
> (SEIDMAN, 1997, pág. X.)

En un nivel fundamental puede decirse que todas las teorías sociales tienen limitaciones. Ninguna es una explicación total de la "realidad", aunque algunas, como sugiere PRIESTLEY (1998), afirman serlo. Todas se basan en suposiciones particulares sobre cuestiones como la naturaleza del conocimiento, la naturaleza de las

* John Landshaw AUSTIN denomina *enunciado performativo* al que no se limita a describir un hecho, sino que por el mismo hecho de ser verbalizado realiza la acción expresada; por ejemplo: yo juro, digo, prometo, aseguro, acepto, etc. *(N. del R.)*

personas y la naturaleza de la "realidad" en sí misma. Los académicos del ámbito de los estudios en discapacidad apuntan a desarrollar una teoría social de la discapacidad que se acerque tanto como sea posible a explicar la "realidad" de las personas con discapacidad. No obstante, como sucede con la mayor parte del trabajo teórico, esa actividad se desempeña dentro de un marco de trabajo que tiene sus propias suposiciones sobre la relación entre la teoría y la experiencia de las personas con discapacidad. Una de las líneas centrales en el proceso de desarrollo —que Colin BARNES sugiere es el principal objetivo de la investigación emancipadora en el ámbito de la discapacidad— sostiene que esas suposiciones son necesarias cuando se desarrolla una teoría cuya principal finalidad es su uso por parte de actores específicos (las personas con discapacidad) en lugar de su utilización con fines académicos tradicionales. BARNES (1992, pág. 122) dice que "la investigación emancipadora está relacionada con la desmitificación sistemática de las estructuras y procesos que crean discapacidad y con establecer un 'diálogo' viable entre la comunidad investigadora y las personas con discapacidad para facilitar el empoderamiento* por parte de estas últimas". Sin embargo, perseguir este ideal puede significar aceptar que siempre habrá una diferencia entre lo que puede ofrecer cualquier teoría y lo que las personas con discapacidad necesitan saber para entender y cambiar sus vidas; una brecha que puede profundizarse por desigualdades de poder y conocimientos y por el proceso de investigación.

A menudo, la formulación de teorías se hace en el marco de perspectivas particulares concebidas en momentos específicos de la historia que no reflejan a la "discapacidad" o a la "sociedad" tal como las entendemos hoy. Las teorías pueden no estar dirigidas a cuestiones que interesen a todas las personas con discapacidad. En otras palabras, las teorías sociales que se basan en una noción de experiencia "real", o que trabajan con la dicotomización de la experiencia y la promoción de una idea de sociedad "real" por fuera de esa experiencia, excluyen inevitablemente a otras clases de experiencia a las que se considera "subjetivas" o "ideales". Lo que es más importante, tal vez se dejen de lado ciertas nociones de capacidad de acción social, fuera de aquellas que son simplemente contrarias al ideal hegemónico. Estas "realidades" no serán muy útiles para aquellas personas con discapacidad que sientan que sus experiencias, sus valores y creencias se rechazan, ni para los nuevos movimientos sociales cuyas luchas dependen de su articulación de una política colectiva de resistencia. Puede considerarse que esta perspectiva cuestiona el concepto de "realidad" colectiva en cuanto herramienta representativa, pero se argumentará en su favor que eso no tiene por qué ser así si trabajamos dentro de un marco que se corresponda con el punto de vista de LEFEBVRE (1991) de que la ubicación de las partes podría sostener la unidad de la abstracción.

En efecto, la incapacidad de adoptar esta "regla general" es mi principal objeción al análisis que hace PRIESTLEY (1998) de la teoría de la discapacidad en términos de los diferentes modelos sociales que emergieron en los últimos tiempos. No hay lugar aquí para criticar las ideas de PRIESTLEY exhaustivamente, pero gran

* En el original: "empowerment". Su versión castellanizada "empoderamiento", está plenamente aceptada en castellano, según el Diccionario panhispánico de dudas: empoderar(se). Se emplea en textos de sociología política con el sentido de "conceder poder [a un colectivo desfavorecido socioeconómicamente] para que, mediante su autogestión, mejore sus condiciones de vida". El sustantivo correspondiente es empoderamiento (del ingl. empowerment). *(N. del T.)*

parte de su análisis se concentra en una aparente distinción entre la manera en que los enfoques materialista e idealista explican y comprenden la discapacidad, a los que luego subdivide en dimensiones nominalista/realista e individual/social. Ya en 1749 DIDEROT había explorado ese marco de trabajo en relación con la discapacidad y había obtenido prácticamente los mismos resultados. Jonathan REÉ (1999, pág. 39, y referencias mencionadas allí) escribe que "cuando el joven y apasionado materialista DIDEROT tomó armas contra el idealismo" aceptó la equiparación entre materialismo y experiencia visual y calificó al idealismo de "sistema extravagante que deben haber inventado los ciegos" (DIDEROT, 1749, en VERNIERE, 1964, pág. 114). Significativamente, REÉ agrega que la experiencia directa de las personas con ceguera "profundizaría las simpatías de DIDEROT [hacia ellas] y, de acuerdo con su lógica, también hacia el idealismo". A pesar de hacer hincapié en que los diferentes enfoques están interrelacionados —especialmente en lo que respecta a la experiencia de las personas con discapacidad— PRIESTLEY no intenta siquiera cuestionar los límites entre ellos porque su análisis excluye aquellos enfoques en la producción de teorías sobre discapacidad que operan en ese nivel. Por lo tanto, confirma las diversas dicotomías, especialmente a través del lenguaje dominante en el que se expresan sus últimos comentarios, y reproduce así la histórica fluctuación entre materialismo e idealismo que persistió por siglos. El descontento de SEIDMAN (1998, pág. 187) en cuanto a que es necesario pensar que se puede comprender la estructura social y la dinámica institucional mediante otra reelaboración del marxismo, como si la crítica al reduccionismo materialista y de clase del marxismo por parte de sociólogos, semiólogos, teóricos críticos, postestructuralistas, feministas y otros nunca hubiera sucedido" parece pertinente en este contexto.

Una perspectiva alternativa podría hacer hincapié en una teoría social crítica que indague la naturaleza de la brecha entre teoría y experiencia de la discapacidad al preguntarse cuáles son las diferencias vivenciales que importan y cómo se las puede conceptualizar en cuanto relación social. Por último, si el valor práctico de la teoría de la discapacidad para las personas con discapacidad realmente depende de cómo salvamos esa brecha, ¿cómo lo hacemos? Este artículo consiste en un análisis de estas cuestiones desde una perspectiva feminista que busca explorar el espacio productivo que hay entre las dicotomías modernistas, de acuerdo a la manera en que lo contextualiza la "condición" de postmodernidad (LEMERT, 1997), la que creo es la esencia de la vida social de finales del siglo XX. Señala la tendencia de la teoría y la política de la discapacidad de la corriente hegemónica masculina a ocuparse de la diferencia dentro de limitaciones autoimpuestas de censura, silenciamiento, subordinación y evaluación negativa, lo que resultó en el control de la experiencia de las personas con discapacidad. Apunta a ilustrar el problema de ver a las teorías como representaciones de experiencia y vida social y propone diversas preguntas acerca de la producción de teorías y sobre si los estudios en el ámbito de la discapacidad, en sus esfuerzos por producir una noción colectiva de discapacidad, reprodujeron inadvertidamente el tipo de representaciones y estructuras teóricas que históricamente dijeron cuestionar. No obstante, al hacerlo deseo reiterar que estoy de acuerdo con OLIVER y con otros autores en que no resulta de ninguna ayuda utilizar un análisis tan crítico para reforzar una separación entre activismo e intelectualismo, entre práctica y teoría y entre lo personal y lo político. El modelo social (materialista), el que tal como OLIVER (1996b, pág. 52) señala con empeño *no es* una teoría social de la discapacidad, y los principios fundamentales de la discapacidad de la Unión de Impedidos Físicos contra la Segregación (UPIAS) —publicados bajo el título *Fundamental Principles of Disability* (1796, págs. 15 y 20)—, que afirman serlo, siguen teniendo un importante valor político y pragmático y deberían estar entre los primeros intentos —y los más importantes— de producir e interpretar los conceptos de discapacidad e impedimento desde la experiencia de las personas con discapacidad. No obstante, en lugar de intentar "llevar el modelo social más lejos de donde él se propone llegar" (OLIVER, 1996b, pág. 52) mediante afirmaciones totalizadoras sobre su poder explicativo, deberíamos verlo como una tendencia dentro de una teoría social emergente y considerar que es muy posible que existan otras teorías que aún no se encuentran completamente desarrolladas.

La experiencia y la condición de la postmodernidad

Los académicos con discapacidad que participan del trabajo teórico parecen coincidir en que éstas son cuestiones importantes. OLIVER (1996a, pág. 45) coloca adecuadamente estas cuestiones en el contexto general de la investigación social y sugiere que "el problema es que la mayor parte de la investigación social tendió a privilegiar la metodología sobre la experiencia y, en consecuencia, no tiene muy buen historial respecto a haber documentado esa experiencia de manera fidedigna". En otra publicación agrega que "pocos de aquellos que quieren hablar por nosotros o escribir sobre nuestras vidas toman en serio la necesidad de representar nuestros puntos de vista, nuestras vidas y nuestras luchas con precisión" (OLIVER 1996b, pág. 20). Este autor ve a la experiencia en el contexto de las críticas internas que surgieron de las propias personas con discapacidad alrededor de "el lugar del impedimento, la incorporación de otras opresiones y 'el uso y el poder explicativo del modelo social de discapacidad'" (OLIVER, 1996b, pág. 40). Mientras que OLIVER admite ser escéptico respecto de estas críticas, cree que se las podría abordar mediante un análisis del "impedimento" y la "enfermedad crónica" (BARNES y MERCER, 1996). Si bien respeto en qué se basa, no comparto su escepticismo ni creo que la mejor manera de ocuparse de estas cuestiones sea la que él propone, ya que eso indica que la teoría de la discapacidad —al igual que la teoría social en general— se resiste a la conceptualización de la diferencia en cuanto eje central y cada vez más importante de la subjetividad y la vida social.

"Los problemas de la diferencia" (SEIDMAN, 1997), tal como lo demuestra la proliferación contemporánea de identidades políticas particularistas, pueden tomarse como un importante resultado de las "verdades" y "hechos" totalizadores sobre la "normalidad", una clase universal, la noción de una raza privilegiada o un principio abstracto. De acuerdo a lo mencionado por Joan SCOTT (1992, pág. 24):

> [La experiencia] ocasionó una crisis en la historia ortodoxa al multiplicar tanto las historias como los sujetos y al insistir en que las historias se escriben desde perspectivas o puntos de vista fundamentalmente diferentes —de hecho, irreconciliables—, ninguno de los cuales está completo o es cien por cien "verdadero". Documentar de esta manera la experiencia de los demás se convirtió al mismo tiempo en una estra-

tegia muy limitante y de gran éxito para los historiadores de la diferencia... por una parte reconocen que "la evidencia sólo cuenta como evidencia y sólo se la reconoce como tal en relación con una posible narrativa, de manera que se puede decir que la narrativa determina la evidencia en la misma medida en que la evidencia determina a la narrativa" (GOSSMAN, 1989, pág. 26). Por otra parte, su tratamiento retórico de la evidencia y su uso de la misma para desvirtuar las interpretaciones predominantes depende de una noción referencial de evidencia que niega que ésta sea otra cosa que un reflejo de lo real.

CASTELLS (1997) describió esta crisis en términos de dos tendencias opuestas que en este momento dan forma al mundo: la globalización y la identidad. La revolución de la información y la reestructuración del capitalismo dieron lugar a lo que él llama "la sociedad en red", la que produce la globalización de las actividades económicas estratégicas, la flexibilidad y la inestabilidad laboral y una cultura de virtualidad real. LACLAU (1994, págs. 1-2) cree que los cambios implícitos a la estructura social y a las relaciones de poder "llevan a una nueva toma de conciencia de los complejos mecanismos mediante los cuales se construye toda la identidad y toda la realidad social; en efecto, llevan a una conciencia de sus condiciones de existencia, las que son profundamente ambiguas". También sugiere que esto "...implica la retirada de un objeto a sus condiciones de posibilidad ... lo que amplía y diversifica las estrategias que es posible desarrollar dentro de lo social". No obstante, la teoría de la discapacidad —especialmente la que surge en los EE.UU. (véase, por ejemplo, LINTON, 1998)— tiende a reflejar las nociones modernistas de identidad colectiva y relaciones sociales.

Si una teoría puede afirmar legítimamente ser un reflejo de la "organización social *contemporánea*" (UPIAS, 1976, pág. 14, sin cursiva en el original), entonces estas cuestiones deben ser relevantes. En otras palabras, si la "organización social contemporánea... ignora completa o parcialmente a las personas que tienen impedimentos físicos y, por lo tanto, las excluye de las principales actividades sociales" (UPIAS, 1976, pág. 14), seguramente su corolario también sea cierto. El hecho de que una teoría social no tome muy en cuenta las relaciones cambiantes de los pequeños y grandes contextos tendrá consecuencias específicas en la importancia que esa teoría tenga para la experiencia de las personas con discapacidad. A modo de ejemplo, Wendy BROWN (1998, pág. 323) escribe que:

> La nuestra es una era de discurso y publicación diarreica: desde la inconmensurable cantidad de información técnica, política, comercial y personal que viaja a través de Internet hasta la ignorancia testaruda que anima gran parte de los programas de debate matutinos que se transmiten por la radio... en la actualidad la opinión política de cualquiera merece un debate radiofónico y la historia personal de cualquiera es digna de exposición televisiva o hasta de una biografía.

La desaparición implícita de los límites entre lo público y lo privado sugiere que la vida de cualquiera ahora puede convertirse en objeto del mismo tipo de escrutinio al que siempre se sometió a las vidas de las personas con discapacidad, lo que podría tener importantes consecuencias para la manera en que el movimiento de discapacidad ve la relación entre lo personal y lo político. Esto aumenta la importancia de la (re)presentación y la puesta en escena de los medios de comunicación masivos en cuanto formas omnipresentes de capital político en los sistemas de producción. Además, semejante cambio puede violar más la privacidad de la vida de algunas personas con discapacidad que la de otras, como analizaré a continuación. Existen señales que indican que el movimiento de discapacidad está en estado de alerta por esto, mientras el BCODP (Consejo Británico de Organizaciones de Personas con Discapacidad) "consulta" con el Gobierno y busca "hacerse más estricto y más democrático" (Director del BCODP, Bob Findlay, citado en *Disability Now!*, abril 1999, pág. 13). Si esto es así, entonces la teoría de la discapacidad está atrasada con respecto a la experiencia de las personas con discapacidad.

Bases y fusiones

Retomaré una vez más el punto de SCOTT, antes mencionado, para sugerir que es completamente posible conservar el concepto de discapacidad en cuanto forma de opresión social formulado por UPIAS mientras se discute la base en la cual se asienta: la distinción conceptual entre discapacidad e impedimento. Al hacerlo, sugeriré que la manera en que se enmarcó y más adelante se incorporó esa distinción a la teoría de la discapacidad comprende varias suposiciones que reflejan cómo se enmarcó históricamente la relación entre teoría y experiencia. Para ilustrar este punto, quiero tomar en consideración algunos ejemplos importantes de estas suposiciones y los enfoques y estructuras metodológicas que los refuerzan.

En *Palabras Clave,* Raymond WILLIAMS (1983) sugiere que el término "experiencia" se utilizó en varios sentidos diferentes. La mayoría de éstos se basan en ideas de testimonio subjetivo inmediato, verdadero y auténtico, pero WILLIAMS menciona que el siglo XX trajo consigo un significado muy diferente que se refiere a las influencias externas que rodean a los individuos —condiciones sociales, instituciones, sistemas de creencias o formas de percepción—, a cosas "reales" que se encuentran fuera de ellos, ante las que reaccionan sin recurrir a procesos internos. Esto refleja la distinción entre las definiciones de discapacidad previas y posteriores a las reformulaciones de UPIAS y OMPD (Organización Mundial de Personas con Discapacidad). Pero esos dos sentidos de "discapacidad" siguen coexistiendo y ocupando espacios contradictorios en los estudios en discapacidad y en el discurso dominante tanto en el ámbito nacional como internacional. No obstante, todas estas definiciones —si bien perciben a la experiencia de distintas formas, ya sea como interna o externa, subjetiva u objetiva— tienden a establecer la existencia previa de la "identidad". Así, se ve a la identidad como un "cuerpo" unitario sobre el que las diferentes sociedades imponen distintas normas relacionadas, por ejemplo, con la personalidad y el comportamiento (NICHOLSON, 1995, pág. 41). Esta autora (1995, pág. 42), quien escribe desde la perspectiva feminista, sugiere que ese punto de vista, al que llama "fundacionalismo biológico", permitió que muchos feministas conservaran la idea de "determinismo biológico —es decir, que aquellas cosas de la naturaleza que se mantienen constantes son responsables de ciertas inadecuaciones sociales— sin tener que aceptar una de las desventajas fundamentales que tiene tal postura desde una perspectiva feminista: que dichas constancias sociales no pueden transformarse". En otras palabras, las distinciones de orden natural (a las que no se cuestiona ni se considera problemas de estudio) se asientan o manifiestan en la identidad humana en algún nivel básico.

En la teoría contemporánea de la discapacidad, el fundacionalismo biológico une dos posturas: la que ve a la "identidad de la discapacidad" como una construcción social y como algo común a todas las culturas, y la que ve al impedimento como algo conceptualmente distinto de la discapacidad. Para que esto se mantenga, debe verse al impedimento como un "cuerpo" unitario y debe descartarse toda relación causal entre impedimento y discapacidad. De ahí la postura de que "no existe el grupo de personas con discapacidad; existen las personas con impedimentos y los discapacitados, pero son cosas muy distintas, lingüística, política y teóricamente" (DARKE, 1998, pág. 224). Detrás de esto se encuentra la suposición de que cada lado de una serie de dicotomías —por ejemplo, individuo y sociedad, subjetivo y objetivo, material y discursivo, naturaleza y cultura— es una entidad separada y autónoma. Esta suposición se ve reforzada por una metodología que hace uso de fusiones de significado en una dimensión evaluadora que permite que el término al que se dio un valor positivo se convierta en el "objeto propio" de la teoría y que admite que procesos tales como la opresión y el empoderamiento se perciban en términos de la dirección de la influencia. El "objeto propio" de la teoría de la discapacidad usualmente recibe el nombre de "realidad" colectiva de las personas con discapacidad, pero esto trae consigo otra serie de problemas. Al respecto, OLIVER (1996b, pág. 147 y referencias mencionadas allí) escribe:

> ... en el proceso de empoderamiento hay aspectos tanto individuales como colectivos. En efecto, hay quienes insistirán en que el impedimento individual es la clave para la obtención del empoderamiento colectivo. "La clave para entender el empoderamiento es la comprensión de la idea de autoempoderamiento" (FENTON, 1989, pág. 42). Mi argumento revertirá el énfasis que se puso allí para sugerir que la clave para entender el autoempoderamiento es la noción de empoderamiento colectivo.

Dentro de este tipo de marco de trabajo es más fácil concebir a esta dirección de la influencia —lo que OLIVER describe como "énfasis"— como una que fluye en una sola dirección. En este sentido, una teoría de la discapacidad que se basa en el modelo social puede verse como una inversión filosófica y pragmática de aquello que engloba al modelo individual, al tiempo que conserva la seguridad de la tradición modernista. Si bien la versión británica del modelo social aparentemente ve a la discapacidad como la *sola* consecuencia de las relaciones materiales (OLIVER, 1990), y aunque el mismo OLIVER reconoce que "el lenguaje y su uso no es simplemente una cuestión semántica; también es una cuestión política" (OLIVER, 1996a, pág. 74), su concepción modernista de las relaciones materiales deja de lado el lenguaje y, por lo tanto, *no incluye* totalmente —como sugirió DARKE (1998)— los factores socioculturales. En estas circunstancias, la "realidad" colectiva reduce la experiencia a un denominador común abstracto.

Ahora bien, es muy posible que existan algunas circunstancias en las que este tipo de reduccionismo pueda cobrar importancia en la vida de las personas con discapacidad. BARNES (1996, pág. 37 y 43), por ejemplo, al hablar de su experimentación personal de un impedimento visual y de la discapacidad, dice que:

> En términos prácticos, mi impedimento me causó pocas dificultades reales, no me causa dolor y, hasta ahora, es posible que se mantenga relativamente estable. Todos los problemas con los que me encontré tuvieron origen social; fueron principalmente consecuencia de la educación especial segregada que tuve y de mis percepciones posteriores —ya fueran reales o imaginarias— del trato que la sociedad da a las personas con esta clase de impedimento ... la experimentación del *impedimento* es un área en la que creo que las generalizaciones son posibles y verdaderamente apropiadas.

Coincido con Barnes en que un impedimento estable, predecible y visible (en el sentido que la persona que tiene el impedimento es abierta al respecto y que la política de la discapacidad es una política de lo visible) *puede* desaparecer en la medida en que se perciba como "nada menos que una descripción del cuerpo físico" (Oliver, 1996b, pág. 35). El impedimento sólo puede ser un objeto en tanto establezca un sistema de relaciones con otros objetos, especialmente otros impedimentos y la ausencia de impedimentos. Además, esto podría convertirse en la base de una distinción válida entre impedimento y enfermedad crónica, dos términos que, a menudo, se fusionan. Las generalizaciones pueden ser posibles en estas circunstancias, si bien el propio Barnes advierte acerca de los problemas de la diferencia en el dominio del impedimento. Sin embargo, al sugerir que la discapacidad puede relacionarse con el "tipo de impedimento" particular, Barnes implica una relación paticularista entre impedimento y discapacidad que parece desdibujar la distinción conceptual que existe entre ellos.

Esto ilustra los límites del modernismo, los problemas con una herramienta conceptual que dicotomiza la experiencia en términos de los diferentes significados que se le atribuyen. Realmente se hace difícil hablar de ceguera sin hacer referencia a las interpretaciones particularistas de la opresión de la discapacidad que experimentan las personas con este impedimento —por ejemplo, falta de alertas sonoras en los semáforos— porque hacerlo amenazaría la dualidad. Al mismo tiempo, cuando las personas con impedimentos visuales sugieren que existen algunas restricciones sociales que no pueden resolverse mediante la aplicación de principios que conceptualicen el impedimento como base ontológica de la discapacidad (French, 1993), eso se percibe como algo accidental y se excluye a esas (auto) biografías de la teoría de la discapacidad.

En su "discurso" diario, las personas con discapacidad usualmente aluden a una compleja existencia que ocupa el espacio *entre* salud y enfermedad, entre discapacidad y "normalidad", entre impedimento y empoderamiento y entre naturaleza y cultura, para dar algunos ejemplos. No obstante, la teoría de la discapacidad continúa dicotomizando estas cosas en una forma que no permite la exploración de los espacios intermedios. La teoría recrea las divisiones entre impedimentos y también las que se encuentran entre los impedimentos y otras bases "biológicas" del carácter humano; preserva la organización social jerárquica en lugar de cuestionar los supuestos en que se basa. Por ejemplo, al examinar la dicotomía entre mente y cuerpo, las teorías de "encarnación" (Shakespeare y Watson, 1995) y una sociología de "el cuerpo" (Hughes y Paterson, 1997) son muy útiles para reforzar el papel fundamental del impedimento al marginar lo sensorial (Shilling y Mellor, 1996), el discurso (Corker, 1998a, b, 1999; Corker y French, 1999) y las emociones (Williams y Bendelow, 1996). En consecuencia,

SHILLING y MELLOR (1996, pág. 2) cuestionan la conceptualización que hace Anthony GIDDENS de la encarnación:

> Los intentos de Gidden de superar la dualidad estructura/capacidad de acción en sociología (una dualidad que en su opinión consiste en *el* mayor obstáculo al desarrollo de esta disciplina) se basan en una dualidad mente/cuerpo que limita las clases de estructuras con las que él puede trabajar analíticamente... En el análisis que Gidden hace de la modernidad, las personas están constituidas por mente y cuerpo, pero durante la mayor parte de su vida son básicamente lo primero y *sólo cuando hay una crisis en sus intentos reflexivos de entender el mundo o participar de él tienden a dejarse influir por las respuestas sensoriales de su cuerpo.* (Sin cursiva en el original).

Citando a JENKS (1995), ellos notan que esto refleja la tendencia de los marcos de trabajo sociológicos a priorizar el sentido de la visión y a combinar ver con saber. "Se toma al ojo como un pasillo neutral a través del cual la información va directamente al cerebro con fines de control reflexivo y evaluación y para su posterior incorporación a las rutinas de la acción diaria" (JENKS, 1995, pág. 5).

Estas dificultades se reflejan en el nivel colectivo en la obra de SHAKESPEARE y WATSON (1998, pág. 13, sin cursiva en el original), quienes:

> ... siguen a aquellos que afirman que las personas con discapacidad son *un grupo social distinto* de manera similar a las personas de raza negra, las lesbianas y los gais. Se sugiere que la discapacidad es una relación estructural entre las personas con impedimentos y una sociedad discriminatoria. En consecuencia, *no es útil separarlas en diversos grupos de impedimentos* —personas con impedimentos visuales, con impedimentos físicos, con dificultades de aprendizaje— tal como estuvieron haciendo las organizaciones benéficas, las escuelas y demás. Ésta es una reflexión importante sobre el colectivo de la experimentación de la discapacidad; no obstante, no debería permitirse que esto oscurezca *las diferencias reales* entre las personas con discapacidad, las que pueden ser de género, "raza", sexualidad y clase. Tampoco se deberían utilizár para negar la individualidad de las personas con discapacidad de acuerdo a la tradición según la que se cosifica a la discapacidad mediante el uso de términos como "los discapacitados".

SHAKESPEARE y WATSON afirman que las "diferencias reales" se basan en las categorías de discapacidad, género, "raza", sexualidad y clase construidas por la sociedad, las que —precisamente por su calidad de definición— tienen una variabilidad que no puede marcar una identidad colectiva. Mediante el silencio, éstas mantienen —sin cuestionarlos— los límites entre las personas con sordera, las personas con impedimentos visuales y aquellas con impedimentos físicos en la misma manera que las escuelas, organizaciones benéficas y demás instituciones lo hacen, porque las diferencias y similitudes en la experiencia que esas personas describen no son "reales". Esto parece apoyarse en la suposición de que las personas con impedimentos perciben las diferencias entre impedimentos en la misma manera en que lo hacen "las escuelas, las organizaciones benéficas y otros" y, en particular, que ellos ven cómo experimentan el impedimento y la opresión como algo inmutable. La literatura está llena de referencias al hecho de que la mayoría de las personas con impedimentos —junto con la mayoría de las personas con discapacidad— no ven a la calificación contemporánea médico-individual del impedimento como algo útil para analizar su experiencia. Además, muchos de estos relatos se basan en otras distinciones importantes relacionadas con el impedimento, que redefinen la noción de "colectivo". La teoría contemporánea de la discapacidad parece capaz de permitir la idea de que la necesidad de una asignación por discapacidad por parte de las personas con impedimentos fluctuantes, tales como la esclerosis múltiple, es un ejercicio foucaultiano de poder disciplinario (SHILDRICK y PRICE, 1996). Sin embargo, es menos capaz de ocuparse de las áreas de experiencia de las personas con discapacidad que, por naturaleza, están en un estado de variación constante. Por ejemplo, es evidente que muchas personas con sordera ven el impedimento *y* la discapacidad en términos de lenguaje y comunicación en lugar de verlo como la expresión física de la pérdida de la audición de acuerdo con el que continúa siendo el principal sistema de clasificación en los ámbitos educativo y legal. En sus narrativas personales no se refieren a cuánto pueden "oír" en contraposición a cuánto pueden "saber", "entender" e "interpretar". De manera similar, algunas personas con impedimentos visuales no describen la discapacidad en términos de la carencia de alertas sonoras en los semáforos, sino como falta de acceso a la comunicación no verbal. Estas experiencias parecen tener un hilo conductor, si bien éste no llega hasta la teoría de la discapacidad.

En resumen, entonces, una supuesta coherencia interna o unidad del impedimento requiere de una categoría de "normalidad" estable y antagónica. Esta normalidad institucionalizada, al mismo tiempo requiere y produce la comunión de las "voces" de cada impedimento, la que constituye el límite de las posibilidades dentro de un sistema dual adverso de discapacitado/no discapacitado. "El viejo sueño de la simetría" (IRIGARAY, 1985) se presume, materializa y racionaliza. La regulación de los atributos de acuerdo con líneas de coherencia culturalmente establecidas produce un impedimento simplificado en cuanto carácter fundamental. La homogeneidad sólo puede existir debido a la exclusión de la posibilidad de que "intereses históricamente irreducibles dividan y definan... a las comunidades" (ROONEY, 1989, págs. 5-6). En términos analíticos, esto es muy similar a la crítica que Denise RILEY hace sobre la categoría "mujer" cuando escribe que:

> enmascara la posibilidad de que ... [las experiencias] no se le hayan conferido a la mujer únicamente en virtud de su femineidad sino también como restos de dominación, ya sea natural o política ... debido a su campaña a favor de una unión política masiva de las mujeres, el feminismo nunca podrá desmantelar por completo "la experiencia de la mujer", sin importar en qué medida se fusionen en esta categoría lo atribuido, lo impuesto y lo vivido y luego se santifique la mezcla resultante.
>
> (RILEY, 1988, págs. 99-100.)

En este contexto, la sugerencia de OLIVER (1996b) de que necesitamos una "sociología del impedimento" independiente es preocupante. En el caso del concepto de "discapacidad" no hay una distinción clara entre la formulación de "discapacidad" y su relación con el impedimento producto de diversas miradas, debido a la coexistencia de viejas y nuevas versiones. Sólo el contexto puede mostrar una distinción, pero los teóricos de la "discapacidad" son cada vez más escurridizos en el uso de este término y su público debe estar alerta a la posibilidad de errores de significado. Diré que este problema se ve reforzado por el hecho de convertir un término semánticamente ambiguo como discapacidad en el "objeto propio" de la teoría "real" de la discapacidad.

Un giro postmodernista

Este retorno a los "objetos propios" nos conduce en un sentido diferente y nos recuerda que, pese a que el modernismo sigue siendo una fuerza poderosa en la teoría social, ya no es la única fuerza. Se reconoce ampliamente —si bien con cierta renuencia y a menudo en un lenguaje que bordea el cinismo— que la teoría social dio "un giro postmodernista". En tales circunstancias, si el concepto de impedimento fuera a desarrollarse en una sociología "independiente" del impedimento como sugiere OLIVER (1996a), podríamos encontrarnos con una situación similar a la que Judith BUTLER (1997a) describe en una obra reciente, donde analiza la relación problemática entre género y sexo. Allí, aplica un argumento en contra de ciertas tendencias de la teoría contemporánea sobre la construcción de las identidades sociales y la propensión a dar más importancia a un elemento determinante del cuerpo que a otros en su análisis de esta relación.

> ...el dominio metodológico de los estudios sobre la mujer "incluye cualquier investigación que toma al género (ya sea femenino o masculino) como categoría central de análisis. La referencia parentética a lo femenino o masculino sugiere que esos términos son intercambiables con la noción de género, si bien las formulaciones convencionales de la distinción sexo/género asociaron "sexo" a femenino y masculino —o a la problemática entre ellos— y "género" a las categorías sociales de hombre y mujer. Esta ... sugerencia, que se puede tomar al género como equivalente de "femenino o masculino", parece por lo tanto descansar sobre una fusión de sexo y género.
>
> (BUTLER, 1997a, pág. 4.)

Si se coloca al impedimento en el lugar del sexo y a la discapacidad en el lugar del género, es posible ver cómo una sociología del impedimento independiente —sobre todo una basada en la sociología médica— podría terminar obrando en contra de una teoría social de la discapacidad en lugar de mejorar nuestra comprensión de la relación entre discapacidad e impedimento.

¿Por qué habría de ser importante el giro postmodernista para la teoría de la discapacidad? Algunos teóricos de la discapacidad afirman en privado que la discapacidad desaparecería si se eliminaran todas las barreras estructurales mediante cambios en los sistemas de producción, la arquitectura, el transporte y un uso más efectivo de la tecnología y los sistemas de información, por ejemplo. El paso resultante hacia la inclusión social y la mayor visibilidad de las personas con impedimentos llevaría a una mejora de las actitudes. No obstante, en el contexto de los ejemplos recién mencionados y considerando nuestro conocimiento sobre la opresión continua de las personas de las minorías negra y étnicas y de las mujeres —ambos grupos muy visibles que cuentan con protección legal en contra de la discriminación desde hace más de veinte años— también podría afirmarse que la remoción de las barreras estructurales dejaría intactas las dimensiones discursiva y de comportamiento de las relaciones sociales, junto con sus consecuencias en la capacidad de acción social. Ambas dimensiones son impredecibles y variables y median en la compleja relación que existe entre discapacidad e impedimento. Cuando Sally FRENCH (1993) sugirió que gran parte de su experiencia como persona con impedimentos visuales no fue susceptible de manipulación social, junto con la observación de que los intérpretes no eliminan los problemas de comunicación que experimentan las personas con sordera —cuestión que investigué con mayor detalle (CORKER, 1998a, b, 1999)—, *no* estaba argumentando a favor de que se mantuvieran los límites que separan a los impedimentos. En mi opinión, de acuerdo a lo que sugiere el título de su obra *"Disability, impairment or something in between"**, ella reconoció una *comunión* de experiencias entre las personas con impedimentos visuales y auditivos, por ejemplo, que no estaba articulada en una teoría de la discapacidad enmarcada en oposiciones duales. Tal vez FRENCH estaba afirmando que esa relación sólo podría explicarse dentro de un marco de trabajo que viera a la dicotomía individuo/sociedad como dialogística y percibiera a las personas con discapacidad como agentes sociales. De hecho, el propio OLIVER reconoce que no se puede dicotomizar ni simplificar la experiencia cuando menciona a los "caminantes, casi caminantes y no caminantes", referencia que forma parte de un brillante análisis materialista sobre la aplicación de la sociología al acto de caminar (OLIVER, 1996a, pág. 100). Definitivamente estas cuestiones deberían formar parte de nuestro trabajo teórico. Sin embargo, para lograrlo debemos imaginar una teoría de la discapacidad que esté preparada para cuestionar la noción de impedimento en cuanto "base biológica".

En mi opinión, el análisis que hizo FRENCH fue un precursor intento de articular una dimensión del "paradigma de comunicación" de LEONARD (1997). No obstante, resulta significativo que se le respondiera que sus "definiciones estaban mal", que "no había comprendido del todo qué es la discapacidad" y que, en consecuencia, sintiera que se descartaban sus experiencias como si fueran "discapacidades sin solución aparente", "compartimentadas ... [con] alguien más como juez que decide cuáles son dignas de consideración y cuáles no lo son". En un determinado nivel, la evaluación que ROCKWELL hace de esa postura parece exacta:

> Es absurdo afirmar que saber algo parcialmente significa no saberlo en absoluto; la tendencia más dañina que deriva de esta posición no es la atribución de relativismo, sino la incapacidad de entender que toda forma encarnada de comprensión o percepción es parcial. Negar esa parcialidad significa tener una percepción distorsionada de la propia omnipotencia y un interés en retener la autoridad social que la acompaña.

No obstante, en otro nivel, Wendy BROWN (1998, pág. 318) advierte:

> ... en nuestros días se experimenta el lenguaje de la identidad política como un lenguaje de control; incluso —y especialmente— lo experimentan así aquellos para quienes el lenguaje debía representar la emancipación ... Aunque los discursos "descalificados" son un efecto de la dominación, no obstante funcionan como potencialmente antagónicos cuando los utilizan quienes los habitan. Sin embargo, cuando aquellos

* Discapacidad, impedimento o algo en medio. (*N del T.*)

discursos unitarios con los que están en supuesto antagonismo los incorporan, estos discursos se convierten en una fuerza reguladora especialmente poderosa, ya que llevan consigo un conocimiento íntimo y detallado de sus sujetos.

Aceptar la postura de FRENCH sería dar un giro postmodernista a la teoría, pero como dirían algunos, ¿llevaría eso al caos? Tal como se indicó anteriormente, eso dependerá en gran parte de cómo responda la teoría de la discapacidad a la diferencia y, en particular, de cómo ésta determine cuáles son las diferencias sociales y vivenciales que importan.

Fue mi propia lucha en este ámbito la que me guió en la dirección del filósofo postestructuralista francés Jacques DERRIDA en busca de una explicación teórica, si bien acepto que el postestructuralismo de por sí "no puede explicar los procesos de formación del sujeto y de la identidad, la creación de solidaridades y la movilización política colectiva" (SEIDMAN, 1998, pág. 188). DERRIDA, al igual que muchos de sus contemporáneos, se dedicó a una búsqueda incesante de oposiciones binarias, esencias fenomenológicas y "decidibilidad ontológica", las que conforman la piedra angular de la modernidad. Su obra es invariablemente compleja y difícil de leer, pero su premisa básica es que las palabras significan cosas diferentes en circunstancias diferentes, lo que depende de quién, cuándo y en qué ocasión las use y del contexto en que se las utilice. Incluso dentro de una oración aislada, el significado de una palabra sólo puede determinarse de manera retrospectiva; ya que son las palabras anteriores las que forman su contexto. Lo que otorga significado a una palabra es su relación con otras palabras. La identidad de algo se determina sobre la base de lo que eso no es, de aquello de lo que carece, por ejemplo, la oscuridad es "la ausencia de luz". DERRIDA (1976, 1978) acuñó el término *différance*, que en español se traduce sin mucha precisión como "diferencia", para sugerir que el significado, y por ende el conocimiento, nunca es estable. Esto implica que siempre puede cuestionarse el significado sobre la base de la *differénce* (término francés que denota diferencia, disimilitud). La cuestión aquí es que:

> ... si la presencia siempre contiene ausencia, no puede existir un límite preciso de oposición entre esas dos nociones. No es que presencia y ausencia sean opuestos ni que haya o presencia o ausencia, sino que hay una definición inevitable de uno a través del otro: hay tanto presencia como ausencia.
>
> (SAMPSON, 1989, pág. 12.)

DERRIDA afirma que las oposiciones binarias, en las que a un término siempre se le da una ubicación más privilegiada que a su opuesto, son típicas de ideologías que nos hacen creer que debe valorarse más un lado de la dicotomía que el otro, cuando es un hecho que ninguno de los dos podría existir sin el otro. Por lo tanto, el proyecto modernista nos condiciona a pensar en el individuo como primario y en la sociedad como secundaria, a percibir a la mente como superior al cuerpo, a valorar la razón sobre la emoción. La teoría de la discapacidad respondió con su propia clase de modernismo radical, el que invierte este énfasis y lo pone en la sociedad y la corporalidad al tiempo que conserva el foco en la razón, lo que reproduce ideologías "seguras". Para cuestionar esta forma de pensar, DERRIDA afirma que es necesario tomar como nuestra unidad de estudio *tanto* lo que se considera que cualquier fenómeno es *como* aquello que parece excluir. No obstante, se tiende a reprimir las ausencias y olvidamos que están allí, punto que DERRIDA destacó en su elección de palabras, ya que no puede distinguirse a *differánce* y *differénce* al pronunciarlas y, por lo tanto, cada una implica a la otra. Entonces, necesitamos una metodología para destacar la manera en que el discurso se basa en estas ausencias implícitas. DERRIDA llama a esto *deconstrucción* y, tal como destaca LEMERT (1997, pág. 44), la deconstrucción "no pretende ser un ingenioso equivalente de '*destrucción',* si bien algunas personas que hacen mal uso de las palabras sacan esa conclusión de manera precipitada porque ven la deconstrucción simplemente como una 'forma de desmantelamiento' del modernismo. En realidad, este término no tiene nada de destructivo o, como algunas veces se dice, de 'nihilista'".

Mientras que el feminismo y los estudios sobre diversidad sexual adoptaron esta idea, los estudios en el ámbito de la discapacidad siguen viéndola con desconfianza. Sin embargo, los muy usados términos "derribar barreras" e "inclusión", las referencias de SHAKESPEARE (1996, pág. 108) a lo arriesgado de un enfoque que separe a un "nosotros" y a un "ellos" y el reconocimiento por parte de OLIVER (1996b, pág. 74) de que "el lenguaje a veces sirve para oscurecer" tienen el toque distintivo de DERRIDA. No obstante, la filosofía de DERRIDA podría hacer una distinción entre la idea de inclusión de SHAKESPEARE y WATSON (1998) que se basa en la coexistencia de las personas con discapacidad en cuanto "grupo social" dentro de la sociedad general y las ideas de inclusión que hacen hincapié en el ingreso a aquellos dominios de la sociedad general que son fundamentales para la reproducción social de manera que lleve a la completa reestructuración de esos dominios (CORKER, 1998a,b, 1999). A través de su énfasis en la *differénce*, la noción anterior deja intactos los límites sociales, mientras que la última utiliza el concepto de *differánce* de DERRIDA para transgredir esos límites y crear un concepto de relaciones sociales basado en un análisis público de la diferencia a través de la igualdad. En sí mismo, el hecho de que los modelos sociales se llamen "modelos" sugiere que pueden representarse los mundos sociales de las personas con discapacidad por medio del lenguaje del conocimiento, lo que se opone al postestructuralismo de DERRIDA, donde el conocimiento es discursivo y es una *consecuencia*, no una representación, de la acción en un "campo de juego intertextual y dinámicamente abierto" (LEMERT, 1997, pág. 110). Esto se vincula con los análisis anteriores de las ideas de FRENCH respecto al espacio entre discapacidad e impedimento porque:

> Un discurso se mueve "de un lado al otro" entre codificaciones aceptadas de experiencia y un conjunto desordenado de fenómenos que se niega a incorporarlo a nociones convencionales de "realidad", "verdad" o "posibilidad" ... El discurso, en pocas palabras, es una empresa fundamentalmente *mediadora*. Como tal, es al mismo tiempo interpretativo y preinterpretativo; siempre tiene que ver *tanto* con la naturaleza de la interpretación en sí misma *como* con el tema en cuestión que se convierte en la ocasión manifiesta de su propia elaboración.
>
> (WHITE, 1978, pág. 4.)

Aquí, la relación entre lo cultural y lo estructural y lo material y discursivo se convierte en el objeto de la teoría, el lenguaje adquiere una dimensión performativa y lo material una dimensión discursiva. Por lo tanto, en nuestras luchas políticas podemos utilizar de manera activa un análisis crítico del error en el significado personal y social que tiene lugar cuando comenzamos a examinar más de cerca la constitución mutua de discapacidad e impedimento en el nivel teórico.

Conclusiones

A menudo se afirma que cuando las teorías son demasiado complejas o cuando se las diseñó para dar una explicación *ex post facto* en lugar de para su uso por parte de las personas con discapacidad, pueden llevar a la confusión y al fin del análisis. Ése es siempre un riesgo cuando se enfatiza demasiado la complejidad de la vida y se privilegia la necesidad de entender algo por completo sobre la de actuar efectivamente, porque las personas con discapacidad pueden transformarse en espectadores interesados en lugar de en participantes con iniciativa de un fuerte movimiento social. El objetivo de este artículo fue hacer hincapié en que las teorías que reducen o simplifican la experiencia de las personas con discapacidad —especialmente aquellas que son incapaces de conceptualizar una relación dialogística entre discapacidad e impedimento— pueden tener el mismo efecto. Coincido con LEONARD (1997) en que para resolver algunos de estos problemas es necesario agregar un "paradigma de comunicación" que se base en estrategias discursivas que lo relacionen con el "paradigma de producción" marxista y su interés en la estructura, que es el que domina actualmente la teoría de la discapacidad. Esta necesidad surge tanto de una sociedad cambiante, que cada vez concede más importancia a las diferentes formas del capital, como de una conciencia de los significados cambiantes de discapacidad que exigen que el movimiento de discapacidad se involucre en la expresión de una política de resistencia que satisfaga a la economía de la información en sus propios términos. En mi opinión, la adición de este paradigma abriría el discurso político a cuestiones relacionadas con el lenguaje y la diferencia y con la relación de éstos con la distribución desigual del conocimiento. También nos permitiría ocuparnos más íntegramente de la cuestión de la capacidad de acción social de las personas con discapacidad y de la espinosa cuestión del lenguaje y las actitudes discriminadoras, cuestiones que el materialismo no puede explicar por sí solo.

Es claro que un paradigma discursivo podría plantear el concepto de discapacidad como problema de estudio en la forma en que se conceptualizó en el modelo social (materialista), dado que eso parecería enfatizar que la discapacidad se produce en las relaciones entre impedimento y opresión mientras que en el modelo social la discapacidad es la experiencia (colectiva) de la opresión. No obstante, contrario a esto se encuentran los beneficios que una teoría social de la discapacidad reflexiva podría tener al teorizar sobre la opresión social *per se*. Aquí yace un cuestionamiento implícito a las conceptualizaciones existentes sobre emancipación e investigación emancipadora como las expresadas por STONE y PRIESTLEY (1996). Éste sigue siendo un sentido en el que este paradigma emancipador refuerza puntos de vista y conocimientos políticos y sociales existentes y recrea la relación entre discursos elitistas sobre la formulación de teorías y la discapacidad en cuanto forma de opresión social. La emancipación de las personas con discapacidad nunca estará completa sin la creación de un espacio en el que podamos hacer preguntas teóricas sobre la propia teoría de la discapacidad. Ésta es la única forma en que podremos saber que se está representando a nuestra experiencia "de manera precisa" y la única manera en que podremos romper con las jerarquías del conocimiento que son tan importantes en nuestra opresión; porque, tal como lo expresa Judith BUTLER (1997b, pág. 162):

> El deseo de no tener un futuro sin limitaciones puede ser fuerte ... Ésta es una de las razones por las que hacer determinadas preguntas se considera peligroso y por las que vivimos en una época en la que el trabajo intelectual se ve degradado en la vida pública y el antiintelectualismo marca gran parte del clima académico. Imagina la situación cuando uno de mis estudiantes me comentó, que después de haber leido un libro pensó: "no puedo hacer las preguntas que se proponen aquí porque formularlas sería sembrar la duda en mis convicciones políticas, y sembrar la duda en mis convicciones políticas llevaría a la disolución de esas convicciones" ... No estar dispuesto a repensar las propias ideas políticas de acuerdo con preguntas propuestas es elegir una postura dogmática que se paga con la vida y el pensamiento.

Sugerir que ciertos argumentos y experiencias particulares están "mal" es crear una postura en la que la teoría rige la experiencia de las personas con discapacidad en lugar de una en la que la teoría crece a partir de nuestra experiencia y, por lo tanto, es lo suficientemente flexible como para responder a ella. Al igual que sucede con otras teorías sociales, la fuerza de la teoría social de la discapacidad se pondrá a prueba por medio de una rigurosa base analítica y de su capacidad para manejar la crítica de manera constructiva, ya sea que ésta provenga de las propias personas con discapacidad o de nuestros opresores y censores que actúan sobre la base de sus propios intereses.

Referencias

BARNES, C. (1992). "Qualitative research—valuable or irrelevant", *Disability, Handicap & Society,* 7, págs. 115-124.

— (1996). "Visual impairment and disability", en G. HALES (Ed.) *Beyond Disability: towards an enabling society,* Londres, Sage Publications in association with The Open University.

— y MERCER, G. (Eds.) (1996). *Exploring the Divide: illness and disability,* Leeds, the Disability Press.

BROWN, W. (1998). "Freedom's silences", en R. C. POST (Ed.) *Censorship and Silencing: practices of cultural regulation,* Los Ángeles, Getty Research Institute.

BUTLER, J. (1997a). "Against proper objects", en E. WEED y N. SCHOR (Eds.) *Feminism Meets Queer Theory,* Bloomington, Indiana University Press.

— (1997b). *Excitable Speech: a politics of the performative,* Nueva York, Routledge.

CASTELLS, M. (1997). *The Power of Identity,* Oxford, Blackwell.

CORKER, M. (1998a). *Deaf and Disabled or Deafness Disabled,* Buckingham, Open University Press.

— (1998b). "Disability discourse in a postmodern world", en T. SHAKESPEARE (Ed.) *The Disability Reader: social science perspectives,* Londres, Cassell.

— (1999). "New disability discourse, the principle of optimisation and social change", en M. CORKER y S. FRENCH (Eds.) *Disability Discourse,* Buckingham, Open University Press.

— y FRENCH, S. (Eds.) (1999). *Disability Discourse,* Buckingham, Open University Press.
DARKE, P. A. (1998). "Review of 'Disability and the City: International Perspectives'", *Sociology,* 32, págs. 223-224.
DERRIDA, J. (1976). *Of Grammatology,* Baltimore, John Hopkins University Press, traducido por G. C. SPIVAK.
— (1978). *Writing and Difference,* Chicago, University of Chicago Press.
DIDEROT, D. (1749). "Lettre sur les aveugles", en: P. VERRIERE (Ed.) (1964) *Diderot Ouvres Philosophiques,* París, Garnier.
FENTON, M. (1989). *Passivity* to *Empowerment,* Londres, RADAR.
FRENCH, S. (1993). "Disability, impairment or something in between", en J. SWAIN, V. FINKELSTEIN, S. FRENCH y M. OLIVER (Eds.) *Disabling Barriers—Enabling Environments,* (Londres, Sage, en colaboración con Open University
GOSSMAN, L. (1989). "Towards a rational historiography", *Transactions of the American Philosophical Society,* 79(3), pág. 26.
HITCHEN, L. (1999). "New time, new style", *Disability Now!,* Abril, pág. 13.
HUGHES, W. y PATERSON, K. (1997). "The social model of disability and the disappearing body: towards a sociology of impairment", *Disability* & *Society,* 12, págs. 325-340.
IRIGARAY, L. (1985). *Speculum of the Other Woman,* Ithaca, Cornell University Press, trad. G. C. GILL.
JENKS, e. (Ed.) (1995). *Visual Culture,* Londres, Routledge.
LACLAU, E. (1994). *The Making of Political Identities,* Londres, Verso.
LEFEBVRE, H. (1991). *The Production of Space,* Oxford, Blackwell.
LEMERT, C. (1997). *Postmodemism is Not What You Think* (Malden, Blackwell).
LEONARD, P. (1997). *Postmodem Welfare,* Londres, Sage.
LINTON, S. (1998). *Claiming Disability,* Nueva York, New York University Press.
NICHOLSON, L. (1995). "Interpreting gender", en S. SEIDMAN y L. NICHOLSON (Eds.) *Social Post-modemism,* Cambridge, Cambridge University Press.
OLIVER, M. (1990). *The Politics of Disablement,* Basingstoke, Macmillan.
— (1996a). "Defining impairment and disability", en C. BAMES y O. MERCER (Eds.) *Exploring the Divide: illness and disability,* Leeds, Disability Press.
— (1996b). *Understanding Disability: from theory to practice,* Basingstoke, Macmillan.
PRIESTLEY, M. (1998). "Constructions and creations: idealism, materialism and disability theory". *Disability* & *Society,* 13, págs. 75-94.
REÉ, J. (1999). *I See a Voice: language, deafness and the senses—a philosophical history,* Londres, Harper Collins.
RILEY, D. (1988). *Am I That Name? Feminism and the Category of 'Women' in History,* Basingstoke, Macmillan.
ROCKWELL. H. (1996). "An 'other' burlesque: feminine bodies and Irigaray's textuality", *Body* & Society, 2, págs. 65-89.
ROONEY, E. (1989). *Seductive Reasoning: pluralism as the problematic of contemporary theory,* Ithaca, Cornell University Press.
SAMPSON, E. E. (1989). "The deconstruction of the self", en J. SHOTTER y K. J. GERGEN (Eds.) *Texts of Identity,* Londres, Sage.
SCOTT, J. W. (1992). "Experience", en J. BUTLER y J. SCOTT (Eds.) *Feminists Theorize the Political,* Nueva York, Routledge.
SEIDMAN, S. (1997). *Difference Troubles,* Cambridge, Cambridge University Press.
— (1998). "Are we all in the closet? Notes towards a sociological and cultural turn in queer theory", *European Journal of Cultural Studies,* 1, págs. 177-192.
SHAKESPEARE, T. (1996). "Disability, identity and difference", en C. BAMES y G. MERCER (Eds.) *Exploring the Divide: illness and disability,* Leeds, Disability Press.
— y WATSON, N. (1995). *Habemus Corpus. Sociology of the body and the issue of impairment,* Aberdeen, Quincentennial Conference on the History of Medicine.

SHAKESPEARE, T. y WATSON, N. (1998). "Theoretical perspectives on research with disabled children", en C. ROBINSON y K. STALKER (Eds.) *Growing Up with Disability,* Londres, Jessica Kingsley.
SHILDRICK, M. y PRICE, J. (1996). "Breaking the boundaries of the broken body", *Body & Society,* 2, págs. 93-113.
SHILLING, C. y MELLOR, P. A. (1996). "Embodiment, structuration theory and modernity: Mind/body dualism and the repression of sensuality", *Body & Society,* 2, (4), págs. 1-15.
STONE, E. y PRIESTLEY, M. (1996). "Parasites, pawns and partners: disability research and the role of non-disabled researchers", *British Journal of Sociology,* 47, págs. 699-715.
UNION OF PHYSICALLY IMPAIRED AGAINST SEGREGATION (UPIAS) (1976). *Fundamental Principles of Disability,* Londres, UPIAS.
WHITE, H. (1978). *Tropics of Discourse,* Nueva York, Johns Hopkins University Press.
WILLIAMS, R. (1983). *Keywords,* Nueva York, Oxford University Press.
WILLIAMS, S. J. y BENDELOW, G. A. (1996). "The 'emotional' body", *Body & Society,* 2(3), págs. 125-139.

CAPÍTULO VIII

¿Existe una cultura de la discapacidad?

Un sincretismo de tres cosmovisiones posibles

Por Susan PETERS

Facultad de Educación, Universidad Estatal de Michigan

Resumen

¿Existe una cultura de la discapacidad o las personas con discapacidad son simplemente individuos —o, a lo sumo, una minoría sociopolítica— que se esfuerza por encajar en la cultura dominante (cualquiera que ésta sea)? La autora cuestiona la afirmación de Lois BRAGG de que existe una cultura Sorda pero no una cultura de la Discapacidad. En primer lugar, este artículo investiga las diferentes conceptualizaciones históricas de cultura desde la *Cultura Primitiva* (1871) de E. B. TYLOR hasta las explicaciones postmodernistas de KUPER, GIROUX y MCLAREN. Mediante varios de esos conceptos se desarrollan tres posibles cosmovisiones de la cultura de la discapacidad: la cultura como cuestión histórico-lingüística, la cultura como cuestión sociopolítica y la cultura como cuestión personal-estética. Sobre la base de esas alternativas se plantea un marco de trabajo macrosociológico para evaluar cada una de esas cosmovisiones y se plantea también un conjunto de cuestiones éticas a considerar al momento de elegir cuál de ellas puede ser más sólida. Se concluye el estudio con la propuesta de una perspectiva sincrética de la cultura de la discapacidad y se afirma que la experimentación de la cultura de la discapacidad es un fenómeno intercultural en pleno desarrollo que no conoce límites geográficos, y que, en particular, no está limitado a Martha's Vineyard ni a los Sordos estadounidenses.

"Tengo el orgullo de decir que nací siendo de color y lisiado. Ahora soy negro y discapacitado".

(K. GAINER, 1992.)

Introducción

De acuerdo con FINE y ASCH (NAGLER, 1993, pág. 52) el 74 por ciento de los estadounidenses con discapacidad sienten que comparten una identidad común entre sí, y un 45 por ciento se ve a sí mismo como parte de una minoría con una conciencia de grupo particular y un grupo de referencia específico. No obstante, para algunas personas con discapacidad —tanto en los Estados Unidos como en el resto del mundo— la discapacidad no es necesariamente un factor fundamental en lo que respecta al concepto que tienen de sí mismos y a la manera en que se definen, y otros dicen tener vidas multiculturales. Otras personas con discapacidad que son lesbianas o gais a veces experimentan cierta "desesperanza" porque pertenecen a varias comunidades diferentes pero en muy pocas ocasiones encuentran aceptación en alguna de ellas (O'TOOLE y BREGANTE, 1993). Algunas personas con discapacidad viven en la más crítica de las pobrezas, por lo que para ellas las cuestiones culturales están subordinadas a la supervivencia económica. Entonces, la pregunta es: ¿existe una *cultura de la discapacidad* o las personas con discapacidad son simplemente individuos —o, a lo sumo, una minoría sociopolítica— que se esfuerza por encajar en la cultura dominante (cualquiera que ésta sea)?

Sin importar lo que para nosotros sea la cultura, la realidad sigue siendo —tal como lo expresó Cheryl Marie WADE, una poetisa con discapacidad— que "muchos de nosotros no podríamos encajar en la cosmovisión hegemónica del mundo aunque quisiéramos, y algunos de nosotros no querríamos hacerlo aun si pudiéramos" (YOUNKIN, 1989, pág. 31). Además, para la mayoría de las personas con discapacidad (me incluyo), la discapacidad "tiñe" todo lo que hacemos, sin importar que sea o no a lo que demos mayor importancia en nuestra vida. Ya sea que nos veamos a nosotros mismos como "de color" o "negros", como "lisiados" o "discapacitados", estas palabras describen una realidad fundamental. Pero, ¿existe una *cultura de la discapacidad* dentro de la que se expresa o transforma esa realidad fundamental?

Mi estímulo para abordar la cuestión de la cultura de la discapacidad provino del discurso principal que Lois BRAGG impartió en la *Society for Disability Studies Annual Conference* (conferencia anual de la Sociedad de Estudios en Discapacidad) celebrada en Washington, DC, en mayo de 1999. Lois BRAGG es miembro de la *Deaf Cornmunity* (Comunidad Sorda) de la Universidad Gallaudet. En el discurso que presentó ante los participantes de la conferencia con respecto a la cuestión de la cultura de la discapacidad, BRAGG argumentó que para que las personas con discapacidad pudieran afirmar la existencia de una cultura de la discapacidad y, por lo tanto, de una identidad cultural, debían cumplirse ciertos requisitos:

1. un lenguaje común;
2. un linaje histórico que pueda rastrearse por medio de textos (a través de archivos, informes y publicaciones específicas en la prensa y los medios de comunicación);
3. evidencia de una comunidad social cohesiva;
4. solidaridad política;
5. aculturación en la familia desde una edad temprana (y/o en escuelas residenciales y clubes segregados);
6. vínculos genéticos o generacionales;
7. orgullo e identidad en su segregación de Otros.

BRAGG afirmó que no hay una cultura de la discapacidad que cumpla con alguno de esos requisitos, excepto por la cultura Sorda. (Por otra parte, hay quienes podrían argumentar que las personas Sordas son una minoría lingüística y no una minoría con discapacidad.) De cualquier modo, el discurso de Lois BRAGG fue seguido de un debate en el que muchos de los participantes de la conferencia cuestionaron su punto de vista.

En este artículo, cuestiono el punto de vista de BRAGG e intento proporcionar algunas respuestas inesperadas a las cuestiones de la cultura de la discapacidad y la identidad cultural y también doy acogida a las respuestas de la comunidad de personas con discapacidad en general, incluidas las personas Sordas. El origen de mi respuesta a la cuestión de la cultura de la discapacidad se encuentra en un artículo que escribí en 1985 para cumplir con los requisitos de una especialización secundaria en antropología en la Universidad de Standford, EE.UU. En ese momento afirmé —y aún sostengo— que la cultura de la discapacidad existe y que, además, es un concepto en pleno desarrollo y una experiencia vivida en el corazón y la mente de muchas personas con discapacidad. Es un fenómeno intercultural que no conoce límites geográficos y que, en particular, no está limitado a Martha's Vineyard ni a los Sordos estadounidenses. De acuerdo con cómo lo expresa Carol GILL en el vídeo *Vital Signs: Crip Culture talks back* ("Signos vitales: La cultura de los lisiados responde"): "Creo firmemente en la cultura de la discapacidad, y si no la tenemos deberíamos tenerla. La necesitamos para sobrevivir en cuanto minoría oprimida tanto física como emocionalmente" (MITCHELL y SNYDER, 1996).

Para desarrollar la noción de cultura de la discapacidad y de identidad cultural exclusiva de las personas con discapacidad, partiré de diversos supuestos básicos. *En primer lugar*, el significado de cultura —al igual que los procesos de desarrollo de identidad mediante la aculturación— está profundamente entramado en lo que llamaré cosmovisiones particulares, es decir, perspectivas basadas en ideologías compartidas que derivan de trabajos académicos internacionales y que pueden aplicarse más allá de las fronteras. *En segundo lugar*, cada cosmovisión es esencialista por naturaleza ya que está circunscrita por las convenciones de ideologías y discursos particulares es decir, en cada cosmovisión cultural se aplican ciertas reglas y valores para formar un marco de trabajo teórico coherente. *Tercero*, ninguna de las perspectivas es más o menos auténtica que las otras. *En cuarto lugar*, reconozco que los límites están incorporados en todos los discursos sobre cosmovisiones.

El segundo punto que aclararé antes de analizar la cultura de la discapacidad es que el tema en cuestión es oportuno y necesario para que las personas con discapacidad vayan más allá de discursos tales como los propuestos por las teorías del modelo social —los que son básicamente discursos de crítica— para llegar a discursos dirigidos a la acción y la transformación. En el ámbito de los estudios en discapacidad, los discursos tienden a ser reacciones a las "master narratives"* acerca del Otro y no proporcionan una cosmovisión alternativa que se ajuste a las experiencias vividas de las personas con discapacidad. Afirmar la existencia de una identidad cultural propia nos lleva a recuperarnos a nosotros mismos del dominio del Otro y nos establece como sujetos y agentes activos de una transformación que va más allá del Otro marginado y cosificado. En otras palabras, se necesita:

* Se utiliza generalmente la expresión en inglés, se refiere a narraciones que legitiman su poder porque se consideran incuestionables, podría traducirse por "Documentos Maestros". *(N. del T.)*

1. volver a trazar el mapa de la diferencia inherente al Otro; dar un paso que nos lleve afuera de sus oposiciones duales (por ejemplo, con discapacidad/sin discapacidad);
2. quitar al discurso de su centro en la hegemonía cultural etnocéntrica dominante sin discapacidad (la que evita su propia identidad cultural al enfocarse en el Otro como su pase para la identidad antagónica);
3. reconstruir esos límites hegemónicos para producir significados culturales y subjetividad a nuestra propia imagen.

Mi propia perspectiva sobre la cultura de la discapacidad es sincrética, es decir, es una noción de cultura en cuanto híbrido. "Cada cultura recurre a diversas fuentes, depende de préstamos y está en flujo constante" (KUPER, 1999, pág. 17). De acuerdo con esta noción, un sincretismo de la cultura de la discapacidad excede la lógica esencialista de una cosmovisión particular. El sincretismo permite una conciencia individual híbrida que mantiene una solidaridad táctica sin que los patrones y las normas culturales universales la devoren. Un individuo con esta conciencia híbrida es como una persona que cruza una frontera, es decir, alguien que desdibuja los límites de la cultura, la política y la discapacidad para adaptarse a diversas interpretaciones simbólicas y materiales del mundo. Afirmaré que esta perspectiva sincrética sobre la cultura de la discapacidad es necesaria para deconstruir los mapas hegemónicos de la diferencia que trazó la sociedad, con el fin de establecernos a nosotros mismos como sujetos y de producir nuestros propios significados, subjetividades e imágenes culturales.

Este sincretismo responde a una observación de Clifford GEERTZ, un antropólogo simbólico cuya obra *The Interpretation of Cultures* ("La interpretación de las culturas"), publicada originalmente en 1973, tuvo gran influencia sobre las cosmovisiones culturales contemporáneas. GEERTZ señala el "debate interminable de la antropología en lo que respecta a si la cultura es subjetiva u objetiva". Este autor advierte que este debate lleva "al intercambio mutuo de insultos intelectuales ('¡idealista!'-'¡materialista!'; '¡mentalista!'-'¡conductista!'; '¡impresionista!-'¡positivista!')", y yo añadiría "¡postmodernista!". Afirmaré que un debate más productivo sobre la cultura debería considerar que cada una de estas corrientes tiene algo que ofrecer, especialmente en lo que respecta a la cultura de la discapacidad.

En las secciones siguientes, lo primero que haré será un análisis histórico del significado general de cultura elaborado en los ámbitos de la antropología y de la sociología para desentrañar las nociones tradicionales de cultura. En mi análisis de las interpretaciones históricas de cultura me serviré principalmente de la influyente obra de eruditos académicos británicos y estadounidenses. Luego, describiré tres cosmovisiones esencialistas de la cultura de la discapacidad: la cultura como cuestión histórico-lingüística, la cultura como cuestión sociopolítica y la cultura como cuestión personal-estética. Para la formulación de esas cosmovisiones recurriré a académicos del ámbito de la discapacidad como LINTON, CORKER, OLIVER, FINE y ASCH, ROTH, HAHN, VERNON, CHIMEDZA, MUPINDU y otros. Cada uno de estos puntos de vista tiene una cierta correlación con una o más nociones históricas o tradicionales de cultura. No obstante, cada cosmovisión produce una cultura de la discapacidad característica, ya que es necesario sacudirnos los yugos a los que nos sometieron muchos de estos conceptos con sus cosmovisiones tradicionales de la discapacidad. Tras plantear cada una de estas cosmovisiones, proporcionaré un análisis y una crítica de las mismas, propondré una perspectiva sincrética alternativa sobre la cultura de la discapacidad y plantearé una serie de preguntas éticas para elegir una cosmovisión particular.

Marcos de trabajo generales para la cultura: Definición de cultura

Hasta no hace mucho tiempo, el estudio de la cultura era dominio de los antropólogos. Específicamente, la mayoría de los académicos coinciden en que la primera definición influyente de cultura fue la planteada por E. B. TYLOR, un antropólogo británico. En *Primitive Cultures* ("Cultura primitiva") (obra publicada originalmente en 1871), TYLOR definió a la cultura como:

> ... el complejo que comprende el conocimiento, las creencias, las artes, el derecho, la moral, las costumbres y cualesquiera otras aptitudes y hábitos que el hombre [sic] adquiere como miembro de la sociedad.
>
> (En KUPER, 1999, pág. 56.)

Los primeros conceptos de cultura formulados durante la era de la Ilustración distinguían a la civilización material (a la que se consideraba como algo bueno) de la cultura espiritual (considerada como algo malo, compuesta por prejuicios, supersticiones y estereotipos). No obstante, la mayoría veía a la cultura de la misma manera que TYLOR, como un todo orgánico que abarca prácticamente todo lo que es creación del ser humano. Sin embargo, se describía a este todo orgánico como un legado étnico: se suponía que un individuo tenía una cultura como derecho adquirido al nacer, en lugar de haber individuos que producían una cultura mediante la creación de significados por medio de las experiencias vividas en sus vidas cotidianas. En consecuencia, se desarrolló un concepto descriptivo de cultura que se enfocó en la clasificación de sus elementos constitutivos. Este énfasis llevó a KROEBER y KLUCKHOHN (1952) a publicar un tratado en el que clasificaron y ordenaron 164 definiciones de cultura de acuerdo con los siguientes criterios generales:

1. definiciones descriptivas con hincapié en la enumeración de contenidos (TYLOR, NENEDICT, BOAS);
2. definiciones históricas con énfasis en el legado o la tradición social (SAPIR, MALINOWSKI, PARSONS);
3. definiciones normativas con énfasis en las reglas o maneras de hacer (KLUCKHOHN);
4. definiciones psicológicas con hincapié en la adaptación o en la cultura en cuanto dispositivo para la resolución de problemas (KELLER, MORRIS);
5. definiciones estructurales con énfasis en el diseño o la organización de cultura mediante estatus, oportunidad y privilegio dentro de instituciones societales;
6. definiciones genéticas enfocadas en los productos o artefactos de la cultura (BARNARD).

A partir de esas clasificaciones, KROEBER y KLUCKHOHN infirieron diversas características generalmente aceptadas de la cultura. Las culturas de todo el mundo se caracterizaban por una integración de contenido y formas, procesos históricos, ciertas uniformidades (especialmente el lenguaje) y valores. La noción de cultura Sorda de BRAGG cae dentro de este marco conceptual.

Sin embargo, análisis históricos más recientes sobre el desarrollo del concepto de cultura rechazan las nociones descriptivas y categóricas que toman a la cultura como una representación externa o algo que se recibe y, en cambio, elaboran definiciones de cultura en cuanto un proceso dinámico en el que se participa. KUPER (1999) rastrea estas descripciones participativas hasta sus orígenes en los conceptos estructuralistas de cultura desarrollados por CHOMSKY y LEVI-STRAUSS que hacen hincapié en las influencias de las instituciones y organizaciones. A éstos siguieron otras concepciones postestructuralistas de cultura que comenzaron a aparecer en 1968, como por ejemplo la de Clifford GEERTZ. Los conceptos postestructuralistas de cultura enfatizaban el interpretivismo y recurrían a la teoría literaria para elaborar las nociones de cultura en cuanto texto y de cultura en cuanto terreno en disputa. Mientras tanto, Talcott PARSONS contribuyó con nociones en las que se consideraba que la cultura consistía en procesos biológicos individuales unidos a la personalidad. Franz BOAS y Marshall SAHLINS aportaron nociones de cultura en cuanto complejo concebido históricamente y perpetuado a través de procesos económicos. Ruth BENEDICT argumentó a favor de una noción que considera a la cultura un colectivo de personalidades. Renato ROSALDO elaboró conceptos de política, historia y conflicto influenciados por la psicodinámica del yo. Finalmente, las perspectivas postmodernistas contemporáneas sobre cultura adoptan las teorías marxistas y son de carácter esencialmente histórico y sociológico.

Dedicaré algún tiempo a analizar los puntos de vista que el postestructuralismo y el postmodernismo tienen sobre la cultura, ya que considero que ésas son las perspectivas que tienen más influencia y son más pertinentes en lo que respecta a la cuestión de la cultura de la discapacidad.

En *La interpretación de las culturas,* Clifford GEERTZ afirma que "la cuestión de si la cultura consiste en conductas preestablecidas o en una mentalidad, o incluso en algún tipo de mezcla entre las dos", está mal encaminada (1973, pág. 10). Para este autor, la cultura es una acción simbólica. La cultura también es pública porque el significado lo es. La cultura es un contexto de las vidas cotidianas, por lo que las descripciones de cultura deben formularse en los términos de las construcciones e interpretaciones a las que las personas someten su experiencia. Además, las interpretaciones son necesariamente "ficciones" o artificios de la imaginación o "la lógica informal de la vida real" (GEERTZ, 1973, pág. 17). A través de la acción social las formas culturales encuentran articulación. Entonces, el estudio de la cultura debe conectar formas simbólicas con acontecimientos sociales concretos. Si tomamos la noción de cultura de GEERTZ, la pregunta que debemos formular sobre la discapacidad (o el impedimento, o las personas lisiadas o con incapacidad) no es cuál es su estatus ontológico. La pregunta es cuál es su significado —si es algo que merece un trato condescendiente o es una fuente de orgullo, si es anormalidad o diferencia— y cuáles son las redes de significado que la condición humana crea sobre esos estados. En otras palabras, deberíamos preguntar: "¿cuál es la importancia que se le asigna a la discapacidad?" y "¿quién le asigna esa importancia?".

Por otra parte, los postmodernistas ven a la cultura como algo esencialmente político. Este punto de vista dio origen a un nuevo campo de estudio, los Estudios Culturales. Esta perspectiva combina los conceptos simbólicos de GEERTZ con los conceptos estructurales que ven al estudio de los símbolos en relación con contextos socialmente estructurados dentro de los que los símbolos se producen, transmiten y reciben. Además, estos contextos incluyen campos de interacción (concepto tomado de BOURDIEU) e instituciones sociales determinadas tanto por procesos de valorización como por recursos de capital (económico, cultural y simbólico). Pater MCLAREN, un sociólogo de origen canadiense que reside en los EE.UU., da un ejemplo de esta perspectiva postmodernista en su definición de cultura: condiciones de posibilidad resueltas mediante relaciones de clase, género y raza (MCLAREN, 1997). De acuerdo con este punto de vista, las identidades son variables y transitorias y están vinculadas a la política de la lucha colectiva. Bajo el título de "multiculturalismo", la cultura se ensalza en nombre de la justicia social. En la perspectiva postmodernista, la identidad cultural está inserta en las relaciones de poder, la política de la diferencia, la comunidad y la democracia. Desde esta perspectiva, lo cultural es político y, por lo tanto, es un terreno de lucha en el que la resistencia es una base para el desarrollo de una política cultural y una ideología antidiscriminatoria como parte de una teoría de la diferencia más amplia y una lucha democrática por la justicia, la igualdad y la libertad. En otras palabras, los postmodernistas redefinen a la cultura "dentro de múltiples relaciones de diferencia que ofrecen diversas posiciones para los sujetos desde las que las personas pueden luchar contra las ideologías del Otro y la discriminación" (GIROUX, 1991, pág. 233). La postura de muchos activistas por los derechos de las personas con discapacidad puede ubicarse en esta perspectiva; especialmente en lo que respecta al énfasis que ponen en desarrollar una política cultural (como en el caso de *Unexpected Minority* ("Minoria Inesperada") de GLIEDMAN y ROTH), en su resistencia a la discriminación por parte de la sociedad y en su lucha por la justicia social.

Al igual que sucede con aquellas personas activas en los movimientos por los derechos en el ámbito de la discapacidad, los postmodernistas afirman que los grupos dominantes de la sociedad reducen la cultura de la minoría a un discurso sobre el Otro; de quien se dice que carece de tradición comunitaria, voz colectiva o importancia histórica alguna. Estos discursos hegemónicos sobre el Otro tienen origen en tres tradiciones: la lógica racista judeocristiana, la lógica racista psicosexual y la lógica racista científica. En lo que respecta a la discapacidad, la lógica judeocristiana ve a la discapacidad como la maldición de Dios. La lógica racista psicosexual la ve como la defecación, la violación y la subordinación. La lógica racista científica regula a la discapacidad de acuerdo con los estándares que imponen las normas estéticas y culturales.

En contraste con estos discursos tradicionales, la perspectiva postmodernista sobre la cultura, por lo general, sostiene los siguientes puntos de vista (GIROUX, 1991):

1. se rechaza la distinción entre cultura de "élite" y cultura de la vida cotidiana;
2. los límites a la producción de significado y subjetividad se someten a una reinterpretación;

3. se trata a la diferencia como una categoría política y no técnica;
4. se rechazan las "master narratives" en favor de narrativas de la diferencia que, en la actualidad, son "recuerdos ocultos y peligrosos que cuestionan la lógica de la supremacía blanca y que recuperan los legados de luchas históricas específicas en contra de la discriminación" (GIROUX, 1991, pág. 229);
5. se convierte al Otro en problema de estudio sometiéndolo a un análisis crítico;
6. se enfatiza el valor de las experiencias cotidianas en cuanto fuente de capacidad de acción y empoderamiento.

En general, la filosofía unificadora de las perspectivas postmodernistas es, de acuerdo con lo ilustrado por los movimientos por los derechos de las personas con discapacidad, "una fe en formas de transformación social atentas a los límites históricos, estructurales e ideológicos que moldean la posibilidad de introspección y acción" (GIROUX, 1991, pág. 232). Esta filosofía apunta a la solidaridad, la comunidad y la compasión. No obstante, en la perspectiva postmodernista (de acuerdo con la expresión de la misma por parte de MCLAREN) la solidaridad no implica consenso, sino que reconoce múltiples antagonismos y luchas que caracterizan tanto a la noción de "yo" como a la realidad social en general.

En resumen, los conceptos y las definiciones de cultura son realmente variados, y las cosmovisiones predominantes de cultura sufrieron cambios drásticos a lo largo del tiempo y en contextos históricos específicos. Además, la "cultura" es un tema que en la actualidad parece estar en la mente de todos. Encontramos libros con el título de *Culture Wars* ("Guerras Culturales"), *The Culture of Complaint* ("La Cultura de las quejas") y *The Culture of Disbelief* ("La Cultura de la Incredulidad"). Leemos sobre cultura escolar, cultura de pandillas y cultura popular. Al parecer, todo —desde la política a la educación y el *rap*— tiene raíces culturales.

Por un lado, buscar las raíces de la cultura de la discapacidad debería ser fácil, todo el mundo hace reclamaciones culturales sobre algo, ¿por qué no habrían de hacerlo las personas con discapacidad? Por otro lado, estas personas conforman un grupo variado que reclama, al mismo tiempo, múltiples identidades cuyos límites se desplazan y cuyas cualidades esenciales parecen estar en un flujo constante —incluso entre académicos del ámbito de la discapacidad como yo—, lo que crea la posibilidad de una perspectiva sincrética sobre la cultura de la discapacidad. En mi análisis retomaré una exploración detallada de las contribuciones generales de la cultura a la formalización de las nociones de una perspectiva sincrética sobre la cultura de la discapacidad, pero primero plantearé tres posibles cosmovisiones esencialistas sobre la misma. Comenzaré por un análisis de la perspectiva que ve a la cultura como una cuestión histórico-lingüística.

La cultura como cuestión histórico-lingüística

La lista de siete criterios realizada por Lois BRAGG y que cité al comienzo de este artículo (pág. 143) evoca las definiciones descriptivas de KROEBER y KLUCKHOHN que apuntan a enumerar las variables individuales que componen la cultura. Esta noción descriptiva de cultura se basa en el concepto de cultura en cuanto "representación externa" o algo que se recibe, antes que en la de proceso dinámico en el que se participa. Comenzaré con la idea de cultura como representación externa para hacer frente a los elementos que BRAGG enumera como componentes de la cultura y para cuestionar su afirmación de que no existe una cultura de la discapacidad. Estos componentes de la cultura en cuanto representación externa son puntos de partida útiles mediante los que podremos demostrar cómo se convierten en algo participativo. Al describir esta cosmovisión daré ejemplos característicamente estadounidenses, ya que ésa es la cultura que más experimenté. Además, no se pretende que estos ejemplos sean exhaustivos, sino ilustrativos. De todas maneras, estoy segura de que las personas con discapacidad de otros países podrán aportar algo a esta lista.

Un lenguaje común

El lenguaje es muy importante para las personas con discapacidad. En primer lugar, las personas con discapacidad de todas partes del mundo sometieron al lenguaje que se utiliza en los textos a un análisis minucioso; ya sea en los programas de televisión, artículos periodísticos, publicaciones académicas o en discursos. Hubo debates interculturales acerca de las diferencias de significado entre el uso de las expresiones "personas discapacitadas" o "personas con discapacidad". La mayoría de las personas con discapacidad objetan el uso de términos lingüísticos como "confinado a una silla de ruedas", "sordomudo" o "retrasado mental", ya que ven a esos términos como símbolos de degradación, condescendencia y deshumanización. Para contrarrestar esas difamaciones lingüísticas, elaboramos nuestro propio vocabulario o glosario: "usuario de silla de ruedas", "Sordo" (son S mayúscula) y "con impedimentos cognitivos". Estos términos implican acción, orgullo y capacidad de superar obstáculos. Así como los afroamericanos acuñaron la expresión "Black is beautiful" * (para rechazar epítetos como negro, etcétera) el vocabulario de las personas con discapacidad angloparlantes incluye la palabra "crip" **, término que aplicamos en diferentes contextos y para construir significados, como en el caso de "crip time") ***. Nos volvimos

* La expresión "Black is beautiful" significa en español "lo negro es hermoso" y es, al mismo tiempo, el nombre de un movimiento cultural que surgió en los EE.UU. en la década de los sesenta con el fin de rectificar la percepción muy difundida en occidente de que las características físicas de las personas de raza negra son inherentemente desagradables. Pese a que es español no hay un término que tenga una connotación intrínsecamente negativa para referirse a las personas de raza negra y el equivalente del término inglés *black* es "de raza negra" y el de los términos "negro" y *"nigger"* es simplemente "negro", en inglés estas tres palabras tienen connotaciones diferentes, siendo "black" un término neutro que conlleva matices de orgullo racial, "negro" un término que cayó en desuso como reflejo de los cambios que la comunidad de personas de raza negra atravesó durante los años de los movimientos de lucha por los derechos civiles y del Orgullo Negro, y "nigger" un término que tuvo durante siglos un significado completamente despectivo y se utliza en la mayoría de los contextos como insulto racista. *(N. del T.)*

** Apócope de *crippled* cuyo equivalente en español es lisiado. *(N. del T.)*

*** Tiempo adicional que se le da a una persona con un impedimento para llegar, por ejemplo, a una reunión, para que pueda maniobrar su silla de ruedas, etc. No tiene un equivalente en español. *(N. del T.)*

a apropiar del epíteto despectivo "lisiado" y lo transformamos en un símbolo de orgullo y diferenciación. Para las personas que no pertenecen a nuestro grupo, usar la palabra "crip" implica un riesgo, y a menudo se las ve con escepticismo y desconfianza cuando intentan utilizarla. Cuando las personas con discapacidad nos encontramos, nos estrechamos las manos de manera especial como símbolo de hermandad o levantamos la vista con un gesto de "choca esos cinco" si tenemos las manos inmóviles. Rechazamos el lenguaje de la anormalidad y adoptamos en cambio el lenguaje del poder, el amor propio y el orgullo. Nos describimos a nosotros mismos como "la minoría no prevista", rechazamos "minusvalía" en cuanto construcción social y adoptamos "discapacitado" como una realidad esencial que se convirtió en una parte fundamental de nuestra identidad personal y no en una descripción suplementaria. En resumen, el lenguaje que utilizamos en nuestra vida cotidiana y en la producción de textos se convirtió en un elemento importante de nuestra cultura y de nuestra identidad cultural.

Un linaje histórico que pueda rastrearse por medio de textos

Hay numerosas publicaciones y medios periodísticos relacionados específicamente con la discapacidad. En mi país, las revistas *Disability Rag, Mouth* y *Mainstream* funcionan como influyentes portavoces en la difusión y propagación de un medio cultural desde el cual se puede ver a la discapacidad como una identidad común. Entre los estadounidenses con discapacidad hay poetas y escritores como Vassar MILLER; Cheryl Marie WADE y Anne FINGER. Publicaciones internacionales como *Disability & Society* sirven de foro académico y de texto cultural para desarrollar perspectivas teóricas y filosóficas sobre la discapacidad desde el punto de vista de los académicos con discapacidad. Diversos archivos o compendios históricos describen nuestra forma de pensar y nuestros logros políticos en cuanto cultura independiente y son utilizados en el ámbito de la educación en cada vez más clases universitarias de Estudios en Discapacidad en distintos países. Dos ejemplos notables de compendios históricos de los EE.UU. son *Perspectives on Disability* ("Pespectivas sobre la discapacidad") (NAGLER, 1993) y *No Pity* ("Sin lástima") (SHAPIRO, 1993). La industria cinematográfica está produciendo cada vez más vídeos y películas que retratan la cultura de la discapacidad gráficamente. En los EE.UU. dos vídeos muy utilizados son *When Billy Broke His Head* ("Cuando Billy se rompió la cabeza"), que describe la experiencia de la discapacidad desde una perspectiva sociopolítica, y *Vital Signs* ("Signos vitales"), que retrata las expresiones artísticas y culturales de la cultura de la discapacidad. Diversos notables monumentos conmemorativos sirven de ejemplo de nuestro orgullo e identidad colectivos, como por ejemplo "The Denver 7", una placa que se colocó en el centro de Denver, Colorado, para recordar a quienes arrestó la policía durante las protestas de desobediencia civil en contra del sistema de transportes inaccesible. Los estadounidenses con discapacidad también ejercieron presión para incluir en el monumento nacional al presidente Franklin Roosevelt alguna representación en la que apareciera como usuario de silla de ruedas por haber padecido la polio. A Ed Roberts se lo conoce como el padre de los derechos con discapacidad en este país. Cuando murió, en 1995, se hicieron varios monumentos en homenaje a su vida.

Evidencia de una comunidad social cohesiva

En los EE.UU., Berkeley es para las personas con discapacidad lo que Martha's Vineyard es para los Sordos. Yo "crecí" como persona con discapacidad en las calles de Berkeley, donde las personas con discapacidad se congregan e interactúan académica, social y políticamente. En Gran Bretaña, Mairian CORKER demostró con elocuencia en sus escritos que las personas Sordas no componen una única comunidad cohesiva como Lois BRAGG quisiera que creyéramos. Las diferencias abundan. Sin embargo, dentro de la comunidad general de personas con discapacidad pueden encontrarse múltiples comunidades cohesivas. La sociedad de estudios en discapacidad *Society for Disability Studies* es una de esas comunidades cohesivas, en la que académicos con discapacidad de diferentes partes del mundo se reúnen con distintos puntos de vista, pero con un programa común para profundizar los Estudios en Discapacidad. Los clubes deportivos para personas con discapacidad son otro ejemplo de este tipo de comunidades. ADAPT (acrónimo que equivale a "adaptar") es un grupo político radical de los EE.UU. que se coaliga con asuntos especiales, como el confinamiento de las personas con discapacidad en residencias, y que utiliza estrategias de confrontación para promover los derechos de las personas con discapacidad. *Freedom House* en Bulawayo, Zimbabue, es un ejemplo de comunidad cohesiva que brinda a las personas con discapacidad un espacio de reunión social y política. En Soweto, Sudáfrica, las personas con discapacidad formaron una comunidad influyente que atiende lo relacionado con las necesidades económicas, los derechos políticos y las reuniones sociales de todos los grupos de personas con discapacidad. En todos los países hay clubes, grupos para la práctica de deportes, centros para la vida independiente y sociedades académicas dedicadas a crear comunidades sociales de, por y para personas con discapacidad. En cualquier lugar en el que diversas personas con discapacidad se reúnen como grupo hay un sentido palpable de comunidad; de comunidad en la diferencia, en la lucha, en la celebración de nuestros logros, en el reconocimiento de nuestra humanidad.

Solidaridad política

Tendré más comentarios sobre cultura en cuanto política en la sección siguiente. Por el momento, basta decir que fue la solidaridad política la que logró la Declaración de Salamanca (Organización Mundial de Personas con Discapacidad); la declaración de los derechos de las personas con discapacidad de la Organización de las Naciones Unidas y numerosas leyes nacionales; p. ej. la *Disabled Person's Act* * de Zimbabue y la *Americans with Disabilities Act* de los EE.UU.

* Ley de personas con discapacidad. *(N. del T.)*

Aculturación dentro de la familia

Aparentemente, BRAGG se refiere a las nociones tradicionales de parentesco genético. Sin embargo, un porcentaje importante de personas sordas nacen en familias de oyentes. Además, las familias son una marca distintiva de diversas sociedades de todo el mundo. En mi experiencia, busqué y encontré que tenía familia en Berkeley, un lugar en el que los amigos podrían nutrir mi nuevo sentido de identidad tras mi lesión espinal y ayudarme a generar confianza en mí misma y donde encontraría mi lugar en el mundo como persona de éxito y profesional competente.

Vínculos genéticos o generacionales

La sordera no es la única discapacidad que tiene vínculos genéticos. Varias discapacidades son genéticas, como la distrofia muscular, la anemia falciforme y algunas formas de ceguera. Además, los vínculos generacionales pueden ayudar a la persona con discapacidad a desarrollar o experimentar un sentido de pertenencia a una cultura, pero no son un prerrequisito necesario para eso y no garantizan la enculturación ni la inclusión.

Orgullo e identidad en la segregación

Las personas con discapacidad luchan de manera solidaria por su integración en la sociedad en lo que respecta a la economía, la igualdad de derechos y la igualdad de oportunidades. Esta lucha no es sinónimo de reclamar participación en la identidad cultural hegemónica; tal como Lois BRAGG querría hacernos creer. En otras palabras, luchar por la igualdad económica no es lo mismo que pedir pertenecer a una cultura que degrada y deshumaniza a las personas con discapacidad.

Habiendo presentado una descripción histórico-lingüística de la cultura de la discapacidad, pasaré ahora a la cultura en cuanto cuestión sociopolítica. Tal como afirma Ayesha VERNON, "las relaciones sociales de dominación moldean nuestras vidas de acuerdo con el número de privilegios o castigos obtenidos, los que dependen respectivamente de la cantidad de normas que un individuo acate o de las que se aparte" (VERNON, 1999, pág. 389). Básicamente, las nociones histórico-lingüísticas de la cultura de la discapacidad no son condiciones suficientes por sí solas para la existencia de una cultura de la discapacidad. Específicamente, las nociones histórico-lingüísticas sólo adquieren significado e importancia cuando se analizan en el contexto de las relaciones de poder y de la política de la diferencia; nociones inherentes a las perspectivas postmodernistas sobre cultura. De acuerdo con este punto de vista, las personas con discapacidad luchan en contra de ideologías hegemónicas y comienzan a descentrar las nociones de discapacidad por medio de un proceso de participación sociopolítica y cultural.

La cultura como cuestión sociopolítica

En su libro *Claiming Disability Knowledge and Identity*, Simi LINTON nos recuerda que:

> En estos días estamos en todas partes, rodamos y apretamos el paso por las calles, damos golpecitos con nuestro bastón, aspiramos por medio de nuestros respiradores, seguimos a nuestros perros lazarillos, soplamos y aspiramos a través de la boquilla que impulsa nuestras sillas motorizadas. Puede ser que babeemos, oigamos voces, hablemos de manera entrecortada, utilicemos catéteres para recoger nuestra orina o tengamos un sistema inmune débil. Todos estamos vinculados, pero no por esta lista de nuestros síntomas colectivos, sino por las circunstancias políticas y sociales que nos convirtieron en un grupo.
>
> (LINTON, 1998, pág. 4.)

En esta cosmovisión, las personas con discapacidad se reúnen para formar una comunidad basada en nociones culturales de solidaridad, pero no tienen necesariamente una voz unificada. Solidaridad, en el sentido cultural del término, implica una meta común pero múltiples expresiones, caminos y necesidades. Una cultura común se basa en la lucha y la resistencia que tienen por objetivo deconstruir y recentrar a las personas con discapacidad de Otros cosificados en sujetos. La identidad se forja dentro de relaciones específicas de privilegio, opresión y lucha que se caracterizan por relaciones de poder asimétricas (todas las cuales son inherentes a las perspectivas postmodernistas sobre cultura).

Específicamente, en su artículo titulado "The Dialectics of Multiple Identities and the Disabled People's Movement" la dialéctica de las múltiples identidades y el movimiento de personas con discapacidad, Ayesha VERNON reprende a Mike OLIVER por enfocarse "en cuestiones políticas simples". Fundamentalmente, la autora argumenta a favor de una cultura de solidaridad política en la opresión que siga reconociendo cuestiones múltiples como origen y clase, grado y severidad del impedimento, grupo étnico, sexo, sexualidad y edad; cada una de las cuales "puede intensificar o modificar la forma en que se experimenta la discapacidad" (VERNON, 1999, pág. 394). Afirma también que el movimiento de las personas con discapacidad no debería proclamar que la experiencia de la discapacidad es compartida y que la realidad de ser un Otro múltiple no impide necesariamente alianzas compartidas. ¿Podemos tener las dos cosas?

En la perspectiva sociopolítica sobre cultura, la reproducción estructural predomina y lleva a la necesidad de un esfuerzo combinado para luchar de manera colectiva por la justicia social y la igualdad. La noción de identidad colectiva es clave en esta forma de pensar. La identidad es un elemento de suma importancia en la realidad subjetiva y tiene una "relación dialéctica con la sociedad" (TAYLOR, 1999, pág. 376). Desde la tendencia estructuralista de la antropología, TAYLOR ve a la identidad como formada por procesos sociales determinados por estructuras sociales que pueden verse modificadas por individuos que reaccionan ante esas estructuras. Además de la idea de formación de identidad, las identidades también varían de acuerdo con el lugar, el momento y el contexto. No obstante, tal como menciona Fran BRANFIELD, un activista por los derechos de las personas con discapacidad "... esto no debería desvirtuar el hecho de que un movimiento político tiene que definir por quién lucha, cuáles son sus valores y de qué manera quiere producir el cambio" (DUCKETT, 1999, pág. 401).

Argumentaré que ya se definieron esos valores y que son la clave para afirmar una identidad cultural desde la cosmovisión sociopolítica. Estos valores se manifiestan en lo que la "Kultur" alemana llama el "geist" de un pueblo, su alma o espíritu básico. Por ejemplo, se describe el *geist* de la cultura estadounidense como uno que representa el arquetipo de la valoración del dinero y que valora el afán aventurero como estilo de vida ideal. Las expresiones de cultura en la tendencia dominante estadounidense son cuantitativas; ingresos y posesiones (IRVINE, 1994, pág. 33). En la cultura de la discapacidad, los valores postmodernistas de democracia radical y autodeterminación son "geists" centrales y las expresiones de la cultura son cualitativas; identidad, voz, justicia e igualdad.

En esta cosmovisión, lo político no es contrario a la construcción social de la discapacidad, sino que la solidaridad en la resistencia política a la opresión de la sociedad se usa como base para el empoderamiento tanto personal como social. Tal como lo expresa SHAKESPEARE: "Al convertir los 'problemas personales' en 'asuntos públicos', las personas con discapacidad afirman la validez e importancia de su propia identidad" (en CAMPBELL y OLIVER, 1996, pág. 177). En esta cosmovisión, la cultura es una comunidad vivida con una lucha solidaria por la justicia y la igualdad. No obstante, la comunidad no tiene una sola dimensión, sino que es, tal como lo aprecia VERNON, multidimensional. La formación de la comunidad respeta las diferencias mediante la creación de nuevas posiciones para los sujetos con el valor subyacente y unificador de una democracia radical como forma de vida. CAMPBELL y OLIVER refuerzan este punto en su libro *Disability Politics* ("Política de la discapacidad"), publicado en 1986. Allí, aclaran que mientras en el surgimiento del movimiento de discapacidad en Gran Bretaña hubo facciones y desacuerdos respecto de las tácticas, la UPIAS (Unión de Impedidos Físicos contra la Segregación) aportó "el corazón intelectual y político del movimiento [en Gran Bretaña]" (CAMPBELL y OLIVER, 1996, pág. 68).

Las respuestas políticas contrahegemónicas a la discriminación y la estigmatización por parte de la sociedad general tuvieron como resultado una cultura de la discapacidad de disentimiento y lucha que incluye dimensiones temporales (como el cuerpo) y materiales (aspectos económicos). Esta cultura de disentimiento se basa en un marco de trabajo que, de acuerdo a la descripción que hace OLIVER es: "... un marco de trabajo que considera las historias de vida de las personas con discapacidad, sus circunstancias materiales y el significado que tiene para ellos la discapacidad, ya que ellos lucharon por medio de la acción colectiva para empoderarse..." (CAMPBELL y OLIVER, 1996, pág. 35).

Desde esta cosmovisión sociopolítica de cultura, las relaciones y estructuras sociales nos aglutinan en una red de diferencias de la que es imposible escapar. Mediante el acto de reunirnos y de compartir nuestras experiencias vividas revelamos un patrón de opresión institucional, lo cuestionamos y comenzamos a transformarlo. La cultura de la discapacidad se construye y manifiesta en las interacciones cotidianas y se basa en los valores de una democracia radical comprometida con la justicia social.

Sumemos al movimiento de las personas con discapacidad el campo emergente de los Estudios en Discapacidad; el cual toma como problema de estudio falsas dicotomías, reconstruye y produce nuevos significados de "discapacidad" desde una perspectiva política y no técnica y valora las experiencias cotidianas como fuente de capacidad de acción y de empoderamiento individual y colectivo. En esencia, tanto el movimiento de las personas con discapacidad como los estudios en discapacidad están creando una cultura de la discapacidad que se basa en condiciones de posibilidad postmodernistas.

La cultura como cuestión personal-estética

Las nociones de narrativas orales y textuales son elementos fundamentales de una cultura de la discapacidad como cuestión personal-estética. El individuo crea una identidad cultural en cuanto persona con discapacidad específicamente mediante interpretaciones personales de sus experiencias de vida. En esta cosmovisión, la conciencia crítica de uno mismo, respecto al cuerpo y la mente, filtra las ideas y las experiencias. El cuerpo se convierte en una metáfora de cultura, donde ésta se crea a partir de experiencias de las que participa el cuerpo en su totalidad, y el cuerpo con discapacidad es la fuerza interpretativa de la identidad cultural.

Este punto de vista considera que la decodificación o el reajuste es un progreso esencial en lo que respecta a la identidad cultural, sin el cual la participación cultural sería un ejercicio vacío. En comparación con la noción de cultura de GEERTZ en cuanto acción simbólica, las redes de significado se tejen a través de la condición humana de las personas con discapacidad. La noción estética de la cultura de la discapacidad responde específicamente a las preguntas "¿cuál es la importancia que se asigna a la discapacidad? y ¿quién le asigna esa importancia?".

En su tesis, Susan GABEL señala que la experiencia cultural de la discapacidad no siempre se experimenta —o no se experimenta predominantemente— a través de la pertenencia activa a una minoría. Ella afirma que el desarrollo del propio "yo corporeizado" mediante el proceso de vivir se ve significativamente influenciado por las interpretaciones personales, que son exclusivas de cada persona con discapacidad. El cuerpo con discapacidad interactúa con el entorno social, pero "la identidad propiamente dicha comienza con el cuerpo: con qué hace el cuerpo, cómo luce el cuerpo, qué dice el cuerpo, cómo siente el cuerpo y cómo los demás experimentan ese cuerpo" (GABEL; 1998, pág. 12).

Al elaborar una teoría sobre una estética de la discapacidad, GABEL dice:

> Cuando digo "soy discapacitada" expreso algo acerca de la cultura dentro de la que experimento la vida, sus valores y sus normas. También considero mi discapacidad en relación con mis otras experiencias corporales (género, grupo étnico, raza, orientación sexual) y con la manera en que se las interpreta y valora o minusvalora en mi cultura. Finalmente, si mi afirmación parece no estar de acuerdo con los conceptos predominantes de mi cultura, entonces se trata de una afirmación de resistencia a esas nociones y, a fin de cuentas, colabora con mi cultura en la construcción de mi cuerpo con discapacidad. Al final, mi afirmación dice mucho sobre mí y sobre cómo veo mi cuerpo y a mí misma, pero también dice mucho acerca de las otras personas con quienes comparto la experimentación de mi mundo.
>
> (GABEL, 1998, págs. 74-75.)

De acuerdo con la cosmovisión de cultura como cuestión personal-estética interpreto que la afirmación de GABEL, sobre que la discapacidad consiste en experiencias multidimensionales que utilizan factores contextuales, construye significados de identidad cultural. Sin embargo, esta interpretación/construcción proviene de una conciencia mente-cuerpo que tiene la capacidad de resistir y transformar valores acerca de la discapacidad y también la de rechazar nociones impuestas externamente. En otras palabras, la afirmación "soy discapacitado" *puede* haberse visto influenciada por valores de la cultura hegemónica, pero se trata fundamentalmente de una decisión personal consciente. Afirmar la discapacidad significa identificarse con una comunidad de personas con discapacidad y es una búsqueda estética. Es un acto de decodificación en el que la búsqueda estética crea una identidad cultural en la que una cantidad infinita de experiencias y múltiples perspectivas de las personas con discapacidad ocupan el centro del escenario.

No obstante, gran parte de lo que se escribió sobre el cuerpo con discapacidad y los significados sociales que, en sentido amplio, se construyen alrededor de la discapacidad nos lleva a muchos de nosotros, en cuanto personas con discapacidad, a la conclusión de que nuestros cuerpos físicos son algo de lo que, en el peor de los casos, debemos estar avergonzados, y en el mejor de los casos, algo "flácido, imperfecto y privado de sensaciones" con lo que tenemos que conformarnos (SEYMOUR, 1998, pág. 19). Para algunos, estas imágenes están interiorizadas debido a la acción de la sociedad opresiva —especialmente de la profesión médica (la cual cosifica nuestros cuerpos a través de la mirada de la deficiencia y la anormalidad) y de los antropólogos y sociólogos de la academia (como sucede con la obra de GOFFMAN *Stigma: Notes on the Management of Spoiled Identity* (1963) ("Estigma: La identidad deteriorada")— hasta el punto en que nuestra autopercepción se convierte en nuestro propio monstruo psicológico.

En cambio, cada vez más académicos del ámbito de la discapacidad están reconociendo como GABEL la estética positiva de la discapacidad y del cuerpo con discapacidad. Ya en 1988 Harlan HAHN formulaba la pregunta: ¿puede ser bella la discapacidad? En su ensayo sobre este tema, analiza el surgimiento de lo que él llama "sensualidad subversiva" de la discapacidad en la Edad Media. En las cortes feudales, por ejemplo, la discapacidad física se relacionaba con el jolgorio, el desenfreno y la diversión. En el mundo actual, los medios masivos de comunicación influyeron en la creación de una norma ampliamente aceptada de belleza física de curvas y esbeltez femeninas, fuerza muscular masculina y cuerpos ágiles, atléticos y saludables. Sin embargo, HAHN señala que en muchas culturas las personas alteran sus cuerpos para ser hermosas, por ejemplo mediante la mutilación (los labios estirados de las mujeres ubange en África), o mediante perforaciones corporales o tatuajes (como en el caso de los jóvenes estadounidenses y europeos).

HAHN afirma que nosotros, en cuanto personas con discapacidad, necesitamos reformar o reconstruir una tradición estética mediante la deconstrucción de las imágenes del cuerpo en cuanto *gestalt** o imagen de cuerpo entero. En cambio, precisamos "cultivar una apreciación estética exaltada de las variaciones anatómicas" (HAHN, 1988b, pág. 223). El cuerpo con discapacidad también puede

* Término alemán que significa forma, configuración. Es empleado principalmente en relación con una posición psicológica y una teoría de la *Gestalt* propugna que la experiencia y la conducta representan un todo y tienen propiedades específicas que no son el resultado de la suma de sus partes sino de totalidades estructuradas. (*N. del R.*)

tener un atractivo intrínseco en sus diferencias innatas. Este punto de vista exige el rechazo de las visiones conformistas de la belleza y la aseveración de que "la discapacidad es hermosa". Además, el enfoque en la partes individuales y separadas del cuerpo como intrínsecamente atractivas por sus diferencias crea "una serie caleidoscópica de imágenes intrigantes y cambiantes" (HAHN, 1988b, pág. 222). Creo que ese proceso de deconstruir las imágenes negativas y de reconstruir la discapacidad como algo bello es a lo que se refiere Robert DEFELICE en su comedia televisiva cuando dice que prefiere el término histórico "lisiado". DEFELICE dice: "Lisiado era un buen término. Los lisiados tienen clase. Suena a habitación de servicio victoriana. Me gusta, tiene misterio" (MITCHELL y SNYDER, 1996).

En resumen, una cultura de la discapacidad como cuestión personal-estética constituye un yo performativo* estratégico y posicional. Las identidades culturales se forman mediante un proceso de *identificación* personal que tiene un atractivo estético. El cuerpo físico e imaginario cumple una función simbólica como significante de cultura y constituye realidades subjetivas. Esas realidades no se construyen universalmente, sino mediante encuentros, luchas y compromisos concretos y específicos cuya base ética y afectiva son los valores de orgullo propio. En este sentido, la cultura de la discapacidad como cuestión personal-estética evoca a los antropólogos simbólicos postestructuralistas que afirman que las descripciones de cultura deben formularse en términos de las construcciones e interpretaciones a las que las personas someten sus experiencias.

La cultura en cuanto cuestión personal-estética es lo que las personas con discapacidad reconocen cuando hablan de "salir del armario"; expresión tomada de la tradición gay-lesbiana. Cuando digo que tengo veinticinco años, no me refiero a mi edad cronológica, sino a la edad en que adquirí mi discapacidad física y en la que pude decir con orgullo "soy discapacitada". Para aquellos que adhieren a la percepción de la cultura como algo personal-estético, la capacidad de afirmar un orgullo estético por el cuerpo con discapacidad es un prerrequisito necesario para la identidad política y es la fuente del empoderamiento.

Un marco macrosociológico de análisis

Presenté tres cosmovisiones esencialistas de la cultura de la discapacidad muy diferentes entre sí; cada una de las cuales está unida a un discurso particular con valores específicos. Si las afirmaciones que hacen las tres cosmovisiones son válidas, entonces la respuesta a la pregunta de si hay una cultura de la discapacidad debe ser que hay muchas culturas de la discapacidad. Además, de acuerdo con la perspectiva personal-estética, puede haber tantas culturas de la discapacidad diferentes como individuos que afirman tener discapacidad. No obstante, tal como señala Clifford GEERTZ, "el eclecticismo es autodestructivo, no porque haya una sola dirección en la que sea útil moverse, sino porque hay tantas que es necesario elegir" (GEERTZ, 1973, pág. 5).

Antes de escoger una perspectiva de acuerdo a la cual se considera o debe considerarse la discapacidad, es necesario presentar un marco de trabajo para

* Véase nota de la página 124. *(N. del E.)*

analizar cada una de las tres nociones de cultura de la discapacidad que presenté en este artículo. Carolyn WANG propone un marco de trabajo para la producción de cultura que puede resultar útil como punto de partida. Mediante una adaptación del marco de trabajo macrosociológico de HALL, MUKERJI y SCHUDSON, WANG articula tres estrategias teóricas (WANG, 1992):

1. Analizar el "contenido" de los objetos o signos en sí mismos;
2. entender la cultura como un proceso de "codificación" o producción;
3. interpretar o "decodificar" la cultura como si fuera un texto.

La primera estrategia, la del análisis de contenidos, es una opción para la cultura en cuanto cuestión histórico-lingüística. La definición de E. B. TYLOR de cultura en cuanto complejo adquirido por los individuos como miembros de la sociedad se corresponde con esta estrategia y se ve ejemplificada en la enumeración que Lois BRAGG hace de las estructuras y estatus generacional adquirido. Sin embargo, si aceptamos esta postura como una representación completa de la cultura de la discapacidad, estamos rechazando o ignorando las preguntas acerca de cómo se produce la cultura de la discapacidad en primer lugar y sobre cómo cambia la cultura a través del tiempo, si es que lo hace.

Mientras que la perspectiva de cultura en cuanto cuestión histórico-lingüística se enfoca en productos o signos objetivos que crean un "todo" cultural, la cultura como cuestión sociopolítica está "codificada". La mayoría de las personas con discapacidad que participan activamente en movimientos locales o globales por los derechos de las personas con discapacidad eligieron esta opción. La cultura como cuestión sociopolítica cae directamente dentro de la definición postmodernista de cultura en cuanto condiciones de posibilidad resueltas mediante relaciones de clase, género y raza. Los académicos del ámbito de la discapacidad que adoptan esta perspectiva agregarían también la edad, la severidad y el tipo de discapacidad y la orientación sexual. Además, estas condiciones están incorporadas en las relaciones de poder y la política de la diferencia, la comunidad y la democracia. La máxima "lo personal es político" es el nudo gordiano que une lo individual con la política de la lucha colectiva. Adoptar esta cosmovisión de la cultura como algo en lo que se participa nos lleva a la acción, a rechazar o deconstruir las tradiciones racistas dominantes. Al actuar, es necesario —tal como menciona Fran BRANFIELD— definir por quién se lucha, cuáles son nuestros valores y de qué forma se quiere producir el cambio. En palabras de OLIVER, la acción requiere un colectivo con corazón intelectual y político.

La elección de la cosmovisión de cultura como algo codificado requiere dar cuenta de las condiciones materiales de las culturas en cuanto contexto dentro del que los símbolos de la discapacidad se transmiten, reciben y producen. No obstante, tal como señala GABEL, la experiencia cultural de la discapacidad no siempre se experimenta —ni se experimenta de manera predominante— a través de la pertenencia activa a una minoría politizada. De hecho, los miembros de los "movimientos" de discapacidad, especialmente sus líderes y portavoces, son en su mayoría hombres con impedimentos físicos. Además, en los EE.UU. y Europa, estos hombres con impedimentos físicos suelen ser heterosexuales blancos, instruidos y de clase media. Estas personas con discapacidad, en general, no se ven enfrentadas a múltiples formas de discriminación o dificultades económicas, por lo que, en un sentido amplio, pueden darse el "lujo" de dedicar sus esfuerzos a luchar por una causa mayor en lugar de enfocarse en su supervivencia personal.

Por otro lado, la cosmovisión de cultura como cuestión personal-estética lleva la cultura al nivel individual. La elección de cultura como cuestión personal-estética es una elección de cultura en cuanto "decodificación" subjetiva de la cultura como texto. Esta estrategia de decodificación encaja perfectamente dentro de la visión que el postestructuralismo tiene de la cultura, la que vincula formas simbólicas (en este caso, la discapacidad) a sucesos sociales concretos (en este caso, las experiencias vividas de las personas con discapacidad). Cuando Clifford GEERTZ pregunta "¿cuál es la importancia que se le asigna a un símbolo y quién lo hace?", está haciendo la misma pregunta que GABEL responde en su teoría de una estética de la discapacidad.

Elegir una definición de cultura como cuestión personal-estética significa reconocer la importancia de la interpretación y afirmar que la cultura consiste en la producción y la circulación de significados a través del yo corporeizado (CORKER, 1998b, pág. 4). La cultura como cuestión personal-estética nos lleva a entablar una conversación y su finalidad es la autovalidación y el empoderamiento. La condición humana (la persona con discapacidad) teje "redes de significado" y, tal como afirma GEERTZ, la cultura no se convierte en una conducta preestablecida ni en una mentalidad, ni siquiera en una mezcla de ambas cosas. La cultura es una decodificación contextual de la experiencia cotidiana planteada en términos de construcciones e interpretaciones a las que las personas con discapacidad someten sus experiencias. De todas maneras, la elección de la cultura como cuestión personal-estética deja en un segundo plano el poder potencial de la comunidad y la identidad colectiva en la lucha por la justicia social.

Conclusión: Una cultura sincrética de la discapacidad

Mientras GEERTZ advierte contra el eclecticismo, yo creo que un sincretismo de las tres cosmovisiones es más que un conjunto de puntos de vista; el todo complejo de una cultura sincrética de la discapacidad se convierte en algo mayor que la suma de sus partes.

Una cosmovisión sincrética de la cultura de la discapacidad saca la identidad de la discapacidad de las ideologías dominantes y hegemónicas, al tiempo que recrea la discapacidad como sujeto en lugar de como Otro cosificado y, al mismo tiempo, reformula la noción de yo como una identidad estética y manifiesta. Las raíces de la identidad cultural de la discapacidad son los elementos de la cultura contenidos en la cosmovisión histórico-lingüística donde produjimos colectivamente nuestros propios significados culturales, subjetividades e imágenes, es decir, un lenguaje o vocabulario común que connota orgullo y amor propio y comunidades sociales coherentes. Estas raíces reformulan a la discapacidad en cuanto sujeto y se manifiestan mediante nociones del yo como algo estético y performativo que son inherentes a la cosmovisión estético-personal de la cultura de la discapacidad.

Los límites entre la identidad de la discapacidad personal y las nociones de una comunidad de personas con discapacidad se desdibujan en la perspectiva sincrética. La cosmovisión sociopolítica contribuye a descentrar y reinterpretar la discapacidad en relación con la sociedad. En la comunidad, las identidades forjadas en búsquedas estético-personales se sostienen por la identificación con la lucha común por una democracia radical y por las condiciones de posibilidad inherentes a la cultura sociopolítica de la discapacidad. Las nociones de yo como sujeto, como bello, como estético, son las bases para la resistencia en la cultura sociopolítica. Una cultura sincrética de la discapacidad deja lugar para que la forma en que el postmodernismo ve a la diferencia, es decir, como categoría política y no como diferencia biológica innata, coexista con el valor estético de la autodeterminación. En la cultura política de la discapacidad coexisten identidades múltiples y simultáneas de la discapacidad (tales como clase, raza, orientación sexual, género) con alianzas compartidas.

De acuerdo con la perspectiva sincrética, la cultura de la discapacidad existe sin importar si yo manifiesto o no "soy discapacitada" o si me identifico con una comunidad de personas con discapacidad. Que uno elija participar en una cultura de la discapacidad es una decisión personal que permite la existencia de una conciencia individual híbrida que puede mantener una solidaridad táctica sin que el hecho de proclamar una comunión en la experiencia sociopolítica de la discapacidad la devore. Al hacerlo, las fronteras políticas, culturales y de la discapacidad se convierten en límites permeables mediante los cuales las personas con discapacidad manipulan las interpretaciones simbólicas y materiales del mundo como sujetos activos y no como Otros marginados o cosificados.

En una cosmovisión sincrética, la solidaridad y la comunidad son metáforas políticas y sociales de la cultura de la discapacidad junto con el cuerpo con discapacidad en cuanto metáfora de identidad cultural en el sentido estético-personal. Estas metáforas se manifiestan a través de la postura histórico-lingüística, la que proporciona los productos o signos que constituyen los componentes observables de la cultura de la discapacidad.

En el análisis final puede aplicarse un marco de trabajo ético para la toma de decisiones relacionadas con la cuestión de la cultura de la discapacidad al marco de trabajo macrosociológico de la producción cultural. *Primero*, podríamos preguntarnos "¿cuán incluyente es la cosmovisión de cultura de la discapacidad que elegí?;" tanto en términos de diversidad de fuentes como de cantidad de personas con discapacidad que tienen acceso a ella. *En segundo lugar*, podríamos preguntarnos "¿cuál es el poder transformador y explicativo de esta cosmovisión?"; tanto individual como colectivamente. También podríamos preguntarnos "¿cuán bien responde la postura sincrética a las condiciones y contextos de las personas con discapacidad de todo el mundo y de las economías globalizadas actuales?".

Comencé por afirmar que todas las cosmovisiones son esencialistas, que ninguna de ellas es más válida que las otras y que los límites y valores particulares están incorporados a todos los discursos sobre cosmovisiones, incluidos el sincretismo de la cultura de la discapacidad y las preguntas éticas que decidí hacer. Sin embargo, en el análisis final, nacer de color y lisiado y convertirse en negro y discapacitado es fundamentalmente un proceso cultural, sin importar qué cosmovisión elija uno. Retomaré las palabras de Carol GILL: "Creo firmemente en la cultura de la discapacidad, y si no la tenemos, deberíamos tenerla", y agregaré: deberíamos tenerla, sin importar si el "nosotros" es colectivo o individual, sin importar si la cultura de la discapacidad elegida es singular o plural, y sin importar si la elección se basa en una forma estética, política, lingüística o sincrética de ver a la cultura de la discapacidad.

Referencias

BAUMAN, G. (1996). *Contesting Culture: discourses of identity in multi-ethnic London,* Cambridge, Cambridge University Press.

BRANFIELD, F. (1999). "The disability movement: a movement of disabled people—a response to P. S. Duckett", *Disability & Society,* 14, págs. 299-403.

CAMPBELL, J. y OLIVER, M. (1996). *Disability Politics: Understanding our past, changing our future,* Londres y Nueva York, Routledge.

COLERIDGE, P. (1993). *Disability, Liberation and Development,* Londres, Oxfam.

CORKER, M. (1998a). *Deaf and Disabled, or Deafness Disabled?,* Buckingham & Philadelphia, Open University Press.

— (1998b). "Difference and diaspora—an emerging sociolinguistics of disabled identities", trabajo presentado en la Sociolinguistics Conference, Londres.

DAVIS, L. J. (1997). *The Disability Studies Reader,* Nueva York y Londres, Routledge.

FERGUSON, M.; FERGUSON, D. y TAYLOR, S. (1992). *Interpreting Disability: a qualitative reader,* Nueva York, Teachers College Press.

FINE, M. y ASCH, A. (1988a). *Women with Disabilities: essays in psychology, culture and politics,* Philadelphia, PA, Temple University Press.

— y ASCH, A. (1988b). "Disability beyond stigma: social interaction, discrimination and activism", *Journal of Social Issues,* 44, págs. 3-21.

GABEL, S. L. (1998). *A Theory of an Aesthetic of Disability,* Ann Arbor, MI, UMI Dissertation Services.

GAINER, K. (1992, Septiembre/Octubre). "I was bom colored and crippled. Now I am black and disabled", *MOUTH, The National Magazine of People with Brains,* pág. 31.

GEERTZ, C. (1973). *The Interpretation of Cultures,* Nueva York, Basic Books.

GIROUX, H. (1991). "Postmodernism as border pedagogy: redefining the boundaries of race and ethnicity", en: H. GIROUX (Ed.) *Postmodemism, Feminism and Cultural Politics,* Albany, NY, State Univeristy of New York Press.

— y MCLAREN, P. (1994). *Between Borders: pedagogy and the politics of cultural studies,* Londres y Nueva York, Routledge.

— y MCLAREN, P. (1989). *Critical Pedagogy, the State, and Cultural Struggle,* Albania, NY, State University of New York Press.

GLIEDMAN, J. y ROTH, W. (1980). *The Unexpected Minority: handicapped children in America,* Nueva York, Harcourt Brace Jovanovich.

GOFFMAN, E. (1963). *Stigma: notes on the management of spoiled identity,* Englewood Cliffs, NJ, Prentice Hall.

GUTMANN, A. (1994). *Multiculturalism: examining the politics of recognition,* Princeton, NJ, Princeton University Press.

HAHN, H. (1988a). "The politics of physical differences: disability and discrimination", *Journal of Social Issues,* 44, págs. 39-47.

— (1988b). "Can disability be beautiful?" *Social Policy, Winter,* págs. 26-32.

HALL, S. y DUGAY, P. (1996). *Questions of Cultural Identity,* Londres, Sage.

INGSTAD, B. y WHYTE, S. (1995). *Disability and Culture,* Berkeley, CA, University of California Press.

IRVINE, J. T. (1994). *Edward Sapir: the psychology of culture,* Berlín, Walter de Gruyter & Co.

JENKINS, R. (Ed.) (1998). *Questions of Competence: culture, classification and intellectual disability,* Cambridge, Cambridge University Press.

KAHN, J. S. (1995). *Culture, Multiculture, Postculture,* Londres, Sage.

KROEBER, A. y KLUCKHOHN, C. (1952). *Culture: a critical review of concepts and definitions,* Cambridge, MA, Harvard University Press.

KUPER, A. (1999). *Culture: the anthropologists' account,* Cambridge, MA, Harvard University Press.

LINTON, S. (1998). *Claiming Disability Knowledge and Identity*, NuevaYork y Londres, New York University Press.

MITCHELL, D. y SNYDER, S. (1996). *Vital Signs: Crip Culture talks back.* A 48 minute open captioned video produced by Brace Yourself Productions, Marquette, Michigan.

MEAD, G. (1934). *Mind, Self and Society: from the standpoint of a social behaviorist*, Chicago, IL, University of Chicago Press.

McLAREN, P. (1997). *Revolutionary Multiculturalism: pedagogies of dissent for the new Millennium*, Boulder, MA, Westview Press.

— y GIROUX, H. (1997). "Writing from the margins: geographies of identity, pedagogy and power", en: P. McLAREN (Ed.) *Revolutionary Multiculturalism: pedagogies of dissent for the new Millennium*, Boulder, Co, Westview Press.

NAGLER, M. (Ed.) (1993). *Perspectives on Disability*, Palo Alto, CA, Health Markets Research.

O'TOOLE, C. J. y BREGANTE, J. L (1993). "Disabled lesbians: multicultural realities", en: M. NAGLER (Ed.) *Perspectives on Disability*, Palo Alto, CA, Health Markets Research.

PETERS, S. (1996). "The politics of disability identity", en: L. BARTON (Ed.) *Disability and Society: emerging issues and insights*, Londres, Longman.

— (1999). "Transforming disability identity through critical literacy and the cultural politics of language",en: M. CORKER y S. FRENCH (Eds.) *Disability Discourse*, Buckingham, Open University Press.

REINDAL, S. (1999). "Independence, dependence, interdependence: some reflections on the subject and personal autonomy", *Disability & Society*, 14, págs. 353-367.

ROSALDO, R. (1993). *Culture and Truth: the remaking of social analysis*, Boston, MA, Beacon Press.

SAHLINS, M. (1976). *Culture and Practical Reason*, Chicago, IL, University of Chicago Press.

SARASON, S. y DORIS, J. (1979). *Educational Handicap, Public Policy, and Social History*, Nueva York, Free Press.

SEYMOUR, W. (1998). *Remaking the Body: rehabilitation and change*, Londres y Nueva York, Routledge.

SHAPIRO, J. (1994). *No Pity: people with disabilities forging a new Civil Rights Movement*, Nueva York, Times Books/Random House, Inc.

TAYLOR, G. (1999). "Empowerment, identity and participatory research: using social action research to challenge isolation for deaf and hard of hearing people from minority ethnic communities", *Disability & Society*, 14, págs. 369-384.

THOMAS, C. (1999). *Female Forms: experiencing and understanding disability*, Buckingham, Open University Press.

THOMPSON, J. B. (1990). *Ideology and Modern Culture: critical social theory in the era of mass communication*, Stanford, CA, Stanford University Press.

VERNON, A. (1999). "The dialectics of multiple identities and the disabled people's movement", *Disability & Society*, 14, págs. 385-398.

WANG, C. (1992). "Culture, meaning and disability: injury prevention campaigns and the production of stigma", *Social Science and Medicine*, 35, págs. 1093-1102.

YOUNKIN, L. (1989, Mayo/Junio) "Crips on Parade", *Disability Rag*, págs. 30-33.

ZOLA, I. K. (1993). "Self, identity and the naming question: reflections on the language of disability", *Social Science and Medicine*, 36, págs. 167-173.

SEGUNDA PARTE

Políticas

Introducción

Por Sally French y John Swain

Las políticas de los organismos multinacionales, los gobiernos centrales y las instituciones y gobiernos locales moldearon la vida de las personas con discapacidad de todo el mundo. Se marginó de manera sistemática a las personas con discapacidad considerándolas inferiores y una carga para la sociedad dominante. Fundamentalmente esto, junto con la falta de poder e influencia política de ese grupo, llevó a políticas y prácticas nocivas y degradantes. En cumplimiento de diversas leyes gubernamentales y en el nombre de la "independencia" y la "normalidad" se esterilizó, encerró, segregó en escuelas "especiales" y sometió a tratamientos médicos y de rehabilitación degradantes a las personas con discapacidad. Para poner en práctica esas políticas, "expertos" sin discapacidad sometieron a las personas con discapacidad a análisis, evaluaciones y exámenes desmedidos. Las organizaciones benéficas se enfocaron más en las necesidades que en los derechos y trataron a las personas con discapacidad como objetos de su "interés" y condescendencia. No obstante, las políticas están racionalizadas en términos de los aparentes beneficios para las personas con discapacidad y básicamente definen sus necesidades y sientan las bases de su práctica y prestación en la satisfacción de esas necesidades definidas de antemano.

Los análisis de las políticas relacionadas con la discapacidad se ocupan del contexto social del impedimento en conjunto con la opresión social que sufren las personas con impedimentos. El campo de análisis sobre políticas en el ámbito de la discapacidad es, inevitablemente, muy amplio. En lo que respecta a los impedimentos, las desigualdades sociales directamente relacionadas con las políticas económicas los causaron como consecuencia de la desnutrición, las viviendas de nivel deficiente, las prácticas laborales peligrosas y la tensión psíquica. La guerra también es una causa muy importante de los impedimentos adquiridos. Además, en lo que respecta a la discapacidad, el entorno social, estructural y físico se construyó de manera que las personas con discapacidad quedaran excluidas del empleo, la educación, las viviendas, los espacios de entretenimiento, las relaciones interpersonales y el proceso político en sí mismo. Un factor con gran presencia es la pobreza: la pobreza es un factor predominante tanto en la causa de impedimentos como en la producción de discapacidad a las personas que los tienen. Las cuestiones que atañen a las políticas relacionadas con la discapacidad llegan, entonces, hasta el ámbito de la política global, las estructuras de poder, las ideologías y la humanidad.

Hizo falta que un fuerte movimiento de personas con discapacidad se alzara a partir de la década de los setenta para producir cambios significativos. Esto no quiere decir que antes de esa época las personas con discapacidad fueran pasivas: agrupaciones como el sindicato británico de personas con ceguera *National League of the Blind* (1899) tenían objetivos radicales, pero carecían de la fuerza necesaria para producir cambios sustanciales. Durante los últimos treinta años el movimiento de personas con discapacidad creció tanto nacional como internacionalmente y las personas con discapacidad de todas las partes del mundo se vincularon entre sí a través de organizaciones internacionales, Internet, conferencias así como la revista *Disability and Society*.

El desarrollo del movimiento de personas con discapacidad estuvo detrás del análisis crítico de las políticas y de la formulación activa de alternativas que —en su mayoría— llevaron a cabo las propias personas con discapacidad en los ámbitos local, nacional e internacional. Este análisis crítico se genera principalmente a través del establecimiento del modelo social de discapacidad según el que se considera que la discapacidad es producto de un entorno físico, social y político que está equipado para personas que no tienen discapacidad; que se opone a los modelos individuales (médico, de beneficencia, de la tragedia) y que enfatiza, al mismo tiempo, los impedimentos funcionales de los individuos y sus limitaciones sociales y vocacionales. Como se hace evidente en los capítulos que componen esta sección, quienes analizaron las políticas criticaron tanto el modelo individual subyacente que sirve de base a las políticas como las consecuencias que ese modelo tiene en la implementación y prestación de esas políticas. El modelo social proporciona una herramienta para el análisis; una herramienta que se desarrolla y mejora con el uso. Las complejidades del análisis crítico —como la de establecer y también deconstruir modelos de políticas basados en los derechos— también se hacen evidentes en estos capítulos. Las políticas relacionadas con la discapacidad están llenas de incoherencias, contradicciones y "redistribuciones" bajo términos genéricos como "integración", "servicios comunitarios", "vida independiente" y, en los últimos años, "inclusión". Los desafíos se intensifican aún más mediante el reconocimiento de la complejidad de la división social en términos de edad, impedimento, género, grupo étnico y orientación sexual. Las personas con discapacidad están formulando alternativas que se ocupan de las estructuras económicas, sociales y políticas que causan discapacidad a las personas con impedimentos. Los objetivos en la agenda de las propias personas con discapacidad hacen hincapié, entre otras cosas, en el fin de la discriminación, la participación activa en la ciudadanía, niveles de ingresos adecuados, el control de los servicios que reciben, igualdad de oportunidades laborales y vida independiente; es decir, en la remoción de los obstáculos que generan discapacidad y la creación de entornos habilitadores.

Respecto a nuevas políticas respaldadas por la legislación, ejemplos como la *Americans with Disabilities Act de 1990* [Ley de estadounidenses con discapacidades], la *Disability Discrimination Act de 1995* [Ley de discriminación por discapacidad], la *Community Care (Direct Payment) Act de 1996* [Ley de pago directo de los servicios comunitarios] y la *Human Rights Act de 1998* [Ley de derechos humanos] dan testimonio del poder cada vez mayor del movimiento de personas con discapacidad. Sin embargo, esa legislación es a menudo débil y sólo derriba en parte las barreras impuestas por la sociedad que causa discapacidad. Es un error que las personas con discapacidad y sus aliados supongan que leyes como ésas vayan a producir cambios sustanciales y que la lucha por una ciudadanía incluyente ya llegó a su fin. Tal legislación suele tener bases individualistas en las que se ignoran las cuestiones de poder y práctica económica. Además, el desarrollo de otra legislación, como la relacionada con la salud y la seguridad, a menudo tiene un impacto negativo en las personas con discapacidad y las discrimina.

En términos de políticas internacionales, el concepto de globalización da lugar a otras cuestiones complejas y controvertidas en el análisis de las políticas relacionadas con la discapacidad. En primera instancia, son las estructuras económicas de la desigualdad las que generan estas cuestiones, las que se ven reflejadas, por ejemplo, en el acceso desigual a la tecnología, la promoción del libre mercado, el aumento abierto y encubierto de las privatizaciones y la fuerte colonización de las culturas, instituciones y estructuras económicas por medio de la occidentalización. No obstante, el término globalización es un concepto cuestionado y controvertido del que se hacen análisis tanto positivos como negativos. Puede decirse que la penetración de los valores occidentales es mediada y adaptada dentro de las culturas no occidentales, y que estas culturas no occidentales también han penetrado en el mundo minoritario, tal como demuestran la variedad de restaurantes, consultorios médicos, medios de comunicación, etcétera. Además, la globalización también fue testigo del crecimiento de un movimiento internacional de personas con discapacidad que promueve la fuerza de la voz colectiva de las personas con discapacidad en contra de la opresión.

Los artículos que conforman esta sección del libro abarcan los últimos dieciocho años y dan un panorama de las políticas sociales que afectaron las vidas de las personas con discapacidad en muchas partes del mundo. Al leer estos artículos se encontrará mucha diversidad, pero las características comunes de la opresión y la discriminación que forjaron el movimiento internacional de personas con discapacidad también se verán fácilmente. El artículo más antiguo de los presentados (1986), escrito por BORSAY, comienza a plantear los objetivos del análisis de las políticas relacionadas con la discapacidad y traslada el énfasis desde las orientaciones individual y médica a otras más amplias, la sociopolítica y la económica. El artículo de MILES (1990) lleva las cuestiones relacionadas con estas políticas al mundo mayoritario, a la desestabilización y los conflictos de Afganistán, donde busca una gestión dentro de las aptitudes autóctonas tradicionales y los recursos comunitarios. El estudio de JAYASOORIA, KRISHNAN y GODFREY (1997), que ilustra la complejidad de una perspectiva internacional, explora el aumento de la discapacidad en Malasia, uno de los países con un desarrollo más rápido y que se está convirtiendo en una nación industrializada, mientras que HAYASHI y OKUHIRA (2001) ahondan en la historia del movimiento moderno de personas con discapacidad en Japón, al que se considera la fuerza impulsora del cambio en las normas y las políticas sociales. Las cuestiones relacionadas con el poder de las personas con discapacidad respecto a la formulación de políticas se transforma en una cuestión de participación y representación del usuario en el artículo de BERESFORD y CAMPBELL (1994). Finalmente, el estudio de RUSSELL (2002) lleva la crítica a las políticas en el ámbito de la discapacidad al punto de partida y regresa una vez más al predominio de los marcos de trabajo individualistas y a la lucha colectiva de las personas con discapacidad para derribar las barreras estructurales con que éstas se enfrentan.

Referencias

Americans with Disabilities Act (1990). USA.
Community Care (Direct Payment) Act (1996). Capítulo 30. Londres, UK: HMSO.
Disability Discrimination Act (1995). Capítulo 50. Londres, UK: HMSO.
Human Rights Act (1998). Capítulo 42. Londres, UK: HMSO.

Artículos de estudios sobre discapacidad

BORSAY, A. (1986). "Personal trouble or public issue? Towards a model of policy for people with physical and mental disabilities", *Disability, Handicap and Society* 1, 2, págs. 179-196.

MILES, M. (1990). "Disability and Afghan reconstructions: some policy issues", *Disability Handicap and Society* 5, 3, págs. 257-267.

BERESFORD, P. y CAMPBELL, J. (1994). "Disabled people, service users, user involvement and representation", *Disability, Handicap and Society* 9, 3, págs. 315-325.

JAYASOORIA, D., KRISHNAN, B. y GODFREY, O. (1997). "Disabled people in a newly industri, alising economy: opportunities and challenges in Malaysia", *Disability and Society* 12, 3, págs. 455-463.

HAYASHI, R. y OKUHIRA, M. (2001). "The disability rights movement in Japan: past, present and future", *Disability and Society* 16, 6, págs. 855-869.

RUSSELL, M. (2002). "What disability civil rights cannot do: employment and political economy", *Disability and Society* 17, 2, págs. 117-135.

CAPÍTULO IX

¿Problema personal o asunto público?

Hacia un modelo de políticas para las personas con discapacidades físicas y mentales

Por Anne BORSAY

Profesora de Estudios Sociales,
Saint David's University College, Gales

Resumen

Durante muchos años, las soluciones comunitarias fueron la principal respuesta a la discapacidad mental y física, pero los marcos de trabajo teóricos necesarios para orientar esas políticas no se desarrollaron junto con el discurso. El presente artículo propone llenar ese espacio con un modelo sociológico posible. Comenzaremos por distinguir la perspectiva dominante, la individualista o del "problema personal", del enfoque social o del "asunto público", más controvertido, el cual, ya sea que tome forma interpretativa o estructural, reconoce la función de la sociedad en lo que respecta a generar discapacidad y a perfilar estrategias económicas y sociales. A continuación se formula un modelo de política para cada punto de vista sin olvidar sus consecuencias en términos de gasto público, control estatal, apoyo familiar y comunitario y logística de los servicios. Finalmente, se afirma que dado que en el modelo individualista la ayuda disponible no es suficiente, se necesita una respuesta alternativa que se ocupe de las instituciones o estructuras económicas, sociales y políticas y reconozca al mismo tiempo la resistencia al cambio que tiene lugar en una sociedad industrial.

Introducción

Durante los últimos treinta años, a medida que los que dictaban las políticas se dieron cuenta de los costes económicos y humanos de la asistencia institucional, los servicios para las personas con discapacidades mentales y físicas se dejaron cada vez más en manos de la comunidad. Ante esta situación, las estrategias comunitarias crecieron de manera improvisada sin un marco de trabajo coherente que guiara la formulación de las políticas. Tal como observó Richard TITMUSS ya en 1961, la asistencia comunitaria tenía lugar fuera del hospital, "conjugaba un clima de calidez y ... amabilidad", parecía ser una cuestión económica y eso era suficiente para que las buenas intenciones se "transformaran, mediante unas palabras, en una realidad obtenida con dificultad" (TITMUSS, 1976). Semejante vacío político no podrá llenarse de manera satisfactoria hasta que se haga frente al lugar que ocupan actualmente las personas con discapacidad en Gran Bretaña. Por lo tanto, en este artículo primero llevaremos a cabo un análisis sociológico de los impedimentos mentales y físicos y luego, sobre la base del mismo, propondremos dos modelos que ayuden a esclarecer la confusión que durante tanto tiempo atormentó a los servicios sociales comunitarios.

La perspectiva individualista

En términos generales, existen dos concepciones sociológicas de la discapacidad que compiten por nuestra atención. De acuerdo con la distinción clásica de C. WRIGHT MILLS entre "problemas personales" y "asuntos públicos", una es la individualista y la otra, la social. En la década de los cincuenta, MILLS sostenía que:

> Los *problemas* suceden en el carácter del individuo y en el ámbito de sus relaciones inmediatas con los demás; tienen que ver con su persona y con aquellas áreas limitadas de la vida social de las que es directa y personalmente consciente. En consecuencia, la afirmación y la resolución de los problemas recae adecuadamente en el individuo en cuanto entidad biográfica y en el ámbito de su entorno inmediato; el escenario social que está directamente abierto a su experiencia personal y, en cierta medida, a su actividad voluntaria. Los *asuntos* tienen que ver con cuestiones que trascienden estos entornos locales del individuo y la esfera de su vida interior. Tienen que ver con la organización de muchos de esos entornos en las instituciones de una sociedad histórica como un todo, con las maneras en que los diversos entornos se superponen entre sí y se penetran unos a otros para formar la estructura general de la vida social e histórica.
>
> (MILLS, 1970.)

¿Qué sucede si se aplica esta clasificación teórica a los impedimentos físicos y mentales? Cuando se interpreta a la discapacidad como un "problema personal" se establecen distinciones muy marcadas entre los diferentes tipos de impedimentos y se buscan sus causas exclusivamente en el individuo. De esta manera se interpreta a los impedimentos físicos y mentales como simples deficiencias biológicas, las enfermedades mentales se explican mediante referencias a las características genéticas, bioquímicas o psicológicas personales y el envejecimiento se considera un proceso fisiológico inevitable. No sólo se concibe la relación causal de manera individualista y sin referencia a las dependencias económicas, sociales y políticas compartidas que hacen que estos grupos tengan muchas necesidades en común. Además, se supone que la desviación del comportamiento "normal" es necesariamente una pérdida trágica o un infortunio, especialmente cuando el "aquejado" es joven. A menudo se trazan paralelos con la muerte y, al igual que los dolientes, se dice que la persona que acaba de adquirir un impedimento atraviesa una etapa de duelo y experimenta una serie de emociones traumáticas —conmoción, negación, enojo y depresión— antes de alcanzar cierto grado de equilibrio y, tal vez, encontrar una función social alternativa. En lo que respecta a las personas mayores, hay una fuerte sensación de que lo que sucede es inevitable: se ve al deterioro físico y mental como una parte natural del proceso de envejecimiento y es posible que se les aconseje que comiencen a ocuparse de sus asuntos personales y que se retiren de la sociedad o dejen de participar en ella para poder adaptarse con éxito a su nuevo estado (CUMMING y cols., 1972; FITZGERALD, 1974; FORSYTHE, 1979; OLIVER, 1981; M. OLIVER, 1983; OLIVER, 1986). Pero, más allá de la edad, se espera que el individuo sobrelleve la discapacidad mediante su propia adaptación a la sociedad; no se espera que la sociedad se adapte a él.

A pesar de su amplia aceptación, el enfoque individualista tiene diversos fallos. Incluso dentro de sus propios límites restringidos se pasan por alto las características personales fundamentales para la psicología de las personas con discapacidad ya que se asume que es el impedimento el que desencadena automáticamente una simple reacción que restringe el funcionamiento en todas las áreas y que baja la moral, sin importar la personalidad, la edad, el sexo, el tipo de discapacidad, la situación laboral y económica, las relaciones sociales y el estilo de vida anterior (EISDORFOR y COHEN, 1980; GREENBLUM, 1984; HARRIS y COLE, 1980; HARRISON, 1983; THOMAS, 1982; WARD, 1979). No obstante, la omisión de los factores sociales es más elocuente ya que sin el contexto socioeconómico y político que la perspectiva social o de "asunto público" proporciona, estamos mal preparados para comprender tanto las causas de la discapacidad como las políticas sociales que ésta provocó.

La etiología social de la discapacidad

Mientras que la interpretación individualista atribuye la discapacidad a deficiencias mentales o físicas intrínsecas, la alternativa social reconoce una función para los factores extrínsecos de tipo "estructural" e "interpretativo" en la relación causal. Estos factores sociales pueden causar impedimentos de manera directa o ayudar a causarlos, pero también son responsables de procesos que agravan los efectos de la limitación funcional y, por lo tanto, producen aún más impedimentos a las personas con discapacidad (WALKER, 1980a). En primer lugar nos ocuparemos de las causas directas, comenzando por las estructurales.

En las ciencias sociales existe una tendencia poco feliz a unir la perspectiva estructural con la postura metodológica del positivismo, implicando así que la acción individual se ve determinada por el sistema social y que el "mundo social" "puede comprenderse y explicarse mediante ... el uso de las estrategias de investigación de las ciencias naturales" (CUFF y PAYNE, 1979). No obstante, el término "estructural" no debe adoptarse de manera estricta o determinista; también puede utilizarse para destacar simplemente el *posible* impacto de las instituciones económicas, políticas y sociales sin sugerir una restricción necesaria de la libertad de acción o de la propia autonomía personal que muchas personas con discapacidad creen poder lograr a pesar de su dependencia (SHEARER, 1981, 1982; SUTHERLAND, 1981). En la perspectiva individualista no se tiene en cuenta la estructura de la sociedad y, en consecuencia, se considera que el impedimento es un lamentable incidente casual que aqueja a ciertos individuos al azar. Pero, en realidad, son factores sociales de diversas clases los que precipitan la incapacidad mental y física, y la organización económica es especialmente culpable de ella. No son solamente las industrias quienes generan contaminación y lesiones y enfermedades laborales. Las empresas privadas también pueden llegar a evadir la normativa vigente que rige los productos, fármacos y servicios defectuosos y nocivos, y el capitalismo necesita de una estructura competitiva de relaciones que puede dañar la salud mental de las personas (COCHRANE, 1983; M.I.N.D., 1979) y dar origen a las desigualdades sociales que causan las discapacidades de la pobreza relacionadas con la clase socioeconómica baja. Al mismo tiempo, el propio Estado puede causar un aumento en los impedimentos al intervenir en el interés público cuando existe un riesgo para algunos individuos, tal como demuestra el daño ocasionado por las vacunas. Obviamente, en algunas ocasiones las características biológicas y psicológicas personales pueden mezclarse con estos factores, pero cualquier reconocimiento de una relación causal social proporciona una explicación incompleta de la discapacidad a menos que tome en cuenta la dimensión ambiental de la misma (WALKER, 1980a).

Cualquiera sea el nivel de equilibrio entre causas directas individuales y sociales, los procesos sociales también contribuyen a la etiología del impedimento. Para los científicos sociales interpretativos éstas son las únicas consideraciones relevantes; la idea de que el individuo contribuya en algo se desestima de inmediato y se ve a la discapacidad tan sólo como una creación artificial de la sociedad que prácticamente desaparecería de la noche a la mañana si se transformaran la organización y las actitudes sociales. Aunque comprende un conjunto de opiniones diversas, los autores que siguen esta tendencia se unen en su rechazo al positivismo y están ansiosos por destacar los significados que otorgan los individuos a las situaciones sociales en las que participan (INGLEBY, 1981). Entonces, la cuestión crítica es cómo perciben los impedimentos físicos y mentales las partes involucradas en un encuentro social. Tal vez el mejor ejemplo de esta tradición interpretativa es la antipsiquiatría, un ámbito algo polémico de la salud mental que genera debates encendidos. La antipsiquiatría apunta a la importancia que tiene la audiencia social en definir a una persona como enfermo mental (PEARSONS, 1975). Para citar al famoso psiquiatra estadounidense Thomas SZASZ:

> En el ámbito médico, cuando hablamos de trastornos físicos nos referimos a signos (fiebre, por ejemplo) o a síntomas (por ejemplo, dolor). Por otra parte, hablamos de síntomas mentales cuando nos referimos a las *expresiones del paciente sobre sí mismo, los demás y el mundo que le rodea.* [El paciente] puede decir que es Napoleón o que le persiguen los comunistas. Esas afirmaciones se considerarían síntomas mentales *únicamente* si el observador creyera que el paciente *no es* Napoleón o que *no le están* persiguiendo los comunistas. Esto pone de manifiesto que la afirmación "X es un síntoma mental" implica hacer un juicio. Además, el juicio supone una comparación o equiparación encubierta de las ideas, conceptos o creencias del paciente con las del observador y la sociedad en que viven. Por lo tanto, la noción de síntoma mental está indisolublemente unida al *contexto social* (en el que se incluye lo *ético*) en el que se la formula casi de la misma manera que la noción de síntoma corporal está unida a un *contexto anatómico* y *genético.*
>
> (SZASZ, 1960.)

Como las decisiones relacionadas con las enfermedades mentales son tan morales y subjetivas, SZASZ afirma que los métodos positivistas del ámbito de la medicina —una respuesta por completo adecuada a la enfermedad física— son absolutamente incorrectos para la salud mental; entonces, la antipsiquiatría acusa a la mayoría de los psiquiatras de etiquetar a ciertas emociones y comportamientos de patológicos, no debido a alguna cualidad inherente y objetiva, sino porque transgreden reglas y normas sociales arbitrarias (BECKER, 1963; MANNING y OLIVER, 1985).

La antipsiquiatría, principalmente una crítica a la hegemonía médica en el ámbito de la salud mental, a menudo se contentó con reprender severamente la aplicación de técnicas positivistas a "problemas psicológicos" al tiempo que aceptaba de manera tácita su pertinencia a los trastornos físicos (SEDGWICK, 1982). Sin embargo, los sociólogos y los médicos son más conscientes que nunca de que las respuestas a los síntomas físicos, las vías de tratamiento y la adopción del rol del enfermo se ven afectadas por características como la edad, el sexo y la clase social (véase, por ejemplo, GOLDBERG y HUXLEY, 1980; MILES, 1978; TUCKETT, 1976; TUCKETT y KAUFERT, 1978). Entonces, el uso riguroso de conceptos médicos en todas las esferas de la asistencia sanitaria está perdiendo credibilidad y algunas autoridades niegan ahora que exista alguna distinción entre los trastornos físicos y los mentales. SEDGWICK, por ejemplo, afirma que:

> El negocio de la medicina estuvo cargado de valores desde sus comienzos porque escogimos considerar "enfermedades" o "dolencias" a aquellas circunstancias naturales que precipitan ... la muerte (o la incapacidad de funcionar de acuerdo con ciertos parámetros).
>
> (SEDWICK, 1982.)

Se cuestiona la tesis de SEDGWICK por el hecho de que los trastornos físicos y mentales conllevan diferentes significados sociales. No obstante, el justificado ataque a la medicina convencional alentó también el surgimiento de una perspectiva interpretativa sobre el impedimento físico, y Victor FINKELSTEIN dio un pequeño paso desde la enfermedad física al sugerir que la incapacidad física era nada más que una construcción social artificial. FINKELSTEIN traza una marcada división entre impedimento y discapacidad. En un artículo de la Unión de Impedidos Físicos contra la Segregación (UPIAS), define:

> *Impedimento.* Falta de parte de o de todo un miembro o la posesión de un miembro, órgano o mecanismo corporal deficiente.
>
> *Discapacidad.* Perjuicio o restricción de la actividad causada por una organización social contemporánea que ignora completa o parcialmente a las personas con impedimentos físicos.

Por lo tanto, la discapacidad es una forma "especial" de discriminación u "opresión" social (FINKELSTEIN, 1980); es algo impuesto por una sociedad que espera que todos sus miembros estén a la altura del estándar de normalidad impuesto por el cuerpo sin discapacidad y que construye entornos físicos y sociales que castigan a los "inadaptados".

Estructura social y discapacidad

Aunque es importante, el pensamiento interpretativo en cuanto construcción social de la incapacidad es incompleto a menos que intente abordar las estructuras económicas, sociales y políticas en que se basan nuestros sistemas de valores y que ayudan a estigmatizar a las personas con discapacidad, tal como se puede apreciar en obras recientes de M. OLIVER (1983, 1984) y D. STONE (1985). Algunas de las mejores explicaciones estructurales del impedimento surgen de la bibliografía sobre envejecimiento que se acumuló a ambos lados del océano Atlántico. En Gran Bretaña, TOWNSEND culpa a:

> la tradición del funcionalismo en sociología, así como a las tradiciones más descriptivas y empíricas del trabajo social y a la administración social (por alentar) la clase de teoría del envejecimiento que atribuye la causa de los problemas a las dificultades individuales para adaptarse al envejecimiento, al retiro o a la disminución de las capacidades físicas, al tiempo que se acepta el desarrollo del estado, la economía y la desigualdad sin oponer resistencia.

TOWNSEND declara enérgicamente que, contrario a la postura individualista, es la sociedad la que "crea el marco de trabajo de las instituciones y las reglas de acuerdo con el que se fabrican ... los problemas generales de las personas mayores" (TOWNSEND, 1981). Sus comentarios se aplican igualmente a las personas jóvenes con impedimentos físicos y mentales. Por lo tanto, una sociología de la discapacidad debe darle la consideración adecuada al estatus económico, social y político.

Estatus económico

La economía es una característica fundamental en la Gran Bretaña actual, y la racionalidad económica es una meta central en ese país. En consecuencia, la sociedad se organiza para lograr "la eficiencia, productividad y progreso material" máximos (SHEARER, 1981) y se santifican las cualidades personales correspondientes con estos objetivos; buena salud, independencia, inventiva, entusiasmo, energía, ambición, fuerza de carácter (HARRIS y COLE, 1980; TOPLISS, 1982). En el ámbito competitivo del mercado laboral que expresa estos valores, las personas con discapacidad están en desventaja por, al menos, tres razones. *Primero*, el aumento de la exigencia de disponer de un título académico puede disminuir las posibilidades de aquellos que, debido a su edad o a una educación interrumpida o inadecuada, no acumularon la cantidad suficiente de títulos que reflejen sus capacidades. *En segundo lugar*, si bien la mecanización y las mejoras técnicas pueden generar nuevas oportunidades para los jóvenes con discapacidad, la innovación desvaloriza la experiencia de los empleados de mayor edad cuya vida activa, a punto de terminar, los convierte en candidatos muy poco populares para nuevas capacitaciones. *Finalmente*, a pesar de pruebas que demuestran lo contrario, los empresarios a menudo consideran que no hay *ninguna* persona con discapacidad en quien poder confiar y que son un grupo de alto riesgo incapaz de alcanzar niveles de productividad normales y, por lo tanto, se los considera inadecuados tanto para su contratación inicial como para su promoción. El efecto resultante de estas tendencias es que muchas personas con impedimentos físicos y mentales en edad productiva están en la base de la escala de ingresos o están desempleadas y dependen de los beneficios de la seguridad social al igual que la mayoría de las personas mayores con discapacidad (BUCKLE, 1971; DAVOUD y KETTLE, 1980; ESTES y cols., 1982; HENDRICKS y MCALLISTER, 1983; JORDAN,

1979, KETTLE, 1979, LOCKER, 1983; MACLEAN y JEFFREYS, 1974; OLIVER, 1982; M. OLIVER, 1983; TAYLOR y FORD, 1983; TOWNSEND, 1979, 1981; WALKER, 1980a, 1981, 1982a, c; WANSBROUGH y COOPER, 1980; WARD, 1979).

Estatus social

El trabajo no tiene únicamente repercusiones económicas, también tiene consecuencias para el estatus social y político. Se asocia el envejecimiento con la disminución de las relaciones sociales, y a medida que las personas mayores comienzan a desempeñar menos funciones y a ocupar una mayor parte de su tiempo con actividades relacionadas con el hogar, sus vínculos con la comunidad se cortan (M. ABRAMS, 1980; CUMMING y cols., 1972; TUNSTALL, 1966; WENGER, 1984). Las personas con discapacidad más jóvenes también pueden experimentar una interacción social empobrecida por razones similares. La pérdida de la movilidad y las actitudes comunitarias negativas pueden dificultar la socialización; la pobreza que deriva del retiro, el desempleo o los bajos salarios puede dificultar sus posibilidades de ocio, y no tener un trabajo que regule la actividad y sirva de base para el intercambio social puede hacer difícil que establezcan redes de contacto (GOFFMAN, 1968, HARRIS y COLE, 1980; LOCKER, 1983; LOCKER y cols., 1979; MILES, 1981; WEIR, 1981a, b). TOWNSEND afirma que la alta valoración de las personas mayores dentro de su familia ayuda a compensar su bajo "estatus social" (TOWNSEND, 1981). No obstante, la movilidad geográfica fragmentó familias de más de una generación y en la actualidad muchos parientes viven demasiado lejos como para compartir tiempo con sus familiares con discapacidad —ya sean jóvenes o mayores— de manera regular (ROSSER y HARRIS, 1965; WENGER, 1984). Además, en una sociedad tan cambiante en la que el conocimiento queda obsoleto rápidamente, las personas mayores que siguen estando cerca de sus parientes pierden su valor en cuanto consejeros y asesores (ROSOW, 1974); y las dependencias que transgreden las convenciones de la vida familiar —por ejemplo, que el esposo tenga deudas financieras con la esposa o que el débil padre dependa del hijo adulto— pueden dañar a cualquier edad las relaciones y dejar a la persona con discapacidad con tareas que resulten insuficientes para compensar la humillación que causa la pérdida de una función (BERGMANN y cols., 1984, DARTINGTON y cols., 1981; DOWD y LA ROSSA, 1982; J. OLIVER, 1983; M. OLIVER, 1983). Pero, sobre todo, en una sociedad capitalista las funciones familiares no retribuidas rara vez conllevan el prestigio del empleo remunerado. Por lo tanto, si bien esas actividades —muchas de las cuales se encuentran en el ámbito del cuidado de niños— pueden satisfacer a mujeres mayores cuyas vidas siempre giraron en torno a cuestiones domésticas, pueden llegar a ser de segunda clase para las personas de ambos sexos que tuvieron una vida económicamente activa fuera del hogar.

Estatus político

Así como los factores económicos influyen en las relaciones sociales, también afectan al estatus político de las personas con discapacidad. Marx llevó esta lógica hasta el límite al afirmar que el modo de producción capitalista determinaba hasta tal punto "el resto de la estructura social" que "la intervención política y administrativa" era incapaz de "moldear de manera decisiva la realidad del orden económico" (MISHRA, 1977). De todas maneras, es posible aceptar cierto espacio para las instituciones políticas y admitir, al mismo tiempo, que el estatus económico y el político están íntimamente relacionados. En la sociedad industrial en que vivimos, cualquier adulto que no desempeñe una función económica y social relacionada con el trabajo es una espina en el corazón de la racionalidad económica e, incluso, puede considerarse una amenaza a la estabilidad política. No hay una manera única de manejar esta cuestión problemática, pero en lo que respecta a impedimento físico y mental se utiliza el rol del enfermo para minimizar los efectos de la dependencia. Cuando se las somete a este estatus, se excusa a las personas "enfermas" con discapacidad de diversas obligaciones de acuerdo con su grado de incapacidad y se las absuelve de responsabilidades debido a su situación a cambio de que reconozcan que su estado no es deseable y cooperen con la ayuda "adecuada" (DE JONG, 1981; MILES, 1981). Reducir este proceso al crudo control social es simplista; no existe una conspiración para despojar a la anormalidad de su importancia política y así apaciguar una "amenaza real o posible a las condiciones ... existentes ... de la sociedad" (TREACHER y BARUCH, 1981; MANNING y OLIVER, 1985). No obstante, la aplicación del rol del enfermo a las personas con discapacidad desvaloriza su aporte al debate político al sugerir la impresión equivocada de que, al estar enfermos, no pueden hablar por sí mismos o no tienen nada que valga la pena decir (SHEARER, 1981). Así, su estatus político se ve corroído por una acción aparentemente humanitaria.

El grado de participación del consumidor en el Estado de bienestar se ve aún más socavado por el sistema británico de democracia representativa que respalda la participación indirecta y aislada del elector en lugar de formas de actividad política más combativas. Ante la ausencia de una participación directa y efectiva de los usuarios, las personas con discapacidad deben abogar por sus intereses a través de grupos de presión y del sistema electoral. Desde mediados de la década de los sesenta organizaciones que forman parte del movimiento por el poder de las personas con discapacidad (la Unión de Impedidos Físicos Contra la Segregación, la red de lucha por la igualdad *Liberation Network of People with Disabilities*, el Consejo Británico de Organizaciones de Personas con Discapacidad, la Organización Mundial de Personas con Discapacidad) luchan para despertar la conciencia política de las personas a las que representan (DARTINGTON y cols., 1981; OLIVER, 1984; SUTHERLAND, 1981). Tuvieron cierto éxito pero, desafortunadamente, existen obstáculos inherentes que impiden que haya mucho más progreso tanto en el área de la política de los grupos de presión como en el ámbito electoral. Un problema importante es la obstinada adherencia a la racionalidad económica, la que desaprueba a aquellos que no son completamente productivos y los disuade de que se organicen en torno a un Estado que tiene una percepción negativa. Sin embargo, la incoherencia de las personas con impedimentos en cuanto grupo político también reduce su impacto. Las fragmentaciones originadas por la pertenencia a diferentes clases sociales es una causa de esto: las personas con incapacidad de clase media y alta, quienes tienen patrimonio y reciben renta por sus inversiones, tienen salarios más altos o gozan de mejores planes de jubilación, tienen una experiencia del impedimento muy diferente de la de aquellas personas que no pueden hacer otra cosa que depender exclusivamente de los servicios sociales provistos por el Estado. Pero también hay otras tensiones importantes entre la población con discapacidad. El enfoque médico tradicional sobre la incapacidad, por ejemplo, creó fisuras artificiales entre las categorías de enfermedades que ocultan necesidades sociales comunes; y como la mayoría de las personas con discapacidad son mayores, la distinción entre incapacidad y vejez es igualmente controvertida. A su vez, este perfil de edad tiene consecuencias en la naturaleza de la participación política, ya que si bien hay cada vez más personas mayores, en su mayoría se limitan a votar en las elecciones y hay menos probabilidades de que participen en actividades más agresivas —como firma de peticiones, manifestaciones y formación de grupos de presión— que los grupos de gente más joven. La conformidad con el *statu quo* derivado de las privaciones del pasado puede ser una de las razones de esa pasividad y es posible que las "nuevas" personas con discapacidad, jóvenes y mayores, estén mejor preparadas para quejarse. Pero, más allá de la intensidad de sus objeciones, las personas con impedimentos de todas las edades se encuentran con dificultades prácticas cuando intentan expresar sus opiniones políticas. La pobreza y el mal estado de salud pueden dejarlos sin energías, la inmovilidad y los edificios públicos inaccesibles pueden ser obstáculos para ellos y es posible que tengan poca confianza en su poder de comunicación oral o escrita. El resultado es que los ciudadanos que tienen discapacidad mental o física son relativamente impotentes en lo que respecta a determinar la formulación y administración de las políticas que tienen una función central en sus vidas (BORSAY, 1986) [1].

La respuesta de las políticas sociales

Al desmontar la perspectiva individualista y construir una alternativa social a ella, hasta el momento nos ocupamos de las causas sociales de la discapacidad, consideramos las conexiones directas entre la organización socioeconómica y la incidencia del impedimento, las perspectivas interpretativas sobre la construcción social de la discapacidad y las ramificaciones de la estructura social en lo que respecta al estatus económico, social y político. Sin embargo, en el contexto del presente artículo, no es adecuado sugerir que la discapacidad sea un producto social creado en la manera que sea. Para examinar con mayor profundidad las deficiencias de la asistencia comunitaria, ahora debemos descubrir las consecuencias de nuestro análisis sociológico para el desarrollo de políticas.

Dado que la concepción de un problema o la explicación que se ofrece del mismo "contiene instrucciones tácitas para la formulación de políticas" (TOWNSEND, 1979) es posible delinear un modelo individualista y un modelo social de servicios sociales comunitarios para las personas con discapacidad. En el presente, la perspectiva individualista está restringida, y las disposiciones exhiben muchas de las características de este modelo que se resumen en la Tabla 9.1. Por lo tanto, toda la asistencia comunitaria es rudimentaria y cuenta con menos financiación de la que se necesita. El Estado casi no presta ayuda a las familias que deben

[1] Agradezco al editor de *Occasional Papers on Social Administration*, serie en la que se publicó este libro, su permiso para utilizar el párrafo precedente.

Tabla 9.1. *Respuestas políticas bajo los modelos individualista y social*

	Modelo individualista	*Modelo social (estructural)*
Gasto público Intervención estatal Apoyo familiar y comunitario Organización de los servicios	Menor Reticente Mínimo Segregada Desarticulada Más desigual e injusta Dominada por el productor	Mayor Entusiasta Máximo Integrada Coordinada Menos desigual e injusta Toma en cuenta al consumidor

adaptarse a la discapacidad. Los servicios, —por ejemplo la educación y las viviendas construidas con fines sociales específicos—, pueden segregar a sus beneficiarios del resto de la comunidad y dificultar la coordinación. Los mecanismos para la participación directa de los consumidores tienen niveles de éxito variables. La distribución de los beneficios no reduce de manera significativa las desigualdades materiales en términos de ingresos y viviendas ni logra la igualdad en lo que respecta al cuidado de la salud, educación y otros servicios sociales. Se hacen pocos intentos para evitar las causas económicas y sociales de la discapacidad. Y por último —pero no por eso menos importante— las débiles iniciativas relacionadas con el empleo, como el desacreditado cupo del tres por ciento de empleados con discapacidad en compañías con más de veinte empleados, no resuelven el problema de la discriminación en el mercado laboral, el que se encuentra en el centro de las actitudes ambivalentes hacia el impedimento que tienen lugar en una sociedad industrial avanzada.

En marcado contraste con esto, los modelos sociales son más conscientes de "la estructura general de la vida social e histórica". En el pasado, la versión interpretativa no tuvo gran relevancia en los debates sobre políticas. O bien los escritores ignoraron la reforma dentro del sistema social existente y prefirieron imaginar la desaparición de la discapacidad en algún "valiente nuevo mundo" futuro (LEONARD, 1975; RAMON, 1982), o bien cayeron en la inocencia al confrontar "los complejos generales de la sociedad" en lugar de "las estructuras y relaciones a pequeña escala". Thomas SZASZ, por ejemplo, muestra gran fe en el acuerdo privado entre psiquiatra y cliente, sin apreciar que muchos de los que necesitan ayuda "no están en una posición que les permita competir en el mercado de contratación de terapias" (SEDGWICK, 1982). Más recientemente, ciertos grupos de personas con discapacidad comenzaron a ocuparse activamente de las gestiones de los servicios que reciben, a veces a través de asistentes empleados y a veces de manera autónoma. Sin embargo, la mayoría de las personas que se involucran en esto pertenecen a los grupos de gente más joven, cuyos impedimentos (por ejemplo, lesión espinal) son generalmente estáticos. Otras personas pueden no tener la energía o los recursos necesarios para forjar modelos de cuidado innovadores, ni tampoco ser capaces de ofrecer ayuda, especialmente en las etapas iniciales de la discapacidad; por lo tanto, las organizaciones de ayuda mutua avanzan hacia "la asistencia voluntaria a los miembros más nuevos por parte de los más antiguos" (RICHARDSON y GOODMAN, 1983). Por lo tanto, si bien se reconoce la importancia personal de tales iniciativas, es improbable que éstas satisfagan las necesidades de la mayoría de las personas con discapacidad que sufren los trastornos degenerativos que vienen con la edad. En consecuencia, hay más camino que recorrer en el análisis de políticas en la versión estructural del modelo social que en la versión interpretativa.

Dado que el enfoque estructural reconoce las causas sociales de muchas discapacidades, se dicta un conjunto ideal de políticas económicas y sociales ambiciosas y de amplio alcance. De acuerdo con éstas, el Estado intervendría enérgicamente en la organización del empleo para reducir daños físicos y mentales a los trabajadores. Se harían pruebas rigurosas a los productos de todo tipo y se prohibirían en caso de detectarse que son una amenaza a la salud y la seguridad. Se harían vigorosos intentos para maximizar las oportunidades laborales para las personas con discapacidad, jóvenes y mayores, que deseen trabajar. Generosos programas de mantenimiento de ingresos evitarían la pobreza ocasionada por los impedimentos. Finalmente, para satisfacer las necesidades de vivienda, salud, educación y bienestar, el Estado desarrollaría un conjunto completo, integrador y coordinado de servicios distribuidos equitativamente en todas las localidades, adaptados a los recursos familiares y comunitarios y con responsabilidad política ante sus usuarios. De todas formas, si el modelo social recomienda estas estrategias para combatir los defectos de las políticas individualistas, también revela que las posibilidades de implementación exitosa son pocas porque las mismas fuerzas sociales que producen discapacidad también disminuyen la respuesta estructural. El coste es el primer escollo. A lo largo del siglo XX, el gasto público consumió una proporción cada vez mayor del producto bruto interno (PIB) y el incremento del gasto del área de servicios sociales en seguridad social, asistencia social, salud, educación y vivienda fue muy marcado. Así, entre 1910 y 1975, período en el que el total del gasto del Estado se incrementó del 12,7 por ciento al 57,9 por ciento del PIB (a coste de los factores *), el gasto en servicios sociales se septuplicó, desde el 4,2 por ciento al 28,8 por ciento (también a coste de los factores). Cuando el producto nacional propiamente dicho estuvo en alza, el nivel de gasto público fue un problema menor; las ganancias y los salarios reales crecieron con el correr del tiempo y proporcionaron "la base material del reformismo y del Estado benefactor". Sin embargo, a medida que el PBI comenzó a perder estabilidad, el gasto de gobierno quedó bajo el fuego de artillería pesada, y el ataque intensivo actual, que comenzó a mediados de los setenta, se llevó a cabo con la convicción de que nuestras dificultades económicas mejorarían con una mejor administración interna. En la actualidad, los economistas están en desacuerdo respecto a los detalles de una estrategia de recuperación, pero tanto los neokeynesianos como los monetaristas coinciden en que el gasto público, si no es controlado, es "una causa importante de la ... crisis económica y debe recortarse" (GORGH, 1979). Por lo tanto, dada la profundidad de la recesión, el coste global de una respuesta a la discapacidad por parte de la política estructural es prohibitivo (OLIVER, 1984) especialmente para el actual gobierno, que tiene un compromiso

* Es la producción realizada en el interior de las fronteras nacionales a precios de salida de fábrica. No se incluyen por tanto los impuestos indirectos como el IVA ni tampoco los aranceles. *(N. del R.)*

ideológico para reemplazar los servicios prescritos por ley a través de la familia y los sectores privado y voluntario.

Pero aun si la economía estuviera en condiciones lo suficientemente buenas como para alimentar un amplio Estado de bienestar, las políticas globales relacionadas con la discapacidad seguirían viéndose frustradas debido a la primacía que se ofrece a las metas económicas sobre las sociales. En la actualidad, en Gran Bretaña se considera que la ética laboral es fundamental para la supervivencia económica: se cree que el talento y el esfuerzo deben recompensarse por medios materiales y que debe preservarse un diferencial de ingreso entre las personas económicamente activas y las económicamente inactivas con el fin de que los ciudadanos tengan un incentivo para buscar empleo y conservarlo. En consecuencia, las contribuciones al sistema nacional de seguridad social y los impuestos están fijados a niveles relativamente bajos y, por lo tanto, se impone un estricto nivel mínimo a todos los gastos públicos, especialmente a aquellos que tienen fines sociales (GEORGE y WILDING, 1984). Sin embargo, irónicamente, el surgimiento de necesidades humanas a menudo está muy vinculado con el desarrollo económico de las sociedades industriales, y no es una excepción que las personas con discapacidad apelen a servicios prescritos por la ley. Desde la Segunda Guerra Mundial, la economía demanda una fuerza laboral más móvil en términos geográficos, y cada vez más mujeres casadas se sienten atraídas por el empleo remunerado. En consecuencia, es posible que los parientes y amigos ya no vivan lo suficientemente cerca como para ayudar a las personas con discapacidad; las redes de vecinos que se generan en algunas localidades por el hecho de compartir durante décadas la zona de residencia pueden llegar a brindar menos apoyo que antes (P. ABRAMS, 1980); y las mujeres, que tradicionalmente, y aún hoy, son las cuidadoras más numerosas, ya no disponen de tanto tiempo libre (BRIGGS, 1983; CHARLESWORTH y cols., 1984; *Equal Opportunities Commission*, 1980; GREEN y cols. 1979; JONES y VETTER, 1985). Estos cambios no son inevitablemente destructivos; la movilidad y el empleo femenino pueden mejorar la calidad de vida y proporcionar nuevas oportunidades a los individuos que antes se veían limitados por una vida comunitaria y familiar muy cerrada. Sin embargo, aparecen nuevas necesidades que exigen un mayor apoyo a las personas con discapacidad por parte de la legislación, y ésta es una política estructural costosa con poco rendimiento económico. A diferencia del gasto en educación o en medicina curativa, no se puede presentar a la asistencia comunitaria como un método para mejorar la capacidad productiva (SLEEMAN, 1979), así como en un período de elevado nivel de desempleo tampoco es una defensa despedir mano de obra valiosa, especialmente cuando muchos cuidadores son mujeres con pocas habilidades ocupacionales que buscan trabajo de media jornada como sostén económico secundario. Por lo tanto, la asistencia comunitaria para las personas con discapacidad no puede buscarse a través de las justificaciones económicas que tienen predominio en una sociedad capitalista.

La existencia de servicios sociales para sustituir a los parientes y vecinos transgrede además el principio de *laissez-faire* (dejar hacer), que con su énfasis en la autosuficiencia reproduce el individualismo competitivo del mercado laboral. En el contexto de las familias y las comunidades locales, se dice que la "interferencia" estatal hace peligrar la santidad del hogar y la vecindad y debilita la sensación natural de deber mutuo que se encuentra en ambos. Pero el compromiso con el principio de *laissez-faire* inunda también a las instituciones políticas y hace que las administraciones centrales primero detesten debilitar la autonomía (teórica) del gobierno local al ordenar a las autoridades responsables de muchos de los servicios comunitarios que renueven o extiendan sus actividades y, segundo, que detesten intervenir en la industria; insistir en niveles estrictos de seguridad laboral; humanizar las condiciones laborales; regular la producción de bienes peligrosos; atacar la discriminación en contra de los trabajadores con discapacidad. En otras palabras, persiste un espíritu de libre empresa, y si bien los gobiernos avanzaron para eliminar las peores extravagancias de la democracia en el ámbito local y los peores abusos por parte de las organizaciones industriales, la disposición de todos los partidos políticos más importantes a profundizar la intervención establecida por la ley es a menudo ambigua. Consciente de la libertad del ciudadano en cuanto productor, consumidor y elector local, el Estado puede dudar si constreñir su libertad de acción, incluso cuando el coste de la conformidad consiste en servicios comunitarios inadecuados, más discapacidad y menos oportunidades laborales para los trabajadores con impedimentos.

Además de revelar la oposición a la extensión de las políticas comunitarias para las personas con discapacidad, el modelo estructural también indica que los defectos de los servicios sociales serán resistentes al cambio. En el centro de este conservadurismo se encuentran los grupos de profesionales que implementan políticas sociales y median entre el Estado de bienestar y sus beneficiarios. El humanitarismo puro no es la única inspiración de estos profesionales, a pesar de las ensoñaciones de algunos funcionalistas, pero tampoco son simples lacayos de las élites económica y política. En cambio, al creer en los ideales de cuidado que sus códigos éticos adoptan, utilizan el poder que surge de la capacidad de obstaculizar las políticas gubernamentales mediante la falta de cooperación para iniciar una sociedad con el Estado que se basa en un compromiso mutuo —aunque fluctuante y desequilibrado— con la ética que rige a la asistencia social. Sin embargo, existen contradicciones inherentes dado que a modo de recompensa por los privilegios que da el estatus de profesional —autonomía, respaldo comunitario, respeto de los políticos y los empleados civiles— el personal de los servicios sociales está dispuesto a aplicar el rol del enfermo a las personas con discapacidad y a trabajar en organismos que refuerzan ese estatus por medio de la segregación, la distribución desigual e injusta de los recursos y la negación de oportunidades para la genuina participación del consumidor en la toma de decisiones (WILDING, 1982).

Los servicios sociales segregados deben sus orígenes al modelo individualista de políticas, el cual se enfoca en acomodar a las personas con discapacidad dentro de las estructuras de la sociedad "normal" en lugar de demostrar flexibilidad ante la diversidad humana. Así, existe una tendencia a reducir a aquellos que no pueden desempeñar las funciones económicas y sociales usuales al tiempo que impide su completa participación en la sociedad; a asumir que sus diferencias eliminan la posibilidad de tener una vida normal en todos los ámbitos; y luego a utilizar esta "anormalidad" para justificar prestaciones separadas o segregadas para atender las necesidades *especiales* (PURKIS y HODSON, 1982; *Study Group of the 1978 Co-ordinated Research Fellowship Programme*, 1980). Los grupos de profesionales que se encuentran a la vanguardia en la identificación de estas necesidades especiales logran, de tanto en cuanto, orquestar iniciativas de políticas y, en el corto plazo, las personas con discapacidad se benefician mediante la introducción de instalaciones segregadas en reemplazo de severos regímenes institucionales o una total desatención comunitaria. Sin embargo, en cuanto especialistas, los profesionales tienden a "diagnosticar un problema en relación con lo que ellos mismos pueden ofrecer", por lo que el Estado benefactor se forjó principalmente de acuerdo con el espectro de habilidades ocupacionales de los especialistas (WALKER, 1982b). La división del trabajo resultante tiene poca relación con las necesidades de los consumidores; por ejemplo, los intereses personales de los maestros impidieron la transferencia de niños con discapacidad desde instituciones de educación especial —que los aísla y disminuye el progreso académico— a aulas estándar donde hay más posibilidades de igualdad de oportunidades. Además, las ideologías profesionales encontradas y la competencia feroz reprimen tanto la coordinación de la ayuda a los individuos como la reforma de los servicios para alinearlos más con las necesidades de las personas con discapacidad, no sólo en el sector segregado, sino en todo el Estado benefactor (BYTHEWAY y JAMES, 1978; PASCOE y THOMPSON, 1979, ROBINSON, 1978). Así, en el largo plazo, el separatismo y el aislamiento alentado por la influencia de los profesionales tuvo como resultado servicios sociales inconexos que pueden no estar de acuerdo con las necesidades de los consumidores.

Básicamente, la segregación es una forma extrema de desigualdad que aísla y excluye a las minorías (WEBB, 1980), pero la desigualdad en sí misma no se limita a los servicios especiales: las políticas integradas potencialmente abiertas a todos los ciudadanos también se ven afectadas. El sistema de seguridad social, por ejemplo, otorga niveles de beneficio significativamente mayores a los que sufrieron heridas en la guerra o lesiones en el trabajo que a los de los planes por invalidez, pensión por jubilación o beneficios suplementarios. Al articular de esa manera el valor del servicio a la sociedad, ese sistema propaga una jerarquía entre aquellas personas dentro de la población con discapacidad que dependen del Estado (SHEARER, 1981; TOPLISS, 1982; OLIVER, 1984). Pero aun en la cima de esa jerarquía, los pagos no siempre sacan a sus beneficiarios de la pobreza, y sobre esta base de desigualdad económica se acumulan la vivienda y las demás privaciones materiales que surgen como consecuencia de los bajos ingresos. Si se tiene en cuenta la naturaleza universal de las necesidades monetarias y de alojamiento, la igualdad es un criterio adecuado para evaluar las políticas. No obstante, allí donde las necesidades de todos nosotros no son iguales, pensar en términos de igualdad sirve "meramente para garantizar las desigualdades existentes" (JONES y cols., 1978) y, por lo tanto, el acceso igualitario a la asistencia proporcional a las circunstancias personales y sociales se convierte en la medida adecuada (SHEARER, 1981). La distribución equitativa de recursos es tan escurridiza en lo que respecta al cuidado de la salud, la educación y los servicios sociales personales como lo es la igualdad en términos de seguridad social y vivienda. En ambos casos, la razón es la alianza del Estado benefactor con los valores de una economía capitalista y, en particular, con la ética laboral. Sin embargo, allí donde la igualdad está en discusión, la discreción profesional que se ejercita en los márgenes de las decisiones relacionadas con la vivienda y la seguridad social adquiere mayor importancia. Si bien las profesiones no son obvios agentes de control social, las perspectivas que guían su funcionamiento personifican un modelo terapéutico de práctica, un enfoque "problema-tratamiento-cura" que en los adultos se concentra en un retorno a las funciones económicas y sociales "normales" y en los niños apunta a una fuerza laboral saludable y socialmente competente para el futuro. Este énfasis en la rehabilitación es devastador para las personas con discapacidad en aquellos casos en los que se considera que el efecto más posible de la intervención no será un cambio drástico, sino una modesta mejora o tal vez la prevención de un deterioro mayor. En primer lugar, los servicios destinados a los niños y a la población laboralmente activa pueden ser periféricos a las necesidades de los individuos con dependencias a largo plazo. Pero incluso cuando la ayuda es relevante, la suposición de que las competencias profesionales son superfluas puede llevar a la asignación automática de derivaciones por discapacidad a grupos ocupacionales menos prestigiosos o a servicios de segunda clase a manos de profesionales en cuya instrucción se inculcó la superioridad del trabajo terapéutico y se desvalorizó la asociación con pacientes o clientes con recursos económicos limitados. Es esta lealtad del personal de los servicios sociales al Estado la que sostiene el trato injusto de las personas con discapacidad (BORSAY, 1986)[2].

Paradójicamente, las deficiencias de los servicios sociales obstruyen el camino que lleva a la responsabilidad del usuario. En primer lugar, prestar asistencia imperiosa y poner la etiqueta de "enfermedad" a los ciudadanos con impedimentos mentales y físicos promueve una falsa imagen y un sentido de dependencia (PURKIS y HODSON, 1982) que, combinado con la adopción de la participación indirecta por parte de la democracia representativa, ayuda a que se los descarte por incapaces. Sin embargo, la segregación, la desigualdad y la falta de equidad también tienen serias consecuencias, ya que al discriminar de manera negativa sobre la base de la discapacidad no sólo refuerzan el rol del enfermo, sino que también desalientan la participación en campañas al difundir la idea de que el impedimento es un estigma que hay que ocultar y no exhibir. Si se minusvalora a los consumidores al tomarlos por incompetentes y se promueve la pasividad, se exonera al Estado benefactor de la tarea del control profesional y es posible que cualquier intento de participación más activa —consejos comunitarios de salud, comités de pacientes, asociaciones de inquilinos— sea simplemente superficial. Pero esto no es sorprendente. Las imperfecciones de la asistencia comunitaria se originan principalmente en las tensiones que rodean a la dependencia en una sociedad industrial avanzada, y hasta que se resuelvan estos conflictos, las personas con discapacidad seguirán siendo el despojo del estatus político.

Conclusión

El objetivo de este artículo fue elaborar un modelo de asistencia comunitaria en el marco de una evaluación sociológica del impedimento mental y físico. Con ese fin, se compararon dos interpretaciones contradictorias de la discapacidad: una individualista y otra social. De acuerdo con la perspectiva individualista, la discapacidad se presenta como "problema personal" y se espera que la víctima

[2] Agradezco al editor de *Occasional Papers on Social Administration*, serie en la que se publicó este libro, su permiso para utilizar el párrafo precedente.

comprenda la difícil situación en que se encuentra con la ayuda de sus parientes y otras personas cercanas. Por otra parte, de acuerdo con la perspectiva social, se reconoce la discapacidad como un "asunto público" y se hace hincapié en la función que la sociedad tiene en su creación al causar de manera directa impedimentos físicos y mentales; al realizar procesos de etiquetado peyorativos; al manejar instituciones económicas, sociales y políticas que son indiferentes a las necesidades de las personas con discapacidad. Naturalmente, estas dos interpretaciones dan lugar a diferentes tipos de políticas. A tono con su concepción de la discapacidad, la respuesta de las políticas de corte individualista no es precisamente la de autorizar intervención y gasto de gobierno excesivos; acepta la presión que se impone a familias y vecindarios y acepta servicios sociales inconexos y segregados, con una distribución injusta y desigual y dominados por los profesionales. Desde su base en la estructura de la sociedad, el modelo social dicta políticas diametralmente opuestas: alto gasto público y fuerte intervención estatal, máximo apoyo a los cuidadores y servicios sociales integrados y coordinados asignados de acuerdo con principios de igualdad y equidad y ajustados a las necesidades de los consumidores. Sin embargo, al mismo tiempo, este modelo también demuestra claramente el problema de pasar de políticas individualistas —típicas de muchas de las disposiciones actuales— a programas de asistencia comunitaria más orientados a lo social. Por supuesto, los objetivos de la asistencia social no son invariablemente incompatibles con la racionalidad económica que es sello distintivo de la Gran Bretaña industrial, ya que de manera histórica, según observa Robert PINKER:

> El interés político en mantener el orden y el consenso social, la conciencia creciente de que lo que era bueno para el bienestar social también era bueno para la economía, y la importancia de la política social para la eficiencia militar y la unidad patriótica ... contribuyeron en mucho al crecimiento del Estado benefactor.
>
> (PINKER, 1974.)

Sin embargo, en un período de recesión aguda el coste de incrementar cualquier servicio social se convierte rápidamente en prohibitivo, y allí donde los beneficiarios provienen de grupos minoritarios, que en su mayoría no son productivos, los obstáculos endémicos al cambio se vuelven incluso más difíciles de manejar. Una mejor asistencia comunitaria amenaza los incentivos laborales mediante mayores impuestos y aportes al sistema nacional de seguridad social, sin el estímulo del beneficio económico; el gobierno de perfil alto —ayudar a los parientes, amigos y vecinos, expandir y renovar los servicios de salud y aquellos prestados por las autoridades locales, prevenir la discapacidad— amenaza la adorada independencia de las familias y las comunidades, de las instituciones políticas locales y de los empleadores; la búsqueda de la integración, la igualdad y la equidad y la participación del consumidor amenaza la autonomía de las profesiones y la relación simbiótica que éstas tienen con el Estado. Dadas estas barreras al cambio, el modelo social conlleva un mensaje doblemente pesimista: sí, la reforma de la asistencia comunitaria es acuciante, pero la resistencia a la misma será formidable.

Referencias

ABRAMS, M. (1980). *Beyond Three-Score and Ten,* Mitcham, Age Concern Publications.
ABRAMS, P. (1980). "Social change, social networks and neighbourhood care," *Social Work Service,* págs. 12-23.
BECKER, H. (1963). *Outsiders.* Nueva York, Free Press.
BERGMANN, K.; MANCHEE, V. y WOODS, R. T. (1984). "Effect of Family Relationships on Psychogeriatric Patients", *Journal of the Royal Society of Medicine,* 77, págs. 840-844.
BORSAY, A. (1986). *Disabled People in the Community,* Londres, Bedford Square Press.
BRIGGS, A. (1983). *Who Cares?,* Chatham, Association of Carers.
BUCKLE, J. (1971). *Work and Housing of Impaired Persons in Great Britain,* Londres, HMSO.
BYTHEWAY, B. y JAMES, L. (1978). "Reaching across the wild borders", *Health and Social Service Journal,* págs. 936-938.
CHARLESWORTH, A.; WILKIN, D. y DURIE, A. (1984). *Carers and Services,* Manchester, Equal Opportunities Commission.
COCHRANE, R. (1983). *The Social Creation of Mental Illlness,* Harlow, Longman.
CUFF, E. C. y PAYNE, G. C. F. (Eds.) (1979). *Perspectives in Sociology,* Londres, Allen & Unwin.
CUMMING, E.; DEAN, L. R.; NEWELL, D. S. y MCCAFFREY, L (1972). "Disengagement: a tentative theory of ageing", en: S. H. CHOWN (Ed.) *Human Ageing,* Londres, Penguin.
DARTINGTON, T.; MILLER, E. y GWYNNE, G. (1981). A *Life Together,* Londres, Tavistock.
DAVOUD, N. y KETTLE, M. (1980). *Multiple Sclerosis and its Effects upon Employment,* Londres, Multiple Sclerosis Society.
DE JONG, G. (1981). "The movement for independent living: origins, ideology and implications for disability research", en: A. BRECHIN, P. LIDDIARD y J. SWAIN (Eds.) *Handicap in a Social World,* Sevenoaks, Hodder & Stoughton.
DOWD, J. J. y LAROSSA, R. (1982). "Primary group contact and elderly morale: an exchange/power analysis", *Sociology and Social Research,* 66, págs. 184-197.
EISDORFOR, C y COHEN, D. (1980). "The issue of biological and psychological deficits", en: E. F. BORGATTA y N. G. MCCLUSKEY (Eds.) *Ageing and Society,* Beverly Hills, Sage.
EQUAL OPPORTUNITIES COMMISSION (1980). *The Experience of Caring for Elderly and Handicapped Dependants,* Manchester, Equal Opportunities Commission.
ESTES, C. L.; SWAN, J. H. y GERARD, L. E. (1982). "Dominant and competing paradigms in gerontology: towards a political economy of ageing", *Ageing and Society,* 2, págs. 151-164.
FINKELSTEIN, V. (1980). *Attitudes and Disabled People,* Nueva York, World Rehabilitation Fund.
FITZGERALD, R. G. (1974). "Reactions to blindness: an exploratory study of adults with recent loss of sight", en: D. M. BOSWELL y J. M. WINGROVE (Eds.) *The Handicapped Person in the Community,* Londres, Tavistock.
FORSYTHE, E. (1979). *Living with Multiple Sclerosis,* Londres, Faber.
GEORGE, V. y WILDING, P. (1984). *The Impact of Social Policy,* Londres, Routledge & Kegan Paul.
GOFFMAN, E. (1968). *Stigma,* Londres, Penguin.
GOLDBERG, D. y HUXLEY, P. (1980). *Mental Illness in the Community,* Londres, Tavistock.
GOUGH, L (1979). *The Political Economy of the Welfare State.* Basingstoke, Macmillan.
GREEN, S., CREESE, A. y KAUFERT, J. (1979). "Social support and government policy on services for the elderly", *Social Policy and Administration,* 13, págs. 210-218.
GREENBLUM, J. (1984). "Age and capacity devaluation: a replication", *Social Science and Medicine,* 19, págs. 1181-1187.
HARRIS, D. K. y COLE, W. E. (1980). *Sociology of Ageing,* Nueva York, Houghton Mifflin.

HARRISON, J. (1983). "Women and ageing: experience and implications", *Ageing and Society,* 3, págs. 209-235.

HENDRICKS, J. y MCALLISTER, C. E. (1983). "An alternative perspective on retirement: a dual economic approach", *Ageing and Society,* 3, págs. 279-299.

INGLEBY, D. (1981). "Understanding 'mental illness'", en: D. INGLEBY (Ed.) *Critical Psychiatry,* Londres, Penguin.

JONES, D. A. y VETTER, N. J. (1985). "Formal and informal support received by carers of elderly dependants", *British Medical Journal,* 291, págs. 643-645.

JONES, K.; BROWN, J. y BRADSHAW, J. (1978). *Issues in Social Policy,* Londres, Routledge & Kegan Paul.

JORDAN, D. (1979). *A New Employment Programme Wanted for Disabled People,* Londres, Disability Alliance.

KETTLE, M. (1979). *Disabled People and their Employment,* Banstead, Association of Disabled Professionals.

LEONARD, P. (1975). "Towards a paradigm for radical practice", en: R. BAILEY y M. BRAKE (Eds.) *Radical Social Work,* Londres, Edward Arnold.

LOCKER, D. (1983). *Disability and Disadvantage,* Londres, Tavistock.

—; RAO, B. y WEDDELL, J. M. (1979). "Public acceptance of community care for the mentally handicapped", *Apex,* 7.

MACLEAN, M. y JEFFREYS, M. (1974). "Disability and deprivation", en: D. WEDDERBURN (Ed.) *Poverty, Inequality and Class Structure,* Londres, Cambridge University Press.

MANNING, N. y OLIVER, M. (1985). "Madness, epilepsy and medicine", en: N. MANNING (Ed.) *Social Problems and Welfare Ideology,* Aldershot, Gower.

MILES, A. (1978). "The social content of health", en: P. BREARLEY, J. GIBBONS, A. MILES, E. TOPLISS y G. WOOD, *The Social Context of Health Care,* Oxford, Blackwell/Martin Robertson.

— (1981). *The Mentally Ill in Contemporary Society,* Oxford, Martin Robertson.

M.I.N.D. (1979). *Prevention in Mental Health,* Londres, National Association for Mental Health.

MISHRA, R. (1977). *Society and Social Policy,* Basingstoke, Macmillan.

OLIVER, C. (1982). *Older Workers and Unemployment,* Londres, Unemployment Alliance.

OLIVER, J. (1983). "The caring wife", en: J. FINCH y O. GROVES (Eds.) *A Labour of Love,* Londres, Routledge & Kegan Paul.

OLIVER, M. (1981). "Disability, adjustment and family life: some theoretical considerations", en: A. BRECHIN, P. LIDDIARD y J. SWAIN (Eds.) *Handicap in a Social World,* Sevenoaks, Hodder & Stoughton.

— (1983). *Social Work with Disabled People,* Basingstoke, Macmillan.

— (1984). "The politics of disability", *Critical Social Policy,* N.º 11, págs. 21-32.

— (1986). "Social policy and disability: some theoretical issues, *Disability, Handicap and Society,* 1, págs. 5-17.

PASCOE, N. y THOMPSON, Q. (1979). "Co-operation and conflict: an examination of the interface between housing and social services departments", *Housing Review,* 28, págs. 71-74.

PEARSON, G. (1975). *The Deviant Imagination,* Londres, Macmillan.

PINKER, R. (1974). "Social policy and social justice", *Journal of Social Policy,* 3, págs. 1-19.

PURKIS, A. y HODSON, P. (1982). *Housing and Community Care,* Londres, Bedford Square Press.

RAMON, S. (1982). "The logic of pragmatism in mental health policy", *Critical Social Policy,* 2, págs. 38-54.

RICHARDSON, A. y GOODMAN, M. (1983). *Self-help and Social Care,* Londres, Policy Studies Institute.

ROBINSON, T. (1978). *In Worlds Apart,* Londres, Bedford Square Press.

ROSOW, I. (1974). *Socialisation* to *Old Age,* Berkeley, University of California Press.
ROSSER, C. y HARRIS, C. (1965). *The Family and Social Change,* Londres, Routledge & Kegan Paul.
SEDGWICK, P. (1982). *Psycho Politics,* Londres, Pluto Press.
SHEARER, A. (1981). *Disability: whose handicap?,* Oxford, Blackwell.
— (1982). *Living Independently,* Londres, Centre for Environment for the Handicapped/King Edward's Hospital Fund for London.
SLEEMAN, J. F. (1979). *Resources for the Welfare State,* Harlow, Longman.
STONE, D. (1985). *The Disabled State,* Basingstoke, Macmillan.
STUDY GROUP OF THE 1978 CO-ORDINATED RESEARCH FELLOWSHIPS PROGRAMME (1980). *New Forms in the Structures and Organisation of Social Services, Including Multidisciplinary Centres and Systems* to *Encourage Client Participation,* Estrasburgo, Council of Europe.
SUTHERLAND, A. (1981). *Disabled We Stand,* Londres, Souvenir Press.
SZASZ, T. (1960). "The myth of mental illness", *American Psychologist,* 15, págs. 113-118.
TAYLOR, R. y FORD, G. (1983). "Inequalities in old age: an examination of age, sex and class differences in a sample of community elderly", *Ageing and Society,* 3, págs. 183-208.
THOMAS, D. (1982). *The Experience of Handicap,* Londres, Methuen.
TITMUSS, R. M. (1976). *Commitment to Welfare,* Londres, Allen & Unwin.
TOPLISS, E. (1982). *Social Responses to Handicap,* Harlow, Longman.
TOWNSEND, P. (1979). *Poverty in the United Kingdom,* Londres, Penguin.
— (1981). "The structured dependency of the elderly: a creation of social policy in the twentieth century", *Ageing and Society,* 1, págs. 5-28.
TREACHER, A. y BARUCH, G. (1981). "Towards a critical history of the psychiatric profession", en: D. INGLEBY (Ed.) *Critical Psychiatry,* Londres, Penguin.
TUCKETT, D. (Ed.) (1976). An *Introduction to Medical Sociology,* Londres, Tavistock.
— y KAUFERT, J. M. (Eds.) (1978). *Basic Readings in Medical Sociology,* Londres, Tavistock.
TUNSTALL, J. (1966). *Old and Alone,* Londres, Routledge & Kegan Paul.
WALKER, A. (1980a). "The social origins of impairment, disability and handicap", *Medicine in Society,* 6, págs. 18-26.
— (1980b). "The social creation of poverty and dependency in old age", *Journal of Social Policy, 9.*
— (1981). "Towards a political economy of old age", *Ageing and Society, 1,* págs.73-94.
— (1982a). *Unqualified and Underemployed,* Basingstoke, Macmillan.
— (1982b). "Social need, social services and mental illness", en: *Housing Management, Social Work and Mental Illness,* Londres, King's Fund Centre.
— (1982c)."Dependency and old age", *Social Policy and Administration,* 16, págs. 115-135.
WANSBROUGH, N. y COOPER, P. (1980). *Open Employment After Mental Illness,* Londres, Tavistock.
WARD, R. A. (1979). *The Ageing Experience,* Nueva York, Lippincott.
WEBB, A. (1980). "The personal social services", en: N. BOSANQUET y P. TOWNSEND (Eds.) *Labour and Inequality,* Londres, Heinemann Educational.
WEIR, S. (1981a). "Our image of the disabled and how ready we are to help", *New Society,* 1 Enero.
— (1981b). "Has International Year helped disabled people?" *New Society, 24/31* Diciembre.
WENGER, G. C. (1984). *The Supportive Network,* Londres, Allen & Unwin.
WILDING, P. (1982). *Professional Power and Social Welfare,* Londres, Routledge & Kegan Paul.
WRIGHT MILLS, C. (1970). *The Sociological Imagination,* Londres, Penguin.

CAPÍTULO X

La discapacidad y la reconstrucción afgana

Algunas cuestiones políticas

Por M. MILES

Comisario, Centro de Salud Mental, Peshawar, Pakistán

Resumen

Los conflictos que tuvieron lugar en Afganistán afectaron profundamente los pocos servicios formales de rehabilitación existentes para los afganos con discapacidad. La situación inestable que se vive allí, junto con el subdesarrollo socioeconómico predominante, plantea gravísimos problemas a la reconstrucción. En términos realistas, durante muchos de los próximos años los afganos con discapacidad tendrán que componérselas y utilizar principalmente habilidades tradicionales y recursos comunitarios. Sus recursos autóctonos pueden complementarse con información moderna sobre rehabilitación (técnicas y conocimientos) mediante un enfoque del planeamiento "basado en la información". Se analizan algunas consecuencias de este enfoque y se ofrecen ejemplos prácticos de sistemas de información.

Introducción

En mayo de 1990 el conflicto en Afganistán continúa mientras diversos grupos políticos luchan por el poder. Muchos miles de mujeres, niños y hombres afganos con discapacidad siguen con sus vidas entre los aproximadamente 10,5 millones de habitantes que aún viven en el país o entre los 5,5 millones de refugiados que residen en Pakistán e Irán. En este artículo se analizan algunos recursos y cuestiones políticas y de planeamiento actuales para la rehabilitación de los afganos con discapacidad. El nivel de desarrollo de Afganistán requiere algo que está más allá de la sabiduría convencional. Aquí se ignoran los lemas de la Década Internacional de las Personas con Discapacidad y si se conocieran tendrían escasa importancia. Las Naciones Unidas apuntaron a los afganos con discapacidad en su *Operación Salam* y, desde 1988, está intentando diseñar planes para ellos, pero no está claro cómo proceder más allá de esquemas bastante generales (CADA, 1989).

Durante la década de los ochenta, la tendencia del asesoramiento provisto por los consultores de la ONU a los gobiernos de las naciones preindustriales favorecía la llamada Rehabilitación Basada en la Comunidad (RBC)[1] y repudiaba el establecimiento de instituciones. Esto estaba de acuerdo con el movimiento occidental que apuntaba a desinstitucionalizar la asistencia médica, desmedicalizar las percepciones de la discapacidad y evitar la segregación de las personas con discapacidad en colonias de rehabilitación de dudosa validez ecológica. Esa tendencia se veía reforzada por un imperativo estadístico: la cantidad de personas con discapacidad con acceso a servicios de rehabilitación institucional —en su mayoría urbanos y costosos— era muchísimo menor que la cantidad de personas para quienes no existían ninguna clase de servicios modernos formales.

La dimensión de las instituciones especializadas necesarias para prestar servicios a la mayoría olvidada está mucho más allá de los recursos de que podría disponerse en países como Afganistán. Incluso las naciones occidentales que cuentan con los recursos suficientes carecen de la fuerza de voluntad política necesaria para poner a disposición de sus regiones menos desarrolladas programas de rehabilitación especializada. Un análisis desde la óptica de la justicia social indicaría que un nivel de ayuda más modesto debería extenderse a un público usuario mucho mayor, mientras que la historia social sugiere que los usuarios urbanos adinerados podrían continuar absorbiendo una cantidad desproporcionada de los escasos recursos y conocimientos prácticos disponibles en el campo de la rehabilitación.

El asesoramiento provisto por la ONU solía contradecir los instintos de los funcionarios de gobierno del Tercer Mundo, cuya percepción del terreno era que el problema (las personas con discapacidad) debía cuantificarse y acumularse en un lugar (una institución) donde pudiera manejarse o tratarse de la manera adecuada. La noción de que la sociedad debía avanzar hacia una mayor aceptación y una distribución de los recursos y los beneficios más equitativa entre todas las personas desfavorecidas o marginadas parecía remota en los países en que la sociedad carecía de características fuertes y homogéneas y donde la provisión de alimento, refugio, educación y derechos humanos era inadecuada para una parte importante de la población[2].

Hacia finales de los ochenta surgieron contradicciones inherentes a la idea de intentar planear de manera *central* la Rehabilitación *Basada en la Comunidad* y transmitir esa planificación a comunidades atrasadas. Una de las lecciones para el crecimiento, proporcionada por los campos relacionados de la educación rural y la atención primaria de la salud, es que es esencial algún nivel significativo de participación de la comunidad local en la toma de decisiones para que haya progresos significativos. Las innovaciones que caen en paracaídas en forma de paquete rara vez desarrollan raíces duraderas. MOMM y KÖNIG, planificadores de

[1] Recientemente apareció bibliografía útil sobre Rehabilitación Basada en la Comunidad: O'TOOLE, B. (1990), "An annotated bibliography on CBR", en: M. THORBURN, K, MARFO y cols., *Practical Approaches to Childhood Disability in Developing Countries: Insights from experience and research*, apéndice principal (St. John's, Canadá, proyecto SEREDEC, Universidad Memorial de Newfoundland).

[2] Estas cuestiones se consideran con mayor detalle en MILES, M. 1985, *Where There Is No Rehab Plan* (Palo Alto, Hesperian Foundation), y MILES, M. (1986), "Misplanning for disabilities in Asia", en: K. MARFO, S. WALKER y D. CHARLES (eds.) *Childhood Disability in Developing Countries, Issues in Habilitation and Special Education* (Nueva York, Praeger).

rehabilitación profesional de la Organización Internacional del Trabajo (OIT), concluyeron, en 1989, que:

> El resultado de cierta manera sorprendente de todos los esfuerzos de RBC que la OIT emprendió hasta ahora es tal vez una mayor conciencia de las dificultades que acompañan la implementación de RBC.
>
> (pág. 11.)

> Los modelos existentes de rehabilitación basada en la comunidad demostraron tener serias deficiencias ya que son profesionalmente insatisfactorios, son difíciles de organizar en cuanto programas autosostenibles y no son posibles sin un fuerte apoyo desde fuera de la comunidad.
>
> (pág. 20.)

Si la estrategia preferida de la ONU durante la década de los ochenta mostró serias deficiencias en países en vías de desarrollo, que son mucho más fuertes en términos económicos y sufrieron menos las perturbaciones de la guerra, es poco probable que ayude a Afganistán en los noventa. ¿Qué puede ofrecer de manera realista la experiencia mundial acumulada a una nación con una mortalidad oficial de menores de 5 años de 300/1.000 (Estado Mundial de la Infancia, 1990) y estimados localizados de mortalidad infantil de entre el 20 y más del 50 por ciento (*The Children of Afghanistan*, 1988, págs. 111, 131). Muchas personas afganas viven con lo justo, de manera precaria tal como sus antepasados vivieron durante siglos, en praderas de montaña y campos rocosos en forma de terrazas que hoy están sembrados de minas sin detonar. La improbabilidad del ejercicio de ayuda indica que hacen falta nuevos enfoques que tomen en cuenta la identificación de los recursos invisibles y tradicionales y que se los integre al tipo de rehabilitación basada en la información que tuvo cierto nivel de éxito en poblaciones vecinas en Pakistán (Miles, 1989a; Peters y Rehman, 1989).

Recursos formales de rehabilitación

El informe que el actual gobierno de Kabul realizó para la UNESCO y la OIT[3], indicaba que los recursos de rehabilitación organizados comprendían organizaciones urbanas para no videntes y personas con discapacidad física y algunos programas urbanos de rehabilitación profesional de personas necesitadas, incluidas aquellas con discapacidad. Hubo algunos talleres de capacitación docente para educación especial y algo de capacitación formal para fisioterapeutas y técnicos en prótesis y ortopedia. Algunos de estos recursos disminuyeron o cesaron debido a la guerra. El Ministerio de Salud Pública en Kabul planeó la creación de un centro de rehabilitación para niños con discapacidad y sus madres con un énfasis vocacional. Una organización con sede en Quetta que se dedica a la formación de afganos en las áreas de fisioterapia, prótesis y ortopedia intentó abrir nuevos centros de rehabilitación en Afganistán, pero la situación

[3] Esta clase de datos sin verificar están publicados en directorios de la UNESCO y la OIT que quedan obsoletos con rapidez y que no tienen valor para el planeamiento práctico.

allí era demasiado conflictiva como para que esa idea prosperara (HANDICAP INTERNATIONAL, 1990).

Una cantidad desconocida de personal afgano de los ámbitos médico, educativo y de la asistencia social con algún tipo de experiencia en rehabilitación, vive en Afganistán o en el exterior, y no está utilizando sus aptitudes por falta de recursos y de una situación estable. Algunas de estas personas especializadas que se instalaron en el exterior pueden estar dispuestas a regresar mediante contratos específicos para ayudar en la reconstrucción (DUPRE, 1989). En algunas organizaciones de voluntarios, que en la actualidad asisten a los refugiados afganos con discapacidad y/o dan formación en técnicas de rehabilitación, comenzaron a realizarse actividades de coordinación y de búsqueda de información.

Recursos informales

Tradicionales: Hay curanderos tradicionales, "colocadores de huesos", *pirs** que guían a aquellos que están mentalmente trastornados, mujeres sabias que dan consejo a las madres, y otros recursos autóctonos. El masaje corporal es muy conocido. Los artesanos rurales pueden hacer un calzado, una prenda o una silla que se ajuste a un cuerpo no estandar o una férula o muleta para sostener un miembro fracturado. Hay mulás ** que tienen experiencia en enseñar a las personas no videntes a memorizar el santo Corán. Hay maestros que integran de manera casual a alumnos con discapacidad a sus aulas. Existen nociones tradicionales de prevención de la discapacidad mediante precauciones alimenticias y medidas de seguridad.

Invisibles: El mejor banco de recursos se encuentra en las propias personas con discapacidad y en sus familiares, vecinos y comunidades locales que pueden haberse ocupado de ellos, que pueden haberlos ayudado o simplemente tratado como seres humanos normales. Ellos son quienes tienen la experiencia práctica de vivir con discapacidad; ya sea la propia o la del vecino. Algunos, que tienen una gran motivación, poseen experiencia sobre cómo adaptar su vida, su entorno, su trabajo y su forma de comunicarse para sobreponerse a la discapacidad y vivir de manera tan normal como les sea posible. Algunos —especialmente entre las mujeres— tienen años de experiencia en el cuidado de un niño o un pariente mayor con discapacidad. SHAFIQUE y cols. (1988) escriben sobre el nivel de estigmatización comparativamente menor que conllevan para los afganos las enfermedades psiquiátricas. Las actividades típicas de estos recursos de rehabilitación invisibles se encuentran reflejadas en una serie de emisiones de radio del año 1984, dirigidas a aldeas afganas en Pushto y, en la actualidad, se utilizan las grabaciones de esos programas en la capacitación de trabajadores del área de la salud en campos de refugiados (MILES, 1986).

Los recursos tradicionales e invisibles a menudo se ven perjudicados por falta de información, técnicas arriesgadas y creencias y actitudes cuestionables.

* Maestros sufís. *(N. del T.)*

** Mulá, mullah o mollah es la denominación que en algunas comunidades musulmanas recibe la persona versada en el Corán. *(N. del R.)*

Las personas que se formaron en occidente en el campo de la medicina de rehabilitación pueden llegar a desestimar los recursos por inútiles o dañinos, pero esa es una reacción que, en sí misma, es arrogante y no los aprovecha. Los métodos prácticos mediante los que las personas comunes superan sus problemas en su propio entorno siempre merecen ser objeto de estudio. Los recursos informales tienen la ventaja de ser adecuados en términos ecológicos y culturalmente aceptables porque provienen de la misma gente. Aun cuando una práctica es dudosa o inaceptable en términos médicos, vale la pena estudiar su forma y su esencia, su función y contexto, en caso de que se presente una alternativa similar comprobada de manera científica y, por ende, tenga mayor aceptación.

Hacer que los afganos con discapacidad se involucren en planes relacionados con su propio futuro tiene sus dificultades. En una reunión que se celebró para discutir la creación de una asociación de afganos con discapacidad, algunos hombres con discapacidad física menospreciaron a un hombre con ceguera que estaba presente. "¡Es un *ciego*!, ¡no puede hacer nada!" Tampoco se pudo discutir el concepto de autorrepresentación de personas con incapacidad mental; no existía el vocabulario necesario para comunicar semejante idea de manera significativa. Por otra parte, las culturas afganas tienen un fuerte sentido de derechos y justicia que proviene de la comprensión local del Islam. En el momento preciso, la gente responderá a la información que los juristas musulmanes predijeron 1.000 años atrás acerca de gran parte del detallado debate occidental moderno sobre los derechos civiles de las personas con incapacidad mental (THE HEDAYA, 1963).

Estructuras de planeamiento

Las estructuras y autoridades tradicionales, fuertemente afectadas tanto dentro de Afganistán como en las aldeas de refugiados, en general no se reemplazaron por alternativas estables o con amplia aceptación (EDWARDS, 1990). La destrucción económica y social es tal que no puede esperarse un rápido retorno a la estabilidad. Se ve el planeamiento como algo más provisional que de costumbre. De todas formas, descuidar el planeamiento positivo para los afganos con discapacidad sería aceptar que sus necesidades reciban una atención mínima, sobre todo las de las mujeres y los niños y de todas las personas cuya discapacidad no está vinculada con la guerra. Los hombres que adquirieron la discapacidad en la *Yihad* y las personas que la adquirieron por las minas pueden esperar algún tipo de compensación y equipamientos simples (*The Pakistan Times*, 17 de abril de 1990). Por otra parte, es posible que se pase por alto a los niños afectados por la polio o cuyo desarrollo mental se ve dañado por deficiencias alimentarias, al igual que a muchas otras personas que forman parte de categorías que llaman poco la atención.

Es útil considerar tres etapas de planificación: provisional, a medio y a largo plazo. Las estructuras provisionales son aquellas que pueden diseñarse e implementarse sobre la base de la situación de los refugiados con discapacidad que se encuentran en Pakistán e Irán hasta el momento de tránsito a Afganistán. Las estructuras a medio plazo pueden preverse entre el momento en que el retorno esté completamente en marcha hasta los primeros años de estabilización y reconstrucción del país bajo un gobierno nacional reconocido. Las estructuras para el medio y el largo plazo son claramente una responsabilidad del pueblo afgano y de su gobierno presente y futuro, quien podrá adoptar o rechazar cualquier medida temporal o cualquier sugerencia que se le haga en relación con la planificación a medio y largo plazo.

Idealmente, pueden diseñarse medidas y estructuras provisionales que se encomienden al gobierno y al pueblo para que puedan *integrarse fácilmente a los recursos existentes* en Afganistán y para que se las adopte y fortalezca de manera que se conviertan, en efecto, en el plan a medio plazo. Esto depende de los puntos de vista, la fuerza y la ideología del gobierno que obtenga y retenga el poder. La mayoría de los métodos, conocimientos prácticos y técnicas de rehabilitación de personas con discapacidad son *políticamente neutros*. No obstante, la estructura de los servicios de rehabilitación depende mucho de decisiones políticas e ideológicas relacionadas con la *asignación de recursos financieros y humanos*, y también de si el gobierno permite que haya organismos internacionales detrás del trabajo humanitario, como por ejemplo en la rehabilitación de las personas con discapacidad en áreas rurales y urbanas.

Una estrategia obvia parece ser la, políticamente neutral, de brindar capacitación al personal en métodos, conocimientos y técnicas de rehabilitación básicos que puedan ponerse en práctica de inmediato en estructuras provisionales, con la esperanza de que, más adelante, las estructuras de medio y largo plazo establecidas por el gobierno de Afganistán o las estructuras de organizaciones no gubernamentales (ONG), con o sin apoyo internacional, absorban a esas personas capacitadas como recursos. Algunos organismos en Peshawar y en Quetta ya están trabajando de acuerdo a este esquema mediante la capacitación de instructores de movilidad para personas con ceguera, fisioterapeutas y técnicos en ortopedia y prótesis.

Sin embargo, las elecciones políticas son inevitables aun en la transmisión de conocimientos prácticos. En cada estructura de capacitación tiene lugar algún tipo de concesión mutua entre requisitos de ingreso, duración del entrenamiento, nivel de los conocimientos transmitidos, número de aprendices por período, costes de la capacitación, cantidad y tipo de personas con discapacidad que posiblemente se beneficien con los conocimientos transmitidos. Cuatro importantes estrategias de rehabilitación —*tradicional, institucional, enfoque paciente-comunidad y la basada en centros de recursos*— ajustan de manera diferente la ecuación conformada por la transmisión, el coste, la accesibilidad, la responsabilidad pública, etc., de los conocimientos prácticos relacionados con la rehabilitación (MILES, 1989b). A su vez, estos ajustes se reflejan en los requisitos de ingreso de los aprendices, la duración del entrenamiento y la estructura prevista en términos de derivaciones y supervisión.

Algunos ejemplos prácticos:

1. Si el Ministerio de Salud de Afganistán no va a emplear a nadie que utilice técnicas terapéuticas y que no haya recibido una capacitación formal durante al menos seis meses, esa decisión influirá en la clase de medidas provisionales a tomar en el presente.
2. Si los servicios de salud futuros de Afganistán se basan en un modelo descentralizado en el que los recursos del gobierno se dirijen principalmente a

numerosos centros de salud locales, esto afectará a la clase de aprendiz al que sería más estratégico capacitar en rehabilitación.

3. Si, tal como parece posible, un futuro gobierno afgano prioriza la rehabilitación profesional de los hombres con discapacidad adquirida en la guerra (*International Rehabilitation Review*, 1989) mientras que otros organismos tienen como objetivos las necesidades de mujeres y niños, esto influirá en el tipo de capacitación que se imparta y en el método de financiación y el lugar de operación esperados.

Estas cuestiones no pueden decidirse ahora, por lo que los organismos de capacitación tienden a aceptar a cualquier posible aspirante. De todas maneras, debería considerarse una perspectiva a más largo plazo. Los ejemplos antes mencionados indican la necesidad de una consulta con una muestra representativa de los actuales líderes políticos, religiosos y sociales que se encuentran entre los refugiados afganos y la población que aún vive en el país y con elocuentes representantes de los afganos con discapacidad[4]. Integrar todos esos puntos de vista en los procesos de planificación no será fácil, pero debería aumentar las posibilidades de que los esfuerzos aportados provisionalmente se incorporen de manera fluida a las posibles estructuras que se desarrollen en Afganistán a medio plazo.

Evaluación práctica

Lo anterior consiste en la previsión de un resultado óptimo en el que los servicios provisionales se plantean y coordinan de la manera correcta y se aplican en Afganistán con éxito y con una pérdida mínima de recursos y conocimientos. Es improbable que ese ideal se convierta en realidad debido a muchas dificultades y a la carencia actual de recursos formales de rehabilitación en ambos lados de la frontera. En países con un perfil socioeconómico similar (como Nepal o Yemen) los servicios formales son pocos y están mal coordinados entre los diversos niveles de capacitación disponibles y entre los sectores gubernamental y privado[5].

[4] Formar una Asociación de Afganos con Discapacidad representativa con el factor unificador de "nuestra discapacidad" no es tarea fácil. Los afganos normalmente tienen una fuerte identidad familiar y tribal, incluso la mayoría de las muestras de cortesía tienen su origen en las aldeas. En los campos de refugiados, inicialmente indiferenciados, las familias se trasladaban de un lado al otro hasta que se reconstituían aldeas y grupos tribales completos. El comparativamente alienado occidental moderno puede estar más dispuesto a buscar una identidad y una causa común con otras personas en cuanto personas con discapacidad (o mujeres, gais, personas de raza negra, etc., oprimidos). Los afganos que adquieren discapacidad adaptarán algunas de sus *funciones* dentro de la familia y la comunidad local, si bien tal vez es menos probable que descubran una nueva *identidad* o que hagan causa común con personas con las que no comparten su origen y sus raíces. Entonces, el riesgo de insistir en la creación de una asociación de esta clase es que sus miembros y sus exigencias pueden ser en gran medida atípicos.

[5] Informes de esos países, como LANCASTER-GAYE, D. (1990) "Childhood disability in the Yemen", en *Interlink* 2 (1), págs. 12-13, y RICHARDSON, S. (1983) "Physical impairment, disability and handicap in rural Nepal", en *Developmental Medicine and Child Neurology,* 25, págs. 717-726, dan una clara impresión de la situación con la que se enfrentan las personas con discapacidad en las áreas rurales de Afganistán.

Es posible que los primeros años de reconstrucción de Afganistán dejen en cada ciudad importante un hospital en el que se imparta algún tipo de rehabilitación médica y algunas organizaciones de voluntarios que presten servicios, como por ejemplo clínicas de fisioterapia para la parálisis causada por la polio, capacitación en movilidad para los adultos no videntes, talleres cooperativos para personas con diversas discapacidades o lesiones graves. Los pueblos rurales pueden llegar a contar con servicios básicos de salud y educación pero no con servicios especializados de rehabilitación. En las aldeas, donde vivirá el 80 por ciento de la población, es posible que no haya siquiera servicios básicos de salud y educación.

Para comenzar la planificación en estas circunstancias nada prometedoras, es necesario contar con un enfoque sistemático que describa el punto de partida. La Figura 10.1 ilustra algunas vinculaciones entre necesidades y recursos y los factores que rigen el acceso a los servicios en un sistema planificado de rehabilitación, e indica también las oportunidades de aportes útiles y fortalecimiento que requiere la actual situación afgana. Esta figura muestra de manera abreviada algunos *usuarios* de información y conocimientos de rehabilitación; algunas *fuentes* donde se pueden satisfacer las necesidades de los usuarios; algunos factores que rigen el *acceso* de los usuarios a esas fuentes, y una ponderación o prioridad de aportes sugerida como necesaria al planificar servicios para los afganos con discapacidad. Una persona con discapacidad, por ejemplo una afgana con un impedimento severo y progresivo en la audición, puede necesitar acceso a información relacionada con cómo aprovechar al máximo su audición residual y sobre dispositivos amplificadores de bajo coste. Esta persona podría beneficiarse con un fondo destinado a audífonos o debería conocer a otras mujeres sordas que están acostumbradas a formas de comunicación no verbal. Su acceso a la información, los audífonos, la financiación o los grupos de iguales dependen de dónde viva, del permiso social para atravesar el pueblo o para viajar desde su casa hasta el centro de la aldea, su nivel de motivación para recibir ayuda, su conocimiento de dónde buscarla y la adecuación de las fuentes de información a su nivel de educación o alfabetización.

Cada línea de conexión en la Figura 10.1 representa cientos de situaciones posibles y muchos miles de vinculaciones individuales entre usuario y fuente. Cada línea principal debe considerarse cuidadosamente en términos de prioridades y debe analizarse con profundidad en cuanto herramienta para la planificación. Algunos recursos pueden incorporarse convenientemente a una organización o institución de rehabilitación, mientras que sería mejor integrar otros a servicios de salud, asistencia social y educación regulares. En una ciudad o zona rural específica debería ser posible hacer un inventario de los recursos existentes, y de los niveles estimados de acceso a los mismos, de que gozan las diversas clases de usuarios. A partir de tal inventario queda más claro qué recursos importantes faltan, cuál sería la manera más útil de estructurar los ya existentes y cuáles deberían ser los aportes más prioritarios.

Es importante que todos los usuarios de *conocimientos o información* relacionados con la rehabilitación también se utilicen en algunas ocasiones como *recursos*. Por ejemplo, el público general funciona como recurso cada vez que una persona con discapacidad aparece públicamente y las personas con las que se encuentra la tratan normalmente y de manera razonable. Las personas con

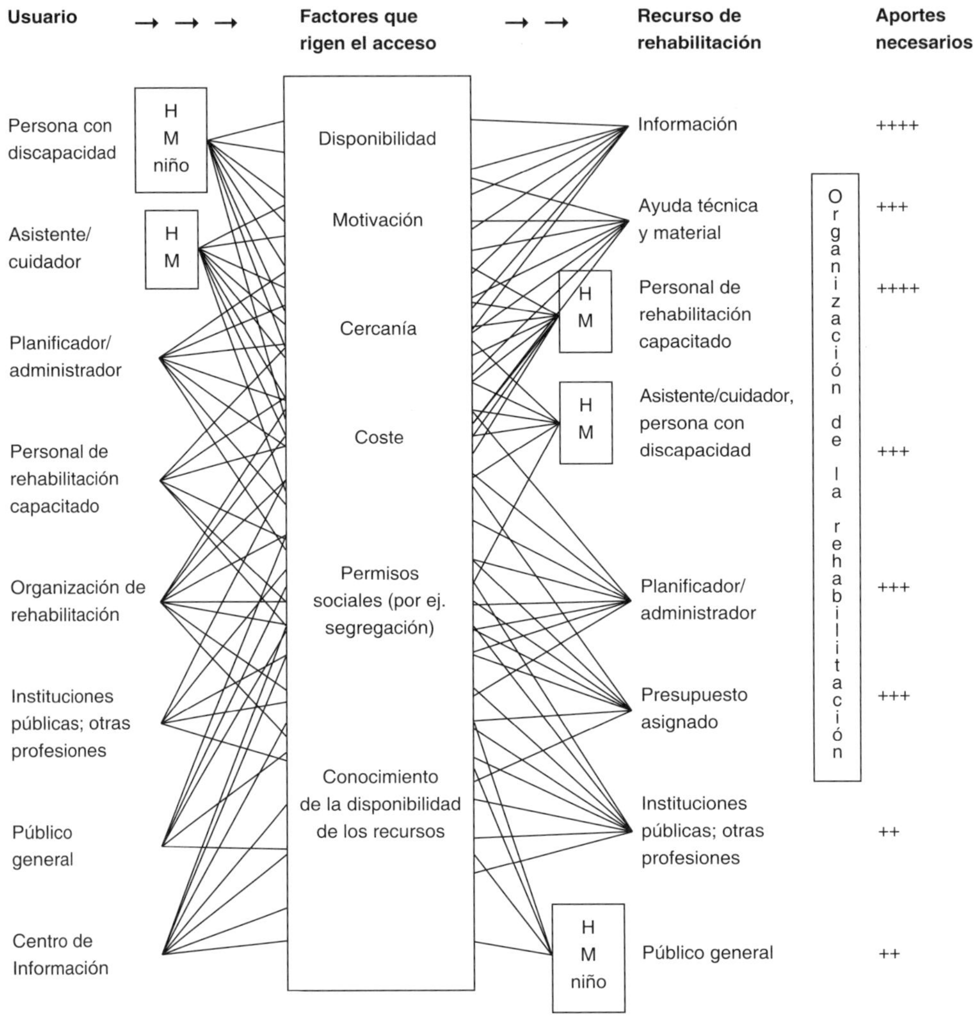

Figura 10.1. *Información, conocimientos prácticos necesarios y redes de acceso relacionados con la rehabilitación.*

discapacidad pueden ser importantes recursos de rehabilitación cuando asesoran a otros o cuando actúan como terapeutas o colaboran en la formación de terapeutas. Las instituciones públicas o las personas que trabajan en planificación funcionan como usuarios de información sobre rehabilitación cuando, por ejemplo, una mezquita, una escuela o un banco quieren información sobre cómo proporcionar acceso a sillas de ruedas o cuando una persona dedicada a la planificación quiere saber qué clase de programas de radio podrían interesar a los adultos no videntes. Al mismo tiempo, pueden desempeñarse como recursos cuando, por ejemplo, una escuela proporciona educación integrada; un banco ofrece un horario reservado semanalmente para que las personas mayores y debilitadas hagan sus transacciones en circunstancias tranquilas y sin multitudes; una mezquita ofrece una sala de reuniones para una asociación local de personas con discapacidad; un planificador asigna recursos especiales a las madres que crían niños con discapacidad.

El enfoque analítico apunta a salvar brechas conceptuales y de conocimientos entre los asesores del ámbito de la rehabilitación, quienes saben mucho sobre su propia área, y la persona que planifica y toma decisiones en un nivel más amplio, quien necesita tener una idea estimada del punto de partida y una perspectiva general de las cuestiones y factores principales. A las personas que trabajan en planificación, o a los políticos, los ayuda utilizar sus conocimientos sobre las condiciones generales de vida de sus comunidades en el momento actual y ver qué impacto útil podría tener un aporte de información o conocimientos de rehabilitación.

El concepto de información

El *concepto* de Rehabilitación Basada en la Información se desarrolló durante el uso de *estrategias* de información por parte de una población similar a la de Afganistán (MILES, 1990). La información teórica y la aplicada —por ejemplo, conocimientos y técnicas— se utiliza en todas las estrategias de rehabilitación, está integrada en los trabajadores capacitados, se reproduce por medio de planes de formación, está accesible de manera concentrada en lugares como hospitales, escuelas especiales, clínicas de fisioterapia. La información relacionada con la rehabilitación existe en la comunidad general, de maneras menos obvias y más tenues, de acuerdo con lo mencionado anteriormente.

Lo novedoso en el concepto de Rehabilitación Basada en la Información es la evaluación de estrategias *en términos de su contenido informativo* y la planificación sistemática de servicios formales e informales de rehabilitación para maximizar la calidad, la cantidad, la difusión y la retroalimentación de los sistemas de información y redes de rehabilitación. Esto tiene varias ventajas:

1. En lugar de enfrentar diversas estrategias, por ejemplo la basada en las instituciones contra la basada en la comunidad, el enfoque informativo percibe la naturaleza complementaria de todas las estrategias.
2. Uno de los pocos avances claros de este siglo es el desarrollo de medios para el traslado de información alrededor del mundo de manera rápida, efectiva y económica. Si en la lucha que tiene lugar en Afganistán se utilizan armas occidentales de última generación, *también* será factible que la rehabilitación se beneficie con conocimientos y técnicas modernos; aunque es posible que sea menos fácil importar las armas de la vida que las de la muerte.
3. La información desafía las reglas de la economía ordinaria en el sentido de que puede distribuirse en cualquier cantidad aunque el que la proporcione tenga menos. De hecho, la información se multiplica en el proceso ya que quien la ofrece recibe a su vez una respuesta y mejora así la calidad de la información que tenía al comienzo (el ciclo de retroalimentación es necesario también para controlar el grado de deterioro de la información durante su transmisión).

En el ámbito de la salud está comenzando a reconocerse que "los sistemas de asistencia sanitaria... realmente forman parte del negocio de la información; que la información es un bien esencial y que es un ingrediente clave para alcanzar el éxito" (PROTTI, 1989). Esto también se aplica a los sistemas de rehabilitación, pero aún no está reconocido ampliamente, en especial en situaciones como las de los refugiados, las que suelen atraer a individuos dedicados que realizan tareas heroicas individualmente.

Un ejemplo práctico

Para que sean más efectivas, la información y la comunicación necesitan un centro, enfoque, financiación y administración independientes, al menos durante las primeras etapas. La experiencia sugiere que si la información y comunicación se añaden a una institución de servicio existente o se agregan en forma de piadosa recomendación general a otros esquemas, entonces se dejarán de lado y serán inefectivas y restringidas en su capacidad para responder a una amplia serie de necesidades. Un centro independiente o un núcleo coordinador deberían utilizar y contar con la dirección de personas con experiencia en los ámbitos de la información, los medios y la rehabilitación. Las siguientes son algunas posibles esferas de actividad que comienzan entre los refugiados afganos y se extienden progresivamente dentro de Afganistán.

a) Información sobre discapacidad y rehabilitación

Un servicio de información o consultoría general relacionado con cuestiones de discapacidad y rehabilitación, por ejemplo, si existen servicios de fisioterapia en pueblo; dónde se puede reparar un audífono; qué se puede hacer en casa con un niño diagnosticado con un retraso mental severo; qué cuestiones de diseño relacionadas con la discapacidad deben tenerse en cuenta en las viviendas temporales de bajo coste; dónde solicitar financiación para un curso de movilidad para mujeres no videntes; cómo modificar una letrina de un campo de refugiados para personas frágiles, artríticas o mayores; qué es la epilepsia, etcétera.

b) Transmisión de los conocimientos prácticos necesarios para los servicios de rehabilitación

A los refugiados afganos con discapacidad (I) para sus propias necesidades personales; (II) para la ayuda, asistencia y terapia mutua entre personas con discapacidad. A las mujeres afganas que cuidan en sus hogares a una persona con discapacidad. Módulos complementarios para cursos existentes destinados a (I) trabajadores del ámbito de la salud; (II) maestros; (III) trabajadores de los ámbitos vocacional, de creación de empleo y de la agricultura, (IV) otros que sean necesarios.

c) Movilización de personal

Facilitar el establecimiento de (I) un registro de recursos humanos disponibles o posiblemente disponibles en el ámbito de la rehabilitación; (II) una o más organizaciones de ayuda o apoyo mutuo para tres grupos: a) afganos con discapacidad; b) mujeres afganas que cuidan a personas con discapacidad; c) trabajadores afganos del ámbito de la rehabilitación.

d) Cambio de actitud

Provisión de (I) materiales radiofónicos y audiovisuales, pósters, libros de historietas, folletos publicitarios insertados en periódicos, etcétera, para el público general; (II) cursos y talleres breves de orientación dirigidos a representantes de partidos políticos, líderes políticos y religiosos, profesionales y planificadores de los ámbitos de la educación y la salud; trabajadores de medios de comunicación e información y otros líderes de opinión y personas clave.

Conclusión

De acuerdo con los parámetros occidentales, son escasas las posibilidades para la mayoría de los afganos con discapacidad; dentro y fuera de sus propias fronteras. No obstante, no deben subestimarse la resistencia y el ingenio del pueblo afgano. En el futuro próximo, la mayoría de los afganos con discapacidad necesitarán apelar a los recursos autóctonos a medida que reconstruyen sus vidas. Estos recursos pueden complementarse con conocimientos, habilidades y tecnología occidentales, o bien los encargados de la planificación, los políticos y los asesores en lo relacionado con la asistencia pueden dejarlos de lado, desdeñarlos e ignorarlos. La experiencia obtenida durante los últimos cuarenta años en el desarrollo de los ámbitos relacionados con la salud, la educación y la asistencia social sugiere que los resultados óptimos provendrán de facilitar a la comunidad local la articulación de los objetivos y de identificar y apoyar los recursos locales en lo que respecta a conocimientos e información.

Un enfoque informativo sistemático sobre la planificación de la rehabilitación se utiliza cada vez más en otros países en desarrollo, lo que permite que los planificadores hagan aportes significativos y adecuados de recursos de acuerdo con lo que permita su situación económica, utilizar de la manera más favorable la asistencia y la experiencia extranjeras y combinar estos aportes con los recursos tradicionales e invisibles en las comunidades locales. Este enfoque es una herramienta conceptual, no una panacea. Se basa en la fortaleza de todas las estrategias anteriores en lugar de verlas como opuestas o mutuamente excluyentes. En épocas de reconciliación y reconstrucción nacional en Afganistán y en otras zonas de conflicto, la Rehabilitación Basada en la Información facilita el desarrollo y la implementación de políticas positivas y constructivas.

Referencias

CADA (1989). *Committee* on *Assistance to Disabled Afghans. Guidelines and Priorities,* Ginebra, Operation Salam.

DUPREE, L. (1989). "Postwithdrawal Afghanistan: light at the end of the tunnel", en: A. SAIKAL y W. MALEY (Eds.) *The Soviet Withdrawal from Afghanistan,* págs. 29-51, Cambridge, Cambridge University Press.

EDWARDS, D. (1990). "Frontiers, boundaries and frames: the marginal identity of Afghan refugees", en: A. AHMED (Ed.) *Pakistan. The Social Sciences' Perspective,* págs. 61-99, Oxford, Oxford University Press.

HANDICAP INTERNATIONAL (1990). *Afghanistan Programmes. Annual Report for* 1989, Quetta (PO Bag 6), Autor.

INTERNATIONAL REHABILITATION REVIEW (1989). Afghan Report XL (2&3) pág. 2.

MILES, M. (1986). *Rehabilitation Broadcasts for Rural Areas,* Bruselas, International League of Societies for Persons with Mental Handicap.

— (1989a). "Information based rehabilitation for Third World disability", *Social Science* & *Medicine,* 28, págs. 107-110.

— (1989b). "Rehabilitation development in South West Asia: conflicts and potentials", en: Len BARTON: (Ed.) *Disability and Dependency,* págs. 110-126 Lewes, Falmer.

— (1990). "A resource centre developing information based rehabilitation", en: M. THORBURN, K. MARFO y cols.*, Practical Approaches to Childhood Disability in Developing Countries,* págs. 261-276, St John's, Canada, Project SEREDEC, Memorial University of Newfoundland.

MOMM, W. y KÖNIG, A. (1989). *From Community-based Rehabilitation to Community, integration Programmes. Experiences and Reflections on a New Concept of Service Provision for Disabled People,* Ginebra, International Labour Office.

PETERS, H. y REHMAN, F. (1988). *Community Directed Rehabilitation for Disabled Persons,* Peshawar, Mental Health Centre.

PROTTI, D. (1989). "A need for information professionals", *World Health,* Agosto/Sept 1989, págs. 26-27.

SHAFIQUE, M.; KHATTAK, S. M. e IDREES, M. (1988). "A psychiatric glance at the Afghan refugees", en: S. H. AHMED (Ed.) *Psychiatry in Pakistan,* Karachi, Pakistan Psychiatric Society.

The Children of Afghanistan in War and Refugee Camps. A *Documentation of the Inter, national Hearing Held in Stockholm Abril 4-5, 1987,* Estocolmo, The Swedish Commit, tee for Afghanistan, 1988.

THE HEDAYA: A *Commentary* on *the Mussulman Laws* (1963). (reimpresión) traducido por Charles HAMILTON, Lahore, Premier Book House.

The Pakistan Times, "Handicapped of Afghan Jehad", 17 Abril 1990, pág. 6.

The State of the World's Children 1990, Nueva York, UNICEF.

CAPÍTULO XI

Personas con discapacidad, usuarios de servicios, compromiso y representación de los usuarios

Por Peter BERESFORD y Jane CAMPBELL

Open Services Project, Tempo House, Londres

Resumen

La cuestión de la representación y la representatividad se ha convertido en un tema fundamental en los debates sobre la participación de los usuarios, las personas con discapacidad y los beneficiarios de los servicios de asistencia social. El presente artículo indaga en la importancia que los organismos de servicios otorgan a la "no representatividad" de las personas con discapacidad y los usuarios en general; examina cómo estos últimos viven esa experiencia y analiza por qué ese tema adquirió tanta relevancia. Asimismo, estudia los distintos significados que los destinatarios y los proveedores de servicios le atribuyen a la representación. Este artículo, además de indagar cómo se utiliza la cuestión de la representatividad para desvalorizar, excluir y quitar poder a las personas con discapacidad y a los usuarios, explora su relación con los modelos y prácticas democráticas opuestas de participación y representación que utilizan las personas con discapacidad y los proveedores de servicios.

El debate sobre la representatividad

Las cuestiones sobre la representación y la representatividad son el centro de los debates y los progresos relacionados con la participación de los usuarios, a pesar de que en muchas ocasiones no se expresan de manera explícita y, para las personas con discapacidad y otros destinatarios de los servicios de asistencia social, estos temas forman parte de una historia oculta de participación y empoderamiento que luchan por hacer pública.

La primera encuesta nacional de participación de los usuarios en los servicios sociales reglamentarios y voluntarios arrojó que el único problema que los organismos identificaban con mayor frecuencia era la "no representatividad" de los usuarios que se involucraban en ellos (CROFT y BERESFORD, 1990, pág. 37). En conversaciones con muchas personas con discapacidad y otros usuarios de servicios de asistencia social —las que tuvieron lugar como parte del mismo proyecto de tres años de duración destinado a identificar sus experiencias y a orientarlos para que tuvieran más poder de decisión y participación—, la crítica que dijeron recibir con mayor frecuencia por parte de proveedores de servicios y organismos relacionados fue que no eran "representativos" (CROFT y BERESFORD, 1991, pág. 228).

Estas cuestiones relacionadas con la "representatividad" no son nuevas y, desde luego, no se limitan a los servicios sociales o a sus destinatarios. Aparecieron las mismas cuestiones y críticas por parte de quienes ostentan el poder acerca de las organizaciones y movimientos comunitarios —de inquilinos, cuidado infantil, planificación, comunales, entre otros— que comenzaron a surgir en el ámbito de la política comunitaria en las décadas de los sesenta y los setenta. Otros movimientos de liberación, como los de las mujeres, las personas de raza negra y los gais y lesbianas, también recibieron el mismo tipo de críticas. Podemos esperar que éstas tengan lugar siempre que las personas y los grupos a los que se haya debilitado luchen para recuperarla.

En el contexto de las personas con discapacidad y la asistencia comunitaria fueron dos los avances que plantearon con mayor intensidad la cuestión de la representatividad: el crecimiento de las organizaciones y movimientos de personas con discapacidad y usuarios de servicios y el énfasis político en el mercado del bienestar que tiene lugar desde 1979. Aunque ambos avances aparenten compartir una misma preocupación —una mayor participación de los usuarios—, ésta se observa desde dos puntos de vista diferentes y encontrados: uno que se basa en las políticas de liberación y otro que toma como punto de partida las políticas de mercado. Aunque ambas coincidan parcialmente en ciertos aspectos, son diferentes en esencia; y es esta diferencia de perspectiva la que ayuda a explicar el nuevo énfasis en la representación. La cuestión de la representatividad se convirtió en un tema central para la expresión del conflicto, y hacer hincapié en la "no representatividad" de los usuarios de servicios se transformó en una de las formas en que los proveedores buscan adquirirla.

Por este motivo, no sólo es posible que un análisis de la representatividad en este contexto sea de ayuda por derecho propio, sino que también permite que las personas con discapacidad y los usuarios de los servicios de asistencia social puedan explorar las diferencias entre sus propias políticas y filosofías y aquellas del tradicional y nuevo mercado del bienestar, y que adquieran un mayor entendimiento para desarrollar estrategias que les permitan manejar a estas últimas. El surgimiento de la representación como una cuestión importante en la participación de los usuarios quizá tenga, en última instancia, menos relación con una lucha de y por el poder entre los proveedores y los destinatarios de los servicios —como en general se la interpreta— que con un conflicto fundamental de la filosofía y la práctica políticas. En definitiva, es posible que lo que esté en discusión sea la naturaleza de la democracia y no la identidad de los usuarios de servicios que tienen participación en ellos.

Diferentes relatos y experiencias relacionadas con esta cuestión

Los organismos de servicios suelen presentar la representación como un problema técnico y de acceso. Expresan su preocupación por tener una imagen poco fiable, inexacta, incompleta o parcial de los usuarios de los servicios. Afirman que están ansiosos por lograr un nivel de participación y una visión lo más amplia y clara posible por parte de los usuarios de servicios y que les preocupa que algunos puedan verse perjudicados por ciertos arreglos de participación y que los grupos más desfavorecidos puedan quedar excluidos (CROFT y BERESFORD, 1990, pág. 37).

Sin embargo, las personas con discapacidad y otros usuarios afirman que sus experiencias son diferentes. Dicen que se les menosprecia, desvaloriza, desautoriza y excluye porque con regularidad se cuestiona su participación sobre la base de que no son "representativos". Consideran que esto pone en duda su validez y legitimidad, así como también las de sus organizaciones. Las personas con discapacidad y otros usuarios describen una serie de objeciones con las que comúnmente se enfrentan: que en realidad no son usuarios de servicios; que no representan al usuario "típico", en términos de sus experiencias generales, sus experiencias de participación, sus puntos de vista y sus características personales por ejemplo, su edad, clase social, educación, y que no tienen derecho ni permiso para representar a nadie (BERESFORD y CROFT, 1993, pág. 151).

Las cuestiones sobre la autoridad de las personas con discapacidad y los usuarios de servicios ignoran o niegan la validez de un amplio y creciente número de grupos y organizaciones locales, regionales, nacionales e internacionales de autorrepresentación democráticamente constituidos y controlados a los que estas personas pertenecen y en los que se las elije como representantes.

Del resto de cuestiones sobre la representatividad de los usuarios de servicios que se involucran en ellos, la mayoría se relaciona con su *identidad*. Se basan en un desajuste entre esas personas con discapacidad y usuarios de servicios y las principales expectativas, suposiciones y estereotipos que se les atribuyen (LINDOW, 1991, pág. 133; BERESFORD y CROFT, 1993, pág. 18). Las características que las personas que no tienen discapacidad y los proveedores de servicios asocian a los usuarios y a las personas con discapacidad, reflejan nuestra larga historia de falta de poder y los regímenes debilitadores a los que estuvimos sometidos (KEAY, 1991, pág. 154).

Las personas que formamos parte de las organizaciones y movimientos de personas con discapacidad y usuarios de servicios no somos excepcionales o extraordinarias. Compartimos las experiencias de aquellos a quienes representamos. Muchos de nosotros estuvimos internados en instituciones. Asistimos a reuniones en las que no tuvimos la confianza necesaria para emitir palabra. Es el proceso de empoderamiento que tiene lugar a través de nuestras propias organizaciones lo que nos ayuda a trascender las identidades que se nos imponen mediante la discriminación y las restricciones de nuestros derechos y experiencias. Las suposiciones sobre la "representatividad" de las personas con discapacidad se basaron en las suposiciones predominantes respecto a quiénes somos, suposiciones que nuestros movimientos desafiaron y ayudaron a que cada uno de nosotros también lo hiciera en nuestra propia vida. Este tipo de suposiciones ignoran el apoyo que la gente recibe de los demás, las aptitudes, la experiencia y el conocimiento que adquieren al involucrarse de manera activa, y el consiguiente crecimiento de su confianza y autoestima (KEAY, 1993, págs. 153-155).

En este sentido, además de implicar un cambio, involucrarse también nos cambia a *nosotros*. Nos transformamos. Nos volvemos "no representativos" de una manera que los proveedores de servicios rechazan. Nos convertimos en personas confiadas, experimentadas, informadas y efectivas. Al mismo tiempo, dado que involucrarse no es algo que mucha gente tenga el estímulo o la oportunidad de hacer, puede considerarse que el sólo hecho de hacerlo es lo que nos hace "no representativos".

Los esfuerzos del mundo de los servicios para asegurar la participación representativa

Mientras los organismos de servicios sostienen que su preocupación reside en la participación representativa de los usuarios, estos últimos señalan los defectos de los esfuerzos de esos organismos para satisfacerla. Éstos incluyen:

a) que los organismos permiten una participación simbólica de los usuarios, en general sólo de forma minoritaria (una o dos personas), en las estructuras, comités y foros de participación que ellos establecen;
b) que en general no logran involucrar de manera eficaz a las personas de raza negra y los grupos étnicos minoritarios;
c) que favorecen la participación de usuarios aislados e individuales sobre la de aquellos que forman parte de grupos y organizaciones de personas con discapacidad, de autorrepresentación o de usuarios de servicios;
d) que suelen requerir que las personas con discapacidad y los usuarios de servicios hablen por sí mismos como individuos y no en nombre de sus organizaciones;
e) que aplican un doble criterio y exigen que los usuarios sean representativos, pero no exigen lo mismo de otros participantes como profesionales, gerentes o quienes dictan las políticas.

El grado de participación

Esto nos lleva a una cuestión más amplia: el grado de participación en la sociedad. En países occidentales industrializados como Gran Bretaña, la participación representa la excepción más que la norma. La participación en instituciones y estructuras políticas y civiles formales está limitada y determinada por la clase social, el género, la raza y la edad (HMSO, 1986; *Hansard Society*, 1990; HARALAMBOS y HOLBORN, 1991, págs. 163-165). Sólo una cantidad mínima de personas suele involucrarse en campañas, grupos de presión y otras formas de acción colectiva sin fines recreativos. En general a los que sí se involucran son tratados con desconfianza y rechazados por ser activistas no representativos o con motivaciones políticas. A pocos de nosotros se nos socializa a través de las experiencias de educación o empleo como para que participemos en la esfera pública. Ése no es uno de los fuertes de nuestra tradición o cultura pública. En general, la naturaleza y la estructura de las instituciones públicas no concuerdan con eso.

De esta manera, el contexto para la participación no es positivo y está lejos de ser el típico en el que las personas se involucran. También se producen otras exclusiones e impedimentos para las personas con discapacidad y otros destinatarios de los servicios de asistencia social (BARNES, 1991). No obstante, la consecuencia de la crítica que las personas con discapacidad y los usuarios de servicios que se involucran reciben en cuanto a que son "no representativos" es que la culpa de esto recae sobre ellos y sus organizaciones.

La experiencia de estas personas sugiere un análisis diferente. Si las autoridades y los organismos de servicios quieren asegurar una participación generalizada, entonces la responsabilidad de garantizar que la gente obtenga el *acceso* institucional y organizativo y el *apoyo* personal y colectivo que pueda necesitar, para participar de manera eficaz, *recae* sobre ellos (BERESFORD y CROFT, 1993). De manera significativa, son pocas las iniciativas de los proveedores de servicios que realmente parecen poner estas herramientas a disposición de la gente para fomentar la participación de los usuarios (*ibid.).*

¿Por qué se hace hincapié en la representatividad?

Como hemos visto, la representación es un tema central en las discusiones y los avances relacionados con la participación de los usuarios. ¿Por qué adquirió tanta importancia, en especial en vista de los limitados esfuerzos por parte de los propios organismos de servicios para permitir la participación generalizada de la gente? Los usuarios de los servicios proporcionaron varias explicaciones sobre este punto, incluso que los proveedores de servicios creen que son quienes mejor saben lo que los usuarios quieren y necesitan; a ellos les preocupa que lo que los usuarios digan tenga demasiada repercusión y ésa es una forma de invalidar lo que dicen (LINDOW, 1991, pág. 133).

En otras palabras, la representatividad de las personas adquiere importancia si lo que éstas dicen amenaza o cuestiona el *statu quo.* Esto supone que la función del argumento es neutralizar y excluir. Quizá ése no sea siempre el objetivo, pero definitivamente suele ser el efecto. Cuestionar la representatividad de las personas sirve para retener el poder y el control del lado de los que dictan las políticas y los proveedores de servicios; para dejar las cosas como están y conservar la tradicional relación desigual entre los que reciben y los que proporcionan los servicios. Ése se convirtió en el foco de resistencia ante los esfuerzos de la gente por participar y de elusión de los requisitos para involucrarlos y escucharlos.

También resulta interesante que el tipo de oportunidades de participación que los proveedores de servicios suelen favorecer como los más "representativos" y accesibles —a saber, los enfoques de consulta y de investigación de mercado— son también los que ofrecen a las personas con discapacidad y a los usuarios de servicios el poder de decisión y participación menos eficaz, además de tener sus propias limitaciones. La encuesta nacional de participación de los usuarios reveló que cerca del 90 por ciento de las iniciativas de participación establecidas por los servicios sociales reglamentarios y voluntarios se incluían en estas dos categorías. Eran pocos los que ofrecían a los usuarios la posibilidad de emitir una opinión válida a la hora de tomar decisiones (CROFT y BERESFORD, 1990, pág. 31).

Las críticas de los usuarios a la representación

Las personas con discapacidad y los usuarios de los servicios de asistencia social también se opusieron a la idea de que el grado de "representatividad" que tengan afecte la validez de sus palabras. Por ejemplo, Peter CAMPBELL, de "Survivors Speak Out", afirma:

> "Si una práctica específica llevada a cabo por un enfermero es mala y realizada con desdén, ¿lo es menos porque mi organización sólo tiene 52 miembros?, ¿y lo es menos aún porque todos esos miembros son mayores de sesenta y tres años y provienen de Heldon?"
>
> (CAMPBELL, 1990.)

Una suposición que, en general, parece sostener el énfasis en la representatividad es que los puntos de vista de las personas que están involucradas son necesariamente diferentes de los de las demás personas. Una funcionaria representante de mujeres ofrece algunas reflexiones útiles sobre esto en el contexto de las mujeres que consultan sobre servicios gubernamentales locales. Se puso en contacto con diversas organizaciones de mujeres, entre las que había agrupaciones civiles tradicionales, una agrupación de mujeres indias y otras de jóvenes y mujeres con discapacidad, lo que permitió que se incluyeran los puntos de vista de un amplio espectro de mujeres. Descubrió que:

> Todas las mujeres estaban notablemente de acuerdo en una amplia variedad de cuestiones. Las feministas y las no feministas estuvieron especialmente de acuerdo en muchos asuntos prácticos para la mujer relacionados con todos los aspectos de su vida, como el acceso a la educación y los medios para el cuidado de sus hijos.
>
> ... la dirección no pudo esconderse detrás de la suposición de que era sólo un pequeño número de feministas o mujeres de clase media el que pretendía que hubiera cambios en el funcionamiento de los servicios prestados por el municipio.

Sin embargo, surgió una discrepancia que podría ser importante en este caso:

> Las feministas tendían a expresar sus ideas sobre los servicios municipales en forma de exigencias. En definitiva, un rasgo llamativo del proceso de consulta fue la falta de demandas. Las mujeres podían identificar una deficiencia en un servicio, pero, en la mayoría de los grupos, esto no significaba que exigieran que se tomara una acción en consecuencia.
>
> (KETTLEBOROUGH, 1988, págs. 64, 66.)

Esto sugiere que aquellas mujeres con una participación más activa quizá no tenían puntos de vista demasiado diferentes pero eran más eficientes a la hora de ponerlos en práctica.

A pesar de refutar las acusaciones de que no son "representativos", las personas con discapacidad y los usuarios de los servicios de asistencia social también consideraron profundamente la cuestión de la representación (KEAY, 1993, págs. 155-156; BERESFORD y CROFT, 1993, pág. 150). Con el paso del tiempo se produjo un cambio radical mediante el cual las personas con discapacidad comenzaron a aceptar que no pueden representar de manera individual a un movimiento. Deben tener cierto tipo de mandato —un proceso colectivo de creación de políticas— antes de poder tomar alguna decisión. En los últimos cuatro o cinco años, las personas con discapacidad, al centrarse en la no discriminación, los pagos directos, las campañas para obtener transportes aptos y las campañas en contra del patrocinio, por ejemplo aquellas en contra de *Telethon* y *Children In Need**, pasaron de hablar como individuos a luchar de manera conjunta en un frente por los derechos civiles.

Los distintos significados de la representación

Esto nos lleva a una confusión y un conflicto importantes con respecto al significado de la representación. Mientras los hacedores de políticas y los proveedores de servicios suelen utilizar el término para referirse a "lo típico", y ponen en duda nuestra "tipicidad", para las personas con discapacidad y los usuarios de servicios esta palabra en general se refiere a que nuestras perspectivas, puntos de vista, intereses, exigencias y derechos estén completamente representados en las discusiones y los foros y a la hora de tomar decisiones. De esta manera, la preocupación por la "tipicidad" de los individuos se confunde con la representación de las colectividades. Cuando las personas con dificultades de aprendizaje, los supervivientes del sistema psiquiátrico, los ancianos y las personas con impedimentos exigieron el derecho de hablar por sí mismos, se referían tanto al derecho de cada individuo de expresar sus puntos de vista y definir sus necesidades como al derecho colectivo de que no sean otros grupos los que hablen por ellos. No sólo tenemos nuestros propios discursos, historias, organizaciones políticas y exigencias; también queremos que se nos incluya totalmente en los debates y progresos de orden político, social, económico y cultural dominantes.

Las concepciones antagónicas de "participación" que caracterizaron el debate acerca de la participación de los usuarios en la asistencia comunitaria, la salud y la asistencia social, reflejan estas distintas interpretaciones de la idea de representación. También muestran una vez más las distintas cosmovisiones del mundo de los servicios y quienes los reciben. Mientras la primera se preocupa por los servicios y la relación que las personas tienen con éstos como consumidores, la última se ocupa de los derechos, el empoderamiento y la ayuda adecuada para satisfacer las necesidades de la gente y mantener su independencia. Es como parte de esta preocupación más amplia que las personas con discapacidad y otros destinatarios de servicios de asistencia social buscan participar y que se los represente en los debates y progresos relacionados con las políticas y los servicios de asistencia comunitaria.

* Programa de la BBC dedicado a niños necesitados. *(N. del T.)*

Autoorganización y participación

Una preocupación que el movimiento de personas con discapacidad y otros movimientos de usuarios de servicios de asistencia social tienen desde hace tiempo es que se permita una participación de sus miembros en los movimientos lo más generalizada posible. El punto de partida para lograrlo fue desarrollar agrupaciones y organizaciones locales bajo nuestro propio control. Involucrar a las personas con discapacidad lo más completa y ampliamente posible en sus propias actividades fue una de las prioridades de los movimientos de personas con discapacidad a lo largo de su historia moderna. En 1975, miembros de la Unión de Impedidos Físicos contra la Segregación (UPIAS) hicieron hincapié en que "para la Unión, la participación masiva de las personas con discapacidad fue fundamental" (UPIAS/*The Disability Alliance*, 1976, pág. 6). Cuando Mike OLIVER sostuvo que el movimiento de personas con discapacidad debía considerarse como un nuevo movimiento social, uno de los criterios comunes que identificó fue que:

> Son culturalmente innovadores en que forman parte de la lucha esencial por la democracia genuina y participativa, por la igualdad social y la justicia.
>
> (OLIVER, 1990, pág. 13.)

Aunque Tom SHAKESPEARE sugiere que sería más útil considerar al movimiento de personas con discapacidad como un movimiento de liberación en lugar de como un nuevo movimiento social, también destaca que:

> La liberación debe implicar la acción y movilización más generalizada posible, en lugar de simples cambios en las élites o la legislación.
>
> (SHAKESPEARE, 1993, pág. 254.)

Este autor también cita el compromiso del Consejo Británico de Organizaciones de Personas con Discapacidad (BCODP) de fomentar "acciones masivas en lugar de acciones elitistas". Este compromiso con la participación está presente también en otros movimientos, incluso en el de supervivientes.

Los movimientos de personas con discapacidad y de usuarios de servicios combinaron autoayuda, apoyo y actitudes de cambio político, cuestiones que en el pasado solían estar separadas e incluso polarizadas. Esto ayudó a alentar y permitir la participación en los movimientos de personas que de otra manera hubieran sentido que no podían hacerlo. En estos movimientos se entiende perfectamente que las personas necesitan recibir apoyo —de todas las formas que identificamos antes— si se pretende que sean capaces de participar en ellos.

El compromiso con la participación también se refleja en las estructuras de nuestras organizaciones. El BCODP modificó su estructura en tres oportunidades para hacerla más democrática y para que incluyera a más personas. La organización *Survivors Speak Out* pone énfasis en alentar a la gente a que participe (BERESFORD, 1993, pág. 21).

Asimismo, el compromiso se manifiesta en la amplitud y la coherencia que poseen el ámbito y las actividades del movimiento. Las organizaciones de personas con discapacidad tienen objetivos claros y una filosofía propia. Ahora existen una cultura que les es propia y un arte de la discapacidad. El movimiento es polifacético. Hay campañas de acción directa en las calles. En el Parlamento se escriben cartas y se toman medidas políticas. Hay expresiones artísticas y trabajo intelectual. El movimiento implica todas estas cosas y las personas que participan. Quienes redactan los libros también se encuentran en el frente de batalla. Todo esto nos dio una representación mucho más completa porque ahora tenemos un enfoque y un entendimiento mucho más integrales.

Las culturas de los movimientos de personas con discapacidad y usuarios de servicios van más allá de las oficinas y los materiales impresos del sistema de servicios e incluyen poesías, caricaturas e ilustraciones, música, comedia, obras de teatro, representaciones, espectáculos de variedades y canto. Desarrollamos numerosas formas de expresar la experiencia que el mundo de la asistencia social denomina "asistencia comunitaria". Existen más expresiones de la naturaleza participativa de nuestros diferentes movimientos.

No obstante, existen inconvenientes relacionados con la plena participación en las organizaciones de personas con discapacidad y usuarios de servicios (SHAKESPEARE, 1993, pág. 256). Los movimientos suelen enmarcarlas en términos de cuestiones de inclusión, de igualdad de oportunidades y de representación. Resulta complicado incluir a otros grupos o personas que además se enfrentan a opresiones de algún otro tipo. Mientras que un enfoque inclusivo de participación exige que los movimientos cuestionen su propio sexismo, racismo, homofobia o discriminación por cuestiones de edad y las organizaciones de personas con discapacidad y usuarios de servicios están desarrollando estrategias para hacerlo, también enfrentan inconvenientes debido a sus insuficientes recursos. En general, no cuentan con los medios económicos que les gustaría tener para llegar a la gente y, a pesar de que eso no debería utilizarse como excusa para la falta de inclusión, esa carencia realmente influye. Involucrar a la gente de manera igualitaria cuesta dinero y, a su vez, requiere de actitudes, políticas y prácticas no discriminatorias.

El mundo de los servicios y la representación

El enfoque que las organizaciones de personas con discapacidad y usuarios de servicios tienen sobre la participación de la gente es sumamente distinto del que tienen los organismos de servicios. Esto parece guardar relación con sus diferentes estructuras y tradiciones culturales. El proceso de toma de decisiones en los servicios reglamentarios implica estructuras y acuerdos tanto de índole político como administrativo. La mayoría de los acuerdos de participación que van más allá de las disposiciones electorales formales para la democracia local se vinculan con las estructuras administrativas más que con las políticas. Aquí es donde se ubican la mayor parte de los comités, grupos de trabajo y subgrupos consultivos y de planificación a los que se invita cada vez más a las personas con discapacidad y a otros usuarios de servicios. Estas estructuras administrativas se construyen sobre jerarquías formales que tienen su origen en las diferencias de poder y estatus. Algunas disposiciones relacionadas con la participación se vincularon con la estructura política, como las subcomisiones del consejo de igualdad de oportunidades establecidas en varios organismos del Partido Laborista y las subcomisiones de discapacidad como las establecidas en el municipio londinense de Greenwich.

Dichos acuerdos de participación se caracterizaron por dos rasgos principales: en primer lugar, cuando se añaden a estipulaciones formales ya existentes relacionadas con la representación local, suele haber un problema para conciliar los dos tipos de acuerdos. Esto se hizo evidente por primera vez con las disposiciones para la participación pública que se establecieron a través de las leyes de planificación de la ciudad y el país hacia finales de la década de los sesenta y principios de los setenta y significa que cuando los resultados de estas consultas y ejercicios de recopilación de información no se corresponden con la política, prioridades y planes municipales existentes, en general se los ignora.

Por esta razón, las organizaciones de personas con discapacidad y aquellas organizaciones comunitarias que existieron antes que ellas consideraron algunas veces más útil evitar o hacer caso omiso de disposiciones de participación específicas y centralizar sus esfuerzos en los acuerdos electorales comunes de representación local ejerciendo presión política sobre sus diputados, concejales locales, comisiones municipales, etcétera (DENNIS, 1972, págs. 213, 280). También es una de las razones por las que algunas personas con discapacidad y sus organizaciones consideran que postularse como concejales constituye la ruta más eficaz hacia la participación de las personas con discapacidad. A pesar de que los marcos para la participación de las personas deben ser diferentes en los ámbitos de los servicios voluntarios y los comerciales, aún existen restricciones de amplio alcance en el trabajo que dan forma a la naturaleza y el alcance de la participación de los usuarios de los servicios. En las organizaciones voluntarias, por ejemplo, esto se ve notablemente afectado por las leyes que rigen las actividades benéficas, y en las organizaciones comerciales, por el mandato imperioso de obtener ganancias.

En segundo lugar, a pesar de que vimos que los organismos de servicios fueron exhaustivos en su crítica sobre la representatividad de las personas con discapacidad y de los usuarios de servicios, en general continuaron confiando en una representación en un sentido mucho más estricto de la palabra cuando establecieron las disposiciones relacionadas con nuestra participación. Esto supuso, sobre todo, el establecimiento de estructuras participativas basadas en lugares destinados a los representantes de los usuarios. De esta forma, mientras su debate plantea cuestiones fundamentales relacionadas con la naturaleza de la representación, su práctica generalmente se basa en la representación formal tradicional. Aquí se produce una contradicción importante porque se encuentra debidamente documentado que en la práctica dichos acuerdos de representación tienen prejuicios y exclusiones incorporados relacionados con la edad, la raza, el género, la clase social, la discapacidad y la identidad sexual (*User Centered Services Group*, 1993). También actúa como un círculo vicioso adicional en el que los organismos de servicio favorecen que las personas con discapacidad y los usuarios fallen en su propio examen de representatividad.

Modelos democráticos opuestos

Steve DOWSON, miembro de *Values Into Action*, la campaña nacional británica para la integración de las personas con dificultades de aprendizaje, plantea una cuestión más amplia sobre este tipo de acuerdos:

> Tenemos una tradición participativa a través de los procesos democráticos representativos del ayuntamiento. ¿La necesidad de nuevas oportunidades de participación no implica entonces el fracaso de dichos procesos? Y si los nuevos modelos de participación dependen —como suelen hacerlo— de la representación, ¿no están sujetos a las mismas debilidades?
>
> (BERESFORD y CROFT, 1993, pág. 150.)

Esto nos lleva a una cuestión fundamental que plantea la representación de las personas con discapacidad y de los usuarios en los organismos de servicios y la provisión de los mismos. Como hemos visto, los esfuerzos de las personas con discapacidad para que se les permita participar y los esfuerzos de los organismos de servicios por excluirlas reflejan una lucha por el control que en ocasiones se encuentra polarizada sobre la cuestión de la representatividad. Quizá, en este sentido general se comprende la naturaleza política del debate sobre la representatividad. Aunque no existen dudas de que el tema gira en torno a una lucha por el poder entre las personas con discapacidad y los usuarios, tradicionalmente debilitados, y los servicios, tradicionalmente debilitadores, así mismo resultaría útil explorar otro conflicto político que, al parecer, también tiene lugar aquí. Se trata de un conflicto entre modelos y culturas democráticas antagónicas. Mientras los movimientos de personas con discapacidad y de otros usuarios de servicios pusieron cierto énfasis en un modelo democrático participativo, el mundo de los servicios está ubicado de manera firme sobre un modelo democrático representativo y se esfuerza por involucrar a los usuarios de servicios en dicho modelo de democracia.

No obstante, los organismos de servicios y las autoridades no parecen haber considerado cuidadosamente las consecuencias de estos enfoques contradictorios sobre la democracia. Quizá sea porque tal análisis de la participación de los usuarios se limitó, y en gran parte se enmarcó, en términos de consumismo. Por otro lado, las organizaciones de personas con discapacidad y de usuarios de servicios claramente analizaron con profundidad el tema de la democracia, tanto en sus propias organizaciones como en la sociedad en general, sobre todo porque estamos acostumbrados a vivir en una cultura en la que son otras personas las que hablan por nosotros o en la que se nos exige que hablemos por nosotros sólo como individuos.

En todo caso, los movimientos de personas con discapacidad y de usuarios de servicios llevaron el debate y los progresos relacionados con la democracia participativa más allá de las discusiones de la Nueva Izquierda debido a nuestro énfasis en la autoorganización, nuestro entendimiento directo de la exclusión y nuestro reconocimiento de que la gente necesita apoyo si se pretende que participen y que gocen de empoderamiento (HELD, 1987, págs. 254-262).

Los modelos democráticos participativo y representativo no son muy compatibles. Los conflictos inherentes entre ambos ayudan a explicar muchos de los problemas sobre la "representatividad" relacionados con la participación de los usuarios y también pueden ser indicativos de los límites de los planes que los mismos servicios ponen en marcha para fomentarla.

Las críticas que realizan los organismos de servicios a las personas con discapacidad y los usuarios por no ser representativos muchas veces nos llaman la atención y nos recuerdan nuestras propias reservas sobre los procesos y las estructuras políticas convencionales y que dentro de ellas sí somos representativos. Es por este motivo que buscamos desarrollar alternativas relacionadas con la participación a gran escala de la gente y provenimos de una tradición democrática participativa emergente. Lo irónico es que la mayoría de los acuerdos de "participación de los usuarios" nos obligan a volver a una limitada democracia representativa.

Los esfuerzos de las personas con discapacidad y los usuarios por tener voz y voto en lo que respecta a los servicios de asistencia social no sólo representan un desafío para los servicios tradicionales, sino también para los conceptos tradicionales de democracia representativa y de organizaciones y estructuras democráticamente responsables. En vista de esto, tal vez no sea sorprendente la fuerza de la resistencia con la que nos encontramos.

Conclusión

Aquí se plantean numerosas preguntas importantes para los organismos de servicios: ¿pueden conciliar los planes de participación y empoderamiento de los usuarios con el conjunto de estructuras políticas generales sobre las que están establecidas? ¿De qué manera dichos planes pueden evitar ser marginales o simbólicos? Al mismo tiempo, lo que quizás sea más importante, se plantean preguntas para nosotros mismos: ¿Cómo podemos aprovechar mejor estas oportunidades de participación? ¿Cuánto podemos esperar obtener de ellas realmente?

Las organizaciones de usuarios de servicios y de personas con discapacidad se encuentran bajo una presión constante. Existe la presión de imitar y adaptarse a la democracia representativa de los proveedores de servicios para poder obtener algún tipo de acceso a su proceso de toma de decisiones. Existen exigencias por parte de los financiadores y las personas que regulan las organizaciones benéficas que podrían internarnos en instituciones de cuidado o alejarnos de nuestros propios objetivos y formas de trabajar. Pero ahora nosotros y nuestras organizaciones venimos de una posición de creciente confianza y fortaleza. En el pasado, cuando nos invitaban a participar solíamos actuar de manera reactiva. Ahora formulamos nuestras propias políticas, las que cuentan con el respaldo de una investigación y elaboración cuidadosas.

Una lección que muchos de nosotros aprendimos de nuestros propios movimientos podría ofrecer una última palabra sumamente útil sobre la representación: tiene más sentido dedicar una mayor parte de nuestra energía a participar en nuestras propias iniciativas que contar con una representación en los sistemas de servicios. Allí es donde reside la promesa real de participación, empoderamiento y nuestra representación en la sociedad.

Agradecimientos

Les agradecemos a todas las personas con discapacidad, supervivientes, otros usuarios de servicios y aliados que hicieron posible que redactáramos este artículo.

Referencias

BARNES, C. (1991). *Disabled People in Britain and Discrimination: a case for antidiscrimination legislation,* Londres, Hurst & Company.

BERESFORD, P. (1993). "Linking up", *OPENMIND,* No. 62, pág. 21.

— y CROFT, S. (1993). *Citizen Involvement: a practical guide for change,* Londres, Macmillan.

CAMPBELL, P. (1990). "Self, advocacy: working together for change", trabajo presentado en la *MIND Annual Conference,* Brighton.

CROFT, S. y BERESFORD, P. (1990). *From Paternalism* To *Participation: involving people* in *social services,* Londres, Open Services Project/Joseph Rowntree Foundation.

— y BERESFORD, P. (1991). "User views", *Changes,* 9, págs. 228-229.

— y BERESFORD, P. (1993). *Getting Involved: a practical manual,* Londres, Open Services Project/Joseph Rowntree Foundation.

DENNIS, N. (1972). *Public Participation and Planners Blight,* Londres, Faber *& Faber.*

HANSARD SOCIETY, (1990). *Women at the Top,* Londres, Hansard Society Commission Report.

HARALAMBOS, M. y HOLBORN, M. (1991). *Sociology: themes and perspectives,* 3.ª ed., Londres, Collins Educational.

HELD, D. (1987). *Models of Democracy,* Cambridge, Polity Press.

HMSO (1986). *The Local Government Councillor: Committee of Enquiry into the conduct of Local Authority business. Research,* Vol. 11, Londres, HMSO.

KEAY, D. (1993). "Who do you represent ... ?", en: P. BERESFORD y T. HARDING (Eds.) *A Challenge To Change: practical experiences of building user-led services,* Londres, National Institute for Social Work.

KETTLEBOROUGH, H. (1988). "Consulting women in the community about local government services", *Critical Social Policy,* Nº. 21, págs. 56-67.

LINDOW, V. (1991). "Sources of invalidation of health service users", *Changes,* 9, págs. 124-134.

OLIVER, M. (1990). *The Politics Of Disablement,* Londres, Macmillan.

SHAKESPEARE, T. (1993). "Disabled people's self-organisation: a new social movement?", *Disability, Handicap* & *Society,* 8, págs. 249-264.

THE UNION OF THE PHYSICALLY IMPAIRED AGAINST SEGREGATION & THE DISABILITY ALLIANCE (1976). *Fundamental Principles of Disability,* Londres, UPIAS & The Disability Alliance.

USER CENTRED SERVICES GROUP (Ed.) (1993). *Building Bridges—between people who use and people who protide services,* Londres, National Institute for Social Work.

CAPÍTULO XII

Las personas con discapacidad en una economía en proceso de industrialización

Oportunidades de desafíos en Malasia

Por Denison JAYASOORIA, Bathmavathi KRISHNAN y Godfrey OOI

Centro de Estudios Comunitarios, Kuala Lumpur, Malasia

Resumen

Malasia es uno de los países con un crecimiento más rápido en el mundo y, de acuerdo con los planes estratégicos de su gobierno nacional, para el año 2020 se habrá convertido en un país industrializado. Esta situación dinámica presenta numerosas oportunidades y desafíos para las personas con discapacidad que viven allí. Dos de sus resultados positivos son las oportunidades en el sector laboral y los progresos en el ámbito de la infraestructura. Sin embargo, los dos retos de especial importancia son: la integración de las personas con discapacidad a los ámbitos normales de capacitación laboral y educativa y la necesidad de un servicio dinámico de ubicación. El incremento en los accidentes laborales en la industria, junto con las cambiantes tendencias demográficas que podrían tener un impacto negativo en las personas con discapacidad, generan un nuevo desafío. Lo más destacable es que estas personas y sus organizaciones están comenzando a articular estos cambios y a reclamar su inclusión en la sociedad malasia.

Introducción

Malasia está atravesando una etapa de rápido desarrollo socioeconómico, con un crecimiento económico registrado del 8 por ciento entre 1991 y 1993 y del 8,5 por ciento en 1994 y 1995. El objetivo de la política gubernamental nacional denominada "Visión 2020" establece el objetivo de que para el año 2020 Malasia sea un país industrializado (MAHATHIR, 1990). Malasia tiene una población de 19,5 millones de habitantes; de éstos, el gobierno estima que aproximadamente el uno por ciento posee algún tipo de discapacidad, por lo que se considera a esa franja una de las comunidades minoritarias desfavorecidas en la sociedad malasia. A pesar de que no constituyen un grupo homogéneo y de que los subgrupos que lo forman podrían tener necesidades diferentes entre sí, estos grupos comparten problemas y desafíos similares dentro de un país en proceso de industrialización. En Malasia la mayor parte de las personas con discapacidad posee un impedimento relacionado con su nacimiento, de origen congénito o adquirido durante los primeros años de vida. Sin embargo, en la sociedad malasia está aumentando el número de personas que adquirieron una discapacidad durante la edad productiva, ya sea por accidentes laborales o automovilísticos.

Ian TUGWELL (1992) revela que en los países en donde las discapacidades son congénitas o tienen origen natural suele haber una carencia de servicios especiales, particularmente respecto a una educación y una capacitación laboral adecuadas. De esta forma, cuando estas personas con discapacidad entran en edad productiva tienen una doble incapacidad: la falta de educación y de capacitación para trabajar. TUGWELL también señala que, debido a esta situación, las personas con discapacidad se convierten en "una infraclase sin posibilidades de escapar de la trampa de la pobreza. La dependencia de sus familiares para que les den sostén y refugio y su incapacidad para colaborar de alguna forma con el presupuesto familiar hace que su existencia empobrezca a los demás".

La dura realidad de los malasios puede parecer muy pesimista; sin embargo, existen indicadores positivos relacionados con la adopción de nuevas políticas y programas (JAYASOORIA y cols., 1992). Se sembraron semillas de cambio y los años venideros revelarán nuestras verdaderas intenciones. Es alentador darse cuenta de que el gobierno de Malasia no se olvidó de que el éxito económico que el país está alcanzando mediante la industrialización significaría muy poco si no estuviera acompañado por el desarrollo de una sociedad solidaria. Esto se ve corroborado por el hecho de que en el documento en el que se plantea la "Visión 2020" nuestro primer ministro, Dato'Seri Dr. MAHATHIR, destacó la necesidad de cultivar una sociedad justa y solidaria como uno de los nueve desafíos para la construcción de una nación vital y moderna (MAHATHIR, 1990).

Es importante destacar que en un país que apenas comienza un proceso de industrialización como Malasia existen numerosas oportunidades, pero que a la vez hay desafíos que es necesario enfrentar y superar para alcanzar el bien común.

Empleo: Oportunidades y desafíos

Tanto el sector público como el voluntario ofrecen oportunidades de capacitación para las personas con discapacidad. Según Haji Zainul ARIFF (1993), en la actualidad el Ministerio de Unidad Nacional y Desarrollo Social dirige un centro de rehabilitación en Cheras para las personas con incapacidades ortopédicas que brinda capacitación profesional en sastrería, reparación de equipos de televisión y radio, carpintería, reparación de motores, soldadura con arco eléctrico o gas, trabajos con maquinaria en general y artesanías. Desde su inauguración, el centro han formado a 1.600 personas con incapacidades físicas. Bajo el sexto Plan Malasio se aprobó el establecimiento de un nuevo Centro de Rehabilitación y Capacitación Laboral en Bangi, Selangor. Cuando se inaugure, este centro podrá atender a 350 aprendices. Con el fin de alentar a las personas con discapacidad para que se inicien en los negocios, el Ministerio entrega un subsidio de 2.000 ringgits malasios que en 1992 subvencionó a 109 personas. Asimismo, se entregan asignaciones de incentivo por 50 ringgits malasios a quienes tengan ingresos de entre 20 y 300 ringgits; en 1992, 3.119 personas con discapacidad recibieron esta asignación.

Las organizaciones de voluntarios también cumplen una función importante. La Asociación Malasia de No Videntes fundó el Centro de Capacitación Gurney en Kuala Lumpur (KL), un centro de capacitación rural en Pahang y una agencia de servicios de ubicación en KL para las personas no videntes. El Hogar Bethany estableció un sector de pequeños negocios que emplea a adultos jóvenes con retraso mental en sus tiendas Keday Bethany (una tienda de artículos de segunda mano) y Café MMM (una tienda de comidas rápidas). Otros cooperaron con el sector privado para integrar a las personas con discapacidad, como en el caso de la colaboración entre la Sociedad para las personas sordas y la tienda de comidas rápidas Kentucky Fried Chicken (KFC), que empleó a 17 personas sordas. Todos estos casos constituyen pequeños ejemplos de los intentos realizados. Si bien son esperanzadores, son inadecuados para satisfacer las necesidades de toda la población malasia con discapacidad. Esto sucede porque, según estima GANAPATHY (1992), sólo entre el 10 y el 20 por ciento de las 89.000 personas con discapacidad a quienes se considera económicamente activas recibe un salario o trabaja de manera independiente.

En respuesta a esta necesidad, así como también para aprovechar una potencial fuerza de trabajo, el Ministerio de Asistencia Social (como se conocía entonces) formuló en 1987 una política orientada a que al menos el uno por ciento de los empleos del sector público estuviera disponible para las personas con discapacidad. En 1990, el Ministerio de Recursos Humanos emuló ese ejemplo cuando apeló al sector privado para que al menos el uno por ciento de los puestos de trabajo en las industrias quedaran en manos de personas con discapacidad. Se formó entonces un Comité Nacional para la Promoción de Oportunidades Laborales para las personas con discapacidad en el sector privado, con el Ministerio de Recursos Humanos como su presidente. Uno de sus primeros programas fue el lanzamiento de una campaña para promover el empleo de personas con discapacidad. Éstas son políticas y programas sumamente positivos que el gobierno de Malasia introdujo para el beneficio de estas personas. Hacia finales de 1991, 744 personas con discapacidad tenían un puesto de trabajo en el sector público. Entre 1991 y 1992, por las solicitudes del Ministerio de Recursos Humanos, el sector privado ofreció un total de 2.152 puestos de trabajo. No obstante, entre 1990 y 1993 sólo 1.249 de estos puestos quedaron en manos de personas con discapacidad.

GANAPATHY (1992) identifica cinco razones para justificar la falta de postulantes. *En primer lugar*, no se creó un registro de personas con discapacidad en busca de trabajo. Esto no está debidamente coordinado por parte del gobierno y los organismos de voluntarios. *En segundo lugar*, los prejuicios contra las personas con discapacidad. *En tercer lugar*, el difícil acceso a las instalaciones públicas. *En cuarto lugar*, la ubicación geográfica de los puestos de trabajo (el 70% de los empleos eran en el valle de Klang, en las afueras de Kuala Lumpur); y *en quinto lugar*, la reticencia de los empleadores a modificar o adaptar las maquinarias y las instalaciones para que sean aptas para las personas con discapacidad.

Sabemos que muchas de las organizaciones de voluntarios existentes no podían responder de manera dinámica a la solicitud del gobierno de proporcionar puestos de trabajo para las personas con discapacidad. Esto se debía a que muchas de estas personas no habían recibido una capacitación adecuada para enfrentar el nuevo mercado laboral en expansión.

Esta incapacidad por parte del sector no gubernamental demuestra que es necesario hacer mucho más para preparar a las personas con discapacidad para el mundo del trabajo. Los servicios de capacitación laboral existentes deben poder brindarles la posibilidad de adquirir las habilidades que se requieran para que puedan desempeñarse en un lugar de trabajo moderno de manera eficiente y efectiva. Al mismo tiempo, deben explorarse nuevas posibilidades para su capacitación y es posible que sea necesario revisar y actualizar los servicios existentes.

TUGWELL (1992) defiende la integración de las personas con discapacidad a los ámbitos normales de capacitación laboral en lugar de los centros especializados exclusivos para personas con discapacidad. En sus documentos, la Organización Internacional del Trabajo recomienda eso mismo: "donde sea posible, las personas con discapacidad deben recibir formación con y bajo las mismas condiciones que sus compañeros sin discapacidad. Deben establecerse o desarrollarse servicios especiales de capacitación para personas con discapacidad que, específicamente por la naturaleza o gravedad de su incapacidad, no puedan recibir formación en compañía de personas sin discapacidad". En este contexto, TUGWELL (1992) destaca la función que deberían cumplir los organismos de voluntarios y el departamento de asistencia social: "garantizar que las personas con discapacidad puedan acceder a una capacitación laboral integradora, ofrecer servicios de apoyo social para aquellas personas con discapacidad que están recibiendo formación y, cuando sea necesario, prestar servicios de consultoría a los centros de capacitación que los ayuden a diseñar un acceso más sencillo a sus instalaciones".

Para aumentar el potencial sin explotar de las personas con discapacidad en el lugar de trabajo es necesario que se implementen cuanto antes servicios de ubicación especializada a escala nacional. Este servicio no debe proyectar una imagen de asistencia social o caridad y, como afirma TUGWELL, "debe tener más cosas en común con el mundo de la dirección de personal que con el del trabajo social". El encargado del sector de ubicación debe cumplir "la función de intermediario honesto que actúa de manera objetiva en respuesta a los intereses del empleador y del que busca trabajo; es un 'creador de mercados' que reúne la oferta y la demanda".

GANAPATHY, al igual que TUGWELL, aporta al establecimiento de servicios de ubicación una prioridad elevada e identifica nueve deberes fundamentales para un servicio de ubicación que son sumamente importantes:

- Ayudar a las personas con discapacidad a que adquieran o recuperen el hábito de trabajar;
- brindar ayuda u orientación en lo relacionado con los problemas sociales que puedan obstaculizar la reubicación;
- generar o reestablecer la moral y la autoconfianza;
- proveer a las personas con discapacidad de información relacionada con oportunidades de empleo o capacitación;
- proporcionar orientación de índole médica, psicológica y vocacional para determinar la capacidad que tiene la persona para realizar distintos tipos de trabajo;
- disponer, en caso de que sea necesario, la capacitación laboral de las personas con discapacidad;

- encontrar puestos de trabajo aptos para las personas con discapacidad;
- asistir al postulante el día de la entrevista de trabajo;
- realizar visitas de seguimiento al lugar de trabajo para ver si la persona con discapacidad logra adecuarse y para determinar con el empleador la eliminación de posibles obstáculos que podrían impedir que el empleado se adapte de manera satisfactoria al trabajo.

Resulta entonces imperioso que tanto el Ministerio de Unidad Nacional y Desarrollo Social como el Ministerio de Recursos Humanos establezcan servicios profesionales de ubicación a nivel nacional y se vinculen con los sectores privado y voluntario. El empleo y la capacitación laboral de las personas con discapacidad no pueden considerarse de manera independiente de otros factores. Por ejemplo, la formación educativa de las personas con discapacidad sería de suma importancia para ayudar a determinar el tipo de capacitación laboral que éstas necesitarán más adelante. Debería existir un mecanismo por el cual quienes dictan las políticas en el ámbito de la educación y la capacitación laboral para las personas con discapacidad puedan observar en profundidad las necesidades que tienen estas personas. Una cooperación y coordinación de estas características daría una comprensión más clara de los vínculos que existen entre la educación y la capacitación laboral de las personas con discapacidad. Esto, a su vez, llevaría a una planificación más efectiva y concienzuda en todos los respectivos niveles.

Desarrollos infraestructurales: Oportunidades y desafíos

Mientras que el público en general puede beneficiarse por el incremento en el número de instalaciones construidas con propósitos de inversión o relacionadas con los viajes y el entretenimiento que generó la industrialización, no sucede lo mismo con muchas de las personas con discapacidad. Una razón muy evidente por la que esto ocurre son las barreras y los riesgos que las personas con discapacidad deben atravesar para acceder a ellas, como los numerosos escalones y desniveles que entorpecen el camino de los que se movilizan en silla de ruedas y las alcantarillas sin tapa que son sumamente peligrosas para los no videntes en particular. La experiencia común de muchas personas con discapacidad es que normalmente están confinadas a permanecer en sus hogares porque no existe un acceso sencillo a las instalaciones públicas, ya sean medios de transporte, edificios públicos o aseos inaccesibles. Suele deducirse que todas esas instalaciones se plantearon sin tener en cuenta a las personas con discapacidad. Una suposición común entre los malasios según THANASAYAN (1991), un activista por los derechos de las personas con discapacidad, es que el público en general cree que "las personas con discapacidad no necesitan acceder a los edificios públicos porque permanecen en sus casas o en instituciones de cuidado especializadas".

No obstante, se produjo un cambio radical cuando en 1990 se sancionaron las reformas a las ordenanzas de Construcciones Uniformes de 1984 para brindar instalaciones aptas para personas con discapacidad. De conformidad con estas enmiendas todos los nuevos edificios públicos deben contar con facilidades de acceso y los dueños de los edificios ya existentes tienen tres años de plazo para adaptarlos a las nuevas normativas. Más recientemente, en 1992, el Instituto de Normas e Investigación Industrial de Malasia (*Standards and Industrial Research Institute of Malaysia,* SIRIM) publicó el Código Malasio de Prácticas Estándar de acceso a los edificios públicos por parte de personas con discapacidad. Esta normativa especifica los requisitos básicos para determinadas partes de edificios e instalaciones relacionadas con el objetivo de que sean accesibles para las personas con discapacidad. Dichos requisitos se aplican a todos los edificios que estas personas puedan utilizar ya sea como miembros del público en general, como visitantes o como empleados. Si todas las autoridades estatales hacen una publicación oficial de ambos documentos, será obligatorio entonces que quienes construyan instalaciones públicas tengan en cuenta las necesidades de las personas con discapacidad durante la etapa de planificación. Esto representará un aporte importante para que estas personas tengan mejores oportunidades de empleo, una mejor socialización, etcétera. Sin embargo, sólo seis de los trece estados y uno de los dos territorios federales publicaron oficialmente estas dos nuevas disposiciones que favorecen a las personas con discapacidad.

Otra gran dificultad que personas con discapacidad experimentan es que se las excluye del sistema ferroviario ligero que se está instalando en el valle de Klang y que comenzará a funcionar a mediados de 1996. Tanto ellas como sus organizaciones mantuvieron numerosas conversaciones con todas las autoridades pertinentes. Los operadores de la primera fase, STAR, se negaron a aceptar personas con discapacidad alegando cuestiones de seguridad, mientras que los de la segunda fase, PUTRA, declararon públicamente que su sistema estará equipado en su totalidad para que puedan utilizarlo quienes se movilicen en sillas de ruedas. No obstante, tal como señala TANASAYAN (1992) atinadamente, "el problema... reside en que la ruta de PUTRA estará conectada a la de STAR".

Hay una necesidad fundamental de que la voluntad política garantice que la retórica de una sociedad solidaria y justa para todos en Malasia se haga realidad a través de políticas claras que tengan una relevancia específica en todas las dimensiones de la vida de todos los malasios. En los años venideros, tanto las personas con discapacidad como el resto de la sociedad malasia deberán continuar con la articulación de las cuestiones relacionadas con el acceso a los medios de transporte públicos. Malasia, como país que comienza su período de industrialización, ha perdido una oportunidad única para desarrollar una infraestructura accesible para todos sus habitantes.

El desafío de los accidentes laborales y los subsidios por discapacidad

El alarmante aumento en el número de accidentes laborales causó gran preocupación al gobierno. De acuerdo con las cifras de la *Social Security Organisation* (Organización de Seguridad Social, SOCSO), en el año 1982 Malasia tuvo un total de 56.698 casos de accidentes laborales, mientras que en 1991 la cifra ascendió a 124.898 (TEOH, 1992). Además de costarle al gobierno alrededor de cuatro mil millones de ringgits malasios, estos accidentes laborales también causaron numerosas muertes y dejaron a muchas personas con incapacidades permanentes. Cada año se registran alrededor de 80.000 casos de lesiones relacionadas con el trabajo, de las cuales aproximadamente 3.000 dejan como saldo una discapacidad permanente. En vista de esto, el gobierno estableció un organismo supervisor —el Consejo Nacional de Seguridad y Salud Laboral— y un Instituto de Seguridad y Salud Laboral con el objetivo de centrar la atención en la seguridad y la salud en el ámbito laboral, así como también para fomentar una "cultura autorreguladora de la seguridad".

Además, se sancionó la Ley de Seguridad y Salud Laboral en el Parlamento. Los principales objetivos de esta nueva ley son:

- garantizar que los trabajadores estén protegidos de los riesgos que puedan correr su seguridad y su salud y que se cuide su bienestar;
- brindar protección en el lugar de trabajo de los no empleados;
- mejorar las condiciones laborales de acuerdo a sus necesidades psicológicas y elaborar de manera gradual nuevos códigos y pautas.

La ley busca reducir la incidencia de los accidentes laborales. A pesar de que es muy importante y fundamental prevenirlos, debería ponerse cierto énfasis en la rehabilitación de los trabajadores que ya los sufrieron y que ahora tienen una discapacidad permanente. Cuando una persona tiene una lesión en su lugar de trabajo, usualmente la SOCSO evalúa el caso para determinar si el empleado puede continuar con el desempeño de su tarea o si debe recibir un subsidio por discapacidad. Lo que en general ocurre es que los trabajadores aceptan los subsidios y dejan de trabajar. Quizás debería reorientarse el enfoque al momento de considerar los subsidios de la SOCSO. Los médicos que tienen la responsabilidad de evaluar los impedimentos provocados por una lesión ocupacional deberían, en colaboración con los funcionarios del sector de rehabilitación de la SOCSO, centrarse más en determinar la capacidad funcional residual del trabajador accidentado para establecer con qué actividad podría continuar con el fin de permitirle que conserve su empleo remunerado. En casos que impliquen una incapacidad severa, tal como la pérdida de extremidades o de sus funciones, es posible que el empleado no pueda volver a su puesto de trabajo original, pero eso no significa que no pueda realizar otro tipo de tarea para la que sea apto. Esto realmente ayudará a reestablecer la autoestima y la dignidad del trabajador accidentado después de haber atravesado una experiencia traumática por la incidencia del impedimento. Esto también irá de la mano con nuestra meta nacional de promover una sociedad solidaria en la que se acepte a las personas con discapacidad como miembros activos que participan de la fuerza laboral nacional. Sólo después de haber analizado la posibilidad de una reubicación en un nuevo puesto de trabajo o en un lugar alternativo deberían considerarse los subsidios por discapacidad, que deben basarse en una capacidad funcional residual baja o nula. Éste sería un enfoque más equitativo respecto a la rehabilitación de un trabajador accidentado que aún tiene la capacidad de obtener un ingreso. No obstante, una vez que se resolvió la reubicación en un empleo, el trabajador accidentado aún deberá enfrentarse a otros diversos factores en una sociedad industrializada que podría poner trabas a su nuevo trabajo o reubicación. *En primer lugar*, necesitará un entorno libre de barreras arquitectónicas que le permita acceder a su lugar de trabajo. *En segundo lugar*, debería disponer de un transporte adecuado para utilizarlo desde y hacia el trabajo. *Tercero*, deberán hacerse modificaciones al propio lugar de trabajo para proporcionar un acceso adecuado al edificio mediante elevadores, rampas, etcétera; y, *por último*, es posible que el trabajador también necesite utilizar dispositivos de adaptación que le permitan realizar su trabajo de la manera correcta.

Además de las barreras físicas, el trabajador accidentado quizás deba enfrentarse también a barreras relacionadas con las actitudes de los empleadores que se niegan a darle una oportunidad. Una sociedad industrializada que se caracteriza por altos niveles de productividad y de producción de ganancias puede tener muy poca consideración en lo que respecta a brindar iguales oportunidades de participación a las personas con discapacidad. Sin embargo, esto no significa que estas personas queden absolutamente excluidas. Existen áreas laborales en donde las personas con discapacidad, con la ayuda de tecnología adaptativa y en un ambiente conducente, demuestran que pueden trabajar a la par de sus compañeros sin discapacidad. Con la llegada de la tecnología informática muchas industrias automatizaron sus procesos de producción. Esto de hecho generó nuevas oportunidades para las personas con discapacidad. Las tareas que antes eran tediosas y complicadas ahora pueden realizarse desde simples paneles de control, y este tipo de trabajo puede ser apto para personas con algún tipo de discapacidad que impida el total funcionamiento de sus miembros.

Servicios de asistencia para las personas con discapacidad y sus familias

Los teóricos del ámbito de las políticas sociales nos hacen recordar el impacto de la industrialización, es decir, la "lógica de la industrialización". Christopher Pierson (1991) nos proporciona un resumen sumamente útil. Algunos de los avances sociales que poseen relevancia directa para las personas con discapacidad son:

- la caída en el empleo agrícola y la población rural;
- el alto grado de urbanización; el crecimiento de las grandes ciudades y del "modo de vida" típicamente urbano;
- la demanda de una fuerza laboral capacitada, educada y de confianza;
- los cambiantes modelos de familia y de vida comunitaria;
- una división cada vez mayor entre la población empleada y desempleada, y entre "la casa" y "el trabajo".
- la mortalidad infantil decreciente y el aumento de la expectativa de vida.

En el contexto malasio, las tendencias demográficas que señaló Annuar Maaruf (1991) indican un traslado desde lo rural a lo urbano, y se estima que para el año 2020 el 64 por ciento de la población vivirá en centros urbanos. Se espera que la obtención de niveles de educación más elevados y más oportunidades de trabajo permitirá que una cantidad más numerosa de mujeres participen de manera activa en la economía. Se prevé que para el año 2000 el índice de participación femenina en el trabajo aumentará del 49 por ciento registrado en 1990 al 52 por ciento. Si se mantiene constante esta proporción hasta el año 2020, se estima que la fuerza laboral femenina total será de 5,3 millones. También se prevé que habrá más mujeres de 65 años o más gracias al aumento general de la expectativa de vida.

Estos cambios tienen un impacto muy importante en las personas con discapacidad debido a que la mayoría de quienes los cuidan pertenecen al sector de trabajo informal, es decir, son sus familiares directos. Esta transición de la sociedad rural a la urbana, así como la mayor participación de las mujeres en la fuerza laboral, tendrán importantísimos efectos secundarios para las personas con discapacidad. Invariablemente, existe una tensión entre la función de la mujer de cuidadora de los demás y su oportunidad de desarrollo personal. No existe una respuesta simple para esta cuestión debido a la explotación que sufrió la mujer al menospreciarse y desmerecerse su labor como cuidadora. Es necesario que se establezca un equilibrio en lo que respecta a las responsabilidades paternales de los miembros femeninos y masculinos de la familia. Debe haber más servicios de asistencia a las familias tales como servicios de cuidado diurno, "respite facilities"* y servicios residenciales en pequeños hogares comunitarios. Si estos servicios se prestan de la manera adecuada, las personas con discapacidad podrán consumar su potencial en la sociedad.

Conclusión

El enfoque tradicional relacionado con la asistencia se centra en la perspectiva de la beneficencia o la asistencia social, lo que le otorga una orientación paternalista y genera una mentalidad de subvención y dependencia. Ésta es la filosofía dominante sobre la que se apoya la mayor parte de los servicios para las personas con discapacidad en la sociedad malasia (JAYASOORIA y cols., 1992). En la actualidad, las personas con discapacidad y sus organizaciones están cuestionando este enfoque. No quieren que se las deje de lado porque se dan cuenta de que la política "Visión 2020" brinda numerosas nuevas oportunidades y buscan beneficiarse directamente del crecimiento económico que resultará de ella. Las personas con discapacidad quieren que las organizaciones sociales adopten una estrategia de autosuficiencia y ayuden a los más vulnerables a romper el ciclo de dependencia.

Aquí es donde la Política Nacional de Asistencia Social es relevante porque aboga por una estrategia para el desarrollo de una mayor capacidad de recuperación tanto en individuos como en comunidades. Creemos firmemente que bajo una igualdad de oportunidades, lo que se supone que ocurre en una sociedad democrática como la nuestra, las personas con discapacidad deberían poder disfrutar de todos los beneficios que generó la industrialización, ya que se supone que estos son para todos los habitantes del país. No obstante, como las personas con discapacidad constituyen una minoría descuidada y desfavorecida, se debe prestar especial atención para brindarles iguales oportunidades que les permitan una participación e integración total en la sociedad malasia. En la actualidad no existe en Malasia una Política Nacional exhaustiva para el desarrollo de progra-

* Servicio, usualmente dependiente de organizaciones no lucrativas, que se presta para ayudar a los cuidadores principales de personas mayores, con discapacidad o enfermos terminales para que puedan descansar o atender otro tipo de necesidades. *(N. del T.)*

mas y servicios para las personas con discapacidad. Nuestra recomendación es que se desarrolle una política específica que sirva como marco para la acción. Esta política deberá estar de acuerdo con los objetivos dinámicos de Visión 2020. Hace poco tiempo la Organización de las Naciones Unidas (ONU) dio a conocer la Resolución 1993/19 para promover la igualdad de oportunidades para las personas con discapacidad, documento que puede servir como un antecedente útil. La Política Nacional sobre personas con discapacidad en Malasia debería garantizar que todas ellas, como ciudadanas, puedan gozar de los mismos beneficios que el resto de la sociedad de ese país.

Referencias

ARIFF, H.Z. (1993). *Role and Responsibility of the Ministry of National Unity and Social Development, Malaysia in the Socio-economic Upliftment of Disabled Persons,* trabajo presentado en el *Seminar on the Role of the Private sector in the socio-economic upliftment of disabled persons*, 22-23 Noviembre 1993, Kuala Lumpur.

GANAPATHY, R. (1992). *The Placement of Disabled Persons in Employment-Some Problems and Strategies,* trabajo presentado en el *Seminar on Education and Training of the Handicapped and their integration into the labour market*, Octubre 27 y 28, 1992, Kuala Lumpur, pág. 1.

JAYASOORIA, D. y cols. (1992). "Disabled persons, the caring society and policy recommendations for the 1990s and beyond", en: Cho KAH SIM e Ismail MUHD SALLEH (Eds.) *Caring Society, Emerging Issues and Future Directions,* Kuala Lumpur, ISIS.

MAHATHIR, M. (1990). *Vision* 2020, *Malaysia the way forward,* Kuala Lumpur, Government printers.

MAARUF, A. (1991). *Population Trends and Manpower Resources,* trabajo presentado en el *Seminar 2020, The role of professional sector in national development,* Agosto 12, 1991.

PIERSON, C. (1991). *Beyond the Welfare State? The New Political Economy of Welfare,* Cambridge, Polity Press.

RECOMMENDATION CONCERNING VOCATIONAL REHABILITATION OF THE DISABLED, Recommendation no. 99, ILO.

TEOH, A. (1992). "Towards safety at the work site", *Malay Mail,* Noviembre 30,1992.

THANASAYAN, A. (1995). *The Star,* Diciembre 28, 1995.

— (1991). *Sunday Star,* Agosto 4, 1991.

The Malaysian Economy in Brief (1995). Statistics Department, Malaysia.

TUGWELL, 1. (1992). *Enhancing the Integration of Persons with Disabilities: opportunities and challenges in South East Asia,* trabajo presentado en el *First ISIS South, East Asia Round table on Social Development: Managing the social impact of Industrialisation,* págs. 20-21 Enero 1992, en Kuala Lumpur.

CAPÍTULO XIII

El movimiento por los derechos en el ámbito de la discapacidad en Japón

Pasado, presente y futuro

Por Reiko HAYASHI

Universidad de Utah, Estados Unidos

y Masako OKUHIRA

Sociedad Japonesa para la Rehabilitación de las Personas con Discapacidad

Resumen

Este estudio presenta la historia del movimiento moderno por los derechos en el ámbito de la discapacidad de Japón, el cual ha constituido una fuerza propulsora para el cambio en las normas y las políticas sociales y para mejorar la calidad de vida de las personas con discapacidad y sus familias. En este artículo se presentan las normas y políticas sociales tradicionales que tuvieron como consecuencia la reclusión de las personas con discapacidad en la casa de sus padres y en instituciones especializadas; un movimiento radical de personas con parálisis cerebral que estuvo activo entre las décadas de los sesenta y los ochenta; el surgimiento del movimiento de vida independiente en los años ochenta y el actual movimiento por los derechos en el ámbito de la discapacidad y sus futuros desafíos. Este estudio se realizó a partir de un análisis de los documentos que se produjeron y las entrevistas realizadas durante la primavera del año 2000 en Japón con defensores de los derechos en el ámbito de la discapacidad y el personal que trabaja en los centros para la vida independiente.

Introducción

Hace apenas dos décadas, la sociedad japonesa no percibía la reclusión en instituciones de las personas con discapacidad durabte toda la vida como una violación de los derechos humanos. Actualmente, el movimiento por los derechos en el ámbito de la discapacidad en Japón puede jactarse de tener noventa centros para la vida independiente en todo el país, los cuales proporcionan servicios de asistencia comunitaria y realizan tareas de apoyo. Además, este movimiento brinda su ayuda a los movimientos de vida independiente de personas con discapacidad que se encuentran en otros países asiáticos. El objetivo de este movimiento es la realización a escala nacional de programas de asistencia personal dirigidos a los consumidores que permitan que las personas con cualquier tipo de incapacidad, sin importar su gravedad, vivan de manera independiente dentro de sus comunidades. Este estudio presenta la historia del movimiento por los derechos en el ámbito de la discapacidad en Japón, el cual ha constituido la fuerza impulsora para el cambio en las normas y las políticas sociales y para mejorar la calidad de vida de las personas con discapacidad y sus familias.

Después de examinar el escenario previo a la aparición del movimiento, este artículo describe otro movimiento radical de personas con parálisis cerebral que estuvo activo entre las décadas de los sesenta y los ochenta dentro del ámbito cultural de la sociedad japonesa. Además, relata el surgimiento del movimiento de vida independiente en los ochenta y analiza el movimiento actual por los derechos en el ámbito de la discapacidad, lo que incluye los éxitos de los centros para la vida independiente y los desafíos con los que estos se enfrentaron como proveedores de asistencia comunitaria.

Este estudio se basa en un análisis de los documentos y de las entrevistas realizadas durante la primavera del año 2000 al personal de los centros para la vida independiente y a los defensores de los derechos en el ámbito de la discapacidad.

Se preguntó a los entrevistados respecto a su historia personal: sobre sus experiencias durante la niñez, sus vivencias en la escuela (si alguna vez acudieron a ella) y en instituciones especializadas, su primer contacto con el movimiento por los derechos en el ámbito de la discapacidad y su participación en el mismo y, finalmente, sobre sus actividades actuales y el camino que seguirán en el futuro. La historia personal de los entrevistados representa al movimiento por los derechos en el ámbito de la discapacidad que liberó a las personas de vivir recluidas en la casa de sus padres o en instituciones para hacerlo de manera independiente y activa en la sociedad.

El enfoque tradicional japonés sobre la asistencia social

En el año 1874 se estableció en Japón un gobierno centralizado y se promulgó la Regulación de Ayuda Social, con el objetivo de proveer de arroz a los ancianos, jóvenes, enfermos y personas con discapacidad muy pobres e indigentes. Sin embargo, se esperaba que los familiares directos y los vecinos ayudaran a los desamparados y, por consiguiente, la asistencia gubernamental era muy limitada. A medida que el país se sobreponía de la Primera Guerra Mundial y de la posterior depresión, el movimiento obrero se hacía más activo. Se promulgaron leyes destinadas a aumentar las obligaciones gubernamentales hacia los pobres, además de la provisión de un seguro médico y un programa de pensión para los trabajadores empleados en relación de dependencia. No obstante, aún se consideraba a los ciudadanos con discapacidad como dependientes de sus padres y hermanos y no existían políticas de orden público que los respaldaran (MINISTRY OF HEALTH AND WELFARE, 2000).

Después de la Segunda Guerra Mundial se promulgaron tres leyes de asistencia social: la Ley de Asistencia Pública, la Ley de Asistencia Infantil y la Ley para el Bienestar de las Personas con Discapacidades Físicas. Esta última, promulgada en 1949, constituyó la primera política nacional de asistencia a las personas con discapacidad. No obstante, esta ley se creó para brindar servicios de rehabilitación a veteranos de guerra con discapacidad para que pudieran recuperar sus habilidades profesionales. Bajo esta ley se establecieron en algunas ciudades instalaciones para la rehabilitación laboral. Sin embargo, el resto de las personas con discapacidad aún debían depender de sus parientes directos o recibir asistencia pública para poder sobrevivir. Sólo un pequeño número de personas vivía en las escasas instituciones públicas de caridad existentes (TATEIWA, 1990; MINISTRY OF HEALTH AND WELFARE, 2000).

En el año 1961 se instauró el sistema de pensión nacional. En principio, este sistema se desarrolló sólo para los trabajadores contratados en relación de dependencia. Más tarde se extendió a los autónomos y a los agricultores y finalmente se convirtió en un sistema de pensión nacional generalizado. Tanto empleadores como empleados realizaban aportaciones económicas a ese sistema y, al momento de alcanzar la edad de retiro, estos últimos recibían los beneficios. También se adoptó un sistema suplementario y provisional de pensiones no contributivas (pensiones asistenciales) que extendió los beneficios a los hogares sin figura paterna, a las personas con discapacidad y a aquellas otras que, a pesar de haber alcanzado la edad de retiro, no habían contribuido la cantidad de años suficientes (MINISTRY OF HEALTH AND WELFARE, 2000). Para las personas con discapacidad, la pensión nacional también incluía la llamada pensión asistencial para personas con discapacidad. Sin embargo, el monto de la pensión dependía de los ingresos de los miembros de la familia, así como también de la gravedad de la incapacidad. Aunque las personas discapacitadas fuesen adultas, se esperaba que recibieran la ayuda monetaria de sus padres u otros familiares para mantenerse. Por lo tanto, muchas personas con discapacidad no podían cobrar la pensión y continuaban dependiendo de sus familiares o ingresaban a instituciones residenciales; que rápidamente se establecieron en el país durante la década de los sesenta (WAKABAYASHI, 1986; TATEIWA, 1990).

Del confinamiento domiciliario a la segregación institucional

La década de los sesenta fue testigo de cómo los padres de las personas con discapacidad se organizaban para reclamar el establecimiento de instituciones residenciales en donde albergar a sus hijos. Las normas y políticas sociales exigían que cuidaran de ellos incluso en su edad adulta, por lo que se necesitaban instituciones como éstas para cuando los padres no pudieran continuar ocupándose de sus hijos. A medida que se incrementaba la recuperación económica posterior a la Segunda Guerra Mundial, la sociedad japonesa comenzó a responder a estas demandas "asistenciales". Se construyeron entonces instituciones residenciales adecuadas para personas con discapacidad, y aquellas para la rehabilitación laboral, destinadas inicialmente sólo a los veteranos de guerra, se convirtieron en instalaciones residenciales para otras personas con discapacidad (TATEIWA, 1990; H. KONDO, entrevista, 26 de mayo de 2000). Dichas instituciones se transformaron en lugares aptos para que las personas con discapacidad vivieran de manera permanente separadas del resto de la sociedad. Al mismo tiempo, muchas personas con discapacidad aún permanecían ocultas de la sociedad en la casa de sus padres. Era común que se separara a los niños con discapacidad de sus familias a muy temprana edad para que vivieran en estas instituciones residenciales. Muchos de estos niños permanecían allí hasta alcanzar los 18 años de edad, momento en el que se trasladaban a instituciones para adultos en donde pasarían el resto de sus vidas (IRUBE, 1990).

Dichas instituciones residenciales aplicaban estrictas reglas para controlar todos los aspectos de la vida de los residentes. Se trataba de una vida de segregación y obediencia, sin privacidad. A menudo las condiciones de vida eran crueles y, con frecuencia, se violaban los derechos humanos de los residentes.

Una mujer que permaneció en una institución para niños con discapacidad durante diez años fue testigo del maltrato al que estaban sometidos. Algunos niños no recibían el tratamiento médico adecuado cuando enfermaban y, por consiguiente, morían. Podía recordar niños con graves impedimentos que vivían en condiciones insalubres y que nunca recibían un baño; olían muy mal y las moscas volaban a su alrededor y depositaban sus huevos en las llagas producidas por estar postrados (KIM, 1996).

Era común que se realizaran operaciones a los niños con discapacidad. Los padres de estos menores daban su consentimiento para ello con la esperanza de que sus hijos se curaran o al menos mejoraran su estado de salud. En realidad, lo más común era que ocurriera lo contrario. En muchos casos las funciones corporales de estos niños se debilitaban debido a la cirugía. Por ejemplo, un niño que podía caminar perdió esa capacidad como resultado de cuatro intervenciones quirúrgicas realizadas durante su estancia en una institución (K. ONOUE, entrevista, 17 de mayo de 2000). Las personas con discapacidad a quienes se sometió a operaciones cuando eran niños, o que presenciaron el deterioro en la salud de sus compañeros después de procedimientos quirúrgicos, ahora sospechan que fueron utilizados como conejillos de Indias para el desarrollo profesional de los médicos (IRUBE, 1990; KIM, 1996).

Una práctica común dentro de estas instituciones era la realización de histerectomías* a aquellas mujeres que menstruaban con objeto de facilitar la labor del personal. Simplemente, a las mujeres con discapacidad no se las consideraba mujeres. Cada vez que menstruaban el personal de la institución se quejaba y las instaba a practicarse esa operación. En ocasiones se ignoraban los deseos de las residentes y el personal obtenía de sus padres el permiso para ello. Una mujer debía ser sumamente firme para conseguir evitar esta operación (K. IRUBE, entrevista, 17 de mayo de 2000).

También era común el abuso sexual de las residentes. ONAKA (1990) denuncia que un miembro masculino del personal les acariciaba los pechos cuando las bañaba. Asimismo, eran frecuentes los abusos verbales tales como "eres una carga para la sociedad" o "tus padres debían haberte matado". El personal masculino muchas veces bañaba juntos a los residentes de ambos sexos, y los retretes no tenían puertas. Sin embargo, protestar contra esos abusos no era posible. Los residentes necesitaban asistencia diaria, por lo que debían aceptar la humillación que sufrían a manos del personal así como su posición inferior en la sociedad. Lloraban en silencio en sus camas mientras toleraban diariamente estos abusos.

* Extirpación total o parcial del útero. *(N. del R.)*

Además de estas evidentes violaciones a los derechos humanos, las condiciones de vida dentro de estas instituciones eran muy duras. Generalmente los horarios de las actividades de los residentes se establecían y modificaban de acuerdo a la conveniencia de la institución y no a la de ellos mismos. Por ejemplo, en una residencia para niños, la hora de levantarse era las 6:30 horas. Para estar arreglados a esa hora, los despertaban a las 4:00 para que se vistieran, para lo que contaban con la ayuda de un número limitado de miembros del personal. En invierno no había calefacción. Muchos niños tiritaban de frío y, al no contar con ayuda, tardaban horas en vestirse (KIM, 1996). En una institución para adultos, la hora estipulada para que el personal preparara los futones para dormir era las 16 horas, por lo que a las 13 ya comenzaban a preparar las habitaciones para que los residentes durmieran y por la tarde se cerraban todas las cortinas de las ventanas temprano. Los residentes que tenían el valor de quejarse se incluían en una "lista negra" y recibían reprimendas, no sólo de parte del personal, sino también de otros residentes que argumentaban que no tenían derecho a quejarse porque no podían valerse por sí mismos (SUZUKI, 1995).

En las instituciones para niños se clasificaba a los residentes de acuerdo a la gravedad de sus impedimentos. Los niños con impedimentos menos severos eran más favorecidos por los docentes y empleados y adoptaban el "elitismo" propio de aquellos que se autoconsideran superiores comparados con los residentes con incapacidades más severas. La misión de estas instituciones era enseñar a los residentes a superar sus impedimentos y a asemejarse lo más posible a las personas sin discapacidad. Aquellos niños que no podían caminar se les obligaba a que lo hicieran por la fuerza. En general, los niños con impedimentos físicos severos sufrían el abandono por parte del personal, quienes los dejaban en sus camas. Sus camas se convertían en lo más importante para ellos. (K. ONOUE, entrevista, 17 de mayo de 2000; KIM, 1996; IRUBE, 1990).

Recibir visitas y salir con la familia eran acontecimientos especiales para los niños confinados en estas instituciones. Sin embargo, sus reglas limitaban esas actividades de manera estricta. En muchos casos, se permitía a los residentes visitar a sus familias tan sólo una o dos veces al año (en general para Año Nuevo) y recibir visitas, a lo sumo, una o dos veces al mes (IRUBE, 1990; HIGUCHI, 1998). Aquellos niños abandonados frente a la institución o cuyos padres desaparecían después de internarlos no tenían a quién visitar durante las fiestas de fin de año ni tampoco recibían ninguna visita. Permanecían recluidos allí, sin saber nada del mundo exterior, hasta cumplir los 18 años, momento en que eran trasladados a una institución para adultos. Aquellos residentes que recibían visitas solían obtener un mejor trato por parte del personal que los demás. Los familiares llevaban comida a escondidas (lo que violaba las reglas de las instituciones) para alimentar a sus hijos hambrientos, forzados a soportar una dieta limitada (KIM, 1996; HIGUCHI, 1998).

En las instituciones para adultos se trataba a los residentes como si fueran niños. El personal adoptaba una actitud condescendiente hacia ellos. Un manual para el personal, publicado por una coalición de instituciones residenciales, hacía énfasis en las limitaciones funcionales de los personas con discapacidad y las consideraba personas de carácter débil que necesitaban supervisión constante. Dicho manual estipulaba que el personal debía estar principalmente constituido por docentes, quienes debían reprender a los residentes para que se comportaran (ONAKA, 1990). Los residentes debían pedir permiso para todo. YOKOYAMA (1998) recuerda que en la residencia en la que él vivía ningún residente tenía permiso para salir durante el invierno. La razón oficial de esta negativa era que se los protegía para que no se enfriaran. Se censuraban los periódicos que llegaban a los residentes y se recortaban los avisos clasificados de inmuebles para que estos no soñaran con abandonar la institución.

ONAKA (1990) describe un incidente que puede percibirse como negligencia intencional por parte de la institución: un médico dio instrucciones a una de estas residencias para que se permitiera a un residente que utilizara una silla de ruedas eléctrica para que así pudiera prescindir de la ayuda del personal voluntario. Tuvieron que pasar dos años y medio para que la institución se lo permitiera. Después de comprobar que podía controlarla, tuvieron que pasar otros ocho años para que le entregaran una.

La aparición del movimiento por los derechos en el ámbito de la discapacidad

En Japón el movimiento por los derechos de las personas con discapacidad surgió junto con otros movimientos sociales de las décadas de los sesenta y los setenta, entre ellos los que se oponían a la guerra de Vietnam, los de estudiantes, ecologistas, feministas y el movimiento de liberación Buraku. (Los "buraku" eran los ciudadanos japoneses cuyos ancestros pertenecieron a la casta más baja durante la era de los Samurai, 150 años atrás. Aún hoy, los buraku son víctimas de la discriminación.) Fue también alrededor de esa época cuando las personas con discapacidad comenzaron a alzar sus voces en contra del trato discriminatorio. Más adelante se describe un incidente que tuvo lugar en el centro Fuchu Ryoiku. Esta sección también presenta a Aoi Shiba, un grupo de personas con parálisis cerebral que tuvo gran influencia en el movimiento por los derechos en el ámbito de la discapacidad durante los años setenta y ochenta. La agrupación Aoi Shiba criticaba la "cultura de la capacidad" y cambió la percepción de la discapacidad entre las mismas personas con discapacidad y también entre gran parte de la población.

La batalla del centro Fuchu Ryoiku

El centro Fuchu Ryoiku era una de las instituciones residenciales descritas en la sección anterior. Abrió sus puertas en 1968 y se la consideraba una institución ejemplar de acuerdo a las políticas asistenciales de Taturo Minobe, el gobernador de Tokio con tendencias de izquierda. En realidad, no era una excepción en términos del maltrato hacia los residentes. Para que aceptaran a las personas con discapacidad en esa institución sus padres debían firmar un documento mediante el que eliminaban el requisito de consentimiento para la práctica de intervenciones quirúrgicas a sus hijos adultos. Esto permitía a los médicos del centro realizar cualquier clase de cirugía, incluso lobotomías* o autopsias, sin notificárselo a los padres. Como resultado, se utilizaba a los residentes como conejillos de Indias para realizar investigaciones médicas (KYUKYOKU, 1998).

Durante el proceso de admisión se fotografiaba desnudas a las personas con discapacidad. Los residentes estaban en pijama durante las 24 horas y vivían en habitaciones compartidas por muchas personas. En la entrada de la institución había un letrero que decía "no dar alimentos que no sean los provistos por el centro". Los residentes no podían establecer contacto con personas ajenas a la institución, excepto con las visitas que recibían una vez al mes. Podían salir sólo una vez cada tres meses y únicamente si sus padres presentaban una solicitud por escrito. Eran comunes los abusos verbales por parte del personal, en especial cuando los residentes necesitaban asistencia en el cuarto de baño. "Quien no puede limpiarse el culo por sí mismo no tiene derecho a preocuparse por su peinado. ¡Córtate el maldito cabello!" (WAKABAYASHI, 1986).

Después de que se ignoraran repetidas veces sus numerosas solicitudes de un mejor trato, en 1970 algunos residentes del centro Fuchu Ryoiku iniciaron una huelga de hambre para protestar contra el maltrato crónico que recibían. A pesar de que la huelga efectivamente recibió la atención de algunos medios de comunicación, el centro Fuchu Ryoiku no realizó ningún cambio en sus políticas. En el año 1972, impulsados por los despidos del personal que se solidarizaba con ellos, la unión de residentes convocó una sentada frente al edificio de la municipalidad de Tokio. Esta vez recibieron un fuerte apoyo por parte de trabajadores y estudiantes activistas que les ayudaron a establecer y mantener la protesta. Las manifestaciones duraron más de un año y obligaron al gobierno a investigar las condiciones de vida dentro de las instituciones residenciales. Este incidente también permitió a las personas con discapacidad pensar en alternativas de vida. Sólo habían obtenido dos opciones en su vida: vivir con sus padres o internados en una institución. Fue entonces cuando comenzaron a contemplar la posibilidad de vivir de manera independiente dentro de la comunidad (WAKABAYASHI, 1986; KYUKYOKU, 1998).

Aoi Shiba

El origen de Aoi Shiba se remonta a una escuela fundada en 1932 y a una amistad que nació entre los que se graduaron en 1957. En el año 1932 se inauguró en Tokio la primera escuela para personas con discapacidad física —Komyo Gakko— gracias a los esfuerzos de algunos educadores motivados que se vieron influenciados por el movimiento democrático de comienzos del siglo XX. Ésta era la única escuela de Japón en la que los niños con parálisis cerebral podían recibir educación. La institución admitía a niños pertenecientes a familias acomodadas y se les enseñaba literatura, arte y música. Quienes se graduaron allí alcanzaron la mayoría de edad más o menos al final de la Segunda Guerra Mundial y

* Ablación total o parcial de los lóbulos frontales del cerebro. Aunque la operación fue acogida como un avance muy importante en el tratamiento de pacientes con enfermedad emocional grave, al final de la década de los cuarenta los médicos se dieron cuenta de que transformaba a los pacientes en sujetos inertes y desprovistos de toda iniciativa. *(N. del R.)*

en 1947 formaron un club literario conocido como Sinonome. Publicaron una revista con sus ensayos, poemas y *haikus*. Mientras que la mayoría de las personas con parálisis cerebral se mantenían ocultas de la vista de los demás, recluidas en la casa de sus padres, esta afortunada élite desafió las miradas curiosas para acceder a instituciones de rehabilitación laboral. Algunos incluso ingresaron en establecimientos de educación superior. Sin embargo, una vez que completaron su capacitación o formación académica, se enfrentaron con la cruda realidad de que no había lugar para ellos en la sociedad. Ni siquiera las organizaciones para personas con discapacidad recibían a individuos con parálisis cerebral (WAKABAYASHI, 1986).

En 1957 algunos miembros de esta culta élite formaron un grupo llamado Aoi Shiba integrado por personas con parálisis cerebral. Al principio, sus actividades eran sólo recreativas y de socialización (el mismo tipo de actividades que otras organizaciones de personas con discapacidad ya ofrecían a sus respectivos miembros). No obstante, el grupo comenzó a tomar una conciencia más profunda de las cuestiones sociales relacionadas con las personas con parálisis cerebral. En 1961 el grupo tuvo su primera reunión con las autoridades del MINISTRY OF HEALTH AND WELFARE japonés. Solicitaron doce cambios en las políticas existentes, entre ellos el aumento de la pensión asistencial para las personas con discapacidad. Sus peticiones incluyeron también algunos puntos a los que los defensores actuales de los derechos en el ámbito de la discapacidad se opondrían rotundamente, como el establecimiento de instituciones residenciales permanentes (WAKABAYASHI, 1986). Aunque muchas de sus solicitudes se ven con desprecio desde nuestra perspectiva actual, se debe considerar que esta reunión entre el gobierno de Japón y un grupo de personas con parálisis cerebral —un grupo discriminado incluso por personas con otras incapacidades— constituyó un logro histórico importante.

A medida que Aoi Shiba crecía, se unieron a ella otras dos agrupaciones integradas por personas con parálisis cerebral. Una de ellas, una pequeña institución residencial llamada Kurume-en, la había creado un trabajador del ámbito de la asistencia social con tendencias progresistas que animaba a los residentes a expresar sus opiniones y a ejercer la libertad por primera vez en sus vidas. La otra agrupación para personas con parálisis cerebral, llamada Colonia Maharaba, era una comuna liderada por un monje budista de izquierda que ayudaba a los residentes a darse cuenta de que debían liberarse de las normas que les imponía la sociedad que discriminaba a las personas con discapacidad (WAKABAYASHI, 1986). Ambas agrupaciones tenían una conciencia social mayor que la élite que había fundado Aoi Shiba, que pretendía tener menos conflictos con la sociedad dominante.

La dirección de Aoi Shiba cambió de manos cuando absorbió a estas dos nuevas agrupaciones. Además, un incidente en la prefectura de Kanawa en donde un niño perdió la vida dejó entrever un cambio en su orientación. En 1970 una mujer asesinó a su hijo discapacitado de dos años de edad. Este hecho provocó que una asociación de padres de niños con discapacidad presentara una petición para evitar la acusación penal de la madre. Este tipo de peticiones no era una novedad. En ellas se solía argumentar que el número de instituciones para personas con discapacidad era muy limitado, por lo que los ciudadanos sentían una profunda compasión por los padres. Bajo la influencia de esta protesta pública, la

Fiscalía de Distrito debió reconsiderar la acusación penal. Sin embargo, en esta oportunidad Aoi Shiba criticó públicamente el movimiento liderado por estos padres; los acusaba de ser representantes de la sociedad que discrimina a las personas con discapacidad y que cultiva una ideología eugenésica que cataloga a la discapacidad como un destino peor que la muerte. Con éxito, la agrupación presentó una petición al tribunal para que juzgara a la madre de acuerdo con lo establecido por la ley, lo que finalmente se hizo (WAKABAYASHI, 1986; TATEIWA, 1990; NAGASE, 1995).

Se había enseñado a las personas con discapacidad a ser infantiles, adorables, siempre sonrientes y a estar agradecidas y llenas de disculpas hacia las personas sin discapacidad. También se les había enseñado a sentir lástima de sí mismas y a ser dependientes en sus hogares, en las instituciones y en la sociedad. La nueva dirección de Aoi Shiba las ayudó a darse cuenta de que la sociedad que las discrimina, las juzga como "personas que existen pero que no debieran existir", lo que las animó a autorrepresentarse de manera agresiva para protegerse a sí mismas (NAGASE, 1995). Esta organización incluso rogaba a las personas con discapacidad que rechazaran el "amor y justicia" de la sociedad que los discriminaba, sentimientos a los que ellos veían como "lástima y opresión". Finalmente, la agrupación determinó que no resolvería problemas. Creían, por experiencias personales, que las soluciones fáciles podrían llevar a concesiones peligrosas. En definitiva, creían que su misión era simplemente dar a conocer esos problemas (OKAHARA, 1990; TATEIWA, 1990). Aoi Shiba envió representantes a muchas zonas de Japón con el objetivo de establecer filiales. Continuaron alzando sus voces en contra de la discriminación que ellos, como personas con discapacidad, sufrían. Ellos, entre otros, protestaron con sentadas en las que detuvieron autobuses inaccesibles, trabajaron contra la segregación obligatoria de los niños con discapacidad en escuelas especiales y organizaron protestas en contra de la Ley de Protección Eugenésica que conseguía legalizar el aborto cuando el feto presentaba alguna discapacidad (WAKABAYASHI, 1986; YAMAMOTO, 1995; YOKOYAMA, 1998). Aoi Shiba fue la principal fuerza que impulsó la creación de una coalición de organizaciones de defensa de los derechos en el ámbito de la discapacidad, Zenshoren, en el año 1976. Zenshoren era una coalición progresista de personas con distintas incapacidades que también organizó numerosas protestas en contra de las políticas discriminadoras de la discapacidad (WAKABAYASHI, 1986).

Desafíos en el movimiento por los derechos en el ámbito de la discapacidad

Así como ocurre en otras organizaciones políticas, Aoi Shiba afrontó conflictos internos. Uno de ellos tuvo relación con la participación en el movimiento de personas sin discapacidad. TOYOTA (1988) recuerda que algunos de dichos miembros eran radicales de izquierda que perseguían otros objetivos más allá de la liberación de las personas con discapacidad. Querían aprovecharse de la energía de este grupo oprimido para ayudar a sus facciones políticas en la lucha contra el sistema social. Intentaban tomar el control de las actividades que realizaban las personas con discapacidad y sus organizaciones. Para establecer la "autoridad en discapacidad" algunas personas con discapacidad declararon que las personas sin discapacidad debían, simplemente, ser "manos y piernas"; es decir, que sólo debían satisfacer las necesidades de las personas con discapacidad sin expresar sus opiniones. Sentían que las personas sin discapacidad debían reconocer las funciones que desempeñan en la sociedad que los discrimina y trabajar *ad honorem* como "manos y piernas" a modo de redención por su papel de opresores (TOYOTA, 1988). Algunas personas con discapacidad, a las que se había sacado de la sociedad y nunca se consideraron capaces de trabajar, no lograban comprender que dichas personas sin discapacidad debían ganarse la vida. Algunos catalogaban al trabajo remunerado como "impuro". La idea de pagarles a sus asistentes no cruzó la mente de los primeros activistas del movimiento. En algunos casos extremos, los asistentes voluntarios que llegaban a las citas unos minutos tarde recibían fuertes reproches verbales acusándoles de opresores. Aquellos que querían abandonar sus cargos voluntarios por cuestiones personales también recibían reprimendas. Este deseo de establecer la autoridad de las personas con discapacidad que tenía su origen en sus experiencias de abuso por parte de la sociedad que los discriminaba, ocasionó ataques de ira hacia las personas sin discapacidad que los rodeaban. Muchos de estos partidarios sin discapacidad se negaron a aceptar ese sometimiento, así como también la expectativa de que trabajaran *ad honorem*, pero no tuvieron voz ni voto dentro del movimiento (KYUKYOKU, 1998).

Otro problema que debió afrontar el movimiento fueron las categorías de opresión. Esto ocurrió en una época en la que numerosos grupos oprimidos alzaron sus voces con el objetivo de que el resto de la sociedad japonesa los escuchara. Algunos de ellos fueron los coreanos y los buraku. Existía una clasificación de las opresiones en la que el sexismo se consideraba la de menos peso. Se creía que, a diferencia de éste, la discriminación hacia las personas con discapacidad y los burakus era algo muy serio. Cuando una madre asesinaba a su hijo con discapacidad, el movimiento veía a las madres como enemigas. Su consigna era "¡Madres, no maten!", y no "¡Padres, no maten!" El movimiento por los derechos en el ámbito de la discapacidad no fue capaz de reconocer en este incidente el cruce entre sexismo y discriminación en contra de la discapacidad. Mientras las mujeres sólo podían validar su estatus social como madres que engendraban hijos "sanos" para la familia de su marido, a aquellas que daban a luz niños con incapacidades se las condenaba a vivir con ellos en la deshonra. Sin duda, el asesinato de un niño debe ser denunciado, pero también el sexismo (YONEZU, 1998). El movimiento se convirtió en un lugar incómodo para mucha gente porque ignoraba otros tipos de opresión existentes en la sociedad.

Aoi Shiba atravesó conflictos organizativos internos debido a las diferentes opiniones de sus integrantes con respecto a numerosos temas. Muchos miembros se sintieron ofendidos y abandonaron la organización. Aun así, con todas sus debilidades, Aoi Shiba merece que se la recuerde como una estrella radiante en el movimiento japonés moderno por los derechos en el ámbito de la discapacidad. Aquellos que permanecieron allí, los que se marcharon por diversas razones y aquellas personas con discapacidad que no se unieron a la organización pero que conocieron, gracias a su existencia, lo que era el orgullo de la persona con discapacidad, todos reconocen que Aoi Shiba ayudó a cambiar sus vidas para siempre. Muchos de los líderes del movimiento actual por los derechos en el ámbito de la discapacidad tomaron conciencia gracias al movimiento Aoi Shiba y, como resultado de ello, permanecieron en actividad.

Vivir en la comunidad

A medida que se producía una toma de conciencia dentro del movimiento por los derechos en el ámbito de la discapacidad en los años setenta, algunos activistas abandonaban el confinamiento en instituciones o en la casa de sus padres y comenzaban nuevas vidas en la comunidad con la ayuda de un asistente voluntario. Estaban convencidos de que, aunque sus vidas estuvieran en peligro, no querían volver a su situación anterior (K. ONOUE, entrevista, 17 de mayo de 2000). El hecho de tener control sobre sus propias vidas durante las 24 horas junto con sus acompañantes voluntarios representaba grandes desafíos, como por ejemplo conseguir voluntarios, conservarlos y organizar sus horarios. Muchas personas con discapacidad debían permanecer largas horas al teléfono para encontrar un asistente. Pronto las personas con discapacidad comenzaron a competir entre ellos por los mismos voluntarios (YOKOYAMA, 1998). Las necesidades personales cotidianas que generaba vivir en la comunidad los llevaron a negociar con el gobierno local en muchas regiones. Exigían que el gobierno creara o ampliara programas tales como servicios de cuidado doméstico y que otorgara fondos para permitir a los ciudadanos con discapacidad contratar a sus cuidadores personales (KYUKYOKU, 1998).

En la década de los ochenta, en lugar de liderar protestas en respuesta a incidentes relacionados con la discriminación, las organizaciones por los derechos en el ámbito de la discapacidad pusieron más énfasis en las negociaciones con los gobiernos locales para mejorar la vida cotidiana de las personas con discapacidad. Durante los años setenta sus negociaciones con el gobierno se orientaron hacia la protesta. En esa época, que las personas con discapacidad consiguieran una respuesta condescendiente y fingida del personal gubernamental era igual de importante que el contenido de sus reclamaciones. En la década de los ochenta, los organismos de gobierno se estaban acostumbrando a la presencia de personas con discapacidad en la mesa de negociaciones y las organizaciones por los derechos en el ámbito de la discapacidad comenzaron a hacer peticiones basadas en los resultados de investigaciones. Sus demandas fueron más allá de las necesidades personales inmediatas de los activistas y comenzaron a incluir beneficios para "el común" de las personas con discapacidad (K. ONOUE, entrevista, 17 de mayo de 2000).

Los años ochenta fueron una época en la que la gente comenzó a considerar que la vida independiente dentro de la comunidad constituía una alternativa a la vida en instituciones cuando sus padres envejecían o enfermaban los hermanos que los cuidaban. Por ejemplo, en el año 1980 la delegación de Aoi Shiba ubicada en Osaka hizo un sondeo entre las personas con discapacidad sobre sus condiciones de vida. La encuesta constaba de 100 preguntas acerca de su vida cotidiana, empleo, educación y necesidades médicas. El propósito de esta investigación era analizar la situación de aquellas personas con discapacidad que vivían con sus padres o en instituciones. Los resultados que obtuvieron de alrededor de 200 entrevistados revelaron que existían algunas situaciones muy preocupantes. Por ejemplo, era común que la persona con discapacidad no hiciera nada más que sentarse todo el día sola a mirar la televisión, excepto cuando una vez al mes salía con un voluntario. También era común que se dieran un baño una vez al mes debido a que sus padres eran ya demasiado mayores para brindarles ese tipo de asistencia. Cuando Aoi Shiba de Osaka le presentó estos resultados al gobierno de dicha ciudad, transcurrieron varios años de negociaciones para que se estableciera un programa de asistencia personal que satisficiera las necesidades de las personas con discapacidad. Lo que recomendaban era la asignación de "ayudantes domiciliarios" del mismo sexo que la persona con discapacidad para que no sólo realizaran tareas domésticas, sino que también dieran asistencia personal como por ejemplo ayuda para bañarse o ir al cuarto de baño. Exigían el derecho de elegir a sus asistentes, así como también el de despedirlos. En 1986 se puso en marcha en la ciudad de Osaka el Programa de Asistentes Personales para las Personas con Discapacidad Física. En un principio, el programa facilitaba asistencia por un máximo de 12 horas al mes por persona, y la remuneración por hora para el cuidador era de 650 yenes (en esa época, 3,89 dólares estadounidenses). Sin embargo, el programa mejoró y para el año 1999 la ciudad aportaba 153 horas de asistencia al mes por persona a cambio de una remuneración para el cuidador de 1.400 yenes por hora (el equivalente a 12,36 dólares estadounidenses) (ONOUE, 2000).

En algunas regiones las organizaciones por los derechos en el ámbito de la discapacidad pusieron en marcha sus propios programas de asistentes personales. Los miembros de dichas organizaciones conocían las dificultades para conseguir asistentes de buena calidad, así como para conseguirlos en la cantidad necesaria. Los ayudantes provistos por los gobiernos municipales solían ser inflexibles en cuanto al trabajo que estarían dispuestos a realizar. Asimismo, las personas con discapacidad debían esperar a que el ayudante llegara a sus domicilios, igualmente se iba cuando quería, además no tenían la posibilidad de modificar sus horarios. Algunos ayudantes eran condescendientes y dominantes. Estos pioneros de la vida independiente aprendieron de sus propias experiencias de qué manera debían educar y tratar a sus ayudantes. Los programas de asistentes personales contrataban y capacitaban al personal, además de coordinar su trabajo con sus clientes a cambio de un honorario. Las organizaciones por los derechos en el ámbito de la discapacidad se convirtieron en proveedores de servicios y ayudaron a incrementar las oportunidades de vida independiente de las personas con discapacidad que querían abandonar las casas de sus padres o las instituciones en las que se encontraban y no sabían cómo hacerlo. Recibieron fuertes críticas por parte de algunos miembros del movimiento de los años setenta que aún creían que esta asistencia debía ser "pura", es decir, sin que mediara compensación monetaria. No obstante, a pesar de tales disensiones, los programas se desarrollaron en respuesta a la demanda dentro de las comunidades y las personas con discapacidad continuaron negociando con los gobiernos locales para aumentar los fondos destinados a la asistencia personal (KYUKYOKU, 1998; YOKOYAMA, 1998).

Además de las cuestiones relacionadas con los asistentes personales, en la década de los ochenta las organizaciones por los derechos en el ámbito de la discapacidad se mantenían activas en varios frentes. Por ejemplo, en la región de

Osaka montaron algunos "talleres para personas con discapacidad" a partir de subvenciones otorgadas por los gobiernos locales. Los movimientos de padres habían establecido estas subvenciones originalmente en los años sesenta. Estos nuevos talleres incluían una fábrica de jabones, panaderías e imprentas (IRUBE, 1990). La diferencia principal entre estos talleres y los tradicionales era que los primeros los habían fundado personas con discapacidad, quienes también los administraban. Los talleres se localizaban en la comunidad y los trabajadores con discapacidad participaban en la planificación, la producción, la venta y la dirección. Los que fundaban y controlaban los talleres tradicionales eran usualmente personas sin discapacidad (en general los padres de los trabajadores con discapacidad). En esos "talleres protegidos" se asignaban tareas menores a las personas con discapacidad, quienes tenían muy poca o ninguna voz en la toma de decisiones organizativas (K. ONOUE, entrevista, 17 de mayo de 2000).

Las organizaciones por los derechos en el ámbito de la discapacidad también expandieron la definición del concepto de "taller". Algunas agrupaciones recibían el subsidio para talleres para crear oficinas en las que se pudiera recibir información, establecer contactos, planificar negociaciones y demás actividades. Los subsidios también permitieron que se abrieran hogares compartidos con cuidadores personales, así como instalaciones para la experimentación de la vida independiente en donde las personas con discapacidad podían intentar vivir de esa manera con la asistencia de personas totalmente extrañas por primera vez en sus vidas (M. KAWAKAMI, entrevista, 16 de mayo de 2000).

Más allá de su activismo comunitario, algunas mujeres con discapacidad se enamoraron de sus asistentes, se casaron, tuvieron hijos y formaron una familia (IRUBE, 1990; M. SAITO, entrevista, 19 de mayo de 2000). Éstas eran las mismas mujeres que en otro tiempo habrían sido forzadas a realizarse histerectomías mientras vivían sin ningún tipo de independencia dentro de instituciones. Cuando los defensores de los derechos en el ámbito de la discapacidad decidieron que debían hacer que se escucharan sus voces en una asamblea ciudadana, una madre que requería asistencia las 24 horas se postuló para el cargo y lo obtuvo en 1990. La primera vez que esta madre se hizo presente en el ayuntamiento, los empleados públicos se dirigieron a su cuidador a pesar de que era ella la nueva asambleísta. Actualmente está atravesando su tercer período como miembro de la asamblea y los empleados de la ciudad se dirigen directamente a ella (K. IRUBE, entrevista, 17 de mayo de 2000).

Activistas de los Estados Unidos

El Año Internacional de las Personas con Discapacidad, 1981, fomentó la visita de activistas de los Estados Unidos de América, entre ellos de Ed Roberts y Judy Heumann, pioneros de los movimientos estadounidenses por los derechos en el ámbito de la discapacidad y de vida independiente. Roberts, un hombre tetrapléjico unido a un respirador, ingresó en la Universidad de California-Berkeley en 1962 a pesar de que las autoridades de la universidad se resistían y el edificio carecía de una infraestructura adecuada para sus necesidades. Esta acción animó a una docena de estudiantes con incapacidades severas a matricularse en la universidad en los años subsiguientes. Estos alumnos formaron una agrupación conocida como *Rolling Quads* (que en español significa "tetrapléjicos sobre ruedas"), que trabajó para que el campus universitario y la comunidad circundante fueran accesibles para ellos. Roberts también fundó en 1972 el primer centro para la vida independiente (PELKA, 1997, págs. 266-267; SHAPIRO, 1993, págs. 41-73). Heumann, por su parte, ganó un juicio por discriminación basado en la discapacidad en Nueva York y se convirtió en la primera docente en silla de ruedas que, en 1970, impartiera clases en el sistema de escuelas públicas de dicha ciudad. Además, fundó la agrupación política de personas con discapacidad *Disabled In Action* y organizó sentadas y manifestaciones en protesta por el veto a la *Rehabilitation Act* [Ley de Rehabilitación] impuesto por el presidente Richard Nixon en 1972. Heumann y Roberts se unieron al año siguiente en el Centro para la Vida Independiente de Berkeley. En 1977 los activistas por los derechos en el ámbito de la discapacidad tomaron el edificio federal de San Francisco durante 25 días en demanda de que el gobierno de Carter implementara el artículo 504 de la Ley de Rehabilitación promulgada cuatro años antes. Esta acción engendró un sentido de orgullo y solidaridad en la comunidad de personas con discapacidad (PELKA, 1997, págs. 152-154; SHAPIRO, 1993, págs. 55-73). A medida que el movimiento estadounidense amplió su espectro, los activistas por los derechos de las personas con discapacidad desafiaron la opresión y la segregación institucional y la ausencia de derechos básicos tales como la accesibilidad, el empleo igualitario, la vivienda y el transporte.

Cuando visitaron Japón en 1981, el movimiento estadounidense por los derechos de las personas con discapacidad ya había establecido numerosos centros para la vida independiente en diversas ciudades de Estados Unidos. Estos centros, administrados por personas con discapacidad, brindaban apoyo y servicios sociales para asistir a las personas con discapacidad que vivían en la comunidad (LIFCHEZ, 1979; LEVY, 1988; DEJONG y cols., 1992). En esa época, Ed Roberts era el director del Departamento de Rehabilitación Profesional del Estado de California, y Judy Heumann era la subdirectora del Centro para la Vida Independiente de Berkeley. Ambos, junto a otros activistas estadounidenses, asistieron a conferencias realizadas en varias ciudades de Japón e impresionaron enormemente a muchos de los participantes con discapacidad con sus descripciones de los centros para la vida independiente, así como también con sus credenciales de importantes funcionarios de gobierno y de organismos comunitarios.

Entre los japoneses presentes en dichas conferencias estaban aquellos que se habían distanciado del movimiento en la década de los setenta. Algunos se habían sentido incómodos con las estrategias agresivas que Aoi Shiba había adoptado. Otros aún eran niños entonces y vivían en instituciones adecuadas. Habían crecido escuchando a maestros que les advertían que Aoi Shiba era una organización extremista y peligrosa y les prohibían acercarse a ella. Las historias de estos activistas estadounidenses motivaron a algunos participantes japoneses a aprovechar un programa de becas que ofrecía una fundación y que les permitía viajar a los Estados Unidos y estudiar en los centros para la vida independiente de ese país (HIGUCHI, 1998). De esta manera, una nueva generación de activistas comenzó a recibir formación en los Estados Unidos en los años ochenta.

La fundación de Centros para la Vida Independiente en Japón

En 1986 abrió sus puertas en un suburbio de Tokio el primer centro para la vida independiente moldeado a imagen de los centros equivalentes de los Estados Unidos, cuyo personal estaba compuesto principalmente por quienes se habían capacitado en ese país. Este nuevo centro no se orientó a la protesta como las organizaciones de los años setenta, sino que estableció una oficina comercial y ofrecía los siguientes servicios a cambio del pago de una tarifa: un programa de vida independiente, orientación entre personas con discapacidad y un programa de asistentes personales. El programa de vida independiente dotaba a sus participantes de aptitudes sociales, comportamientos y actitudes que necesitarían para vivir dentro de la comunidad y ofrecía clases para aumentar la confianza en sí mismos, la motivación para la vida y la autoestima. A pesar de que las escuelas segregadas para las personas con discapacidad ofrecían prácticas de rehabilitación física a sus alumnos, ignoraban la necesidad fundamental de aptitudes sociales y de confianza en sí mismos que requerían para vivir en la comunidad. De esa manera, el programa de vida independiente resultaba esencial para aquellas personas con discapacidad que desearan vivir así. Las sesiones de orientación entre personas con discapacidad * se desarrollaban mediante la combinación de la información recopilada en sesiones de asesoramiento psicológico mutuo, orientación en grupo y métodos y prácticas terapéuticas de otros países con conocimientos sobre situaciones típicamente japonesas. El programa de cuidadores personales contrataba y capacitaba ayudantes además de coordinar su trabajo. Los miembros del centro también dieron su apoyo para fundar más centros para la vida independiente en otras zonas de Japón (NAKANISHI, 1996; HIGUCHI, 1998; TSUTSUMI, 1998; H. KONDO, entrevista, 26 de mayo de 2000; S. NAKANISHI, entrevista, 1 de junio de 2000).

En 1991 se fundó el Consejo Japonés de Centros para la Vida Independiente (JIL), una asociación, para coordinar el movimiento de vida independiente de Japón. Para poder unirse al JIL, las organizaciones deben cumplir ciertos requisitos. En primer lugar, tanto el presidente como el director de la organización, así como la mayoría de su junta directiva, deben ser personas con discapacidad. En segundo lugar, la organización debe brindar un "servicio integral" consistente en al menos dos de los siguientes cuatro programas: orientación entre personas con discapacidad, un programa de cuidadores personales, un servicio de alojamiento y un programa de vida independiente. Por último, deben admitir a cualquier persona con discapacidad, sin importar el tipo de incapacidad o la severidad de la misma (JIL, 2000a). Las organizaciones de apoyo que desde los años setenta habían ofrecido numerosos servicios a la comunidad, así como también los centros para la vida independiente que se habían fundado en épocas más recientes, se unieron a JIL. Los activistas formados en los movimientos de protesta de la

* "Peer Counselling": es un método que permite a las personas con discapacidad incrementar la conciencia de sus recursos, capacidades y limitaciones. Es, como cualquier otra forma de asesoramiento, una relación interpersonal en la cual una persona (el consejero) trata de ayudar a otro (el consultante) entendiendo su problema y encontrando la solución idónea. *(N. del T.)*

década de los setenta junto con los nuevos activistas capacitados en los Estados Unidos unieron sus fuerzas para crear programas de asistencia personal orientados a las personas de Japón. Al comienzo, en 1991, los miembros del consejo eran 10 centros. En la primavera del año 2000 ya existían en Japón 90 centros para la vida independiente, asociados al JIL. Ese consejo brinda asistencia para la creación de nuevos centros, promueve la cooperación entre los ya existentes y se esfuerza por obtener reconocimiento público por su trabajo con el objetivo de recibir contratos del gobierno y subsidios de fundaciones privadas para ayudar a la continuidad y el desarrollo de sus actividades. También educa al público en general acerca de los casos de violación de los derechos humanos de las personas con discapacidad y lucha por su erradicación.

A la vez que brindan servicios, los centros para la vida independiente mantienen, tanto de manera conjunta como individual, negociaciones continuas con los organismos de gobierno para aumentar la ayuda oficial que reciben para cubrir los servicios de asistencia. Como resultado de esto, la cuarta parte de los ciudadanos japoneses actualmente vive en regiones en donde las personas con discapacidad pueden recibir más de 8 horas diarias de asistencia proporcionadas por organismos gubernamentales. En las ciudades de Matsuyama y Takamatsu, y en otras 17 zonas de Tokio, las personas con discapacidad pueden recibir 24 horas de servicios de asistencia cubiertas por organismos del gobierno (SSK, 2000).

El movimiento por los derechos en el ámbito de la discapacidad: Hacia el futuro

En la sociedad japonesa, tradicionalmente asistencialista, se consideraba que las personas con discapacidad debían permanecer con sus padres y hermanos incluso en la edad adulta para que éstos los atendieran tanto en el aspecto físico como en el económico. Las posibilidades de la mayoría de las personas con incapacidades severas se limitaban a vivir con sus padres o en instituciones especializadas durante toda la vida. En la década de los setenta las protestas por las violaciones de los derechos humanos en instituciones residenciales, en escuelas segregadas y en la sociedad japonesa en general llevaron al nacimiento del movimiento moderno por los derechos en el ámbito de la discapacidad. Finalmente, algunos de los pioneros de este movimiento abandonaron las instituciones o la casa de sus padres para vivir en la comunidad con la firme determinación de nunca volver a su situación anterior. Debieron procurarse ellos mismos a sus cuidadores voluntarios y, cada vez que fallaron en esa tarea, tuvieron que enfrentarse al hambre, la falta de higiene y demás privaciones. Estas personas valientes que superaron dichos obstáculos se convirtieron en activistas aún más motivados y decididos. Las continuas negociaciones que mantuvieron con los gobiernos locales hicieron posible que las personas con discapacidad recibieran fondos y servicios de asistencia, lo que les permitió sobrevivir dentro de la comunidad. En la década de los noventa, las personas con discapacidad ya no necesitaban ser activistas para vivir de manera independiente (K. ONOUE, entrevista, 17 de mayo de 2000).

Los activistas que llegaron desde los Estados Unidos introdujeron la filosofía y las prácticas de sus centros de vida independiente, lo que animó a las personas japonesas con discapacidad a formarse en los centros de dicho país y luego volver para fundar el primer centro para la vida independiente de Japón. Después se crearon nuevos centros, y en el año 1991 se fundó el Consejo Japonés de Centros para la Vida Independiente, que se encargó de coordinar las acciones de ese movimiento.

Tanto el gobierno nacional como los regionales fueron aceptando cada vez más la idea de establecer programas comunitarios orientados al consumidor. En 1996, el MINISTRY OF HEALTH AND WELFARE creó el programa de asistencia para las personas con discapacidad Ciudad-Pueblo-Aldea y subcontrató sus servicios a tres centros para la vida independiente en la zona de Tokio. En el año 2000, la ciudad de Machida también ofreció los servicios de su programa de ayuda domiciliaria para las personas con discapacidad en el centro de vida independiente de dicha ciudad (H. KONDO, entrevista, 26 de mayo de 2000). Además, el gobierno japonés planea para el año 2005 poner en marcha el programa nacional de seguros para cuidadores de personas con discapacidad, y subcontratará sus servicios a organismos orientados a la comunidad. Esto ofrece a los centros para la vida independiente de Japón la oportunidad de demostrar su competencia como proveedores de servicios comunitarios y de convertirse en una red nacional de contratistas de servicios. Un logro semejante establecería el concepto de servicios controlados por el consumidor en todos los aspectos del sistema de provisión de los mismos.

En el nuevo milenio, además de implantar el reconocimiento público de los centros para la vida independiente como importantes proveedores de servicios comunitarios, el movimiento japonés por los derechos en el ámbito de la discapacidad deberá continuar con su trabajo de activismo en numerosos frentes. Algunas cuestiones de importancia incluyen:

- la creación de comunidades accesibles que incluyan medios de transporte adecuados para las personas con discapacidad (H. KONDO, entrevista, 26 de mayo de 2000; JIL, 2000b);
- tener un mayor contacto con las personas con discapacidad que viven en instituciones especializadas (KISHIDA, 2000; S. NAKANISHI, entrevista, 1 de junio de 2000);
- una participación mayor con el Defensor del Pueblo —actualmente dominado por profesionales sin discapacidad— con el fin de proteger los derechos humanos de las personas que viven en instituciones (JIL, 2000b);
- extender los servicios de vida independiente a personas con incapacidades psiquiátricas o intelectuales (NAKANISHI, 1996);
- brindar sus conocimientos y experiencias a movimientos fuera de Japón.

El movimiento por los derechos en el ámbito de la discapacidad de Japón comenzó a prestar su ayuda a movimientos de vida independiente en otros países de Asia. Los activistas japoneses visitan esos países para transmitir a sus ciudadanos la filosofía y las prácticas de los centros para la vida independiente. En la actualidad, algunas personas con discapacidad de esos países asiáticos se están formando en centros para la vida independiente de Japón. Los activistas japoneses esperan que otros países de Asia consigan evitar la creación de instituciones segregadas que, una vez establecidas, serán difíciles de abolir (S. NAKANISHI, entrevista, 1 de junio de 2000). El movimiento por los derechos en el ámbito de la discapacidad de Japón ya recorrió un largo camino, y aún queda mucho más por conquistar.

Agradecimientos

Esta investigación fue posible gracias a una subvención otorgada por la Fundación de Japón.

Referencias

DEJONG, G.; BATAVIA, A. I. y MCKNEW, L. B. (1992). "The independent living model of personal assistance in long-term-care policy", *Generations,* 16, págs. 89-95.

HIGUCHI, K. (1998). *Enjoy Jiritu Seikatu [Enjoy Independent Living],* Tokyo, Gendai Shokan.

IRUBE, M. (1990). *Harikiri Oyabunno Kurumaisu Hanjyouki [The Activities of an Energetic Boss in Wheelchair],* Toyonaka, Aznokai.

JIL (2000a). *Japan Council on Independent Living Centers* [On-line]. Ver http://www.d1.dion.ne.jp/~jil

— (2000b). *Shogaisyato Kenri Yogo [Disabled Persons and the Protection of their Rights],* Tokyo, Japan Council on Independent Living Centres.

KIM, M. (1996). *Ikirukotono Hajimari [Starting Living],* Tokyo, Chikuma Shobo.

KYUKYOKU, O. (1998). *Kaijosya towa nanika* [What are attendants?] *Gendai Sisou* [*Modern Thinking],* 26(2), págs. 176-183.

LEVY, C. W. (1988). *A People's History of the Independent Living Movernent,* Lawrence, KS, University of Kansas.

LIFCHEZ, R. (1979). *Design for Independent Living,* California, University of California Press.

MINISTRY OF HEALTH AND WELFARE (2000). *Social Security Policies in Japan,* Tokyo, Japanese Ministry of Health and Welfare [On-line]. Ver http://www.mhw.go.jp/english/ssp_in_j/services

NAKANISHI, M. (1996). *Jiritu Seikatu Center No Tanjo [The Birth of the Center for Independent Living],* Tokyo, Human Care.

NAGASE, O. (1995). *Difference, Equality and Disabled People: disability rights and disability culture,* Tesis doctoral (Hague, Institute of Social Studies).

OKAHARA, M. (1990). "Seidotositeno aijou [Love as a social structure]", en: J. ASAKA, M. OKAHARA, F. ONAKA y S. TATEIWA (Eds.) *Sei no Giho,* Tokyo, Fujiwara Shoten.

ONAKA, F. (1990). "Sisetuno sotode ikiru [Living outside of institutions]", en: J. ASAKA, M. OKAHARA, F. ONAKA y S. TATEIWA (Eds.) *Sei no Giho,* Tokyo, Fujiwara Shoten.

ONOUE, K. (2000). "Osaka-si zensin syogaisya kaigonin haken jigyo hassokuno keika [The process of establishing the home attendants program for disabled persons in Osaka City], *SSK KHJ,* 1517, págs. 48-49.

PELKA, F. (1997). *The Disability Rights Movement,* California, ABC,CLIO.

SHAPIRO, J. P. (1993). *No Pity: people with disabilities forging a new civil rights movement,* Nueva York, Times Books.

SSK (2000). *Zenkoku Kakuchino Jyudo Zensinsei Syogaisyano Sensinkaigoseido Siryo [Resource Manual of Personal Attendant Programs for Physically Disabled Persons in Japan],* Tokyo, Japan Association of Personal Attendants Programs.

SUZUKI, T. (1995). "Are you ready?", en: M. KISHIDA y M. KIM (Eds.) *Watashiwa Onna [I Am a Woman],* Kobe, Choseisya.

TATEIWA, S. (1990). "Hayaku yukkuri: jiritsu seikatsu undo no seisei to tenkai [Fast and slow: the establishment and activities of the independent living movement]", en: J. ASAKA, M. OKAHARA, F. ONAKA y S. TATEIWA, (Eds.) *Sei no Giho,* Tokyo, Fujiwara Shoten).

TOYOTA, M. (1998). "Tojisya gensoron [Illusion of the primary party]", *Gendai Sisou [Modern Thinking],* 26(2), págs. 100-113.

TSUTSUMI, A. (1998). "Peer counseling", *Gendai Sisou [Modern Thinking],* 26(2), págs. 92-99.

WAKABAYASHI, K. (1986). *Kiseki: Aoi Shiba no Kai [The Way: Aoi Shiba Association],* Tokyo, Edición del autor.

YAMAMOTO, K. (1995). "Nakuso yuseihogoho dataizai kaeyo boshihoken [Abolish the eugenics law that penalizes abortions-reform the welfare of mothers and children law]", *Fukushi Rodo [Social Work],* 66, págs. 123-129.

YOKOYAMA, T. (1998). "Kaijo wo dou ichizukerunoka [How do we define personal assistance?]" *Gendai Sisou [Modern Thinking],* 26(2), págs. 84-90.

YONEZU, T. (1998). "Omosa kurabeya atomawashi karawa nanimo umarenai [Nothing emerges from comparing the severity of oppressions and labeling one as less severe]", *Gendai Sisou [Modern Thinking],* 26(2), págs. 224-242.

Relación de los entrevistados

KISHIDA, M., President, Center for Independent Living "Maydo", (Mayo 17, 2000).

SHAITO, M., President, Center for Independent Living Support "Takatsuki". (Mayo 19, 2000).

KAWAKAMI, M., Director, Center for Independent Living "Nabi" (Mayo 16, 2000).

ONOUE, K., President, Center for Independent Living "Nabi" (May 17,2000). Irube, K. Toyonaka City Assemblywoman (Mayo 17, 2000).

KONDO, H., Center for Independent Living "Machida Human Network" (Mayo 26, 2000).

NAKANISHI, S., President, Center for Independent Living "Human Care" (Junio 1, 2000).

CAPÍTULO XIV

Lo que no pueden hacer los derechos civiles en el ámbito de la discapacidad

Empleo y economía política

Por Marta RUSSELL

160022 Moorpark St. #301, Encino, Estados Unidos

Resumen

La *Americans with Disabilities Act* (ADA) [Ley de Estadounidenses con Discapacidades] es, al mismo tiempo, una ley liberal de derechos civiles y una ley de economía laboral destinada a aumentar las posibilidades de empleo de las personas con discapacidad. Esta ley identifica el motivo del desempleo de esas personas en actitudes discriminatorias por parte de los empleadores y barreras físicas dentro del ambiente de trabajo y promueve la inclusión mediante una serie de normas dirigidas a crear "igualdad de oportunidades" en el mercado laboral. Estas reformas liberales se centran, ante todo, en actitudes discriminatorias "irracionales". Los derechos civiles, emplazados dentro de un marco individualista, no prestaron suficiente atención a las barreras de orden estructural que establecen las prácticas empresariales "racionales", el sistema económico y las relaciones de poder entre las clases sociales. Este estudio tratará sobre las realidades micro y macroeconómicas del capitalismo estadounidense que impiden de manera directa que las personas con discapacidad obtengan un empleo y que perpetúan una sociedad que genera discapacidad. El fracaso de la legislación en aumentar el nivel de empleo de las personas con discapacidad deja ver las contradicciones que implica la promoción de la igualdad de oportunidades en una sociedad clasista y, por ende, desigual.

Introducción

Ahora que ya transcurrió una década desde la creación de la Ley de Estadounidenses con Discapacidades (ADA) y cinco años desde la promulgación de la *Disability Discrimination Act* [Ley de Discriminación por Discapacidad] de Gran Bretaña, parece un momento propicio para examinar el *punto muerto* en la aplicación de los derechos civiles por el trasfondo de la economía política dominante. Dado que el capitalismo estadounidense es lo que me compete, este estudio sólo proporcionará detalles de los problemas estructurales que subyacen a la cuestión del empleo de las personas con discapacidad en los Estados Unidos.

Hoy en día es evidente que en los Estados Unidos los derechos civiles en el ámbito de la discapacidad no se equiparan con un descenso en el índice de desempleo de sus beneficiarios. A pesar de que la economía crece —lo cual constituye el mejor escenario posible para aumentar el nivel de empleo de las personas con discapacidad— y que el índice oficial de desempleo es bajo y se ha mantenido durante gran parte de los nueve años que las estipulaciones laborales de la ADA llevan vigentes (4-5 por ciento), el índice de desempleo de las personas con discapacidad en edad productiva apenas se ha movido de su nivel crónico: alrededor del 70 por ciento [1].

Más de dos tercios de los adultos con discapacidad en edad productiva de los Estados Unidos afirman que preferirían trabajar (HARRIS y cols., 1998); sin embargo, la información obtenida en el censo del año 2000 sugiere que sólo el 30,5 por ciento de las personas de entre 16 y 64 años con alguna imposibilidad para el trabajo integraban la fuerza laboral y que sólo el 27,6 por ciento tenía un empleo en relación de dependencia, mientras que el 82,1 por ciento de las personas sin discapacidad dentro del mismo rango de edad o bien tenían un empleo (78,6 por ciento) o lo estaban buscando. De acuerdo con un estudio reciente, mientras muchos estadounidenses obtuvieron mayores ingresos gracias a que la economía creó una cantidad récord de nuevos empleos durante siete años de crecimiento económico continuo (1992-1998), los niveles de empleo de hombres y mujeres con discapacidad continuaron bajando de forma tal que en 1998 se encontraban por debajo del nivel registrado en 1992 (BURKHAUSER y cols., 2001). Una noticia publicada en el *Boston Globe* titulada "Accesos y puertas cerradas: a pesar de la Ley Federal, aumenta el número de personas con discapacidad sin empleo" hacía referencia a un estudio mediante el que la empresa Pollster Louis Harris & Associates determinó que, en 1998, el 71 por ciento de las personas con discapacidad en edad productiva no tenía trabajo, cifra 5 puntos más alta que la registrada en 1986, año en que se realizó por primera vez ese sondeo (LEWIS, 1999).

Según los datos empíricos, ¿qué es lo que ocurrió con el empleo durante la expansión económica de la década de los noventa, época en la que las estipulaciones laborales de la ADA estaban en plena vigencia? El Servicio de Investigaciones del Congreso descubrió que la proporción de personas con discapacidad de entre 18 y 64 años que afirmaba poder trabajar y tenía un empleo aumentó del 70,2 por ciento en 1992 al 72,3 por ciento en 1996. Durante el mismo período, la proporción de personas sin discapacidad en edad productiva que tenía un empleo creció del 78,5 por ciento al 80,5 por ciento. Las posibilidades de trabajo para las personas con discapacidad mejoraron tanto como para aquellas sin discapacidad, lo que significa que la brecha en los índices de empleo no se redujo. La autora del estudio, Linda LEVINE, concluye que "esto sugiere que, hasta mediados de la década de los noventa, la Ley de Estadounidenses con

[1] Durante la etapa de investigación previa al surgimiento de la ADA, el Congreso descubrió que "dos tercios de todos los estadounidenses con discapacidad de entre 16 y 64 años de edad no tenían ningún tipo de trabajo". Audiencia n.º 2273 de la Cámara de Representantes, Ley de Estadounidenses con Discapacidades (ADA) de 1989: Audiencia conjunta ante el *Sub-commitee on Select Educación and Employment Opportunities of the House Committee on Education and Labor*, CI Período de sesiones del Congreso (1989-1991), primera sesión (18 de julio y 13 de septiembre de 1989; dos audiencias). S. Rep. N.º 101-116, en 9.

Discapacidades no mejoró la situación laboral de los adultos con discapacidad en edad productiva" (LEVINE, 2000, pág. 12).

En los Estados Unidos el Movimiento por los Derechos en el Ámbito de la Discapacidad (DRM) los conceptualizó, en gran medida, como un grupo minoritario, lo que los perjudicó negándoles la posibilidad de tener los mismos derechos que la mayoría (HAHN, 1985; ZOLA, 1994). Al identificar como motivos de la falta de empleo de las personas con discapacidad las actitudes discriminatorias por parte de los empleadores y las barreras físicas dentro del ambiente de trabajo, el movimiento buscó modificar la exclusión histórica de estas personas de la fuerza laboral. Esto lo hizo mediante la implementación de derechos legales individuales y recursos de acuerdo con la teoría liberal de "igualdad de oportunidades" laborales; lo que, en esencia, significa acceso igualitario a un empleo que, de por sí, no está disponible para todos.

La Ley de Estadounidenses con Discapacidades de 1990[2] es tanto una ley de derechos civiles que busca terminar con la discriminación por parte de los empresarios como una ley de economía laboral que apunta a aumentar los salarios relativos y el nivel de empleo de las personas con discapacidad. La ADA afirma que "los objetivos de la nación en lo que respecta a los individuos con discapacidad son asegurar... la autosuficiencia económica [.] La discriminación... le cuesta a los Estados Unidos miles de millones de dólares en gastos innecesarios que se producen como resultado de la dependencia y la improductividad"[3]. Esta ley prohíbe la discriminación basada en la discapacidad mediante la implementación de leyes y regulaciones constitucionales orientadas a "nivelar el campo de juego" para los postulantes con discapacidad y a inducir a los empresarios a adaptar sus instalaciones. Además, en caso de discriminación laboral, permite a las personas con discapacidad buscar resarcimiento en los tribunales y a través de la *Equal Employment Opportunity Commission* (Comisión de Igualdad de Oportunidades Laborales).

Sin embargo, existe consenso entre los académicos y los analistas en cuanto a que los tribunales de los Estados Unidos no lograron hacer cumplir la Ley de Estadounidenses con Discapacidades en la medida en que lo pretendían sus defensores y a que el funcionamiento de la EEOC no cubrió las expectativas. Por ejemplo, un estudio llevado a cabo por la Comisión sobre Legislación en materia de Discapacidad Física y Mental del Colegio de Abogados de los Estados Unidos muestra que los empleados con discapacidad que inician juicios por discriminación laboral tienen pocas posibilidades de tener éxito en los tribunales (*Mental and Physical Disability Law Reporter*, 1998). En los más de 1.200 casos presentados de acuerdo con las disposiciones laborales de la ADA entre 1992 y 1998, los empleados con discapacidad triunfaron sólo el 8 por ciento de las veces. En el año 2000, los empleadores ganaban el 95 por ciento de los casos. Otro estudio realizado por Ruth COLKER, profesora de Derecho de la Universidad Estatal de Ohio, arrojó resultados similares pues demostró que los empresarios defienden con éxito más del 93 por ciento de los casos de discriminación laboral que se denuncian en el marco de la ADA ante los tribunales de primera instancia y que triunfan en el 84 por ciento de los casos que se apelan (COLKER, 1999, pág. 99).

[2] 42 U.S.C. [Congreso de los Estados Unidos de América] § 12101-12213 (1994).
[3] 42 U.S.C. [Congreso de los Estados Unidos de América] § 12101 (a) (8)-(9) (1994).

Hasta el momento, los demandantes con discapacidad se enfrentaron con grandes dificultades para triunfar en cuestiones clave en los tribunales. La Comisión Estadounidense por los Derechos Civiles [*US Commission on Civil Rights*] afirma que muchos expertos en discapacidad atribuyen este problema a la confusión judicial y administrativa en la interpretación de los estatutos laborales (*US Commission on Civil Rights*, 1998, pág. 5). El profesor Matthew DILLER explica que los casos legítimos de demanda a menudo se frustran por razones absurdas (por ejemplo, que la ley no otorga a los problemas médicos el estatus de "discapacidad") y que los tribunales se resisten a comprender y a aceptar la aplicación de la igualdad de derechos y de los ajustes razonables al ámbito de la discapacidad (DILLER, 2000, pág. 23). Arlene MAYERSON, abogada perteneciente al Fondo para la Educación y la Defensa de los Derechos en Materia de Discapacidad, caracteriza la jurisprudencia de la ADA como "interpretaciones sumamente técnicas y muchas veces ilógicas de la ley" que generaron una "tendencia inquietante" de precedentes judiciales (MAYERSON, 1997, págs. 587, 612). Robert BURGDORF Jr., uno de los redactores de dicha ley, concluye que "el análisis judicial recorrió un tramo considerable por el camino equivocado" (BURGDORF, 1997, pág. 409). BURGDORF señala que existe una tendencia judicial a considerar que quienes inician demandas de acuerdo con la ADA buscan beneficios y tratamientos *especiales* en lugar de derechos igualitarios (BURGDORF, 1997, pág. 413). Bonnie TUCKER tiene la teoría de que, en lo que respecta a los derechos igualitarios de las personas con discapacidad, el paradigma de los derechos civiles es defectuoso en sí mismo. TUCKER sugiere que los jueces pueden considerar que la disposición relacionada con los ajustes razonables es un requisito "adicional", una ampliación del concepto tradicional de derechos civiles y, en consecuencia, rechazar la legitimidad de los derechos en el ámbito de la discapacidad basándose en el principio de igualdad de derechos (TUCKER, 2001).

Para poder explicar estos resultados, procuré examinar la relación entre política, regulaciones y economía; sobre todo en lo que respecta a los intereses empresariales. Algunos académicos del ámbito de la discapacidad, como Victor FINKELSTEIN, Michael OLIVER, Colin BARNES, Paul ABBERLEY, Nirmala EREVELLES, Lennard DAVIS y Brendan GLEESON, entre otros, desarrollaron la postura de que el sistema capitalista —en particular, la mercantilización del trabajo— es un factor que contribuye de manera crucial a la falta de progreso económico de las personas con discapacidad. Ernest MANDEL retoma la teoría de MARX sobre el empobrecimiento absoluto y aclara la observación del alemán de que el capitalismo "excluye del proceso de producción" a una parte del proletariado: los desempleados, las personas mayores, las personas con discapacidad, los enfermos, etcétera (MANDEL, 1962, pág. 151). MARX considera a estos grupos una parte del estrato más pobre que "carga con el estigma de mano de obra asalariada". Tal como afirma MANDEL, "este análisis conserva todo su valor, incluso en el marco del capitalismo 'asistencial' de la actualidad" (MANDEL, 1962, pág. 151).

Mientras ya hubo quienes vincularon el capitalismo con la discapacidad, mi propósito ha sido exponer de qué manera el capitalismo moderno perpetúa este sustrato a pesar de la lucha de las personas con discapacidad por tener un lugar en la fuerza laboral estadounidense. En el mismo sentido, he querido exponer la discriminación económica sistémica que sufren los trabajadores con discapacidad dentro de la economía capitalista y que la ADA no pudo abordar ni remediar, tema que retomaré nuevamente más adelante. También sostengo que los fracasos que la ADA tuvo en los tribunales fueron provocados por la oposición capitalista, la que se fortaleció en la era neoliberal, época en que las fuerzas conservadoras lograron por medios políticos que hubiera una economía más desregulada, más *laissez faire*, y apuntaron, con éxito, la atenuación o revocación de aquellas reglamentaciones que en su opinión interferían en los negocios (RUSSELL 1998; págs. 109-111; 2000, pág. 341). En la década de los noventa, cuando se promulgó la ADA, el impulso filosófico a la justicia social que tuvo como resultados la promulgación de la *Civil Rights Act* [Ley de Derechos Civiles] de 1964 y las subsiguientes decisiones judiciales progresistas que se tomaron en las décadas del sesenta y de los setenta ya estaba en pleno ocaso. En la época posterior a la promulgación de las leyes civiles de los años 1957, 1960, 1964 y 1968, por ejemplo, los republicanos se adjudicaron las victorias demócratas que forjaron el movimiento por los derechos civiles, establecieron la Oficina de Oportunidades Económicas y dieron comienzo a la Guerra contra la Pobreza durante la Gran Sociedad de Lyndon Johnson. Los presidentes Reagan y Bush desmantelaron por completo la Administración de Servicios Comunitarios, responsable de llevar adelante gran parte de los cambios de orden social de la década de los sesenta mediante el mejoramiento de las leyes relacionadas con los servicios humanitarios, la seguridad laboral, la defensa del consumidor y el cuidado del medio ambiente.

Mientras tanto, los derechos civiles y económicos estaban quedando obsoletos y vino en su reemplazo una iniciativa conservadora para reducir "las malas acciones de gobierno". A finales de la década de los setenta y durante la década siguiente, la agenda dominante estaba plagada de objetivos corporativos que ponían énfasis en la globalización y el dominio político del gobierno (MCMAHAN, 1985). El aumento en la movilidad de capitales extranjeros y la liberalización de los mercados internacionales hicieron que la gestión empresarial adquiera más poder a expensas de los trabajadores (PARENTI, 1995, págs. 99-119, 271). Las fuerzas conservadoras apuntaron a la revocación o reversión de las regulaciones proteccionistas que, desde su punto de vista, interferían en los negocios (WOLMAN y COLAMOSCA, 1997; MISHEL y cols., 1999). La política económica en el período que comenzó en 1979 tomó un rumbo aún más al estilo de *laissez faire*, más desregulado. Industrias como la del transporte y las telecomunicaciones pasaron por importantes desregulaciones. Las protecciones sociales, entre ellas las regulaciones sobre la seguridad, la salud y el medio ambiente, el salario mínimo, pensiones gubernamentales (asistencia social) y el sistema de seguro de desempleo, todas se debilitaron. La Ley de Estadounidenses con Discapacidades no fue la excepción; se la atenuó de manera sustancial para que obtuviera el consenso del Congreso y la aprobación del presidente Bush (PHEIFFER, 2000, pág. 43). Las pruebas más recientes de que esas fuerzas permanecen intactas son: el cercenamiento de la ADA por parte de la Corte Suprema en los veredictos para los casos *Garrett*, *Sutton*, *Murphy* y *Alberston* relacionados con el empleo de personas con discapacidad; la invalidación de la *Age Discrimination Act* [Ley de Discriminación por Edad] en el caso *Kimel v. Florida*, y la invalidación de la *Violence Against Women's Act* [Ley contra la Violencia hacia la Mujer] en el caso *United States v. Morrison.*

Luego de dedicarle muchos años al activismo por los derechos civiles en las décadas de los cincuenta y sesenta, el Dr. Martin Luther KING Jr., líder de ese movimiento en los Estados Unidos, fue más allá de la perspectiva liberal según la cual era posible que hubiera justicia económica para las personas de raza negra a través de la promulgación de leyes de derecho civil que establecieran como ilegal la discriminación racial en el trabajo. KING sabía que los derechos civiles (incluso si se unían a la expansión económica) no podían resolver el nivel de desempleo masivo de la población estadounidense de raza negra.

En 1967, durante la Conferencia de Liderazgo Cristiano del Sur, el Dr. KING le imploró al movimiento que:

> aborde la cuestión de la reestructuración de la sociedad estadounidense en su totalidad. Hay 40 millones de pobres aquí. Un día debemos preguntarnos: '¿Por qué hay 40 millones de pobres en los Estados Unidos?' Y cuando comencemos a hacernos esa pregunta, estaremos planteando cuestiones acerca del sistema económico, de una mejor distribución de la riqueza. Cuando se formula esa pregunta, se empieza a cuestionar la economía capitalista...
>
> (WASHINGTON, 1991, pág. 250.)

Para KING, la creación de puestos de trabajo dentro de una economía capitalista constituía una parte fundamental y continua de la lucha de su pueblo por la justicia. "Necesitamos una declaración de derechos económicos. Ésta garantizaría un empleo a todas aquellas personas que quisieran y pudieran trabajar..." (KING, 1968, pág. 24). Al día de hoy, casi 40 años después de la sanción de la Ley de Derechos Civiles de 1964, no se ha promulgado ninguna ley de derechos económicos y el índice de desempleo de la población de raza negra (8 por ciento) sigue siendo el doble del índice nacional oficial (4,2 por ciento). Esto es así a pesar de que los derechos civiles contaron con el apoyo de medidas de acción afirmativa diseñadas para promover la contratación de estas personas y subsanar los actos de discriminación racial del pasado. La ADA no contó con el apoyo de medidas de acción afirmativa para los trabajadores con algún tipo de discapacidad. No existe un motivo para creer que los derechos civiles en el ámbito de la discapacidad vayan a tener mejores resultados.

En la práctica, los derechos civiles —que se centran ante todo en actitudes y prejuicios— no prestaron suficiente atención a las barreras que la estructura económica y las relaciones de poder construyeron frente a la posibilidad de trabajo de las personas con discapacidad. Este estudio analiza los defectos que el enfoque liberalista de "igualdad de oportunidades" tiene en el ámbito laboral. Pondré énfasis en la economía política de la discapacidad, en las realidades micro y macroeconómicas del capitalismo que contribuyen a que exista un alto índice de desempleo de personas con discapacidad. Los intereses clasistas perpetúan la exclusión de dichas personas de la fuerza laboral a través de prácticas contables empresariales de carácter general y del desempleo forzoso. Si consideramos que la discapacidad es producto de la estructura económica explotadora de la sociedad capitalista, de aquella que crea el llamado "cuerpo discapacitado" para permitir que una pequeña clase capitalista cree las condiciones económicas necesarias para acumular gran cantidad de riqueza, entonces queda claro que las leyes en contra de la discriminación son insuficientes para resolver el problema del desempleo de las personas con discapacidad porque no lograron aún reconocer las contradicciones que sugiere la promoción de la "igualdad de oportunidades" en una sociedad clasista y, por lo tanto, desigual. En cambio, el modelo de derechos liberales permite anticipar las críticas a las relaciones de poder que se encuentran en el centro de la exclusión del empleo y la desigualdad a las que se enfrentan las personas con discapacidad. Este estudio propondrá justamente ese tipo de crítica.

La relevancia de la economía política

El término *economía política* se utilizó durante alrededor de 300 años para definir la relación entre los asuntos políticos y económicos de un país. En términos de economía, los liberales suelen creer que el sistema actual es en esencia justo y que las injusticias y la desocupación, los bajos salarios, la desigualdad y la pobreza que prevalecen dentro del mismo son simplemente consecuencias no intencionadas de una economía que, más allá de eso, es beneficiosa. Los liberales son reformistas que creen que las enormes desigualdades pueden nivelarse por medio de la legislación y de otras medidas dirigidas a la corrección de las "ineficiencias del mercado". De manera similar, en los Estados Unidos —y en todas partes— el movimiento por los derechos en el ámbito de la discapacidad aceptó, en gran medida, las bases de la ideología de libre mercado al encuadrar los términos del debate por la equidad en los derechos de las personas con discapacidad que merecen recibir un trato igualitario del actual mercado laboral (RUSSELL y MALHOTRA, 2002). Por otra parte, la economía política de izquierdas considera que las leyes arraigadas en la continua reproducción y expansión de este sistema de acumulación de bienes materiales constituyen el origen de todos los males. Los economistas radicales* creen que el problema es el sistema económico en sí mismo: El sistema de generación de beneficios no crea pobreza como, por otro lado sí lo hace el desafortunado contratiempo de un sistema de justicia social; más bien el sufrimiento que las personas experimentan bajo este sistema es parte integral del mismo y resulta necesario para que funcione. Este sistema niega a la gente, incluidas muchas personas con discapacidad, la posibilidad de trabajar. De esta manera, quedan en la pobreza e incluso en la indigencia, pero no porque el sistema falle sino porque funciona exactamente como se pretende.

La concepción de Estados Unidos como una meritocracia en la que los fracasos de los individuos son consecuencia de sus defectos personales constituye una postura ideológica atractiva. Recurrir al individualismo crudo —que uno puede ser quien quiera si es perseverante— es una tradición estadounidense y quizás una noción reconfortante, pero las barreras que detienen el progreso y los logros no suelen relacionarse con el esfuerzo, la capacidad o la motivación individuales. Las leyes que rigen los derechos civiles en el ámbito de la discapacidad (o cualquier derecho civil) no cuestionan esa suposición. Los derechos civiles,

* Mientras que en Europa forma parte de las corrientes socialistas, en Estados Unidos la idea de "radical" se ha entendido como un compromiso con los sectores desposeídos y una defensa de los derechos de las personas marginadas y ha implicado un grado de hostilidad contra la empresa privada y el sistema capitalista. *(N. del T.)*

por ejemplo, se basan en la premisa de que cada ciudadano es un actor con iguales derechos dentro de un proceso judicial y que tiene la capacidad legal de reparar las injusticias mediante demandas judiciales en contra de la discriminación; pero, ¿qué sucede si una mujer, debido a su posición social, no cuenta con el dinero para contratar un abogado, no tiene educación o no puede asegurarse esos derechos? El género y la raza también son reconocidos determinantes de falta de acceso a los tribunales. Además, los derechos dependen de la interpretación que los tribunales hagan de ellos. ¿Qué sucede si el clima político en los tribunales es tal que es posible que los derechos de esta mujer se vean malogrados por jueces que actúan en oposición a la premisa ideológica de los mismos? ¿Qué sucede si los derechos se encuentran en un conflicto directo de clase; si, por ejemplo, la clase empresaria ha acumulado tanto poder político que los derechos civiles —que sufren derrota tras derrota en los tribunales— se ponen en duda y muy pocos abogados se arriesgan a tomar esos casos por las pocas posibilidades que tienen de ganarlos (y de cobrar sus honorarios)? En estos casos, la acción individual y el "derecho" individual se bloquean y se anulan por acción de las clases sociales y de la política, las que se encuentran más allá del control de los individuos.

> ...[cuando las personas con derechos] no tienen el poder y los recursos para "competir" de la manera adecuada, los derechos no pueden hacer más que reforzar el *statu quo*, debido a que aquellos que quedan sin poder no pueden hacer otra cosa que reclamos esporádicos o simbólicos.
>
> (YOUNG y QUIBELL, 2000, pág. 757.)

El sistema económico presenta un conjunto de obstáculos similar. El principio fundamental del actual modelo económico o "economía pura" (mal llamada "economía neoclásica"[4]) es el "individualismo metodológico", el que no considera a la sociedad como otra cosa que la suma apolítica de los individuos que la componen y despoja a la estructura económica de toda dimensión social, excepto de la interacción entre la actividad exclusivamente individual y los proyectos. Mientras las teorías de la economía pura y la de la izquierda podrían llegar a permitir que los individuos actuaran de forma independiente y de acuerdo con sus necesidades, los economistas de izquierda reconocen que detrás de esta necesidad privada se esconde una estructura objetiva de reproducción cuyos requisitos dominan al individuo al momento de llevar adelante sus intereses personales. Mientras los economistas puros se aferran a su teoría de que la maximización del bienestar se produce por mérito del individuo, los de izquierda reconocen que las barreras estructurales dominan las necesidades de las personas. Tal como señala el economista Samir AMIN, "la sociedad real, lejos de constituirse a partir del encuentro directo de los comportamientos individuales, es una estructura infinitamente más compleja que combina clases sociales, naciones, estados, grandes corporaciones, proyectos colectivos y fuerzas políticas e ideológicas" (AMIN, 1998, pág. 134).

[4] Quienes trabajaban en el campo de la economía política clásica eran teóricos tales como Adam SMITH, David RICARDO, Karl MARX y John KEYNES, quienes aceptaban la política como un componente propio de la economía. Los economistas neoclásicos reducen la economía a una técnica matemática apolítica que no tiene relación con la historia.

Una perspectiva económica de izquierda no reconoce a la discapacidad como un concepto socio-actitudinal que puede corregirse mediante la eliminación de las malas conductas o al prohibir la discriminación laboral que se base en un prejuicio. Tal como lo planteó el Dr. Martin Luther KING, esta perspectiva propone una serie de cuestiones completamente diferentes como problema central: ¿Por qué en nuestra economía existen millones de personas, con y sin impedimentos, que están dispuestas a trabajar y no tienen un empleo?; ¿por qué en la nación más rica del mundo aún existen personas pobres o que trabajan por salarios que se encuentran por debajo del coste de vida?; ¿por qué a las personas con discapacidad "respetables" se las priva de los medios necesarios para su subsistencia y pueden apenas sobrevivir o quedan a merced de subsidios por discapacidad que las mantienen por debajo del límite de pobreza? El enfoque que se presenta aquí es el análisis que hace la economía política de izquierdas de los límites del mercado en cuanto a institución para la satisfacción de necesidades.

Desempleo forzoso

La economía capitalista restringe de manera natural la aplicación liberal de la "igualdad de oportunidades" en lo que respecta al empleo para todos debido a que el desempleo no constituye una aberración del capitalismo, sino que existe un componente inherente a la economía de mercado que requiere que muchas personas estén desempleadas en contra de su voluntad (KEYNES, 1936, pág. 249; KALECKI, 1996, pág. 131; MARX, 1967, págs. 589-592). No todas las personas conseguirán un empleo y no todas las necesidades materiales que éstas tengan se satisfarán por medio del trabajo. El sistema es más bien como un enorme esquema piramidal en el que muchas personas "que sobran" en el mercado laboral quedarán excluidas del mismo de manera intencional. Este ejército industrial de reserva incluye a los desempleados reconocidos por las cifras oficiales y a todos esos otros sectores de la población que, ya sea que hayan formado parte de la fuerza laboral en un determinado momento o no, podrían ingresar a ella si creciera la demanda de individuos como ellos. La población sobrante y el ejército de reserva coinciden parcialmente; los barrios más pobres de la ciudad de México son parte del ejército industrial de reserva de los Estados Unidos, y al mismo tiempo constituyen la población sobrante. Históricamente, la masa de reserva laboral incluía mujeres y trabajadores minoritarios. MARX designó a las personas con discapacidad incluidas en el grupo como las que tenían menos posibilidades de obtener un empleo, subgrupo al que denominó "grupo estancado" o ejército de reserva pasivo. Ahora que más gente con discapacidad espera obtener trabajos remunerados, existe la posibilidad de que muchos de ellos ingresen al ejército de reserva activo.

No obstante, las personas con discapacidad son las últimas en incorporarse a la fuerza laboral; éstas buscan obtener el derecho a compartir la riqueza de la nación en una época en la que los niveles de desempleo son tan bajos como los de los últimos cuarenta años y pueden ser más bajos aún de lo que tradicionalmente podría tolerar la clase inversora. Es probable que las expectativas de empleo de las personas con discapacidad superen las ganancias materiales debido a los límites que aquellos que dictan las políticas económicas imponen al crecimiento (RUSSELL, 2001a, pág. 226).

Para mostrar de qué manera el capitalismo estadounidense mantiene una masa de reserva laboral, nos centraremos en la función que desempeña el estado en su crecimiento[5]. Es la política monetaria de los Estados Unidos puesta en práctica por la Reserva Federal —un sistema de bancos cuasi independientes bajo la supervisión de un consejo de gobernadores designados por el presidente— la que establece las tasas de interés y, desde hace muchos años, dirige la economía del país.

Un gran número de personas queda sin trabajo en parte porque los economistas de la tendencia dominante creen que es necesario que exista un umbral de desempleo para evitar la inflación y mantener así la salud de la economía de los Estados Unidos (FRIEDMAN, 1968; AKERLOFF y cols., 2000). La teoría de un "índice natural de desempleo", o tasa de desempleo no aceleradora de la inflación (NAIRU), está dominando la macroeconomía desde hace alrededor de 25 años. La *Full Employment and Balanced Growth Act** [Ley de Pleno Empleo y Crecimiento Equilibrado] de 1978 (Ley de Humphrey-Hawkins) resuelve que el Banco de la Reserva Federal debe promover el pleno empleo, pero la Reserva Federal vincula la baja tasa de paro con la inflación, haciendo caso omiso de la Ley de Humphrey-Hawkins. Desde la década de los setenta, la Reserva Federal lleva a cabo la tarea de luchar contra la inflación por medio del aumento de los tipos de interés, la desaceleración del crecimiento económico y el control del desempleo. Cuando la tasa de paro disminuye, la Reserva Federal sube el tipo de interés hacia arriba para evitar más crecimiento (empleo) con la intención de prevenir la inflación (GREENSPAN, 1997; HENWOOD, 1998, pág. 219)**.

Desde el año 1999 hasta el mes de mayo de 2000, por ejemplo, la Reserva Federal aumentó los tipos de interés alrededor de un 2 por ciento. Tal como lo explicó su presidente, Alan GREENSPAN, la economía estaba demasiado saludable, el desempleo había caído mucho y los salarios habían comenzado a subir lentamente, con lo que aparecía el fantasma de la inflación.

GREENSPAN dijo en el Congreso:

> En algún momento de la continua reducción del número de trabajadores disponibles con intenciones de trabajar, lejos de la derogación de la ley de la oferta y la demanda, los aumentos de salario sobrepasarán incluso los más impresionantes aumentos en la productividad. Esto intensificará las presiones inflacionistas o reduciría los márgenes de beneficio, y cualquiera de estos dos resultados puede acabar con nuestra creciente prosperidad.
>
> (GREENSPAN, 2000.)

---

[5] Existen numerosas fuentes para la masa de reserva laboral. Algunas de ellas fueron la destrucción de sociedades precapitalistas, la división del trabajo y la mecanización intrínseca al proceso de acumulación de capital. También existen otros, como la manipulación de la disponibilidad de créditos por parte del Sistema de la Reserva Federal de los Estados Unidos, que son mecanismos deliberados de la política estatal.

* Puede consultarse en http://congress.indiana.edu/spanish/backgrounders/notable_members.php#humphrey. *(N. del T.)*

** En Macroeconomía, la curva de Phillips muestra la relación inversa entre la inflación y el desempleo y sugiere que una política dirigida a la estabilidad de precios promueve el desempleo. También un país puede tener simultáneamente inflación y desempleo elevados, fenómeno conocido como estanflación. *(N. del R.)*

Desde el punto de vista de la Reserva Federal, fue necesario aumentar el precio de los préstamos para, de ese modo, frenar la expansión y la contratación de empleo y volver a elevar la tasa de desempleo para detener los aumentos salariales.

¿Por qué? Los mercados laborales en los que hay más demanda de trabajos que oferta —"escasez de mano de obra" o un ejército de reserva activo más pequeño— producen una presión por parte de los trabajadores para que haya un aumento de los salarios; a medida que el desempleo disminuye, el coste de la mano de obra sube debido a que existe una presión mayor para que aumenten los salarios.

Hay una evidencia empírica contundente de la correlación negativa que existe entre los niveles de los salarios y el desempleo. Dos reconocidos economistas, David BLANCHFLOWER y Andrew OSWALD, proporcionaron evidencias de que, en igualdad de condiciones, el desempleo reduce los salarios (BLANCHFLOWER y OSWALD, 1994). El economista James GALBRAITH también demostró que el poder, en particular el poder de mercado o de monopolio, cambia de acuerdo con el nivel general de demanda, la tasa de crecimiento y la de desempleo. GALBRAITH explica que "en períodos en los que el nivel de empleo es alto, los débiles ganan terreno sobre los más fuertes; en períodos de alto nivel de desempleo, son los fuertes los que ganan terreno sobre los débiles" (GALBRAITH, 1998, pág. 266). Incluso GREENSPAN, el portavoz de los accionistas de Wall Street, admite la existencia de una relación de clases: mantener bajo el nivel de los salarios es uno de los objetivos fundamentales de la política monetaria de los Estados Unidos (GREENSPAN, 1997).

Debido a que el pleno empleo socava la disciplina laboral y la posición social de los niveles gerenciales, el economista político Michel KALECKI plantea que los capitalistas aceptan el desempleo "como una parte integral del sistema capitalista convencional" (KALECKI, 1971, págs. 140-141). El economista Michael PIORE, por su parte, revela la resistencia del gobierno a perseguir objetivos de pleno empleo; ellos creen que este tipo de políticas crearía entre los trabajadores expectativas crecientes que no se podrían satisfacer y que provocarían inestabilidad social y política (PIORE, 1978). De este modo, los índices positivos de desempleo se convierten en una consecuencia de la lucha de clases por la distribución de la riqueza y el poder político (POLLIN, 2000, pág. 98).

Con el tiempo, la tasa de desempleo en los Estados Unidos efectivamente aumentó de un 3,9 por ciento en abril del año 2000 a un 4,5 por ciento en el mismo mes del año siguiente. Alrededor de 763.000 personas perdieron sus empleos.

¿De qué manera afecta esto a la tasa de desempleo de las personas con discapacidad? Las consecuencias de una desaceleración orquestada por la clase dominante son quizás más graves para las personas con discapacidad, tanto si se tiene trabajo como si no. Un mercado laboral con exceso de ofertas laborales suele constituir un ambiente favorable para que aquellas personas que no tenían trabajo consigan uno. Esto sucede porque una baja oferta de trabajadores obliga a las empresas a contratar y formar personal, lo cual, hubiese evitado en otro momento del ciclo comercial (CONLIN, 2000). Sin embargo, un empeoramiento en la economía implica que los trabajadores con discapacidad que sí tienen un empleo podrían ser despedidos. Peter BLANCK, profesor y director del Centro de Derecho, Política Sanitaria y Discapacidad de la Facultad de Derecho de la

Universidad de Iowa, explica que "los trabajadores con discapacidad son usualmente los últimos en entrar y los primeros en salir". Los economistas Edward YELIN y Patricia KATZ, por ejemplo, muestran que durante los períodos de expansión del mercado laboral los individuos con discapacidad obtienen una proporción mayor de ventajas que los individuos sin discapacidad y que, durante las etapas de recesión, sufren una proporción más importante de pérdidas que sus compañeros sin discapacidad (YELIN & KATZ, 1994, pág. 36). En general, las personas con un grado severo de discapacidad se ven afectadas por los cambios negativos en la economía, lo cual resulta evidente por el hecho de que las solicitudes de subsidios por discapacidad aumentan durante las etapas de recesión (*Disability Policy Panel*, 1994).

Existen aún más consecuencias. Resulta "beneficioso" para la actividad comercial que el ejército industrial de reserva activo aumente, ya que esto permite disciplinar la mano de obra. Que exista más gente desesperada por trabajar mantiene la competencia por los empleos en un nivel elevado y los salarios en un nivel bajo, lo cual protege los márgenes de beneficio de las compañías y el privilegio de clases, factores sagrados para los intereses de capital. El ex presidente Clinton se refirió a esa conexión macroeconómica ante las cámaras del grupo CNBC cuando dijo: "... se pueden incorporar a la fuerza laboral más personas que viven de la asistencia social o personas con discapacidad [para mantener baja la inflación (los salarios)]..." (INSANA, 1999). Una de las herramientas para lograrlo fue la *Personal Responsibility and Work Opportunity Reconciliation Act* [Ley de Reconciliación de Responsabilidad Personal y Oportunidad Laboral] del año 1996, la cual terminó con los beneficios federales de asistencia social y puso al programa de asistencia pública "Welfare-to-work"* como uno de los objetivos principales de la política de asistencia social federal, forzando así a millones de mujeres a ingresar al sector peor remunerado de la fuerza laboral. El ex secretario de trabajo Alexis HERMAN explicó que lo mismo podía hacerse con los trabajadores con discapacidad: "tal como lo afirmó el presidente Clinton, el último gran conjunto de personas que podría sostener el crecimiento de la economía del país con una tasa de inflación baja son los estadounidenses con discapacidad ... que no forman parte de la fuerza laboral" (HERMAN, 1999). De aquí que no sorprendiera que a finales de los noventa los políticos de Washington se ocupasen de la reforma de ciertas políticas, tales como la legislación de apoyo al programa "Return to work" (Regreso al Trabajo) (la ley TWWIIA), una medida orientada a la oferta que promete incorporar a la población con discapacidad que recibe beneficios de seguridad social a la fuerza laboral, pero que no incluye un programa de creación de puestos de trabajo mediante el que efectivamente se ofrezca empleo a las personas con discapacidad.

¿Cuál es el tamaño de la masa de reserva laboral? Mucho más que el número oficial de personas desempleadas. La cifra oficial de desempleados de la oficina de Estadísticas Laborales del año 2000 era de 5,5 millones de personas (2000), pero otros 3,1 millones trabajaban a tiempo parcial (mientras hubieran

* Programa social de los EE.UU. destinado a alentar a los responsables de familias monoparentales y personas con discapacidad a que dejen de depender de la asistencia social y vuelvan a incorporarse a la fuerza laboral. (*N. del T.*)

preferido hacerlo a tiempo completo), y 4,4 millones de personas que necesitaban un trabajo no figuraban en los registros porque ya habían dejado de buscar empleo y por eso no se los tienen en cuenta para las cifras oficiales[6]. La tasa de desempleo real es de aproximadamente 13 millones de personas, lo cual representa un 8,9% de la población; y es más del doble de lo que indica la tasa oficial.

¿Cuántas personas con discapacidad podrían ser potenciales miembros de la masa de reserva laboral? De acuerdo con el Instituto de Investigaciones Económicas y Sociales, 2,3 millones de personas con discapacidad que se encuentran desempleadas podrían trabajar si se aplicara un plan de adaptación a sus necesidades (MEYER y ZELLER, 1999, pág. 9). No obstante, esto parece subestimar el tamaño de la reserva laboral de personas con discapacidad. Diecisiete millones de personas en edad productiva tienen alguna discapacidad, de las cuales 5,2 millones poseen un empleo (TRUPIN, y cols., 1997). Dichas cifras ubican a 11,8 millones de personas o bien dentro del número oficial de desocupados o bien fuera de la fuerza laboral. Más de dos tercios de las personas con discapacidad en edad productiva (16-64 años) que no tienen trabajo aseguran que preferirían tenerlo (HARRIS, y cols., 1998). De esta forma, aproximadamente 8,3 millones de trabajadores podrían incorporarse al ejército activo de reserva y la fuerza laboral crecería alrededor de un 8 por ciento.

Además, existen indicadores de que las personas con discapacidad podrían estar subempleadas, ya que trabajan a tiempo parcial mientras que en realidad preferirían hacerlo a tiempo completo. Entre 1981 y 1993 la proporción de personas con discapacidad que trabajaban a tiempo completo disminuyó en un 8 por ciento, mientras que el número de trabajadores a tiempo parcial aumentó de manera desproporcionada, ya sea por motivos económicos o de otra clase (YELIN y KATZ, 1994b).

Existe una gran cantidad de personas con discapacidad a quienes se podría recurrir para amortiguar el aumento de los salarios y la disminución del beneficio (RUSSELL, 2001a, pág. 228).

Básicamente, alrededor de 20 millones de trabajadores están condenados, por parte de las políticas federales antiinflacionistas que racionan el empleo, a estar desocupados de manera forzosa o a trabajar a cambio de bajos salarios. Esto demuestra claramente que el sufrimiento económico, los salarios bajos y la

---

[6] De acuerdo con la definición de empleo que se maneja actualmente en los Estados Unidos, las personas deben estar buscando trabajo de manera activa para que se las considere desempleadas. Para caer en la categoría de "desempleado", las personas deben responder a las siguientes características: no haber tenido empleo durante la semana de referencia; haber tenido disponibilidad para trabajar en ese período y haber hecho esfuerzos específicos para encontrar un empleo en algún momento del período de 4 semanas que concluye en la semana de referencia. Si la persona ya perdió las esperanzas y dejó de buscar empleo, no se la considera desempleada. Los presidiarios, una población que crece cada vez más, no se incluyen entre las personas desempleadas. Además, las estadísticas de desempleo en los Estados Unidos tienden a incluir errores de recuento de las personas de escasos recursos y desempleados más marcados que los de la mayoría de las estadísticas europeas. Para calcular el índice de desempleo, la Oficina de Estadísticas Laborales (BLS) utiliza el recuento de personas en lugar del equivalente a tiempo completo (FTE por sus siglas en inglés). Como una persona que trabaja sólo 10 horas por semana cuenta de la misma forma que una que trabaja 40 horas a la semana, un número significativo de subempleados puede distorsionar el índice de empleo y hacer que se eleve, cosa que no sucedería si se utilizara el sistema de FTE.

pobreza no son resultado de faltas morales individuales o de una "dependencia" patológica, ni tampoco de un deterioro en la ética protestante del trabajo, sino que más bien son factores incorporados a la estructura del capitalismo moderno. Es sencillo ver por qué el premio nobel William VICKREY, en su discurso presidencial ante la Asociación de Economía de los Estados Unidos en 1993, afirmó que el término *tasa "natural" de desempleo* constituía "uno de los eufemismos más crueles que jamás se hayan inventado" (COLLINS y cols., 1994, pág. 10). La economía pura racionaliza el desempleo —en cuanto algo "voluntario"— sin hacer referencia al sistema económico o a las relaciones sociales que lo crean.

Cuestiones microeconómicas: El cálculo capitalista

Los economistas más influyentes se dedicaron (y limitaron) tradicionalmente a las "compensaciones" entre igualdad y eficacia de mercado. Ya me he referido anteriormente a la "compensación" macroeconómica entre inflación y nivel de empleo, por lo que aquí haré hincapié en la cuestión microeconómica de la discriminación en el mercado laboral. La discriminación económica se produce cuando personas con igual nivel de productividad reciben salarios u oportunidades de empleo desiguales (JOHNSON, 1997, pág. 161).

La sociedad liberal promueve la igualdad al establecer derechos sociales y políticos que en teoría —pero casi nunca en la práctica— se distribuyen de manera igualitaria y universal. Esto significa que se considera que los derechos individuales están por encima de las leyes del mercado. Sin embargo, existe una interrelación entre las instituciones de mercado, la injusticia y la igualdad de oportunidades.

Las personas encargadas de dictar las políticas de gobierno son plenamente conscientes de que los derechos influyen en el funcionamiento de la economía y que, al mismo tiempo, su ejercicio recibe la influencia del mercado. Por ejemplo, un derecho adquirido sobre algo determinado tiene más posibilidades de que se establezca como derecho con reconocimiento legal cuando tiene un coste relativamente bajo. Cuando el Congreso promulgó la ADA, reconoció que el modelo tradicional de derechos civiles no serviría para garantizar a las personas con discapacidad igualdad de oportunidades en la fuerza laboral. El movimiento por los derechos en el ámbito de la discapacidad expresó la necesidad de ajustes en los lugares de trabajo y el Congreso determinó que la provisión de "ajustes razonables" era un componente necesario de los derechos civiles de las personas con discapacidad para que pudieran integrarse al ámbito laboral normal.

Durante los debates de la ADA hubo importantes discusiones acerca del coste que suponía la existencia de derechos igualitarios para la población con discapacidad. Por ejemplo, el senador Paul Simon planteó, durante las audiencias legislativas, que el Congreso iba a sancionar la Ley de Estadounidenses con Discapacidades porque esto significaba "hacer lo correcto", sin importar los costes que dicha acción implicara (*Americans with Disabilities Act*; *Hearings* [audiencias], 1989, pág. 22). El ex presidente George Bush, por su parte, estaba decidido a "restringir los gastos en los que se podría incurrir para implementarla" (MASHEK, 1990, pág. 4). En efecto, el derecho a "ajustes razonables" perdió importancia de manera considerable con la implementación de la cláusula de "dificultades excesivas" para atenuar las preocupaciones de las empresas. El empresario no está obligado a pagar por un ajuste si eso implica una dificultad financiera "excesiva" para su empresa; lo que en teoría es un "derecho" de los trabajadores con discapacidad en la práctica no es tal, sino que está determinado por la conveniencia económica del empresario. Éste y otros privilegios en el servicio que la ADA presta a la clase empresarial me llevaron a referirme a esta ley como una ley de derechos civiles de libre mercado (RUSSELL, 1998, pág. 114), debido a que el derecho a la propiedad (riqueza) del dueño de la empresa tiene más peso que el "derecho" del individuo con discapacidad a un ajuste razonable en el lugar de trabajo y, por lo tanto, a tener un empleo.

Aun así, el día en que se firmó la ADA, el Instituto Cato (un grupo de expertos libertarios) le pidió al presidente Bush que le solicitara al Congreso que reconsiderara la implementación de esa ley porque, desde el punto de vista de la libre empresa, representaba una re-regulación de la economía que era perjudicial para el comercio (Revista *Disability Rag*, 1992, pág. 28). Paul CRAIG ROBERTS, un economista orientado a la oferta del Centro de Estudios y Estrategias Internacionales de Washington (CSIS), advirtió el mismo día en que se aprobó la ley que "[la ADA] supondrá a las empresas enormes gastos que reducirán sus beneficios" (SHOGUN, 1990, pág. A26).

Mientras nosotros pensamos que no deberían negarse los derechos de los trabajadores con discapacidad sólo porque representen un gasto para las empresas por intentar cumplir con la ADA, las objeciones por parte de los empresarios resultan una fuente de información porque revelan los mecanismos del mercado laboral propios del capitalismo. Las prácticas empresariales demuestran con elocuencia que la estructura económica efectivamente genera obstáculos para que las personas con discapacidad tengan un empleo.

El capitalismo es un sistema de relaciones sociales en el que la maximización del beneficio y la necesidad constante de revolucionar las fuerzas de producción resultan condiciones de supervivencia básicas e ineludibles, de una forma que no ha tenido lugar en ningún otro orden social. A los capitalistas sólo les interesa la mano de obra que aumente las riquezas materiales. Desde el punto de vista de un capitalista, el trabajo productivo es sencillamente aquél que produce ganancias (superávit) para el empresario involucrado en la explotación de dicho trabajo (MARX, 1967, pág. 167). El término *superávit* se refiere a la diferencia entre lo producido y el coste necesario para su producción. Las prácticas contables corporativas habituales ponderan el coste relacionado con el puesto de trabajo y las ganancias que se obtendrán. Las empresas calculan lo que podrían ganar gracias a la productividad del trabajador y lo comparan con lo que dedican a salarios, servicio médico y en general a todos los gastos normales que implica tener un empleado. Entonces el superávit que se genera durante la producción es una diferencia que queda en manos del capitalista, es decir, sus ganancias (MARX, 1967, págs. 184-186). El trabajador recibe sueldos que, en teoría, cubren socialmente la labor necesaria o lo que haga falta para reproducir la fuerza de trabajo en cada jornada laboral.

En el sistema capitalista, los trabajadores con discapacidad deben enfrentar la discriminación microeconómica inherente a ese sistema que se origina en la suposición de los empresarios de que contratar o mantener en un trabajo a una persona con discapacidad genera más gastos de producción que si se tratara de una sin discapacidad pues, esta última no necesita ajustes[7], intérpretes, personas que lean para ella, modificación de las instalaciones, seguro de responsabilidad civil[8], máxima cobertura de salud (con servicio de acompañante incluido) o incluso puede no necesitar cobertura médica alguna (RUSSELL, 2000, pág. 349). La "discapacidad" es una creación social (histórica) del capitalismo que define a quién se le ofrece un empleo y a quién no y su significado varía de acuerdo al nivel de actividad económica.

Esto es así porque la causa principal de la discriminación que las personas con discapacidad sufren en sus lugares de trabajo se encuentra en un cálculo contable entre el coste actual de producción y la contribución potencial que el trabajo de dicha persona hará a las futuras ganancias. Los teóricos de la economía pura concluyen entonces que si la discapacidad de los empleados directos del sector de producción incrementa el coste de producción sin aumentar el margen de beneficio, los dueños y gerentes necesariamente los discriminarán. Estos se resistirán a realizar ajustes para acomodar a las personas con discapacidad en sus lugares de trabajo porque los gastos que eso implica constituyen una adición a la porción fija del capital constante[9].

Esto se desarrolla de muchas maneras. La Comisión Estadounidense por los Derechos Civiles señaló en un informe del año 1998 que los empresarios aún expresan su preocupación por los mayores costes que implica contratar a una persona con discapacidad (US *Commission on Civil Rights,* 1998, pág. 4). Ya sea que sus cálculos se basen en información fehaciente o en proyecciones falsas sobre cualquier circunstancia individual dada, ellos prevén costes adicionales relacionados con la provisión de ajustes razonables y costes administrativos adicionales relacionados con la contratación de trabajadores con discapacidad y especulan con que un empleado de estas características puede llegar a ocasionar un aumento en los costes de indemnización por accidentes laborales en el futuro (BALDWIN, 1997, págs. 42 y 49). Los empresarios, siempre y cuando brinden seguro médico[10], conjeturan que el seguro de los trabajadores con discapacidad tendrá un coste mayor (US *Commission on Civil Rights*, 1998, pág. 134). Generalmente las compañías de seguros y los planes de salud centralizados no cubren las afecciones "preexistentes" o realizan otro tipo de exclusiones basadas en enfermedades crónicas, lo cual implica cuotas sumamente altas para aquellas personas que tienen antecedentes de una mayor necesidad

---

[7] Los requisitos de la ADA relacionados con igualdad de salarios y ajustes razonables aumentan los costes del trabajo de los individuos con discapacidad. Los costes de contratar y despedir empleados también aumentarían (véase DONOHUE y SIEGELMAN, 1991).

[8] Las disposiciones de la ADA permiten que pueda clasificarse y registrarse a las personas con discapacidad como un "riesgo" en lo que respecta a seguros privados, lo que implicaría un costo adicional que los empleadores tendrían que pagar [42 U.S.C. artículo 12111(c) (1994)].

[9] "Si una empresa con intención de maximizar sus ganancias tuviera que elegir entre dos trabajadores igualmente productivos, uno que requiere un gasto significativo para acomodarlo y otro que no implica tal gasto, seguramente preferiría a aquel que implicara un costo menor de contratación" (véase DONOHUE, 1994).

[10] Uno de cada cinco trabajadores en los Estados Unidos no tiene seguro médico. La razón principal (aparte de que en este país no existe una asistencia sanitaria universal como en la mayoría de los países desarrollados) es que los beneficios de asistencia médica no son provistos por los empleadores. El índice de cobertura cayó durante la última década de un 73 por ciento en 1989 a un 67 por ciento en 1996 (véase *Kaiser Family Foundation* 1999, pág. 30).

de atención médica (BALDWIN, 1997, pág. 47; JOHNSON, 1997, pág. 171). Por su parte, los empleadores tienden a buscar maneras de evitar ofrecer cobertura con el objetivo de reducir costes (CARRASQUILLO y cols., 1999). Además, los empresarios suelen suponer que contratar a una persona con discapacidad les representará una mayor responsabilidad y una menor productividad (BALDWIN, 1997, págs. 46-47).

Históricamente, los directivos y dueños de empresas sólo toleran el uso de empleados con discapacidad cuando pueden ahorrar en la porción variable del coste de producción; por ejemplo, cuando pueden pagarles salarios más bajos o gozar de ventajas tributarias u otros subsidios. Se sabe que los empresarios que dirigen talleres sin fines de lucro pagan salarios muy por debajo del mínimo, pero la información recogida por el Departamento de Censos muestra, en general, una asociación negativa entre los ingresos y la discapacidad. En 1995, los trabajadores con discapacidad que tenían empleos de media jornada (estas personas suelen trabajar a tiempo parcial) registraron un ingreso promedio de sólo el 72,4 por ciento de los ingresos anuales de un trabajador sin discapacidad (KAYE, 1998, pág. 2). Si el objetivo es aumentar el beneficio neto con el nivel actual de producción, lo más probable es que un empleado que resulta demasiado costoso (por ejemplo alguien con una discapacidad considerable) no consiga trabajo o no conserve su puesto. La información del Censo de los Estados Unidos tiende a respaldar esta perspectiva. De todas las personas sin discapacidad en edad productiva, el 82,1 por ciento tiene trabajo; entre aquellas que tienen una discapacidad que no es severa, el 76,9 por ciento posee un empleo; pero las que tienen alguna discapacidad significativa, el nivel de empleo es de apenas el 26,1 por ciento (MCNEIL, 1997).

El economista neoclásico Richard EPSTEIN se hace eco de la opinión general del sector empresarial cuando señala que las disposiciones de la ADA relacionadas con el empleo constituyen "un subsidio encubierto" y que "su aplicación exitosa bajo la apariencia de 'ajustes razonables' impide necesariamente el funcionamiento y la eficacia de las empresas" (EPSTEIN, págs. 484, 485).

En un fallo a favor de un empresario acusado en el Séptimo Circuito en 1995, el juez Richard Posner relaciona el análisis esquemático de coste-beneficio comercial con la Ley de Estadounidenses con Discapacidades (ADA):

> "Si los empresarios del país tienen obligaciones económicas potencialmente ilimitadas hacia 43 millones de personas con discapacidad, la ADA habrá impuesto una carga impositiva indirecta potencial, mayor que la deuda nacional. No creemos que ni en el lenguaje de la ADA ni en su historia haya existido la intención de provocar semejante resultado. De hecho, el preámbulo "promociona" la ley como orientada al ahorro y señala los "miles de millones de dólares de gastos innecesarios que resultan de la dependencia y la no productividad" β12101(a)(9). Los ahorros serán ilusorios si se exige a los empresarios que gasten muchos miles de millones de dólares más en ajustes de los que se ahorrarían al permitir que las personas con discapacidad trabajen".
>
> (*Vande Zande v. State of Wisconsin*, 1995.)

Los empresarios y los accionistas confían en la preservación del *statu quo* del sistema laboral, el cual no requiere que ellos absorban los costes no convencionales relacionados con la contratación de personas con discapacidad bajo el actual modelo de producción y mucho menos de los 800 millones de personas que se encuentran total o parcialmente desempleadas en la masa de reserva laboral que hay en todo el mundo. Por consiguiente, los individuos con discapacidad que hoy no pertenecen a la fuerza laboral, que perciben subsidios por discapacidad y que podrían trabajar si se hicieran ajustes para acomodar sus impedimentos, no están contemplados en los costes empresariales (RUSSELL, 2001b). De esta manera, el sistema de subsidios por discapacidad sirve como un medio socialmente legitimado por el cual la clase capitalista puede evitar contratar o conservar a los empleados con discapacidad y trasladar "moralmente" el coste de ayudarlos a programas de gobierno orientados a la pobreza, lo que perpetúa su empobrecimiento.

Las políticas de orden público que condenan así a las personas con discapacidad a la pobreza cumplen otra función relacionada con las clases sociales. En principio, la inadecuada red de seguridad es producto del miedo de los propietarios de perder el control de los medios de producción. El amplio valor que se otorga al trabajo es necesario para producir riqueza. La ética del trabajo de los Estados Unidos es un mecanismo de control social que asegura a los capitalistas una fuerza de trabajo en la que se pueda confiar para producir beneficio. Si se concediera a los trabajadores un sistema de seguridad social federal que los protegiera de manera adecuada cuando no tengan trabajo, estén enfermos, posean alguna discapacidad o tengan una edad elevada, entonces las empresas tendrían menos control sobre la fuerza laboral porque los trabajadores lograrían una posición más fuerte desde la cual negociar sus condiciones de empleo, tales como salarios justos y condiciones de trabajo seguras. El comercio estadounidense mantiene su poder sobre la clase trabajadora al infundirle el temor a la indigencia, que podría disminuir si el sistema de seguridad social fuera realmente seguro. A su vez, esto ocasiona la opresión de los miembros de la sociedad que son menos valorados y que no trabajan; aquellos a quienes se considera "discapacitados" que no colaboran en la creación de ganancias (por el motivo que sea) y que quedan relegados a la privación económica para reforzar el sistema capitalista (RUSSELL, 1998, págs. 81-83).

Las leyes de derechos civiles exigieron históricamente el trato igualitario con el objetivo de rectificar las acciones "irracionales" de los empresarios.

Respecto al empleo y la discapacidad, las leyes de derechos civiles operan dentro de un mercado laboral capitalista en el que la maximización del beneficio es "racional". Estas leyes prevén un trato igualitario, pero no reconocen el verdadero impacto de la competencia y la eficiencia que rigen a las economías capitalistas. El mercado transgrede prácticamente todo derecho liberal, incluido el derecho a los ajustes en el lugar de trabajo. Además, debe reconocerse que la productividad se encuentra en el centro de la acumulación capitalista. Los capitalistas consideran, *a priori,* que la mano de obra es siempre el factor que retrasa la productividad porque nunca es capaz de producir lo suficientemente rápido o, de manera equivalente a un índice de valor lo necesariamente bajo para satisfacer las expectativas de una curva de ganancias acelerada. Por lo tanto, es probable que se siga considerando que la labor de las personas con impedimentos no cumple con las expectativas para maximizar las ganancias.

Las leyes orientadas a la igualdad de oportunidades, tales como la ADA, no alcanzan a remediar el problema del empleo de las personas con discapacidad.

Para que las oportunidades sean realmente equitativas deben erradicarse las imparcialidades, incluso las económicas (RUSSELL, 2000, pág. 351). No obstante, el capitalismo nunca fue un sistema de producción material que haya tenido en cuenta las consecuencias de su desarrollo para las personas. Es poco probable que la discriminación laboral pueda erradicarse bajo el modelo de producción actual.

Más allá de la igualdad de oportunidades

Algunos teóricos del ámbito de la economía[11], sin tomar en cuenta la perjudicial superestructura capitalista, buscaron cambiar la forma en que la economía neoclásica percibe a la discapacidad mediante un intento de demostrar que ésta no calcula correctamente el valor de los trabajadores con discapacidad. Desde este punto de vista, los capitalistas necesitan "corregir" su enfoque irracional (estereotípico) para evitar una ineficiencia del mercado. Lo que irrita a estos teóricos es lo "injusto" de ciertos mercados en particular. Ellos esperan que, a raíz de la difusión de información entre los empresarios, estos actúen de manera racional y creen mercados "justos" para que exista una competencia perfecta. Por muy buena intención que haya, ésta parece una vana estrategia dentro de un juego cuyo resultado se estableció de antemano en el que los trabajadores con discapacidad se ubican en el peor lugar del mercado laboral competitivo, un mercado laboral intencionalmente estructurado para dejar a millones de trabajadores subempleados o desempleados.

El economista AMIN afirma además que la economía pura no es racional; se trata de una paraciencia (y no de una ciencia, como dice ser) que debe reemplazarse por un enfoque más real. ¿Por qué darle credibilidad a esta economía convenciendo a las empresas de que no actúan "de manera racional"? Desde el punto de vista político, la economía pura se basa en una única preocupación. AMIN escribe:

> [La economía pura consiste en] una preocupación por demostrar que "el mercado" manda por fuerza de la ley natural y que produce no sólo un "equilibrio general" sino el mejor de todos los equilibrios posibles, garantizando así el pleno empleo en libertad, el "óptimo social". Esta preocupación no es más que la expresión de una necesidad ideológica fundamental: la necesidad de legitimar el capitalismo haciéndolo sinónimo de racionalidad, una racionalidad que, conforme a la ideología burguesa, no se considera otra cosa que el uso de recursos técnicamente racionales para la búsqueda individual del beneficio empresarial".
>
> (AMIN, 1998, pág. 144.)

Por otra parte, la economía política de izquierda sostiene que:

---

[11] Ver referencias para Michael STEIN, 2000, quien concluye que los prejuicios para contratar personas con discapacidad basados en costes excesivos constituyen una ineficiencia del mercado que impide que los empresarios tomen decisiones racionales, y para Peter BLANCK, 1998, quien señala que contratar trabajadores con discapacidad produce un beneficioso "efecto dominó"; desde cierto punto de vista, los costes de acomodo son "mínimos".

> No existen supuestos anteriores que atribuyan al sistema alguna tendencia hacia el equilibrio. No es cierto que la lucha de clases afecte algún equilibrio real existente o, incluso, algún desequilibrio real existente o provisional. En síntesis, la economía política marxista es realista, mientras que la economía pura no posee ningún tipo de realismo en absoluto. Esta última se abstrae de la realidad (clases sociales, estados, el sistema global), por lo que su discurso —carente de realidad— resulta una fábula mítica".
> (AMIN, 1998, pág. 144.)

La Ley de Estadounidenses con Discapacidades y la igualdad de oportunidades (una fábula) son una solución "orientada a la demanda" para una sociedad capitalista donde los trabajadores con discapacidad y aquellos que están dispuestos a trabajar no poseen, por definición, el poder social o político para satisfacer sus necesidades económicas. El poder reside en la producción, con los dueños del capital. El capital productivo está en manos privadas y sus dueños no tienen la obligación de destinarlo a la contratación de la fuerza de trabajo de otros. Por lo tanto, negar el acceso a este capital es un derecho de propiedad importante que poseen los capitalistas ante el que los trabajadores no tienen una réplica legal equivalente porque, en definitiva, no existe un "derecho a trabajar".

El fracaso del liberalismo fuerza la necesidad de un nuevo discurso de liberación. Necesitamos un enfoque radicalmente distinto. La discapacidad, un reflejo de las clases sociales —en esta instancia el proletariado ya está excluido de la fuerza laboral— presenta una oportunidad para discutir de manera más amplia la legitimidad de la organización del trabajo y de nuestra economía. No podemos ignorar la propiedad privada de la economía social. No existe "igualdad de oportunidades" cuando las decisiones económicas más importantes en materia de inversiones, elección de tecnologías, procesos laborales y organización del trabajo en sí mismo se encuentran en manos de una pequeña élite de dueños de corporaciones que desarrollan políticas monetarias. Tampoco puede la democracia económica (ni ningún otro tipo de democracia) llevarse a cabo si esta élite posee la capacidad de obstaculizar de manera efectiva las políticas públicas progresistas mediante amenazas o el retiro de inversiones de jurisdicciones progresistas, tal como ocurrió en los tribunales conservadores de los EEUU con las disposiciones de la ADA relacionadas con el trabajo.

Tanto la economía pura como las soluciones aportadas por las leyes liberales de derechos civiles se basan en el "individuo atomístico" y, como tal, se deben ver como productos de la ideología burguesa.

Entonces, quizás la lucha de las personas con discapacidad por un lugar igualitario en el mundo laboral se encuentre con la conciencia de clase necesaria para desafiar el actual problema del desempleo de las personas con discapacidad.

Referencias

AKERLOFF, G. A.; DICKENS, W. y PERRY, G. (2000). "Near rational wage and price setting and the optimal rates of inflation and unemployment". Disponible en: http://elsa. berkeley.edu/ users/akerlof/docs/inflatn-employm.pdf. Consulta realizada el 13 de Febrero de 2002.

AMERICANS WITH DISABILITIES ACT (1989). *Hearings Before the Subcommittee on the Handicapped of the Senate Committee on Labor and Human Resource,* 101 Congresos, pág. 22.

AMIN, S. (1998). *Specters of Capitalism: a critique of current intellectual fashions,* Nueva York, Monthly Review Press.

BALDWIN, M. (1997). "Can the ADA achieve its employment goals?" *Annals of the American Academy of Political & Social Science,* 549, Enero, págs. 37-52.

BLANCHFLOWER, D. y OSWALD, A. (1994). *The Wage Curve,* Cambridge, MIT Press.

BLANCK, P. (1998). *The emerging Role of the Staffing Industry in the Employment of Persons with Disabilities: a case report on Manpower Inc.* 7, Annenberg Washington Program Publication.

BURGDORF, R., Jr. (1997). "'Substantially limited' protection from disability discrimination: the special treatment model and misconstructions of the definition of disability", *Villanova Law Review,* 42, págs. 409-414.

BURKHAUSER, R. Y.; DALY, M. C. y HOUTENVILLE, H. J. (2001). "How working age people with disabilities fared over the 1990s business cycle", en: P. BUDETTI, J. GREGORY y R. V. BURKHAUSER (Eds.) *Ensuring Health and Income Security for an Aging Workforce* (Kalamazoo, W.E. UpJohn Institute for Employment Research). Disponible en: http://www.frbsf.org/econrsch/wklyltr/2000/e1200028.html. Consulta realizada el 13 de Febrero de 2002.

CARRASQUILLO, O.; HIMMELSTEIN, D. U.; WOOLHANDLER, S. y BOR, D. H. (1999). "A reappraisal of private employer's role in providing health insurance", *New England Journal of Medicine,* 109, págs. 109-114.

COLKER, R. (1999). "The Americans with Disabilities Act: a windfall for defendants", *Harvard Civil Rights–Civil Liberties Law Review,* 34, págs. 99-162.

COLLINS, S. D.; GINSBURG, H. L. y GOLDBERG, G. S. (1994). *Jobs for All: a plan for the revitalization of America,* Nueva York, Apex Press.

CONLIN, M. (2000). "The new workforce: a tight labor market gives the disabled the chance to make permanent inroads", *Business Week,* Marzo 20, pág. 19.

DILLER, M. (2000). "Judicial backlash, the ADA, and the civil rights model", *Berkeley Journal of Employment and Labor Law,* 21(1), págs. 19-52.

DISABILITY POLICY PANEL, NATIONAL ACADEMY OF SOCIAL INSURANCE (1994). "Rethinking disability policy: the role of income, health care, rehabilitation, and related services in fostering independence", *Social Security Bulletin,* Junio 24.

DISABILITY RAG (1992). "Read 'em and weep", Julio-Agosto, pág. 28.

DONAHUE III, J. J. (1994). "Employment Discrimination Law in Perspective: three concepts of equality", 92 *Michigan Law Review,* 2583, pág. 2609.

— y SIEGELMAN, P. (1991). "The changing nature of employment discrimination litigation", 43 *Stanford Law Review,* 983, págs. 1023-1025.

EPSTEIN, R. (1992). *Forbidden Grounds: the case against Employment Discrimination Law,* Cambridge, Harvard University Press.

FRIEDMAN, M. (1968). "The role of money policy", *American Economic Review,* 58 (Marzo), págs. 1-17.

GALBRAITH, J. (1998). *Created Unequal: the crisis in American pay,* Nueva York, Simon & Schuster.

GREENSPAN, A. (1997a). *Federal Reserve Board Humphrey-Hawkins Report,* Febrero 26. Disponible en: http://www.federalreserve.gov/boarddocs/hh/1997/february/re portsection1.htm. Consulta realizada el 25 de Abril de 2001.

— (2000). *Federal Reserve Board Humphrey-Hawkins Report,* Febrero 26. Disponible en: http://www.federalreserve.gov/boarddocs/hh/1997/february/report section1.htm. Consulta realizada el 25 de Abril de 2001.

HAHN, H. (1985). "Towards a politics of disability: definitions, disciplines and policies", *Social Science Journal,* 22(4), págs. 87-105.

HARRIS, L. y ASSOCIATES & NATIONAL ORGANIZATION ON DISABILITY (1998). *Americans With Disabilities Still Face Sharp Gaps in Securing Jobs, Education, Transportation, and in*

Many Areas of Daily Life. Disponible en: http://www.nod.org/pressurvey.html. Consulta realizada el 25 de Abril de 2001.

HENWOOD, D. (1998). *Wall Street,* Nueva York, Verso.

HERMAN, A. M. US SECRETARY OF LABOR (1999). *Remarks before the National Council* on *Independent Living, the National Association of Protection and Advocacy, and the National Council* on *Disability,* Junio 24.

INSANA, R. (1999). *CNBC interview with President Bill Clinton,* Waterfield Cabinet Company, Clarksdale Mississippi, Julio 6.

JOHNSON, W. (1997). "The future of disability policy: benefit payments or civil rights?" *Annals of the American Academy of Political & Social Science,* 549, Enero, págs. 160-184.

KAISER FAMILY FOUNDATION & HEALTH RESEARCH AND EDUCATIONAL TRUST (1999). *Employer Health Benefits 1999 Annual Survey,* Menlo Park, Kaiser Family Foundation.

KALECKI, M. (1966). *Studies in the Theory of Business Cycles 1933-1939,* Nueva York, A. M. Kelley.

— (1971). "Political aspects of full employment", en: *Selected essays on the dynamics of the capitalist economy,* Cap. 12, págs. 138-145, Cambridge, Cambridge University Press.

KAYE, H. S. (1998). "Is the status of people with disabilities improving?" *DisabiUty Statistics Abstract* 21 (Mayo), págs. 2-4.

KEYNES, J. M. (1936). *General Theory of Employment, Interest, and Money,* Nueva York, Harcourt, Brace and World.

KING, M. L, Jr. (1968). "Showdown for nonviolence", *Look,* 32, Abril 16, págs. 23-25.

LEVINE, L (2000). *The Employment of People with Disabilities in the 1990s,* Washington, Congressional Research Service, Library of Congress.

LEWIS, D. E. (1999). "Access and closed doors: despite federal act, number of disabled with no job is rising", *Boston Globe,* Julio 4, pág. G7.

MANDEL, E. (1962). *Marxist Economic Theory Vol.* 1, Nueva York, Londres, Merlin Press.

MARX, K. (1967). *Capital: a critical analysis of capitalist production Vol. I-III,* Nueva York, International Publishers (Trabajo original publicado en 1867).

MASHEK, J. W. (1990). "To cheers, Bush signs rights law for disabled", *Boston Globe,* Julio 27, pág. 4.

MAYERSON, A. B. (1997). "Restoring regard for the 'regarded as' prong: giving effect to congressional intent", *Villanova Law Review,* 42, págs. 587-612.

McMAHAN, J. (1985). *Reagan and the World: imperial policy in the new Cold War,* Nueva York, Monthly Review Press.

McNEIL, J. (1997). *Americans with Disabilities: 1994-95,* Washington, OC, United States Bureau of the Census. Disponible en: http://www.blue.census.gov/hhes/www/disable/sipp/disab9495/oldasc.htm. Consulta realizada el 12 de Abril de 2001.

— (2000). *Employment, Earnings, and Disability,* pág. 129, Washington, OC, United States Bureau of the Census.

Mental and Physical Disability Law Reporter (1998). "Study finds employers win most ADA Title I judicial and administrative complaints", 22, Mayo-Junio, págs. 403, 404.

MEYER, J. A. y ZELLER, P. A. (1999). "Profiles of disability: employment and health coverage", en *Kaiser Commission on Medicald and the Uninsured,* Menlo Park, Kaiser Family Foundation).

MISHEL, L.; BERNSTEIN, J. y SCHMITT, J. (1999). *The State of Working America 1998-1999,* Ithaca, Cornell University Press.

PARENTI, M. (1995). *Democracy for the Few,* Nueva York, St Martin's Press.

PHEIFFER, D. (2000). "The art of political manipulation and the ADA", *Disability Studies Quarterly,* 20(1), págs. 43-46.

PIORE, M. (1978). "Unemployment and inflation: an alternative view", *Challenge,* 21, págs. 28-34.

POLLIN, R. (2000). "The 'reserve army of labor' and the 'natural rate of unemployment': Can Marx, Kalecki, Friedman, and Wall Street all be wrong?" en: R. BAIMAN, H. BOUSHEY y D. SAUNDERS (Eds.) *Political Economy and Contemporary Capitalism,* Nueva York, M. E. Sharp, Inc.

RUSSELL, M. (1998). *Beyond Ramps: disability at the end of the Social Contract,* Monroe, Common Courage Press.

— (2000). "Backlash, the political economy, and structural exclusion", *Berkeley Journal of Employment and Labor Law,* 21 (1), págs. 335-366.

— (2001a). "The new reserve army of labor?" *Review of Radical Political Economics,* 33(2), págs. 224-234.

— (2001b). "Disablement, oppression, and the political economy", *Journal of Disability Policy Studies,* 12(2), págs. 87-95.

— y MALHOTRA, R. (2002). "Disability and capitalism", en: C. LEYS y L. PANITCH (Eds.) *Socialist Register* 2002: *a world of contradictions,* págs. 211-228 (Suffolk, Merlin Press).

SHOGUN, R. (1990). "Halt Bush's tilt to left, conservatives tell GOP", *Los Angeles Times,* Julio 14, pág. A26.

STEIN, M. A. (2000). "Labour markets, rationality and workers with disabilities", *Berkeley Journal of Employment and Labour Law,* 21(1), pág. 333.

TRUPIN, L.; SEBASTA, D. S.; YELIN, E. y LAPLANTE, M. P. (1997). "Trends in the labor force participation among persons with disabilities, 1983-1994", *Disability Statistics Report 10,* Junio, San Francisco, Disability Statistics Center.

TUCKER, B. P. (2001). "The ADA's revolving door: inherent flaws in the civil rights paradigm", *Ohio State Law Journal,* 62, 1. Disponible en: http://www.osu.edu/unist/law/LawJournal/tucker.htm. Consulta realizada el 30 de Julio de 2001.

UNITED STATES COMMISSION ON CIVIL RIGHTS (1998). *Helping Employers Comply with the ADA: an assessment of how the United States Equal Employment Opportunity Commission is enforcing Title I of the Americans with Disabilities Act,* Washington, US Commission on Civil Rights.

UNITED STATES CURRENT POPULATION SURVEY (1998). *United States Census Bureau, Current Population Survey,* Marzo. Disponible en: http://www.census.gov/hhes/www/disable/disabcps.html. Consulta realizada el 21 de Mayo de 2001.

VANDE ZANDE V. STATE OF WISCONSIN DEPARTMENT OF ADMINISTRATION (1995). 7.º Circuit, 44 Federal 3d, págs. 538, 543.

WASHINGTON, J. M. (1991). A *Testament of Hope: the essential writings and speeches of Martin Luther King, Jr.,* San Francisco, Harper Collins.

WOLMAN, W. y COLAMOSCA, A. (1997). *The Judas Economy: the triumph of capital and the betrayal of work,* Nueva York, Addison-Wesley.

YELIN, E. y KATZ, P. (1994a). "Labor force trends of persons with and without disabilities", *Monthly Labor Review,* 117, Octubre, págs. 36-42.

—— (1994b). "Making work more central to work disability policy", *Milbank Quarterly,* 72, págs. 593-619.

YOUNG, D. A. y QUIBELL, R. (2000). "Why rights are never enough", *Disability & Society,* 15(5), págs.747-764.

ZOLA, I. K. (1994) "Towards inclusion: the role of people with disabilities in policy and research issues in the United States–a historical and political analysis", en: M. RIOUX y M. BACH (Eds.) *Disability is Not Measles,* págs. 49-66, North York, Ontario. Roeher Institute.

TERCERA PARTE

Temas de investigación

Introducción

Por Michele MOORE y Len BARTON

La investigación constituye un tema cada vez más importante dentro del ámbito de los estudios sobre discapacidad y esto se ve reflejado en los artículos publicados en *Disability and Society*. A través de los años, la importancia de hacer más diversa la práctica de la investigación en ese ámbito, especialmente en lo relacionado con los objetivos de los propios activistas con discapacidad, fue planteando cuestiones que representaron grandes desafíos. Las nuevas —y muchas veces refutadas— formas de comprender la naturaleza y los propósitos de las investigaciones fueron de suma importancia. A partir de este punto fundamental pueden identificarse una serie de cuestiones que se relacionan entre sí, como el lugar que las personas con discapacidad ocupan en relación con la planificación, la implementación y la divulgación de la investigación; la manera en que ciertos aspectos de las prácticas de investigación, por su naturaleza, generan incapacidad; la postura y las responsabilidades de los investigadores; la cuestión del poder en las relaciones sociales que se dan en estas prácticas y las voces de las personas con discapacidad y su importancia central como foco de la investigación. Los artículos que constituyen esta sección del libro ilustran hasta qué punto se encararon con responsabilidad estos y otros desafíos, pero además y lo que es más importante, todo el trabajo que aún es necesario emprender.

En el primer artículo que aparecerá en esta sección, David GERBER (1990) pone el énfasis en la importancia de "escuchar a las personas con discapacidad" y en "el problema de la voz y la autoridad". Estos temas plantean preguntas sobre las relaciones de poder que condujeron la evolución de la práctica de investigación en el ámbito de la discapacidad desde la primera edición de *Disability and Society*. Todos los demás artículos que se presentan en esta sección coinciden en que existe una imperiosa necesidad de incluir en las investigaciones las voces de las personas con discapacidad para que sean ellas quienes hablen sobre sus propias vidas. A medida que los debates sobre la práctica de la investigación en el ámbito de la discapacidad progresaban durante las décadas que cubre esta selección de artículos, se fue propiciando que las personas con discapacidad estuvieran realmente en posición de determinar y llevar adelante investigaciones de acuerdo con sus propias prioridades e intereses.

El original artículo de Mike OLIVER (1992) destacó la necesidad de que los especialistas en discapacidad desarrollaran modelos de investigación innovadores que pudieran resistir las dinámicas opresivas que suelen formar parte de los discursos dominantes en la práctica de la investigación académica convencional y dio así a los lectores la confianza que necesitaban para llevar adelante ese objetivo. El estudio de OLIVER —al igual que otros de los artículos que se publicaron el mismo año en la edición especial de *Disability and Society* sobre investigación en el ámbito de la discapacidad— encomendó a los investigadores la tarea de reconocer la lucha entre las aspiraciones de las personas con discapacidad, los académicos y los médicos; entre los defensores del modelo social de discapacidad y los de una perspectiva médica, y entre aquellos que proponen modelos de investigación emancipadores y los que sostienen que dichos modelos tienen el potencial de oprimir a algunas personas con discapacidad y a sus investigadores aliados. Todos los documentos reunidos para esta sección abordan primero diferentes aspectos de estas luchas y luego se ocupan de apoyar nuevos métodos y prácticas de investigación en el ámbito de la discapacidad. A través de los estudios seleccionados es posible percibir: la injusticia que existe entre las personas con discapacidad y el resto de los individuos que participan en el desarrollo de las investigaciones; los temas delicados e intensamente arduos involucrados en la búsqueda de formas más sencillas y cómodas de alzar las voces de las personas con diferentes capacidades para la elocuencia y, por último, los cambiantes paisajes de inclusión de acuerdo con las distintas formas de llevar a cabo investigaciones sobre discapacidad.

En esta parte del libro, la importancia de alzar las voces que rara vez se escuchan se afirma enérgicamente en el trabajo de Jan WALMSLEY (2001). Este artículo deja entrever la serie de debates que tuvieron lugar respecto a la importancia de acceder a las perspectivas de los expertos que la revista cubrió a lo largo de los años, además de la gama de estrategias para lograrlo. De los documentos que se presentan aquí a otros dos se les atribuye, desde su publicación, haber sido los impulsores de un enfoque en el análisis de las formas en que las vidas de las personas con discapacidad no sólo reciben la influencia de los impedimentos sino también de otros determinantes de diversidad. El artículo de Jenny MORRIS (1992) analiza las perspectivas feministas en el ámbito de la investigación en discapacidad, y el de Ozzie STUART (1992) se centra en los vínculos entre raza, discapacidad y opresión, formas destacadas en las que cuidadosos exámenes sobre perspectivas alternativas moldean de manera decisiva el entendimiento que tiene el investigador de las experiencias de las personas con discapacidad. Estas publicaciones representan hitos en el pensamiento relacionado con la investigación en discapacidad.

Algunos de los artículos más influyentes fueron aquellos que ayudaron a establecer una premisa de consulta en la investigación sobre discapacidad al buscar primordialmente acortar las distancias entre los objetivos de los académicos y activistas y la realidad de las vidas de las personas con discapacidad. De todos modos, la complejidad que implica emprender investigaciones que permitan que el futuro de estas personas responda a sus propios deseos, sigue siendo una cuestión familiar y desconcertante para muchos lectores.

Llevar adelante investigaciones que satisfagan los objetivos —en general opuestos— de las instituciones de investigación y de las aspiraciones de las propias personas con discapacidad continúa siendo un desafío para gran parte de los investigadores que trabajan en este campo. Apuntar a que se maximice el impacto de la investigación y del desarrollo teórico en la práctica y en las vidas de las personas con discapacidad a través de la adopción de enfoques orientados al usuario para teorizar e investigar la discapacidad en el ámbito comandado por objetivos en el que tiene lugar la mayoría de las investigaciones, en general requiere que los investigadores corran riesgos en sus carreras mientras se esfuerzan por trabajar para satisfacer las aspiraciones de las personas con discapacidad. Asimismo, los activistas que luchan por los derechos de las personas con discapacidad se dan cuenta de que deben comprometer ciertos aspectos de su propia agenda en sus esfuerzos por lograr un cambio a través de la investigación. En los documentos que se incluyen en esta sección se exploran ambos aspectos de este dilema.

El artículo de John DAVIS (2000), en el que analiza vínculos entre la investigación y el cambio social, muestra que la relación entre los investigadores y los "investigados" continúa siendo una importante preocupación para quienes escriben artículos para la revista. DAVIS formula preguntas de cómo podemos analizar esta relación con el objetivo de maximizar la medida en que la investigación en discapacidad puede producir un avance en el proyecto de un cambio social significativo. Su artículo pone énfasis en la importancia de asegurar que la investigación en el ámbito de la discapacidad se caracterice por el compromiso con el desarrollo de colaboraciones *significativas* para que los investigadores y las personas con discapacidad puedan *trabajar conjuntamente* a través de una gama de experiencias, culturas y estructuras con el objetivo de forjar oportunidades decisivas para que en el futuro haya cambios y progresos que marquen la diferencia y den prioridad al usuario final.

El artículo más reciente elegido para integrar esta sección, escrito por Colin BARNES (2003), reflexiona sobre el progreso que tuvo lugar debido a la mejora en la práctica de la investigación en discapacidad desde que los principios de la investigación "emancipadora" en discapacidad —enfoque al que todas las investigaciones mencionadas en la publicación recurren de una u otra manera— se enunciaron en 1992. Colin BARNES muestra que muchas de las cuestiones epistemológicas importantes acerca de la relación entre la práctica de la investigación en el ámbito de la discapacidad y el cambio social permanecen sin resolver y advierte que las condiciones de producción de las mismas cada vez atentan más contra la preservación y la promoción de un paradigma de investigación emancipadora. El compromiso con el análisis de la naturaleza de la práctica de la investigación en discapacidad —y la atención que se dé a la misma— permanece tan importante como siempre. Por lo tanto, en esta colección de artículos sobre cuestiones relacionadas con la investigación en el ámbito de la discapacidad, que se publicaron en la revista a través de los años, se mantiene viva la idea de una reflexión crítica sobre nuestras suposiciones básicas. Podemos haber dedicado una gran cantidad de energía a mejorar la práctica de la investigación en el ámbito de la discapacidad a lo largo de estos años, pero aún queda mucho trabajo por hacer para crear de manera sistemática una práctica de investigación inclusiva que ubique en primer plano las aspiraciones de las personas con discapacidad.

Artículos de estudios sobre discapacidad

GERBER, D. A. (1990). "Listening to disabled people: the problem of voice and authority", en Robert B. EDGERTON'S *The Cloak of Competence', Disability, Handicap and Society* 5, 1, págs. 3-23.

OLIVER, M. (1992). "Changing the social relations of research production?, *Disability, Handicap and Society* 7, págs. 101-114.

MORRIS, J. (1992). "Personal and political: a feminist perspective on researching physical disability', *Disability, Handicap and Society* 7, 2, págs. 157-166.

STUART, O. W. (1992). "Race and disability: just a double oppression?", *Disability, Handicap and Society* 7, 2, págs. 177-188.

DAVIS, J. M. (2000). "Disability studies as ethnographic research and text: research strategies and roles for promoting social change?", *Disability and Society* 15, 2, págs. 191-206.

WALMSLEY, J. (2001). "Normalisation, emancipatory research and inclusive research in learning disability", *Disability and Society* 16, 2, págs. 187-205.

BARNES, C. (2003). "What a difference a decade makes: reflections on doing 'emancipatory disability research'", *Disability and Society* 18, 1, págs. 3-17.

CAPÍTULO XV

Escuchar a las personas con discapacidad

El problema de la voz y la autoridad en el libro de Robert B. Edgerton *The Cloak of Competence*

Por David A. GERBER

Departamento de Historia, Universidad Estatal de Nueva York

Resumen

Mediante el uso de métodos antropológicos y de una perspectiva teórica derivada de la sociología de Erving GOFFMAN, el libro *The Cloak of Competence: Stigma in the Lives of the Mentally Retarded* ("La máscara de competente: el estigma en la vida de las personas con retraso mental") * (1967) de Robert B. EDGERTON llevó un grado atípico de empatía a los intentos por comprender la vida de aquellas personas catalogadas como "retrasadas mentales". De todas formas, esta obra se concibió antes de que el retraso mental comenzara a interpretarse de manera generalizada como una construcción social en lugar de como un síndrome clínico. Este ensayo analiza las consecuencias que esta extraña combinación de empatía y aceptación del retraso mental, en cuanto estado irreversible, tuvo para el entendimiento de EDGERTON de la vida de las personas que habían abandonado recientemente las instituciones especializadas. Se presta especial atención a cómo la conceptualización que EDGERTON hizo del retraso mental sirvió para negarle a los miembros de su grupo de muestra una voz con la que hablar con autoridad sobre su propia situación. También se analiza la posterior investigación revisada de EDGERTON, que puso en duda algunos aspectos de su conceptualización inicial sobre el retraso mental.

I.

Quizá la contribución más significativa que hicieron al saber las transformaciones culturales democratizadoras en las sociedades occidentales a partir de la década de los sesenta, haya sido el comienzo de un intenso cuestionamiento de la legitimidad de las autoridades culturales oficiales e institucionales. En literatu-

* Aunque "cloack of competence" podría traducirse como "capa de competencia" se ha considerado más adecuado el término "máscara de competente" pues, como se explica más adelante en el texto, hace referencia a cuando las personas con retrasos mentales simulan un comportamiento normal, es decir, creen ponerse una máscara con la que parecen competentes. *(N. del R.)*

ra, historia y otras disciplinas, las voces del feminismo, el Tercer Mundo y las minorías étnicas iniciaron cada vez más debates respecto a cómo surgieron los cánones tradicionales, y en gran parte elitistas y exclusivistas, por medio de los que intentamos representar la realidad y codificar y legitimar el conocimiento. Estos grupos conciben —con bastante precisión— la oportunidad de hablar por sí mismos como una precondición necesaria para su empoderamiento (por ej. DELORIA, 1973; ASANTE y VANDI, 1980; SPENDER, 1981; GATES, 1984; DUBOIS y cols., 1985; ECKER, 1986; *American Indian Program,* Universidad Cornell, 1988). El mismo cuestionamiento provocó una transformación en los estudios sobre personas con discapacidad, quienes ahora poseen una voz cada vez más autoritaria en nuestros esfuerzos por conceptualizar las experiencias y el significado de tener impedimentos físicos y del desarrollo[1]. El aumento y el crecimiento de esta voz fueron simultáneos a la aparición del actual movimiento por los derechos en el ámbito de la discapacidad, el que presentó demandas con un alcance sin precedentes para el empoderamiento de las personas con impedimentos (BOWE, 1978; DEJONG, 1979; WILLIAMS y SHOULTZ, 1982; ZOLA, 1982; SCOTCH, 1984; BROWNE y cols., 1985).

Se está haciendo tan fuerte la voz de las personas con discapacidad, y son tan poderosas las fuerzas intelectuales e ideológicas que buscan darle a esa voz un lugar central respecto a dar forma a la discusión sobre discapacidad, que pronto será difícil recordar que poco tiempo atrás las personas con discapacidad eran poco más que *objetos* de estudio. Sus voces tenían menos legitimidad y menos autoridad que las de los profesionales de la medicina, la rehabilitación, la educación y la burocracia de la asistencia social que los estudiaban y trabajaban con ellos. En general, estos expertos eran personas bien intencionadas impulsados por la compasión y la responsabilidad en sociedades culpables de crueldad o indiferencia. Pero sus concepciones respecto a la discapacidad y sobre las personas con discapacidad dieron origen al desarrollo de una política social que impuso, en el nombre de un paternalismo benigno, la manipulación burocrática y la dependencia socioeconómica y, en última instancia, vidas "sin futuro" para las personas con discapacidad.

La negativa de una voz a las personas con discapacidad fue aún más determinante en el caso de aquellas clasificadas como "retrasadas mentales" por nuestro criterio históricamente cambiante. En ninguna otra área de la discapacidad —incluso en gran parte de lo que identificamos como enfermedad mental— se consideró que escuchar a las personas con discapacidad hablar sobre sus vidas fuera menos relevante desde el punto de vista diagnóstico y terapéutico. Esta clasificación trajo consigo el entendimiento de que esos individuos carecen de la capacidad de aprender y razonar. ¿Cómo se puede entonces admitir una voz de esas características en una discusión significativa sobre algo que vaya más allá de las necesidades más básicas y urgentes?

[1] La utilización del término "voz" en singular en este ensayo no intenta implicar que exista unanimidad de opiniones entre las personas con discapacidad. En cambio, lo que quiero insinuar es que estas personas, en toda su diversidad de puntos de vista, exigieron y obtuvieron legitimidad como testigos y como expertos en el actual debate público sobre las cuestiones relacionadas con la discapacidad que son fundamentales para sus vidas. Tener "voz", en este sentido, significa que las otras personas involucradas en la discusión los reconocen como participantes legítimos.

No obstante, ahora suponemos que los investigadores deben hacer justamente eso. Quizás desde que BOGDAN y TAYLOR (1976) publicaron aquel artículo tan citado que consistía principalmente en el testimonio oral de un hombre diagnosticado como retrasado mental y desafiaron a los lectores a concederle la autoridad para que hablara sobre cómo entendía su propia vida, los investigadores buscaron cada vez más que las personas con retraso mental hablaran por sí mismas. Estas investigaciones instan a que se produzca una reorientación conceptual, no sólo desde el sentido de la justicia o de la necesidad de reconocer la dignidad humana de las personas con retraso mental sino como un paso esencial en la reforma de las políticas de asistencia social. La idea es hacer que las personas con retraso mental puedan reclamar su derecho a ejercer el mayor poder posible para determinar el curso de sus vidas. Por ejemplo, al trabajar con testimonios escritos que se produjeron para un taller de expresión literaria de personas con impedimentos del desarrollo más pronunciados que el "Ed Murphy" de BOGDAN y TAYLOR, Susan LEA (1988) reveló que entre esas personas había un nivel de autoconocimiento coherente, así como también aspiraciones personales y temores. En la tradición de BRAGINSKY y BRAGINSKY (1971), LEA plantea preguntas incisivas sobre la integridad científica del concepto de retraso mental, el que, según ella, constituye una construcción social que se utiliza para reprimir a aquellos que son diferentes, en especial a los niños. LEA nos incita a cultivar de manera sistemática ese tipo de actividades de autoexpresión y, dentro de lo posible, a brindar a las personas con retraso mental el beneficio de la duda a la hora de establecer su derecho a la autodeterminación.

El camino hacia este cambio en nuestro paradigma sobre el retraso mental no fue sencillo. Inevitablemente teníamos que alcanzar el punto al que llegamos mediante la lucha contra las insuficiencias —y finalmente el agotamiento— de nuestro antiguo paradigma de retraso mental. Estas insuficiencias se revelaron de manera más notable cuando nuestro paradigma ya no pudo contener las crecientes contradicciones que resultaban de los intentos por entender exactamente cuáles son las aptitudes de las personas con retraso metal y por realizar distinciones precisas, en la evaluación de sus pensamientos y comportamientos, entre lo que es diferente y lo que es realmente deficiente. Sin embargo, los antiguos conceptos no se abandonaron de forma inmediata, aún cuando las pruebas de su insuficiencia eran cada vez mayores.

El objetivo de este ensayo es examinar una obra que goza de un merecido respeto en la bibliografía sobre retraso mental —*The Cloak of Competence: Stigma in the Lives of the Mentally Retarded* (1967), de Robert B. EDGERTON (a la que de aquí en adelante nos referiremos con las siglas COC)— con el fin de exponer las dificultades con las que se enfrentaron los que quisieron entender eso que habíamos llamado "retraso mental" a medida que se acumulaba alrededor de ellos la evidencia sobre la necesidad de abandonar el paradigma sobre retraso mental que había sido dominante durante la mayor parte de este siglo. Mi opinión es que esta obra fracasa en cuanto a su principal objetivo: comprender el concepto que los hombres y mujeres, a quienes se considera retrasados, tienen de sí mismos. Existen en el libro contradicciones —que no se encuentran a simple vista— que dan cuenta de este fracaso e indican las razones por las que se produjo. La elaborada conceptualización de EDGERTON, que se centra en nociones como estigma, negación, desempeño y conflicto de funciones, sufre el peso de sus propias contradicciones, y en el proceso también lo padecen las directrices políticas que parecían emerger de manera lógica de dicha conceptualización. Este ensayo es, en esencia, una obra de historia intelectual y de análisis de contenidos que, incidentalmente, tiene consecuencias políticas.

No es mi intención que se interprete que critico a EDGERTON por no saber lo que hoy en día, aquellos que estudian el retraso metal y la discapacidad, dan cada vez más por sentado. Algunas de mis críticas ya se habían enunciado en forma más breve y no tan desarrollada en su época, cosa que descubrí después de pasar un tiempo considerable analizando el texto en dos de las reseñas académicas contemporáneas a la obra (GLADWIN, 1968; SCOTT, 1968). Pero, bajo cualquier circunstancia, sería injusto —además de que constituiría caer en una falacia por anacronismo— criticar el trabajo de EDGERTON sobre la base de los conocimientos que acumulamos en el último cuarto de siglo, en cuya recopilación el mismo EDGERTON tuvo mucho que ver. Debemos reconocer que el libro de EDGERTON es una obra sensible que intentó, de manera innovadora, tomar a aquellos a quienes analizó seriamente como personas complejas y multidimensionales. Lamentablemente, las teorías que se encuentran detrás de ese intento no permitieron que tuviera éxito en todos los aspectos. Además, así como el propio COC ayudó a iniciar el proceso de cambio de nuestro paradigma de retraso mental, también lo hicieron los trabajos posteriores de EDGERTON, los que por lo general fueron autocríticos. Es más, EDGERTON fue su propio revisor y se deshizo de aquello que era superfluo en las perspectivas tradicionales al confrontar los defectos de su propia obra publicada. Mucho tiempo después de la publicación de COC EDGERTON manifestó por escrito las dudas, cada vez mayores, que tenía acerca de su conceptualización, y en la investigación realizada desde la publicación de la obra continuó indicando el camino hacia un enfoque más amplio y dinámico de la vida de las personas a quienes se considera "retrasadas". Si hubiese ido un poco más allá —si hubiese cuestionado el concepto de retraso metal en sí mismo en cuanto construcción social aplicada de manera dudosa a las personas que habían recibido un diagnóstico de retraso mental leve y que tomaron parte en sus estudios— esta reconceptualización habría entrado en un terreno aún más prometedor.

De todos modos, hay mucho que aprender del hecho de que EDGERTON haya tomado conciencia de los defectos de sus propios esfuerzos por comprender la vida de aquellas personas con "trastornos del desarrollo". En un importante debate basado en las investigaciones interculturales sobre retraso mental realizadas por EDGERTON (EDGERTON, 1968, 1970, 1975, 1979), —que se convirtieron en la dirección principal que tomó su trabajo en esta área desde la publicación de COC[2]—,

[2] EDGERTON (1975) explica esta transición en el desarrollo de su trabajo. En éste combinó métodos etnográficos, los que utilizó con un extenso grupo de muestra (un tercio del cual había pertenecido al grupo original de COC) con observaciones interculturales breves y bastante experimentadas. La siguiente afirmación de EDGERTON (págs. 139-140) sugiere de mejor manera el carácter provisional de su trabajo: "Me di cuenta de que las personas con retraso mental son mucho más numerosas de lo que había creído en un principio. Mi trabajo sobre estas personas no me parece erróneo; tan sólo está inconcluso". Más recientemente, EDGERTON trasladó su atención hacia el análisis de las consecuencias sociales y psicológicas del proceso de categorización a través del estudio de la vida de un hombre con retraso mental límite a quien por mandato burocrático se le quitó dicha categorización. Véase EDGERTON (1986).

LUCKIN (1986) señala que EDGERTON exploró la cuestión clave de si la competencia es una creación de los sistemas culturales y los acuerdos políticos, sociales y económicos. El mismo EDGERTON continúa con estas investigaciones para sugerir que existe la posibilidad de que todos los estudios de ese tipo revelen, en última instancia, conceptos básicos de aptitud comunes a todas las culturas y las sociedades. Tal como observa LUCKIN, EDGERTON se muestra reacio a prescindir de una perspectiva fundamentalmente naturalista del retraso mental. Esto difiere del argumento que deseo proponer aquí —y con gran parte de las investigaciones actuales—, el que concibe a la mayor parte de los casos de retraso mental como un síndrome construido socialmente que es muy variable a través del tiempo y el espacio (por ej. MERCER, 1973; LUCKIN, 1986; MANION y BERSANI, 1987; LEA, 1988). Aun así, el efecto que tuvo el trabajo de EDGERTON no fue únicamente obligarnos a formular de manera más crítica nuestras preguntas sobre los procesos de clasificación y categorización, sino también ampliar el campo de estudio a la investigación sociológica, histórica y antropológica y alejarlo del control de los monopolios ideológicos, profesionales e institucionales que lo dominaron durante tanto tiempo.

Sin embargo, esto se recogió generalmente en los escritos más teóricos de EDGERTON. Aquí nos ocuparemos particularmente del trabajo etnográfico que realizó en la década de los sesenta y principios de los setenta con grupos de personas con retraso mental leve. Se trata de un área de su trabajo que, si bien se vio menos afectada por su creciente apreciación de que se necesitaban ideas críticas y perspectivas disciplinarias más amplias para dar forma a una teoría sobre el retraso mental, de todos modos atravesó problemas por las insuficiencias del antiguo paradigma. Lo que a nosotros nos interesa entonces son los encuentros que tuvo en el curso de su investigación con personas reales con trastornos del desarrollo.

Mi intención es argumentar que, aunque EDGERTON no cuestiona la validez de la aplicación de la categoría "retrasado mental" a los individuos que constituyen su grupo de muestra, este trabajo nos lleva al punto en que sí debemos hacerlo. Si investigamos —cosa que él no hizo— los contextos más amplios de la vida de aquellas personas que formaron parte de sus grupos de estudio a través del análisis histórico y socioestructural y evaluamos, en sus propios términos, sus testimonios personales, se pondrá de manifiesto que se podría justificar de manera convincente que estas personas no tenían una discapacidad clínicamente identificable. Eran, en cambio, víctimas de un proceso social que los dejaba marginados e impotentes y que culminaba con su confinamiento en instituciones especializadas. Sin embargo, al aceptar la validez de la clasificación en esos casos, EDGERTON se ve obligado a encontrar formas de explicar lo que, de otra manera, podría interpretarse como un análisis razonable por parte de estos individuos de sus propias historias sobre sus vidas y circunstancias actuales. De hecho, las estrategias teóricas y narrativas de EDGERTON son útiles para negarles la autoridad de analizar sus propias circunstancias. Debe encontrar una justificación para lo que ellos efectivamente dicen sobre sí mismos. La sociología interaccionista de Erving GOFFMAN, con su énfasis en el desempeño de funciones y la actuación en los encuentros sociales comunes, resulta útil aquí a los propósitos inmediatos del análisis de EDGERTON, pero en última instancia sólo logra profundizar las contradicciones de la argumentación. Finalmente, nos quedamos pensando en cómo las personas con *retraso mental* pueden manejar semejante arsenal de papeles difíciles que requieren de un análisis exhaustivo de sí mismos y de comprensión de los demás. Por último, esto nos lleva a pensar también en si ellos mismos pueden tener una visión completa tanto de su situación en cuanto personas que cargan con una etiqueta que las desacredita como de la ayuda que necesitan para tomar el control de una existencia normalizada.

II.

El análisis que se presenta en COC se basa en la experiencia de un grupo de cien hombres y mujeres adultos que recibieron el alta de un hospital psiquiátrico estatal de la zona sur de California alrededor de 1954. Se trató de un experimento precursor de desinstitucionalización que se basó en la determinación de que cada uno de estos individuos era capaz de desempeñar un trabajo y, por lo tanto, se asumía que podía vivir de manera independiente. (A pesar de que no lo sabrían hasta mucho tiempo después, se esterilizó a casi todos ellos como condición para su liberación. En ese momento les dijeron que necesitaban apendicectomías.) El trabajo de campo se realizó entre 1960 y 1961. Después de descartar a aquellos que no podían localizarse y a un grupo un poco mayor que vivía demasiado lejos como para poder estudiarlo convenientemente, sólo quedaron 48 individuos divididos casi equitativamente entre hombres y mujeres. De estas personas, la gran mayoría eran de raza blanca y de alrededor de 35 años de edad y habían vivido en instituciones especializadas durante un promedio de veinte años. A pesar de que habían pasado gran parte de su vida en este tipo de instituciones estatales, estas personas representaban, tal como nos cuenta EDGERTON, el "estrato más alto" de las personas con retraso mental por su estabilidad emocional, capacidad de autosuficiencia e inteligencia (EDGERTON, 1967, págs. 10, 11-18).

¿Cómo podemos comprender nosotros las aptitudes de estas personas? Al principio de la obra, cuando se analizan las características básicas del grupo de muestra, EDGERTON presenta numerosas advertencias a los lectores sobre las limitaciones del índice de cociente intelectual (CI) para establecer tanto las aptitudes como las capacidades de efectividad social de las personas (EDGERTON, 1967, págs. 4-6)[3]. EDGERTON plantea una postura progresista para la época: que la falta de interacción social durante la niñez —y no una afección física hereditaria o clínicamente identificable— es lo que probablemente explica la mayoría de los casos individuales de retraso mental. No obstante, recurre a los índices de cociente intelectual —con toda su rigidez y autoridad final— como "*la* herra-

[3] Este pasaje conciso y claro podría servir para resumir mucho de lo que hemos llegado a creer sobre la utilidad de los test de CI para determinar el retraso mental:

"... La competencia relativa de estas personas [con retraso mental] se juzga mediante criterios sociales y culturales. Por lo tanto, cambios en los criterios sociales y culturales —y, por ende, en la interpretación del CI— trasladarían a un número de personas ya sea hacia adentro o hacia afuera del rango del retraso mental leve. Además, los cambios en las condiciones sociales y culturales, en particular cuando éstas afectan las primeras experiencias de vida, podrían alterar el CI de un gran número de personas adultas. En pocas palabras, la mayoría de los retrasos mentales son leves, y el retraso mental leve constituye un fenómeno social de grandes proporciones." (pág. 6.)

mienta operativa" (EDGERTON, 1967, pág. 4) para identificar las aptitudes potenciales de todos los componentes del grupo de muestra. Prácticamente todos los miembros de este "estrato superior" poseen los índices de CI más altos para personas con retraso mental. Tienen, en su mayoría, un retraso mental *leve* (con un CI promedio de 65), pero hay 13 casos de personas con retraso mental límite (con un CI de 70 e incluso más elevado). A pesar de que el mismo EDGERTON advirtió en esas páginas sobre las limitaciones del test de cociente intelectual y sobre el origen sociocultural de la mayoría de los casos de retraso mental, en su análisis final opina que, en lo que respecta a las aptitudes de estas personas anteriormente hospitalizadas, no deberíamos cuestionar el criterio que las llevó a ser clasificadas e institucionalizadas. Dado que fueron los responsables profesionales de la medicina y las autoridades civiles quienes declararon a estas personas como retrasadas (en gran parte sobre la base de un diagnóstico determinado sólo por la evaluación de sus cocientes intelectuales), nosotros también deberíamos creer que son retrasadas[4].

Este argumento parecía considerablemente más sensato en esa época, en la que la autoridad de los test de CI y las clasificaciones y procesos de categorización principalmente basados en el CI para determinar los niveles de retraso mental aún no habían sido sujetos de los intensos y sistemáticos cuestionamientos que sufrirían una década más tarde, a finales de los sesenta y durante la década siguiente (MERCER, 1973; ECKBERG, 1979; SYNDERMAN y ROTHMAN, 1988). No obstante, el lector contemporáneo habrá sido alertado de inmediato sobre las consecuencias decisivas para el análisis de esta fusión entre conceptualización y metodología. Por conveniencia, y por respeto a la sabiduría convencional, se adoptó una línea argumentativa que justificó la complejidad y la evidencia ambigua o contradictoria. En última instancia, esta línea argumentativa le negará a estos individuos el derecho no tanto de hablar sino, lo que es más importante, de que sean escuchados, en especial cada vez que intenten cuestionar esa etiqueta que les asignaron.

Las historias de las vidas de estos individuos constituyen el núcleo central de la obra (EDGERTON, 1967, págs. 19-98). Éstas sirven para plantear, de manera más clara que la breve discusión del comienzo sobre el CI, la pregunta sobre cuál fue el origen de su confinamiento en instituciones especializadas, además del grado y la naturaleza de sus deficiencias actuales. La historia de sus primeros años de vida está marcada por la crueldad de sus padres y por familias desestructuradas, por descuidos o abandonos; más tarde, en algunos casos, por múltiples y efímeros acuerdos de cuidado en hogares sustitutos y finalmente, tras un

[4] Para defender el uso que hace de las puntuaciones que arrojan los test de CI, EDGERTON afirma: "... Pocos profesionales defenderían los test de CI como mecanismos perfectos para determinar quién tiene un retraso mental y quién no." Sin embargo, prosigue "la cuestión principal aquí es que, a pesar de los defectos de las pruebas de CI que ya conocemos, prácticamente todos los diagnósticos de retraso mental dependen de ellos. De hecho, los estatutos legales suelen exigirlos. El CI es *la* herramienta operativa, y las clasificaciones y terminologías tanto médicas como legales del retraso mental se basan en distinciones de CI" (pág. 4). Su compromiso analítico en la cuestión del CI se expone, de manera aún más franca, varias páginas más adelante, cuando explica la lógica por la que incluyó trece personas con un CI por encima de 70 en el grupo de muestra de COC. "... Como estaban internados de manera oficial por tener un retraso mental y se los definía de acuerdo con esos parámetros, se mantuvieron en el grupo" (pág. 11).

diagnóstico de retraso mental, por el confinamiento en instituciones especializadas. Algunos de ellos parecen no tener lazos fuertes, o algún tipo de relación, con sus familias de origen.

¿Qué deberíamos deducir de estos antecedentes personales? ¿Qué deduce COC a partir de ellos? Aunque EDGERTON no profundiza en su grupo de muestra en cuanto grupo de edad que se formó en un contexto histórico específico, de todas formas podemos querer reflexionar acerca del impacto que tuvo la crisis económica de 1930 en sus vidas. Muchas de estas personas fueron confinadas en instituciones cuando eran jóvenes, durante la década de la Gran Depresión. Las personas más adineradas, pertenecientes a los estratos más altos, raramente pasaban dos décadas en instituciones mentales públicas, si es que estaban algún tiempo en ellas. Por la lógica de la situación podemos suponer que la gran mayoría de estas personas pertenecía a familias de clase obrera o de clase media en decadencia. En un sistema social anterior al estado benefactor, la carga de la crisis económica cayó sobre individuos y familias, muchas de las cuales se colapsaron bajo semejante presión (ANGELL, 1936; COWAN y RANCK, 1938; BAKKE, 1940; KOMAROVSKY, 1940). Era común que en aquellas familias que ya eran débiles o ya estaban desestructuradas se produjeran, bajo estas circunstancias, casos de abandono o ruptura de los vínculos familiares. Uno puede imaginar fácilmente cuán extremas eran las circunstancias para que los niños más pequeños, sobre todo las niñas, comenzaran a considerarse una carga demasiado pesada e inaceptable. Desde 1900, los cambios tecnológicos y las reformas legales habían hecho que comenzara a disminuir la disponibilidad de trabajo para los menores de 16 años, y además las oportunidades eran relativamente menores para las niñas que para los niños (DAVIS, 1936; COWAN, 1976; ZELIZER, 1985). Era poco probable que las jóvenes encontraran trabajos sencillos y mal pagados como a los que sí solían acceder los varones (en gasolineras, repartiendo periódicos, en tiendas de comestibles, etcétera, o trabajos no calificados en pequeñas fábricas y talleres). La disponibilidad del tipo de trabajo doméstico que las mujeres realizaban había disminuido a lo largo de los años. Además, la ayuda doméstica solía ser el primer gasto que se recortaba de los presupuestos marcados por la depresión económica. Asimismo, las jóvenes sufrían las cargas tanto de los usuales mandatos culturales patriarcales —a menudo interiorizados— que reprimían su movilidad, como de una aguda vulnerabilidad sexual que las hacía correr más peligro que a los varones al irse a vivir en algún campamento de vagabundos. A pesar de que no se hizo un análisis de estos datos, de hecho se descubrió que las mujeres vivieron en instituciones durante un promedio de tres años más que los varones. Aun cuando se clasifican por edades, se percibe una diferencia superior a un año. Quizás ésta sea una clave sobre los orígenes del proceso mediante el cual los pobres, abandonados e indefensos se transformaron en personas con retraso mental (BRAGINSKY y BRAGINSKY, 1971; MERCER, 1973).

Desconozco los detalles de estos casos más allá de los que se ofrecieron en el texto, el que, en la manera en que se presenta, busca socavar la credibilidad de la fuente —los testimonios personales— de lo mucho que el lector llega a conocer de sus vidas. Sólo deseo destacar que, por el peso de la evidencia que sí presenta COC, podrían ofrecerse argumentos verosímiles para centrar el análisis en las cuestiones socioeconómicas e históricas —las que están más allá de las aptitudes de los individuos— por las que un niño pobre y abandonado llega a que lo califiquen de "retrasado" los que trabajan en la asistencia social, la policía, los tribunales y el personal de los hospitales.

Tal como lo afirma BEGAB (1975), la evidencia histórica es más que suficiente para sugerir la necesidad de indagar sobre esta posibilidad. El confinamiento en instituciones, sin mencionar la estancia durante un largo tiempo en una de ellas, jamás representó la experiencia común de los estadounidenses con retraso mental, ni siquiera de aquellos pertenecientes a un estrato social bajo. Históricamente, tal vez no más del 10 por ciento de los estadounidenses con retraso mental vivió en una institución. Es más, la gran mayoría de aquellos a quienes se declaró *formalmente* personas con "retraso mental leve" residieron en la comunidad de la misma forma en que lo hacían quienes tenían un CI relativamente bajo y no pasaron por un proceso de categorización. Pero entre la población con retraso mental, los clasificados con un nivel leve de retraso fueron los más vulnerables a las injusticias y, en particular, a la soledad. Aquellos con retraso mental severo, que poseían incapacidades clínicamente identificables debidas a defectos congénitos o lesiones perinatales, fueron objetos de lástima y tuvieron defensores públicos eficaces en la Asociación Estadounidense de Deficiencias Mentales y la Asociación de Estadounidenses con Retraso Mental. Las personas con retraso mental leve, que carecían de un impedimento clínicamente identificable, constituyeron un misterio muchas veces inquietante. Fueron percibidos como potenciales perturbadores del orden debido a sus aptitudes relativas pero impredecibles y sus comportamientos algunas veces inapropiados o simplemente diferentes. No contaron con organizaciones que los defendieran. Fueron especialmente vulnerables al confinamiento en instituciones, en particular cuando se descubría que poseían desviaciones sexuales o comportamientos públicos antisociales, o cuando, de pequeños, sufrieron el abandono por parte de las familias desestructuradas que eran tan comunes en las clases sociales más pobres. Su retraso mental es *sociocultural*, tanto en su etiología como en aquellas de sus manifestaciones que llaman la atención. No los ingresaron en instituciones únicamente porque tenían índices de cociente intelectual bajos.

Para comprender por qué COC no intentó encontrar en su análisis una aplicación de dichas realidades socioculturales en lugar de hacer alusión brevemente a ellas, podríamos comenzar por explorar la impresión que estas personas causaron en los encuentros etnográficos que aportaron la mayor parte de los datos para la investigación (EDGERTON, 1967, págs. 25-26, 44-45, 59-60, 65, 69-72, 79-80, 170, 206). Sin importar cuántas contingencias sociales de peso han propiciado que, años atrás, fueran clasificados como "retrasados mentales" e internados en un hospital estatal, después de pasar dos décadas cruciales del ciclo de vida moderno dentro de un mundo restringido, controlado y muchas veces estrafalario, no resulta sorprendente encontrarlos comportándose y hablando de maneras claramente desconcertantes. Las aptitudes sociales para la autopresentación ante los demás son esenciales para dar una impresión de normalidad (KLECK, 1975); las que manifestaron los miembros del grupo de investigación durante las entrevistas apenas respondían a los estándares convencionales. La comunicación interpersonal y el aseo corporal parecían especialmente pobres. Suele describirse a los entrevistados como personas desarregladas y mal vestidas. Su conversación se caracterizaba por construcciones gramaticales erróneas e inadecuadas, comunes a aquellas personas sistemáticamente desatendidas durante su infancia y que no recibieron, según dicen con frecuencia, ningún tipo de educación social o intelectual. Se describen a sí mismos como "nerviosos", "confundidos", "desorientados" y "difíciles de entender". Y probablemente así los haya visto EDGERTON y su equipo de entrevistadores. Bajo estas circunstancias, en especial cuando los especialistas médicos y científicos proporcionaban extensas justificaciones teóricas, no habría sido difícil confundir efecto por causa y forma por contenido. En pocas palabras, dichos individuos parecían tener suficientes deficiencias significativas como para que se los considerara retrasados. Pero no importa cuán extraños sean los aspectos formales de su conversación, los individuos dentro de este grupo de muestra son, de hecho, bastante locuaces cuando hablan sobre sus vidas tanto dentro como fuera del hospital. Tenemos evidencia de esto en el mismo COC. Al analizar los conceptos que estas personas tenían de sí mismas, EDGERTON extrajo pasajes muchas veces sustanciales de sus testimonios sólo para interpretarlos de manera que les cambiaran el sentido. Para comprender la disparidad entre lo que estas personas dicen sobre sí mismas y lo que el autor interpreta de lo que dicen, necesitamos analizar las teorías y los métodos que influyeron en la concepción del argumento.

III.

Antes de la década de los sesenta, los psicólogos eran los que dominaban los estudios sobre retraso mental y quienes, tal como señalaron MANION y BERSANI (1987), disfrazaban sus suposiciones normativas con el lenguaje y los métodos de la ciencia. Los antropólogos como EDGERTON, y aquellos especialistas en retraso mental como BOGDAN y TAYLOR que adoptaron métodos antropológicos, trajeron perspectivas nuevas y humanísticas al estudio de esta condición. Mediante el uso de los métodos cualitativos de la etnografía (observación del participante, descripción narrativa y entrevistas en profundidad) intentaron presentar al individuo con retraso mental de manera empática y desde su propio punto de vista (EDGERTON, 1979, págs. 49-72; MANION y BERSANI, 1987; pág. 239). El gran avance aquí reside en la disposición a asumir que las personas con retraso mental podían tener un punto de vista y que la llegada de este tipo de métodos significó el grato alejamiento de aquellos análisis sumamente deshumanizadores de los psicólogos se hace evidente en el tono de algunas de las reseñas de COC escritas por especialistas en retraso mental, que lo elogiaron por brindar "un enfoque muy personalizado" (ANON., 1968) sobre esta afección y por negarse a incluir a estas personas "dentro del sistema, de la técnica terapéutica o de los objetivos de los programas patrocinados" (HECKEL, 1968, pág. 313).

Pero el trabajo antropológico aún enfrentaba un dilema teórico porque no contaba con el entendimiento que alcanzaron los posteriores investigadores sobre la necesidad de ir más allá de este avance perspectivo y metodológico para analizar los procesos específicos de identificación, prueba, clasificación e internamiento en instituciones, de la población de personas con retraso mental en determinado momento. El proyecto disciplinario de la antropología constituyó el estudio de cómo las colectividades de personas forman, aprenden y reproducen la cultura. En este caso particular, aquellos que pretendían aplicar los métodos y reflexiones de la antropología estaban examinando estudiantes deficientes que no podían considerarse con seguridad como grupo y mucho menos como una subcultura. En virtud de su impedimento mental, parecían incapaces de imponer un orden moral conjuntamente acordado a sus vidas. Además, EDGERTON descubrió que, una vez que abandonaban las instituciones, se evitaban unos a otros; según él creía, por miedo a que el otro lo pusiera en evidencia (EDGERTON, 1967, págs. 162-163). De esta manera, incluso cuando se empleaba una metodología empática y fenomenológica o, como EDGERTON prefería llamarla, "naturalista" (EDGERTON, 1975, pág. 128), que servía para humanizar a las personas con retraso mental, esta investigación con bases etnográficas precisaría una teoría, probablemente una que estuviera más allá de los límites disciplinarios de la antropología, que fuera capaz de explicar los pensamientos y comportamientos de aquellas personas que cargaban con una cultura defectuosa.

Para aquellos, como EDGERTON, que buscaban crear un vínculo de empatía con las personas con retraso mental, la búsqueda de la teoría estaba teñida por la necesidad de capturar el drama y el patetismo en la situación en que se encontraban la clase de individuos que aparecen en COC. Ellos habían pasado la mayor parte de sus vidas en un mundo seguro, estrictamente limitado, en el que aquellos a los que creía incapaces de tomar decisiones significativas y de presentarse a sí mismos de manera efectiva eran liberados de la necesidad de hacerlo. Después, los especialistas que siempre habían controlado sus vidas, comenzaron a cambiar de forma unilateral el tratamiento que solía indicarse a personas como ellos. Pronto se encontraron a sí mismos, con todas las limitaciones que durante años les habían dicho que tenían, en el mundo público, impersonal y generalmente competitivo del trabajo, la comunidad y la ciudadanía. Allí, el hecho de tener un retraso mental, aunque fuera leve, no otorgaba el respeto de la gente y mucho menos su aceptación. No habrían recibido una respuesta positiva si los demás hubieran descubierto que habían vivido en una institución por tener un retraso mental, pero ni siquiera parecía haber una forma segura de esconder una deficiencia tan básica. La deficiencia en sí misma parecía socavar sus oportunidades de parecer una persona normal. Estas personas, entonces, parecían individuos impotentes e ineptos que se encontraban en una trampa de la que tenían muy pocas probabilidades de escapar.

La sociología interaccionista de Erving GOFFMAN, la que alcanzó su mayor influencia a comienzos de la década de los sesenta, debió parecer hecha a medida para interpretar las vidas complejas, tristes y confusas de estos individuos y, por ende, para satisfacer los requisitos teóricos de la investigación de EDGERTON. De hecho, gran parte de la conceptualización de la obra se basa en el trabajo de GOFFMAN, por lo que es importante que examinemos sus ideas.

La sociología de GOFFMAN es una reveladora combinación de las preocupaciones populares y académicas de las primeras décadas de la posguerra en los Estados Unidos (WHYTE, 1956; MILLS, 1959; BELL, 1960; GOULDNER y PETERSON, 1962; GOULDNER, 1970). En ese momento, la mayoría de los intelectuales estadounidenses percibían el mundo social cada vez más controlado por enormes burocracias públicas y privadas, inevitables, pero no necesariamente malévolas, que exigían conformidad y cooperación a cambio de la seguridad y el éxito. Se creía que las oportunidades para la disensión y las alternativas políticas disminuían ante la fuerza de la racionalización tecnocrática. El conflicto social parecía algo del pasado. No obstante, en medio de su creciente pérdida de poder, la mayoría de los individuos siguieron personalmente comprometidos con objetivos individuales y valores competitivos. Al igual que otros pensadores sociales de la época, GOFFMAN se sorprendió por lo que interpretó como los límites restrictivos dentro de los que los individuos podían crearse a sí mismos. Una consecuencia de ese entendimiento fue que creyera en la importancia cada vez mayor del desempeño de funciones en una situación en la que el comportamiento público y los sentimientos y aspiraciones privadas parecían destinados a ser contradictorios. Las recompensas ya no parecían depender del carácter o la capacidad, sino de adoptar una concepción particular de uno mismo y de movilizar de manera efectiva un arsenal de comportamientos públicos adecuados. El proyecto de GOFFMAN consistía en el estudio de la manera en que las personas se presentan ante los demás y de las interacciones sociales entre los individuos en este orden social emergente. El placer irreverente de GOFFMAN de dejar al descubierto las fachadas culturales y las pretensiones de las personas políticamente influyentes y de los expertos reconocidos de esta tecnocracia, y sus intuitivas y teatrales interpretaciones de los encuentros interpersonales ordinarios, en los que nadie podía decir exactamente qué estaba pensando, produjeron percepciones mordaces y reveladoras sobre la vida cotidiana. (GOFFMAN es, de hecho, bastante más escéptico que EDGERTON acerca de las afirmaciones morales de los especialistas, los funcionarios y los profesionales del ámbito de la asistencia.)

Pero, a fin de cuentas, fueron mayores los costes de la visión de GOFFMAN sobre la realidad social que las ganancias teóricas que derivaron de ella por el hecho de que fue incapaz de explicar la importancia de los comportamientos social, político, económico e ideológico y porque se interesó poco en las relaciones de poder, los intereses en pugna y las desigualdades sociales (GOULDNER, 1970, págs. 378-390); SENNETT, 1973, págs. 29-32). Tal como manifestó el sociólogo Alvin GOULDNER, uno de sus críticos, el interaccionismo es "una teoría social que versa sobre lo episódico y observa la vida como si discurriera en una estrecha circunferencia, más allá de la historia y las instituciones, como una existencia que trasciende la historia y la sociedad... que cobra vida sólo en encuentros variables y transitorios" (GOULDNER, 1970, pág. 379). Esta sistemática falta de compromiso con los mecanismos del poder y con el proceso social en sí mismo, en realidad se parece al enfoque de EDGERTON sobre la cuestión de si debemos aceptar o no que las personas que conforman su grupo de muestra poseen realmente un retraso mental. Esa ausencia de interés establece a los trabajos de GOFFMAN y EDGERTON como artefactos del clima intelectual de gran parte de la ciencia social estadounidense en las primeras décadas posteriores a la guerra.

Para un académico cuyas intuiciones acerca del comportamiento social parecen más adecuadas para comprender las vidas de los mandos intermedios, resulta curioso que la obra más creativa de GOFFMAN se haya desarrollado sobre el análisis de las personas denigradas y marginadas. Por otra parte, la otra cara de la fascinación de GOFFMAN y de sus contemporáneos por la "normalidad" fue un interés casi voyerista en la "desviación" y en las vidas de aquellos que no podían o no querían adaptarse. En *Asylums* ("Internados: ensayos sobre la situación social de los enfemos mentales") (1961), una colección de cuatro ensayos nuevos y reimpresos, y en *Stigma* (1963), GOFFMAN intentó comprender los conceptos de sí mismos y la manera de presentarse ante los demás de los homosexuales, las prostitutas, los presidiarios, las personas desfiguradas y con discapacidades físicas y, en particular, de aquellas con enfermedades mentales. Este concepto, al que denominó "carrera moral", constituyó la noción central en torno a la que se organizó su proyecto (GOFFMAN, 1959, págs. 123-142; reimpreso en 1961, págs. 127-169; 1963, págs. 32-40). Por "carrera moral", GOFFMAN hacía referencia a la serie de interacciones personales mediante las que los individuos estigmatizados adquieren una conciencia de su desprestigiada identidad y de la imagen y expectativas negativas que otras personas tienen de ellos cuando se relacionan. Estas interacciones dan origen a la formación de un concepto de sí mismos frágil y atormentado y al desarrollo de un repertorio de comportamientos apropiados para evitar humillaciones. Para GOFFMAN, el restringido mundo del hospital para personas con enfermedades mentales, con sus objetivos contradictorios de socializar a las personas como pacientes obedientes mientras se los prepara para salir de allí y adquirir autonomía social, proporcionó un laboratorio ideal para estudiar el fenómeno de la "carrera moral". Las complejas demandas que dichas instituciones exigían a sus pacientes acentuaban los tipos de comportamientos llenos de matices que le interesaban a GOFFMAN.

Sin embargo, este autor no analizó de manera sistemática las vidas de las personas con retraso mental internadas en instituciones o que ya habían sido dadas de alta. Es probable que el hecho de que el aprendizaje de conductas cumpla una función importante en la carrera moral haya hecho que GOFFMAN creyera inadecuada la aplicación del concepto a aquellos que se definían por su incapacidad de aprender. Las personas con retraso mental parecían especialmente capaces de autoprotegerse de las consecuencias de ser parias sociales, por la sencilla razón de que no podían saber que lo eran.

Su propia comprensión de las personas con retraso mental leve que estudiaba hizo que EDGERTON creyera que el concepto de "carrera moral" era pertinente a su investigación. Cinco años antes de la publicación de COC, EDGERTON y Georges SABAGH comenzaron a ampliar el concepto de carrera moral para incluir a las personas con retraso mental leve internadas en instituciones (EDGERTON y SABAGH, 1962). Se dieron cuenta de que el contacto de estas personas con otras con trastornos del desarrollo mucho más severos dentro de las instituciones las hacía, en un primer momento, dudar profundamente de sí mismas ("mortificarse"). No obstante, como resultado de constantes comparaciones que no podían evitar hacer entre ellos mismos y las personas con retraso mental profundo, adquirieron cierto grado de amor propio que los ayudó a prepararse psicológicamente para enfrentarse a la vida fuera de la institución.

Sin embargo, EDGERTON estaba impresionado por la naturaleza ingeniosa de la segunda parte de este proceso de autoevaluación, a la que él y SABAGH bautizaron "agrandamiento del yo". Esto los llevó a querer examinar la importancia que para las personas con retraso mental internadas en instituciones tuvo el análisis realizado por GOFFMAN de aquellas carreras morales en las que la negación y el esfuerzo por parecer normales constituyen rasgos característicos (EDGERTON y SABAGH, 1962, págs. 266-271). "La aceptación de poseer un retraso mental no constituye una preparación funcional para la vida fuera del hospital en un mundo de personas normales." (EDGERTON y SABAGH, 1962, págs. 271-272). Por otra parte, el proceso de agrandamiento del yo refuerza aquellos comportamientos —"una elaborada presentación y defensa de sí mismos"— que ayudan a los individuos con retraso mental a intentar pasar por personas normales, en lugar de serlo. De hecho, el deseo de pasar por personas normales podría ser esencial para allanar el camino hacia una desinstitucionalización efectiva: "El paciente que intenta pasar por normal tiene una posibilidad de adaptarse porque está intentando hacerlo". Esta reflexión llevó a EDGERTON y SABAGH a adoptar un enfoque positivo y funcionalista sobre las "fantasías inalcanzables de autoengrandecimiento" (inventar índices de cociente intelectual elevados, aparentar ser capaces de leer y alegar haber logrado cosas importantes) y sobre la extrema susceptibilidad a ser tratados de manera condescendiente que observaron entre las personas con retraso mental leve que vivían en instituciones.

Más tarde, cuando llegó el momento en COC de evaluar el curso de las carreras morales de las personas *desinstitucionalizadas*, EDGERTON adoptó una línea argumentativa bastante diferente. En ese momento consideró que estas actitudes y comportamientos de agrandamiento de sí mismos no constituían una forma positiva de adaptación, sino más bien ejemplos del patetismo propio de las vidas de las personas con discapacidades inmutables, quienes, no obstante, de alguna manera que EDGERTON no logra explicar, comprenden lo suficiente sobre sí mismas como para conocer la verdadera naturaleza de su situación[5]. En *Stigma*, GOFFMAN señaló que aquellos que tienen alguna marca que los descalifica profundamente pueden intentar negarla y hacerse pasar por personas normales, o al menos tratar de vivir una vida lo más normal posible. No obstante —prosiguió— no era fácil mantener una vida de total ocultación. "Los defectos menores o las incorrecciones fortuitas" (GOFFMAN, 1963, pág. 15) que no se toman en serio en personas no estigmatizadas siempre se interpretarán a la luz de los supuestos defectos de aquellos a quienes se considera anormales; en particular —habrá razonado EDGERTON— en el caso de las personas con retraso mental que viven en la comunidad. Sus deficiencias podrían llevarlos a traicionarse constantemente a sí mismos, incluso a medida que intenten superar el arsenal de negaciones y comportamientos relacionados con hacerse pasar por otros catalogados en el trabajo de GOFFMAN.

De esta manera, la obra de EDGERTON surgió como un análisis inspirado en GOFFMAN de la negación, de hacerse pasar por alguien normal y del miedo y la realidad de la traición a sí mismos entre las personas con retraso mental que alguna vez vivieron en instituciones. Para nuestros fines, esta estrategia de análisis posee tres consecuencias muy significativas que sirven para demostrar los problemas de combinar el interaccionismo de GOFFMAN con el estudio de aquellas

[5] Robert A. SCOTT planteó la cuestión de la lógica de este aspecto del argumento de EDGERTON en su reseña de COC (SCOTT, 1968). SCOTT señaló: "Bien podríamos preguntarnos cómo personas con impedimentos intelectuales tan severos pueden ser tan perceptivas y perspicaces. Quizás la respuesta sea que existen distintos tipos de inteligencia y que el retraso mental constituye un impedimento sólo de algunos y no de todos los procesos cognitivos". De ser así, continúa SCOTT, el retraso mental es realmente una "afección cruel" porque "aquellos que la tienen sufren íntima pero conscientemente el desdén y las burlas que suscita". No obstante, estas conjeturas no nos llevan muy lejos en la comprensión del retraso mental. Si esta afección constituye un impedimento que afecta el tipo de aprendizaje clave para la interacción en la sociedad, y si las personas en el grupo de muestra de EDGERTON poseen la capacidad para tener reflexiones perspicaces sobre cómo los percibe el resto de la gente —las que son fundamentales para la interacción social— entonces resulta difícil concebir de qué manera proponer distintos tipos de inteligencia resolverá el problema de la relación entre comportamiento e inteligencia.

personas clasificadas como "retrasadas", en especial cuando imponemos en nuestro análisis la negativa a cuestionar la validez de dicha clasificación.

En primer lugar, GOFFMAN considera que este acto de hacerse pasar por otro constituye un complejo comportamiento de aprendizaje (1963, págs. 80-91) que requiere que los individuos dominen un punto de vista normal y que estudien las formas en las que, de acuerdo con éste, alguien puede quedar fuera de la normalidad. Después, la persona debe actuar convincentemente como si fuera normal. Al igual que sucede con el comportamiento normal y cotidiano, hacerse pasar por otro requiere que uno confíe en que puede guardar un secreto, conozca comportamientos específicos para cada contexto, esté atento a ciertos aspectos de las situaciones sociales que amenazan con revelar la verdad, aprenda de qué manera exponer la información comprometedora y evitar a aquellos, en especial otros individuos estigmatizados, que pueden detectar fácilmente nuestra actuación y traicionar nuestra identidad. GOFFMAN además identificó una táctica muy ingeniosa que se utiliza al hacerse pasar por otro. Aquellos que intentan hacerlo, afirma GOFFMAN, y que escogen una técnica del repertorio de los comportamientos de "control de información" (GOFFMAN, 1963, pág. 91), eligen "sólo a aquellos individuos que comúnmente constituirían el mayor peligro" para que formen parte de su acto de ocultación. Ellos comparten su secreto con personas como sus jefes, vecinos y caseros quienes, por medio de la interacción frecuente, tendrían más posibilidades de descubrir su actuación (GOFFMAN, 1963, pág. 95).

Ahora bien, se trata de comportamientos complicados que las personas desinstitucionalizadas estudiadas por EDGERTON ya habían estado practicando en la comunidad durante años. De hecho, COC está colmado de ejemplos de esas audaces estratagemas —la "máscara de competente" que, según EDGERTON, no engaña al observador más capacitado— mediante las cuales los problemas como decir la hora o leer los horarios de los autobuses se superaban de manera que preservaban tanto la autoestima como la actuación en sí misma (EDGERTON, 1967, págs. 157-168). Esto hace que nos preguntemos cómo las personas con limitaciones graves son capaces de concebir y llevar a la práctica —y seguramente en muchas ocasiones ejecutar con éxito—, estas proezas de ocultación. De hecho, hacerse pasar por otro parece evidenciar una capacidad de aprendizaje. Esto puede hacernos pensar también en qué otras cosas podrían haber podido hacer este tipo de personas si hubieran tenido acceso a la oportunidad de recibir una educación formal y capacitación para ser efectivas en la sociedad. También puede hacernos considerar otra pregunta que sugiere dicho comportamiento: ¿en qué momento el acto de hacerse pasar por otro con éxito deja de ser una actuación y se convierte en la base de un nuevo yo legitimado?

Estas preguntas, que no se formulan en COC, están latentes en el texto si bien no se ven a simple vista. Van en contra de la suposición de EDGERTON de los límites inherentes de la capacidad de aprendizaje, los que son una consecuencia de aceptar que el "retraso mental" de los miembros del grupo de investigación constituye algo inalterable. Esta tensión se manifiesta en el texto en cómo trata el autor los testimonios en primera persona de los miembros del grupo. Esto nos lleva a considerar la *segunda* consecuencia de utilizar el concepto de carrera moral de GOFFMAN. Los individuos que formaron parte del grupo de muestra de EDGERTON creen que sus problemas no son consecuencia de su retraso mental, sino de los procesos opresivos de la sociedad. Existen numerosas citas entre sus testimonios personales que documentan esta creencia. Para GOFFMAN, los "tristes relatos" mediante los que estas personas explican sus circunstancias son un ejemplo del tipo de negación que su maltratado ego utiliza para defenderse (GOFFMAN, 1961, pág. 153; 1963, pág. 21). Éste también fue el punto de vista de EDGERTON. COC considera que la negación es el hilo necesario para coser la máscara con la que se disfrazan las personas de la muestra.

No obstante, existe una diferencia significativa entre negar ser ciego o sordo o desfigurado, y negar que se posea un retraso mental. Las primeras son realidades, en mayor o menor medida, porque poseen una naturaleza física y negarlas significaría engañarse a uno mismo y a los demás. La realidad del retraso mental es, en muchos casos, mucho más difícil de establecer, y resulta útil cuestionar su aplicación en ciertos casos en el momento en que las personas a quienes se considera retrasadas son capaces de elaborar argumentos que suenan creíbles para negar la validez de esta clasificación.

Las personas que forman parte del grupo de muestra de EDGERTON no niegan sus limitaciones, pero sí buscan, con una verosimilitud considerable, explicarlas e interpretarlas. Aquello que puede describirse como *negación* se convierte en *análisis* si cambiamos nuestra perspectiva para darle lugar, pero antes debemos no sólo dejarlos hablar, sino también escuchar lo que desean decir.

Examinemos estos testimonios. Mi objetivo al hacerlo no es simplemente probar que lo que EDGERTON dice de ellos —que son representaciones poco fiables de la realidad y que, en cambio, son la verbalización de un proceso psicológico de negación (EDGERTON, 1967, págs. 147-149, 169-170, 205-207)— es necesaria y completamente falso. Más bien mi objetivo es demostrar que es posible que exista otro punto de vista, uno más cercano a aquél que poseen estos mismos individuos. Pero parece que sólo será posible hacerlo una vez que hayamos logrado desarrollar un nivel de escepticismo suficiente sobre la validez de la etiqueta de "retrasado mental" en estos casos que nos permita considerar puntos de vista alternativos propuestos por aquellos que han tenido que soportar la carga de esta clasificación.

A pesar de que cada uno expresa emociones similares de resentimiento, amargura, vergüenza y autojustificación, se presentan dos tipos de testimonios —y no comentarios fortuitos— diferentes. En uno de estos tipos, se piden disculpas por el bajo rendimiento. Estas disculpas combinan explicaciones de las deficiencias actuales con rechazos a la legitimidad en sus casos individuales de la clasificación de "retrasado mental" y del confinamiento en instituciones especializadas en lo que ellos llaman, con estudiada imprecisión, "la colonia". Aunque el mismo EDGERTON no analiza esta disociación, podría ser evidencia, de acuerdo a sus conceptos, de negación o de una adaptación lingüística necesaria para el esfuerzo de hacerse pasar por otro. Sin embargo, puede interpretarse razonablemente como un mecanismo que sirve para disipar los muy malos recuerdos de la institución que estas personas comparten, sentimientos exacerbados, según nos dicen —en particular en el caso de las mujeres—, por la amargura que les provocó enterarse de que habían sido esterilizados (EDGERTON, 1967, págs. 154-156). En el otro tipo de testimonio se verbalizan quejas sobre la estigmatización, las que despliegan sentimientos de horror por haber compartido una clasificación y un hogar durante años con personas con retraso mental severo.

Estas dos declaraciones representan la primera clase de testimonios:

> Todos mis problemas para hacer las cosas bien fuera se deben a una sola cosa: No recibí educación en la colonia. ¿Cómo se puede actuar correctamente sin educación?
>
> (EDGERTON, 1967, pág. 170.)

> Sé que no puedo hablar tan bien como la mayoría de la gente. Incluso mis amigos me dicen que es difícil entenderme, pero eso no significa nada. Eso es por estar tanto tiempo en la colonia.
>
> (EDGERTON, 1967, pág. 170.)

De lo expuesto en segundo lugar tenemos el siguiente ejemplo:

> No quiero ni siquiera pensar en esa colonia. Algunas de las personas que estaban allí eran tan extrañas, no sé por qué. Y solía pensar "Dios mío, si me quedo aquí por mucho tiempo más voy a terminar igual". Eso me asustaba. Cuando el médico me envió [a ese lugar] creo que pensó que yo estaba mentalmente desequilibrado, pero para mí no lo estaba. ¿Por qué todo me sucede a mí? ¿Por qué tuve que ir a ese lugar?
>
> (EDGERTON, 1967, pág. 206.)

En COC no se considera que esos testimonios consistan en un análisis. Por el contrario, se toman como racionalizaciones, y la necesidad de las mismas demuestra que la negación y el autoengaño son necesarios si se quieren reforzar los egos dañados de aquellas personas estigmatizadas. Lo que nos dicen es que "el reconocimiento del propio retraso mental es totalmente inaceptable para estos ex pacientes. Estas personas no pueden creer que posean un retraso mental y aún así mantener su autoestima" (EDGERTON, 1967, pág. 207). De esta manera, crean ficciones para justificar sus deficiencias. "Al atribuir su incompetencia relativa a la experiencia llena de privaciones del confinamiento en las instituciones, y al insistir en que el mismo fue injustificado, estos ex pacientes cuentan con una excusa que puede sostener (y que sostiene) la autoestima ante los constantes desafíos" (EDGERTON, 1967, pág. 170). El efecto de un planteamiento teórico de estas características no es sólo obtener de la investigación aquellas fuentes que exigirían que ésta diera argumentos más sólidos para sostenerse, sino también, en última instancia, menoscabar la humanidad de quienes dieron su testimonio. Sencillamente no se considera que deban tomarse en serio en sus propios términos.

Sin importar cómo expliquemos el origen de las dificultades que estas personas experimentaban, se debe poner énfasis en que las mismas eran lo suficientemente reales. EDGERTON puede ser duro cuando dice que estos individuos que, según él, tienen torpes estrategias para hacerse pasar por otros e inalterables dificultades para ser como el emperador del cuento "que pensaba que vestía las prendas más elegantes, pero que en realidad no vestía nada" (EDGERTON, 1967, pág. 218). Pero no hay duda de que en términos sociales, económicos y particularmente psicológicos —en lo que respecta a sus miedos y la falta de confianza en sí mismos—, tal como lo establece COC, estas personas tuvieron problemas para adaptarse a vivir en la comunidad. Por lo tanto, lo que ahora se torna importante para que podamos evaluar la conceptualización del libro es lo que ellos eligieron hacer ante esos problemas y las consecuencias de sus elecciones.

Esto nos lleva a la *tercera* de las consecuencias que provocó la interpretación que hizo EDGERTON de estas vidas. Una vez más, un leve cambio en la perspectiva nos lleva a conclusiones distintas de aquellas presentadas en COC. La necesidad de dicho cambio se hace aún más inevitable a la luz de la investigación de seguimiento que tuvo lugar una década más tarde y que instó a EDGERTON a que comenzara a reconsiderar sus ideas.

Como hemos visto, GOFFMAN determinó que los individuos estigmatizados, que intentan hacerse pasar por otra persona buscarán un número menor de sujetos normales a quienes revelar sus defectos (cuando estos no son visibles), y estos les ayudarán a lograr su objetivo. Éstas suelen ser personas que representarían una amenaza para la actuación y por eso son seleccionados para que ayuden a sostenerla. Para EDGERTON, quien en este punto sigue de cerca a GOFFMAN, estas relaciones se comprenden mejor como "conspiraciones benevolentes" entre un individuo con retraso mental y uno normal que actúa como "benefactor" (EDGERTON, 1967, págs. 172-204). El co-conspirador normal elogia y da apoyo moral e instrucciones prácticas relacionadas con un comportamiento social aceptable al empleado, inquilino o vecino con retraso mental y así ayuda a sostener la actuación.

En contraste con el entendimiento de EDGERTON, uno puede concebir la propensión de los miembros del grupo de muestra a entablar este tipo de relaciones como un ejemplo de esfuerzo razonable e incluso astuto de buscar parientes, padres y maestros sustitutos con el propósito de adquirir la educación social que les falta de una manera que no sea una situación humillante, impersonal o imprevisible. No obstante, COC enfatiza selectivamente un único aspecto de estas relaciones y presenta así una imagen que no reconoce ni la iniciativa creativa que representa la inclinación a formar estas relaciones, ni el potencial de las mismas para ayudar a lograr una adaptación social duradera y funcional. Para EDGERTON el significado de estas relaciones parece más de índole psicológico que social: aunque al mismo tiempo colaboran en el esfuerzo por vivir normalmente en la comunidad, su principal efecto es funcionar de manera compensatoria para reforzar la confianza en sí mismos que necesitan para poder hacerse pasar por otros. Fue muy poco lo que las instituciones hicieron de manera intencional para ayudar a estas personas a manejar la estigmatización que inevitablemente formaría parte de sus vidas en la comunidad. Por otra parte, al establecer el contexto analítico de las consideraciones de las políticas que, según afirma, tuvieron origen en sus propios hallazgos, EDGERTON sostiene que la discapacidad de estas personas es, después de todo, "básica e inclusiva" y no simplemente "parcial e intelectual" (EDGERTON, 1967, pág. 217). Es una condición inalterable y afecta cada aspecto de sus vidas. Al mismo tiempo —y de manera un tanto contradictoria— son conscientes de su "problemática". Ellos realmente saben que son personas incompetentes, anormales, cuya máscara de competente debe ser siempre "andrajosa y transparente" (EDGERTON, 1967, pág. 217). Sus benefactores hacen que se sientan bien consigo mismos en una situación en la que tienen pocos motivos para autovalorarse. EDGERTON dedujo que un programa humanitario de normalización debe reconocer el papel central de estos benefactores seleccionados de manera informal. Este reconocimiento se convirtió en la indicación principal que surgió del análisis del libro para reformular la normalización (EDGERTON, 1967, págs. 193-204). EDGERTON también sostuvo que los programas de normalización deben hacer frente al terrible daño que la estigmatización produce en la moral de las personas que abandonaron las instituciones. No tuvo en cuenta la lucha contra el prejuicio social y la discriminación. En lugar de ello, promovió que se dotara a las personas con retraso metal que viven en instituciones de una mayor libertad para formar y dirigir sus grupos de compañeros, por el hecho de que las interacciones entre ellos podían proporcionarles un contexto para ganar el prestigio y la confianza en sí mismos que los ayudaría a actuar como si fueran personas normales una vez fuera de las instituciones (EDGERTON, 1967, pág. 214). Por último, instó a la neutralización de la terminología clínica que se utilizaba para describir y clasificar a las personas con retraso mental (EDGERTON, 1967, pág. 213) de la misma forma en que antes los médicos clínicos habían eliminado términos sumamente humillantes como "imbécil" o "idiota". La idea es disminuir las influencias que los llevan a despreciarse a sí mismos entre aquellos que ya cargan con el peso de tener una discapacidad irremediable y una identidad denigrada.

Convencido de que la condición de esas personas no podía cambiar, EDGERTON no sintió la necesidad de especular sobre el potencial de crecimiento personal que se revelaba en la mentalidad que movía a los individuos a buscar la asistencia de benefactores [6]. Entonces, de manera inevitable, estaba destinado a sorprenderse cuando, junto a Sylvia BERCOVICI, volvió a estudiar las vidas de alrededor de dos tercios (30) de los integrantes de su grupo de muestra original y descubrió lo bien que se desenvolvían ahora muchos de ellos en su existencia normalizada (EDGERTON y BERCOVICI, 1976). EDGERTON —al igual que una serie de expertos a los que consultó— en general había realizado predicciones un tanto pesimistas sobre algunos de estos individuos sobre la base de los expedientes de los casos y apuntes de investigaciones anteriores antes de que el equipo de estudio reestableciera el contacto con ellos. Las entrevistas esta vez revelaron que muchas de estas treinta personas tenían más confianza en sí mismas y dependían menos de sus benefactores que en 1960-1961. Además, la mayoría de ellas afirmó sentirse más feliz —o al menos igual de feliz— que durante el estudio original. Disfrutaban de vidas gratificantes que se caracterizaban por relaciones interpersonales, actividades recreativas y una vida social activa (EDGERTON y BERCOVICI, 1976, págs. 486-488, 493).

Otro elemento que causó sorpresa a EDGERTON fue el contraste entre la calidad de vida que gozaban —de acuerdo con lo descrito por sus propios protagonistas— y la situación laboral de la gran mayoría de estas personas. La capacidad de trabajo había sido el único criterio acordado por las autoridades de las instituciones especializadas para decidir qué individuos eran más aptos para abandonar el centro. La mayoría de los miembros del grupo de muestra original habían considerado el trabajo como un factor esencial para tener éxito en lo que entonces era su nueva y normalizada existencia. No obstante, dejaban sus trabajos con frecuencia y permanecían felizmente desempleados. Las mujeres que se casaban eran las primeras en dejar su trabajo, y otras lo hacían por vejez, enfermedad y, en una economía deteriorada, por la escasez del tipo de trabajo no cualificado para el que las habían preparado durante su estancia en las institu-

[6] El potencial dinámico y positivo en estas relaciones entre benefactores e individuos con retraso mental fue recientemente explorado por TAYLOR y BOGDAN (1989).

ciones. En 1972 y 1973, sólo siete varones y una mujer seguían trabajando, mientras que aquellos que no podían hacerlo y los que no encontraban empleo, o habían dejado de buscarlo, vivían felizmente con los subsidios sociales por desempleo o discapacidad. No se sentían culpables por recibir asistencia social, probablemente porque alguna vez habían trabajado pero también porque creían que habían perdido de manera injusta muchos años de su vida por estar internados en instituciones. La confianza en sí mismos y la independencia personal en medio de la dependencia de los subsidios de la asistencia social parecían indicar una realidad nueva, compleja y contradictoria en la vida de estas personas que los expertos no habrían podido prever (EDGERTON y BERCOVICI, 1976, págs. 487-494).

Ahora EDGERTON estaba convencido de la necesidad de reconsiderar algunos de sus anteriores supuestos y avanzó de acuerdo con criterios que lo ubicaron del lado opuesto al paradigma dominante sobre retraso mental. En ese momento descubrió el error de haber comenzado la investigación de seguimiento representando las posibilidades individuales para una existencia normalizada y exitosa en función de la competencia socioeconómica, ampliamente definida por algunos elementos de la ideología burguesa. A pesar de no tener trabajo y depender del estado benefactor, estas personas se sentían seguras, felices y, con la ayuda de los subsidios del gobierno, bastante aptas como para acceder al mundo a ocuparse de sus necesidades cotidianas. Además, el hecho de que sus criterios para evaluar sus vidas parecieran ser tan diferentes de los manejados por los especialistas en retraso mental sugería que era necesario cuestionar su capacidad para evaluar y mejorar sus vidas (EDGERTON y BERCOVICI, 1976, págs. 494-496).

Igual de desconcertante fue la manera en que la valoración que estas personas marginadas hacían de sus vidas en la comunidad y la cambiante cultura cívica de la mayoría de los estadounidenses encajaron perfectamente. EDGERTON advirtió correctamente que la década de los sesenta había sido testigo de un deterioro tal en los valores sociales tradicionales en los Estados Unidos que la carga moral que alguna vez había supuesto recibir asistencia social había disminuido de manera significativa. Un creciente número de ciudadanos estadounidenses estaba dispuesto a disfrutar de los subsidios de un estado benefactor —incluso cada vez se sentían con más derecho a ellos— que se expandió enormemente a lo largo del próspero cuarto de siglo posterior a la Segunda Guerra Mundial (EDGERTON y BERCOVICI, 1976, págs. 491, 492-493, 495). En virtud de un contexto histórico cambiante y, del lado de las personas con retraso mental, sin mucho del tipo de esfuerzo que se necesita para, digamos, hacerse pasar por otro esta gente se había vuelto más estadounidense...; o, quizás, los estadounidenses se habían convertido en personas más parecidas a aquellas con retraso mental. De uno u otro modo, la cuestión de *quién* y *qué* debería considerarse normal ahora parecía mucho más compleja que en la época en la que EDGERTON había realizado su investigación inicial.

Desde estos puntos de disonancia entre las expectativas profesionales y los rasgos de estas vidas, EDGERTON obtuvo dos conclusiones importantes. Los investigadores necesitaban darse cuenta de que las personas con retraso mental tenían sus propias perspectivas coherentes. Además, vivían en contextos cambiantes y más amplios, más allá del mundo institucional de los hospitales estatales y los tutores profesionales. Estos contextos cambiantes impusieron sus propias influencias dinámicas, las que no sólo hicieron difíciles las predicciones sobre la adaptación de las personas con retraso mental, sino que también crearon situaciones en las que las propias perspectivas de esas personas parecían proporcionar una base sólida para la efectividad social. Bajo estas circunstancias, EDGERTON formuló a los especialistas en retraso mental una pregunta que les resultó particularmente incómoda: "¿... qué valoración del éxito [deben utilizar los especialistas cuando] planifican programas y diseñan las investigaciones relacionadas con la adaptación en la comunidad, la nuestra o la de ellos?" (EDGERTON y BERCOVICI, 1976, pág. 496).

Pero EDGERTON no se sentía en ese momento lo suficientemente seguro como para afrontar esta cuestión, la que desde luego debe ser una condición *sine qua non* para todos los profesionales que ofrezcan asistencia sistemática y a largo plazo a otras personas. En cambio, EDGERTON pospuso la tarea de establecer los principios mediante los que debían determinarse los tratamientos adecuados dado que aún hacía falta profundizar la investigación sobre las vidas de las personas con retraso mental que abandonan las instituciones (EDGERTON y BERCOVICI, 1976, pág. 496). De esta manera, EDGERTON dejó a quienes habían leído su estudio previo preguntándose si todavía creía que eran apropiadas las sugerencias programáticas sobre los benefactores y sobre terminología clínica que había hecho en COC.

La dificultad aquí residía en que, aunque tantos pilares de su entendimiento acerca del retraso mental se colapsaban, aún era incapaz de dar el radical pero lógico paso que su investigación parecía imponer: cuestionar la utilidad del concepto de retraso mental para comprender esas vidas y las de otras personas "con retraso mental leve". El descubrimiento de EDGERTON sobre la relevancia del contexto social e histórico general fue sólo parcial. Éste le proporcionó una perspectiva más amplia sobre la posibilidad de que las personas a quienes se etiquetó como "retrasadas", guiadas por sus propias aspiraciones y elecciones, pudieran liberarse de los sentimientos de estigmatización y marginalidad y encontrar su lugar en la comunidad. Pero eso no lo llevó a investigar de manera sistemática exactamente en qué medida es una construcción social e histórica el concepto de retraso mental. (EDGERTON formuló esta pregunta más tarde en artículos cuya intención era observar de manera general la cuestión de la competencia en las distintas culturas, pero sus respuestas, tal como señala LUCKIN, 1986, estuvieron lejos de ser concluyentes y aún no retomó esos puntos en investigaciones etnográficas con grupos de individuos.)

Reacio a cuestionar el concepto de retraso mental, EDGERTON era aún incapaz de aceptar por completo la autoridad de estas personas para crear sus nuevas vidas; vidas que, si bien tienen sus dificultades, no parecen más complejas —de hecho, parecen muy similares— que las de millones de estadounidenses de la clase trabajadora a los que nunca se consideró con retraso mental. Asimismo, incapaz de aceptar la posibilidad de que fueran capaces de tener un poder de acción personal constructivo y un crecimiento continuo, EDGERTON no estaba preparado para regresar a sus testimonios anteriores para buscar evidencias que explicaran de qué manera, entre todas las opciones de las que se disponen, estas personas rehicieron sus vidas sobre la base de sus propias perspectivas acerca de sus situaciones y de sus propias aspiraciones y actividades intencionadas.

Si se le hubiera preguntado sobre este tema, EDGERTON habría mantenido la creencia en la necesidad de un benefactor que sustente la confianza de estas personas. Pero si aceptáramos que estas personas hicieron que sus vidas fueran bastante llevaderas e incluso placenteras en la época del estudio de seguimiento, deberíamos llegar a conclusiones diferentes y más radicales. No eliminaríamos el ofrecimiento de asistencia, pero propondríamos otro tipo de benefactor cuyo papel no sería el de tratar con condescendencia a las personas anormales ni mantener sus pretensiones de normalidad. Más bien concluiríamos que podría alcanzarse la normalización con más facilidad si los benefactores forjaran para sí mismos otra finalidad. Las personas que estudió EDGERTON efectivamente necesitan ayuda porque han pasado por años de abandono, pobreza e impotencia. Pero la dimensión de la ayuda debería partir del entendimiento de que las diferencias no son necesariamente defectos y de que aquellos que necesitan asistencia tienen el potencial para pensar y actuar de manera independiente. Debería obligarse a los ayudantes a escuchar sus ideas, a respetar las aspiraciones que expresen y ayudarlos de forma práctica a que alcancen cualquier objetivo razonable que se propongan (KURTZ, 1975; BRECHIN y SWAIN, 1988; LEA, 1988). Entonces, las aptitudes bien podrán emerger naturalmente desde el interior de los individuos cuyos potenciales y fuerza de carácter quizás ellos mismos siempre hayan comprendido mejor.

Referencias

AMERICAN INDIAN PROGRAM, CORNEL UNIVERSITY (1988). *Indian Roots of American Demo, cracy,* Ithaca, NY, American Indian Program, Cornell University.

ANGELL, R. (1936). *The Family Encounters The Depression,* Nueva York, Scribners.

ASANTE, M. y VANDI, A. S. (Eds.) (1980). *Contemporary Black Thought: alternative analysis in social and behavioral science,* Beverly Hills, CA, Sage Publications.

ANON. (1968). Reseña de *The Cloak of Competence: stigma in the lives of the mentally retarded, Mental Retardation,* 6, pág. 51.

BAKKE, W. (1940). *Citizens without Work,* New Haven, CT, Yale University Press.

BEGAB, M. J. (1975) "The mentally retarded and society: trends and issues", en: M. J. BEGAB y S. A. RICHARDSON (Eds.) *The Mentally Retarded and Society: a social science perspective,* págs. 127-140, Baltimore, MD, University Park Press.

BELL, D. (1960). *The End of Ideology: on the exhaustion of political ideas in the fifties,* Nueva York, The Free Press.

BOGDAN, R. y TAYLOR, S. (1976). "The judged, not the judges: an insider's view of mental retardation", *American Psychologist,* 31, págs. 47-52.

BOWE, F. (1978). *Handicapping America: barriers to disabled people,* Nueva York, Harper & Row.

BRAGINSKY, D. B. y BRAGINSKY, B. M. (1971). *Hansels and Gretels: studies of children in institutions for the mentally retarded,* Nueva York, Holt, Rinehart y Winston.

BRECHIN, A. y SWAIN, J. (1988). "Professional/client relationships: creating a 'working alliance' with people with learning difficulties", *Disability, Handicap & Society,* 3, págs. 213-224.

BROWNE, S.; CONNORS, D. y STERN, N. (Eds.) (1985). *With The Power of Each Breath: a disabled women's anthology,* Pittsburgh, PA, Cleis Press.

COWAN, R. S. y RANCK, K. H. (1938). *The Family and The Depression,* Freeport, NY, Books for Libraries.

COWAN, R. S. (1976). "Two washes in the morning and a bridge party at night: the American housewife between the wars", *Women's Studies,* 3, págs. 147-171.

DAVIS, M. (1936). *The Lost Generation: a portrait of American youth today,* Nueva York, Macmillan.

DEJONG, G. (1979). *The Movement for Independent Living: origins, ideology, and implications for disability research,* East Lansing, MI, State University Center for International Rehabilitation.

DELORIA, V. (1973). *God Is Read,* Nueva York, Grosset & Dunlap.

DUBOIS, E.; KELLY, C.; GAIL, E.; KORSMEYER, C. y ROBINSON, L. (1985). *Feminist Scholarship: kindling in the groves of academe,* Champaign, IL, University of Illinois Press.

ECKBERG, D. L. (1979). *Intelligence and Race: the origins and dimensions of a controversy,* Nueva York, Praeger.

ECKER, G. (Ed.) (1986). *Feminist Aesthetics,* Boston, MA, Beacon Press.

EDGERTON, R. B. (1967). *The Cloak of Competence: stigma in the lives of the mentally retarded,* Berkeley, CA, University of California Press.

— (1968). "Anthropology and mental retardation: a plea for the comparative study of incompetence", en: H. J. PREHM, L. HAMERLYNCK y J. CROSSON (Eds.) *Behavioral Research in Mental Retardation,* Eugene, OR, Rehabilitation and Training Center in Mental Retardation.

— (1970). "Mental retardation in non-Western societies: toward a crosscultural perspective on incompetence", en: H. Carl HAYWOOD (Ed.) *Socio-cultural Aspects of Mental Retardation,* Nueva York, Appleton, Century Crofts.

— (1975). "Issues relating to the quality of life among mentally retarded persons", en: M. J. BEGAB y S. A. RICHARDSON (Eds.) *The Mentally Retarded and Society: a social science perspective,* Baltimore, MD, University Park Press.

— (1979). *Mental Retardation,* Cambridge, MA, Harvard University Press.

— (1986). "A case of delabeling: some practical and theoretic implications", en: L. L. LANGNESS y H. G. LEVINE (Eds.) *Culture and Retardation: life histories of mildly mentally retarded persons in American society,* Dordrecht, D. Reidel.

— y SABAGH, G. (1962). "From mortification to aggrandizement: changing self-conceptions in the careers of the mentally retarded", *Psychiatry: journal for the study of interpersonal processes,* 25, págs. 263-272.

— y BERCOVICI, S. (1976). "The cloak of competence: years later", *American Journal of Mental Deficiency,* 80, págs. 485-497.

GATES, H. L. (1984). *Black Literature and Literary Theory,* Nueva York, Methuen.

GLADWIN, T. (1968). Reseña de *The Cloak of Competence: stigma in the lives of the mentally retarded, American Anthropologist,* 70, págs. 618-620.

GOFFMAN, E. (1959). "The moral career of the mental patient", *Psychiatry: journal for the study of interpersonal processes,* 22, págs. 123-142.

— (1961). *Asylums: essays on the social situation of mental patients and other inmates,* Garden City, NY, Doubleday.

— (1963). *Stigma: notes on the management of spoiled identity,* Englewood Cliffs, NJ, Prentice-Hall.

GOULDNER, A. W. (1970). *The Coming Crisis of Western Sociology,* Nueva York, Avon Books.

— y PETERSON, R. A. (1962). *Technology and The Moral Order,* Indianapolis, IN, Bobbs-Merrill.

HECKEL, R. V. (1968). Reseña de *The Cloak of Competence:" stigma in the lives of the mentally retarded, Mental Hygiene,* 52, pág. 313.

KLECK, R. E. (1975). "Issues in social effectiveness: the case of mental retardation". en: M. J. BEGAB y S. A. RICHARDSON (Eds.) *The Mentally Retarded and Society: a social science perspective,* págs. 181-195, Baltimore, MD, University Park Press.

KOMEROVSKY, M. (1940). *The Unemployed Man and His Family,* Nueva York, Institute for Social Research.

KURTZ, R. A. (1975). "Advocacy for the mentally retarded: the development of a new social role", en: M. J. BEGAB y S. A. RICHARDSON (Eds.) *The Mentally Retarded and Society: a social science perspective,* págs. 381-392, Baltimore, MD, University Park Press.

LEA, S. J. (1988). "Mental retardation: social construction or clinical reality", *Disability, Handicap & Society,* 3, págs. 63-69.

LUCKIN, B. (1986). "Time, place and competence: society and history in the writings of Robert B. Edgerton", *Disability Handicap & Society,* 1, págs. 89-102.

MANION, M. L. y BERSANI, H. A. (1987). "Mental retardation as a Western sociological construct: a cross-cultural analysis", *Disability, Handicap & Society,* 2, págs. 231-248.

MERCER, J. R. (1973). *Labeling the Mentally Retarded: clinical and social perspectives on mental retardation,* Berkeley, CA, University of California Press.

MILLS, C. W. (1959). *The Sociological Imagination,* Nueva York, Oxford University Press.

SCOTCH, R. K. (1984). *From Good Will to Civil Rights: transforming federal disability policy* Philadelphia, PA, Temple University Press.

SCOTT, R. A. (1968). Reseña de *The Cloak of Competence: stigma in the lives of the mentally retarded, American Sociological Review,* 33, págs. 1006-1007.

SENNETT, R. (1973). "Two on the aisle", *New York Review of Books,* 1 Noviembre, págs. 29-32.

SNYDERMAN, M. y ROTHMAN, S. (1988). *The IQ Controversy, The Media, and Public Policy,* New Brunswick, NJ, Transaction.

SPENDER, D. (Ed.) (1981). *Men's Studies Modified: the impact of feminism on the academic disciplines,* Oxford, Pergamon.

TAYLOR, S. y BOGDAN, R. (1989). "On accepting relationships between people with mental retardation and non-disabled people: towards an understanding of acceptance", *Disability, Handicap & Society,* 4, págs. 32-34.

WILLIAMS, P. y SHOULTZ, B. (1982). *We Can Speak for Ourselves: self-advocacy by mentally handicapped people,* Londres, Souvenir Press.

WHYTE, W. F. (1956). *The Organization Man,* Nueva York, Simon & Schuster.

ZELIZER, V. A. (1985). *Pricing the Priceless Child: the changing social value of children,* Nueva York, Basic Books.

ZOLA, I. K. (1982). *Missing Pieces: chronicle of living with a disability,* Filadelfia, PA, Temple University Press.

CAPÍTULO XVI

¿Están cambiando las relaciones sociales de la producción investigadora?

Por Mike OLIVER

Profesor de estudios en discapacidad, Thames Polytechnic*

Resumen

En este estudio se afirmará que la investigación en el campo de la discapacidad realizada hasta ahora tuvo poca influencia en la formulación de políticas y no contribuyó a mejorar las vidas de las personas con discapacidad. De hecho, el proceso de producción de investigación que se mantiene hasta hoy fue alienante tanto para las personas con discapacidad como para los propios investigadores. Ni el paradigma positivista ni el interpretativo son inmunes a que la investigación se caracterice como "alienación", y por lo tanto se sugiere que la única forma de llevar a cabo investigaciones no alienantes es a través de un cambio en las relaciones sociales de la producción de investigaciones. Este cambio requerirá el desarrollo de un paradigma emancipador de investigación, para lo que se consideran brevemente tanto el desarrollo del paradigma como los objetivos para el mismo.

Introducción

No puede abstraerse la discapacidad del mundo social que la produce; no existe fuera de las estructuras sociales en las que se ubica ni de manera independiente a los significados que se le otorgan. En otras palabras, la discapacidad es un producto social. Aproximadamente en los últimos cien años las sociedades industriales produjeron discapacidad primero en la forma de un problema médico que precisaba la intervención de los especialistas y luego como un problema social que requería de prestaciones sociales. En general, la investigación funcionó dentro de estas estructuras y buscó clasificar, clarificar, representar y medir sus dimensiones.

La última parte del siglo XX fue testigo del surgimiento de una crisis en lo relacionado con estas formas de producir discapacidad porque las propias personas

* Nombre que tenía la Universidad de Greenwich antes de adquirir el estatus de universidad. *(N. del T.)*

con discapacidad reconocieron las ideologías médicas e individuales que las apuntalaban. Es más, una vez que lo hicieron, estas personas se comprometieron a luchar para que se interprete a la discapacidad como opresión social. A medida que la lucha continúe y las personas con discapacidad se vuelvan más fuertes, la crisis en la producción de investigaciones en este ámbito se profundizará y los investigadores se verán forzados a responder la pregunta que Howard BECKER planteó hace treinta años: ¿de qué lado están? Estas son las cuestiones esenciales que ahora tratamos.

Es oportuno volver a la pregunta que BECKER planteó hace tantos años por el hecho de que el libro en el que lo hizo se llamó *Outsiders.* Más recientemente y en otro contexto, CHAMBERS (1983) habla acerca de los investigadores como intrusos. Trata la forma en la que los investigadores académicos de todas las tendencias metodológicas con regularidad malinterpretaron y distorsionaron tanto el fenómeno de la pobreza rural como las experiencias de las personas pobres que viven en zonas rurales en el tercer mundo. Su crítica a lo que llama "turismo rural" refleja en muchos aspectos la crítica a la investigación en el campo de la discapacidad que hacen las propias personas que la padecen.

Si es posible atacar sobre las mismas bases a la investigación en dos áreas tan dispares como la pobreza rural en el tercer mundo y la discapacidad en la actual sociedad capitalista, entonces los problemas inherentes a esas investigaciones no pueden reducirse a simples cuestiones metodológicas o técnicas. Además, las personas de raza negra (BOURNE, 1981) y las mujeres (MAGUIRE, 1987) hicieron críticas similares a las investigaciones relacionadas con raza y género, lo que indica que los problemas inherentes a las mismas son generalizados.

Los defectos de la investigación pueden atribuirse a aquello que sólo es posible denominar "relaciones sociales de la producción investigadora", y de hecho la atención debe centrarse sobre estas mismas relaciones sociales si se pretende que la investigación, en cualquier área, sea en el futuro más útil y relevante de lo que fue en el pasado.

Las relaciones sociales de la producción investigadora proporcionan la estructura en la que se desarrolla la investigación. Estas relaciones se construyen sobre la base de una estricta distinción entre el investigador y el sujeto de la investigación; sobre la creencia de que son los investigadores los que poseen los conocimientos y habilidades propios de un especialista y de que son ellos los que deberían decidir sobre qué investigar y tener el control del proceso de producción investigadora en su totalidad.

No cuestionar las relaciones sociales de la producción investigadora significa dejar la tarea de establecer un programa de investigación para la década de los noventa en manos de esos expertos. La sola idea de que grupos reducidos de "expertos" puedan reunirse y determinar entre ellos un programa para la investigación en el ámbito de la discapacidad es, una vez más, defectuosa desde sus fundamentos. Una idea de esas características es producto de una sociedad que posee una conciencia positivista y una estructura social jerárquica que concede a los expertos un papel de élite. La determinación de un programa de objetivos —ya sea en la política, el dictado de normas o la provisión de servicios— es parte de un proceso de lucha, y el establecimiento de un programa en las investigaciones en el ámbito de la discapacidad tiene las mismas características.

La investigación en el ámbito de la discapacidad no debe considerarse como un conjunto de procedimientos técnicos y objetivos que realizan los expertos, sino como parte de la lucha de las personas con discapacidad por cuestionar la opresión que actualmente sufren en sus vidas cotidianas. Por lo tanto, la cuestión primordial en el programa de investigación para la década de los noventa debería ser la siguiente: ¿desean los investigadores unirse a las personas con discapacidad y poner sus destrezas y habilidades al servicio de su lucha contra la opresión o desean continuar haciendo uso de las mismas de manera que resultan opresivas para esas personas?

Esto nos lleva a la cuestión fundamental que se abordará en este estudio y que es el potencial y la importancia de la investigación en el ámbito de la discapacidad bajo un conjunto distinto de relaciones sociales de producción investigadora. Para que se comprenda del todo esta importancia potencial, mi artículo ubicará la discusión en un contexto histórico y considerará tanto la historia de la investigación en general como la forma en que ésta se relaciona con la realizada en el campo de la discapacidad, debido a que cualquier comprensión que no tenga una base histórica sólo puede ser parcial. La historia de la investigación se discutirá mediante el uso de un esquema histórico de tres etapas: la positivista, la interpretativa y la emancipadora. Este esquema se utilizará luego para analizar la historia, el desarrollo y el futuro de la investigación en el ámbito de la discapacidad en particular.

No obstante, antes de discutir detalladamente la historia de la investigación es necesario hacer algunos comentarios sobre el "estado" contemporáneo de la investigación en general y sobre cuál es su situación en el ámbito de la discapacidad en particular. En los últimos años hubo numerosos intentos de examinar el valor y la importancia de la investigación social (BULMER, 1981; KALLEN, 1982; SHOTLAND y MARK, 1985; FINCH, 1986; HELLER, 1986; WENGER, 1987) con casi la misma cantidad de conclusiones diferentes. En lo que respecta a nuestros objetivos, en la siguiente sección se discutirá una de esas conclusiones que considera a la investigación como alienación.

Sin embargo, en esta instancia es importante hacer énfasis en que, a pesar de que gran parte del artículo será crítico con la investigación, de todas formas se basa en la creencia de que la investigación social tiene mucho que aportar para mejorar la calidad de vida de todos en la actual sociedad capitalista. Que no lo haya hecho hasta el momento no es porque la investigación social tenga poco para ofrecer, sino porque las relaciones sociales de la producción investigatdora llevaron a la producción de conclusiones distorsionadas que fueron irrelevantes para los procesos relacionados con la formulación de políticas. Cambiar las relaciones sociales de la producción investigadora ofrecerá, al menos, la posibilidad de desarrollar un proyecto de investigación social con relevancia e importancia para las vidas de aquellas personas que son sujetos del mismo.

La investigación como alienación

El término "alienación" en su sentido marxista original se refería al proceso laboral por el que los trabajadores se convertían en algo separado de aquello que producían. En una fuerte crítica a la mayoría de lo que se considera investigación social, ROWAN (1981) sostiene que la alienación es el resultado del proceso de esta investigación. Lo que ROWAN quiso decir es lo siguiente:

> ... se trata a la gente como fragmentos. En general, esto se hace al poner a una persona en el papel de "sujeto de investigación" y, sólo a partir de ese momento, permitir que se tengan en cuenta un rango muy limitado de comportamientos. Esto es alienante porque implica usar a la persona para los fines de otra; las acciones de este individuo no le pertenecen, sino que son propiedad del investigador y del plan de investigación.
>
> (ROWAN, 1981, pág. 93.)

Para ROWAN, prácticamente todas las investigaciones sociales fueron alienantes, y la alienación suele estar presente en las cuatro formas que sugirió MARX: la alienación del producto de investigación, del proceso en sí mismo, de otros sujetos de la investigación y, por último, de uno mismo.

La historia reciente de la investigación en el ámbito de la discapacidad, al menos en Gran Bretaña, ciertamente puede verse en los términos que ROWAN (1981) describió. La encuesta nacional sobre discapacidad que realizó la Oficina de Censos y Encuestas de Población (*Office of Population Censures on Surveys*, OPCS) en nombre del gobierno británico es un buen ejemplo de dicha alienación. Desde que se publicaron los resultados de esta investigación (MARTIN y cols., 1988; MARTIN y WHITE, 1988) el gobierno no logró implementar ninguna iniciativa política coherente sobre la base de los mismos, a pesar de que prometió hacerlo. Por su parte, la OPCS no profundizó en los resultados de la encuesta porque consideró que había realizado todo aquello para lo que se la había contratado, y las personas con discapacidad y sus organizaciones ignoraron o cuestionaron tanto su credibilidad como su validez (DIG, 1988; *Disability Alliance*, 1988; ABBERLEY, 1991).

Mucho de lo ocurrido era previsible debido a la alienación de las personas con discapacidad del proceso de investigación. No se las consultó sobre la investigación antes de realizarla: respecto a qué temas habría que investigar, cómo realizar el estudio, etcétera. Por esta razón, las preguntas planteadas en la encuesta claramente ubican los "problemas" de la discapacidad en las propias personas que la padecen. (La Tabla 16.1 es una muestra de estas preguntas.) De la misma forma, podrían haberse realizado preguntas que ubicaran los problemas de la discapacidad en cualquier otro lugar. (La Tabla 16.2 es una muestra de preguntas alternativas.)

Además, según ROWAN, los investigadores y los sujetos de investigación estaban alienados entre sí por la forma en la que se hizo la investigación. Las personas con discapacidad completaron un cuestionario por correo o, cuando lo hicieron en persona, sus entrevistadores no fueron los empleados estables de la OPCS, sino entrevistadores a tiempo parcial. Además de eso, y tal como señalé en alguna otra oportunidad,

> Está en la naturaleza del proceso de entrevista que el investigador se presente como un experto y la persona con discapacidad como un individuo aislado que no tiene experiencia en investigaciones y, por lo tanto, es incapaz de reformular las preguntas de manera más apropiada. No resulta sorprendente que, hacia el final de la entrevista, la persona con discapacidad llegue a creer que son sus problemas de salud o impedimentos los que le aportan inconvenientes y no la forma en que está organizada la sociedad. Es en este sentido que el proceso de entrevista resulta opresivo y refuerza en cada persona con discapacidad la idea de que los problemas que atraviesan en su vida diaria son un resultado directo de sus propias insuficiencias o limitaciones funcionales personales.
>
> (OLIVER, 1990, pág. 8.)

Tabla 16.1. *Encuesta a adultos con discapacidad OPCS, 1986*

¿Puede decirme cuál es su problema?
¿Qué molestia le produce su dificultad para sostener, coger o girar cosas?
¿Sus dificultades para comprender a la gente se deben principalmente a un problema auditivo?
¿Tiene alguna cicatriz, imperfección o deformidad que limite sus actividades cotidianas?
¿Asistió a una escuela especial debido a alguna discapacidad o problema de salud prolongados?
¿Su problema de salud o discapacidad le obliga a vivir con familiares o alguna otra persona que le ayude?
¿Se mudó aquí debido a su problema de salud o discapacidad?
¿Cuánta dificultad tiene usted para moverse por su barrio por sus propios medios?
¿Su problema de salud o discapacidad le impide salir con tanta frecuencia o ir tan lejos como a usted le gustaría?
¿Su problema de salud o discapacidad le hace difícil viajar en autobús?
¿Su problema de salud o discapacidad afecta actualmente de alguna manera su trabajo?

Tabla 16.2. *Preguntas alternativas*

¿Puede decirme cuál es el problema de la sociedad?
¿Cuáles son los defectos en el diseño de los elementos de uso diario tales como frascos, botellas o latas que le causan dificultad para sostenerlos, asirlos o girarlos?
¿Sus dificultades para comprender a la gente se deben principalmente a la incapacidad que éstas tienen de comunicarse con usted?
¿Las reacciones de la gente ante alguna cicatriz, imperfección o deformidad que usted tenga limitan sus actividades cotidianas?
¿Asistió a una escuela especial debido a la política de las autoridades educativas de enviar a las personas con problemas de salud o discapacidades como la suya a ese tipo de establecimientos?
¿Son los servicios comunitarios tan deficientes que necesita vivir con familiares o alguna otra persona que le proporcione el nivel adecuado de asistencia personal?
¿Qué inadecuaciones en su vivienda hicieron que se mudara aquí?
¿Cuáles son las dificultades en el entorno que le impiden moverse por su barrio?
¿Existe algún problema de transporte o económico que le impida salir con tanta frecuencia o tan lejos como a usted le gustaría?
¿El inadecuado diseño de los autobuses dificulta poder utilizarlos a las personas que tienen su mismo problema de salud o discapacidad?
¿Tiene problemas en su trabajo a causa del entorno físico o las actitudes de las otras personas?

Así, la experiencia de investigación fue para todos los participantes una experiencia individual y de aislamiento, lo que refuerza la noción dominante de la discapacidad como un problema individual. Por último, según ABBERLEY (1991) esta encuesta intentó "despolitizar lo inevitablemente político, examinar lo complejo y sutil a través de medidas toscas y simplistas".

La alienación presente en esta investigación en el ámbito de la discapacidad, la más extensa y costosa que se haya realizado en Gran Bretaña, no es tan solo un ejemplo aislado sino que muestra los síntomas de una crisis más profunda entre las personas con discapacidad y la comunidad de investigación. A partir de que las personas con discapacidad comenzaron a analizar en mayor profundidad su segregación, desigualdad y pobreza en términos de discriminación y opresión, la investigación se consideró más una parte del problema que de la solución (OLIVER, 1987). Las personas con discapacidades comenzaron a ver la investigación como una violación de su experiencia, como algo irrelevante para sus necesidades y como incapaz de mejorar sus circunstancias materiales y calidad de vida.

Esta crisis más profunda no afecta solamente a las personas con discapacidad. Tal como menciona CHAMBERS (1983, pág. 53) en relación con la investigación sobre pobreza rural:

> La mayor parte del material permanece sin procesar o, si se procesa, no se analiza; si se analiza, no se escribe un informe; si se escribe un informe, no se lee; si se lee, no se recuerda, y si se recuerda, no se utiliza o no se actúa sobre la base de él. Sólo una mínima proporción de los resultados —cuando mucho— afectan las políticas, y esos resultados suelen ser unos pocos valores totales simples. Los totales muchas veces se identifican durante las primeras etapas a través del recuento físico de cuestionarios o formularios y se comunican de forma verbal, independientemente del procesamiento principal [del material].

Otros grupos (oprimidos) sienten exactamente lo mismo (BOURNE, 1981; ROBERTS, 1981). Las mujeres, por ejemplo, recibieron el consejo de FINCH (1986) de que se cuidaran de personas como ella, y JENKINS (1971) aconsejó a las personas de raza negra que digan a los investigadores que "se vayan al diablo". De manera similar, las personas con discapacidad recibieron el consejo de no participar en investigaciones en las que no se los involucre por completo desde el principio sobre la base de que "no hay participación sin representación" (FINKELSTEIN, 1985). Por lo tanto, para poder comprender la crisis en la investigación en el ámbito de la discapacidad es necesario entender la crisis de la investigación en general y cuál fue su desarrollo histórico. Éste será el tema de la próxima sección.

La historia de la investigación

No existen dudas de que el positivismo dominó la investigación social desde su nacimiento hasta nuestros días. Este paradigma positivista se incorporó a algunos supuestos sobre la naturaleza del mundo social y a algunos métodos adecuados para investigarlo. Estos supuestos consisten en lo siguiente: la creencia de que el mundo social puede estudiarse de la misma forma que el mundo natural —es decir, que existe una unidad de método entre las ciencias naturales y las sociales—; que el estudio del mundo social puede ser un estudio libre de valores; que, en última instancia, pueden darse explicaciones de naturaleza causal y que el conocimiento que se obtiene en dicha investigación es independiente de los supuestos que la fundamentan y de los métodos que se utilizan para obtenerlo.

Se cuestionó a todos y cada uno de estos supuestos a lo largo de los años, no sólo en el ámbito de las ciencias sociales (CICOUREL, 1964; GIDDENS, 1979; HINDNESS, 1980) sino también en el de las ciencias naturales (KUHN, 1961, POPPER, 1972). Esto dio origen a lo que es casi una nueva ortodoxia, al menos dentro de las ciencias sociales, que sugiere que todo conocimiento se construye socialmente y es un producto del contexto histórico particular en el que se encuentra. Esta concepción del conocimiento engendró un nuevo paradigma de investigación social denominado interpretativo o cualitativo.

Los supuestos en que éste se basa son muy distintos de los del paradigma positivista: que no puede existir unidad de método porque el mundo social es un lugar lleno de significados, un mundo lleno de sujetos activos y no objetos pasivos; que la investigación debería intentar comprender el significado de los acontecimientos y no de sus causas y que la investigación es producto de los valores de los investigadores y no puede ser independiente de ellos.

Este nuevo paradigma fue objeto de numerosas críticas, naturalmente por parte de los investigadores positivistas pero también de otros: teóricos críticos, marxistas, anarquistas metodológicos y, lo que es más importante, de los sujetos activos de esa clase de investigación. No disponemos de lugar suficiente para reproducir los debates con los positivistas ni para repetir los comentarios maliciosos de una mezcla de teóricos lejanos entre sí. No obstante, cuando se acusa a una de las obras clásicas de la investigación interpretativa —*The Cloak of Competence**, de Robert EDGERTON, la que influyó a una generación entera— pues sirvió "para negarle a los miembros de su grupo de estudio una voz con la que hablar con autoridad sobre su propia situación" (GERBER, 1990, pág. 3), resulta claro que no todo está bien dentro del paradigma.

Sin embargo, mucho más importante que las disputas académicas es la crítica que surgió de los sujetos activos de investigación que argumentaron que, si bien el paradigma interpretativo cambió las reglas, en la realidad no modificó el juego. En la investigación interpretativa aún hay un grupo relativamente pequeño de expertos poderosos que trabajan sobre un mayor número de sujetos de investigación relativamente impotentes. En resumidas cuentas, la investigación interpretativa es tan alienante como la positivista porque aquello que podría llamarse "relaciones sociales de la producción investigativa" no cambió apenas.

No sólo eso, sino que los defectos de ambos enfoques, el positivista y el interpretativo, simplemente se refuerzan entre sí:

> El enfoque positivista, al ignorar que ... siempre se preinterpretan los problemas, elimina efectivamente el carácter de los mismos; el enfoque interpretativo, al aislar el autoconocimiento de los profesionales de critica directa, práctica y concreta, elimina de manera efectiva su carácter problemático.
>
> (CARR y KEMMIS, 1986, pág. 215.)

* La máscara de competente, véase nota pág. 275 del capítulo XV. *(N. del T.)*

Como consecuencia de esta situación comenzó a exigirse el desarrollo de otro paradigma de investigación social, éste recibió diversos nombres: investigación crítica, praxis o investigación emancipadora.

Este paradigma aún más reciente posee una visión muy diferente del conocimiento (teoría), el que debe

> ... iluminar las experiencias que vivieron los grupos sociales progresistas y también debe iluminarse por sus luchas. La teoría adecuada para llevar a cabo la tarea de cambiar el mundo debe ser abierta, no dogmática, informativa y basada en las circunstancias de la vida cotidiana.
>
> (LATHER, 1987, pág. 262.)

No sólo eso, sino que las relaciones sociales de la producción investigadora también deben cambiar desde su base para que tanto el investigador como el sujeto de la investigación se conviertan en los que producen el cambio y en los que cambian (LATHER, 1987). Por último, desde ya, la metodología de la investigación también debe cambiar; debe basarse en la confianza y el respeto e incorporar participación y reciprocidad.

Es posible ver el desarrollo de los paradigmas de investigación positivista, interpretativo y emancipador como una secuencia ubicada en un contexto histórico, y la siguiente sección se referirá a la investigación en el ámbito de la discapacidad exactamente de esa forma. También es posible proporcionar modelos que conecten estos paradigmas con el proceso de diseño de nuevas políticas: los enfoques de la ingeniería, el iluminismo y la lucha. Por último, cada uno de estos paradigmas y los modelos de políticas con los que están vinculados se apoyan en puntos de vista particulares sobre la naturaleza de la discapacidad: como un problema individual, social y político (ver Figura 16.1).

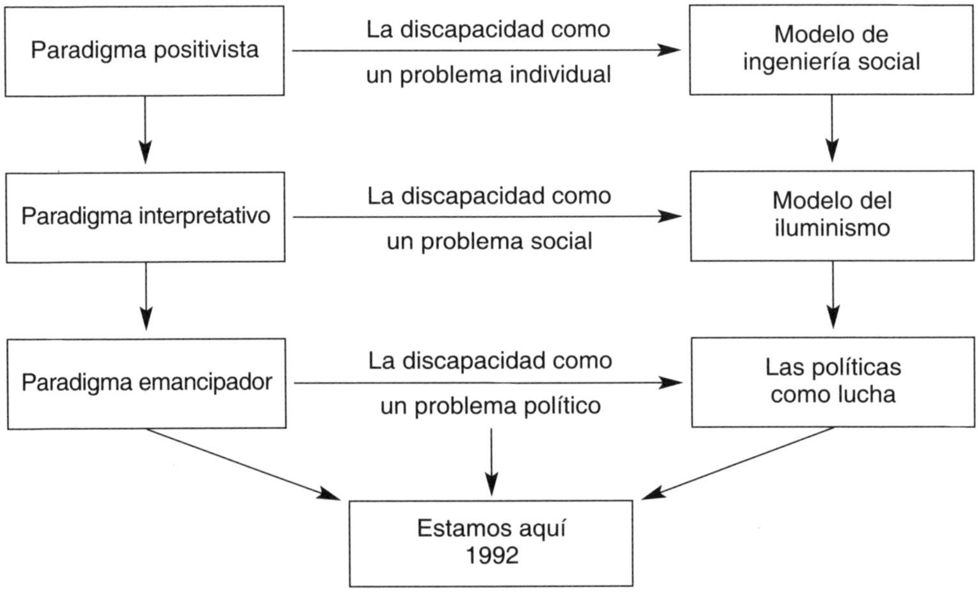

Figura 16.1. *Investigación social y políticas sociales.*

No obstante, debe señalarse que esta secuencia que aquí ubicamos en un marco histórico no es una serie establecida y absoluta de etapas de desarrollo sino más bien un conjunto de tendencias. Los tres paradigmas, sus modelos de políticas y sus puntos de vista sobre la discapacidad pueden existir en cualquier momento dado, de hecho lo hacen en este momento. Durante los últimos veinte años el paradigma interpretativo desafió el predominio del positivista, mientras que en la actualidad está surgiendo la investigación emancipadora si no para desafiar, al menos para cuestionar algunos de los supuestos de los otros dos paradigmas.

Investigación en el ámbito de la discapacidad

La historia de la investigación en el ámbito de la discapacidad es, sin duda, una historia dominada por el paradigma positivista tanto en términos de las investigaciones que se llevaron a cabo (HARRIS, 1971; MARTIN y cols., 1988) como en cuanto a los supuestos que las fundamentaron (WOOD, 1980). Esta dominación implica dos problemas importantes: en primer lugar, que la experiencia de la discapacidad se distorsionó profundamente; y en segundo lugar, que los vínculos entre la investigación y el cambio social se tomaron como relativamente simplistas y racionales y se adoptó un enfoque relacionado con la ingeniería social para el proceso de diseño de nuevas políticas. Estos problemas a su vez generaron otros más importantes que requieren un análisis más exhaustivo.

Lamentablemente, la investigación en el ámbito de la discapacidad fue incapaz de deshacerse del individualismo metodológico propio de todas las clases de investigación social positivista, al que se definió de la siguiente manera:

> El individualismo metodológico es una doctrina de la explicación que afirma que deben rechazarse todos los intentos por explicar los fenómenos sociales (o individuales) —o, según una versión actual y más sofisticada, rechazarse en cuanto explicaciones "de base"— a menos que estén completamente formulados en términos de realidades sobre los individuos.
>
> (LUKES, 1972, pág. 110.)

Por lo tanto, la investigación en el campo de la discapacidad reforzó el modelo individual de discapacidad (OLIVER, 1983) al considerar que los problemas que afrontan las personas con discapacidad son producto de sus impedimentos individuales.

Estas explicaciones de base no sólo ven la discapacidad como un problema individual, sino que al hacerlo rechazan otras explicaciones posibles.

> De esta manera, el individualismo metodológico es una doctrina exclusivista y normativa respecta a cómo deben ser las explicaciones... y excluye aquellas que recurren a las fuerzas sociales, los rasgos estructurales de la sociedad, los factores institucionales, etcétera.
>
> (LUKES, 1972, pág. 122.)

Por lo tanto, no coinciden con las explicaciones que ofrecen las propias personas con discapacidad sobre los problemas relacionados con ésta, es decir: que es la sociedad la que los causa; que son problemas que se originan en las restricciones sociales que ésta impone y en su incapacidad de reconocer —sin mencionar de intentar satisfacer— las necesidades autodefinidas de las personas con discapacidad (UPIAS, Unión de Impedidos Físicos Contra la Segregación, 1975).

El segundo problema que plantea la investigación positivista es que asume que la relación entre los resultados de las investigaciones y el cambio en las políticas no es problemática. Supone que, sobre la base de los hechos, el gobierno actuará y se producirán cambios para mejorar. Esto se denominó "enfoque de la ingeniería social" y recibió numerosas críticas tanto por sus supuestos epistemológicos como por su incapacidad de producir un cambio social de la forma prescrita (BULMER, 1981; FINCH, 1986). Una vez más, esto definitivamente se aplica a la falta de influencia de este enfoque en el ámbito de las políticas relacionadas con la discapacidad (BORSAY, 1986a; OLIVER, 1986).

Por ejemplo, desde hace veinte años tiene lugar una gran campaña constante por una pensión nacional por discapacidad que está basada precisamente en este enfoque (DIG, 1989; *Disability Alliance*, 1989). Innumerables estudios demostraron las cifras y el grado de pobreza entre las personas con discapacidad hasta el punto en que todos, incluido el gobierno, están de acuerdo con la evidencia. Sin embargo, la posibilidad de una pensión nacional por discapacidad no está más cerca de lo que estaba cuando se inició la campaña hace más de veinte años. Este fracaso sólo puede explicarse entonces en términos de la inadecuación del modelo de ingeniería social en cuanto explicación de los cambios en las políticas en general y de las políticas en el ámbito de la discapacidad en particular (OLIVER y ZARB, 1989).

En los últimos años se hicieron algunos intentos de realizar investigaciones en discapacidad en el marco del paradigma interpretativo (BLAXTER, 1980; BORSAY, 1986b; OLIVER y cols., 1988), y si bien éste intentó tomar en serio el significado de la discapacidad para aquellas personas que la tienen, aun así recibió críticas. Éstas se centraron principalmente en que este tipo de trabajo también fracasa a la hora de tener algún tipo de influencia seria sobre los servicios para las personas con discapacidad y su calidad de vida.

Una vez más es posible identificar dos razones fundamentales por las que esto se produce; en primer lugar, este tipo de investigación no modifica la esencia de las relaciones sociales de la producción investigadora. No sin razón, en otro contexto se denominó a este tipo de investigación "modelo de investigación abusivo" * (REINHARZ, 1985), ya que en este modelo los investigadores se aprovechan al tomar las experiencias de la discapacidad y dar cuenta de ellas de manera fiel, pues les permite avanzar hacia mejores cosas mientras que los sujetos con discapacidad permanecen exactamente en la misma situación social en la que estaban antes de que comenzara la investigación.

La segunda crítica proviene del modelo de formulación de políticas que presupone el paradigma interpretativo: lo que en general se denomina el modelo del iluminismo. Este modelo sostiene que no existe un vínculo directo y explícito entre la investigación y el diseño de nuevas políticas, sino que lo que hace la investigación es moldear el proceso de formulación de nuevas políticas; propor-

* En inglés *Rape model of research. (N. el T.)*

cionar un antecedente que utilizan los políticos para tomar decisiones; les ayuda a decidir qué preguntas realizar en lugar de proporcionar respuestas específicas, etcétera. Todo esto está muy bien, pero ofrece muy poco en lo que respecta a mejoras urgentes en las condiciones materiales de vida de los sujetos de la investigación —las personas con discapacidad— y una vez más plantea la cuestión de si deben o no participar en este tipo de investigaciones.

Este desengaño tanto con el paradigma de investigación positivista como con el interpretativo planteó la necesidad de desarrollar un paradigma emancipador con el objetivo de hacer que la investigación en el ámbito de la discapacidad fuera más relevante para la vida de las personas que tienen una discapacidad. La siguiente sección analizará cómo debería ser este paradigma en términos generales antes de discutir su potencial para las personas con discapacidad.

La investigación emancipadora: ¿Otro nuevo paradigma?

El desarrollo de un paradigma semejante proviene del rechazo gradual al punto de vista del positivismo sobre la investigación social en cuanto búsqueda del conocimiento absoluto a través del método científico y de la desilusión gradual con el enfoque interpretativo según el que la investigación social es generadora de un conocimiento socialmente útil dentro de determinados contextos históricos y sociales. El paradigma emancipador, como su nombre indica, tiene que ver con la facilitación de una política de lo posible mediante la confrontación de la opresión social en cualquier nivel en que ésta se produzca.

En este proyecto es crucial reconocer y enfrentar el poder que estructura las relaciones sociales de la producción investigadora. Para decirlo de manera clara, la investigación fue, y en esencia continúa siendo, una actividad que llevan a cabo aquellos que tienen poder sobre los que no lo tienen. Hace alrededor de treinta años se criticaba gran parte de las investigaciones sociológicas por tener una mentalidad enfocada a los desamparados (GOULDNER, 1975) y se la caricaturizaba como "la sociología de los locos, las putas y los pervertidos" (LIAZOS, 1972).

Esas críticas tienen la misma fuerza en la actualidad. Con frecuencia se estudia a las personas pobres, los que no tienen trabajo, aquellos con enfermedades mentales, las mujeres, las personas de raza negra, la gente con discapacidad y los niños. En comparación, la investigación descubrió poco acerca de las vidas y actividades de los psiquiatras, los gerentes de bancos, los oficiales de policía, los políticos, los terroristas políticos, los magnates industriales o incluso los mismos investigadores. Tal como expresó un analista político,

> ...la razón por la que es poco común que se estudie a los poderosos es que tienen los recursos para protegerse a sí mismos del escrutinio de los demás.
>
> (TAYLOR, 1985, pág. 152.)

No obstante, la importancia del paradigma emancipador de investigación no reside en los intentos que pueda realizar por estudiar el otro extremo de las relaciones de poder existentes, sino en los intentos que pueda hacer para desafiarlas. Es poco probable que las instituciones que se encuentran dentro de las estructuras de poder actuales patrocinen tales desafíos, y una de las soluciones que se proponen es tomar dinero para estudiar una determinada cosa pero, una vez iniciada la investigación, cambiar el foco de estudio "de la víctima hacia el verdugo, del impotente hacia el poderoso" (JENKINS, citado en WENGER, 1987, pág. 157).

No todos los investigadores, incluso aquellos comprometidos a desarrollar un paradigma emancipador, encontrarían aceptable tal enfoque; argumentarían que tomar dinero para una cosa y luego hacer otra no sólo es poco ético sino también peligroso por las consecuencias que podría tener para el investigador, la disciplina, la institución y la comunidad investigadora. Por ejemplo, es posible debatir si los beneficios y las consecuencias prácticas de la investigación de COHEN y TAYLOR (1972) acerca del encarcelamiento prolongado fueron mayores que el daño causado a las relaciones entre el Ministerio del Interior y la comunidad investigadora debido a los fundamentos falsos sobre la base de los que recolectaron los datos.

Sin embargo, el desarrollo de un paradigma emancipador no es simplemente un tema de confrontación o de adaptación a las estructuras de poder que financian y brindan recursos a la producción investigadora; también se trata de la desmitificación de las estructuras ideológicas dentro de las que se ubican estas relaciones de poder. Según GIROUX, los investigadores y otros intelectuales transformadores

> ...necesitan comprender de qué manera se producen y regulan las subjetividades a través de las formas sociales que se produjeron en la historia y cómo éstas implican y representan intereses particulares. Lo esencial para esta postura es la necesidad de desarrollar modos de investigación que no sólo investiguen de qué manera se constituyen, se viven y se soportan las experiencias dentro de determinadas formas sociales ... sino también cómo determinados aparatos de poder produjeron formas de conocimiento que legitimaron un tipo de verdad y una forma de vida particulares.
>
> (Citado en SHERMAN y WEBB, 1988, pág. 196.)

La investigación en el ámbito del feminismo probablemente haya progresado más en la desmitificación de las estructuras ideológicas existentes por el hecho de que

> Cuando se proponen epistemologías feministas, éstas no sólo buscan legitimar un nuevo campo de investigación; muchas veces también cuestionan la totalidad de la naturaleza del "proyecto científico" y la metafísica que lo subyace.
>
> (HALBERG, 1989, pág. 3.)

Según HARDING, (1987) existen al menos dos epistemologías: el feminismo empírico y la investigación del punto de vista femenino, que también progresaron en lo que respecta al desarrollo de estrategias metodológicas acordes con el paradigma emancipador.

Los tres puntos clave sobre los que un paradigma de esta clase debe basarse son la reciprocidad, el beneficio y el empoderamiento (GOLLOP, 1989). Estos elementos esenciales pueden integrarse mediante el fomento de la introspección y de un entendimiento más profundo de la situación de investigación por parte de los sujetos de estudio (LATHER, 1987). Lamentablemente, es posible que se critique este enfoque sobre precisamente las mismas bases que los dos paradigmas anteriores: puede ser que las relaciones sociales de la producción investigadora no hayan cambiado necesariamente. En lugar de que la investigación logre cambios sociales (transformaciones) a través de los enfoques de la ingeniería social o el iluminismo sobre las políticas, los logrará mediante el empoderamiento de los sujetos de la investigación, y la técnica principal para conseguirlo será el fomento de la reciprocidad.

A pesar de que la reciprocidad es un objetivo que vale la pena, recientemente se cuestionaron afirmaciones que dicen haberla alcanzado (OAKLEY, 1981) con el argumento que, dentro de las relaciones sociales de producción investigadora actuales, los investigadores nunca revelan tanto sobre sí mismos como esperan que el otro les revele a ellos (RIBBENS, 1990). Un mayor grado de empoderamiento no existe como un regalo de aquellos pocos que tienen el poder hacia los que no lo tienen; las personas sólo pueden empoderarse a sí mismas (FREIRE, 1972).

Entonces, la cuestión con el paradigma emancipador de investigación no reside en cómo empoderar a las personas, sino en qué puede hacer la investigación para facilitar ese proceso una vez que ellas deciden empoderarse a sí mismas. Esto significa entonces que las relaciones sociales de la producción investigadora efectivamente deben modificarse en su esencia; los investigadores deben aprender de qué manera poner sus conocimientos y aptitudes al servicio de sus sujetos de estudio con el objetivo de que estos últimos los utilicen de cualquier forma que elijan. La tarea de la investigación emancipadora no es, como algunas veces se supone, ayudar a los sujetos de la investigación a entenderse mejor a sí mismos, sino desarrollar su propio entendimiento de las experiencias que vivieron esos sujetos. Éste, desde luego, es un proceso dialéctico en el que la investigación puede desempeñar un papel significativo.

Por lo tanto, la importancia de la investigación emancipadora

> ...reside en establecer un diálogo entre los investigadores y la población de base con la que trabajan con el objetivo de descubrir y reconocer sus necesidades prácticas y culturales. Aquí la investigación se convierte en una parte de un proceso del desarrollo que también incluye la educación y la acción política.
>
> (REASON, 1988, pág. 2.)

Por lo tanto, este tipo de investigación puede cuestionar las relaciones sociales de la producción investigadora, puede tener que ver con el autoconocimiento, tanto de los investigadores como de los sujetos de la investigación, y no tiene por qué estar separado de los procesos más amplios de educación y política.

El empoderamiento a través del autoconocimiento es un proceso que muchos grupos oprimidos están comenzando a transmitir, y la investigación emancipadora puede cumplir una función en esto. Dicho autoconocimiento es un prerrequisito fundamental para proporcionar una redefinición de "la verdadera naturaleza del problema". Este proceso quedó retratado de manera breve en un comentario sobre la investigación de cuestiones relacionadas con las personas de raza negra:

> No debía estudiarse a las personas de raza negra, sino a la sociedad de raza blanca; no era cuestión de educar a los negros y a los blancos para que se integrasen sino de luchar contra el racismo institucional; el campo de estudio no eran las relaciones raciales, sino el racismo.
>
> (BOURNE, 1981, pág. 339.)

Diez años más tarde, esta cita se aplica de manera exacta al "estado" de la investigación en el campo de la discapacidad: no debe examinarse a la gente con discapacidad, sino a la sociedad sin discapacidad; no es cuestión de educar a unos y a otros para que se integren, sino de luchar contra la discriminación institucional hacia las personas con discapacidad (OLIVER, 1990); no son las relaciones en el ámbito de la discapacidad las que deben constituir el campo de estudio, sino la discriminación hacia las personas con discapacidad.

Entonces, al fin podemos comenzar a identificar un programa para la investigación emancipadora en el ámbito de la discapacidad; no son las personas con discapacidad de los paradigmas de investigación positivista e interpretativo lo que hay que estudiar sino la discriminación contra estas personas, la que se encuentra arraigada en la conciencia individualista y las prácticas institucionalizadas de lo que es, en última instancia, una sociedad que discrimina a las personas con discapacidad. Esos son los temas que estas personas incluyeron en el programa de investigación; la cuestión clave para la comunidad investigadora es si puede responder a ellos o no.

BOURNE (1981) sugiere tres formas en las que este nuevo paradigma de investigación puede contribuir a combatir el racismo: 1) con una descripción de la experiencia de cara a "los académicos que abstraen y distorsionan la experiencia de las personas de raza negra (aunque sea sin darse cuenta)"; 2) mediante una redefinición del problema y 3) con un cuestionamiento a la ideología y la metodología de los paradigmas de investigación dominantes. A esa lista, elaborada hace más de diez años, a las personas con discapacidad les gustaría agregar lo siguiente: 4) el desarrollo de una metodología y de un conjunto de técnicas que se correspondan con el paradigma emancipador de investigación; 5) una descripción de la experiencia colectiva de cara a los académicos que desconocen o ignoran la existencia del movimiento de discapacidad; y 6) una verificación y evaluación de los servicios que las mismas personas con discapacidad establecieron, controlan y dirigen.

Conclusiones: El camino a seguir

El argumento aquí presentado ha insinuado que los paradigmas de investigación existentes demostraron ser inadecuados y, por lo tanto, no serán útiles para los intentos de establecer un programa de investigación en el ámbito de la discapacidad para el futuro. Se han identificado las cuestiones que las personas con discapacidad consideran importantes y se ha sugerido que sólo podrá afrontárlas mediante el desarrollo de un nuevo paradigma de investigación que cambie las actuales relaciones sociales de la producción investigadora desde su base.

Por último, este nuevo paradigma deberá liberarse de los grilletes del individualismo metodológico con su visión inadecuada y abstraída del individuo, debido a que la investigación emancipadora sólo puede lograrse

> ...sobre la base de una visión de individuos no abstraídos en su especificidad social concreta, los que, en virtud de ser personas, necesitan vivir en un orden social que las trate como individuos con dignidad, como capaces de ejercer e incrementar su autonomía, de realizar actividades valoradas dentro de un ámbito privado y de desarrollar sus diversas potencialidades.
>
> (LUKES, 1973, págs. 152-153.)

De esta manera, la trascendencia del individualismo metodológico genera una visión de la sociedad exactamente igual a aquella contra la que hoy luchan las personas con discapacidad. No son solamente las personas con discapacidad las que deben luchar por promover dicho orden social, y la pregunta de Howard BECKER se muestra como falsa; todos estamos del lado del otro.

Referencias

ABBERLEY, P. (1991). "The significance of the OPCS disability surveys", en: M. OLIVER (Ed.) *Social Work: disabled people and disabling environments,* Londres, Kingsley.

BLAXTER, M. (1980). *The Meaning of Disability* (Londres, Heinemann).

BORSAY, A. (1986a). Personal trouble or public issue? Towards a model of policy for people with physical and mental disabilities, *Disability, Handicap & Society,* 1, págs. 179-196.

— (1986b). *Disabled People in the Community* (Londres, Bedford Square Press).

BOURNE, J. (1981) "Cheerleaders and ombudsmen: a sociology of race relations in Britain", *Race and Class,* 21, págs. 331-352.

BULMER, M. (1981). *The Uses of Social Research: social investigations in public policy making,* Londres, Allen & Unwin.

CARR, W. y KEMMIS, S. (1986). *Becoming Critical: education, knowledge and action research,* Lewes, Falmer Press.

CHAMBERS, R. (1983). *Rural Development: putting the last first,* Harlow, Longman.

CICOUREL, A. (1964). *Method and Measurement in Sodology,* Nueva York, Free Press.

COHEN, S. y TAYLOR, L. (1972). *Psychological Survival: the experience of long-term imprisonment,* Harmondsworth, Penguin.

DISABILITY ALLIANCE (1988). *Briefing on the First Report from the OPCS Surveys of Disability,* Londres, Disability Alliance.

— (1989). *Poverty and Disability: breaking the link,* Londres, Disability Alliance.

DISABLEMENT INCOME GROUP (1988). *Not the OPCS Survey: being disabled costs more than they* said, Londres, Disablement Income Group.

— (1989). *DIG's National Disability Income,* Londres, Disablement Income Group.

EDGERTON, R. (1967). *The Cloak of Competence,* Berkeley, CA, University of California Press.

FINCH, J. (1986). *Research and Policy: the uses of qualitative methods in social and educational research,* Lewes, Falmer Press.

FINKELSTEIN, V. (1985). Documento entregado en la *World Health Organisation Meeting,* 24-28 Junio. Netherlands.

FREIRE, P. (1972). *Pedagogy of the Oppressed,* Harmondsworth, Penguin.

GERBER, D. (1990). "Listening to disabled people", *Disability, Handicap & Society,* 5, págs. 3-24.

GIDDENS, A. (1979). *New Rules of the Sociological Method,* Londres, Hutchinson.

GIROUX, A. (1988). "Critical theory and the politics of culture and voice. Rethinking the discourse of educational research", en: R. SHEARMAN y R. WEBB (Eds.), *Qualitative Research in Education: focus and methods.*

GOULDNER, A. (1975). *For Sociology: renewal and critique in sociology today,* Londres, Pelican.

HARRIS, A. (1971). *Handicapped and Impaired in Great Britain,* Londres, HMSO.

HELLER, F. (Ed.) (1986). *The Use and Abuse of Social Science,* Londres, Sage.

HINDNESS, B. (1980). *Philosophy and Methodology in the Social Sciences,* Nueva York, Harvester.

JENKINS, R. (1971). *The Production of Knowledge in the IRR,* Londres, Institute for Race Relations.

KALLEN, D.; KOSSE, G.; WAGENAAR, H.; KLOPROGGE, J. y VORBECK, M. (1982). *Social Science Research and Public Policy Making: a reappraisal,* Windsor, NFER-Nelson.

KUHN, T. (1961). *The Structure of Scientific Revolutions,* Chicago, IL, Chicago University Press.

LATHER, P. (1987). "Research as praxis", *Harvard Educational Review,* 56, págs. 257-273.

LIAZOS, A. (1972). "The poverty of the sociology of deviance: nuts, sluts and perverts", *Social Problems,* 20, págs. 102-120.

LUKES, S. (1972) *Individualism,* Oxford, Basil Blackwell.

MAGUIRE, P. (1987). *Doing Participatory Research: a feminist approach,* Amherst, MA, University of Massachusetts.

MARTIN, J.; MELTZER, H. y ELLIOTT D. (1988). *The Prevalence of Disability among Adults,* Londres, HMSO.

— y WHITE, A. (1988). *The Financial Circunstances of Disabled Adults in Private Households,* Londres, HMSO.

OLIVER, M. (1983). *Social Work with Disabled People,* Basingstoke, Macmillan.

— (1986). "Social policy and disability: some theoretical issues", *Disability, Handicap & Society,* 1, págs. 5-18.

— (1987). "Re-defining disability: some issues for research", *Research, Policy and Planning,* 5, págs. 9-13.

— (1990). *The Politics of Disablement,* Basingstoke, Macmillan.

— y ZARB, G. (1989). "The politics of disability: a new approach", *Disability, Handicap & Society,* 4, págs. 221-239.

POPPER, K. (1972). *Conjectures and Refutations,* Londres, Routledge.

REASON, P. (Ed.) (1988). *Human Inquiry* in *Action: developments in new paradigm research,* Londres, Sage.

REINHARZ, S. (1979). *On Becoming a Social Scientist,* San Francisco, CA, Jossey-Bass.

RIBBENS, J. (1990). "Interviewing—an unnatural situation?", *Women's Studies International Forum,* 12, págs. 579-592.

ROBERTS, H. (Ed.) (1981). *Doing Feminist Research,* Londres, Routledge & Kegan Paul.

ROWAN, J. (1981). "A dialectical paradigm for research", en: P. REASON y J. ROWAN (Eds.) *Human Inquiry: a sourcebook of new paradigm research,* Chichester, John Wiley.

SHERMAN, R. y WEBB, R. (Eds.) (1988). *Qualitative Research in Education: focus and methods,* Londres, Falmer Press.

SHOTLAND, R. y MARK, M. (Eds.) (1985). *Social Science and Social Policy,* Londres, Sage.

UPIAS (1975). *Fundamental Principles of Disability,* Londres, Union of the Physically Impaired Against Segregation.

WENGER, C. (Ed.) (1987). *The Research Relationship: practice and politics in social policy research,* Londres, Allen & Unwin.

WOOD, P. (1980). *International Classification of Impairments, Disabilities and Handicaps,* Ginebra, World Health Organisation.

CAPÍTULO XVII

Lo personal y lo político

Una perspectiva feminista sobre la investigación de la discapacidad física

Por Jenny Morris

Calle Calabria 101, Londres

Resumen

La teoría y metodología feministas tienen mucho que ofrecer para entender por qué las personas con discapacidad vivieron la investigación en ese ámbito como una experiencia alienante. No obstante, la investigación en el campo del feminismo no pudo aplicar sus propios principios a la discapacidad, y la realidad subjetiva de las mujeres con discapacidad no encontró un lugar en la mayor parte de los proyectos feministas. Este artículo identifica los desafíos con que se encuentra el feminismo a la hora de abordar los intereses y la realidad de las mujeres con discapacidad y afirma que no resulta útil focalizarse en la "doble desventaja". La investigación en el ámbito de la discapacidad tiene mucho que aprender de la metodología del feminismo, en particular del principio de hacer de lo personal una cuestión política. Se analiza el papel de los investigadores sin discapacidad en cuanto aliados de las personas con discapacidad, además de la importancia de la investigación que pone en el punto de mira la forma en la que la sociedad sin discapacidad oprime a quienes la tienen. Por último, se afirma que la investigación y las políticas en el ámbito de la discapacidad tienen una importancia general porque la experiencia de la discapacidad es una parte integral de una sociedad que se caracteriza por sus desigualdades fundamentales y por sus ideologías que dividen y enfrentan a las personas.

Introducción

Este artículo en realidad no trata sobre género y discapacidad, excepto para señalar que la investigación que sólo incluye hombres con discapacidad no es una investigación asexuada. Por lo tanto, ese tipo de investigación debería llamarse "estudio sobre los hombres con discapacidad" y no "estudio sobre las personas con discapacidad"; de manera similar, una investigación que sólo incluye a personas de raza blanca con discapacidad debería llamarse "estudio sobre las personas de raza blanca con discapacidad".

Tampoco estoy interesada, por razones que después serán más claras, en hablar respecto a si las mujeres con discapacidad experimentan o no una “doble desventaja”. En cambio, lo que sí quiero hacer es tomar el objetivo original de esta serie de seminarios y el programa de investigación que Mike OLIVER determinó en su artículo y ver qué es lo que una perspectiva feminista podría ofrecer.

En el proyecto de la serie de seminarios sobre la investigación en el ámbito de la discapacidad que patrocinó la Fundación Joseph Rowntree, los conferenciantes identificaron que desde el punto de vista de las personas con discapacidad este tipo de investigación, en general, fue más parte del problema que de la solución. Según dijeron, este tipo de investigación recibió duras críticas de esas personas porque “la veían como una violación de sus experiencias, como irrelevante para sus necesidades e incapaz de mejorar sus circunstancias materiales y su calidad de vida”. En su propio artículo para el seminario, Mike OLIVER señaló que las personas con discapacidad vivían ese tipo de investigación como una alienación, en el sentido de alienación del producto de la investigación, de su proceso, de los demás sujetos de estudio y de sí mismos.

En dicho artículo —y en otros escritos— OLIVER defendió el desarrollo de un nuevo paradigma de investigación: la investigación emancipadora. Ésta debe basarse en el empoderamiento y en la reciprocidad, en cambiar las relaciones sociales de la producción investigadora, en quitar el foco de atención de los individuos con discapacidad para ubicarlo sobre la sociedad que los discrimina.

Como investigadora con discapacidad que busca incorporar a su investigación una perspectiva feminista y orientada hacia los derechos de las personas con discapacidad, ¿cómo puedo contribuir a lograr esos objetivos?

¿Cuáles son las características de una perspectiva feminista y qué le da pertinencia para investigar la discapacidad física?

Mi vida como partidaria del feminismo comenzó cuando me di cuenta de que a las mujeres se nos excluye de la esfera pública, se nos limita al mundo privado de la familia y nuestro punto de vista se excluye de las representaciones culturales. Cuando me convertí en una persona con discapacidad también me di cuenta de que el mundo público no toma en cuenta las necesidades individuales, particulares y físicas de las personas. Así como se asume que a los niños se los cría y que los trabajadores son atendidos en algún otro lugar, por ejemplo en el mundo privado de la familia, se asume lo mismo de aquellas personas cuyas características físicas hacen que requieran algún tipo de ayuda (incluso cuando esa necesidad la genera el propio entorno físico), que no se encuentran en el mundo público.

Como feminista descubrí que el punto de vista de los hombres se representa como universal y neutro. Simone de BEAUVOIR escribió: “...la relación entre los dos sexos no es exactamente como la de los polos eléctricos, ya que el hombre representa tanto el positivo como el neutro ... mientras que la mujer representa sólo el negativo, definido por criterios restrictivos, sin reciprocidad”. De esta forma se impidió que las mujeres tuvieran la posibilidad de tener una participación igualitaria en la producción de lo que luego se considera nuestra cultura. Cuando me convertí en una persona con discapacidad me di cuenta de que, si bien la discapacidad es parte de la experiencia humana, ésta no se manifiesta dentro de las diferentes formas que adquiere la cultura, excepto en términos que definen las personas sin discapacidad (de la misma forma en que los hombres definían y aún definen la representación cultural de las mujeres). La falta de discapacidad se trata como la experiencia positiva y universal mientras que la experiencia de la discapacidad "representa sólo la negativa, definida por criterios restrictivos, sin reciprocidad".

La afirmación de Patricia HILL COLLINS (en su libro *Black Feminist Thought*) tiene un significado doblemente convincente para mi: "Los grupos desiguales en poder son proporcionalmente desiguales en su capacidad para dar a conocer su punto de vista a sí mismos y a los demás" (HILL COLLINS, 1990, pág. 26). Dar a conocer nuestro punto de vista a nosotros mismos y a los demás es una parte central de los objetivos de la investigación feminista y también debería serlo para los derechos en el ámbito de la discapacidad.

¿Qué significa "investigación feminista"?

Las mujeres ya experimentaron en el pasado la investigación como una actividad alienante. Tal como afirma Liz STANLEY: "la objetividad es un conjunto de prácticas intelectuales destinadas a separar a la gente del conocimiento de su propia subjetividad" (STANLEY, 1991, pág. 11); o, como una vez expresó Adrienne RICH: "La objetividad es una palabra que los hombres utilizan para describir su propia subjetividad".

Sobre la base de este reconocimiento de la investigación como conocimiento alienado, la investigación feminista se caracteriza por tener un método que, tal como afirma Dorothy SMITH, "crea el espacio para un sujeto ausente, y para una experiencia ausente, desde el comienzo de la investigación, el que se llenará con la presencia y con el relato de la experiencia de mujeres reales que hablarán de y desde las realidades de sus mundos cotidianos" (SMITH, 1988, pág. 107).

¿Las investigaciones en el ámbito de la discapacidad hacen lo mismo por sus sujetos de estudio? La mayoría claramente no lo hace, lo que constituye una razón por la que la gente con discapacidad vive este tipo de investigaciones como una experiencia alienante.

Esta cita de Dorothy SMITH también me recuerda uno de los motivos por los que me molesta el uso de los modelos médico y social en la investigación en el ámbito de la discapacidad. Dichos modelos son problemáticos porque no facilitan que haya espacio dentro de la investigación para el sujeto ausente. La utilización de modelos como herramientas analíticas viene de la teoría y de la investigación que nos tratan como objetos. ¿Es posible adaptar esa herramienta analítica para producir una investigación no alienada?

Tal como dice Dorothy SMITH sobre las mujeres en el contexto de la investigación feminista, "el problema ... reside en cómo producir una sociología que sea para las mujeres y que las tome como sus sujetos y sus conocedoras cuando los métodos de pensamiento que aprendimos como sociólogas producen textos visiblemente sociológicos que nos reconstruyen como objetos" (SMITH, 1988, pág. 109).

Esta es también la tarea que debe llevar a cabo la investigación en el ámbito de la discapacidad; una vez más, soy cauta en cuanto al uso de modelos porque provienen de una forma de pensar que trata a las personas con discapacidad como objetos.

Según Liz STANLEY, existen tres cosas que distinguen el "conocimiento no alienado" en términos del feminismo:

— Se ubica al investigador/teórico como una persona real en un contexto concreto.
— La comprensión y la formulación de teorías se localizan y tratan como actividades materiales y no como actividades metafísicas "trascendentes" que no pueden analizarse y que son de un tipo diferente a las actividades de la "gente común"; y
— el "acto de conocer" se examina como el determinante crucial de "aquello que se conoce" (STANLEY, 1990, pág. 12).

¿Por qué la investigación y la teoría feministas no lograron aplicar sus fundamentos a la discapacidad?

De todas formas, si aplicamos los principios antes mencionados a la investigación feminista en el ámbito de la discapacidad, veremos que de hecho ésta es un conocimiento alienado en lo que respecta a las personas con discapacidad. Esto se debe a que la investigadora/teórica no se mostró a sí misma como una persona sin discapacidad que tiene ciertas ideas culturales respecto a la discapacidad, a que el entendimiento y la formulación de teorías no se trataron como algo que ocurre en el contexto de una relación desigual entre personas sin y con discapacidad y a que el "acto de conocer", que en este caso se basa en el significado social de la discapacidad, no se examinó como el determinante crucial de "aquello que se conoce".

La investigación feminista sobre cuidadores informales es un ejemplo perfecto de la producción de investigación alienada desde el punto de vista de las personas con discapacidad; tal como lo demuestra el artículo de Lois KEITH.

No obstante, lo problemático no es sólo la forma en que los feministas trataron a las personas con discapacidad durante sus investigaciones, sino también cómo dejaron fuera de las mismas a las mujeres con discapacidad. Esto resulta claro si miramos el desarrollo de las investigaciones durante los últimos veinte años.

El desarrollo de la investigación feminista tuvo dos etapas. La primera fue la de "sumar a la mujer" a la cosmovisión que anteriormente dominaban los hombres. Esto dio como resultado algunos estudios reveladores en varias disciplinas diferentes; pero la más revolucionaria fue la segunda etapa. Los feministas descubrieron que, en lugar de simplemente incluir a las mujeres en el tema de estudio, debía cuestionarse la esencia de las teorías y las metodologías debido a que los modelos y paradigmas existentes eran inadecuados para explicar las realidades de las mujeres (o de los hombres).

Al hacerlo, los feministas no sólo afirmaron que la experiencia personal y subjetiva de las mujeres constituía un área legítima de estudio; afirmaron también que debía revolucionarse la forma en la que se realizaba esa investigación. Desarrollaron nuevos paradigmas, teorías y, finalmente, una nueva filosofía que demostró que el feminismo no tiene que ver únicamente con el estudio de las mujeres, sino con una forma totalmente nueva de mirar al mundo.

Los avances más recientes en el pensamiento feminista se centraron en el reconocimiento de las experiencias de diferentes grupos de mujeres y de la relación entre el género y otras formas de opresión. Elizabeth SPELMAN, entre otras, argumentó que las afirmaciones propias del feminismo respecto a lo que las mujeres tienen en común casi siempre fueron una descripción de las mujeres blancas de clase media y que cuando se consideran otros grupos de mujeres se tiende a "agregarlas" como sujetos de investigación y formulación de teorías. Las experiencias de las mujeres blancas de clase media se tomaron como la norma, mientras que las de otras mujeres se trataron como "diferentes", como sujetos de estudio y análisis particulares. De esta manera, la realidad de las mujeres blancas de clase media constituye la base de la teoría y el análisis general (de la misma forma en que antes lo era la realidad de los hombres), y la realidad de otros grupos de mujeres se trata como particular, como una realidad separada de la general.

SPELMAN, por ejemplo, manifiesta: "La mayoría de los escritos filosóficos sobre 'la naturaleza del hombre' no se refieren a las mujeres en absoluto. Pero gran parte de los escritos feministas sobre 'la naturaleza de la mujer' y 'las experiencias de las mujeres' tampoco se refieren a todas las mujeres. Existen paralelos alarmantes entre lo que los feministas consideran decepcionante y ofensivo en el pensamiento filosófico occidental y lo que muchas mujeres consideraron perturbador en gran parte del pensamiento feminista occidental" (SPELMAN, 1990, pág. 6). Este reconocimiento tiene un efecto (potencialmente) tan radical sobre el pensamiento feminista como tuvo el feminismo en sí mismo sobre las cosmovisiones dominadas por los hombres y por sus experiencias.

Sin embargo, en el análisis de SPELMAN faltan dos grupos de mujeres. Cuando identifica que "las mujeres de la clase obrera, las mujeres lesbianas, las judías y las de raza negra" se consideraron "prescindibles" dentro de la filosofía feminista, SPELMAN —al igual que la mayoría de las feministas sin discapacidad— dejó fuera a dos grupos importantes: las mujeres mayores y las mujeres con discapacidad. La discapacidad y la vejez constituyen aspectos de la identidad con los que el género está muy entrelazado, pero son identidades que los feministas ignoraron prácticamente por completo.

La teoría feminista se amplió y refinó mediante la ubicación de las cuestiones de clase y raza en el centro del feminismo en cuanto filosofía y explicación. Pero la discapacidad y la vejez fueron cuestiones que no se consideraron en absoluto o que se descartaron tal como lo hace Caroline RAMAZANOGLU cuando justifica su incapacidad de incorporar a su análisis a las mujeres mayores y a aquellas con discapacidad. RAMAZANOGLU escribe: "A pesar de que éstas constituyen áreas cruciales de opresión para muchas mujeres, toman diferentes formas en distintas culturas y por eso resulta difícil generalizar sobre ellas. Son además expresiones de la diferencia que podrían transformarse mediante cambios de conciencia" (RAMAZANOGLU, 1989, pág. 95). Estos son argumentos realmente endebles. El racismo también adquiere diferentes formas en distintas culturas, pero análisis feministas recientes argumentaron, con bastante razón, que las experiencias y los intereses de las mujeres de raza negra deben situarse en el centro de la investigación y la teoría feministas. Su segunda afirmación es una extraordinaria negación de la base socioeconómica de la opresión que experimentan las personas mayores o con discapacidad; podríamos decir de la misma forma que el racismo puede erradicarse a través de una educación obligatoria contra el racismo.

El hecho de que la discapacidad no se haya integrado a la teoría feminista se basa en uno de los problemas más significativos que tiene la premisa feminista de que "lo personal es político". Tal como reconoce Charlotte BUNCH:

> Cuando observamos la diversidad entre las mujeres notamos una de las debilidades del concepto feminista de que lo personal es político. Es válido que cada mujer comience desde sus experiencias personales y es importante ver de qué manera estas experiencias son políticas. Pero también debemos reconocer que es la cultura, con todos sus prejuicios, la que da forma a nuestras experiencias personales. Por lo tanto, no podemos depender sólo de nuestras percepciones como la base para el análisis y la acción política; y mucho menos para la coalición. Los feministas debemos ir más allá y desafiar los límites de nuestras propias experiencias personales para aprender de la diversidad de la vida de las mujeres.
>
> (BUNCH, 1988, pág. 290.)

Las personas con discapacidad —hombres y mujeres— tenemos pocas oportunidades para describir nuestras propias experiencias dentro de la cultura general o dentro de los movimientos políticos radicales. Nuestra experiencia se aísla, se individualiza; las definiciones que la sociedad nos impone se centran en opiniones sobre las capacidades y personalidades individuales. Esta falta de una voz, de una representación de nuestra realidad subjetiva, hace que resulte difícil para las personas feministas sin discapacidad incorporar nuestra realidad a sus investigaciones, a sus teorías, a no ser que lo hagan en términos de cómo nos ve el mundo sin discapacidad.

Esto no significa que la experiencia de la discapacidad y la vejez deba "agregarse" a la teoría feminista actual. Integrar estos dos aspectos de la identidad al pensamiento feminista sería tan revolucionario como hacerlo con el desafío político y teórico del feminismo en el modelo en que la experiencia del hombre blanco se consideraba que representaba la experiencia humana en general. Es más, el desafío del feminismo estaría incompleto mientras excluyera dos aspectos tan importantes de la experiencia humana y, al mismo tiempo, formas de opresión social y económica.

Entonces, ¿en qué posición me deja esto como feminista con discapacidad? En que quiero desafiar al feminismo para que incorpore la realidad subjetiva de las mujeres con discapacidad, pero también deseo que la investigación en el ámbito de la discapacidad incorpore métodos feministas de investigación.

Dos desafíos para el feminismo

En primer lugar, la discapacidad es un tema importante para las mujeres, pero la cuestión de "la mujer con discapacidad" no debería abordarse como si fuera un tema de estudio "independiente" que no guarda relación con otras áreas de investigación en las que los feministas están trabajando.

En mi propia investigación me encontré recientemente con tres ejemplos de la opresión que sufren los individuos con discapacidad en los que las cuestiones de género se interconectan con la discapacidad, si bien lo hacen de formas diferentes:

— La violación de una joven con discapacidad por parte de un asistente de ambulancia mientras se la trasladaba con un brazo fracturado desde la residencia universitaria hasta su casa.
— El registro en el expediente de una mujer con discapacidad por parte de un asistente social de sexo masculino que pensó que la había descubierto masturbándose y las conclusiones deducidas de su personalidad sobre la base de ese hecho.
— La situación en que un oficial de policía y un asistente social esperaron en el pasillo de un hospital a que una mujer con discapacidad diera a luz, momento en que le quitaron su bebé de acuerdo con una orden judicial emitida sobre la base de que su discapacidad física le impediría cuidarlo.

Todos estos incidentes se relacionan con algún tipo de violación y todos ellos se desarrollan en el contexto de relaciones de poder desiguales e ideologías opresivas. Mi cuestionamiento a los feministas radica en que necesitan preguntarse a sí mismos si estas experiencias de opresión sólo le interesan a las mujeres con discapacidad.

Los tres ejemplos muestran distintas formas en las que se interconectan la opresión que soportan las mujeres y la que sufren las personas con discapacidad. No obstante, pasar demasiado tiempo analizando la relación entre el sexismo y la discriminación contra las personas con discapacidad es desviar la atención de la verdadera cuestión central. Lo que a mí más me interesa es si la experiencia de las mujeres antes descrita aparece entre los objetivos principales de los investigadores feministas sin discapacidad; o si, al menos, se añade como un tema complementario al pensar que la experiencia de las mujeres con discapacidad es diferente de la de las mujeres que no la tienen.

En segundo lugar, también quisiera argumentar que no es muy provechoso decir que las mujeres con discapacidad experimentan una "doble desventaja".

Las imágenes de desventaja son una parte tan importante de la experiencia de opresión que la investigación emancipadora (la que busca promover los intereses de "los investigados") debe desafiarlas constantemente. En ello reside uno de los problemas de examinar la relación entre género y discapacidad o raza y discapacidad en términos de una "doble desventaja". La investigación en sí misma puede ser parte de las imágenes de desventaja.

Si se pretende que la investigación en el ámbito de la discapacidad sea una investigación emancipadora, entonces debe formar parte de la lucha que llevan adelante las personas con discapacidad por apropiarse de la definición de opresión, de la traducción de sus realidades subjetivas.

Como escribe Alice WALKER: "En mi obra no sólo expreso lo que yo quiero leer ... enumero todas las cosas que debía haber podido leer". No creo que ni yo, ni muchas otras mujeres con discapacidad, queramos leer cómo los investigadores sin discapacidad analizan lo terribles que son nuestras vidas porque "sufrimos" dos modos de opresión.

¿Qué tipo de investigación deseo ver en el ámbito de la discapacidad?

Estoy interesada en determinar la pertinencia de la teoría y la metodología feministas en el desarrollo de una clase de investigación en el ámbito de la discapacidad que provoque el empoderamiento de sus sujetos de estudio. En este sentido existen cuatro puntos principales que me gustaría aclarar.

1. *El papel de la investigación en la liberación personal.* Para mujeres como yo, tal como escriben Liz STANLEY y Sue WISE, el feminismo es una forma de vivir nuestras vidas:

> Ocurre en la medida en que las mujeres, unidas y de manera individual, de forma vacilante y desenfrenada, alegremente y con un profundo dolor, logramos ver nuestras vidas bajo una luz diferente y cuando, en lugar de aceptar los marcos de referencia que se nos imponen desde fuera para comprenderlas, comenzamos, en cambio, el lento proceso de construir nuestras propias formas de verlas, de entenderlas, de vivirlas. Para nosotras, la insistencia en la naturaleza profundamente política de la vida cotidiana y el observar el cambio político como un cambio personal es simplemente "feminismo".
>
> (STANLEY y WISE, 1983, pág. 192.)

De un modo similar, una perspectiva sobre los derechos en el ámbito de la discapacidad —la que determina que es el mundo sin discapacidad el que me invalida y me oprime— me permite comprender mi experiencia y rechazar las ideologías opresivas que se me aplican como mujer con discapacidad.

Me dediqué a la investigación en el ámbito de la discapacidad para validar esta perspectiva (de la misma forma en que la investigación feminista validó una conciencia feminista).

Susan GRIFFIN identificó cómo, durante la década de los setenta, las mujeres "afirmamos que nuestras vidas, así como también las de los hombres, merecían que se las tuviera en cuenta; que lo que sufríamos en nuestras vidas no siempre era natural, sino la consecuencia de la distribución política del poder. Y por último, por medio de esas palabras afirmamos que los sentimientos de incomodidad, insatisfacción, dolor, ira y rabia que teníamos no eran expresiones de locura, sino de cordura" (GRIFFIN, 1982, pág. 6).

Espero que la investigación en el ámbito de la discapacidad confirme la relevancia que estas palabras tienen para las personas con discapacidad; nuestra ira no proviene de que nos sintamos inferiores y nos ofendamos fácilmente, nuestro dolor no es por "no poder aceptar la discapacidad". Nuestra insatisfacción con nuestras vidas no es un defecto de nuestra personalidad, sino una respuesta sensata a la opresión que sufrimos.

Lamentablemente, son muy pocas las investigaciones en el ámbito de la discapacidad que no hagan otra cosa más que confirmar las imágenes opresivas de la discapacidad.

2. *La experiencia personal de la discapacidad.* Investigadores como Vic FINKELSTEIN y Mike OLIVER argumentaron durante años en contra del modelo médico de discapacidad y de esa forma hicieron de lo personal una cuestión política en el sentido de que insistieron en que lo que parece ser una experiencia individual de discapacidad de hecho constituye una construcción social. No obstante, también necesitamos recordar el otro sentido que tiene hacer de lo personal una cuestión política, el que implica poseer y tener control de la representación de la experiencia personal de la discapacidad, incluidas sus partes negativas.

Lamentablemente, en nuestros intentos por desafiar los modelos médicos y de "tragedia personal" de la discapacidad, en ocasiones nos inclinamos a negar la experiencia personal de la discapacidad. La discapacidad se asocia con la enfermedad, con la vejez (dos tercios de las personas con discapacidad son mayores de 60 años) y con circunstancias que son inevitablemente dolorosas. La red de lucha por la igualdad de las personas con discapacidad (*Liberation Network of People with Disabilities*), una organización que realizó un intento explícito por incorporar la política de lo personal, reconoció esto en su declaración de principios. Esta declaración incluyó el tema de que, a diferencia de otras formas de opresión, tener una discapacidad es "a menudo una sangría adicional a los recursos de los individuos; es decir, no es intrínsecamente angustiante ser de raza negra, mientras que sí puede serlo sufrir de una artritis dolorosa" (*In From The Cold*, junio de 1981). Experimentar la discapacidad es experimentar la fragilidad del cuerpo humano. Si lo negamos, descubriremos que nuestra experiencia personal de la discapacidad permanecerá aislada; experimentaremos nuestras diferencias como algo característico de nosotros como individuos, y nos sentiremos personalmente culpables y responsables la mayor parte del tiempo.

Cuando las enfermedades y las dificultades físicas —y la vejez— se asocian de tal manera con las insuficiencias personales y se hace tan doloroso enfrentarse con ellas, es sencillo para nosotros, en nuestros intentos por afirmar que tenemos el control sobre nuestras vidas, insistir con que somos jóvenes, aptos, competentes. La verdad del tema es que la mayoría de las personas con discapacidad no somos jóvenes, no somos aptas y tenemos grandes dificultades para desarrollar la competencia necesaria para tener el control sobre nuestras vidas.

Las experiencias de envejecer, de estar enfermo, de sufrir dolor, de tener limitaciones físicas e intelectuales, son todas parte de la experiencia de vivir. Sin embargo, tener miedo significa que existen muy pocas representaciones culturales que generen una comprensión de su realidad subjetiva. El movimiento de discapacidad necesita incorporar el principio feminista de que lo personal es político y afirmar el valor de nuestras vidas al darle voz a esas experiencias subjetivas. La investigación en el ámbito de la discapacidad, si es emancipadora (en la forma en que Mike OLIVER la define), puede desempeñar un papel clave en este aspecto.

3. *Los investigadores sin discapacidad como aliados.* Todos los grupos oprimidos necesitan aliados. Los investigadores sin discapacidad cumplen dos funciones como aliados:

a) Los investigadores y académicos sin discapacidad deberían preguntarse dónde están los investigadores, estudiantes y académicos con discapacidad. Deberían reconocer y cuestionar tanto la discriminación directa como la indirecta. Lamentablemente, la mayoría de las personas sin discapacidad ni siquiera reconocen de qué manera se discrimina a las personas con discapacidad en sus ámbitos de trabajo. Poner a las personas con discapacidad en puestos en los que desempeñemos un papel importante en lo que respecta a llevar adelante y dar a conocer la investigación es tan importante para nosotros como lo es y lo fue el mismo proceso para las mujeres. Como dice Audre LORDE: "Resulta evidente que si nosotros mismos no nos definimos a nosotros mismos, nos definirán los demás, para su beneficio y en nuestro perjuicio" (citada por HILL COLLINS, 1990, pág. 26.)

b) Las personas sin discapacidad, cuando se ganan la vida mediante trabajos relacionados con el campo de la discapacidad, deberían preguntarse si pueden realizar una investigación que empodere a las personas con discapacidad y cómo podrían hacerlo.

Los investigadores sin discapacidad deben comenzar por cuestionar sus propias actitudes hacia la discapacidad. Por ejemplo, ¿por qué Caroline RAMAZANOGLU descarta la discapacidad y la vejez de la forma en que lo hace? No puede verlas como fuentes de fuerza, celebración o liberación, cosas en que la raza, la clase y el género pueden convertirse a través de un proceso de lucha. Las personas sin discapacidad necesitan examinar por qué esto es así.

La investigación feminista ubica la realidad subjetiva de las mujeres (es decir, la experiencia definida en los propios términos del sujeto) en un lugar central. No obstante, cuando los investigadores (feministas o no) se acercan a las personas con discapacidad como sus sujetos de estudio, tienen pocos medios que les ayuden a comprender nuestra realidad subjetiva porque nuestras propias definiciones de la experiencia de la discapacidad están ausentes de la cultura general.

Si las personas sin discapacidad pretenden continuar con sus investigaciones en el ámbito de la discapacidad —como sin duda lo harán—, ¿qué tipo de investigación deberían hacer?

c) Debe poner la mira en los opresores. El comportamiento de las personas sin discapacidad respecto a las personas con discapacidad constituye un problema social; es un problema social porque es una expresión de prejuicio. Tales expresiones de prejuicio se producen tanto en las relaciones personales como a través de instituciones sociales, económicas y políticas; y, por esa razón, el estudio sobre una relación afectuosa, por ejemplo, debe ocuparse del prejuicio de la misma forma en que los estudios de las relaciones entre hombres y mujeres se ocupan del sexismo.

d) Nuestra experiencia personal del prejuicio debe hacerse política y debe crearse espacio para el sujeto ausente. Este tema se muestra mediante el ejemplo de una investigación que es necesario llevar a cabo: la investigación de la experiencia de abuso dentro de las instituciones de cuidado. Una investigación sobre este tema debería tener tres objetivos:

— identificar la experiencia como abuso;
— expresar la ira, el dolor y los daños que resultan de estas experiencias; y
— centrarse en quienes perpetran dicho abuso y examinar cómo y por qué sucede.

El movimiento de discapacidad ya comenzó a identificar las diferentes formas de abuso que sufren las personas con discapacidad. Un ejemplo es lo que se denominó "desnudez pública", que muchas personas con discapacidad experimentan en el ámbito hospitalario. Por ejemplo, una mujer con espina bífida describió la experiencia que tuvo durante toda su niñez después de que un especialista en traumatología le indicara que debía someterse a un examen por año. Esos exámenes tenían lugar en habitaciones amplias, con veinte o más médicos y fisioterapeutas observándola. Una vez que el hospital adquirió el equipamiento necesario, los exámenes se grababan en vídeo. La mujer describió cómo, cuando tenía 12 años, intentó no quitarse el sostén; prenda que apenas había comenzado a usar. Un artículo que se relató su experiencia decía: "El médico, que deseaba explicar algo acerca de su espalda, se lo quitó sin decirle nada pero con un notable fastidio. Una enfermera en seguida pidió disculpas, pero no a Anne, sino al médico" (*Disability Rag*, enero/febrero de 1990). Anne sabía que recibía este tipo de humillación porque ella, tal como un médico le había dicho, era "considerablemente deforme y minusválida".

El prejuicio y las relaciones de poder desiguales, que son una parte integral de la experiencia de las personas con discapacidad en el ámbito de los servicios de salud llevaron, en este tipo de circunstancias, al abuso y a la explotación: abuso porque se violan su privacidad y su autonomía, lo que conlleva consecuencias psicológicas duraderas para aquellos que experimentaron este tipo de desnudez pública; explotación porque, más que recibir un servicio médico (que es la razón por la que los enfermos acuden a los hospitales y a las consultas), las personas como Anne son quienes, de hecho, brindan un servicio a la medicina como profesión.

4. *La investigación y las políticas en el ámbito de la discapacidad son de importancia general para todos los grupos sociales.* Esto no se debe únicamente a que la discapacidad se encuentre en todos los grupos sociales, sino también a que la experiencia de la discapacidad forma parte de las cuestiones más amplias y fundamentales de los prejuicios y la desigualdad económica.

La experiencia de racismo que sufren las personas de raza negra no puede compartimentarse y estudiarse de manera independiente de la estructura social en la que subyace; la experiencia de sexismo que sufren las mujeres no puede separarse de la sociedad en la que se produce; tampoco puede aislarse la experiencia de discriminación y desigualdad que sufren las personas con discapacidad de la sociedad en la que todos vivimos.

Los feministas preguntan de qué manera y por qué el mundo público supone que aquellas responsabilidades y tareas que ocurren dentro del mundo privado no afectarán las responsabilidades y tareas del lugar de trabajo. La investigación en el ámbito de la discapacidad también debe preguntar de qué manera y por qué el mundo público del trabajo supone que la discapacidad y la enfermedad no existen. Este enfoque extrae a las mujeres y a las personas con discapacidad de la marginalidad investigadora porque se trata de preguntas fundamentales sobre la propia naturaleza de las organizaciones sociales y económicas. Nuestra sociedad se caracteriza por desigualdades fundamentales y por ideologías que dividen y enfrentan a las personas; la experiencia de la discapacidad es una parte integral de esto.

Referencias

BUNCH, C. (1988). "Making common cause: diversity and coalitions", en: C. MCEWEN y S. O'SULLIVAN (Eds.) *Out the Other Side,* Londres, Virago.

FINKELSTEIN, V. (1980). *Attitudes and Disabled People: issues for discussion,* Nueva York, World Rehabilitation Fund.

GRIFFIN, S. (1982). *Made from This Earth,* Londres, Women's Press.

HILL COLLINS, P. (1990). *Black Feminist Thought: knowledge consciousness, and the politics of empowerment,* Londres, Unwin Hyman.

KEITH, L. (1990). "Caring partnership", *Community Care,* 22 (Febrero), págs. v-vi.

MORRIS, J. (1991). *Pride against Prejudice: transforming attitudes to disability,* Londres. Women's Press.

RAMAZANOGLU, C. (1989). *Feminism and the Contradictions of Oppression,* Londres, Routledge.

SMITH, D. (1988). *The Everyday World as Problematic: a feminist sociology,* Milton Keynes, Open University Press.

SPELMAN, E. (1990). *Inessential Woman,* Londres, Women's Press.

STANLEY, L. (1990). *Feminist Praxis: research, theory and epistemology in feminist sociology,* Londres, Routledge.

— y WISE, S. (1983). "Back into the personal or: our attempt to construct 'feminist research'", en: G. BOWLES y D. KLEIN (Eds.) *Theories of Women's Studies,* Londres, Routledge.

CAPÍTULO XVIII

Raza y discapacidad

¿Sólo una doble opresión?

Por O. W. STUART

130b Abbey Road, Londres

Resumen

Este artículo cuestiona la idea de que el hecho de ser una persona de raza negra con discapacidad signifique experimentar una "doble opresión". Por el contrario, se sugiere que las personas de raza negra con discapacidad viven una experiencia singular. La suma de varias experiencias ayuda a dar forma a la perspectiva general de este grupo. Más que una doble opresión, sería más adecuado decir que estas experiencias ocurren de manera simultánea. Esa imagen de las personas de raza negra con discapacidad se atribuyó desde fuera de esa comunidad y se basa en una comparación con la experiencia de las personas de raza blanca. Por ejemplo, se considera que ciertas enfermedades que sufren las personas de raza negra se deben a que no logran seguir "una dieta occidental saludable". Este artículo sugiere que la toma de decisiones por parte de aquellos que trabajan en la asignación de recursos estatales limitados sigue un patrón similar. En Gran Bretaña el debate sobre la inmigración estigmatiza a las personas de raza negra como intrusos. Tanto las extrañas prácticas relacionadas con la salud como el temor a los intrusos aíslan a las personas de raza negra con discapacidad. Por último, este artículo considera el impacto que esta forma de marginación tiene sobre las comunidades étnicas minoritarias. Sin embargo, las identidades que estas diversas comunidades construyeron en respuesta a esa imputación externa impactan sobre sus iguales con discapacidad. Esto sucede debido a la amplia aceptación del modelo médico de discapacidad.

¿Es la doble opresión un punto de partida adecuado?

Existe una tentación por representar la experiencia de las personas con discapacidad que forman parte de comunidades étnicas minoritarias como una "doble opresión". Se supone que estas personas deben luchar con sus impedimentos, los que a su vez generan una experiencia de discapacidad; y eso es precisamente lo que hacen dentro de un entorno social discriminador e intolerante hacia las comunidades étnicas minoritarias en Gran Bretaña (*Confederation of Indian Organizations,* 1987).

Esta idea tuvo amplia aceptación en el debate acerca de la discapacidad en las personas de raza negra (OLIVER, 1990)[1]. No obstante, ¿puede un marco conceptual tan impreciso representar esta experiencia de manera adecuada? ¿Es ése el punto de partida correcto para comenzar una investigación sobre este tema? ¿Existe algún método más adecuado que permita comprender la experiencia de ser una persona de raza negra con discapacidad?

Sostengo que las suposiciones que se encuentran detrás del término "doble opresión" lo convierten en un punto de partida inadecuado. Lamentablemente, no hay a nuestro alcance un enfoque alternativo para reemplazarlo. Se realizaron muy pocas investigaciones para definir de manera precisa qué significan éste y cualquier otro concepto sobre la experiencia de las personas de raza negra con discapacidad (ATKIN y ROLLINGS, 1991). En consecuencia, la frase "doble opresión" es un tanto vacía; hace ya demasiado tiempo que la retórica sustituye al contenido.

En la actualidad la naturaleza del racismo en Gran Bretaña hace que no sea suficiente desafiar los modelos opresivos de discapacidad. Lo que las personas de raza negra con discapacidad necesitan es una agenda más amplia que incluya su experiencia como ciudadanos británicos. El punto de partida para lograrlo debe ser la aceptación de que, incluso en los márgenes de la sociedad —en los que la mayoría de las personas con discapacidad están atrapadas—, se marginó a las personas de raza negra con discapacidad.

Las organizaciones activistas y de campaña conformadas por personas con discapacidad —como el Consejo Británico de Organizaciones de Personas con Discapacidad (*British Council of Disabled People*, BCODP)— intentaron desafiar las prácticas abiertamente racistas que las instituciones especializadas y los proveedores de servicios perpetúan en nombre de las personas de raza negra con discapacidad. A través de estas organizaciones de personas con discapacidad se identificó: racismo en el ámbito de la provisión de servicios, la incapacidad de brindar a los grupos étnicos minoritarios la información adecuada sobre los servicios disponibles y la insensibilidad de las autoridades hacia las diferencias lingüísticas y culturales. Tales críticas fueron el tema principal en varias conferencias que el movimiento de discapacidad ha organizado recientemente (*Brent Council*, 1988; GLAD [Abogados y Defensores de Gais y Lesbianas], 1991).

No hay duda de que estas actividades supusieron un aporte fundamental a nuestra comprensión de las circunstancias específicas que deben soportar las personas de raza negra con discapacidad. También constituyen un indicador de la importancia que el movimiento de discapacidad comenzó a otorgar a la experiencia de las personas de raza negra en esa situación, de lo que este artículo constituye una prueba más. No obstante, este tipo de crítica sigue sin mejorar nuestra comprensión de la base en que se apoya el tipo de opresión que experimentan.

Es importante destacar que tanto los escritores antirracistas como el movimiento de discapacidad expresan una identidad alternativa a aquella que se per-

[1] A lo largo del artículo he utilizado el término "de raza negra" para referirme a las personas originarias de la nueva Commonwealth que se encuentran en el Reino Unido y se ha incluido también en él a las personas de ascendencia arábiga, vietnamita o china.

cibe como la norma dentro de la sociedad. Para las personas con discapacidad esta norma está conformada por una historia de nuestra sociedad en la que la discapacidad está o bien ausente o bien se interpretó de manera que los individuos se presentan como anormales o impotentes (HARRIS, 1971; WOOD, 1981). En esta interpretación no se considera que la discapacidad tenga causas sociales (OLIVER, 1990).

Asimismo, los escritores antirracistas cuestionan la norma que se origina en la interpretación de la filosofía del "nuevo racismo". En su forma más exaltada, el nuevo racismo depende de la capacidad de vincular discursos de patriotismo, nacionalismo, xenofobia, "lo inglés" y "lo británico" en un complejo sistema que le proporciona al concepto de "raza" su significado contemporáneo. Estos temas se combinan para dar una definición de "raza" en términos de cultura e identidad (BARKER, 1981; LAWRENCE, 1982; GILROY, 1987). "Las diferencias raciales se expresan en la cultura y se reproducen en las instituciones educativas y, sobre todo, en la vida familiar" (GILROY, 1987). Esta imagen se ve reforzada por tradiciones específicas y expresiones culturales que buscan describir a los ingleses y distinguir a los británicos. Los conceptos de "raza isleña" y "la raza buldog"* transmiten la forma en que se representa a esta nación en términos nacionales, biológicos y culturales al mismo tiempo.

El objetivo central del nuevo racismo es la movilización de la cultura en la forma de fenotipo como la representación primaria de la diferencia. Para ellos la cultura inglesa es exclusiva; no puede incluir a aquellos ciudadanos británicos que provienen de la nueva Commonwealth (BARKER, 1981).

En esta sociedad la marginación es la experiencia más típica de las personas de raza negra y también la de aquellas con discapacidad. Una sociedad repleta de lenguaje discriminatorio hacia las personas con discapacidad es un indicio del grado en que se las excluye. En comparación, la política migratoria —el mecanismo del Estado para la inclusión y la exclusión de las personas— es para el "nuevo racismo" el punto de referencia de su legitimidad generalizada. El Departamento de Emigración especifica quién puede pertenecer a la comunidad nacional y quién no. Por definición, este mecanismo propone razones para la segregación y la deportación. Su explotación por parte del Estado hace que las personas de raza negra sean vulnerables y se las deje al margen (GILROY, 1987).

Tanto las organizaciones que forman parte del movimiento de discapacidad como el BCODP, como los escritores antirracistas buscaron proponer imágenes de esta sociedad distintas de las dominantes. Si bien por accidente más que por intención, esto refleja el hecho de que cada uno de sus representados se encuentra al margen de esta sociedad. Las organizaciones que integran el movimiento de discapacidad hicieron campaña en contra del modelo médico de discapacidad (OLIVER, 1990). Por su parte, los escritores antirracistas hicieron énfasis en la existencia de una rica historia de la población de raza negra, en particular de la historia de la población de raza negra de Inglaterra. La cuestión central de este artículo reside en la sugerencia de que las personas de raza negra con discapa-

* *Island Race* y *Bullgog Breed*, formas en las que los británicos y los ingleses se denominan a sí mismos. *(N. del T.)*

cidad no logran asociarse por completo con ninguna de estas interpretaciones alternativas. No obstante, la sensación de distanciamiento de cada una de estas fuerzas no se definió correctamente.

Opresión simultánea: El camino hacia adelante

De modo que rechazo la noción de que las personas de raza negra con discapacidad experimenten una especie de doble opresión. A mí me parece que la opresión que sufren estas personas es una situación especial que, no obstante, se relaciona estrechamente con la atmósfera de intolerancia que existe en Gran Bretaña. Así, sugiero que el racismo en el ámbito de la discapacidad es parte de un proceso de opresión simultánea que las personas de raza negra experimentan todos los días en la sociedad occidental y es también una experiencia que las separa de sus iguales de raza negra sin discapacidad.

Sin embargo, aunque esta experiencia pueda ser distinta, no debe considerarse aisladamente. Estoy de acuerdo con el argumento que presentó MORRIS (1992) en el que expuso que las investigaciones, en su caso sobre las mujeres con discapacidad, no deberían realizarse como si trataran con un sujeto de estudio independiente que no guarda relación con otras áreas de investigación relacionadas. Asimismo, la experiencia de las personas de raza negra con discapacidad es, en gran medida, parte de la atmósfera de intolerancia que existe en Gran Bretaña. Así como sucedió con las comunidades étnicas minoritarias y con las personas con discapacidad, la intolerancia empujó a este grupo hacia los márgenes de la sociedad británica.

No obstante, la investigación escasea y la conciencia social y política de esta situación es limitada (ATKIN y ROLLINGS, 1991). Es por ello que resulta necesario construir una identidad distinta y particular para las personas de raza negra con discapacidad. El propósito de tal proceso sería definir a este grupo de manera clara, pero no sólo por su propio bien; eso también nos ayudaría a comprender mejor de qué manera la construcción de una identidad particular que representa al sector dominante de esta sociedad excluye a estas personas, incluso en los márgenes.

No me malinterpreten. No estoy exigiendo un lugar especial para las personas de raza negra con discapacidad en una jerarquía de opresión hipotética. Por el contrario, un debate de esas características es circular, demanda mucho tiempo y es irrelevante. Las prácticas racistas tienen un efecto acumulativo, y la experiencia de las personas de raza negra con discapacidad contribuirá a un mejor entendimiento de su práctica generalizada. De la misma manera, la experiencia de otros grupos puede ayudar a dar forma a la de las personas de raza negra con discapacidad. Uno de estos grupos es el de las mujeres de raza negra. Sus debates referentes a la opresión realmente proporcionan una pista sobre la dirección que deberían tomar las personas de raza negra con discapacidad.

A principios de la última década, los escritores feministas radicales de raza negra comenzaron a afirmar enérgicamente que su experiencia de la opresión se diferencia en sustancia e intensidad de la de sus pares de raza blanca. CARBY (1982) esclarece este argumento:

> La experiencia de las mujeres de raza negra no entra en los parámetros del paralelismo (los intentos por establecer un paralelo entre las divisiones de raza y de género). El hecho de que estas mujeres sean sujetos de la opresión *simultánea* [su énfasis] del patriarcado, la clase social y la "raza" constituye la razón principal para no establecer paralelismos que hagan que sus posiciones y experiencias no sólo sean marginales sino también invisibles.

El concepto de opresión simultánea, el que sin timidez adquiero prestado de CARBY, es la clave para comprender la experiencia de las personas de raza negra con discapacidad. Se trata de una opresión que los separa de *todos* los demás grupos. Pero, ¿cuáles son las formas principales en las que se expresa? ¿De qué manera separa a este grupo de otros grupos comparables como las personas de raza blanca con discapacidad y aquellas de raza negra sin discapacidad?

Identifiqué tres áreas en las que considero que las personas de raza negra con discapacidad experimentan una forma diferente de opresión. Estas son: en primer lugar, una individualidad e identidad limitadas o nulas; en segundo lugar, la discriminación de recursos; y por último, el aislamiento dentro de la comunidad de raza negra y la familia. Cada una de estas áreas responde a aspectos de los principios del "nuevo racismo". Todas ellas aíslan a las personas de raza negra con discapacidad y las ubican en los márgenes de la minoría étnica y de las poblaciones con discapacidad.

Por conveniencia y sencillez, trataré cada forma de opresión de manera separada y aislada. No obstante, debe recordarse que en realidad la experiencia de una persona de raza negra con discapacidad es mucho más compleja: cada uno de estos y otros factores ocurren a la vez y no pueden entenderse de otro modo. Tal como CARBY argumenta en el caso de las mujeres de raza negra, la consecuencia de esta opresión simultánea fue el aislamiento de las personas de raza negra con discapacidad, quienes se vuelven invisibles y carecen de una función o imagen social.

Una fraternidad marginal e invisible

La imagen dominante de los ingleses está conformada, tal como sugerí anteriormente, por iconos como "la rosa inglesa", el "*roast beef*" y el mito de una historia imperial extensa y "gloriosa". Reconozco que si la discapacidad se representa, la imagen que se elige se basa más en el modelo médico que en el social. Sin embargo, resulta fundamental comprender que la imagen de los ingleses que propaga el "nuevo racismo" incluye a las personas de raza blanca con discapacidad más que excluirlas. Las personas con discapacidad originarias del nuevo Commonwealth, así como también las de raza negra en general, son los intrusos y los objetos de comparación con esta norma interpretada de una forma que sus iguales de raza blanca con discapacidad jamás experimentaron.

A modo ilustrativo presentaré algunos mitos relacionados con las personas de raza negra que marcan la diferencia. Se describe a las personas de raza negra como seres que poseen hábitos culturales extraños o distintos. Sus familias se organizan de maneras que difieren de la vida familiar normal. Las personas de raza negra con discapacidad deben aprender inglés si es que pretenden obtener provecho de los servicios disponibles. Por último, como inmigrantes o hijos de inmigrantes, no pueden ejercer su derecho a acceder al sistema de asistencia social y los servicios de salud británicos (LEVITAS, 1986).

Puede que estas afirmaciones parezcan un tanto insensibles o, tal vez, demasiado exageradas, pero a modo ilustrativo realmente sirven para demostrar una cuestión importante. Las personas de raza negra con discapacidad, a diferencia de sus iguales de raza blanca, no están totalmente incorporadas a esta sociedad. En cambio, se las juzga constantemente y en varios niveles como intrusos o extraños (GAMBLE, 1974; LEVITAS, 1986). Creo que esta grave distinción es la que explica los sentimientos de marginación que las personas de raza negra con discapacidad pueden tener con respecto a esta sociedad, incluidos el movimiento de discapacidad y las comunidades étnicas minoritarias.

A pesar de que existe una mayor conciencia de la discriminación por el color de la piel, el movimiento de discapacidad no logró atraer a las personas con discapacidad de las comunidades étnicas minoritarias. No debe sugerirse que el movimiento de discapacidad fomentó en el pasado el racismo de forma deliberada; no obstante, a pesar de la falta de datos sobre las personas de raza negra con discapacidad, su ausencia de las posiciones influyentes dentro de los movimientos está muy marcada. Esto podría ser el resultado de un reconocimiento tardío de las cuestiones relacionadas con el racismo, si bien es más probable que se deba a que el movimiento de discapacidad no es distinto de otros grupos que incorporaron las interpretaciones más recientes de la imagen de esta sociedad.

En realidad, las razones de la ausencia de rostros morenos requieren una explicación mucho más sofisticada y múltiple. El hecho de que las personas de raza negra con discapacidad no posean una identidad reconocible es sólo una parte de la historia. La negación de un acceso igualitario a las instituciones públicas y privadas requiere un examen más detallado si es que se pretende establecer un entendimiento más amplio de la ausencia de una imagen de la persona de raza negra con discapacidad.

Observemos más de cerca la imagen que se atribuyó a las personas de raza negra con discapacidad. Antes que nada, recordémosnos a nosotros mismos que, en general, las comunidades étnicas minoritarias están ubicadas en los barrios urbanos más pobres y marginales de este país (REX y MOORE, 1967). La *Labour Force Survey* (Encuesta de Fuerza Laboral) refleja que (de acuerdo con los promedios obtenidos entre los años 1986 y 1988) entre los jóvenes de 16 a 24 años de edad los índices de actividad económica eran mucho más bajos en los grupos étnicos minoritarios que en la población de raza blanca. En el caso de las mujeres en edad productiva, la actividad económica era más alta entre aquellas de origen antillano o guayanés y más baja entre las oriundas de Pakistán o Bangladés. También se obsevó que el trabajo autónomo era más frecuente entre los miembros de las comunidades étnicas minoritarias que en la población de raza blanca y que este tipo de empleo era considerablemente más alto entre los hombres oriundos de India, Pakistán y Bangladés. En 1988, así como también en el año anterior, el índice de desempleo en los grupos étnicos minoritarios era un 60% más alto que entre la población de raza blanca (*Employment Gazette*, 1990).

Teniendo esto en mente, también debería señalar que la proporción de empleados que realiza tareas manuales respecto a la que realiza otro tipo de tareas es similar en el grupo étnico minoritario y en la población de raza blanca. Sin embargo, esto oculta una variación significativa dentro de la población étnica minoritaria. Sólo uno de cada cuatro hombres de origen caribeño no realizaba tareas manuales, comparado con uno de cada tres hombres oriundos de Pakistán o Bangladés (*Employment Gazette*, 1990). Estas estadísticas son particularmente relevantes cuando se observa la incidencia de la salud precaria y de la discapacidad en los grupos étnicos minoritarios.

Se desconoce la incidencia de la salud precaria y la discapacidad dentro de los grupos étnicos minoritarios. Sin embargo, ATKIN y ROLLINGS (1991) señalan que explicar la salud débil y la discapacidad sin hacer referencia a las características sociales y económicas de ese sector de la población británica constituye un serio error, si no un racismo implícito. Yo sostengo que, a pesar de la falta de datos relevantes, se puede deducir que la mala salud y los impedimentos son una experiencia común en los grupos étnicos minoritarios. No obstante, esta misma falta de datos hizo que los observadores intentaran atribuir a estas poblaciones una imagen cultural de discapacidad y mala salud.

Por ejemplo, los problemas de salud de las personas de raza negra se explican como desviaciones de la norma, la norma de la dieta o el estilo de vida occidentales. El "raquitismo asiático" es un buen ejemplo. GOEL y cols. (1981) y ROCHERSON (1988) ponen un gran énfasis en las influencias culturales que se perciben y sugieren que los cambios en la dieta y en la forma de vida pueden aliviar los síntomas de esta enfermedad. Estas suposiciones sólo pueden comprenderse como parte de un proceso de atribución de imágenes culturales a las comunidades étnicas minoritarias por parte del "núcleo" dominante. Para que esta atribución sea completa es necesaria la aceptación de la filosofía de la diferencia cultural del "nuevo racismo".

Se considera que aquellos que están fuera de la imagen que se construyó para "la persona inglesa" son extraños y consecuentemente son juzgados, en contra de una cultura occidental supuestamente consecuente y homogénea (BENSON, 1991). Por otra parte, estos "expertos" olvidan hacer hincapié en cómo el empleo, las condiciones de vivienda o los niveles de riqueza podrían influir en la salud de las poblaciones que son sujeto de estudio. La suposición de que el empleo, la vivienda y la riqueza pueden dar cuenta de la incidencia de la mala salud y los impedimentos puede aceptarse fácilmente cuando se aplica a la población de raza blanca. Sin embargo, las suposiciones relacionadas con la raza y la cultura que predominan en esta sociedad hacen que esos factores no se apliquen tan voluntariamente a la población de raza negra.

¿Acceso igualitario a los recursos?

El acceso discriminatorio a los recursos es otro modo de opresión importante al que deben enfrentarse las personas de raza negra con discapacidad. HENDERSON y KARN (1987) demostraron lo negativamente que puede afectar la distribución de recursos limitados —en este caso, las viviendas en Birmingham— a los grupos étnicos minoritarios británicos. Sencillamente por ser —en general— el sector de la comunidad más pobre, el menos educado, el que tenía menos confianza en sí mismo y el más desesperado, HENDERSON y KARN descubrieron que se veía obligado a aceptar las peores viviendas o a que las autoridades locales del sector lo rechazaran. ¿Por qué pasaba esto? ¿Qué nos dice esta situación respecto a la experiencia de las personas de raza negra con discapacidad?

En cuanto a la primera pregunta, HENDERSON y KARN demostraron que la presencia de personas intolerantes en la puerta de acceso a este beneficio —aquellas que deciden a qué inquilino se le asigna una vivienda— no es el factor crítico que determina el motivo de la desigual adjudicación. Más bien sostienen que la discriminación ocurre a través de aquello que llaman "determinantes sociales de la distribución de viviendas". Es decir, que todos los días las autoridades correspondientes toman decisiones que responden a la norma en un entorno conformado por grupos con intereses encontrados y escasos recursos, en este caso alojamiento.

En el caso estudiado por ellos, eso se agravaba por una contradicción fundamental dentro de la oficina de asignación de viviendas de la ciudad de Birmingham. Los funcionarios más recientes debían designar ocupantes en las viviendas vacías lo más rápidamente posible para evitar el vandalismo y que las propiedades no generaran renta. Por otra parte, los funcionarios de alto rango querían garantizar que hubiera armonía en las urbanizaciones a su cargo y, por lo tanto, deseaban controlar el acceso a las viviendas.

Lamentablemente, la mayoría de los inquilinos deseaba obtener una propiedad en las afueras de la ciudad en lugar de una de mala calidad en los barrios urbanos más pobres. Mediante un criterio subjetivo, estos funcionarios más recientes otorgaron las mejores viviendas a las personas que ellos evaluaban como "respetables" o "exigentes", quienes probablemente no aceptarían el alojamiento de mala calidad en los barrios pobres. Por otro lado, los mismos funcionarios les ofrecían a aquellos a quienes consideraban "desesperados" o a las personas de "mala reputación" las viviendas de menor calidad porque suponían que probablemente las aceptarían. En ambos casos, estos funcionarios cumplían con el requisito de adjudicar todas las viviendas vacías que tenían asignadas.

El objetivo a largo plazo de los funcionarios de alto rango era que hubiese armonía entre los inquilinos que vivían en la urbanización de la que ellos eran responsables. Por este motivo intervenían regularmente en el proceso de asignación de viviendas para controlar el movimiento de ciertos inquilinos dentro y alrededor de su "territorio". Los que solían ser víctimas de estas acciones arbitrarias eran quienes tenían "mala reputación" o aquellos que se estimaba podían representar un "problema". Si bien los funcionarios más nuevos buscaban disminuir el movimiento de esta clase de inquilinos hacia urbanizaciones "respetables", lo hacían por diferentes motivos. En este aspecto del proceso los intereses de los funcionarios de alto rango aseguraron que la probabilidad de que esto ocurriese se redujera al mínimo.

El resultado fue que la categorización de los inquilinos se convirtió en una prioridad para ambos grupos de funcionarios, aunque por diferentes razones. El sistema de asignación de viviendas en Birmingham durante la década de los setenta agravó la discriminación racial por el hecho de que los inquilinos de raza negra solían considerarse "de mala reputación" o un "problema". Estas personas en general recibían viviendas de mala calidad en los barrios más pobres. Además, las familias de raza negra lo aceptaban así porque estaban más desesperadas por obtener una vivienda. El criterio que utilizaban los funcionarios otorgaba un valor negativo a la raza y, de este modo, estigmatizaba a estas familias.

Además, si preferían vivir en una urbanización en las afueras de la ciudad, era frecuente que se rechazaran sus solicitudes.

¿Qué nos dice todo esto respecto al acceso a los recursos y la experiencia de las personas de raza negra con discapacidad? Como cualquier otro grupo de personas con discapacidad, los individuos de raza negra dependen del estado local y central para que éste los provea de recursos finitos y estrictamente limitados. Estos recursos son, por nombrar sólo cuatro, información, equipamiento, ayuda económica y asistencia sanitaria. Sin embargo, las instituciones que administran estos recursos dependen de funcionarios que deben utilizar sus propios criterios subjetivos para discriminar entre las diferentes solicitudes.

Como EVERS y cols. (1989) mostraron, estos funcionarios crearán bases de datos subjetivas de discriminación social similares a aquellas que construyeron los funcionarios de vivienda en Birmingham para discriminar entre los solicitantes. Su trabajo de campo identificó la existencia de opiniones etnocéntricas basadas en ideas racistas del personal de los servicios sociales y de la salud comunitaria.

La investigación de HENDERSON y KARN y la de EVERS y cols. simplemente demuestran la forma en que la interpretación de la identidad inglesa determinó y legitimó la discriminación a través de las organizaciones que administran los recursos. No se debe subestimar la profunda influencia de esta interpretación. No sólo legitima las prácticas racistas, sino que esta filosofía exige que a los grupos étnicos minoritarios se les atribuyan indicadores culturales inalterables. Estos indicadores se convierten entonces en un dispositivo por medio del que se destierra de forma sistemática a las personas de raza negra hacia los márgenes de esta sociedad (GAMBLE, 1974; LEVITAS, 1986).

EVERS y sus colaboradores no logran explicar cómo influyen estas suposiciones en la forma en que estos profesionales administran los recursos de los que son responsables. La investigación en esta área necesitaría demostrar cuál es el vínculo entre esas ideas y el posible maltrato que reciben las personas de raza negra con discapacidad. Identificar a las personas intolerantes dentro de estas instituciones no debería ser el único objetivo de esta investigación; ni tampoco su única prioridad desafiar las políticas que rigen la provisión de los servicios. Éstas inevitablemente se debilitarán por la investigación de la validez del compromiso con la igualdad de las instituciones.

¿La identidad de quién? ¿La defensa de quién?

Hasta aquí he intentado explicar que la experiencia de las personas de raza negra con discapacidad se origina en la forma particular que el racismo asumió en la sociedad actual. Esto me ha permitido razonar que, si bien las personas de raza blanca con discapacidad también sufren la marginación, lo hacen como miembros aceptados dentro de esta sociedad. Para ser más claro: su experiencia, si bien por lo general es humillante y opresiva, constituye la norma contra la que se juzga a las personas de raza negra con discapacidad y a sus supuestas extrañas experiencias de incapacidad.

Además sostengo que ese juicio pone en riesgo a las personas de raza negra con discapacidad. Se les atribuye una identidad, se perciben como intrusos y se cree que "sufren" de prácticas culturales extrañas, las que se supone explican la incidencia de impedimentos entre ellos. El resultado es que se pone en peligro el acceso de estas personas a los servicios y a la asistencia.

Ahora quiero referirme a la parte final de mi argumento: que la identidad de las personas de raza negra con discapacidad también está condicionada por su separación del resto de la comunidad étnica minoritaria. Sin embargo, una vez más, esta experiencia sólo puede comprenderse dentro del contexto de la forma particular de racismo que predomina actualmente en Gran Bretaña. Sostendré que lo que aísla a las personas de raza negra con discapacidad de sus iguales sin discapacidad son las diversas respuestas que las comunidades étnicas minoritarias adoptaron en este clima de racismo.

Desde el punto de vista de la población de la minoría étnica, la sociedad británica constituye un entorno muy característico. Está claro que la población de raza negra realiza una importante contribución a la cultura y la economía británicas. No obstante, el "nuevo racismo" que expresan las leyes de inmigración, la preocupación del ex primer ministro de "sufrir una invasión" de inmigrantes y la exclusión sistemática de las personas de raza negra de muchos ámbitos de esta sociedad constituyen los elementos dominantes de la experiencia de esas personas. En consecuencia, la identidad se convirtió en un refugio fundamental para las comunidades y las familias dentro de las minorías étnicas.

La función y la naturaleza de la identidad se malinterpretaron por completo dentro de los círculos académicos británicos. Las diferencias entre las poblaciones mayoritarias y minoritarias de Gran Bretaña se conceptualizaron en términos de pluralismo cultural y diversidad étnica. La diversidad de lenguaje, religión, normas culturales y expectativas impide una comunicación eficaz y genera malos entendidos entre estos dos grupos (LAWRENCE, 1982; PEARSON, 1983). Por lo tanto, para que haya armonía es necesario que se fomente el entendimiento entre las diferentes culturas.

Este enfoque de la cultura —que carece de sentido crítico— creó una aparente patología en las personas de raza negra. Todo se explica por medio de la cultura y se contrasta con las normas occidentales o de la raza blanca. La cultura se considera algo constante, estable y sin condiciones temporales; es decir, se considera como si estuviera en un vacío. La pobreza, el desempleo y otras relaciones más amplias dentro de la sociedad, y la manera en que cambian con el paso del tiempo, se ignoran. Pero el "nuevo racismo" depende de esta interpretación históricamente inmutable y monolítica de la cultura para forjar una identidad distinta. Estas ideas legitiman la afirmación de que aquellas personas con raíces en el nuevo Commonwealth nunca serán "inglesas".

Esto plantea la cuestión de la identidad. Cuando hablo de identidad me refiero a los símbolos, los indicadores, las prácticas, las pautas de empleo y de residencia, etcétera, que separan a un grupo de los demás. Tampoco se pudo vincular la evolución de una expresión de identidad particular con la proximidad del entorno local. Para comprender de qué manera la identidad aisla a las personas de raza negra con discapacidad resulta fundamental incorporar un entendimiento de las amplias relaciones de poder que tienen lugar en la sociedad.

En contraste con la filosofía del "nuevo racismo", la identidad de un individuo o de una comunidad no es más que una construcción que sólo tiene relevancia para las condiciones dominantes (HOBSBAWN y RANGER, 1983). También se ve influenciada por un amplio rango de factores complejos e interrelacionados: riqueza, recursos locales, educación, etcétera. Además, como se trata de una creación, no es ni estática ni monolítica. Más bien evoluciona de manera constante y varía cuando los tiempos y las circunstancias cambian. Esta identidad, si bien puede tener cosas en común con antiguas formas culturales —incluso si se le pone la misma etiqueta que a identidades anteriores—, sólo puede comprenderse si se la relaciona de manera directa con el presente (HALL, 1991). Sencillamente, la adopción y explotación de una determinada imagen o identidad cultural sobre otra en un momento dado se relaciona de forma directa con el entorno social y económico dominante (GILROY y LAWRENCE, 1982).

Por eso, en lugar de preocuparse por tal o cual manifestación cultural, ya sea una religión o una práctica alimentaria, lo que debería tener una importancia crucial son los factores de desventaja que estas personas afrontan, como las malas viviendas y los ambientes nocivos, la pobreza y los bajos ingresos y también el aislamiento social, el bajo estatus social y la falta de control sobre su entorno local (WALKER, 1980; FENNELL y cols., 1989). A todo esto debe agregarse el repertorio de símbolos que adoptó la población de raza negra en Gran Bretaña. Estos símbolos no son fijos y continúan evolucionando, pero se combinan para reconstruir una historia colectiva, o una identidad, a partir de las historias fracturadas de las diásporas africanas o asiáticas (GILROY, 1987).

Para tomar un ejemplo sencillo, una de las formas culturales más características que influenciaron a los jóvenes británicos de raza negra durante la década de los setenta fue el *reggae** jamaiquino, así como también su componente ideológico: la cultura rastafari. El atractivo de esta forma cultural, de acuerdo a la manera en que Bob MARLEY la expresaba, era su lenguaje, sus símbolos y sus significados políticos, los que eran relevantes para los movimientos sociales de emancipación e igualdad que se estaban desarrollando en Gran Bretaña en esa época (HEBDIGE, 1983). Importaba muy poco que Bob MARLEY expresara las experiencias de vida en Jamaica a principios de la década de los setenta; su mensaje se convirtió en una metáfora de la vida de los jóvenes —de raza negra y blanca— en los barrios urbanos más pobres (GILROY, 1987; HALL, 1991).

Pero esta "adopción" del reggae fue parte de un complejo proceso de adopción y transformación que sigue ocurriendo incluso hoy en Gran Bretaña. Es evidencia de las cualidades sincréticas de la cultura de la diáspora y, en particular, de la identidad cultural de los británicos de raza negra (BENJAMIN, 1984). Esta identidad puede expresarse algunas veces como formas culturales poderosas; sin embargo, se origina en la cruda realidad del racismo y la pobreza, situaciones que constituyen la experiencia de la mayor parte de la población de las minorías étnicas de esta sociedad.

Me pregunto si las personas de raza negra con discapacidad pueden beneficiarse de o participar activamente en la reconstrucción y afirmación de una identidad de la raza negra frente a las atribuciones del "nuevo racismo". "Tener valor" es un símbolo principal de empoderamiento dentro de cualquier comunidad y en

* Género musical de origen jamaicano. Bob MARLEY, uno de los intérpretes más conocidos de este género, difundió la creencia del movimiento rastafari que consideraba al emperador de Etiopía, Hile Selassie I, Príncipe Rastafari, la encarnación de DIOS. Este movimiento surgió entre la población negra de clase trabajadora en Jamaica y permanece en defensa de la supremacía negra. *(N. del E.)*

el ámbito familiar. Pero los altos índices de desempleo y el lugar marginal que ocupan las comunidades étnicas minoritarias en Gran Bretaña hicieron que las apreciadas funciones familiares —tener un empleo, vestir y alimentar a los hijos, etcétera— se vieran amenazadas. Debieron crearse nuevos roles para fortalecer a los individuos en el núcleo familiar.

El empleo independiente, por ejemplo, cumplió la función clave de proporcionar trabajo a los hombres y aumentar su autoestima dentro de las comunidades étnicas minoritarias. De acuerdo con la Encuesta de Fuerza Laboral queda claro que esta forma de empleo fue la que predominó en estas comunidades (*Employment Gazette*, 1990). El papel de las mujeres, ya sea el predominio de las afrocaribeñas en la fuerza laboral o la ausencia de ciertos grupos de mujeres de ascendencia sudasiática, está predeterminado por la función particular que se espera desempeñen.

La estructura de inclusión y exclusión obligó a las poblaciones de las minorías étnicas a adoptar determinados modelos de empleo, los que se fusionaron con el trabajo manual o la titularidad de tiendas de venta. En cualquier caso, el trabajo proporcionó dignidad a la comunidad local (SHAW, 1989). Igual de importante fue que estas formas de empleo proporcionaron la primera piedra para la construcción de una identidad.

Por otra parte, la dependencia del Estado, las limitadas oportunidades de empleo disponibles para la población de raza negra y la incapacidad de aportar recursos a sus familias hace que las personas de raza negra con discapacidad tengan menos poder en el núcleo familiar. Que se produzca una competencia feroz por las pocas oportunidades laborales abiertas a las personas con discapacidad significa que es difícil conseguir un empleo. Además, estas personas son vulnerables a imputaciones opresivas por parte de las organizaciones estatales encargadas de brindarles recursos. En síntesis, cada una de estas situaciones se convierte en una barrera social que confirma y agrava el debilitamiento de las personas de raza negra con discapacidad.

La incapacidad que se observa en los individuos que forman parte de las comunidades étnicas minoritarias de adoptar el papel que se espera de ellos debido a su discapacidad no terminará inevitablemente en el aislamiento o el rechazo por parte de la familia. Tampoco es mi intención darle una excusa a los intolerantes para que echen la culpa de la única posición que pueden ocupar las personas de raza negra con discapacidad a una supuesta patología que se produce en el núcleo de las familias de esta raza.

Con el objetivo de refutar este argumento resulta importante comprender el contexto en el que deben vivir las personas de raza negra con discapacidad. La reconstrucción de la identidad de la raza negra es, en términos generales, una respuesta a las condiciones predominantes en esta sociedad. Sin embargo, tal como sucede con otras construcciones de identidad, la imagen de la discapacidad está ausente de ella. En el mejor de los casos, la rehabilitación de la identidad de las personas de raza negra fue de la mano con una falta de crítica hacia el modelo médico de la discapacidad. En consecuencia, es bastante sencillo comprender por qué las personas de raza negra con discapacidad no tienen una imagen que las represente y son débiles dentro de sus propias comunidades.

Conclusión

No es mi intención proporcionar una explicación completa de la experiencia que viven las personas de raza negra con discapacidad. Lo que deseo es sacar el debate del pozo retórico en el que parece haber caído la discusión de esta experiencia. Por eso he tratado de identificar las bases del racismo moderno en la Gran Bretaña actual. Con esto en mente, sostengo que el "nuevo racismo" confinó a las comunidades de raza negra a los márgenes de esta sociedad. A diferencia de otros sectores de la sociedad que viven una situación similar, las personas de raza negra se representan de manera sistemática como intrusos y advenedizos.

Esta atribución genera una clara separación entre la experiencia relativa de las personas de raza negra con discapacidad y sus pares de raza blanca. También refuerza mi creencia de que ser una persona de raza negra con discapacidad no constituye una "doble" experiencia, sino una única que se basa en el racismo británico.

Sospecho que muchos lectores interpretarán mi llamada a la construcción de una identidad particular y distinta para las personas de raza negra con discapacidad como una llamada al separatismo. Por el contrario, pienso que la posición marginal de las personas de raza negra con discapacidad dentro de sus respectivas comunidades de hecho haría que esa opción fuera muy peligrosa. La persistencia del modelo médico de la discapacidad en toda esta sociedad significa que es fundamental la cohesión que proporcionó el movimiento de discapacidad. No obstante, lo que sí exijo es que se reconozca que las personas de raza negra realmente atraviesan una experiencia particular cuando además tienen discapacidad.

Las investigaciones que se realicen para ayudar a nuestra comprensión de esta experiencia deberían incluir tres áreas. Se debe examinar la función que cumplen *todos los tipos* de organizaciones que representan a las personas con discapacidad. En especial, debe prestarse atención al grado en el que se difundieron las ideas del "nuevo racismo". La segunda área potencial de opresión para las personas de raza negra con discapacidad es la función crítica de los administradores que asignan recursos limitados y mínimos a las personas con discapacidad y la forma en la que discriminan entre los solicitantes. Por último, la prioridad de la investigación debería ser revelar la identidad atribuida a las personas de raza negra en el contexto del racismo británico, ya que esa atribución ha desempeñado un papel fundamental en el aislamiento de las personas de raza negra con discapacidad.

Referencias

ATKIN, K. y ROLLINS, J. (1991). *Informal Care and Black Communities,* York, Social Policy Research Unit, University of York.

BARKER, M. (1981). *The New Racism,* Londres, Junction Books.

BENJAMIN, P. (1984). "The Afro-American musician: messenger of a unique sensibility in Western culture", en: *Views on Black American Music,* n.º 2, 1984-1985, proceedings of the 12th and 13th Annual Black Musicians' Conference, Amherst, University of Massachusetts.

BENSON, S. (1991). "Asians have culture, West Indians have problems: discourses in race in and outside anthropology", documentación entregada en el St Antony's College, University of Oxford, 23 Mayo.
CARBY, H. (1982). "Black feminism and the boundaries of sisterhood", en: CCCS (Ed.) *The Empire Strikes Back: race and racism in 70s Britain,* Londres, Hutchinson.
CONFEDERATION OF INDIAN ORGANIZATIONS (1987). *Double Bind: to be disabled and Asian,* Londres, Confederation of Indian Organizations.
EMPLOYMENT GAZETTE (1990). "Ethnic origins and the labour market", Marzo, págs. 125-137.
EVERS, H.; BADGERS, F.; CAMERON, E. y ATKIN, K. (1989). *Community Care Project Working Papers,* Birmingham, Department of Social Medicine, University of Birmingham.
FENNELL, G.; PHILLIPSON, C. y EVERS, H. (1989). *The Sociology of Old Age,* Milton Keynes, Open University Press.
GAMBLE, A. (1974). *The Conservative Nation,* Londres, Routledge & Kegan Paul.
GILROY, P. (1987). *"'There Ain't* No *Black* in *the Union Jack': the cultural politics of race and nation",* Londres, Hutchinson.
— y LAWRENCE, E. (1988). "Two-tone Britain, black youth, white youth and the politics of anti-racism", en: H. S. BAINS y P. COHEN (Eds.) *Youth in Multi-racist Britain,* Londres, Macmillan.
GLAD CONFERENCE (1988). "Race and disability: a dialogue for action", *London Disability News,* Julio-Agosto 1991, informe de la Brent Black Disabled People's Conference, Septiembre.
GOEL, K. M.; SWEET, E. M.; CAMPBELL, S.; ATTENBURROW, A.; LOGAN, R. W. y AMEIL, G. C. (1981). "Reduced prevalence of rickets in Asian children in Glasgow", *Lancet,* I, págs. 405-407.
HALL, S. (1991). "The invention of an Afro-Caribbean identity", *Walter Rodney Memorial Lecture,* University of Warwick, Octubre.
HARRIS, A. (1971). *Handicapped and Impaired in Great Britain,* Londres, HMSO.
HEBDIGE, D. (1983). "Ska tissue: the rise and fall of two tone", en: P. SIMON y S. DAVIS (Eds.) *Reggae International,* Londres, Thames & Hudson.
HENDERSEN, J. y KARN, V. (1987). *Race, Class and State Housing: inequality and the allocation of public housing in Britain,* Londres, Gower.
HOBSBAWN, E. y RANGER, T. (1983). *The Invention of Tradition,* Cambridge, Cambridge University Press.
LAWRENCE, E. (1982). "In the abundance of water the fool is thirsty: sociology and black pathology", en: CCCS (Ed.) *The Empire Strikes Back: race and racism in 70s Britain,* Londres, Hutchinson.
LEVITAS, R. (1986). *The Ideology of the New Right,* Oxford, Polity Press.
MORRIS, J. (1992). "Personal and political: a feminist perspective on researching physical disability", *Disability, Handicap & Society,* 7, págs. 157-166.
OLIVER, M. (1990). *The Politics of Disablement,* Londres, Macmillan.
PEARSON, M. (1983). "The politics of ethnic minority health studies", *Radical Community Medicine,* 16, págs. 34-44.
REX, J. y MOORE, R. (1967). *Race, Community and Conflict,* Londres, Routledge & Kegan Paul.
ROCHERON, Y. (1988). "The Asian mother and baby campaign: the construction of ethnic minorities", *Health Needs' Critical Social Policy,* 22, págs. 4-23.
SHAW, A. (1989). *A Pakistani Community in Britain,* Oxford, Oxford University Press.
WALKER, A. (1980). "The social creation of poverty and dependency in old age", *Journal of Social Policy,* 9, págs. 172-188.
WOOD, P. (1981). *International Classification of Impairments, Disabilities and Handicaps,* Ginebra, WHO.

CAPÍTULO XIX

Investigaciones y textos etnográficos en el ámbito de los estudios sobre discapacidad

¿Son estrategias y funciones de la investigación para promover el cambio social?

Por John M. DAVIS

Unidad de Investigación en Salud y Cambio de Comportamiento, Universidad de Edimburgo

---

Resumen

El presente artículo toma como problema de análisis el concepto de producción de investigaciones en el ámbito de los estudios en discapacidad al comparar la bibliografía disponible sobre investigación emancipadora y los conceptos de reflexividad, autoridad y empoderamiento utilizados en el ámbito de la investigación etnográfica. Se examina de manera crítica un número de propuestas en el campo de los estudios en discapacidad relacionadas con la forma en que los investigadores pueden promover o contribuir a procesos que mejoren las condiciones de vida de sus sujetos de estudio. Se trata de una serie de estrategias de cambio en el contexto de cómo los etnógrafos realizan el trabajo de campo y cómo redactan un informe y difunden sus hallazgos. Este debate también cuestiona el papel del investigador y del sujeto en cuanto "experto" y sugiere que los etnógrafos no deberían privilegiar sus propios puntos de vista sobreponiéndolos a los de sus sujetos de estudio. Se llega a la conclusión de que la variedad de estrategias de investigación y de funciones que se abordan en este estudio no son mutuamente excluyentes y, por lo tanto, que hay un número de formas diferentes pero complementarias con las que los investigadores pueden contribuir a las condiciones en que prospera la autoemancipación.

Introducción

El presente estudio examina, de manera crítica, el concepto de investigación emancipadora mediante su comparación con la literatura etnográfica sobre reflexividad[1] e intercambio cultural (CAMPBELL, 1995). Toma ideas de una forma de etnografía postestructural (DENZIN 1997) que se relaciona con cuestiones de autoridad y empoderamiento. El ruego a los investigadores del ámbito de los estudios en discapacidad de que cambien las relaciones de poder del proceso de investi-

---

[1] Para tratar el tema de la reflexividad, véase OKELY y CALLOWAY (1992), HERTZ (1997), DAVIS y cols. (1999) y CORKER y DAVIS (1998).

gación se examina dentro del contexto de la función que los investigadores adoptan cuando recogen información "en el campo" y de sus responsabilidades con respecto a la manera en que redactan un informe y difunden sus resultados[2]. Después de este análisis se realiza una revisión crítica de diversas estrategias que podrían ayudar a los investigadores a promover o contribuir a los procesos de cambio que pueden permitir que los sujetos de estudio mejoren sus condiciones de vida. Se llega a la conclusión de que hay un número de diferentes y complementarias estrategias de investigación y funciones con las que los investigadores pueden ayudar a las personas con discapacidad en su lucha contra la opresión.

El desafío a las relaciones sociales de la producción investigadora en el campo de estudio

En el ámbito de los estudios en discapacidad se afirma que debería considerarse a las personas con discapacidad expertas en sus propias vidas, necesidades y sentimientos. Por lo tanto, se dice que aquellos que realizan investigaciones con personas con discapacidad deberían permitir a éstas participar activamente en la determinación del curso de los proyectos de investigación (BARNES, 1992; STONE y PRIESTLEY, 1996).

Estas aspiraciones pueden recibir apoyo al agregar antropología a la etnografía. Algunos antropólogos sostienen, de acuerdo con BARNES (1992) y OLIVER (1992), que la investigación participativa no conduce automáticamente a los etnógrafos a aprender sobre la cultura de los pueblos. Estar allí, observar, no es suficiente (OKELY, 1975). Para aprender sobre la cultura de otra persona se estima que los investigadores deben participar en un intercambio mutuo o choque de creencias. Incluso si el proceso incluye un desacuerdo o conflicto, igualmente permite que ambas partes comprendan sus diferencias y semejanzas (GEERTZ 1973; RABINOW, 1977; RORTY, 1980; MARCUS y FISHER, 1986; CAMPBELL, 1995).

Aquí, el investigador lleva consigo valores académicos y personales (OKELY, 1975; GIDDENS, 1976, 1987; CAMPBELL, 1995) y posiblemente, tal como se sugiere en el ámbito de los estudios en discapacidad, también una fusión de políticas personales y académicas:

> Apoyo la causa de los derechos en el ámbito de la discapacidad, apoyo el principio de autodeterminación y apoyo el movimiento de discapacidad. Ésta es una postura ética o política que da forma a todo lo que hago de manera personal y profesional. Creo que se hace evidente en mis trabajos publicados que no soy un observador desinteresado, sino un participante del proceso que describo.
>
> (SHAKESPEARE, 1996, pág. 117.)

[2] El presente estudio no trata la cuestión de si los investigadores con impedimentos definidos clínicamente realizan de una mejor manera la investigación sobre personas con discapacidad porque las ideas y sugerencias aquí presentadas se aplican tanto a los etnógrafos que tienen impedimentos como a los que no los tienen. Sin embargo, el autor reconoce que las culturas académicas discriminan a determinados grupos en el ámbito de la sociedad (incluidos los investigadores con discapacidad) y que existen obstáculos inaceptables que impiden que muchos miembros de esos grupos tengan la oportunidad de convertirse en investigadores dentro de la "academia".

La etnografía en cuanto intercambio cultural fomenta los objetivos de la investigación emancipadora porque requiere que el investigador sea un participante reflexivo[3] del proceso. Esto altera las relaciones cotidianas de la investigación ya que otorga al etnógrafo posibilidades incontables para que ofrezca a sus sujetos de estudio la oportunidad de cuestionar su análisis. Las suposiciones e interpretaciones del investigador y de los participantes están sujetas a una revisión diaria.

Este proceso complementa el argumento de que las personas con discapacidad deberían poder influenciar la dirección del proyecto de investigación (BARNES, 1992; OLIVER, 1992; STONE y PRIESTLEY, 1996). Al intercambiar interpretaciones sobre un mismo acontecimiento, el etnógrafo permite que las ideas de los participantes moldeen las etapas siguientes del estudio etnográfico (preguntas a realizar, situaciones a observar o experimentar, papeles a adoptar, etc.).

Dentro de ese contexto, ASAD (1986) define el papel de los etnógrafos como el de una persona que está aprendiendo. Esa postura requiere que el investigador sea un aprendiz respetuoso que analice de qué forma su comportamiento se ajusta —o no— al de sus maestros. Es decir que, en el ámbito de la etnografía, el proceso de aprendizaje implica un análisis constante por parte del etnógrafo (PRATT, 1986, OKELY, 1994) que permite que se analice el efecto que un investigador tiene en un ámbito de trabajo de campo como fuente de compresión cultural (CRAPANZANO, 1986). Hubo muchas críticas a los primeros antropólogos que no explicaban cómo cosas como el intercambio de regalos, por ejemplo, afectaban su relación con los sujetos de estudio (PRATT, 1986); que no incluían sus propias experiencias en los escritos etnográficos (CRAPANZANO, 1986) o no lograban explicar las relaciones de poder que se daban entre ellos mismos y los participantes (ASAD, 1986; RABINOW, 1986).

Se sostiene que en el pasado muchos etnógrafos afirmaron falsamente ser observadores neutrales para preservar su autoridad (CRAPANZANO, 1986). Actualmente se espera que el etnógrafo examine, a través de su trabajo de campo, sus propias subjetividades como la base para comprender las culturas de otros pueblos. Esta expectativa se tradujo en un ruego a los investigadores de que expliquen las funciones que adoptan y analicen reflexivamente el papel que desempeñan en la producción de hallazgos en su investigación.

OKELY (1994) describe la etnografía como un constante proceso reflexivo en el cual la revisión y reinterpretación de las observaciones y experiencias finalmente conduce a una historia que representa la interacción entre la cultura del etnógrafo y las culturas de aquellos a quienes estudió. El proceso mencionado no se realiza para obtener una perspectiva libre de valores tal como sugieren algunos fenomenólogos (por ejemplo, PHILLIPSON, 1972), sino que se utiliza para comprender las subjetividades del investigador y los participantes, sus creencias y sus formas de ver el mundo (CORKER, 1999b).

Se sugiere que este proceso tiene mejores resultados cuando los investigadores evitan obsesionarse con las teorías existentes relacionadas con su área de trabajo. Eso no quiere decir que el etnógrafo no tenga perspectivas teóricas, sino

[3] Véase DAVIS (1998) y DAVIS y cols. (1999a,b) para un análisis de este proceso en relación con investigaciones en las que participan niños con discapacidad.

que el investigador no debe obsesionarse con teorías consagradas ya que eso puede restringir su capacidad para desarrollar interpretaciones y significados que en definitiva puedan tener una relación con la teoría:

> El antropólogo, a pesar de los meses de revisión de bibliografía y posiblemente años de lectura teórica y comparativa deberá deshacerse de las hipótesis como si fueran lastres... ¡El etnógrafo debe, como un surrealista, estar disponible (cf. Breton, 1937) y abierto a los *objets trouvés** desde que ingresa al campo!
>
> (Okely, 1994, pág. 19.)

El etnógrafo que comienza la investigación etnográfica con el propósito de evaluar la teoría, o que privilegia una teoría sobre otra, tiene que utilizar su capacidad para lidiar con los "*objets trouvés*" problemáticos. En cuanto a la investigación en el ámbito de la discapacidad, esto sugiere que los investigadores deberían cuestionar todos los modelos de discapacidad (ya sean médicos o sociales) de manera reflexiva y que la función de los investigadores en ese campo no debería ser la de ajustar sus hallazgos a algún modelo específico.

De hecho, en el ámbito de los estudios en discapacidad se criticó la predilección por el "modelo social" por parte de los investigadores sobre la base de que la teoría no tiene por qué formar parte de la manera en que los participantes de la investigación interpretan la discapacidad (Stone y Priestley, 1996; Priestley, 1997) y también sobre la base del hecho de que la predilección por un modelo puede limitar el trabajo del investigador (Shakespeare, 1997). Al insistir en que los investigadores adopten el modelo social, la investigación emancipadora podría restringir la libertad intelectual del investigador y su capacidad de interpretar los mundos y las culturas de otros. Este punto de vista es similar al de algunos antropólogos que sostienen, siguiendo a Foucault, que la ideología puede ser una epistemología tan restrictiva como el positivismo (Rabinow, 1986). En efecto, Corker (1999a,b) sostiene que el modelo social debería tomarse sólo como una parte de una teoría social emergente. El punto de vista de Corker arranca de la afirmación de Oliver que indica que el modelo social no es más que un aspecto de una teoría social de la discapacidad y que el objetivo de la investigación debería ser representar la vida de las personas con discapacidad desde sus propias perspectivas (Oliver, 1996).

Esta postura complementa la de los antropólogos que afirman que las creencias de los sujetos de estudio no deberían interpretarse como erróneas simplemente porque difieran de las del antropólogo (Asad, 1986; Rabinow 1986) y que no deberían tratarse con condescendencia al venerarse por su sencillez (Rosaldo, 1986).

En relación con los estudios sobre discapacidad, esto sugiere que los participantes que no se alían de forma manifiesta con la perspectiva de un modelo social no deberían considerarse personas que muestran signos de una falsa conciencia. Sus creencias y prácticas deberían considerarse tan importantes como las de cualquier otra persona con discapacidad. De lo contrario corremos el riesgo de repetir en nuestro ámbito los mismos sistemas de exclusión y censura que

* En el original en francés, su significado en español es objetos encontrados. *(N. del T.)*

se afirma que existen en las investigaciones que se realizan en el marco del modelo médico. En efecto, algunas personas expresaron preocupación respecto a la forma en que los académicos con discapacidad controlan actualmente el modelo social (THOMAS, 1998). Ese tema también plantea problemas concretos para aquellos que sostienen que los investigadores deberían poner sus habilidades investigadoras a disposición de las personas con discapacidad (BARNES, 1992). Esto genera la pregunta ¿a qué personas con discapacidad? ¿Deberíamos excluir a aquellas personas dentro de ese grupo que no aceptan un modelo social de discapacidad específico?

Se puede utilizar el mismo argumento con respecto a la validación de los participantes. Se sostiene que los investigadores del ámbito de la discapacidad deberían hacer observaciones de los hallazgos de la investigación a los participantes del estudio de manera que estos puedan colaborar en la redacción del texto final del investigador (BARNES, 1992; STONE y PRIESTLEY, 1996). Esas ideas desafían la suposición de que sólo el investigador analiza los datos (PRIESTLEY, 1997). Se sugirió que pedirle a los participantes del estudio que comenten sobre la primera versión del texto final puede contribuir a la concreción de objetivos emancipadores [4]. Aunque esto es bastante razonable, debería tenerse en cuenta que los comentarios sobre los hallazgos de la investigación no disipan totalmente la autoridad del investigador cuando éste último es quien escribe la versión final del texto (SHAKESPEARE, 1996).

Además, algunos sociólogos emplean la triangulación o validación de los miembros en un intento de validar sus investigaciones etnográficas (véase GLASER y STRAUSS, 1967; HAMMERSLEY y ATKINSON, 1983). Sin embargo, esas técnicas no funcionan como medio de validación sino que simplemente le permiten a los investigadores tener más momentos reflexivos:

> Los intereses y sistemas de relevancia del investigador son los que van a determinar los límites prácticos de su análisis (SCHUTZ, 1970). Las técnicas de validación proporcionan material adicional que resulta valioso para el análisis y desempeñan otras funciones útiles (como facilitar el acceso a la investigación), pero no establecen los límites de la tarea analítica. Esos límites no los establece ninguna prueba o procedimiento técnico sino una combinación de cosas importantes que van desde la curiosidad intelectual y la escrupulosidad propias del investigador hasta las restricciones externas como los límites de financiación, las condiciones de supervisión y, lo que no es menos importante, las fechas límite de publicación.
>
> (BLOOR, 1997, pág. 50.)

Incluso cuando los investigadores reciben comentarios de los participantes respecto a su texto, son ellos quienes eligen cuáles son las respuestas de los participantes que influirán en el informe final y cuáles deben ignorar. En efecto, este proceso no es diferente del anterior proceso de selección e interpretación de datos para redactar el texto. De aquí que un objetivo más fácil podría ser pedirle a los investigadores que expliquen las razones por las que eligen un ejemplo dentro del conjunto de datos o un tipo de explicación sobre otro (HAMMERSLEY, 1990). Este enfoque podría ayudarnos a seguir el proceso reflexivo a través del cual el

---

[4] Véase ZARB (1992; pág. 136) para un resumen de los aspectos positivos de este proceso.

etnógrafo aprende sobre otra cultura. Algunas personas del ámbito de los estudios en discapacidad están en contra de la validación de los miembros por diferentes razones [5].

> No estaba y no estoy preparado para permitir que otras personas controlen lo que escribo o que me impongan la postura política adecuada. En este proyecto no hubo tiempo o recursos suficientes para permitir que las personas controlaran o comentaran sobre el texto. Aunque siempre recibo con agrado consejos y opiniones, no estoy seguro de haber deseado alguna vez rendirle cuentas a alguien más que a mi editor y mi conciencia.
>
> (SHAKESPEARE, 1997, pág. 18.)

Más allá de las objeciones, la cuestión del control por parte del autor puede desviar la atención de lo que realmente importa. En un estudio etnográfico el investigador puede encontrarse con cientos de participantes. ¿Puede pedirse a todos que sean autores? Es más probable que sea una persona o un pequeño grupo el que actúe como autor. Esta persona o este grupo tendría las mismas presiones que el investigador. Escribirían sobre personas parecidas y sobre personas diferentes a ellos mismos. Estarían abiertos a las mismas críticas sobre la autoridad y sobre cómo representaron a las personas en su texto. De aquí que, más allá de quién sea el autor, un parámetro de evaluación más importante podría ser cuán relevante será el proyecto de investigación para las personas con discapacidad. Es decir, ¿puede contribuir a procesos de cambio que mejoren la vida de las personas?

Estrategias de cambio

Se alentó a los investigadores a que se preguntaran a sí mismos si su trabajo era relevante para las personas con discapacidad y para sus organizaciones y si servirá para mejorar la vida de sus sujetos de estudio (STONE y PRIESTLEY, 1996, pág. 703). Las próximas secciones tratarán este tema con relación a tres enfoques teóricos sobre la producción investigadora. Este análisis lleva a un examen de las diferentes formas en que los investigadores influyan en el mundo en el que trabajan.

Cambio estructural

La Unión de Impedidos Físicos contra la Segregación (UPIAS, 1976) sostuvo, siguiendo a Paul HUNT (1966) y Vic FINKELSTEIN (1975), que debía verse a la discapacidad como algo "causado por una organización social contemporánea". En Gran Bretaña esto produjo una llamada al cambio en la forma en que la sociedad está estructurada, especialmente en el área de los derechos y la ciudadanía. Ese

[5] Cabe destacar que pedir libertad intelectual a los investigadores no es lo mismo que decir que sus ideas no pueden cuestionarse o verse afectadas por las personas que participan de su estudio u otras personas.

punto de vista se utilizó poderosamente como una bandera bajo la cual los sujetos con discapacidad y otras personas pueden unirse para combatir a los opresores. Específicamente en el ámbito de la investigación, BARNES (1996) utilizó esa perspectiva como base para invitar a todos los académicos a que eligieran de qué lado de la barricada se encontraban:

> Si la investigación en el ámbito de la discapacidad tiene que ver con investigar la opresión —y yo afirmaría que así es—, entonces los investigadores no deberían profesar la "independencia mítica" a las personas con discapacidad sino que deberían unirse a ellas en sus luchas para enfrentarse y vencer a esa opresión. Los investigadores deberían propugnar el compromiso, no la libertad de valores o la objetividad, la solidaridad y no la independencia. No hay un remanso de independencia o un punto medio cuando se investiga la opresión: los académicos e investigadores solamente pueden estar del lado de los opresores o del de los oprimidos.
>
> (BARNES, 1996, pág. 110.)

Al pedir "*la desmitificación sistemática de las estructuras y los procesos que causan discapacidad*", BARNES (1992, pág. 122) crea un discurso en términos de ellos y nosotros, de oprimidos y opresores. No se puede negar que la organización física, material y social de nuestra sociedad promueve la desigualdad y niega derechos y recursos a algunos grupos. Tampoco se puede cuestionar que éste es un tema importante que debería investigarse. Sin embargo, este discurso trata a los oprimidos y los opresores como si fueran grupos homogéneos. Al crear los grupos "ellos" y "nosotros" estos escritores le restan importancia a las personas como actores sociales, magnifican la función de la estructura e ignoran las diversas formas en que los individuos y grupos sociales se relacionan con esas estructuras y se oponen a ellas.

De manera similar, en el campo de la antropología se criticó a GEERTZ (1973) por construir solamente una versión única y generalizada de la cultura balinesa. Se le acusa de interpretar homogeneidad donde podría haber diversidad (CRAPANZANO, 1986). Muchos antropólogos representan una voz (la propia) o dos (la propia y la "voz" de los "otros") en su texto final (CLIFFORD, 1986). La diversidad cultural de un grupo o sociedad desaparece cuando el antropólogo muestra una versión única y generalizada de su "cultura" (CRAPANZANO, 1986). Se afirma que este proceso se interrelaciona con la tendencia de algunos antropólogos de utilizar las afirmaciones "yo estuve allí", "así son *ellos*" como bases para la autoridad de sus escritos (ASAD, 1986).

Escritos contrahegemónicos

En oposición a los puntos de vista generalizados de la cultura, en el campo de la antropología se propuso una nueva forma de escritura (o no tan nueva, véase CAMPBELL, 1996) que representa las relaciones opuestas y encontradas entre los individuos que habitan un espacio social (MARCUS, 1986). Se la llamó "relato cooperativo polifónico" (TYLER, 1986), "textualización multidimensional" (FISHER, 1986), "heteroglosia" (BAKHTIN, 1986; RABINOW, 1986) y "multiverosimilitud" (DENZIN, 1997). Se sugiere que la antropología no debería interesarse únicamente en las comparaciones interculturales de las diferencias entre las culturas sino que debería reconocer las diferencias y conflictos dentro de las culturas (WILLIS, 1977; FISHER, 1986; MARCUS, 1986). Se cree que los antropólogos pueden escuchar las diferentes voces[6] que se hallan en su campo de estudio; que las personas con las que se encuentren pueden tener puntos de vista opuestos sobre los mismos fenómenos y que pueden haber múltiples versiones en pugna sobre qué es "lo real" o cuál es "la verdad". Aquí, se considera que la distribución de la autoridad del antropólogo se logra al ofrecerle a los lectores la posibilidad de elegir en el texto final entre un número de perspectivas, valores subculturales o voces diferentes.

Este proceso no requiere que los autores excluyan su propia voz por completo, sino que el autor señale diferentes voces encontradas que se oponen a la propia (FISHER, 1986). Es decir, la autoridad del autor se ve disminuida, pero no por dejar que otras personas escriban el texto final, sino por permitir que esa variedad de voces tenga igual autoridad que la suya. Cabe destacar que se puede complementar este proceso con proyectos de investigación realizados por un equipo de académicos. Además de incluir las diferentes voces de los participantes del estudio, en el caso de los proyectos realizados por varios autores los textos etnográficos pueden incluir también las voces de los diferentes investigadores (CORKER y DAVIS, 1998).

La fortaleza de este enfoque consiste en que puede crear el espacio necesario para el empoderamiento de una serie de personas (los lectores y los sujetos de estudio) al legitimar sus diferentes experiencias cotidianas. Algunas personas del ámbito de los estudios en discapacidad escribieron este tipo de textos sobre la base de datos obtenidos en las entrevistas:

> Consideramos que nuestra audiencia es amplia: lectores legos, académicos, profesionales, pero sobre todo personas con discapacidad. Esperamos que estas últimas reconozcan sus propias experiencias y se sientan reivindicadas por los informes que publicamos. Situamos nuestra investigación en el contexto de nuestra más amplia comprensión del empoderamiento, el que para nosotros tiene que ver tanto con el desarrollo personal y emocional como con el cambio político y estructural: en nuestro libro, y en nuestro trabajo profesional, equilibramos la necesidad de eliminar obstáculos y derechos civiles con la de apoyar a los individuos a que desarrollen una imagen positiva de sí mismos y un sentido de orgullo y autoestima.
>
> (SHAKESPEARE, 1997, págs. 184-185.)

Aquí, el investigador fomenta un proceso de cambio al cuestionar los estereotipos y legitimar las diferentes experiencias de vida de las personas con discapacidad. CORKER (1999c), inspirado en las ideas de BAKHTIN sobre la "heteroglosia" y los "géneros de discurso" (1986), habla muy específicamente sobre el autor con discapacidad que renace como orador en un contexto social y que escribe relatos que abarcan tanto una perspectiva individual como colectiva. CORKER afirma:

[6] Cabe destacar que, aquí, el término "voces" se refiere a la comunicación verbal y no verbal, incluidos el lenguaje corporal y el de señas.

> En otras palabras, los que tenemos interés en el discurso no estamos haciéndole la guerra al modelo social. Fomentamos su uso reflexivo pero, sobre todo, estamos involucrados en una clase de producción diferente: la liberación y aceptación de "voces" mudas, de nuevos conocimientos y, por lo tanto, de un rango más amplio de posiciones desde las que las personas con discapacidad pueden subvertir la hegemonía y actuar en los ámbitos político y social.
>
> (CORKER, 1999a, pág. 209.)

Las ideas de SHAKESPEARE y CORKER corren paralelas a las nociones relacionadas con el empoderamiento que tienen algunos etnógrafos. FISCHER (1986) afirma que al representar y legitimar muchas voces en el mismo texto, el escrito antropológico tiene el potencial necesario para convertirse en una retórica poderosa contraria a los discursos políticos hegemónicos. En el campo de la investigación en discapacidad este potencial incluye legitimar la retórica contraria a los discursos opresivos. Esas ideas se asocian en el trabajo de MORRIS (1992), quien intenta fomentar la liberación personal al representar las percepciones y experiencias de diferentes personas con discapacidad.

Sin embargo, este enfoque tiene también sus inconvenientes. Se vuelve problemático cuando la "diferencia" se entiende sólo en términos de categorías macrosociales tales como la edad, la clase, el género y la raza o la noción médica de impedimento; es decir, cuando los escritores crean grupos homogéneos en torno a estas categorías. Este tipo de investigación representa únicamente las características comunes a las personas de la misma edad, género, etcétera y no da cuenta de las diferencias que hay dentro de esos grupos[7]. Así, repite el error de aquellos que sostienen que la organización social de la sociedad crea dos grupos, los oprimidos y los opresores, sólo que en este caso hay algunos grupos más dentro de cada uno.

STONE y PRIESTLEY (1996) realizan otras dos críticas. Primero, que al concentrarse en la diferencia, la investigación en el ámbito de la discapacidad puede limitarse a la esfera de la narración de historias culturalmente relativas. Segundo, que las nociones de diversidad pueden debilitar la fortaleza política del movimiento de personas con discapacidad y, finalmente, dificultar que mejoren las vidas de esas personas. Por lo tanto, en el campo de los estudios sobre discapacidad parece que los escritos contrahegemónicos se encuentran en el polo opuesto de las estrategias estructurales de cambio y que nunca podrán encontrarse. Sin embargo, varios antropólogos intentaron resolver este conflicto.

Postestructuralismo crítico de múltiples niveles

Las críticas de STONE y PRIESTLEY (1996) sugieren que existe un conflicto entre la representación de las diversas experiencias vividas de las personas con discapacidad y la promoción de un cambio social. RABINOW (1986) advierte a los etnógrafos que se abstengan de buscar los rasgos fundamentales de la diferencia y de hallar verdades universales. Sugiere en cambio que vivamos en algún punto intermedio de los dos polos que llama cosmopolitanismo:

---

[7] Véase DAVIS (1998) para un análisis del tema con respecto a la "nueva sociología de la infancia".

> Permítenos definir el cosmopolitanismo como un rasgo distintivo de la macrointerdependencia que tiene una conciencia aguda (que a veces se impone a las personas) del carácter ineludible y particular de los lugares, personajes, trayectorias históricas y destinos. Aunque todos somos cosmopolitas, la interpretación que hizo el *Homo sapiens* de esta condición fue bastante pobre. Parece que tenemos problemas para hacer malabarismos; preferimos exaltar las identidades locales o construir identidades universales, pero vivimos en un punto intermedio.
>
> (RABINOW, 1986, pág. 258.)

Parece que los problemas del esencialismo y el universalismo se pueden superar si se equilibran las explicaciones de las experiencias diarias de las personas con relatos que indiquen de qué manera se vinculan esas experiencias con influencias sociales más amplias. MARCUS (1986) sostiene que al comparar culturas entre o dentro de las áreas de estudio, los etnógrafos pueden aprender sobre los sistemas que influyen en la vida de las personas y también interpretar las diferencias en la cotidianidad de esas vidas (MARCUS y FISCHER, 1986).

De forma similar, BOURDIEU sintetiza las nociones de cultura y estructura en su concepto de "habitus".

> Es en la relación que existe entre las dos capacidades que definen el "habitus" —la capacidad de producir prácticas y palabras clasificables y la capacidad de diferenciar y apreciar esas prácticas y productos (la preferencia)— que se establece el mundo social representado; en otras palabras, el espacio de los estilos de vida.
>
> (1986, pág. 17.)

BOURDIEU sostiene que es posible identificar grupos sobre la base de que estos se adhieren a un determinado comportamiento y también sobre la base de la relación que existe entre ese comportamiento y las estructuras en que está inmerso. Sugiere que los individuos adaptan su comportamiento a marcos específicos (campos) y que poseen identidades variables a las que recurren para guiar sus acciones a medida que se mueven por diferentes entornos sociales. Un ejemplo excelente de este tipo de texto es el de la obra de Alan CAMPBELL (1995), *Getting to know Waiwai.* En un libro hermosamente escrito, CAMPBELL ilustra las experiencias diarias del puebo Wayapi de la selva tropical brasileña. Recurre a historias sobre la interacción cotidiana entre los distintos grupos e individuos para explorar sus reacciones a los cambios en su entorno local, la afluencia de visitantes a sus comunidades y las maquinaciones de la política global y gubernamental de Brasil.

Al tiempo que derriba conceptos uniformes de cultura, este tipo de texto también desarma el concepto de identidad en cuanto entidad rígida uniforme. En el campo de la antropología, ASAD (1986) afirmó que en nosotros conviven diferentes culturas. En estudios en el ámbito de la discapacidad, CORKER señala: "*la identidad de la persona con discapacidad contiene significados múltiples y variables que reflejan y crean el contexto*" (CORKER, 1999a, pág. 195). En otros campos, por ejemplo en el ámbito de la teoría *queer**, los escritores como SEIDMAN (1998) se oponen a la noción de identidades sexuales unitarias al cuestionar "*las*

* Véase nota en la página 113. *(N. del R.)*

fuerzas sociales que obligan a las personas y a las relaciones sociales a organizarse en términos de identidad sexual" (SEIDMAN, 1998, pág. 185). La sugerencia es que los etnógrafos deberían investigar nociones uniformes de identidad, cultura y estructura, y que esa investigación debería permitir a los etnógrafos obtener un entendimiento de cómo las personas responden a los individuos, las estructuras y las culturas con que se encuentran diariamente. Aquí, los problemas del relativismo cultural se superan al sintetizar las nociones de capacidad de acción, cultura y estructura.

Esa forma de etnografía no corre el riesgo de socavar los sentimientos de colectividad que existen entre las personas con discapacidad, sino que nos ofrece la oportunidad de mostrar los diferentes conceptos que las personas tienen sobre la opresión y de reunir diversas definiciones de opresión. Al legitimar esas diferentes definiciones, el "movimiento" crecerá en número. Este tipo de enfoque no "*asume que proporcionar relatos fieles sobre experiencias individuales sea suficiente*" (OLIVER, 1999, pág. 186), sino que complementa el objetivo de OLIVER (1999) en cuanto a que la investigación debería ir más allá de las nociones de la experiencia individual para comprender la experiencia colectiva. Sin embargo, al mismo tiempo reconoce la afirmación de CORKER (1999 a-c, pág. 207) de que "*el mismo grupo colectivo debe ser tolerante con las diferencias si no quiere reproducir esa hegemonía*".

Un aspecto importante de esta perspectiva es el estudio de las personas que se encuentran en posiciones de poder (RABINOW, 1986). Los investigadores pueden aprender mucho de la investigación de las prácticas sociales de aquellos individuos y grupos con los que se encuentran diariamente las personas con discapacidad (por ejemplo, en el caso de los niños con discapacidad, sus familias, vecinos, otros niños y profesionales del gobierno local, centro de salud, los servicios sociales y educativos) porque son estas personas —y los grupos y organizaciones con los que están asociadas— las que tienen más probabilidades de restringir la autoemancipación de las personas con discapacidad.

Los enfoques postestructurales de múltiples niveles de la investigación reemplazan la polarización que existe entre las explicaciones estructurales y vivenciales de las vidas de las personas con discapacidad por complejos informes sobre las vidas de las personas. Estos enfoques también le proporcionan al etnógrafo la posibilidad de adoptar diversas funciones diferentes después de finalizar el trabajo de campo.

La capacidad de influencia del investigador

En estudios realizados recientemente con algunos colegas (CORKER y DAVIS, 1998; DAVIS y cols., 1999, 2000; PRIESTLEY y cols., 2000) destacamos los beneficios de utilizar la etnografía polifónica para alcanzar el doble objetivo de representar las vidas de diferentes niños con discapacidad y explicar los contextos culturales y estructurales en los que éstas se desarrollan[8]. En estos trabajos se

[8] A pesar de que en esta sección empleo a veces el colectivo "nosotros", cabe destacar que las ideas expuestas aquí corresponden a mis propias percepciones y recuerdos de nuestras experiencias de investigación.

intenta identificar las políticas que podrían motivar un cambio cultural entre aquellos individuos y grupos que actualmente oprimen a los niños con discapacidad. Siguen la línea de autores como OLIVER (1992), SWAIN y cols. (1998) y MIDDLETON (1999) y promueven un enfoque de múltiples niveles sobre el cambio.

Este enfoque incluía desentrañar momentos de conflicto intercultural: situaciones donde los individuos compiten entre sí para imponer sus ideas sobre qué constituye la práctica legítima de su actividad (véase también, para obtener ejemplos de lo mencionado, BOURDIEU, 1978; WILLIS, 1977; DAVIS, 1996, 1999). Al comienzo percibimos el conflicto entre los niños con discapacidad y los adultos (por ejemplo, los maestros) como un problema de grupo contra grupo. Primero, caracterizamos la relación entre el maestro y el niño con discapacidad como la de opresor y oprimido. Sin embargo, los niños nos enseñaron que no todos los maestros eran iguales y, por lo tanto, que no se podía poner a sus opresores en grupos homogéneos.

Notamos que podíamos registrar las opiniones de los niños con discapacidad sobre la buena práctica y los buenos profesionales y viceversa. Sin embargo, el trabajo no terminó ahí. También investigamos las cuestiones culturales (por ejemplo, actitudes personales y grupales) y las estructurales (por ejemplo, capacitación en políticas) que influían en cómo trataban a los niños con discapacidad determinados profesionales. Durante ese proceso trabajamos con niños con discapacidad y otras personas para identificar qué estructuras o políticas debían cambiarse en marcos específicos y también qué agrupaciones individuales o culturales podían llegar a limitar la innovación.

Al diferenciar a las personas con que se encontraban diariamente los niños con discapacidad y comprender la presión estructural y cultural que éstas experimentaban, advertimos que los adultos que son cómplices de la opresión a los niños con discapacidad podrían estar experimentando, en su propia carne, la opresión en sus lugares de trabajo o en los entornos sociales y culturales. Además, notamos que esa experiencia puede ser un impedimento para que modifiquen la forma en que tratan a los niños con discapacidad.

Este hallazgo sugirió que la función del investigador no debería ser simplemente confrontar las prácticas opresivas (OLIVER, 1999) sino también desmontar tanto los pilares en los que se asientan esas prácticas como los intereses creados en que se sustentan. Al valorar las experiencias de todos los participantes del estudio (con o sin discapacidad) y al verlas como experiencias interrelacionadas, esta forma de investigación supera la preocupación de OLIVER (1999, pág. 187) de que desde el principio los investigadores creamos un conjunto de relaciones sociales en las que "señalamos a las personas con discapacidad como inferiores". En esta forma de etnografía se ve a todos los participantes como seres con el potencial para contribuir a mejorar la vida de las personas con discapacidad.

CORKER (2000) vincula esta idea con los escritos de BAKHTIN y con las nociones feministas de la interdependencia. Afirma que BAKHTIN nos alerta sobre la posibilidad de que, a través del diálogo, se pueden alcanzar el reconocimiento y la comprensión mutuos de una manera que permite a personas diferentes (opresoras y oprimidas) crecer a través del intercambio mutuo de puntos de vista. Esto sugiere que podrían existir conexiones antes nunca vistas entre las personas con discapacidad y sus opresores, o que podría haber aspectos de la personalidad de los opresores a los que se puede recurrir para facilitar el cambio.

Por lo tanto, la primera esfera de influencia que se abre al investigador son justamente los lugares donde investiga. El investigador, al poner en práctica las técnicas no autoritarias que se identifican al comienzo del presente estudio, puede establecer un ejemplo para las personas con las que se encuentra en el campo de estudio, puede fomentar el proceso de diálogo. En nuestro reciente proyecto esto significaba dar un ejemplo a los profesionales sobre cómo podían empezar a escuchar las opiniones de los niños con discapacidad[9]. Sin embargo, tal como se documentó en otros lugares (DAVIS y cols., 1999, 2000), no todos aceptaron este enfoque en el entorno en el que se realizó la investigación y, en determinados momentos, a mis colegas y a mí se nos presionó para que cambiáramos nuestras prácticas. Estas experiencias, a pesar de ser incómodas, fueron beneficiosas porque aprendimos acerca de cuales eran los recursos que ciertos adultos utilizaban para intentar controlar a las personas o a las situaciones. Fue un proceso de aprendizaje importante porque nos permitió comprender de qué manera estos individuos obstaculizarían el cambio. Este aprendizaje nos llevó a la conclusión de que una parte de nuestro proyecto debía incluir hacer llegar nuestras ideas sobre las buenas prácticas profesionales a los políticos y a los formadores de profesionales (por ejemplo, las instituciones de formación de maestros)[10].

La siguiente esfera de influencia del investigador implica contribuir a un cambio estructural y cultural al intentar incidir en las personas que tienen poder sobre los profesionales que trabajan en el ámbito local. Una vez más, es imposible garantizar que se adopte o movilice esta información de manera que realmente mejore las vidas de los niños con discapacidad, tal como explica SHAKESPEARE[11]:

> Los escritores postestructurales identificaron lo que llaman "la muerte del autor". Este término se refiere al hecho de que un texto está abierto a múltiples interpretaciones. Mientras que los escritores pueden tener ambiciones e intenciones específicas, una vez que el libro es de dominio público otras personas tienen la libertad de encontrar en él sus propios valores y sentimientos y de usar los argumentos y las pruebas que el mismo proporciona para promover fines que pueden ser opuestos a las intenciones del autor. No hay forma de evitar este riesgo. Por ejemplo, los defensores del libre mercado de derechas adoptaron el énfasis anti-institucional del movimiento de discapacidad para sostener que los centros ambulatorios y otros recursos debían dejar de funcionar. Una propuesta progresista de autonomía e integración se transforma entonces en un recorte de los servicios públicos y un retroceso del Estado.
>
> (SHAKESPEARE, 1997, pág. 178.)

La sugerencia de que el etnógrafo no puede controlar cómo los lectores eligen interpretar su obra es fuerte, sin embargo podría ser demasiado negativa. OKELY (1997) señala que otra consecuencia puede ser que un grupo del que no

[9] Por las dudas de que esto suene demasiado condescendiente, debe advertirse que muchos de los adultos con los que nos encontramos ya eran capaces de hacer esto y que muchos de los niños no permitían que se ignoraran sus opiniones.

[10] Esto implicó hablar en instituciones de formación de maestros y en conferencias como la de título "Ciudadanos Especiales" que llevó a cabo la organización "Children in Scotland".

[11] Véase también en antropología CLIFFORD (1986).

se esperaba eso movilice la obra de una manera positiva, en su caso, esto sucedió con la agrupación *New Age Travellers**. La dificultad que tiene ese papel es que existe una tendencia a que los políticos y los colegas de la academia eleven al investigador a la posición de "experto" y que se los escuche antes que o más que a las personas con discapacidad.

Debería considerarse que el etnógrafo "experto" simplemente se encuentra en su campo de estudio con la capacidad necesaria para crear una base teórica a partir de la cual otras personas pueden provocar un cambio. Los textos producidos de acuerdo con estos parámetros accederán a una audiencia académica y posiblemente más amplia y podrían incluso llegar a influir en la formulación de políticas (OKELY, 1997). Aquí, una vez más, los legisladores, las organizaciones no gubernamentales y los colegas académicos le otorgan al etnógrafo el estatus de "experto". Este papel también puede ser problemático si el etnógrafo permite que su propia vanidad desvirtúe el hecho de que las personas con discapacidad son los máximos expertos en sus propias vidas, y su función es especialmente dudosa cuando el investigador elige reforzar las convenciones académicas en lugar de comunicar datos que resultan teóricamente difíciles de explicar.

En nuestro reciente proyecto "Life as a Disabled Child" [la vida como niño con discapacidad]" trabajamos en oposición a la mayoría de las representaciones textuales de la vida de los niños con discapacidad. Esto nos llevó a rebatir discursos que caracterizan a los niños con discapacidad como pasivos y vulnerables (para un análisis de estos discursos, véase PRIESTLEY, 1998; SHAKESPEARE y WATSON, 1999). Demostramos la aptitud de los niños con discapacidad como agentes sociales e ilustramos las diversas formas por las que atraviesan sus experiencias culturales y estructurales. Desde este papel, los etnógrafos pueden actuar solos o con otros miembros de sus equipos para redactar publicaciones destinadas a una audiencia mayormente académica. Este papel incluye que el etnógrafo ponga en juego su integridad académica, ya que su obra estará abierta a la opinión de otros académicos.

Un enfoque alternativo implica que el etnógrafo trabaje en conjunto con los participantes del estudio. Aquí, el etnógrafo intercambia sus conocimientos con las personas con discapacidad con la esperanza de que eso contribuya a su lucha contra la opresión. Este enfoque podría implicar que el investigador se convierta en un activista en el primer plano de una lucha política (OKELY, 1997) o que trabaje en un segundo plano para apoyar o aconsejar a las personas con discapacidad sobre a dónde será mejor dirigir sus recursos. Últimamente, este papel implicó que trabajáramos voluntariamente como consejeros con un grupo de adultos y niños con discapacidad en *Access-ability Lothian*. En este caso, nuestros hallazgos se utilizaron para apoyar el objetivo de la organización de mejorar las experiencias de los niños con discapacidad en ámbitos educativos convencionales. Esta organización no necesita que un investigador hable en su nombre; entre otros enfoques, agrupa las ideas de diversas personas como la base desde la cual apoyar a un grupo de niños con discapacidad con el objetivo de mejorar

* Agrupación de personas —a menudo relacionadas con la nueva era y el movimiento hippie— que recorren festivales musicales y ferias y viven en comunidad. Esta agrupación se inició en el Reino Unido en la década de los setenta. *(N. del T.)*

sus condiciones de vida a través de la educación entre iguales. Aquí, los niños con discapacidad son agentes activos capaces de promover procesos de cambio, y el investigador, y otros adultos, son aliados de utilidad pero externos.

Los papeles mencionados no son mutuamente excluyentes, cada uno es valioso a su manera. Le corresponde al etnógrafo decidir o justificar qué papel quiere desempeñar. Una vez que elija, otras personas —por ejemplo, los participantes del estudio— podrán comentar lo valiosas que fueron las contribuciones que hizo.

Conclusiones

Este estudio recurre a los materiales disponibles dentro del ámbito de los trabajos sobre discapacidad y la antropología para sostener que los investigadores, cuando analizan las vidas de las personas con discapacidad con el propósito de promover un cambio social, pueden beneficiarse cuando:

- Son reflexivos en el campo de estudio sobre cómo sus propias perspectivas influyen ese proceso.
- Explican cómo se negocian las relaciones de poder en el curso de su trabajo de campo y qué medidas se toman para reducir la autoridad del investigador.
- Ponen de manifiesto el proceso mediante el que deciden representar las vidas de las personas en su contexto.
- Ilustran la naturaleza diversa y flexible del mundo que investigaron.
- Investigan la interacción entre la capacidad de acción, la cultura y la estructura (material y social) en el ámbito de la vida cotidiana de las personas.

Se sostuvo que los etnógrafos pueden hacer una contribución importante a los estudios en el ámbito de la discapacidad al acabar con la caracterización "ellos y nosotros" de los opresores y los oprimidos. Se afirmó que al desmontar los puntos de vista homogeneizados de la cultura y al reconocer la naturaleza variable de la identidad los etnógrafos pueden ayudar a promover el tipo de diálogo y reconocimiento mutuo entre los sujetos con discapacidad y otras personas al que hizo referencia CORKER (1999a).

Para este enfoque es crucial que se investigue la relación entre las cuestiones individuales, culturales y estructurales; es decir, los científicos sociales solamente podrán contribuir a la creación de las condiciones culturales y estructurales en las que pueda prosperar la autoemancipación cuando reconozcan que la cultura y la estructura están incorporadas a la práctica social diaria y se expresan a través de ella.

Se utilizaron diversas perspectivas teóricas como base desde la cual examinar de qué manera pueden contribuir los investigadores a un cambio social. El punto central de esta discusión fue el concepto de que los participantes de los estudios son los expertos en sus propias vidas pero que los etnógrafos poseen una pericia que puede utilizarse en diversas formas para contribuir a los procesos de cambio. Esta pericia yace en su capacidad para producir escritos que se oponen a los discursos hegemónicos y en la de interpretar la complejidad de la vida de las personas a través del reconocimiento de la importancia de la experiencia individual, la cultura y la estructura. Al promover un enfoque de múltiples niveles sobre los estudios sobre discapacidad, este trabajo ha sostenido que hay muchas formas con las que los investigadores pueden contribuir a los procesos de cambio y que estos enfoques no tienen por qué ser mutuamente excluyentes.

Reconocimientos

Me gustaría agradecer a Mairian Corker, Sarah Cunningham-Burley, Nick Watson y a los críticos anónimos por sus útiles comentarios sobre las versiones previas de este estudio.

Referencias

Asad, T. (1986). "The concept of cultural translation in British Social Anthropology", en: G. Marcus y J. Clifford (Eds.) *Writing Culture,* págs. 141-164, Berkley, University of California Press.

Barnes, C. (1992). "Qualitative research: valuable or irrelevant?" *Disability, Handicap & Society,* 7, págs. 115-124.

— (1996). "Disability and the myth of the independent researcher", *Disability & Society,* 11, págs. 107-110.

Bakhtin, M.M. (1986). *Speech Genres and Other Late Essays,* Trad. V. W. McGee, Austin, University of Texas Press.

Bloor, M. (1997). "Techniques of validation in qualitative research: a critical commentary", en: G. Miller y R. Dingwall (Eds.) *Context and Method in Qualitative Research,* págs. 37-50, Londres, Sage.

Bourdieu, P. (1978). "Sport and Social Class", *Social Science Information,* 17, págs. 819-840.

— (1986). *Distinction,* Londres, Routledge.

Breton, A. (1937). "Armour Fou", París, Gallimard.

Campbell, A. T. (1995). *Getting* to *Know Waiwai: an Amazonian ethnography,* Londres, Routledge.

— (1996). "Tricky tropes; styles of the popular and pompous", en: J. MacClancy y C. McDonaugh (Eds.) *Popularising Anthropology,* págs. 58-82, Londres, Routledge).

Clifford, J. (1983). "On ethnographic authority", *Representations,* 1, págs. 118-146.

— (1986). "On ethnographic allegory", en: G. E. Marcus y J. Clifford (Eds.) *Writing Culture: the poetics and politics of ethnography,* págs. 98-121, Berkeley, University of California Press.

Corker, M. (1999a). "New disability discourse, the principle of optimisation and social change", en M. Corker y S. French (Eds.) *Disability Discourse,* págs. 192-209, Buckingham, Open University Press.

— (1999b). "Differences, conflations and foundations: the limits to the 'accurate' theoretical representation of disabled people's experience", *Disability & Society,* 14, págs. 627-642.

— (1999c). "Deaf authors and readers: death, rebirth and Bakhtins dialogics", en: S. Snyder; B. J. Brueggemann y R. G. Thomson (Eds.) *Enabling the Humanities: a sourcebook for Disability Studies in Language and Literature,* Nueva York, MLA Press.

— (2000). "The UK Disability Discrimination Act—disabling language, justifying inequitable social participation", en: A. Silvers y F. Leslie *Americans with Disabilities: Implications of the law for individuals and institutions,* Nueva York, Routledge.

CORKER, M. y DAVIS, J. M. (1998). "Shifting selves, shifting meanings, learning culture—deaf and hearing researchers working with disabled children", trabajo presentado en University of Birmingham, Deaf Education Seminar, 15 Octubre 1998.

CRAPANZANO, V. (1986). "Hermes dilemma: the masking of subversion in ethnographic description", en: G. E. MARCUS y J. CLIFFORD (Eds.) *Writing Culture: the poetics and politics of ethnography,* págs. 51-76, Berkeley, University of California Press.

DAVIS, J. M. (1996). *Sport for All?* Tesis doctoral, University of Edinburgh.

— (1998). "Understanding the meanings of children: a reflexive process", *Children & Society,* 12, págs. 325-335.

— (1999). "Culture, structure and agency in Lothian PE settings", *Scottish Centre Research Papers in Sport, Leisure and Society. Scottish Centre For Physical Education & Sport, Edinburgh,* 3, págs. 1-14.

—; WATSON, N. y CUNNINGHAM-BURLEY, S. (2000). "Learning the lives of disabled children: developing a reflexive approach", en P. CHRISTENSEN y A. JAMES (Eds.) *Conducting Research With Children,* págs. 201-224, Londres, Falmer.

—; WATSON, N. y PRIESTLEY, M. (1999). "Dilemmas of the field: what can the study of disabled childhoods tell us about contemporary sociology?", trabajo presentado en la *BSA Conference For Sociology,* University of Glasgow, 6-9 Abril 1999.

DENZIN, N. (1997). *Interpretative Ethnography: ethnographic practices for the 21st Century,* Londres, Sage.

FINKELSTEIN, V. (1975). "To deny or not deny disability", *Magic Carpet,* 28, págs. 31-38.

FISCHER, M. J. (1986). "Ethnicity and the post-modem arts of memory", en: G. E. MARCUS y J. CLIFFORD (Eds.) *Writing Culture: the poetics and politics of ethnography,* págs. 194-232, Berkeley, University of California Press.

GEERTZ, C. (1973). *The Interpretation of Cultures,* Nueva York, Basic Books.

GIDDENS, A. (1976). *New Rules* of *Sociological Methods,* Londres, Hutchinson.

— (1987) *Social Theory and Modem Sociology,* Stanford, CA, Stanford University Press.

GLASER, G. y STRAUSS, A. L. (1967). *The Discovery* of *Grounded Theory,* Aldine, Chicago.

HAMMERSLEY, M. (1990). *Classroom Ethnography,* Buckingham, Open University Press.

— y ATKINSON, P. (1983). *Ethnography: principles in practice,* Londres, Routledge.

HERTZ, R. (1997). "Introduction", en: R. HERTZ (Ed.) *Reflexivity and Voice,* págs. VII-XVIII, Londres, Sage.

HUNT, P. (Ed.) (1966). *Stigma,* Londres, Chapman.

MARCUS, G. (1986). Contemporary problems of ethnography in a world system, en: G. E. MARCUS y J. CLIFFORD (Eds.) *Writing Culture: the poetics* of *ethnography,* págs. 165-193, Berkeley, University of California Press.

— y FISHER, M. (1986). *Anthropology as a Cultural Critique,* Chicago, Chicago University Press.

MIDDLETON, L. (1999). *Disabled Children: challenging social exclusion,* Londres, Blackwell Science.

MORRIS, J. (1992). "Personal and political: a feminist perspective on researching physical disability", *Disability, Handicap & Society,* 7, págs. 157-166.

OKELY, J. (1975). "The self and scientism", *Journal of the Anthropology Society of Oxford,* 6, págs. 171-189.

— (1992). "Anthropology and autobiography: participatory experience and embodied knowledge", en: H. CALLAWAY y J. OKELY (Eds.) *Anthropology and Autobiography,* págs. 1-28, Londres, Routledge.

— (1994). "Thinking Through Fieldwork", en: A. BRYMAN y R.G. BURGESS (Eds.) *Analysing Qualitative Data,* págs. 18-36, Londres, Routledge.

— (1997). "Some political consequences of theories of gypsy ethnicity: the place of the intellectual", en: A. JAMES; A. HOCKEY y A. DAWSON (Eds.) *After Writing Culture,* págs. 223-243, Routledge, Londres.

— y CALLAWAY, H. (Eds.) (1992). "Anthropology and Autobiography", Londres, Routledge.

OLIVER, M. (1992). "Changing the social relations of research production", *Disability Handicap & Society,* 7, págs. 101-114.
— (1996). *Understanding Disability: from theory to practice,* Basingstoke, MacMillan.
— (1999). "Final accounts and the Parasite People", en M. CORKER y S. FRENCH (Eds.) *Disability Discourse,* págs. 183-191, Buckingham, Open University Press.
PHILLIPSON, M. (1972). "Phenomenological philosophy and sociology", en: P. FILMER (Ed.) *New Directions in Social Theory,* págs. 119-131, Londres, Collier & MacMillan.
PRATT, M. (1986). "Fieldwork in Common Places", en: G. E. MARCUS y J. CLIFFORD (Eds.) *Writing Culture: the poetics and politics of ethnography,* Berkeley, University of California Press.
PRIESTLEY, M. (1997). "Whos research? a personal audit", en: C. BARNES y G. MERCER (Eds.) *Doing Disability Research,* págs. 89-106, Leeds, Disability Press.
— (1998). "Childhood disability and disabled childhoods: agendas for research", *Childhood,* 5, págs. 207-233.
—; CORKER, M. & WATSON, N. (2000). "Unfinished business: disabled children and disability identities", *Disability Studies Quarterly,* 19. (En prensa.)
RABINOW, P. (1977). *Reflections on Fieldwork in Morocco,* Berkeley, University of California Press.
— (1986). "Respresentations as social facts: modernity & post-modernity in anthropology", en: G. E. MARCUS y J. CLIFFORD (Eds.) *Writing Culture: the poetics and politics of ethnography,* págs. 234-261, Berkeley, University of California Press.
RORTY, R. (1980). *Philosophy and the Mirror of Nature,* Princeton, Princeton University Press.
ROSALDO, R. (1986). "From the door of his tent: the fieldworker and the inquisitor", en: MARCUS, G. E. y CLIFFORD, J. (Eds.) *Writing Culture: the poetics and politics of ethnography,* págs. 77-97, Berkeley, University of California Press.
SCHUTZ, A. (1970). *On Phenomenology and Social Relations,* Chicago, IL, University of Chicago Press.
SEIDMAN, S. (1998). "Are we all in the closet? Notes towards a sociological and cultural turn in queer theory", *European Journal of Cultural Studies,* 1, págs. 177-192.
SHAKESPEARE, T. (1996). "Rules of engagement: doing disability research", *Disability & Society,* 11, págs. 115-119.
— (1997). "Researching disabled sexuality", en: C. BARNES y G. MERCER (Eds.) *Doing Disability Research,* págs. 177-189, Leeds, Disability Press.
— y WATSON, N. (1999). "Theoretical perspectives on research with disabled children", en: C. ROBINSON y K. STALKER (Eds.) *Growing Up With Disability,* págs. 13-28, Londres, Jessica Kingsley.
SMITH, D. E. (1990). *The Conceptual Practices of Power: a feminist Sociology of knowledge,* Toronto, Toronto University Press.
STONE, E. y PRIESTLEY, M. (1996). "Parasites, pawns and partners: disability research and the role of non-disabled researchers", *British Journal of Sociology,* 47, págs. 699-716.
SWAIN, J.; FRENCH, S. y GILLMAN, M. (1998). *Confronting Disabling Barriers: towards making organisations accessible,* Birmingham, Venture Press.
THOMAS, C. (1998). "The body and society: impairment and disability", trabajo presentado en la *BSA Conference Making Sense of the Body,* University of Edinburgh, 7 Abril 1998.
TYLER, S. A. (1986). "Post-modern ethnography: from document of the occult to occult document", en: G. E. MARCUS y J. CLIFFORD (Eds.) *Writing Culture: the poetics and politics of ethnography,* págs. 122-140, Berkeley, University of California Press.
UNION OF THE PHYSICALLY IMPAIRED AGAINST SEGREGATION (UPAIS)/Disability Alliance (1976). *Fundamental Principles of Disability,* Londres, Methuen.
WILLIS, P. (1977). *Learning to Labour,* Aldershot, Gower.
ZARB, G. (1992). "On the road to Damascus: first steps towards changing the relations of disability research production", *Disability, Handicap & Society,* 7, págs. 125-138.

CAPÍTULO XX

Normalización, investigación emancipadora e investigación inclusiva en el ámbito de la discapacidad intelectual

Por Jan WALMSLEY

Facultad de Salud y Bienestar Social, The Open University

Resumen

En el presente artículo pretendo detallar la influencia de dos importantes conjuntos de ideas —la normalización o valorización del rol social (SRV) y el modelo social de discapacidad— en la investigación inclusiva en el ámbito de la discapacidad intelectual. El argumento es que la normalización fue lo que estableció las prioridades en la investigación en el ámbito de la discapacidad intelectual durante las últimas dos o más décadas. Los investigadores inclusivos siguen aplicando las ideas de la normalización al trabajo con personas con dificultades de aprendizaje, especialmente cuando asumen el papel de defensores, les ofrecen a las personas la oportunidad de asumir roles sociales valorados y asumen la responsabilidad de promover imágenes positivas.

Recientemente, varios investigadores intentaron ponerse a la altura del reto que plantea la investigación emancipadora, sobre todo en lo que respecta a intentar descubrir maneras de poner a las personas con dificultades de aprendizaje al mando de sus vidas. Esto ilustra la influencia del pensamiento emancipador en el ámbito de los estudios en discapacidad. Sin embargo, este artículo demuestra que si bien se aplicaron algunas ideas de la investigación emancipadora a la discapacidad intelectual, aún existen debates en la bibliografía sobre discapacidad que hasta ahora no se trataron en el ámbito de la investigación en discapacidad intelectual.

El resultado es que la investigación inclusiva en el ámbito de la discapacidad intelectual se encuentra en peligro de quedar marginada, tanto en el contexto de los estudios en discapacidad como en el contexto general de la investigación en el campo de la discapacidad intelectual.

Introducción

En este artículo reflexiono sobre el desarrollo de la investigación inclusiva con personas con discapacidad intelectual. El estudio se enfoca en la forma en que la valorización del rol social o normalización y la investigación emancipadora influyeron en la investigación inclusiva en el ámbito de la discapacidad intelectual. Es importante reconocer que éstas no son las únicas influencias; fácilmente se podrían citar, por ejemplo, las ideas feministas o "un nuevo paradigma de investigación", pero no planeo cubrir esas influencias aquí.

El término "investigación inclusiva" se utiliza aquí para referirse a un número de enfoques de la investigación que tradicionalmente se calificaron como "participativos" o "emancipadores"; en términos generales, se aplica a investigaciones en las que las personas con dificultades de aprendizaje se involucran más que como simples sujetos de estudio o participantes. Podría parecer que la introducción de un nuevo término crea complicaciones innecesarias. Sin embargo, tiene la ventaja de ser menos complicado que otros y se puede explicar con más facilidad a las personas que no están familiarizadas con la jerga y los matices del debate académico, incluidas las personas con dificultades de aprendizaje.

Actualmente las investigaciones que incluyen a las personas con dificultades de aprendizaje son bastante comunes gracias al impulso que recibieron de parte de ideologías como la normalización y el modelo social de discapacidad. Estas investigaciones se vieron influidas por los argumentos a favor de los métodos de investigación cualitativa en la ciencia social ampliamente promovidos por los feministas (véase GLUCK y PATAI, 1991). Recibieron el estímulo de las críticas que los miembros del movimiento de autorrepresentación hacen a las relaciones que se dan en el ámbito de la investigación tradicional (ASPIS, 2000). También recibieron el aliento de patrocinadores como la fundación Joseph Rowntree con sede en el Reino Unido, que pide a los candidatos que demuestren que sus propuestas incluyen estrategias para involucrar activamente a las personas con dificultades de aprendizaje. Las personas asumieron diversos papeles, como coinvestigadores (MARCH, 1997), entrevistadores (WILLIAMS, 1999), consejeros (ATKINSON y WILLIAMS, 1990; STALKER, 1998), historiadores de la vida de las personas (ROLPH, 2000) y autobiógrafos (ATKINSON y WALMSLEY, 1999).

El desarrollo de la investigación inclusiva en el ámbito de la discapacidad intelectual fue una característica específica de finales del siglo XX. No existen pruebas de que, antes del trabajo de Robert EDGERTON en la década de los sesenta, alguien haya intentado acceder a las voces de las personas con dificultades de aprendizaje o representarlas en el campo de la investigación. Este campo estuvo dominado por la eugenesia, la psicología, los estudios educacionales y las investigaciones clínicas donde a las personas con dificultades de aprendizaje se las examinó, contó, observó, analizó, describió y, con frecuencia, se les diagnosticó una patología, pero nunca les consultaron sobre sus puntos de vista.

El hecho de que los investigadores hayan empezado a ver a las personas con dificultades de aprendizaje como colaboradores potencialmente activos puede deberse en gran parte a la normalización, un conjunto de ideas que se desarrollaron en Escandinavia y en los Estados Unidos durante los años sesenta y setenta. La normalización surgió en respuesta a la evidencia de malas condiciones de vida en las grandes instituciones especializadas que fueron la solución suprema al aparente "problema" de la deficiencia mental en el oeste de Europa, en los Estados Unidos y Australasia a principios del siglo XX. Académicos y profesionales sin discapacidad desarrollaron las ideas de la normalización sin contar con la participación de personas con retraso o discapacidad mental (véase, por ejemplo, WOLFENSBERGER y TULLMAN, 1989), un aspecto que recibió críticas por no haber obtenido la influencia de esas mismas personas (véase OLIVER, 1990). Sin embargo, dado como se silenció de manera casi universal de las voces de las personas con dificultades de aprendizaje en esa época, es difícil imaginar de qué otra forma podría haberse fomentado algún tipo de cambio general, sino es de la mano de activistas sin discapacidad. En el Reino Unido las personas con dificultades de aprendizaje ni siquiera tuvieron derecho a la educación hasta 1970 y tenían (y tienen) poco o ningún acceso a contribuir en las publicaciones del sector. Lo que hizo la normalización fue proporcionar las condiciones para que les fuera posible expresar una opinión. Los primeros encuentros para el intercambio de opiniones se dieron bajo los auspicios de organizaciones comprometidas con la normalización, como la Campaña para las Personas con Discapacidad Mental del Reino Unido (*Campaign for Mentally Handicapped People*). El rápido desarrollo de los estilos inclusivos de investigación de finales de los años ochenta y comienzos de los noventa se puede atribuir a la influencia de la normalización.

Una segunda influencia importante fue la investigación emancipadora que, a mediados de los años noventa, comenzó a tener impacto en algunas áreas de la investigación sobre discapacidad intelectual (véase WALMSLEY, 1994, para obtener un ejemplo contemporáneo).

El lenguaje desempeñó la función de alinear los estudios sobre personas con dificultades de aprendizaje con los estudios en discapacidad. En este artículo, me refiero a las "personas con dificultades de aprendizaje" porque las organizaciones de autorrepresentación expresaron su preferencia por ese término. Sin embargo, "discapacidad intelectual" se utiliza en el Reino Unido habitualmente y es la terminología que figura en los documentos del gobierno (por ejemplo en la *National Learning Disability Strategy**). Afirmaré que el cambio lingüístico es importante. Mientras que el término "discapacidad mental" alineaba semánticamente esta cuestión con la enfermedad mental, la extensa adopción de los términos discapacidad de "aprendizaje" o "intelectual" en la década de los noventa pone en claro que esta condición forma parte del ámbito de la discapacidad. Los cambios lingüísticos reflejan y fomentan una tendencia a ver la discapacidad intelectual como un tema adecuado para los estudios en el ámbito de la discapacidad. La palabra "discapacidad" fue una señal para algunos investigadores en el ámbito de la discapacidad intelectual de que necesitaban adoptar ideas del campo de la investigación emancipadora.

Sin embargo, es importante no exagerar esta postura. La incorporación de la discapacidad intelectual al campo general de los estudios sobre discapacidad es un suceso bastante reciente y por el momento tuvo un impacto limitado. Aunque se modificó la semántica, en la academia hay resistencia a la aplicación de este cambio. Apenas está comenzando en las instituciones académicas la migración de la discapacidad intelectual de ser un campo de estudio del dominio de la psiquiatría, la psicología y la educación a ser un tema tratado por los estudios en el ámbito de la discapacidad. Algunos importantes departamentos académicos que se especializan en discapacidad intelectual aún se encuentran físicamente en departamentos de psiquiatría de facultades de medicina. En algunas universidades las facultades de educación o psiquiatría son el lugar donde se ubican, mientras que en otras universidades los lugares en donde se alojan son la facultad de

* Estrategia Nacional para la Discapacidad Intelectual. *(N. del T.)*

salud y asistencia social. Los académicos del ámbito de los estudios en discapacidad marginaron la discapacidad intelectual. CHAPPELL afirmó que el énfasis en lo corporal excluye a las personas cuyo impedimento principal se encuentra en el área de la función cognitiva (CHAPPELL, 1997), y hay numerosos ejemplos en los que la inclusión de la discapacidad intelectual en la formulación de teorías parece una idea que surgió a posteriori. Por ejemplo, de los treinta y un colaboradores que participaron en la obra *Disability Politics* de CAMPBELL y OLIVER (1996), sólo una persona se identifica con dificultades de aprendizaje. Sin embargo, los desafíos impuestos por el movimiento de personas con discapacidad de trasladarse hacia el modelo emancipador tuvieron un gran impacto en algunas investigaciones en el campo de la discapacidad intelectual, lo que hizo que algunos investigadores realizaran enormes esfuerzos para el empoderamiento de las personas con dificultades de aprendizaje. STALKER respondió enérgicamente a una crítica implícita de que su trabajo cuestionaba "la participación genuina en la investigación de las personas con dificultades de aprendizaje" (WILLIAMS, 1999):

> Establecí como prioridad que los hallazgos de las investigaciones se publiquen en formatos accesibles para las personas con dificultades de aprendizaje y que se incluyan los gastos que esto ocasione en los presupuestos de las investigaciones.
> (STALKER, 1999, págs. 117-118.)

La inclusión de personas con dificultades de aprendizaje en los proyectos de investigación llevó a que se realicen algunos proyectos creativos e incluso fortalecedores para los sujetos de estudio. Sugeriría también que esto actuó como una camisa de fuerza que impidió que los investigadores del bando inclusivo cruzaran alguna palabra con otros individuos por temor a "hablar en nombre de" las personas con dificultades de aprendizaje sin su consentimiento.

Biografía de la normalización

Las ideas de la normalización combinan una mezcla de derechos humanos y teorías de la desviación. En el modelo escandinavo, el énfasis se puso en los derechos:

> El principio de la normalización implica poner a disposición de todas las personas con retraso mental modelos y condiciones de vida cotidianas que sean tan parecidas como fuese posible a las circunstancias y formas de vida normales de la sociedad.
> (NIRJE, 1980, pág. 33.)

En la manifestación estadounidense de la normalización (a la que WOLFENSBERGER —c. 1983— renombró "valorización del rol social") (WOLFENSBERGER y TULLMAN, 1989), el énfasis está en la desvalorización social y en revertir sus consecuencias; es decir, tiene más en común con la teoría de la desviación:

> La normalización implica, en la medida de lo posible, el uso de los recursos culturalmente valorados con el propósito de permitir, establecer y/o conservar roles sociales valorados por las personas.
> (WOLFENSBERGER y TULLMAN, 1989, pág. 131.)

Por lo tanto, aunque cada una de las dos variantes principales de la normalización se inspira tanto en las ideas de los derechos humanos como en la teoría de la desviación, la variante escandinava deriva principalmente de los derechos humanos y la estadounidense de la teoría de la desviación.

Por un número de razones que se expresan con detalle en distintas partes (véase, WHITEHEAD, 1992; RACE, 1999), las ideas de la normalización penetraron en la política social británica relacionada con las personas con dificultades de aprendizaje en los años setenta y ochenta. Esto se puede ver claramente en los tres principios de la iniciativa que se lanzó en Gales en 1983 llamada "All Wales Strategy" (AWS), el intento más perseverante en el Reino Unido hasta la fecha por desarrollar un enfoque coherente para la prestación de servicios a las personas con dificultades de aprendizaje:

- Las personas con discapacidad mental tienen derecho a vivir de acuerdo con los modelos de normalidad dentro del ámbito de la comunidad.
- Las personas con discapacidad mental tienen derecho a que se las trate como individuos.
- Las personas con discapacidad mental tienen derecho a recibir ayuda adicional de las comunidades en las que viven y de los servicios profesionales con el propósito de permitirles desarrollar su máximo potencial como individuos (Departamento de gobierno galés, 1983, citado en FELCE y GRANT, 1998, pág. XXI).

Sin embargo, es importante destacar que el impulso para el cambio que la normalización representa surgió de personas a las que no se había calificado como personas con discapacidad mental o discapacidad intelectual. Esto es diferente de lo que sucedió en los movimientos por los derechos civiles de las personas de raza negra y las personas con discapacidad (CAMPBELL y OLIVER, 1996). Por consiguiente, aunque las ideas que inspiraron a ambos movimientos son las mismas, la expresión e implementación de las ideas en el campo de la discapacidad intelectual estaba en manos de personas sin discapacidad. Las ideas originales, tal como las expresaron NIRJE y WOLFENSBERGER, provinieron de la academia; las investigaciones que tenían lugar en los hospitales las habían emprendido investigadores sin discapacidad en respuesta a un clima cambiante que hacía hincapié en los derechos civiles; los dictámenes sobre políticas provinieron del gobierno; y el área que se identificó como el campo que necesitaba un cambio fueron los servicios y, en menor medida, las actitudes públicas.

Los partidarios de la normalización venían de una larga tradición de apoyo a los grupos desfavorecidos, pero las voces de estos grupos estaban ausentes, y aún lo están, de los textos claves (véase el libro de RACE 1999, *Social Rights Valorisation and the English Experience*). Por lo tanto, el movimiento por los derechos civiles de las personas con dificultades de aprendizaje dio un giro notablemente diferente de aquel que adoptaron otros grupos, donde asumir el control de sus propios destinos era un tema central. La normalización sitúa la responsabilidad de cambio en otras personas en vez de ponerla en manos de quienes tienen dificultades de aprendizaje. Irónicamente, al mismo tiempo requiere un cambio por parte de las personas con dificultades de aprendizaje, quienes necesitan adaptarse para poder así convertirse en portadores de identidades sociales positivas, un tema que se explorará a continuación.

Está más allá del alcance de este estudio examinar con cualquier grado de detalle el tipo de políticas que surgieron de la normalización. Sin embargo, ésta se asoció estrechamente con la desinstitucionalización, la introducción de la asistencia comunitaria, las pequeñas unidades residenciales (hogares comunitarios) en casas normales en calles normales, el uso de instalaciones integradas en lugar de segregadas —escuelas, servicios de salud, lugares de recreación— el alejamiento del trabajo en centros ambulatorios en favor de centros de educación social más orientados a la recreación, y la "integración social" (KINGS FUND, 1980). Una de las consecuencias más significativas de la normalización fue el énfasis en la asociación con personas "valoradas", es decir, personas sin discapacidad (véase *Ties and Connections*, Kings Fund, 1988).

Normalización e investigación

Además de introducir los enfoques de las políticas y la formación en ese ámbito, las ideas de la normalización también influyeron en la investigación, tanto en el contenido como en el método. Esto era inevitable dada la adopción de principios influidos por la normalización en la políticas oficiales del Reino Unido, como por ejemplo en el informe *Jay Committee Report* (1979) y la AWS (1983).

La influencia que la normalización tuvo y continúa teniendo en los programas de investigación en el Reino Unido podría agruparse bajo los siguientes títulos:

- Participación: como sujetos de estudio y como investigadores;
- Foco de atención en la calidad de los servicios y sus resultados;
- Ideas de normalización como criterio de evaluación;
- Apoyo: Cambio de actitud e imágenes positivas.

Participación como sujetos de estudio y como investigadores

Aunque de ninguna forma toda la investigación del ámbito de la normalización es inclusiva, la normalización tuvo influencia en conducir a los investigadores hacia una postura participativa. La normalización aportó un fundamento bastante sencillo y no problemático para fomentar la investigación participativa cuando le confirió a los aliados sin discapacidad un papel central como defensores promotores del cambio mientras que, a través del concepto de valorización del rol social, promovió una búsqueda de formas en las que las personas con dificultades de aprendizaje pudieran obtener papeles valorados. Los diferentes aspectos de participación en la investigación pasaron a verse como una forma de promover "roles sociales de valor". En su libro de 1979, WILLIAMS y SCHOULZ citan el ejemplo de la preparación de un grupo de autorrepresentados en los Estados Unidos para el desempeño de sus funciones como evaluadores de un servicio:

> El doctor MACGEE explicó que cuando se inspeccionaba un servicio era importante actuar de la manera más profesional posible. No debían hacerse comentarios negativos sobre lo que se observaba y tampoco reirse ni bromear durante el recorrido. Los evaluadores debían en cambio, hacer comentarios positivos o neutrales, realizar pre-

guntas, abstenerse de fumar y comer chicle, prestar atención al personal que asiste al programa, comportarse cortésmente con quienes atiende a los pacientes (etcétera).
(WILLIAMS y SCHOULZ, 1979, pág. 35.)

Éste es un prototipo inicial de la clase de funciones que las personas con dificultades de aprendizaje desempeñarían cada vez más a finales del siglo XX. Tomó como modelo a los evaluadores profesionales e incorporó las reflexiones de un especialista sobre su experiencia personal de vivir en servicio.

ATKINSON y WILLIAMS (1990) expresan claramente la idea de que la participación en las investigaciones puede promover roles sociales de valor. Sostienen que su antología editada en prosa, poesía y arte es una forma de investigación y escriben:

> Ser un autor o pintor con obras publicadas es un rol social de valor... Sabemos que este reconocimiento social es sumamente valorado.
> (ATKINSON y WILLIAMS, 1990, pág. 236.)

De esta manera, con su énfasis en la promoción de papeles sociales de valor, la normalización o valorización del rol social allanó el camino para la investigación inclusiva.

Foco en la calidad de los servicios y sus resultados

El principal sitio de cambio de acuerdo con la filosofía de la normalización son los servicios. En los escritos sobre normalización se asigna un papel clave a los proveedores de servicios. Dado que los servicios también son la forma en la que el Gobierno conceptualizó el problema y la solución, hay una combinación efectiva entre lo que le interesa al Gobierno y las ideas de la normalización. Esto se puede ver al examinar el gran e influyente organismo de investigación involucrado en el funcionamiento de la *All Wales Strategy* (FELCE y GRANT, 1998). Quizás porque la AWS estaba influenciada por ideas asociadas con la normalización y con "una vida normal" —su derivado particularmente inglés (KINGS FUND, 1980)— los investigadores tomaron como criterio el grado en que tuvo éxito en áreas como, por ejemplo:

- La oferta de un servicio local completo a familias e individuos con dificultades de aprendizaje.
- Los servicios que establecen la planificación individual para cada persona con dificultad de aprendizaje y que satisfacen sus deseos.
- Los servicios que promueven la integración con las comunidades locales, por ejemplo, el acceso a empleos remunerados o lugares de entretenimiento.
- La desinstitucionalización y adjudicación de viviendas normales.

En conformidad con el foco original de la normalización en los servicios, la investigación que se emprendió bajo el auspicio de la AWS tenía, como cuestión principal, qué otorgaban los servicios, cuáles eran sus resultados y la forma en que estos operaban. Esto no quiere decir que los "consumidores" (las familias y los individuos con dificultades de aprendizaje) no participaron —lo hicieron— sino que se mantuvo el énfasis en la normalización de los servicios como camino a una mejor calidad de vida tanto en las políticas como en la investigación que evaluaba sus logros y fracasos (FELCE y GRANT, 1998). Al dar este marco a la investigación —donde un conjunto de disposiciones políticas basadas en una ideología se evalúan contra sus objetivos originales— se deja poco espacio para el desarrollo de interpretaciones alternativas del error, tales como barreras culturales o económicas. Esencialmente, se trata de un análisis en el que los cambios políticos y legislativos, la escasez de recursos y la incapacidad de los sistemas para cumplir aquello que planean hacer son los que proporcionan las explicaciones.

Existen ejemplos de investigación inclusiva con un enfoque similar. Se invitó a la sucursal de Londres de la organización *People First** a realizar la evaluación de un programa que trasladaba personas desde las instituciones a viviendas normales como parte del programa de cierre de un hospital. Bajo el auspicio de la autoridad de salud local y el Departamento de Servicios Sociales del distrito londinense de Hillingdon, dos autorrepresentados prepararon los cuestionarios y dirigieron entrevistas (con ayuda). El informe escrito de este innovador enfoque reflexiona sobre sus logros y fracasos (WHITAKER, 1995). Sin embargo, cabe destacar que el objetivo de la investigación era evaluar el desarrollo del servicio y enriquecerlo; un ejemplo del tipo de investigación que recibió críticas tanto de Simone ASPIS (1997) como de Vic FINKELSTEIN (1999) por ser investigaciones en las que se desean captar investigadores con discapacidad para que ayuden a realizar los objetivos de los proveedores de servicios.

Las ideas de normalización como criterio de evaluación

La normalización proporciona indicadores claros para evaluar la calidad del servicio. El modelo para el cambio de los organismos de servicios de John O'BRIEN titulado *Framework for Accomplishments* ("Marco para conseguir resultados") (O'BRIEN y LYLE, 1987) cumple una función aquí: la de expresar un conjunto de principios que se pueden tomar como parámetros para emitir opiniones de evaluación. ¿Cuánto facilita el servicio la presencia física, la toma de decisiones, el aporte a la vida de otras personas, la dignidad y las relaciones?

Los investigadores de *People First Hillingdon* utilizaron ese modelo para analizar los resultados del cuestionario, aunque les resultó imposible juzgar el último resultado porque:

> Sintieron que no podían emitir una opinión al respecto porque, durante las dos semanas que se pasaron en la casa, no hubo oportunidades suficientes de observar a las personas interactuar con miembros normales del público.
>
> (WHITTAKER, 1995, pág. 101.)

---

* Organización británica de y para personas con dificultades de aprendizaje cuyo fin es despertar conciencia sobre los derechos de estas personas y promoverlos y brindar apoyo a grupos de autorrepresentación de todo el país. *(N. del T.)*

Suponer que la calidad de la "relación" sólo puede juzgarse mediante la observación de las interacciones con personas normales ilustra el grado en el que las ideas, bastante primitivas, de la normalización —en este caso la creencia de que las relaciones con personas sin discapacidad son un determinante crucial de la calidad de vida— influenciaron esta parte de la investigación inclusiva.

De esta manera, se incluyó a las personas con dificultades de aprendizaje en la investigación evaluadora, ámbito donde fueron incentivados a usar criterios de calidad desarrollados en el marco de la normalización para orientar la tarea.

Apoyo: Promoción de imágenes positivas y cambio de actitudes

El papel que se asigna a las personas sin discapacidad de acuerdo con las ideas de normalización o valorización del rol social tiene importancia para la investigación ya que le otorga un plan al investigador en cuanto defensor. La Defensa Ciudadana es la demostración más clara del deber que tienen las personas normales de trabajar por aquellas con dificultades de aprendizaje. La definición de BUTLER CARR y SULLIVAN del defensor del ciudadano es la siguiente:

> Ocurre cuando una persona que está muy vinculada con las redes de personas y asociaciones que integran la vida comunitaria y es independiente de los servicios, desea, sin recibir una remuneración a cambio, crear una relación con una persona que corre peligro de ser excluida socialmente y comprender, responder y representar sus intereses como si fueran los propios, de manera tal que presenta las aptitudes y preocupaciones de su compañero en los círculos de la vida comunitaria normal.
>
> (Citado en WILLIAMS, 1990, pág. 102.)

WOLFENSBERGER llegó a afirmar que la defensa de otros era un prerrequisito para la autorrepresentación:

> Una persona con severas limitaciones aprende mejor sobre la autorrepresentación dentro del ámbito exigente de refugio, protección, amor y amistad de una relación de defensa ciudadana porque esos procesos son especialmente adecuados para llevar a la persona hacia su desarrollo e independencia.
>
> (Citado en WILLIAMS y SCHOULZ, 1979, pág. 93.)

La filosofía de la normalización coloca a las personas sin discapacidad en una posición central e incuestionable.

En algunas cuestiones, sostendré que los investigadores inclusivos tomaron algunos aspectos de la función de los defensores de los ciudadanos al intentar, a través de la investigación, introducir a sus compañeros en la investigación a los círculos de la vida comunitaria normal. La necesidad que tienen las personas de que las ayuden a encajar para facilitar la integración social se reconoce explícitamente en la cita del libro recientemente mencionado de WILLIAMS y SCHOULZ.

La analogía con la defensa ciudadana funciona en dos niveles. Un nivel es la inclusión de personas con dificultades de aprendizaje y roles activos y valorados en el ámbito del proyecto de investigación. Sheena ROLPH, por ejemplo, trabajó con un grupo de personas mayores con dificultades de aprendizaje para redactar un texto sobre la historia de la asistencia social en Norfolk (ROLPH, 2000). Les confirió el título de "historiadores de las vidas de las personas", y ellos desempeñaron un papel muy importante, tanto como informantes como en el análisis de los datos. Esto proporciona a las personas papeles con un estatus social relativamente alto, de acuerdo con la filosofía de la valorización del rol social.

También funciona a nivel de los contenidos. Si se me permite citar una vez más el trabajo de Sheena ROLPH, diré que en él se presenta a estos "historiadores" en forma positiva. Sus historias despiertan simpatía y admiración. Si Sheena hubiera sospechado que uno de los "historiadores" era un ladrón o un abusador de menores, por ejemplo, habría sido muy difícil para ella acusarlo debido a su compromiso con ellos como personas y coinvestigadores que merecen respeto.

BOOTH y BOOTH reconocen explícitamente en su trabajo con padres que recibieron influencias de los principios de la defensa ciudadana (BOOTH y BOOTH, 1994). Dada esta postura, hubiera sido impensable presentar a los padres como incompetentes. Los investigadores que trabajan en el ámbito del paradigma inclusivo, como BOOTH, están casi siempre muy comprometidos con la mejora del grupo de personas con dificultades de aprendizaje. Sin embargo, mientras es importante que los mitos negativos sobre las personas con dificultades de aprendizaje se cuestionen a través de la investigación, el resultado puede consistir en una especie de representación uniforme de personas con cualidades humanas admirables que luchan por aprovechar al máximo sus vidas tan difíciles. No tengo nada en contra de esto, pero podría no ser más que reemplazar un estereotipo por otro. Hasta ahora, he examinado la influencia de la normalización en la investigación inclusiva en el campo de la discapacidad intelectual. En primer lugar, sugeriría que se allanó el camino para que las personas actúen como participantes e investigadores como medio para promover los roles sociales de valor. Frecuentemente, el investigador se coloca a sí mismo en la posición de defensor al instar a las personas a que participen y al presentar a las que tienen dificultades de aprendizaje de forma positiva. El foco de atención se puso en los servicios, en cómo funcionan y cómo deberían funcionar, y la normalización también proporcionó criterios mediante los cuales pueden juzgarse estos servicios.

La influencia del modelo social

Podríamos caracterizar el tipo de investigación del que estuvimos hablando, desde el modelo de la AWS de buscar las opiniones de los consumidores y sintetizarlas hasta el trabajo de Sheena ROLPH con los "historiadores" que desempeñaron las funciones de informadores y modeladores de la investigación al mismo tiempo, fueron participativos. La investigación participativa se puede encontrar en diversas áreas de investigación, pero el término "investigación emancipadora" está casi exclusivamente asociado con el movimiento de discapacidad. Mientras la investigación participativa está enraizada en un permanente esfuerzo por captar y comprender a la persona oprimida en una amplísima variedad de entornos y el ámbito de la discapacidad la adoptó con entusiasmo, algunos académicos con discapacidad sostienen que la investigación emancipadora es su propia creación. Arraigada en el "modelo social de discapacidad", el que considera que son las barreras sociales —y no el impedimento individual— las que crean la discapacidad, se percibe a la investigación emancipadora como una parte de la lucha de las personas con discapacidad por los derechos civiles. De acuerdo con el paradigma de la investigación emancipadora las personas con discapacidad deben controlar el proceso de investigación en lugar de solamente participar en él. El investigador pasa de ser el intérprete "experto" del mundo a ser el servidor de las personas con discapacidad al poner sus habilidades a disposición de ellas; son las personas con discapacidad las que deben formular la pregunta que guiará la investigación y, lo que es fundamental, controlar los recursos.

> La investigación emancipadora tiene que ver con la desmitificación sistemática de las estructuras y los procesos que crean discapacidad y con el establecimiento de un "diálogo" factible entre la comunidad investigadora y las personas con discapacidad para facilitar el empoderamiento de éstas. Para hacerlo, los investigadores deben aprender a poner sus conocimientos y habilidades a disposición de las personas con discapacidad.
>
> (BARNES, 1992, pág. 122.)

Aunque el movimiento de personas con discapacidad sostiene que la investigación emancipadora es una creación propia, este modelo le debe mucho a las ideas de FREIRE (1964, 1969/1970) y a las de otros, especialmente escritores sudamericanos que la impulsaron en los años sesenta y setenta. La contribución característica que hicieron los estudios en discapacidad fue distinguir la investigación participativa de la emancipadora al enfatizar su papel como "parte del proceso de cambio de la sociedad para garantizar la completa participación y ciudadanía [de las personas con discapacidad]" (FRENCH y SWAIN, 1997, pág. 28). En este sentido, la investigación emancipadora es tanto una forma de acción política como de investigación. FINKELSTEIN, en un provocador ensayo, sostiene que la investigación emancipadora no debe estar interesada únicamente en las metodologías que ponen al mando a las personas con discapacidad sino también ocuparse de temas pertinentes:

> También debemos poner igual énfasis en los que son objetivos legítimos para la investigación emancipadora. Para mí, por consiguiente, la investigación guiada por el modelo social de discapacidad (en este contexto, la investigación emancipadora) necesariamente debe explorar e identificar las vías adecuadas para el cambio además de considerar los procesos involucrados en la producción de la investigación.
>
> (FINKELSTEIN, 1999, pág. 859 y pág. 862)

De acuerdo con FINKELSTEIN, la investigación —como la que llevó a cabo PRIESTLEY en 1999, por ejemplo— no es emancipadora en tanto siga los objetivos establecidos por otras personas, principalmente el gobierno o profesionales (incluidos, en algunos casos, profesionales y académicos con discapacidad).

El modelo emancipador presenta a la investigación como apoyo activo y no alega que ésta sea objetiva. En este sentido, los investigadores del ámbito de la normalización son menos francos, aunque el resultado final en ambos modelos es, con frecuencia, similar.

La línea que separa la investigación participativa de la emancipadora podría, por momentos, parecer borrosa. ZARB afirma inequívocamente que existe una diferencia:

La investigación participativa podría ser un prerrequisito para la investigación emancipadora en el sentido de que los investigadores pueden aprender de las personas con discapacidad y viceversa.

(ZARB, 1992, pág. 128.)

Sin embargo, el simple incremento de la participación y el grado de compromiso:

nunca consistirá por sí mismo en investigación emancipadora a menos que, y hasta que, sean las mismas personas con discapacidad las que controlen la investigación y decidan quién y cómo debe participar en ella.

(ZARB, 1992, pág. 128.)

La Tabla 20.1 resume las diferencias —de acuerdo con ZARB y otras personas— en seis dimensiones principales.

Tabla 20.1. *La investigación participativa y la investigación emancipadora*

	Investigación participativa	*Investigación emancipadora*
Metodología	Métodos cualitativos fenomenológicos (ver las experiencias de los sujetos de estudio desde adentro)	La investigación como acción política; métodos tanto cualitativos como cuantitativos.
Ideología	No está especificada. Es probable que sea tanto la normalización como el modelo social de discapacidad y que promueva imágenes positivas de las personas con discapacidad.	Adopción del modelo social de discapacidad; la investigación sólo se realiza si va a beneficiar de forma práctica a las personas con discapacidad.
¿Quién está a cargo?	El investigador junto con las personas con discapacidad, en especial en la etapa de recopilación de información.	Las personas con discapacidad están a cargo de todos los aspectos, desde el planteamiento de las preguntas hasta la difusión de sus resultados.
Papel que ocupa el investigador	Especialista que comparte sus conocimientos con los sujetos de estudio; a veces también actúa como consejero o persona de apoyo.	Especialista a disposición de las personas con discapacidad, a quienes debe rendir cuentas.
Tema de estudio	Cuestiones relevantes para las vidas de las personas con discapacidad.	Explorar e identificar las vías adecuadas para el cambio.
Responsabilidad	Responsabilidad ante quienes financian la investigación.	Responsable ante las personas con discapacidad y sus organizaciones.

Hasta la fecha, tal como señalaron CHAPPELL y cols. (en prensa), en el contexto de la discapacidad intelectual los esfuerzos se dirigieron a la aplicación de un modelo emancipador al método pero no al contenido. Por consiguiente, un número de investigadores como MARCH y cols., (1997), Val WILLIAMS (1999) y Kirsten STALKEN (1998) intentaron de manera explícita poner a las personas con dificultades de aprendizaje al mando en términos metodológicos y poner sus conocimientos a disposición de esos colegas; pero fueron pocos —si es que hubo alguno— los que lograron estar a la altura del desafío propuesto por FINKELSTEIN de explorar e identificar los caminos adecuados para el cambio. RIDDELL y cols. plantearon la cuestión de la siguiente manera:

> Intentar cumplir con los tres criterios (de la investigación emancipadora) en investigación acción con personas con discapacidad física es imaginable ... intentar cumplir estos criterios con ... personas con dificultades de aprendizaje es más complejo. La pericia del investigador ... no se puede transmitir a un grupo de personas con impedimentos cognitivos; la participación de personas ... podría estar limitada de manera similar; los modelos actuales ... sugieren que las influencias tanto hacia las etapas triviales como a las realizadas por profesionales ¡son difíciles de resistir!
>
> (RIDDELL y cols., 1998, págs. 81-82.)

Aquí intento desarrollar los argumentos de RIDDELL y cols. al destacar el poco diálogo que tuvo lugar hasta el momento entre los adherentes a la corriente principal del modelo social y las personas que luchan por implementar la investigación emancipadora con aquellas con dificultades de aprendizaje. Mi razonamiento es que, si bien los argumentos del movimiento de discapacidad influyeron a algunos investigadores del campo de la discapacidad intelectual, hubo muy poco debate en el ámbito de los estudios en discapacidad sobre las posibilidades de aplicar los principios emancipadores a la investigación que involucra personas con dificultades de aprendizaje. Además, hay diversos temas que se tratan en la bibliografía sobre investigación emancipadora que todavía tienen que plantearse en el ámbito de la discapacidad intelectual.

Una vez más, destacaré algunas de estas áreas:

- Quién debe llevar a cabo la investigación.
- El lugar que ocupa el personal de la investigación.
- La investigación como apoyo activo.
- La accesibilidad.

¿Quién debe llevar a cabo la investigación?

Afirmé que en el ámbito de la normalización el investigador sin discapacidad desempeña una función legítima como aliado o defensor. En el modelo emancipador, el papel de los aliados sin discapacidad es más complejo. En una reseña sobre un libro de Lorraine GRADWELL, un activista con discapacidad, titulado *Disability: controversial debates and psychosocial perspectives* (MARKS, 1999), el que critica algunos aspectos del modelo social. Plantea la postura en términos inflexibles:

> La necesidad de analizar el modelo social de discapacidad ha surgido una vez más en el ámbito del movimiento de las personas con discapacidad, y es aquí donde debe realizarse el debate. Los aliados sin discapacidad deben reconocer la función que ellos mismos desempeñan cuando nos causan discapacidad y deben encontrar los medios para ocuparse de ello. Después, deberán comunicárnoslo en un lenguaje que podamos entender.
>
> (GRADWELL, 1999, en *Community Care* 28/10 al 3/11 pág. 36.)

Esto no significa necesariamente que las personas con discapacidad realicen todos los aspectos de la investigación —PRIESTLEY, cuya obra *Disability Politics and Community Care* es, al menos en términos metodológicos, un modelo de investigación emancipadora, no tiene una discapacidad. De todas formas, lo ideal es que las personas con discapacidad estén al mando— del manejo de los fondos, la metodología, las preguntas, el análisis y la difusión.

Las consecuencias del modelo emancipador consisten en que las condiciones de la producción investigadora cambian de manera tal que la teoría y la acción surgen juntas, la una de la otra. Avanzar en este sentido en la investigación con personas con dificultades de aprendizaje fue el objetivo de algunos investigadores. Val WILLIAMS describe el trabajo del grupo de autorrepresentación de Bristol como un paso hacia la reciprocidad y analiza cómo el grupo estableció sus propios objetivos, realizó las entrevistas y participó de la producción de teorías y análisis. El título de su artículo, "Researching Together" (WILLIAMS, 1994), indica que se trata de un enfoque de trabajo en equipo en lugar de uno en el que las personas con discapacidad intelectual están a cargo. RODGERS (1999) emprende su propio proyecto a principios de los años noventa en el marco de la investigación emancipadora. Critica su propio enfoque y lo encuentra carente de varias dimensiones emancipadoras, si bien afirma haber recibido influencia de los participantes con discapacidad en las etapas clave.

Puedo ilustrar las dificultades de teoría y acción que surgen en el trabajo conjunto con personas con dificultades de aprendizaje sobre la base de mi experiencia personal. Con algunos colegas nos planteamos, de forma explícita, el objetivo de trabajar con mujeres con dificultades de aprendizaje en un libro que publicamos conjuntamente en lugar de comentar desde el punto de vista académico las "historias" de esas personas. En esto, tuvimos éxito. Sin embargo, en lo relacionado con analizar y comentar el libro como un todo, surgió una diferencia de opinión entre las mujeres con discapacidad y algunos de los académicos sin discapacidad. Estos académicos querían hacer uso de esa oportunidad para forjar conexiones entre el trabajo de las colaboradoras del libro y la teoría feminista o la teoría de discapacidad (ATKINSON y cols., 2000). Por su parte, las mujeres con discapacidad querían que las historias hablaran por sí mismas; aunque se hicieron algunas concesiones, en general prevaleció su punto de vista.

Este ejemplo apunta a un tema central para los investigadores inclusivos. La mayoría de las personas con dificultades de aprendizaje necesita aliados para realizar las investigaciones. Es difícil encontrar en la bibliografía sobre aprendizaje ejemplos análogos al trabajo de OLIVER, SHAKESPEARE, FINKELSTEIN y otros donde las personas con discapacidad desarrollen sus propios argumentos teóricos[1]. Es importante reconocer las consecuencias que tiene para los investigadores estar en esa posición. ¿Deberían, como defensores de los ciudadanos, "comprender, responder a y representar los dones de sus compañeros como si fueran propios" (BUTLER CARR y SULLIVAN, citados en WILLIAMS, 1990, pág. 102), o tienen derecho a diferir de sus colegas con discapacidad?

Igualmente, hubo poco debate sobre qué personas con dificultades de aprendizaje pueden controlar la investigación, una dificultad que destaca Jackie DOWNER, una integrante de raza negra del movimiento de autorrepresentación (WALMSLEY y DOWNER, 1997). DOWNER expone argumentos para cuestionar la hegemonía del hombre blanco y con discapacidad relativamente leve en el movimiento de autorrepresentación al sostener enérgicamente que se deben encontrar formas de incluir a las personas que tienen impedimentos más severos y profundos. Aunque se mostró la diversidad de las personas con dificultades de aprendizaje, hubo poco análisis de las relaciones de poder dentro del movimiento.

Quién debería realizar la investigación es una cuestión que requiere una respuesta más compleja que "las personas con discapacidad". Las personas con discapacidad, al igual que otras personas, pueden ejercer diferentes grados de poder, y la mayoría de las que tienen dificultades de aprendizaje corren con especial desventaja en este aspecto, incluso en comparación con otras personas con discapacidad.

Tema de estudio y enfoque

El modelo social tuvo relativamente poco impacto respecto al tema de estudio. FINKELSTEIN (1999) sostiene que la investigación emancipadora debe tener como foco la exploración e identificación de posibilidades claras de cambio, cambio político para favorecer los intereses de las personas con discapacidad. La mayoría de las investigaciones en el ámbito de la discapacidad intelectual tienen como foco lo que GOODLEY y CHAPPELL caracterizaron como "cuestiones vivenciales" (cómo es el mundo para las personas con dificultades de aprendizaje) y cuestiones de servicio (cómo podemos crear mejores servicios para mejorar la vida de las personas) (CHAPPELL y cols., en prensa). El enfoque fue principalmente cualitativo: descubrir las experiencias características de las personas y darlas a conocer a un público más amplio. Es en esta área en la que se produjo el menor avance (si es que ésa es la palabra correcta) hacia un modelo emancipador.

Lo ilustraré mediante una referencia a un área clave de debate en los estudios en discapacidad: el papel de la narrativa personal. En investigaciones publicadas sobre la discapacidad intelectual, la narrativa personal —ya sea en forma de biografía o comentario sobre las cuestiones cotidianas— es probablemente la forma más común de investigación inclusiva. Su conveniencia no es objeto de debate. Sin embargo, sí se analiza con mucho interés la conveniencia de centrarse en la narrativa individual en diversos círculos del mundo de la discapacidad.

[1] Una excepción a la regla es el trabajo de Simone ASPIS, quien impulsó el debate sobre autorrepresentación y sobre el papel del sistema educativo en la perpetuación de las divisiones sociales bajo el nombre de "necesidades especiales" sola y sin aliados (ASPIS, 1997).

Vic FINKELSTEIN plantea el caso con mordacidad:

> Escritores como Jenny MORRIS elevaron la importancia de la experiencia psicológica personal en la comprensión de la discapacidad. Dicho trabajo promovió un cambio alejado de lo que sucede en el mundo real. Encontrar respuestas en las experiencias de la discriminación es simplemente un retorno al antiguo enfoque sobre la opresión, si bien disfrazado con la terminología del modelo social.
>
> (FINKELSTEIN, 1996, pág. 11.)

Para ser justos, esta postura no es unánime en el movimiento de discapacidad. Sin embargo, mi opinión es que en la bibliografía sobre discapacidad intelectual se pueden encontrar algunos debates sobre los pros y contras de la investigación que se centra en la experiencia subjetiva personal y en las diferencias. No obstante, la mayor parte de las investigaciones inclusivas realizadas con personas con dificultades de aprendizaje son investigaciones narrativas; investigaciones que revelan las experiencias características de las personas y les reservan un espacio en las publicaciones (BOOTH y BOOTH, 1994, 1998; ROLPH, 2000; ATKINSON y WILLIAMS, 1990; BROWNING y cols. 1997). Cuestionar la función que la investigación narrativa desempeña para las personas con dificultades de aprendizaje sería cuestionar la forma actual de la iniciativa de investigación inclusiva en su totalidad.

El rechazo de la investigación con estilo narrativo basada en biografías, historias de vida, historia oral o relatos de experiencias personales con los servicios, en efecto excluiría gran parte de las investigaciones inclusivas en el ámbito de la discapacidad intelectual. Sería estimulante que este punto se debatiera en la bibliografía de los estudios en discapacidad.

¿La investigación como apoyo activo?

Es común tanto para la normalización como para el paradigma emancipador que la investigación promueva los intereses de las personas con discapacidad. Sostendré, sin embargo, que el movimiento de discapacidad es más franco al respecto. BARNES tituló un artículo en la revista *Disability and Society "Disability and the Myth of the Independent Researcher"* (1996) ("La discapacidad y el mito del investigador independiente") y afirmó en el mismo que:

> Si la investigación en el ámbito de la discapacidad tiene relación con investigar la opresión —y afirmaría que así es—, entonces los investigadores no deberían profesar la "independencia mítica" a las personas con discapacidad sino que deberían unirse a ellas en sus luchas para acometer y vencer esa opresión. Los investigadores deberían propugnar el compromiso, no la libertad de valores o la objetividad, la solidaridad y no la independencia. No hay un remanso de independencia o un punto medio cuando se investiga la opresión: los académicos e investigadores solamente pueden estar del lado de los opresores o del de los oprimidos.
>
> (BARNES, 1996, pág. 110.)

Sería justo decir que esta polémica fue objeto de discusión. Tanto BURY (1996) como SHAKESPEARE (1996) publicaron respuestas directas en las que mencionan una preferencia por el compromiso por encima de la solidaridad y ofrecen algunos argumentos a favor de que haya un debate continuo e inclusive a favor de la publicación de datos que podrían resultar incómodos para grupos de interés específicos. Sin embargo, la suposición de que la investigación debería promover los intereses de las personas con discapacidad sí se recoge en toda la bibliografía disponible.

La postura en el ámbito de la discapacidad intelectual es apenas sutilmente diferente, tal como señalé en el análisis sobre la normalización. Los académicos sin discapacidad se otorgan el derecho de designarse como defensores. BOOTH y BOOTH, por ejemplo, afirman:

> nuestro compromiso hacia los padres (con dificultades de aprendizaje) siempre estuvo por encima de los intereses de la investigación cada vez que los dos parecían dirigirse en direcciones opuestas.
>
> (1994, pág. 24.)

Ellos reconocen estar en deuda tanto con los principios de autorrepresentación como con el movimiento de Defensa Ciudadana por la adopción de ese principio.

Sin embargo, el punto clave aquí es el poder. Aunque las personas con discapacidad pueden realizar sus debates sin hacer referencia a los miembros de los grupos opresores —y lo hacen—, las personas con dificultades de aprendizaje todavía dependen de un enfoque de trabajo en equipo, y son pocos los que pueden sostener que, sin ese enfoque, las personas con dificultades de aprendizaje se encontrarían en una posición que les permitiera investigar y publicar sus resultados.

Ya sea que los aliados sin discapacidad se sientan atraídos o no, ubicar a la ideología en el centro del proyecto de investigación conlleva riesgos evidentes; estos son tal vez mayores para las personas con dificultades de aprendizaje. En un estudio inédito, CHAPPELL sostiene que la investigación que sigue una determinada ideología en el ámbito de la discapacidad de aprendizaje lo hace debido a la influencia de la normalización y no a la de las ideas desarrolladas por las personas con dificultades de aprendizaje o por el movimiento de personas con discapacidad. Según su planteamiento, en el contexto de la investigación que sigue una ideología "el papel del investigador es evaluar lo que es, en contra del ideal de lo que debería ser". Sin embargo, con frecuencia son los impulsores de la normalización los que dictan lo que debería ser. Un ejemplo de esto se citó en el análisis de la normalización: la evaluación realizada por *People First Hillingdon* en la que ese organismo utilizó los cinco principios de O'BRIEN como el marco de referencia contra el cual se deben evaluar los servicios. El hecho de que las personas con dificultades de aprendizaje necesiten aliados o defensores que les permitan realizar sus investigaciones implica que son extremadamente vulnerables a que otras personas tergiversen sus intereses. En una situación como esta, la investigación como apoyo activo pone en los hombros de las personas sin discapacidad la pesada carga de tener que actuar de manera desinteresada, ya que ellos son generalmente los encargados de plasmar los resultados en palabras. Sugeriré que, debido al desequilibro de poder constante entre las personas con dificultades de aprendizaje y sus aliados, la postura de la investigación en cuanto apoyo activo es menos sencilla de lo que sugieren los debates en la bibliografía sobre estudios en discapacidad.

Accesibilidad

Si se pretende que la investigación sirva a los intereses de los grupos oprimidos es preciso que sea accesible. Sin embargo, en la bibliografía del ámbito de la discapacidad hay debates sobre este tema que no se ven reflejados en el ámbito de la discapacidad intelectual.

Hacer que la investigación sea accesible es, en teoría, esencial en lo que respecta a la investigación emancipadora; de no ser accesible, la totalidad de la iniciativa sería espuria. ZARB implícitamente establece argumentos a favor de que los hallazgos de las investigaciones sean accesibles en su estudio de 1992 cuando aboga porque las investigaciones se presenten a las personas con discapacidad para que éstas hagan un análisis crítico de ellas. BARNES es crítico del "sistema universitario" que valora los artículos publicados en revistas "académicas", en su mayoría para otros académicos, sobre las publicaciones que podrían leer las personas con discapacidad (1996). Sin embargo, se reconoce tanto implícita como explícitamente que, para hacer progresos en la formulación de teorías dentro de la disciplina de los estudios en discapacidad, es necesario hacer algunas concesiones. SHAKESPEARE sostiene:

> El trabajo académico en discapacidad no siempre podrá ser accesible. Creo que los escritores deberían utilizar un lenguaje simple, pero esto no significa que pueda comprenderse inmediatamente. Las teorías y los conceptos, e incluso la propia realidad social, frecuentemente serán complejos y difíciles y llenos de matices. Si se pretende que la disciplina de los estudios en discapacidad capte esta riqueza, tendrá que permitírsele utilizar ideas y elaborar análisis que podrían no ser transparentes ni simples.

SHAKESPEARE cita a EINSTEIN:

> Haz todo tan simple como sea posible, pero no más simple que eso.
>
> (SHAKESPEARE, 1996, pág. 118.)

El reconocimiento implícito de que la accesibilidad no es el único criterio que deben seguir los especialistas del ámbito de los estudios en discapacidad se percibe de manera implícita en la principal publicación del sector, *Disability and Society*. Esta revista contiene artículos que requieren como mínimo un dominio del lenguaje actual sociológico.

Este debate aún no se hizo público en el campo de la discapacidad intelectual. En lo que respecta a la investigación inclusiva en ese ámbito, la accesibilidad es fundamental. Involucrar en la investigación a las personas con dificultades de aprendizaje implica asegurar, como mínimo, que comprendan fácilmente las preguntas que luego deberán hacer. La provisión de versiones accesibles de las investigaciones inclusivas se está volviendo una práctica normal. Para esto se utilizan diferentes mecanismos, como lenguaje simple, viñetas, símbolos, fotografías, ilustraciones y materiales audiovisuales. El centro de investigación Norah Fry y la fundación Joseph Rowntree desarrollaron un enfoque que llamaron "de los *Hechos Simples*" para difundir la información relacionada con las investigaciones. Este enfoque consta de un folleto de cuatro páginas acompañado de una cinta de audio. El objetivo de la emancipación se cita explícitamente cuando se argumenta a favor de este enfoque:

> El campo de la investigación en discapacidad actualmente está haciendo esfuerzos para inclinarse hacia un enfoque emancipador en el que la participación de los investigadores y asesores con discapacidad se acepte como base para el éxito de un proyecto de investigación. En el campo de las dificultades de aprendizaje, la participación en la investigación de las personas con dificultades de aprendizaje sólo se puede lograr si la información sobre la investigación se hace accesible a todos. Además, si se espera que los resultados de la investigación tengan algún tipo de impacto directo sobre la vida de las personas a quienes les concierne, los investigadores tienen la obligación moral de hacer que sus publicaciones sean más fáciles de comprender.
>
> (TOWNSLEY, 1998, pág. 78.)

TOWNSLEY evidencia que las personas leen los *Plain Facts* ("Hechos Simples") (casi siempre con la ayuda de alguien sin discapacidad) y que esta lectura promueve el cambio en su vida:

> No sabíamos que podías tener un ayudante en el trabajo o que podías perder los subsidios si empezabas a trabajar.
>
> (TOWNSLEY, 1998, pág. 82.)

> Uno de los miembros del grupo hizo averiguaciones relacionadas con mudarse de la casa de sus padres a su propia vivienda.
>
> (TOWNSLEY, 1998, pág. 83.)

Los "Hechos Simples" son claramente una iniciativa exitosa. El capítulo de TOWNSLEY, sin embargo, los cita en relación con cuestiones evidentemente prácticas; trabajo, educación, presentar una queja. No se analiza si el enfoque de los hechos simples sirve para transmitir ideas en lugar de información. Es difícil imaginar cómo podría transmitirse fácilmente a través del enfoque de los "Hechos Simples" la formulación de teorías que tuvo lugar recientemente en los estudios de discapacidad, por ejemplo, si la investigación narrativa ocupa un lugar legítimo (SHELDON, 1999) o la aplicación de las ideas de la normalización al ámbito de la mujer (WILLIAMS y NIND, 1999). Todavía no está claro si los "Hechos Simples" y otras iniciativas similares podrán hacer que todos los tipos de investigación sean accesibles.

Entonces, existe en los estudios de discapacidad un debate sobre la accesibilidad, un debate que todavía tiene que hacerse público en la investigación en el ámbito de la discapacidad intelectual. Hay quienes luchan por la accesibilidad. Hay muchos otros que no lo hacen, pero no ven necesario justificar su posición (véase, por ejemplo, RAPLEY y cols., 1998; CAMBRIDGE y MELLAN, 2000). Mi temor es que los investigadores inclusivos teman decir cosas que las personas con dificultades de aprendizaje no podrían comprender, que digan muy poco y dejen el campo de la teoría a otras personas, incluidos los académicos con discapacidad, que tengan poco o ningún compromiso con la inclusión.

Conclusiones

En este artículo he descrito cómo dos posiciones teóricas, la normalización y el modelo social de discapacidad, influyeron en la investigación inclusiva sobre la discapacidad intelectual. Mi argumento ha sido que la investigación inclusiva en este ámbito sigue viéndose influida por el pensamiento de la normalización, especialmente en lo que respecta a la importancia de promover roles sociales valorados e imágenes positivas. El conveniente fundamento del apoyo activo permite a los investigadores ocupar sus posiciones, a menudo de poder, con una conciencia limpia.

Hasta cierto punto, en particular en el área de la metodología, los investigadores que trabajan en el ámbito de la discapacidad intelectual respondieron al desafío del paradigma emancipador. Sin embargo, la adopción de las ideas de la investigación emancipadora fue parcial. En la bibliografía sobre el modelo social de discapacidad hay un considerable debate sobre cuáles son los temas de estudio adecuados para la investigación del modelo social, sobre la conveniencia y viabilidad de hacer hincapié en la diferencia o celebrar la solidaridad y sobre cuán accesible se puede hacer la investigación. Estas preguntas no se hicieron públicas aún en los círculos relacionados con la discapacidad intelectual.

La investigación inclusiva en el área de la discapacidad intelectual también plantea preguntas que apenas tienen reconocimiento en la bibliografía de los estudios sobre discapacidad: por ejemplo, las consecuencias que tiene para los investigadores sin discapacidad actuar como aliados; qué personas con discapacidad pueden y deberían realizar investigaciones; de qué manera debería difundirse la teoría entre las personas con deficiencias mentales o cómo éstas deberían generarla; y los posibles riesgos de la investigación como acción política.

Actualmente, hay reticencia a tratar de resolver algunos de estos temas clave. Esto tiene resultados que limitan el impacto y la eficacia de la investigación inclusiva en la discapacidad intelectual. Una de estas consecuencias es que la investigación inclusiva en este ámbito se limitó a determinados temas que responden bien a los métodos cualitativos y cuyos resultados pueden hacerse accesibles. La necesidad de hacer que la investigación sea accesible implica que se evite la formulación de teorías, a menos que ésta se realice a un nivel que las personas con dificultades de aprendizaje puedan comprender fácilmente.

Además, la investigación inclusiva en el campo de la discapacidad intelectual se está desarrollando de manera independiente de otras investigaciones en el mismo ámbito en las que hay pocas conexiones, comunicaciones o vínculos. Es como si a algunos investigadores se les dejara la responsabilidad de trabajar en formas inclusivas mientras se deja que otros avancen como ellos prefieran.

Hasta la fecha la comunicación entre los estudios en discapacidad y la discapacidad intelectual fue solamente en una dirección y hay poca evidencia de que otros especialistas con discapacidad adopten las cuestiones que se plantean en las investigaciones del ámbito de la discapacidad intelectual.

Por último, es importante reconocer que, al escribir este estudio, me ubiqué en el papel que he criticado con profundidad; el del defensor académico. Lo escribí porque creo que éstas son cuestiones importantes que no deberíamos negar. A menos que —o hasta que— la investigación pueda modificarse de manera que permita que las personas con dificultades de aprendizaje se puedan involucrar igualitariamente, es posible que el papel de defensor sea necesario.

Referencias

ASPIS, S. (1997). "Self-advocacy for people with learning difficulties: does it have a future?" *Disability and Society,* 12, págs. 647-654.

— (2000). "Researching our history: who is in charge?" En L. BRIGHAM; D. ATKINSON; M. JACKSON; S. ROLPH y J. WALMSLEY (Eds.) *Crossing Boundaries: change and continuity in the history of learning disability,* Kidderminster, BILD.

ATKINSON, D. y WALMSLEY, L. (1999). "Using autobiographical approaches with people with learning difficulties", *Disability and Society,* 14, págs. 203-216.

— y WILLIAMS, F. (Eds.) (1990). *Know Me As I Am: an anthology of prose, poetry and art by people with learning difficulties,* Sevenoaks, Hodder and Stoughton.

—; MCCARTHY, M.; WALMSLEY, J. y cols. (2000). *Good Times: Bad Times—Women with learning difficulties tell their stories,* Kidderminster, BILD.

BARNES, C. (1996). "Disability and the myth of the independent researcher", *Disability and Society,* 11, págs. 107-110.

BOOTH, T. y BOOTH, W. (1994). *Parenting under Pressure,* Buckingham, Open University Press.

—y BOOTH, W. (1998). *Growing up with Parents who have Learning Difficulties,* Londres, Routledge.

BROWNING, R.; O'BRIEN, J. y LYLE O'BRIEN, C. (1997). "One day at a time: changing a system to realise a dream", en J. WARD (Ed.) *Innovations in Advocacy and Empowerment for People with Intellectual Disabilities,* Chorley, Lisieux Hall.

BURY, M. (1996). "Disability and the myth of the independent researcher: a reply", *Disability and Society,* 11, págs. 111-114.

CAMBRIDGE, P. y MELLAN, B. (2000). "Reconstructing the sexuality of men with learning disabilities: empirical evidence and theoretical interpretations of need", *Disability and Society,* 15, págs. 293-312.

CAMPBELL, J. y OLIVER, M. (1996). *Disability Politics: understanding our past: changing our future,* Londres, Routledge.

CHAPPELL, A. (1997). "From normalisation to where?" en L. BARTON (Ed.) *Disability Studies: past, present and future,* Leeds, Disability Press.

—; GOODLEY, D. y LAWTHORN, R. (en prensa) "Connecting with the social model: the relevance of the social model of disability for people with learning difficulties", *British Journal of Learning Disabilities.*

FELCE, D. y GRANT, G. (Eds.) (1998). *Towards a Full Life: researching policy innovations for people with learning disabilities,* Londres, Butterworth Heinemann.

FINKELSTEIN, V. (1996). "Outside 'Inside Out'", *Coalition,* Abril, págs. 30-36.

— (1999). "Doing disability research (extended book review)", *Disability and Society,* 14, págs. 859-867.

FREIRE, P. (1964). *La Education como practice* de *libertad (Education as the practice of Freedom),* México D. F., Siglo XXI.

— (1969/70). *Pedagogía del oprimido (Pedagogy of the Oppressed),* Montevideo. Tierra Nueva.

FRENCH, S. y SWAIN, J. (1997). "Changing Disability Research: Participating and Emancipatory Research with Disabled People", *Physiotherapy,* 83(1), págs. 26-32.

GLUCK, S. B. y PATAI, D. (1991). *Women's Words: The Feminist Practice of Oral History,* Londres, Routledge.

GRADWELL, L. (1999). *Review of Disability: Controversial Debates and Psychosocial Perspectives* por Deborah Marks *Community Care,* 28/10 a 3/11, pág. 36.

KINGS FUND (1980). *An Ordinary Life,* Londres, Kings Fund.

— (1988). *Ties and Connections,* Londres, Kings Fund.

MARCH, J.; STEINGOLD, B.; JUSTICE, S. y MITCHELL, P. (1997). "Follow the Yellow Brick Road: people with learning difficulties as co-researchers", *British Journal of Learning Disabilities.* 25, págs. 77-80.

MARKS, D. (1999). *Disability: controversial debates and psycho-social perspectives,* Londres, Routledge.
NIRJE, B. (1980). "The normalisation principle", en R. J. FLYNN y K. E. NITSCH (Eds.) *Normalisation, Integration and Community Services,* Baltimore, University Park Press.
O'BRIEN, J. y LYLE, C. (1987). *Framework for Accomplishments: a workshop for people developing better services,* Decatur, Responsive Systems Associates.
OLIVER, M. (1990). *The Politics of Disability,* Londres, MacMillan.
PRIESTLEY, M. (1999). *Disability Politics and Community Care,* Londres, Jessica Kingsley.
RACE, D. (1999). *Social Role Valorisation and the English Experience,* Londres, Whiting and Birch.
RAPLEY, M.; KIERNAN, P. y ANTAKI, C. (1998). "Invisible to themselves or negotiating identity? The interactional management of being 'intellectually disabled'", *Disability and Society,* 13, págs. 807-827.
RIDDELL, S.; WILKINSON, H. y BARON, S. (1998). "From emancipatory research to focus groups: people with learning difficulties and the research process", en P. CLOUGH y L. BARTON (Eds.) *Articulating with Difficulty: research voices in inclusive education,* Londres. Paul Chapman Publishing.
RODGERS, J. (1999). "Trying to get it right: undertaking research involving people with learning difficulties", *Disability and Society,* 14, págs. 421-434.
ROLPH, S. (2000). *The History* of *Community Care for People with Learning Difficulties in Norfolk: the role of two hostels,* Tesis doctoral inédita, Milton Keynes, Open University.
SHAKESPEARE, T. (1996). "Rules of engagement: doing disability research", *Disability and Society,* 11, págs. 115-120.
SHELDON, A. (1999). "Personal and perplexing: feminist disability politics evaluated", *Disability and Society,* 14, págs. 643-658.
STALKER, K. (1998). "Some ethical and methodological issues in research with people with learning difficulties" *Disability and Society,* 13, págs. 5-20.
— (1999). "Letter", *British Journal of Learning Disabilities,* 27, págs. 117-118.
TOWNSLEY, R. (1998). "Information is power: the impact of accessible information on people with learning difficulties", en L. WARD (Ed.) *Innovations in Advocacy and Empowerment for People with Intellectual Disabilities,* Chorley, Lisieux Hall.
WALMSLEY, J. (1994). "Learning disability: overcoming the barriers", en S. FRENCH (Ed.) *On Equal Terms: working with disabled people,* Londres, Butterworth Heinemann.
— y DOWNER, J. (1997). "Shouting the loudest: self advocacy, power and diversity", en P. RAMCHARAN; G. ROBERTS; G. GRANT y J. BORLAND (Eds.) *Empowerment in Everyday Life: learning disability,* Londres, Jessica Kingsley.
WHITEHEAD S. (1992). "The social origins of normalisation", en H. BROWN y H. SMITH (Eds.) *Normalisation: a reader for the nineties,* Londres, Routledge.
WHITTAKER, A. (1995). "Partnership in practice: user participation in services for people with learning difficulties", en T. PHILPOT y L. WARD (Eds.) *Values and Visions: changing ideas in services for people with learning difficulties,* Londres, Butterworth Heinemann.
WILLIAMS, L. y NIND, M. (1999). "Insiders or outsiders: normalisation and women with learning difficulties", *Disability and Society,* 14, págs. 659-672.
WILLIAMS, P. (1990). *Networks, Workbook 2 of Learning Disability: changing perspectives,* Buckingham, Open University.
— y SCHOULZ, B. (1979). *We Can Speak for Ourselves,* Londres, Souvenir Press.
WILLIAMS, V. (1999). "Researching together", *British Journal of Learning Disabilities,* 27, págs. 48-51.
WOLFENSBERGER, W. y TULLMAN, S. (1989). "A brief outline of the principle of normalisation", en A. BRECHIN y J. WALMSLEY (Eds.) *Making Connections: reflecting on the lives and experiences* of *people with learning difficulties,* Sevenoaks, Hodder and Stoughton.
ZARB, G. (1992). "On the road to Damascus: first steps towards changing the social relations of research production", *Disability, Handicap and Society,* 7, págs. 125-138.

CAPÍTULO XXI

La diferencia producida en una década

Reflexiones sobre la investigación "emancipadora" en discapacidad

Por Colin BARNES

Centro de Estudios de la Discapacidad, Departamento de Sociología y Políticas Sociales, Universidad de Leeds

---

Resumen

Este ensayo presenta un amplio panorama del progreso en el ámbito de la investigación emancipadora en discapacidad en el Reino Unido, desde el surgimiento de este concepto en 1992. Basado en su experiencia personal en este campo, el autor se ocupa de ciertos factores importantes que deben abordarse antes de considerar adoptar este controvertido punto de vista. El ensayo se divide en dos secciones principales: la primera parte consiste en una sucinta introducción al pensamiento en el cual se fundamenta el concepto de investigación emancipadora en discapacidad; en la segunda sección se analizan elementos clave de este enfoque, tales como el problema de la toma de responsabilidad, el modelo social de la discapacidad, la elección de los métodos y la cuestión de la autosuficiencia, la difusión y sus resultados. El ensayo concluye con la sugerencia de que, mientras en la última década se han producido avances considerables en el campo de la investigación emancipadora en discapacidad, su futuro sigue siendo incierto.

Introducción

Ya pasó más de una década desde que Mike OLIVER utilizó el término "investigación emancipadora en discapacidad" para referirse a lo que —para muchos— parecía un nuevo y radical enfoque en la investigación de asuntos relacionados con la discapacidad (OLIVER, 1992). Desde entonces hasta ahora, se ha escrito mucho —en algunos casos positivo y, en otros, no tanto— sobre esta "nueva" perspectiva (ver, por ejemplo, CLOUGH y BARTON, 1995, 1998; STONE y PRIESTLEY, 1996; BARNES y MERCER, 1997; OLIVER, 1997, 1999; MOORE y cols., 1998, TRUMAN y cols., 2000). Mientras que la mayor parte de esta bibliografía, en general, apoya los principios en que se basa el paradigma de investigación emancipadora, al mismo tiempo suscita varias reflexiones importantes que deben abordarse cuando se piensa en el ámbito de la investigación en discapacidad. Esto, en consecuencia, despierta serias dudas en cuanto a su conveniencia, viabilidad y —por supuesto— efectividad.

Debido a mi calidad de defensor de los principios de la investigación emancipadora en discapacidad con muchos años de experiencia en este campo, este ensayo consiste en una reflexión personal sobre algunos de los asuntos clave que han surgido de estos debates, sin abordar directamente los trabajos realizados por personas en particular. Por lo tanto, principalmente se hace hincapié en la experiencia británica, pero tengo la esperanza de que las cuestiones que se planteen aquí tengan alguna importancia para las personas que trabajan en el ámbito de la investigación en discapacidad en otros países. El ensayo se divide en dos secciones principales: la primera consiste en una breve introducción al concepto de investigación emancipadora en discapacidad; la segunda parte se enfoca en algunas características fundamentales asociadas con esta perspectiva. Sostendré que el modelo de investigación emancipadora ha hecho una contribución importante a las prioridades de la agenda de la investigación en discapacidad y que, en ciertos aspectos, ya no se encuentra tan alejada de otras estrategias de investigación más difundidas.

¿Investigación sobre discapacidad o sobre no-discapacidad?

Es importante reconocer, desde el comienzo, que los investigadores sociales y los sociólogos en particular han estado investigando —de una u otra manera— asuntos relacionados con la "discapacidad" durante gran parte del siglo pasado. El concepto de "medicina", en cuanto mecanismo de control social y sus consecuencias en la relación médico-paciente, por ejemplo, se origina en la obra del sociólogo estadounidense Talcott PARSONS (1951). Después de PARSONS, apareció un verdadero popurrí de ensayos realizados desde las distintas perspectivas de las diversas ciencias sociales, en los que se describen casi todos los aspectos de la vida de las personas con discapacidades. Algunos de los primeros ejemplos importantes incluyen investigaciones relacionadas con la imposición y el significado de un estigma (GOFFMAN, 1968; SCAMBLER y HOPKINS, 1986; MURPHY, 1987), la vida en instituciones sanitarias (GOFFMAN, 1961; MILLER y GWYNNE, 1972; ALASZEWSKI, 1986), la función de los profesionales (ILICH y cols., 1977) y [el vínculo entre] discapacidad y pobreza (TOWNSED, 1979). Además, estos ensayos se han acompañado con extensos sondeos epidemiológicos en los que se documenta la prevalencia de la "discapacidad" en la población general (HARRIS, 1971; MARTIN y cols., 1988). Cada una de estas investigaciones ha supuesto una contribución importante al conocimiento actual sobre discapacidad y los ámbitos relacionados con ella.

Sin embargo, todos estos proyectos —y una gran cantidad de otros ensayos que se realizaron y, en muchos casos, continuan realizándose— se basan, de una u otra manera, en sabiduría convencional; es decir, en que una deficiencia comprobada, ya sea motriz, sensorial o intelectual, es la principal causa de "discapacidad" y, por lo tanto, de las dificultades económicas, políticas y culturales con las que se encuentran las personas calificadas como "discapacitadas". No obstante, algunos científicos sociales —en especial aquellos influenciados por las perspectivas interaccionista y de reacción social o etiquetamiento, como Thomas SZASZ (1961), Thomas SCHEFF (1966) y Robert EDGERTON (1967)— ya habían comenzado a cuestionarse seriamente las explicaciones ortodoxas a las respuestas societales ante las "enfermedades mentales" o el "retraso o minusvalía mental" en la década de los sesenta. Sin embargo, estas consideraciones no se extendieron a otros sectores de la población con discapacidades, especialmente a personas con problemas motores o sensoriales.

Por supuesto que esto comenzó a cambiar a finales de los sesenta y comienzos de los setenta con la politización de la discapacidad por parte de los activistas con discapacidades que tuvo lugar en distintas partes del mundo (CAMPBELL y OLIVER, 1996; CHARLTON, 1998; DRIEDGER, 1989). De especial importancia en este sentido es la redefinición de "discapacidad" formulada en 1976 por la organización británica Unión de Impedidos Físicos contra la Segregación (UPIAS) y su desarrollo del modelo social de discapacidad. Conformada por un pequeño pero influyente grupo de activistas con discapacidades, la UPIAS hizo la crucial distinción entre lo biológico y lo social. De esta manera, "deficiencia" denota un estado definido en términos médicos, mientras que "discapacidad es algo que se impone sobre nuestras deficiencias por la manera en que se nos aísla y excluye innecesariamente de la participación plena en la sociedad" (UPIAS, 1976, pág. 14). Esta interpretación sociopolítica de la discapacidad proporcionó la claridad conceptual y el vocabulario que sentaron las bases del modelo social de discapacidad, la teoría de la discapacidad en cuanto forma de opresión social y el paradigma de investigación emancipadora en discapacidad.

Mike OLIVER (1983, pág. 23) se sirvió de las reflexiones y la terminología de UPIAS para acuñar el término "modelo social de discapacidad" para referirse ni más ni menos que a un desplazamiento del enfoque desde las deficiencias individuales hacia las formas en que los ámbitos físicos, culturales y sociales excluyen o perjudican a las personas a quienes se califica de discapacitadas. A esto le siguieron diversas teorías que explicaban la opresión de las personas con discapacidades (ver, por ejemplo, PRIESTLEY, 1998) y un enfoque alternativo dentro de la investigación en discapacidad que generalmente recibe el nombre de "investigación emancipadora en discapacidad" (DHS, 1992).

Sin embargo, llegado a este punto es importante recordar que los activistas con discapacidades han criticado la principal corriente de investigación en el ámbito de la discapacidad desde, al menos, los años setenta (HUNT, 1981; OLIVER, 1987). Por otra parte, en la década siguiente comenzaron a aparecer varios ensayos —en su mayoría, elaborados por investigadores con discapacidades— en los que se recurría a las experiencias de los participantes con discapacidades para ilustrar el grado de opresión que estas personas y sus familias encontraban en el Reino Unido. Entre los ejemplos pueden incluirse: *Walking into Darkness* (OLIVER y cols., 1988), *Able Lives* (MORRIS, 1989) y *Cabbage Syndrome* (BARNES, 1990). Significativamente, como veremos más adelante, en 1989 el Consejo Británico de Personas con Discapacidad (BCODP) —ente que engloba las organizaciones controladas y dirigidas por personas con discapacidades— encargó un estudio a gran escala sobre la discriminación sufrida por la población británica con discapacidades, en apoyo a su campaña a favor de leyes antidiscriminación (BARNES, 1994).

Esto se vio equiparado por el creciente desencanto con respecto a las estrategias convencionales de investigación social que experimentaron los investigadores que trabajaban en las naciones "en vías de desarrollo" del mundo mayoritario, los escritores de raza negra, feministas y pedagogos. De esto surgió una cantidad cada vez mayor de literatura sobre "investigación social crítica" y/o "investigación acción", la que se alió de manera positiva con los grupos oprimidos (ver, por ejemplo, TRUMAN y cols., 2000). Todo lo descrito contribuyó a la manera de pensar que está detrás del surgimiento del paradigma de investigación emancipadora en discapacidad.

Una serie de seminarios, realizados en 1991 con el patrocinio de la *Fundación Joseph Rowntree* (JRF) con el título "Researching Physical Disability"*, sirvió de foro para el desarrollo de este nuevo enfoque. Estas actividades reunieron a investigadores con y sin discapacidades que trabajaban en el ámbito de la discapacidad con representantes de diversas agencias e institutos de financiación de investigaciones, con el objetivo de reflexionar y discutir sobre los asuntos clave en la investigación en el campo de la discapacidad. Esta iniciativa culminó con una conferencia nacional y una edición especial de *Disability, Handicap and Society* (publicación internacional cuyo nombre cambió en 1993 por *Disability & Society*) sobre la investigación en el ámbito de la discapacidad (DHS, 1992), que precedió al concepto de investigación emancipadora en discapacidad. Sin embargo, este enfoque ha dado lugar a un considerable debate desde el primer momento dentro de la comunidad de investigación en discapacidad, tanto en Gran Bretaña como en el resto del mundo (véase, por ejemplo, RIOUX y BACH, 1994; STONE y PRIESTLEY, 1996; BARNES y MERCER, 1997; ALBRECHT y cols., 2001; BROWN, 2001; MERCER, 2002).

Esencialmente, la investigación emancipadora en discapacidad tiene que ver con la obtención de autonomía por parte de las personas con discapacidad mediante la transformación de las relaciones materiales y sociales presentes en la realización de estudios e investigaciones. A diferencia de los enfoques investigadores tradicionales, los objetivos de la investigación emancipadora en discapacidad garantizan la generación y producción de conocimientos accesibles y significativos sobre las diversas estructuras —económicas, políticas, culturales y ambientales— que originaron y mantienen las múltiples privaciones con que se encuentra una gran parte de las personas con discapacidades y sus familias. La idea integradora que atraviesa el modelo de pensamiento social y la investigación emancipadora en discapacidad es su propósito transformador; es decir, la supresión de las barreras y la promoción de la autosuficiencia tanto individual como colectiva de las personas con discapacidades. Desde este punto de vista, la función del investigador es ayudar a facilitar la concreción de estos objetivos mediante el proceso de investigación.

Hasta no hace mucho tiempo, tales ideas parecían —como mínimo— utópicas. Por otro lado, la mayor parte de la investigación en el ámbito de la discapacidad recibía financiación de grandes agencias dependientes del gobierno, como el Departamento de Salud (*Department of Health*, DoH), el Consejo de Investigación Médica (*Medical Research Center*, MRC) y el Consejo de Investigación Económica y Social (*Economical and Social Research Council*, ESRC). En muchos aspectos, estas entidades estaban dominadas por inquietudes médicas y académicas tradicionales y partían de supuestos convencionales sobre la discapacidad y la investigación relacionada con la misma.

* En español, *La investigación de la discapacidad motriz. (N. del T.)*

Actualmente, la situación es un poco diferente. Aunque sin duda tuvo que ver con esto la crítica, cada vez mayor, que los movimientos de personas con discapacidades hacían sobre la investigación en el campo de la discapacidad, es muy posible que esta transformación también haya estado relacionada con otros factores. Posiblemente, el más significativo de ellos sea el creciente poder que las fuerzas de mercado tienen sobre las universidades y otras instituciones educativas (BARNES, 1996). Otros factores importantes incluyen el uso y abuso, cada vez mayor, de resultados cuantitativos y cualitativos de diversas investigaciones por parte de políticos, legisladores y medios de comunicación, y la comprensible y extendida decepción que, a causa de eso, siente el público en general por todo aquello que pase por investigación social (BARNES y cols., 2002).

Además, a medida que avanzamos en el siglo XXI se hace evidente que gran parte —si no la mayoría— de los recientes y actuales proyectos de investigación en el Reino Unido, enfocados específicamente en la discapacidad y temas relacionados, reciben financiación de entidades benéficas y fondos tales como JRF y el Fondo Comunitario de la Lotería Nacional Británica. Ambas organizaciones priorizan las iniciativas e inquietudes dirigidas al consumidor sobre las de los investigadores académicos y profesionales (www.jrf.org.uk, www.communityfund.org.uk/research). Por otra parte, en el transcurso de la última década se han realizado ciertas investigaciones que, en mi opinión, se adhieren al modelo de investigación emancipadora en diversos niveles, ya sea de manera implícita o explícita. Algunos ejemplos notablemente precursores de esto incluyen la investigación ya mencionada del BCODP sobre la discriminación de las instituciones contra las personas con discapacidades, el análisis de OLIVER y ZARB (1992) sobre los programas de asistencia personal en Greenwich y proyectos de investigación posteriores del BCODP sobre pagos directos (BARNES, 1993; ZARB y NADASH, 1994). Se tratará esto más adelante.

De igual importancia —aunque aún faltan resultados significativos que se correspondan con el nivel de retórica empleado— es que cada vez se pone mayor énfasis en la participación del consumidor —e incluso su control— en los programas de investigación de los diversos consejos investigadores, en el Servicio Nacional de Salud (*National Health Service*, NHS) con la Unidad de Apoyo a la Investigación de Usuarios del NHS y en el recientemente formado Instituto por la Excelencia en la Asistencia Social (*Social Care Institute for Excellence,* SCIE), (véase, por ejemplo, www.esrc.ac.uk, www.conres.co.uk, www.scie.org.uk). Mientras que estos avances pueden no llegar tan lejos como algunos desearían, y ciertamente aún se debe evaluar su impacto de manera integral, al menos indican que se están dando pasos importantes en la dirección correcta.

Sin embargo, desde su surgimiento en 1992, se han hecho diversos intentos por identificar las características más importantes del modelo emancipador de investigación en discapacidad (BARNES y MERCER, 1997; STONE y PRIESTLEY, 1996; MERCER, 2002). A los efectos de este ensayo, esos intentos pueden resumirse de acuerdo al siguiente criterio: el problema de la toma de responsabilidad, la función del modelo social de discapacidad, la elección de los métodos y la cuestión de la autosuficiencia, la difusión y sus resultados.

Algunas características fundamentales de un modelo emancipador de investigación

El problema de la toma de responsabilidad

La toma de responsabilidad es un factor verdaderamente importante para todos aquellos que procuran trabajar en el ámbito de la investigación emancipadora en discapacidad. Sin embargo, esto genera ciertas inquietudes de peso entre los investigadores sociales que no pueden resolverse fácilmente (véase, por ejemplo, BARNES, 1996; BURY, 1996; SHAKESPEARE, 1996a). Probablemente, el aspecto más controvertido sea el relacionado con el supuesto de que los investigadores deben ser los responsables ante las personas con discapacidades y sus organizaciones. Sin embargo, sería imposible responsabilizarse ante la totalidad de la población con discapacidad. Este asunto es especialmente problemático porque la etiqueta "discapacitado" puede aplicarse a prácticamente todas las personas a quienes se les atribuya una deficiencia o deficiencias, ya sean de orden motriz, sensorial o intelectual. Por esa razón, la población potencialmente discapacitada es muy numerosa. Además, también sucede que —por diversas razones que son estructurales e interpersonales— muchas personas a quienes se les atribuyen deficiencias no se ven a sí mismas como "discapacitadas" ni como miembros de un grupo oprimido (SHAKESPEARE, 1996b).

Pero lo mismo puede decirse de los miembros de otros sectores oprimidos de la sociedad como la clase obrera, las mujeres, las personas de raza negra, las lesbianas y los gais. El informe de una investigación realizada por John SWAIN, en 1995, en un centro de enseñanza superior para un sector segregado de la población, en el que se ofrecía educación vocacional a jóvenes de entre 14 y 18 años con alguna de las llamadas "necesidades educativas especiales", ilustra bien este punto. Aunque la mayoría de los estudiantes provenían de "familias de clase obrera y muchos de ellos tenían un pasado de extrema pobreza y privaciones" y, por lo tanto, podía decirse que experimentaban una fuerte opresión en diferentes formas,

> Pocos se identificaron a sí mismos —o identificaron a otros— como personas con discapacidades y pocos habrían considerado que tenían "necesidades educativas especiales". Tampoco tenían una agenda política que comunicar.
>
> (SWAIN, 1995, págs. 76-77.)

Por el momento, los investigadores que se han hecho responsables ante las organizaciones controladas y dirigidas por personas con discapacidades han logrado algunos avances en cuanto a la resolución de este problema. Desde mi punto de vista, el proyecto antidiscriminación de BCODP, anteriormente mencionado, implantó el estándar de toma de responsabilidad. La investigación se inició en enero de 1990, tras haberse asegurado que lo financiaran JRF y *Charity Projects*. La coordinación de todo el proyecto estuvo en manos de un grupo de consultores para la investigación formado por cinco miembros, de los cuales sólo uno era una persona sin discapacidades. El grupo se reunía de manera bimestral para discutir el proyecto y analizar el progreso alcanzado hasta el momento. Por otra parte, además de dedicarlos a recoger los datos pertinentes, los cinco primeros meses de 1990 se utilizaron para discutir las metas y objetivos de la investigación con personajes clave del movimiento británico de personas con discapacidades. Periódicamente se realizaban análisis de los datos y se redactaban borradores que circulaban entre el grupo de consultores y los representantes de las organizaciones de personas con discapacidades, junto con la solicitud de que aportaran sus comentarios y recomendaciones. A su vez, estos se analizaban en las reuniones del grupo antes de hacer modificaciones (BARNES, 1994, págs. XI-XIX). Una vez concluido el informe final, se emprendió un extenso proceso de difusión: esto se abordará más adelante. En otros proyectos de investigación del BCODP se han alcanzado niveles similares de toma de responsabilidad, como en el informe sobre pagos directos (ZARB y NADASH, 1994) y el estudio más reciente sobre la gestión y el control de los servicios para una vida independiente por parte de personas con discapacidades (BARNES y cols., 2000).

Sin embargo, mientras que hace una década la distinción entre las organizaciones tradicionales *para* las personas con discapacidades, dirigidas principalmente por profesionales sin discapacidades, y las organizaciones más radicales *de* personas con discapacidades, como el BCODP, era bastante evidente, en la actualidad esa distinción no está tan bien definida. Debido principalmente a la exitosa politización de la discapacidad por parte de este último tipo de organizaciones, muchas de las primeras han adoptado el lenguaje de los derechos y modificado sus estatutos para garantizar que sus entes controladores incluyan más personas con discapacidades que sin discapacidades. Que este cambio se considere como algo positivo o negativo es un punto verdaderamente controvertido para algunos activistas con discapacidades, ya que da origen a profundas inquietudes sobre la claridad de las metas de las organizaciones, su representatividad y la posible neutralización de políticas en el ámbito de la discapacidad (BARNES y MERCER, 2001; THOMAS, 2002). Sólo los investigadores con algo más que un interés pasajero en las organizaciones relacionadas con la discapacidad pueden resolver el problema. Mediante un extenso proceso de compromiso, los investigadores pueden familiarizarse con las estructuras organizativas, sus metas, los participantes de su ente controlador y sus procedimientos en cuanto a la toma de responsabilidad ante sus miembros.

Sin embargo, tal estrategia puede plantear problemas específicos para los investigadores sin discapacidades, especialmente porque algunos miembros de los movimientos de personas con discapacidades siguen sospechando de la investigación social, sobre todo de la realizada por personas sin discapacidades. Pero tener una deficiencia comprobada no conlleva una afinidad con las personas con problemas similares o con las que presentan discapacidades en general, ni tampoco implica una inclinación hacia la investigación en el ámbito de la discapacidad. La investigación emancipadora en discapacidad no tiene que ver con características biológicas, sino con el compromiso y con que los investigadores pongan sus conocimientos y habilidades al servicio de las personas con discapacidades y sus organizaciones; no es necesario que tengan una deficiencia para hacerlo (BARNES, 1992). Ni Garry ZARB ni Pamela NADASH se consideraban personas con discapacidades cuando hacían investigaciones para el BCODP.

Sin embargo, el compromiso prolongado con las organizaciones de personas con discapacidades plantea problemas para todos los investigadores profesionales que trabajan dentro de un ámbito mercantilista en el que factores como el empleo continuo y las posibilidades futuras de desarrollo de la carrera suelen verse determinados por la capacidad para asegurarse contratos de investigación lucrativos y de larga duración. La mayoría de las organizaciones dirigidas y controladas por personas con discapacidades son entidades locales con una existencia precaria y muy pocos recursos (MORGAN y cols. 2001). En dichas organizaciones los fondos destinados a la investigación, por lo corriente, se consideran una prioridad menor y, cuando es necesario investigar, en general se encargan pequeños proyectos locales relativamente cortos. La situación es igual de difícil para aquellos que trabajan en ámbitos universitarios. Además de estar sujetos a los caprichos del mercado, también lo están a las exigencias de una comunidad académica tradicionalmente conservadora cuyos intereses, a menudo, son contrarios a los de las personas con discapacidades y sus organizaciones. Todo esto hace que sea dificultosa la existencia de relaciones prolongadas y significativas entre los investigadores y las organizaciones de personas con discapacidades (BARNES y cols., 2002).

El modelo social de discapacidad

El modelo social de discapacidad es un componente fundamental del paradigma de investigación emancipadora. Hace una década, adoptar la perspectiva de un modelo social de manera tan manifiesta implicaba una especie de desviación radical de la sabiduría convencional en cuestiones de discapacidad y dependencia, pero esto ya no es así. De hecho, el modelo social se ha convertido, en ciertos aspectos, en la nueva doctrina. Muchas de las organizaciones tradicionales *para* personas con discapacidades ahora dicen ser leales a la visión del modelo social (THOMAS, 2002). El pensamiento presente en el modelo social es la base del trabajo de la Comisión de Derechos en Materia de Discapacidad (*Disability Right Comision*, DRC) creada por el gobierno británico (www.drc.org.uk). En el ámbito internacional, se dice que las reflexiones originadas en el modelo social se han incorporado a la Clasificación Internacional del Funcionamiento creada recientemente por la Organización Mundial de la Salud (OMS) con la intención de reemplazar a su desacreditada y anticuada predecesora, la Clasificación Internacional de Deficiencias, Discapacidades y Minusvalías del mismo organismo (véase: BURY, 2000; HURST, 2000; PFEIFFER, 2000; OMS, 2002).

Todo esto ha generado numerosos debates dentro y fuera de los movimientos de personas con discapacidad. Por lo tanto, es importante recordar en qué consiste exactamente el modelo social de discapacidad, dado que parece significar cosas diferentes para personas distintas. Un modelo es lo que los científicos sociales llaman un "método heurístico" o una ayuda para la comprensión.

> Un buen modelo puede permitirnos ver algo que no comprendemos, porque en el modelo puede verse desde distintos puntos de vista... es esta réplica multidimensional de la realidad la que puede disparar reflexiones a las que, de otra manera, no llegaríamos.
>
> (FINKELSTEIN, 2002, pág. 13.)

Por lo tanto, el modelo social de discapacidad no representa nada más complicado que un enfoque en las barreras económicas, culturales y del entorno con que se encuentran las personas que, a los ojos de los demás, tienen algún tipo de deficiencia. Estas barreras incluyen sistemas de educación, información y comunicación y ambientes laborales inaccesibles, pensiones por discapacidad insuficientes, servicios sociales y de salud discriminatorios, medios de transporte, viviendas, edificios públicos y centros de esparcimiento inaccesibles y la desvalorización de las personas con discapacidades mediante su representación negativa en los media; ya sea en el cine, en la televisión o en los periódicos.

Además, el modelo social de discapacidad no ignora las cuestiones relacionadas con las deficiencias ni la importancia de los tratamientos médicos y terapéuticos. Varios escritores de ambos lados del océano Atlántico se han enfocado en la producción cultural de normalidad y las interpretaciones de las deficiencias y las respuestas a las mismas que surgen como consecuencia de esa normalidad (véase, por ejemplo, HEVEY, 1992; ABBERLEY, 1993; DAVIS, 1995; THOMSON, 1996). Todo esto tiñe nuestra manera de vernos a nosotros mismos y a los demás. Por lo tanto, debe utilizarse el punto de vista de un modelo social para resaltar las barreras interpersonales dentro del contexto de las relaciones familiares y humanas en general. El modelo también reconoce el hecho de que para muchas personas acostumbrarse a las derivaciones de las deficiencias en una sociedad que desvaloriza a quienes tienen discapacidades y a su estilo de vida de manera sistemática y permanente es, a menudo, una tragedia personal. Pero, en realidad, la tragedia es que nuestra sociedad siga discriminando, excluyendo y oprimiendo a las personas a quienes se considera y se ve como discapacitadas.

Esto, por supuesto, genera importantes preguntas sobre la función que desempeña la experiencia en el contexto de la investigación emancipadora en discapacidad. Aunque se puede sostener que incluir detalles sobre las experiencias de las personas con discapacidades en los informes de las investigaciones resulta fortalecedor para algunas personas con discapacidades y que la inclusión de relatos de los participantes es necesaria para ilustrar el contexto social en el que se realiza la investigación, es importante recordar que los científicos sociales han estado documentando las experiencias de las personas con menos posibilidades —incluso las de aquellas de quienes puede decirse que tienen discapacidades— durante gran parte del siglo pasado. De hecho, en 1966 el activista con discapacidad Paul HUNT señaló que gran parte de los escritos de personas con deficiencias comprobadas "son o una biografía sentimental o un relato lleno de preocupaciones referentes a los detalles médicos y prácticos de un problema en particular" (pág. IX).

Como ya se mencionó, también está el problema de la selección y la representatividad. Los investigadores sociales aún deben idear métodos adecuados para lograr la generalización de la experiencia (OLIVER, 1997), y la investigación vivencial debe, mientras tanto, aportar resultados significativos en lo relacionado con el ámbito político y las políticas sociales (FINKELSTEIN, 2002). Por lo tanto, es importante que —en el marco de la investigación emancipadora en discapacidad— los análisis de las experiencias, escritos e historias de las personas con discapacidades se inserten claramente en un marco cultural y en un ámbito que pongan en evidencia las consecuencias "incapacitantes" de una sociedad organizada alrededor de las necesidades de una mítica gran mayoría de personas sin discapacidades.

Elección de métodos

Desde su nacimiento, generalmente se ha asociado el modelo emancipador de investigación en discapacidad con estrategias de toma de datos cualitativas antes que cuantitativas. Es muy probable que esto se deba a la afirmación de que, hasta el momento, los sondeos a gran escala y los análisis cuantitativos detallados nunca capturaron completamente el alcance y la complejidad de la opresión con que se enfrentan las personas con discapacidades. Además, este tipo de estudios suelen contar con el apoyo de defensores de la objetividad y de la ciencia libre de valores y, por lo tanto, caen fácilmente en las redes de la manipulación política (ABBERLEY, 1992).

Sin embargo, la cuestión de la objetividad en las ciencias sociales —y en las ciencias en general— está avivando muchos debates. La idea de que los "científicos" de cualquier disciplina —ya sean sociales o de otra clase— pueden interpretar datos sin contaminarlos con sus valores o intereses personales es una idea que los filósofos, los científicos y, luego, los políticos comenzaron a divulgar —como mínimo— en la época de la Ilustración. La realidad es que *toda* la información —sin importar su origen ni formato— se puede interpretar de varias formas diferentes, y las personas que tienen a su cargo la responsabilidad de interpretarla reciben la influencia de diversas fuerzas, ya sean económicas, políticas o culturales. Si alguien tiene alguna duda con respecto a esta afirmación, que considere entonces los recientes debates "científicos" sobre las causas del calentamiento global, la EEB (encefalopatía espongiforme bovina) en el ganado, el brote de fiebre aftosa que tuvo lugar hace poco tiempo en Gran Bretaña o las ventajas o peligros de la vacuna SRP (sarampión, rubéola y paperas) para los niños (BARNES, 2001).

En el ámbito de las ciencias sociales, a menudo, se afirma que todas las conclusiones se ven teñidas de experiencias personales y que todas las proposiciones están limitadas por los significados —ya sean implícitos o explícitos— del lenguaje utilizado en su formulación. Además, también se sugiere que son grupos sociales particulares los que producen todas las teorías —las que también se limitan a grupos sociales específicos— y que éstas matizan todas las observaciones. Los intereses médicos y académicos dominaron históricamente la investigación en el ámbito de la discapacidad. En general, se establecían como objetivos, mientras que se consideraba que los puntos de vista alternativos —como la perspectiva de un modelo social— eran subjetivos o políticamente tendenciosos. Como ya se mencionó anteriormente, en muchos aspectos éste ya no es el caso.

Por otra parte, mientras que para algunas de las personas que trabajan en el ámbito de la investigación en discapacidad esto puede resultar incómodo, el paradigma de investigación emancipadora y algunos enfoques contemporáneos de la investigación social —incluyendo al positivismo y al "post-positivismo"— tienen muchos puntos en común. El positivismo inicial se basó en una "ontología realista"; es decir, la creencia de que existe "una realidad externa" a la que rigen leyes "naturales". La ciencia "social" tiene que ver con descubrir la naturaleza y los procesos "verdaderos" de esa realidad y, al hacerlo, busca poder predecirla y controlarla. El positivismo contemporáneo o post-positivismo reconoce que existen diferencias entre los mundos "natural" y "social", especialmente en cuanto a que las reglas que rigen al primero se consideran universales. En comparación, las realidades sociales son variables en cuanto a tiempo, espacio, cultura y contexto. Los defensores de esta corriente también reconocen que, en cualquier momento, entre la identificación del problema a investigar, la recolección e interpretación de datos y la utilización de los resultados de la investigación se pueden filtrar al proceso de investigación diversos valores. También se reconoce que los conocimientos generados en los estudios sociales pueden influir en los comportamientos y actitudes futuros (GUBA, 1990; DYSON, 1998).

Todos aquellos que adhieren al modelo social de discapacidad —ya sean tradicionalistas o reformistas, y más allá de que su formación teórica sea materialista, feminista o postmodernista— afirman que existe una "realidad" externa —es decir, la opresión social a las personas con discapacidades— que es histórica, ambiental, cultural y contextualmente variable, y que la investigación se ve influida por valores e intereses subjetivos y es determinante en los ámbitos político y social. La diferencia crucial entre los defensores del post-positivismo y los partidarios de una perspectiva de investigación emancipadora yace en su nivel de neutralidad política. Para los primeros, las metas son la objetividad y una ciencia libre de valores, si bien reconocen que no siempre se las puede alcanzar; para los segundos, los objetivos inequívocos son el compromiso político y la autosuficiencia.

Inevitablemente esto lleva a acusaciones de que los investigadores con compromisos políticos no revelan mucho más que una lealtad preexistente a una versión específica de la realidad social o de que al interpretar la vida diaria de una manera en particular niegan la importancia de otros puntos de vista, acciones y creencias (SILVERMAN, 1998). Aunque se pueden hacer críticas similares a todas las formas de investigación social, es importante contrarrestar esas objeciones. Por lo tanto, los investigadores deben dejar claro su punto de vista desde el comienzo. Esto significa afirmar claramente su postura epistemológica y ontológica y garantizar que la elección de la metodología de investigación y de las estrategias de recolección de datos son lógicas, rigurosas, transparentes y están a la altura de los objetivos de la organización patrocinadora y de las personas que participan en la investigación (BARNES, 1992).

Además, toda estrategia de recolección de datos tiene ventajas y desventajas. Los propios métodos de investigación no son el problema, sino los usos que se les atribuyen. A lo largo de la era moderna, los políticos y los legisladores de todas las tendencias han utilizado cifras y estadísticas para dar peso a sus argumentos y para justificar acciones, iniciativas o decisiones políticas determinadas. Desde su nacimiento en los sesenta, el movimiento de personas con discapacidad se ha servido de tácticas similares para hacer resaltar las diversas privaciones con que se encuentran las personas con deficiencias comprobadas y aquellas a quienes se las considera discapacitadas. La investigación sobre discriminación realizada por el BCODP antes mencionada, por ejemplo, dependía en gran medida de cifras oficiales del gobierno para subrayar la necesidad de leyes antidiscriminación. Además, ZARB y NADASH (1994) utilizaron métodos de investigación tanto cualitativos como cuantitativos para demostrar su razonamiento de que las personas con discapacidades debían recibir pagos directos para contratar a sus propios asistentes personales. De manera similar, el reciente estudio en el ámbito nacional realizado por el Centro Nacional para la Vida Independiente (*National Center for Independent Living*) sobre los servicios controlados y dirigidos por personas con discapacidades recurrió a un conjunto similar de estrategias y procedimientos de investigación (Barnes y cols., 2000). Fue el Comité de Vida Independiente del BCODP el que encargó ambos proyectos: el primero recibió financiación de JRF; el segundo, del Fondo Comunitario.

Empoderamiento, difusión y resultados

El fundamento del paradigma de investigación emancipadora en discapacidad es la producción de investigaciones que tengan un resultado práctico y significativo para las personas con discapacidades. Después de todo, la emancipación tiene que ver con el empoderamiento. Todas las investigaciones producen datos; por lo tanto, se podría afirmar que toda investigación genera empoderamiento. La acumulación de datos produce conocimientos, y el conocimiento proporciona empoderamiento, o eso es lo que se cree. Se dice que el nuevo milenio es la era de la información, pero también es la era de la sobrecarga de información. A menudo, el exceso de información lleva a la confusión, la incertidumbre y la apatía, lo que puede ser perjudicial en lugar de dar autonomía. Aunque éste es un problema importante para todos los sectores de la sociedad, es especialmente grave para las personas con discapacidades, como lo es para aquellas que pertenecen a comunidades étnicas minoritarias, aquellos a quienes se les atribuyen dificultades de aprendizaje, las personas con sordera u otras discapacidades que siempre se encuentran en desventaja debido a sistemas educativos, de información y comunicación inadecuados e inaccesibles. Mientras que esto puede producir un desencanto general con la investigación social, también puede llevar a confiar en aquellos que hacen descubrimientos en el ámbito de la investigación; es decir, los investigadores. Con frecuencia se afirma que los principales beneficiarios de la investigación social son los propios investigadores (Hunt, 1981; Chambers, 1983; Oliver, 1999).

Aunque esto puede ser así en algunos sectores de la comunidad investigadora —y me incluyo en este grupo—, no estoy seguro de que se aplique a la gran mayoría de los investigadores sociales. Debido a la insidiosa y aparentemente despiadada intrusión de las fuerzas de mercado en las organizaciones que controlan la producción de investigaciones, dedicarse a la investigación social es algo que, frecuentemente, está marcado por la incertidumbre económica y social. Para la mayoría de los investigadores, el empleo está relacionado con la duración del contrato de investigación. Por otra parte, sí es cierto que, históricamente, muchos investigadores sociales han realizado investigaciones sobre asuntos sociales delicados sin tomar en cuenta seriamente los intereses y necesidades de las personas objeto del estudio, y los detractores afirman que esto es especialmente notorio en el contexto de la investigación en discapacidad (Hunt, 1981; Oliver, 1992).

¿Puede la investigación emancipadora en discapacidad ofrecer algo diferente? Yo podría afirmar que puede y que lo ha hecho. En parte, por todas las razones ya mencionadas —y también de acuerdo a lo señalado por OLIVER (1997, pág. 20)—, el empoderamiento no es algo que se pueda otorgar, sino que es aquello que las personas deben obtener por sí mismas. El punto principal aquí es conseguirla. Dentro de un marco emancipador, son las organizaciones gestionadas y dirigidas por personas con discapacidades las que crean y controlan los programas de investigación y, lo que es igualmente importante, las que deciden entre quiénes y de qué manera se difundirán las conclusiones de esos estudios. Los defensores de esta perspectiva reconocen que, en sí mismos, los resultados de las investigaciones no generan una transformación política o social significativa, pero refuerzan y ayudan a estimular la profundización de las exigencias de cambio.

Entonces, los principales objetivos de la investigación emancipadora en discapacidad son las personas con discapacidades y sus aliados. Una vez más, la investigación del BCODP sobre discriminación nos sirve de ejemplo. Los datos del proyecto se difundieron de diversas maneras y en distintos formatos, los que incluyeron presentaciones realizadas por todos los involucrados en el proyecto de investigación en distintos lugares en todo el Reino Unido y Europa durante 1992 y 1993, la producción de varios artículos para publicaciones especializadas, revistas y periódicos y un folleto de ocho páginas con un resumen del estudio: este último se produjo en braille y en casete para las personas con deficiencias visuales. Entre 1992 y 1993 se produjeron y distribuyeron gratuitamente dos mil folletos entre todos los grupos del BCODP y sus colaboradores (parte del material impreso se encuentra disponible a través de Internet en el archivo de discapacidad del Reino Unido, en www.leeds.ac.uk/disability-studies/archiveuk/index.html). En este sentido, la investigación contribuyó en mucho a la posterior politización de las personas con discapacidades, tanto en el Reino Unido como en toda Europa.

> El libro que el BCODP produjo en 1991 sobre las personas con discapacidades y la discriminación en el Reino Unido se ha convertido en la base del pensamiento sobre el tema en toda Europa... Es un libro muy importante.
>
> (HURST, 1995, pág. 95.)

Podría afirmar que esta investigación en particular desempeñó un papel de suma importancia en lograr que las leyes antidiscriminación llegaran al código civil británico. También podría sostener que la producción y difusión de los numerosos proyectos sobre pagos directos y programas de asistencia personal que generaron ciertas organizaciones de personas con discapacidades —de los cuales sólo se mencionan algunos en este estudio— dio peso al argumento para la implantación de la *Community Care* (*Direct Payments*) *Act* de 1996. No es mi intención sugerir que estos proyectos son los únicos responsables de estos resultados, porque no es así en absoluto, pero sí brindaron cierta credibilidad a las exigencias, cada vez mayores, de los activistas con discapacidades y sus aliados, de cambios en las políticas. Al hacerlo, contribuyeron a la posterior movilización del movimiento de personas con discapacidades. Sin embargo, otro tema es que los resultados políticos en cuanto a que los cambios a las leyes estén a la altura de las expectativas de las personas con discapacidades. En la actualidad, hay una inquietud cada vez mayor dentro del movimiento de personas con discapacidad respecto a la incorporación de los asuntos relacionados con la discapacidad al proceso político dominante y lo que se considera una neutralización efectiva del radicalismo que, en algún momento, caracterizó al movimiento británico de personas con discapacidad (COALITION, 2000a,b). Pero que esas inquietudes puedan originar una demanda de que se realice más investigación es algo que las personas con discapacidades y sus organizaciones deben decidir por sí mismas. Llegado este punto, es importante recordar que la investigación emancipadora en discapacidad no puede y no debe pensarse en términos de proyectos unitarios ni de grupos de proyectos, sino como un proceso continuo (BARNES, 2001) cuya organización y contenido sólo pueden determinar las personas con discapacidades y sus organizaciones.

Conclusión

En los últimos diez años, ha habido muchos cambios en el ámbito de la investigación en discapacidad. No se puede dudar que el advenimiento del modelo social de discapacidad y del paradigma de investigación emancipadora ha tenido un fuerte impacto en las agencias y en los investigadores que actualmente realizan estudios en el campo de la discapacidad. Mientras que en el pasado los programas de investigación en discapacidad estaban casi exclusivamente sujetos a los intereses y caprichos de los políticos, legisladores y académicos, la situación es hoy un poco diferente. Debido a una combinación de factores, entre los que se encuentra el rápido desarrollo del movimiento de personas con discapacidad y las actividades de un grupo pequeño pero influyente de escritores e investigadores en su mayoría con discapacidades, se ha generado un espacio dentro del estilo dominante en el campo de la investigación para que los investigadores realicen programas de investigación emancipadora en discapacidad —ya sea implícita o explícitamente— si así lo desean. De todas formas, y por las razones que ya se han comentado, esta no es una tarea sencilla. Para los investigadores, adoptar un enfoque partidista específico en sus investigaciones en el área de la discapacidad —o, para el caso, en cualquier ámbito de estudio que sea remotamente controvertido— conlleva ciertos riesgos que deben analizarse cuidadosamente antes de adoptar esa postura. Sin embargo, el argumento presentado aquí sugiere que, cuando está directamente vinculada con la continua lucha por el cambio de las personas con discapacidades, la investigación emancipadora en discapacidad puede tener un impacto significativo en su autosuficiencia y en las políticas que afectan a sus vidas. Que este enfoque tenga o no futuro depende de diversos factores, especialmente del porvenir del movimiento británico de personas con discapacidad y, por supuesto, del apoyo disponible para aquellos que decidan adoptar y nutrir su desarrollo en el ámbito de las instituciones y universidades que aspiran a realizar investigaciones en discapacidad.

Referencias

ABBERLEY, P. (1992). "Counting us out: a discussion of the OPCS disability surveys", *Disability, Handicap and Society,* 7(2), págs. 139-155.

— (1993). "Disabled people and normality", en: J. SWAIN y cols. (Eds) *Disabling Barriers-Enabling Environments,* Londres, Sage/Open University Press.

ALASZEWSKI, A. (1986). *Institutional Care and the Mentally Handicapped: the mentally handicap hospital,* Londres, Croom Helm.

ALBRECHT, G. L; SEELMAN, K. y BURY, M. (2001). "Introduction: the shaping of disability studies", en: G. L ALBRECHT; K. SEELMAN y M. BURY (Eds.) *Handbook of Disability Studies,* Londres, Sage.

BARNES, C. (1990). *Cabbage syndrome: the social construction of dependence,* Lewes, Falmer Press.

— (1992). "Qualitative research: valuable or irrelevant", *Disability, Handicap and Society,* 7(2), págs. 115-124.

— (Ed.) (1993). *Making our own choices,* (Belper, The British Council of Disabled People). Disponible en: www.leeds.ac.uk/disability-studies/archiveuk/index.

— (1994). *Disabled people in Britain and discrimination: a case for anti-discrimination legislation* (2.ª impresión), Londres, Hurst and Co.

— (1996). "Disability and the myth of the independent researcher", *Disability & Society,* 11(2), págs. 107-110.

— (2001). "Emancipatory disability research: project or process? Conferencia pública para el Strathclyde Centre for Disability Research", *University of Glasgow* (24 Octubre 2001).

— y MERCER, G. (Eds.) (1997). *Doing Disability Research,* Leeds, The Disability Press.

—; MERCER, G. y MORGAN, H. (2000). *Creating independent futures, Stage One Report,* Leeds, The Disability Press.

— y MERCER, G. (2001). "The politics of disability and the struggle for change", en: L BARTON (Ed.) *Disability Politics and the Struggle for Change,* Londres, David Fulton.

—; OLIVER, M. y BARTON, L (2002). "Disability, the academy and the inclusive society", en: *Disability Studies Today,* Oxford, Polity Press.

BROWN, S. C. (2001). "Methodological paradigms that shape disability research", en: G. L. ALBRECHT; K. SEELMAN y M. BURY (Eds.) *Handbook of Disability Studies,* Londres, Sage.

BURY, M. (1996). "Disability and the myth of the independent researcher: a reply", *Disability* & Society, 11(2), págs. 111-113.

— (2000). "A comment on ICIDH2", *Disability and Society,* 15(7), págs. 1073-1077.

CAMPBELL, J. y OLIVER, M. (1996). *Disability Politics: understanding our past, changing our future,* Londres, Routledge.

CHAMBERS, R. (1983). *Rural Development: putting the last first,* Harlow, Longman.

CHARLTON, J. I. (1998). *Nothing About Us Without Us: disability oppression and empowerment,* Berkeley, CA, University of California Press.

CLOUGH, P. y BARTON, L. (1995). *Making Difficulties,* Londres, Paul Chapman.

—— (1998). *Articulating with Difficulties,* Londres, Paul Chapman.

COALITION (2000a). "Where have all the activists gone: part 1", *Coalition: the Magazine of the Greater Manchester Coalition of Disabled People,* Agosto, Manchester, The Greater Manchester Coalition of Disabled People.

— (2000b). "Where have all the activists gone: part 2", *Coalition: the Magazine of the Greater Manchester Coalition of Disabled People,* Octubre, Manchester, The Greater Manchester Coalition of Disabled People.

DAVIS, L. (1995). *Enforcing Normalcy: disability deafness and the body,* Londres, Verso.

DHS (1992). "Special issue: researching disability", *Disability Handicap and Society,* 7(2).

DRIEDGER, D. (1989). *The Last Civil Rights Movement,* Londres, Hurst and Co.

DYSON, A. (1998). "Professional intellectuals from powerful groups: wrong from the start", en: P. CLOUGH y L. BARTON, *Articulating with Difficulty,* Londres, Paul Chapman.
EDGERTON, R. (1967). *The Cloak of Competence: stigma in the lives of the mentally retarded,* Berkeley, CA, University of California Press.
FINKELSTEIN, V. (2002). "The social model of disability repossessed", en: *Coalition: the Magazine of the Greater Coalition of Disabled People,* Febrero, págs.10-16.
GOFFMAN, E. (1961). *Asylums,* Harmondsworth, Penguin.
— (1968) *Stigma,* Harmondsworth, Penguin.
GUBA, E. G. (1990). "The alternative paradigm dialog", en: E. G. Guba (Ed.) *The Paradigm Dialog,* Londres, Sage.
HARRIS, A. (1971). *Handicapped and Impaired in Great Britain,* Londres, HMSO.
HEVEY, D. (1992). *The Creatures Time Forgot,* Londres, Routledge.
HUNT, P. (Ed.) (1966). *Stigma: The Experience of Disability,* Londres, Geoffrey Chapman.
— (1981). "Settling accounts with the parasite people", *Disability Challenge,* 2, págs. 37-50. Disponible en: Disability Archive: www.leeds.ac.uk/disability-studies/ archiveuk/index.
HURST, R. (1995). "International perspectives and solutions", en: G. ZARB (Ed.) *Removing Disabling Barriers,* Londres, Policy Studies Institute.
— (2000). "To revise arnot to revise", *Disability & Society,* 15(7), págs. 1083-1087.
ILLICH, I. y cols. (1977). *Disabling Professions,* Londres, Marion Boyars.
MARTIN J. y cols. (1988). *The Prevalence of Disability Among Adults,* Londres, HMSO.
MERCER, G. (2002). "Emancipatory disability research", en: C. BARNES; M. OLIVER y L. BARTON (Eds.) *Disability Studies Today,* Cambridge, Polity.
MILLER, E. J. y GWYNNE, G. V. (1971). A *Life Apart,* Londres, Tavistock.
MOORE, M.; BEASLEY, S. y MAELZER, J. (1998). *Researching Disability Issues,* Buckingham, Open University Press.
MORGAN, H.; BARNES, C. y MERCER, G. (2001). *Creating Independent Futures: Stage Two Report,* Leeds, The Disability Press.
MORRIS, J. (1989). *Able Lives,* Londres, The Women's Press.
MURPHY, R. (1997). *The Body Silent,* Londres, Phoenix House.
OLIVER, M. (1983). *Social Wark with Disabled People,* Tavistock, Macmillan.
— (1987). "Re-defining disability: some issues for research", *Research, Polity and Planning,* 5, págs. 9-13.
— (1990). *The Politics of Disablement,* Tavistock, Macmillan.
— (1992). "Changing the social relations of research production", *Disability, Handicap and Society,* 7(2), págs. 101-114.
— (1997). "Emancipatory disability research: realistic goal or impossible dream", en: C. BARNES y G. MERCER (Eds.) *Doing Disability Research,* Leeds, The Disability Press.
— (1999). "Final accounts with the parasite people", en: M. CORKER y S. FRENCH (Eds.) *Disability Discourse,* Buckingham, Open University Press.
— y cols. (1988). *Walking Into Darkness: The Experience of Spinal Card Injury,* Tavistock, Macmillan.
— y ZARB, G. (1992). *Personal Assistance Schemes in Greenwich: an evaluation,* Londres, University of Greenwich.
PARSONS, T (1951). *The Social System,* Nueva York, The Free Press.
PFEIFFER, D. (2000). "The devils are in the details: the ICIDH2 and the Disability Movement", *Disability & Society,* 15(7), págs. 1079-1082.
PRIESTLEY, M. (1998). "Constructions and creations: idealism, materialism and disability theory", *Disability & Society,* 5(1), págs. 75-93.
RIOUX, M. H. y BACH, M. (1994). *Disability is Not Measles,* Toronto, Ont., Roeher Institute.
SCAMBLER, G. y HOPKINS, S. (1986). "Being epileptic: coming to terms with stigma", *Sociology of Health and Illness,* 8, págs. 26-43.
SCHEFF, T (1966). *Being Mentally Ill: a sociological theory,* Londres, Weidenfleld and Nicolson.

SHAKESPEARE, T (1996a). "Rules of engagement: doing disability research", *Disability & Society,* 11 (2), págs. 115-119.
— (1996b). "Disability, identity, difference", en: C. BARNES y G. MERCER (Eds.) *Exploring the Divide: illness and disability,* Leeds, The Disability Press.
SILVERMAN, D. (1998). "Research and Social Theory", en: C. SEALE (Ed.) *Researching Society and Culture,* Londres, Sage.
STONE, E. y PRIESTLEY, M. (1996). "Parasites, pawns and partners: disability research and the role of non-disabled researchers", *British Journal of Sociology,* 47 (4), págs. 699-716.
SWAIN, J. (1995). "Constructing participatory research in principle and in practice", en: P. CLOUGH y L. BARTON (Eds.) *Research and the Construction of Special Educational Needs,* Londres, Geoffrey Chapman.
SZASZ, T. S. (1961). *The Myth of Mental Illness: foundations of a theory of personal conduct,* Nueva York, Dell.
THOMAS, C. (1999). *Female Forms: experiencing and understanding disability,* Buckingham, Open University Press.
THOMAS, P. (2002). "The social model of disability is generally accepted", *Coalition: the Magazine of the Greater Manchester Coalition of Disabled People,* Febrero, págs. 17-21.
THOMSON, R. G. (Ed.) (1996). *Freakery: culture spectacles of the extraordinary body,* Nueva York, New York University Press.
TOWNSEND, P. (1979). *Poverty in the United Kingdom,* Harmondsworth, Penguin.
TRUMAN, C.; MERTENS, D. M. y HUMPHRIES, B. (Eds.) (2000). *Research and Inequality,* Londres, UCL Press.
WHO (2002). *International Classification of Functioning, Disability and Health,* Ginebra, World Health Organisation. Disponible en: www3.who.int/icf/icftemplate.cfm.
WOOD, P. (1981). *International Classification of Impairment, Disability and Handicap,* Ginebra, World Health Organization.
UPIAS (1976). *Fundamental Principles of Disability,* Londres, Union of Physically Impaired Against Segregation. Disponible en: disability-studies/archiveuk/ index.
ZARB, G. y NADASH, P. (1994). *Cashing in on Independence,* Derby, The British Council of Disabled People.

Índice de autores y de materias

Otras obras de Ediciones Morata de interés

Abdelilah-Bauer, B.: *El desafío del bilingüismo*, 2007.
Adorno, Th. W.: *Educación para la emancipación,* 1998.
Aitken, J. y Milis, G.: *Tecnología creativa,* (6.ª ed.), 2005.
Álvarez Méndez, J. M.: *Evaluar para conocer, examinar para excluir,* (3.ª ed.), 2007.
Álvarez Uría, F. y Varela, J.: *Sociología, capitalismo y democracia,* 2004.
Apple, M. W.: *Política cultural y educación,* (2.ª ed.), 2001.
——— **y Beane, J. A.:** *Escuelas democráticas,* (4.ª ed.), 2005.
Bale, J.: *Didáctica de la geografía en la escuela primaria,* (3.ª ed.), 1999.
Ball, S.: *Foucault y la educación,* (4.ª ed.), 2001.
Barkley, E. F. y cols.: *Técnicas de aprendizaje colaborativo*, 2007.
Beane, J. A.: *La integración del currículum,* 2005.
Bernstein, B.: *La estructura del discurso pedagógico,* (4.ª ed.), 2001.
——— *Pedagogía, control simbólico e identidad,* 1998.
Brockbank, A. y McGill, I.: *Aprendizaje reflexivo en la educación superior,* (2.ª ed.), 2008.
Browne, N. y France, P.: *Hacia una educación infantil no sexista,* (2.ª ed.), 2001.
Bruner, J.: *Desarrollo cognitivo y educación,* (5.ª ed.), 2004.
Buckingham, D.: *Crecer en la era de los medios electrónicos,* 2002.
Cairney, T. H.: *Enseñanza de la comprensión lectora,* (4.ª ed.), 2005.
Calvo, S. y Gutiérrez, J.: *El espejismo de la educación ambiental,* 2007.
Carbonell, J.: *La aventura de innovar,* (3.ª ed.), 2006.
——— **y Tort, A.:** *La educación y su representación en los medios,* 2006.
Carr, W.: *Una teoría para la educación,* (3.ª ed.), 2002.
Clemente Linuesa, M.: *Lectura y cultura escrita,* 2004.
Cole, M.: *Psicología cultural,* (2.ª ed.), 2003.
Coleman, J. C. y L. B. Hendry: *Psicología de la adolescencia,* (4.ª ed. actualizada), 2003.
Condorcet, M. de: *Cinco memorias sobre la instrucción pública,* 2001.
Connell, A. W.: *Escuelas y justicia social,* (2.ª ed.), 1999.
Contreras, J.: *La autonomía del profesorado,* (3.ª ed.), 2001.
Cook, T. D. y Aeichardt, Ch.: *Métodos cualitativos y cuantitativos en investigación evaluativa,* (4.ª ed.), 2000.
Cuenca, A. y cols.: *Nuevos maestros en América Latina,* 2007.
Cummins, J.: *Lenguaje, poder y pedagogía*, 2002.

Dadzie, S.: *Herramientas contra el racismo en las aulas,* 2004.
Decroly, O.: *El juego educativo,* (4.ª ed.), 2002.
Delval, J.: *Aprender en la vida y en la escuela,* (3.ª ed.), 2006.
——— *Hacia una escuela ciudadana,* 2006.
Dewey, J.: *Democracia y educación,* (6.ª ed.), 2004.
Dewey, J.: *La opinión pública y sus problemas,* 2004.
Dowling, E. y Gorell Barnes, G.: *Cómo ayudar a la familia durante la separación y el divorcio,* 2008.
Donaldson, M.: *La mente de los niños,* (5.ª ed.), 2003.
Driver, A., Guesne, E. y Tiberghien, A.: *Ideas científicas en la infancia y la adolescencia,* (4.ª ed.), 1999.
Durkheim, E.: *La educación moral,* 2002.
——— *Las reglas del método sociológico,* (6.ª ed.), 1993.
Elliott, J.: *El cambio educativo desde la investigación-acción,* (4.ª ed.), 2005.
Egan, K.: *Fantasía e imaginación, su poder en la enseñanza,* (3.ª ed.), 2008.
Fernández Enguita, M.: *Educar en tiempos inciertos,* (2.ª ed.), 2006.
Flick, U.: *Introducción a la investigación cualitativa,* (2.ª ed.), 2007.
Freinet, C.: *La escuela moderna francesa. Una pedagogía moderna de sentido común. Las invariantes pedagógicas,* (2.ª ed.), 1996.
Freire, P.: *Pedagogía de la indignación,* (2.ª ed.), 2006.
Freyd, J. J.: *Abusos sexuales en la infancia,* 2003.
Gardner, H.; Feldman, D. H. y Krechevsky, M. (Comps.): *El Proyecto Spectrum* (3 vols.), (2.ª ed.), 2008.
Gee, P.: *La ideología en los discursos,* 2005.
Gimeno Sacristán, J.: *El alumno como invención,* 2003.
——— *El* currículum: *una reflexión sobre la práctica,* (9.ª ed.), 2007.
——— *La educación obligatoria: Su sentido educativo y social,* (3.ª ed.), 2005.
——— *Educar y convivir en la cultura global,* (2.ª ed.), 2002.
——— *La pedagogía por objetivos: obsesión por la eficiencia,* (11.ª ed.), 2002.
——— *Poderes inestables en educación,* (2.ª ed.), 1999.
——— **(Comp.)**: *La reforma necesaria,* 2006.
——— *La transición a la educación secundaria,* (4.ª ed.), 2000.
——— *El valor del tiempo en educación,* 2008.
——— **y Pérez Gómez, A. I.**: *Comprender y transformar la enseñanza,* (12.ª ed.), 2008.
Gómez, J. C.: *El desarrollo de la mente en los simios, los monos y los niños,* 2007.
Gómez Llorente, L.: *Educación pública,* (2.ª ed.), 2001.
Gore, J.: *Controversias entre las pedagogías,* 1996.
Graves, D. H.: *Didáctica de la escritura,* (3.ª ed.), 2002.
Gross, J.: *Necesidades educativas especiales en educación primaria,* 2004.
Hargreaves, A.: *Profesorado, cultura y postmodernidad,* (5.ª ed.), 2005.
——— *Los nuevos alfabetismos,* 2008.
Harlen, W.: *Enseñanza y aprendizaje de las ciencias,* (6.ª ed.), 2007.
Haydon, G.: *Enseñar valores. Un nuevo enfoque,* 2003.
Healy, K.: *Trabajo social: Perspectivas contemporáneas,* 2001.
Hegarty, S.: *Aprender juntos: la integración escolar,* (4.ª ed.), 2004.
Hicks, D.: *Educación para la paz,* (2.ª ed.), 1999.
House, E.: *Evaluación, ética y poder,* (3.ª ed.), 2000.
——— **y Howe, K. A.**: *Valores en evaluación e investigación social,* 2001.
Jackson, Ph. W.: *La vida en las aulas,* (6.ª ed.), 2001.
Kemmis, S.: El *currículum: más allá de la teoría de la reproducción,* (3.ª ed.), 1998.
Kincheloe, J.; Steinberg, Sh. y Villaverde, L. (Comps.): *Repensar la inteligencia,* 2004.
Kushner, S.: *Personalizar la evaluación,* 2002.

Le Bon, G.: *Psicología de las masas*, (5.ª ed.), 2005.
Liston, D. P. y Zeichner, K. M.: *Formación del profesorado y condiciones sociales de la escolarización*, (3.ª ed.), 2003.
López, L. E. y Jung, I. (Comps.): *Sobre las huellas de la voz*, 1999.
Lundgren, U. P.: *Teoría del curriculum y escolarización*, (2.ª ed.), 1997.
Martínez Bonafé, J.: *Políticas del libro de texto escolar*, 2002.
Marx, K., Weber, M. y Durkheim, E.: *Sociología* y *educación*, 2006.
McCormick, R. y James, M.: *Evaluación del curriculum en los centros escolares*, (2.ª ed.),1997.
McKernan, J.: *Investigación-acción y curriculum*, (2.ª ed.), 2001.
McLane, J. B. y McNamee, G. D.: *Alfabetización temprana*, 1999.
Olweus, D.: *Conductas de acoso y amenaza entre escolares*, (3.ª ed.), 2006.
Peacock, A.: *Alfabetización ecológica en educación primaria*, 2006.
Pérez Gómez, A. I.: *La cultura escolar en la sociedad neoliberal*, (4.ª ed.), 2004.
Perrenoud, Ph.: *La construcción del éxito y del fracaso escolar*, (3.ª ed.), 2001.
Piaget, J.: *Psicología del niño*, (17.ª ed.), 2007.
——— *La representación del mundo en el niño*, (10.ª ed.), 2007.
——— La toma de conciencia, (3.ª ed.), 1985.
Pimm, D.: *El lenguaje matemático en el aula*, (3.ª ed.), 2002.
Popkewitz, Th. S.: *Sociología política de las reformas educativas*, (3.ª ed.), 2000.
Pozo, J. 1.: *Adquisición de conocimiento*, (2.ª ed.), 2006.
——— *Humana mente*, 2001.
——— *Teorías cognitivas del aprendizaje*, (9.ª ed.), 2006.
——— **y Gómez Crespo, M. A.**: *Aprender y enseñar ciencia*, (5.ª ed.), 2006.
Puelles, M.: *Problemas actuales de política educativa*, 2006.
Rudduck, J. y Flutter, J.: *Cómo mejorar tu escuela dando la voz al alumnado*, 2007.
Santos Guerra, M. A.: *La escuela que aprende*, (4.ª ed.), 2006.
Sichra, I. (Comp.): *Género, etnicidad y educación en América Latina*, 2004.
Siraj-Blatchford, J. (Comp.): *Nuevas tecnologías para la ed. infantil* y *primaria*, 2005.
Smale, G.; Tuson, G. y Statham, D.: *Problemas sociales y trabajo social*, 2003.
Sperber, D.: *Explicar la cultura*, 2005.
Squires, D. y McDougall, A.: *Cómo elegir y utilizar software educativo*, (2.ª ed.), 2001.
Stake, R.: *Investigación con estudio de casos*, (4.ª ed.), 2007.
Stenhouse, L.: *Investigación y desarrollo del curriculum*, (5.ª ed.), 2003.
——— *La investigación como base de la enseñanza*, (6.ª ed.), 2007.
Stuart-Hamilton, 1.: *Psicología del envejecimiento*, 2002.
Suárez-Orozco, C. y M. M.: *La infancia de la inmigración*, 2003.
Suckling, A. y Temple, C.: *Herramientas contra el acoso escolar;* 2006.
Thornton, S.: *La resolución infantil de problemas*, (2.ª ed.), 2000.
Torres, J.: *Globalización e interdisciplinariedad*, (5.ª ed.), 2006.
——— *El curriculum oculto*, (8.ª ed.), 2005.
——— *Educación en tiempos de neoliberalismo*, (2.ª ed.), 2007.
——— *La desmotivación del profesorado*, 2007.
Viñao, A.: *Sistemas educativos, culturas escolares y reformas*, (2.ª ed.), 2006.
VV. AA.: *Volver a pensar la educación* (2 vols.), (2.ª ed.), 1999.
Walker, A.: *Métodos de investigación para el profesorado*, (3.ª ed.), 2002.
Willis, A. y Aicciuti, H.: *Orientaciones para la escuela infantil de cero a dos años*, (3.ª ed.), 2000.
Wray, O. y Lewis, M.: *Aprender a leer y escribir textos de información*, 2000.
Wrigley, T.: *Escuelas para la esperanza*, 2007.